Hans Erich Stier
(25. 5. 1902 – 26. 1. 1979)

Stier/Kleine Schriften

BEITRÄGE ZUR KLASSISCHEN PHILOLOGIE

Herausgegeben von Ernst Heitsch, Reinhold Merkelbach und Clemens Zintzen

Heft 109

Hans Erich Stier

Kleine Schriften

Herausgegeben von

P. Funke

G. A. Lehmann

1979

Verlag Anton Hain · Meisenheim am Glan

CIP-Kurztitelaufnahme der Deutschen Bibliothek

Stier, Hans Erich:
[Sammlung]
Kleine Schriften / Hans Erich Stier. – Meisenheim am Glan : Hain, 1979.
(Beiträge zur klassischen Philologie; H. 109)
ISBN 3-445-02112-0

Herstellung: Hain-Druck KG, Meisenheim/Glan
Printed in Germany
ISBN 3-445-02112-0

Inhaltsverzeichnis

Vorwort

Diese Auswahlsammlung setzt sich zum Ziel, die bedeutendsten unter den z. T. an sehr entlegenem Ort publizierten fachwissenschaftlichen Arbeiten von Hans Erich Stier zusammenfassend vorzulegen. Die Realisierung dieses Vorhabens wurde dankenswerterweise ermöglicht durch einen beträchtlichen Druckkostenzuschuß des Ministers für Wissenschaft und Forschung des Landes Nordrhein-Westfalen sowie eine großzügige finanzielle Hilfe der Gesellschaft zur Förderung der Westfälischen Wilhelms-Universität zu Münster. Ebenso sei der Rheinisch-Westfälischen Akademie der Wissenschaften in Düsseldorf für ihre Unterstützung gedankt.

Durch freundliches Entgegenkommen der Herausgeber E. Heitsch, R. Merkelbach und C. Zintzen konnte diese Sammlung in die Schriftenreihe „Beiträge zur Klassischen Philologie" aufgenommen werden. Ein Verdienst um das Erscheinen der „Kleinen Schriften" Hans Erich Stiers haben sich ferner die Verlagsanstalten erworben, die in uneigennütziger Weise Genehmigungen zum Wiederabdruck erteilten. Nicht zuletzt sei dem Verlag Anton Hain für seine rasche und zuverlässige Arbeit an der Fertigstellung dieses Buches gedankt.

Ein Schriftenverzeichnis beizufügen erübrigte sich, da eine (bis 1972) vollständige Bibliographie, die auch die politischen Publikationen Hans Erich Stiers mitumfaßt, von B. Haller für die Festschrift „Antike und Universalgeschichte" (hrsg. v. R. Stiehl und G. A. Lehmann, Münster/W. 1972, S. 443 ff.) erstellt worden ist.

Köln im November 1979 — P. Funke – G. A. Lehmenn

Einleitung

Am 26. 1. 1979 ist Hans Erich Stier im Alter von 76 Jahren nach schwerer Krankheit in Münster gestorben, wo er über 35 Jahre – bis zu seiner Emeritierung 1970 – als Althistoriker gewirkt hat. Mit ihm ist nicht nur ein bedeutender Gelehrter der deutschen Geschichtswissenschaft und Altertumskunde von uns gegangen, mit ihm hat auch unsere Demokratie einen Mann verloren, der glaubwürdig die Verpflichtung des Wissenschaftlers zur Forschung und Wahrheitssuche mit dem politischen Verantwortungssinn des Bürgers zu verbinden wußte.

Die Sammlung der „Kleinen Schriften", die hier vorgelegt wird, und deren Konzeption mit dem Verfasser im Herbst 1978 noch besprochen werden konnte, versteht sich als möglichst breit angelegte Dokumentation des vielschichtigen wissenschaftlichen Lebenswerkes von Hans Erich Stier, die sich seinen Büchern und Akademieabhandlungen an die Seite stellt. Sie soll der wissenschaftlichen Diskussion und Forschung – in den entsprechenden Sachbereichen – als Arbeitsinstrument dienen, zugleich aber auch die Erinnerung an einen edlen, gütigen Lehrer und Menschen wachhalten.

Seine wissenschaftliche Prägung verdankte Stier vor allem dem großen Universal- und Althistoriker Eduard Meyer (1855–1930), dessen Schüler er 1921 gleich zu Beginn seines Studiums an der Universität Berlin wurde. Es waren dies die Jahre, in denen Meyers umfassende historische Untersuchung und Darstellung der Geschichte des hellenistischen Vorderasien in dem mehrbändigen Werk „Ursprung und Anfänge des Christentums" ihre Vollendung fand; zugleich wurde das gewaltige Werk der Neubearbeitung der „Geschichte des Altertums" weitergeführt. Neben Eduard Meyer haben Stier als akademische Lehrer insbesondere die großen Klassischen Philologen Werner Jaeger und Eduard Norden sowie auch der Ägyptologe Heinrich Schaefer gefördert und geprägt.

Schon die Dissertation (ΝΟΜΟΣ ΒΑΣΙΛΕΥΣ, Diss. Berlin 1926; hier *Abh. Nr. 1*) galt einem Problembereich, dem Stier sich in seiner wissenschaftlichen Lebensarbeit immer wieder zugewandt hat: der adäquaten Erfassung von entscheidenden Faktoren und Fragen der Geschichte der griechischen Polis-Welt (siehe *Abh. Nr. 10, 12, 14, 19, 23*). Diese Erstlingsarbeit ist hier (in der leicht gekürzten Fassung, in der sie 1928 im *Philologus* erschien) nicht zuletzt im Hinblick auf die aktuelle, begriffsgeschichtlich orientierte Forschungsdiskussion aufgenommen worden, da in ihr die Möglichkeiten und Grenzen terminologischer Sondierungen und Ableitungen deutlich aufgezeigt werden.

Als Eduard Meyer 1930 mitten aus der Arbeit an seiner Neudarstellung der Geschichte des frühen 1. Jahrtausends v. Chr. in Vorderasien, Hellas und Ägypten abberufen wurde, übernahm Stier die schwere Aufgabe, das monumentale, unvollendet gebliebene Werk der „Geschichte des Altertums“ anhand der Spezialarbeiten und Notizen Meyers so weit abzurunden und auch in den späteren Werkteilen der ersten Auflage auf den erreichbaren letzten Stand in der Auffassung des Autors zu bringen, wie dies ohne Substanzveränderung nur eben möglich war. Es ist Stiers Verdienst und die Frucht langer entsagungsvoller Arbeit, daß dieses in seiner Zusammenschau und gleichrangigen Synthese der griechischen und altorientalischen Geschichte nach wie vor unübertroffene Werk nicht lediglich als imposanter Torso der Wissenschaftsgeschichte angehört, sondern als grundlegende Darstellung in der akademischen Lehre und für das Studium lebendig geblieben ist. Mit diesem Werk hat Stier – von dessen prinzipiellem Interesse an der Geschichte des Alten Orients hier *Abh. Nr. 7, 10, 12* zeugen – auch in der sich nach 1933 zuspitzenden Kontroverse zwischen den Positionen einer wissenschaftlich-kritischen Universalgeschichte und einer an der nationalsozialistischen Rassenideologie orientierten „wertbetonten Geschichte der Völker des Altertums“ (H. Berve) eindeutig Stellung bezogen. Ein Vortrag, den er 1939 auf dem Internationalen Archäologenkongreß in Berlin zum Thema „Hellas und Ägypten“ hielt (hier *Abh. Nr. 10*) und in dem er die hohe Wertschätzung und tatsächliche historische Bedeutung der ägyptischen Kunst und Kultur für das Hellas der archaischen und klassischen Zeit würdigte, trug ihm eine drohende Rüge des „Völkischen Beobachters“ ein – unter dem bezeichnenden Titel „Ein Schritt vom Wege!“.

Die langwierigen Bemühungen um die Neuedition der „Geschichte des Altertums“ haben Stier leider oft daran gehindert, eigene neue Erkenntnisse und Einzelbeobachtungen auszuarbeiten. Einen Begriff hiervon gibt die Studie „Eine Großtat der attischen Geschichte. Die sogenannte Schlacht bei ‚Oinoë‘“ (*Abh. Nr. 3*; dazu *Nr. 4*), die mit konstruktivem Scharfsinn einen Lösungsvorschlag für ein kompliziertes Problem der griechischen Geschichte der Pentekontaëtie präsentiert und sogleich nach ihrem Erscheinen eine lebhafte fachwissenschaftliche Diskussion ausgelöst hat.

Zu dem verpflichtenden Erbe Eduard Meyers trat die Faszination durch die geistige Persönlichkeit und weltgeschichtliche Konzeption Oswald Spenglers hinzu, der Stier 1934/35 die Herausgabe der neugegründeten universalhistorischen Zeitschrift „Welt als Geschichte“ übertrug. Stier hat sich sehr eingehend mit den Auffassungen Spenglers von der vergleichbaren Eigengesetzlichkeit der großen weltgeschichtlichen „Kulturen“ auseinandergesetzt (siehe hier *Abh. Nr. 7, 8, 17*), und noch in Stiers großem Werk „Grundlagen und Sinn der griechischen Geschichte“ (Stuttgart 1945), das aus der Berliner Habilitationsschrift von 1930 erwachsen ist, zeigt sich der Einfluß des geschichtsmorphologischen Denkens Spenglers. Das kulturpessimistische, biologistisch-zyklische Schema der Spenglerschen Geschichtsbetrachtung hat Stier sich freilich nie zu eigen gemacht. Festgehalten hat er hingegen an der Überzeugung von einer tiefen strukturellen Verwandtschaft der Welt des Altertums und des abendländischen Europas, so daß die Heranziehung historischer Analogien aus Mittelalter und Neuzeit zur Illustration und Vergegenwärtigung antiker Phänomene für Stier stets eine wichtige Dimension der Geschichtsdarstellung geblieben ist.

Nach der tiefen Zäsur der Kriegskatastrophe und Not der Nachkriegszeit ist die zweite Schaffensperiode Stiers nicht zuletzt geprägt durch sein aktives politisches Engagement in langjähriger parlamentarischer Tätigkeit. Ohne Zögern hat Stier die Erfahrungen und Anregungen seines politischen Wirkens für sein wissenschaftliches Œuvre fruchtbar zu machen gesucht – getreu der Grundeinsicht Eduard Meyers: „Aus sich selbst nimmt der Historiker die Probleme, mit denen er an das Material herantritt". Dies gilt – über den fachspezifischen Ertrag im engeren Sinne hinaus – ebenso für die Arbeiten Stiers zur Geschichte der klassischen Demokratie Athens (siehe hier *Abh. Nr. 13,19*) wie auch zum Zeitalter des Aufstiegs der Römer zur Weltmacht (siehe hier *Abh. Nr. 15, 20*).

Ein Themenbereich, der Stier in seiner historischen Arbeit – nicht zuletzt als Autor einer umfassenden „Deutschen Geschichte im Rahmen der Weltgeschichte" – immer wieder fasziniert hat, sind die Ereignisse und Entwicklungen um das Eindringen der Römer in den germanisch-mitteleuropäischen Raum in der Zeit Cäsars und des Augustus. Die hier getroffene Auswahl erfaßt einerseits Untersuchungen zu vielumstrittenen Detailfragen (*Abh. Nr. 2, 5*), andererseits eine bemerkenswerte Analyse und Wertung des gesamten Geschehenszusammenhanges (*Abh. Nr. 6*).

Einen gewichtigen Platz in Stiers Lebenswerk nehmen schließlich die Aufsätze ein, die den Grundzügen des augusteischen Prinzipates und Friedensreiches (*Abh. Nr. 18, 22*), dem Zeithintergrund und Ursprung des Christentums (*Abh. Nr. 21*) sowie der geistigen Neuorientierung der abendländischen Kirche in der Spätantike (*Abh. Nr. 16*) gewidmet sind. Wie für seinen großen Lehrer Eduard Meyer ist es auch für Stier innerstes Anliegen und Triebfeder seiner Forschungsarbeit gewesen, „aufgrund der Geschichte zu einer umfassenden und einheitlichen Weltanschauung zu gelangen, und daher die Geschichte möglichst universell gerade auch nach der Seite des geistigen Lebens hin zu erfassen" (Eduard Meyer, Autobiographische Skizze). In diesen Abhandlungen aber wird hinter den historischen Erörterungen und Fragestellungen auch Stiers Persönlichkeit, seine durch das Bekenntnis zum christlichen Glauben geprägte *humanitas*, sichtbar.

Die Herausgeber

ΝΟΜΟΣ ΒΑΣΙΛΕΥΣ[1].

Die Diskussion über die Beweggründe, durch welche die Wandlung der griechischen Staatsform im Laufe des IV. Jahrhunderts v. Chr. von der Demokratie des perikleischen Athen zum hellenistischen Gottkönigtum herbeigeführt worden sei, ist in letzter Zeit neu belebt worden. G. Strohm hat in seinem Buche „Demos und Monarch; Untersuchungen über die Auflösung der Demokratie" (Stuttgart 1922) des Problem wieder aufgegriffen, und auf ihm fußend ist E. von Stern in seiner Hallenser Rektoratsrede von 1923 über „Staatsform und Einzelpersönlichkeit im klassischen Altertum" mit neuen Vorschlägen hervorgetreten. Die älteren Theorien, vor allem die Erklärung des Wandels zur Monarchie als einer Dekadenzerscheinung, vermögen heute nicht mehr zu genügen, wie Strohm S. 1f. und — noch einleuchtender — v. Stern (S. 4) betonen. Daß eine einheitliche, in sich geschlossene innere Entwicklung vorliegt, ist vor allem seit Eduard Meyers Behandlung des Gottkönigtums Alexanders und seiner Entstehung aus dem Ideenkreise des IV. Jahrhunderts[1a]) klar hervorgetreten. Strohm und v. Stern fragen, ob nicht bereits in der inneren Gestaltung der griechischen Demokratie alle Momente vorhanden waren, die schließlich zur Monarchie führen m u ß t e n. Sie glauben, hier soweit gehen zu müssen, daß sogar das V. Jahrhundert, das bisher vorzugsweise als das demokratische bezeichnet wurde, in Wirklichkeit als monarchisches betrachtet zu werden verdiene, womit das Hauptproblem ja sofort gelöst wäre; und zwar stützt sich Strohm auf eine reiche Sammlung von zeitgenössischen Äußerungen, besonders aus der Dichtung, aus denen er auf ein wesentlich monarchisch orientiertes Empfinden und Denken dieses Jahrhunderts schließen zu müssen glaubt. Daß seine Methode hierbei z. T. sehr schweren Bedenken unterliegt, soll nur beiläufig

---

1) Die Untersuchung ist auch als Berliner Dissertation erschienen.

1a) Alexander d. Gr. und die absolute Monarchie, 1905; jetzt im I. Bande seiner kleinen Schriften, S. 286ff.

erwähnt werden; daß seine Ergebnisse aber — selbst ihre Richtigkeit vorausgesetzt — für die Erklärung des Problems nicht ausreichen, hat bereits v. Stern l. c. S. 9 betont. Letzterer sieht nun seinerseits den Grund für die Wandlung der Staatsform darin, daß der Hauptvertreter der Demokratie, der athenische Staat (für den allein die Quellen uns eine genauere Kenntnis ermöglichen), „nicht, wie etwa die englische Verfassung, aus den gegebenen Bedingungen und Verhältnissen des Lebens allmählich erwachsen und erstarkt, sondern von mächtigen Einzelpersönlichkeiten als Staatsform geschaffen worden ist, und daß diese Einzelpersönlichkeiten von Anfang bis zu Ende in ihr eine Stellung eingenommen haben, die diese Form mit der Zeit wie eine schwache Hülle zersprengte". (S. 10).

Die vorliegende Untersuchung beschränkt sich darauf, zur Lösung der eben skizzierten Problematik einen Beitrag zu liefern, indem sie die Entwicklung klarzulegen sucht, die in der in Frage kommenden Zeit die *νόμος*-Idee durchgemacht hat. Mit dem *νόμος* ist die griechische Demokratie aufs engste verknüpft. Es ist fast verwunderlich, daß eine zusammenfassende Behandlung hier noch fehlt, trotz der zentralen Bedeutung dieser Frage. V. Ehrenberg[2]) sagt „Trotz gelegentlicher schöner Phrasen, oder vielmehr, weil es nur noch Phrasen sind, hat schon seit dem IV. Jahrhundert der Grieche im allgemeinen zum Nomos kein inneres Verhältnis mehr"; und er gibt damit nur eine weit verbreitete Meinung wieder. Daß sie jedoch nicht zutrifft, wird sich unten ergeben.

Von den Schicksalen der *νόμος*-Idee im V. und IV. Jahrhundert lassen die zahlreichen Zitate des bekannten Pindarwortes „*νόμος ὁ πάντων βασιλεύς*" (fr. 169), das in der Diskussion eine Hauptrolle spielt, ein klares Bild gewinnen; damit ergeben sich auch Ausblicke auf die große politische Metamorphose des Zeitalters. Man hat diesen Zitaten bisher nur in rein philologischem Interesse Aufmerksamkeit geschenkt, um sie für die Herstellung des Textes und zur Interpretation des fr. 169 zu verwenden. Aber ihr eigentlicher Wert liegt nicht auf diesem Gebiete[3]), sondern vielmehr

---

[2]) V. Ehrenberg, Neugründer des Staats. München 1925. S. 1.

[3]) cf. O. Schröder im Sokrates 1917, S. 537. — Eine Hindeutung auf die historische Verwertbarkeit der Zitate enthält implicite Ed. Meyers Bemerkung über Herodots Zitat des fr. 169 (III 38), Forschungen z. alt. Gesch. II S. 253, Anm. 2; dazu Gesch. des Altertums III S. 453 (Pindar fr. 169), IV S. 146 (Euripides) S. 264 (Hippias).

darin, daß sie — rein historisch bewertet — einen deutlichen Reflex der großen geistigen Umwandlung ihres Zeitalters geben.

Die Rekonstruktion des pindarischen fr. 169 aus den Scholien zu Aristides *περὶ ῥητορικῆς* (III p. 408 Ddf.), dem Zitat in Platons Gorgias 484b und den Scholien zu Nem. IX 15 geht in allem wesentlichen bereits auf Boeckh zurück. Es sei hier der Wortlaut nach O. Schroeders letzter Ausgabe (in der Bibl. Teubn. 1914) hergesetzt:

νόμος ὁ πάντων βασιλεὺς θνατῶν τε καὶ ἀθανάτων
ἄγει δικαιῶν τὸ βιαιότατον
ὑπερτάται χειρί· τεκμαίρομαι
ἔργοισιν Ἡρακλέος, ἐπεὶ Γαρυόνα βόας
Κυκλωπίων ἐπὶ προθύρων Εὐρυσθέος
ἀναιτήτας τε καὶ ἀπριάτας ἔλασεν.

V. Ehrenberg, der in seiner „Rechtsidee im frühen Griechentum" (Leipzig 1921) zuletzt das Fragment eingehender behandelt und die früheren Interpretationsversuche kritisch geprüft hat (S. 119f.), sagt: „Das Fragment als Ganzes ist uns ein Rätsel; wir sehen nicht, was in den *ἔργα Ἡρακλέος*, von denen weiter die Rede ist, Gewalt, was Recht sein soll." Das heißt die Skepsis zu weit getrieben, — so berechtigt sie angesichts der übergroßen Anzahl untereinander oft diametral entgegengesetzter Interpretationsversuche sein mag, bei deren Betrachtung man von einer „Krankheitsgeschichte" der Erklärung gesprochen hat[4]). — Herakles hat die Rinder des Geryones fortgetrieben, ohne sie sich zu erbitten oder sie zu kaufen; und das ist *βιαιότατον*. Pindar hat an dieser Tat des Idealheros Anstoß genommen; das ethische Gefühl bäumt sich gegen die gerade im Mythos so zentralen *βίαια* auf. Es ist das Paradoxon „berechtigter Raub", das dem Dichter zu schaffen macht, wie Schröder l. c. S. 201 das treffend formuliert hat. Die bei Aristides (II 70 Ddf.) erhaltenen Verse des fr. 81, die — wie Schröder erkannt hat — aus dem Dithyrambos Kerberos stammen[5]), beschäftigen sich gleichfalls mit dem Problem des Rinderraubes:

---

4) O. Schröder, Philol. LXXIV S. 195.
5) cf. Wilamowitz, Pindaros (Berlin 1922) S. 344.

σὲ δ' ἐγὼ παρά νιν
αἰνέω μέν, Γαρυόνα, τὸ δὲ μὴ Δὶ
φίλτερον σιγῷμι πάμπαν.

„Mein Empfinden steht auf der Seite des Geryones, nicht auf seiner (sc. des Herakles); aber ich will gänzlich von dem schweigen, was dem Zeus nicht das Liebere war“ [6]). Der Unterschied zwischen diesem Ausspruch und dem fr. 169 darf nicht übersehen werden. Zwar ist der Ausgangspunkt beidemal der gleiche; aber im fr. 81 bescheidet sich Pindar mit dem Willen des Zeus; deswegen bleibt Gewalttat doch Gewalttat, und der Dichter „unterwirft sich kopfschüttelnd, aber demütig der göttlichen Entscheidung, die für Herakles gefallen ist“ (Wilamowitz, Platon II S. 96). Im fr. 169 dagegen steht es für ihn fest, daß die Tat des Herakles, wenn sie auch βιαιότατον war, in Wahrheit doch δίκαιον sei; jetzt fragt er, welche Macht ὑπερτάται χειρί die Vereinigung der beiden großen Urgegensätze βία und δίκη bewirken konnte. Und das ist nicht der Wille des Zeus, sondern der νόμος, der damit πάντων βασιλεύς, θνατῶν τε καὶ ἀθανάτων, ist. Nicht daß Gewalt oft triumphiert, ist die Weisheit, die Pindar verkündet [7]), und so zeigen seine Worte auch nichts, was auf eine gewisse Resignation deuten würde (wie sie doch dem fr. 81 nicht fern liegt). Der Nachdruck liegt durchaus auf dem δικαιοῦν, „zur δίκη Machen“. So liegt das Hauptproblem des Verständnisses des fr. 169 lediglich darin, was unter dem νόμος hier zu verstehen sei. Die rein dialektische Kritik [8]) vermag hier ebenso wenig wie sonst zu einem Ergebnis zu gelangen, wie eben die zahlreichen

[6]) Ähnlich will er Ol. XIII 91 das letzte, traurige Geschick des kühnen Bellerophontes verschweigen.

[7]) Wenn auch die Folgezeit unter dem Einflusse von Platons Gorgias (s. u. S. 247 ff.), es zuletzt fast ausschließlich so auffaßte; das ist sowohl bei Aristides und Libanios (apol. Socr. c. 87 Foerst.) wie bei den Scholiasten der Fall. Wilamowitz hat darauf hingewiesen (Platon II S. 95 ff.), daß bei Platon die Lesung βιαιῶν τὸ δικαιότατον an die Stelle der pindarischen Fassung δικαιῶν τὸ βιαιότατον getreten ist, wovon weiter unten zu handeln sein wird. Damit wird der ursprüngliche Sinn der Pindarworte völlig verändert. Nichtsdestoweniger erklärt Wilamowitz l. c. S. 96 das Pindarwort so, als stände die Fassung des „Gorgias“ da: „er (der νόμος) macht vergewaltigend mit überlegener Faust Recht, und das hält er dann als volles Recht“ usw. (ähnlich Pindaros, S. 462). Auch Ed. Meyer verstand ursprünglich das Pindarwort im Sinne des Kallikles (Forschgn. II S. 253 Anm. 2); anders Gesch. d. Alt. III S. 453. — Mißlungen ist der Interpretationsversuch A. Menzels (Kallikles 1922, S. 31 ff.).

[8]) cf. über sie Ed. Norden, Tacitus' Germania (1920), S. 9.

bisher aufgestellten Interpretationsvorschläge beweisen; vielleicht hilft ein Blick auf das, was sich über die ältere Geschichte des *νόμος* aus den spärlichen Trümmern der Überlieferung ermitteln läßt, weiter. In den erhaltenen Gesängen Pindars läßt sich eine wirklich zutreffende Analogie zum fr. 169 nicht aufweisen [9]. Immerhin begegnet das Wort *νόμος* häufig, und überall zeigt sich, daß dem Begriffe bei Pindar ein großes Gewicht beigemessen wird [10]. Das tritt hervor Isthm. II 38, wo von Xenokrates gesagt wird: *αἰδοῖος μὲν ἦν ἀστοῖς ὁμιλεῖν ἱπποτροφίας τε νομίζων ἐν Πανελλάνων νόμωι*, oder Olymp. VIII 78, wo der gymnischen Siege der Blepsiaden als der *κὰν νόμον ἐρδόμενα* gedacht wird, besonders aber Nem. I 72, wo es von Herakles heißt, er werde nach Vollbringung seiner Taten *δεξάμενον θαλερὰν Ἥβαν ἄκοιτιν καὶ γάμον δαίσαντα πὰρ Διὶ Κρονίδαι σεμνὸν αἰνήσειν ν ό μ ο ν*, letzteres war dem Empfinden der späteren Zeit so fremd geworden, daß sich im Text die Lesungen *δόμον* und *γάμον* an seine Stelle gesetzt haben und nur das Scholion die ursprüngliche Lesart erschließen ließ [11]. Auch auf das Staatsleben bezieht sich der *νόμος*: in Pyth. X 70 (bekanntlich der ältesten erhaltenen Ode Pindars) werden die edlen Aleuaden gelobt, *ὅτι ὑψοῦ φέροντι νόμον Θεσσαλῶν αὔξοντες· ἐν δ' ἀγαθοῖσι κεῖται* [12] *πατρώϊαι κεδναὶ πολίων κυβερνάσιες*. Ähnlich heißt es Pyth. I 62 bei der Gründung Ätnas: *θεοδμάτωι σὺν ἐλευθερίαι ἐν νόμοις Ὑλλίδος στάθμας*. Und Pyth. II 86 wird jede der drei Verfassungsformen Monarchie, Demokratie und Aristokratie als *νόμος* bezeichnet [13]. Überall tritt hervor, daß dem Begriffe etwas Ehrwürdiges, gewissermaßen Geheiligtes innewohnt [14], von dem unser Wort „Sitte“,

9) Als formale Analogie ließe sich Olymp. II 17ff. (*Χρόνος ὁ πάντων πατήρ*!) allenfalls heranziehen. Eine stilistisch ganz weitgehende Übereinstimmung mit fr. 169 bietet das bekannte 53. Frgt. Heraklits: *πόλεμος πάντων μὲν πατήρ ἐστι, πάντων δὲ βασιλεύς, καὶ τοὺς μὲν θεοὺς ἔδειξε, τοὺς δὲ ἀνθρώπους, τοὺς μὲν δούλους ἐποίησε, τοὺς δὲ ἐλευθέρους*. Das ist auch Dornseiff nicht entgangen (Pindars Stil, Berlin 1921, S. 52); seine Erklärung der auffallenden Übereinstimmung durch „asiatische Wesensfarbe“ bei Heraklit und der Chorlyrik wird wohl wenig Anklang finden.

10) cf. Ehrenberg, Rechtsidee S. 119.

11) cf. dazu Wilamowitz, Pindaros S. 256 Anm. 1.

12) cf. Wilamowitz, Pindaros S. 471.

13) *νόμος* ist deshalb hier aber noch nicht gleichbedeutend mit „Verfassung“; das lehren schon die *θεῶν νόμοι*, die im gleichen Gesange v. 43 vorkommen.

14) Man vergleiche besonders fr. 215: *ἄλλα δ' ἄλλοισιν νόμιμα, σφετέραν αἰνεῖ δίκαν ἕκαστος*, wo *νόμος* und *δίκη* als fast synonyme Begriffe an-

das dem *νόμος* in diesen pindarischen Stellen noch am nächsten kommt, eben doch nur einen geringen Teil bewahrt hat. Nirgends wird an eine Wiedergabe durch „Gesetz“ gedacht werden können.

Hält man Umschau nach älteren Zeugnissen, so hat Hirzel (Themis, Dike und Verwandtes, Leipzig 1907, S. 133 Anm. 3) bereits die umstrittene Stelle aus Solons Iamben herangezogen:

ταῦτα μὲν κράτει
νόμου βίην τε καὶ δίκην συναρμόσας
ἔρεξα καὶ διῆλθον, ὡς ὑπεσχόμην (fr. 24 Diehl = 36 Bgk.; v. 16 ff.)

Bekanntlich hat erst der Londoner Papyrus der aristotelischen *Ἀθηναίων πολιτεία* die Lesung *νόμου* gebracht, während sowohl der Berliner Papyrus wie auch Plutarch, Solon c. 15, und Aristides, or. XXVIII 138 ff. (= II 186 K. [II p. 537 Ddf.]) an Stelle von *νόμου* *ὁμοῦ* lesen. Überblickt man das ganze Fragment 24, so ist m. E. die Entscheidung nicht zweifelhaft. Es zerfällt in 2 Abschnitte; an der Spitze des ersten, der bis zum 20. Verse reicht, steht das betonte *ἐγώ*, dem in v. 20 *ἄλλος* entspricht (erst hier folgt auch das *δέ*, das dem *μέν* des ersten Verses entspricht) [15]. Das Ganze ist eine Rechtfertigung, die Solon — gegenüber den Vorwürfen nach Vollendung seines Werkes — für sein Vorgehen geben will. Er sucht sein Verfahren als rechtmäßig zu erweisen, und zwar sowohl für die *χρεῶν ἀποκοπή* wie für die Gesetzgebung. Vor dem Richterstuhle der Zeit wird die von den auf ihr lastenden Schuldsteinen durch die Seisachthie befreite Erde, die *μήτηρ μεγίστη δαιμόνων Ὀλυμπίων*, für sein Werk Zeugnis ablegen; ebenso spricht für ihn die Wiedergewinnung zahlreicher infolge der drückenden Verhältnisse in der Fremde weilender Athener für das Vaterland, (die ihm gelungen ist, während ein anderer, der bereitwillig auf die Wünsche der Gegner Solons eingegangen wäre, dadurch nur bewirkt hätte, daß noch mehr athenische Männer dem Staate verloren gegangen wären (v. 25)). Die Seisachthie mußte bei einer Rechenschaftsablage unbedingt in den Vordergrund treten

---

streben (s. u. S. 239). — Es wären noch anzuführen die Stellen Nem. III 55 (*φαρμάκων μαλακόχειρα νόμον*), Nem. X 28 *ἐν Ἀδραστείωι νόμωι* (die nemeischen Spiele); zuweilen tritt das Adjektivum *ἔννομος* auf, so Pyth. IX 57 (*χθονὸς αἶσαν ἔννομον δωρήσεται*), Olymp. VII 84 (*ἀγῶνες ἔννομοι Βοιωτίων*).

[15]) Daher ist auch in v. 18 das *δ'*, das Diehl beibehält, unbedingt in *θ'* mit dem Londoner Papyrus zu korrigieren.

angesichts der zahlreichen unvermeidlichen Härten gerade dieser Maßregel[16]). In der Tat hat Solon hier, wie er es ausdrückt, „*βία* und *δίκη* zusammengefügt"; man erwartet jetzt die Anführung der Norm, die ihn hierbei leitete und aus der er die Kraft schöpfte zu einem Unterfangen, die beiden Urgegensätze zusammenzubringen; einer Norm also, die letzten Endes über den Wogen des Parteihaders in voller, allgemein anerkannter Objektivität verharrt. Das ist auch Kaibel, der mit Entschiedenheit die Lesung *νόμου* verwirft[17]), nicht entgangen; er glaubt jedoch, daß diese Norm im Begriffe des *κράτος*, der „dem Solon anvertrauten Macht, vermittelst derer er die sozialen Verhältnisse bessert", enthalten sei. Allerdings hat Solon als erwählter Archon seine Gesetzgebung durchgeführt; aber nicht darauf, daß ihm vom Volke selbst die potestas für sein Vorgehen verliehen worden sei, konnte er sich berufen wollen. Das hieße letzten Endes die Verantwortung von sich auf die Bügerschaft abwälzen, und schwerer könnte man wohl gerade eine Persönlichkeit wie Solon nicht mißverstehen. Das Entscheidende war vielmehr, daß die Wahl auf ihn gefallen war, weil seine ganze Persönlichkeit davon zeugte, daß in ihm etwas Höheres, kleinlichem Parteiinteresse Fernstehendes sich offenbarte. Die Lesung *νόμου* behebt alle Schwierigkeiten. Freilich weicht der Gebrauch dieses Wortes an unserer Stelle vom Empfinden späterer Zeiten nicht unbeträchtlich ab; daß es mit „Gesetz" nichts zu tun hat, lehrt v. 18, wo dieses letztere mit *θεσμός* bezeichnet wird, durchaus unserem Worte „Gesetz" entsprechend und in voller Übereinstimmung mit der Überlieferung, daß die Bezeichnung der Gesetze als *θεσμοί* eine ältere Stufe repräsentiere[18]).

Daß sich dann später, als der Begriff des *νόμος* eine starke Verengerung seiner Bedeutung erhalten hatte, in den solonischen Versen an die Stelle des *νόμου* die Lesung *ὁμοῦ* setzte — ein an sich betrachtet recht überflüssiger Zusatz zu *συναρμόσας* —, ist begreiflich. — Kaibel faßt den *νόμος* bei Solon als gleich-

---

[16]) cf. auch Swoboda, Beiträge zur griech. Rechtsgeschichte, S. 130 f.
[17]) G. Kaibel, Stil und Text der *πολιτεία Ἀθηναίων* des Aristoteles. Berlin 1893, S. 151.
[18]) cf. Harpokration ed. Bekker (1833) p. 96 s. v. *θεσμός*. Von den modernen Bearbeitungen seien genannt: Ehrenberg, Rechtsidee S. 104 ff. und Busolt, Griech. Staatskunde I (1920), S. 456.

bedeutend mit *θεσμός*. Von da aus ist seine Verwerfung dieser Lesart verständlich. Er sagt l. c.: „Die *χρεῶν ἀποκοπή* hat vor der *νομοθεσία* stattgefunden, wie ja auch bei Solon auf diese Verse folgt *θεσμοὺς δὲ ἔγραψα* zum Unterschied von der *χρεῶν ἀποκοπή* (daher auch *δέ* allein möglich). Also hat *κράτει νόμου* keinen Sinn . . .“ Gegen die Lesung *δέ* ist bereits oben das Nötige gesagt worden; damit fällt der „Unterschied“ zwischen *χρεῶν ἀποκοπή* und Gesetzgebung fort, der in das Gedicht nicht hineinpaßt; Kaibels Fehlgriff war, daß er den *νόμος* einseitig in seiner späteren, rein politischen Fassung verstand, während gerade die solonischen Verse uns bei dem abweichenden Gebrauch des Wortes einen unschätzbaren Einblick in die frühere Geschichte des *νόμος*-Begriffes gewähren [19]).

Bekanntlich fehlt der *νόμος* bei Homer [20]). Die ältesten Belege für *νόμος* bieten erst die Gesänge Hesiods, besonders Erga 276 ff.: *τόνδε γὰρ ἀνθρώποισι νόμον διέταξε Κρονίων*
ἰχθύσι μὲν καὶ θηρσὶ καὶ οἰωνοῖς πετεηνοῖς
ἐσθέμεν ἀλλήλους, ἐπεὶ οὐ δίκη ἐστὶ μετ' αὐτοῖς·
ἀνθρώποισι δ' ἔδωκε δίκην, ἣ πολλὸν ἀρίστη
γίγνεται . . . .

Wenn Hirzel (Themis S. 366 Anm. 3) meint, das *νόμον διατάσσειν* sei im wesentlichen das gleiche wie das *δίκην διδόναι* in v. 279, so kann man Hesiod nicht stärker mißverstehen [21]). Die *δίκη* ist die zentrale Idee, um die Hesiods Denken kreist; Perses soll auf s i e achten und der *βία* entsagen (v. 274); denn Gewalttätigkeit herrscht unter den Tieren, den Menschen aber hat Zeus die *δίκη* gegeben. Diese Ordnung des Zeus wird als *νόμος* bezeichnet; der Weg, der von hier zum solonischen *νόμος* geführt hat, wird deutlich, wenn auch der Abstand zwischen beiden außerordentlich groß ist. Wie bei Solon, so stehen sich auch bei

---

19) Wenn Schröder in dem bereits zitierten Aufsatze im Phil. LXXIV S. 198 unter dem *νόμος* bei Solon die „grundlegende Verfassung“ sehen will, so wendet sich Ehrenberg l. c. S. 116 Anm. 5 mit Recht dagegen.

20) cf. die Diskussionen der Alexandriner, deren Nachklänge sich in die Scholien gerettet haben (zu *ρ* 487; s. Lehrs, De Aristarchi studiis Homericis, S. 342 f.; Schol. zu Hesiods *Ἔργα* 274, ed. Gaisford, Lpz. 1823, [Proclus]; Hesych. s. v. *νόμος*). Erörterung der Frage bei Plutarch, De arte et poesi Homeri II 175. Josephus benutzt die offenbar allbekannte Tatsache, daß der *νόμος* bei Homer nicht vorkommt, um sie gegen seine Widerspieler auszunutzen (c. Apion. II 15 = 155 Niese).

21) cf. Ehrenberg l. c. S. 115.

Hesiod βία und δίκη als unvereinbare Gegensätze gegenüber. Hesiod strebt danach, der δίκη zur alleinigen Wertschätzung seitens der Menschen zu verhelfen; auf ihr liegt in seinen Versen der Nachdruck, nicht auf dem νόμος, der keine irgendwie hervorragende Rolle bei ihm spielt[22]). Für Solon ist, wie für seine Zeit überhaupt, die δίκη längst das hohe, anerkannte Ideal; er will betonen, daß die βία bei der Seisachthie in Wahrheit von ihm mit der δίκη eng zusammengefügt worden sei, wodurch sie erst ihre Rechtfertigung erhält; der νόμος hat ihm die Macht und das Recht dazu gegeben. Der Nachdruck liegt jetzt auf νόμος. Daß unter dem Wort in keiner Weise das zu verstehen ist, was etwa das V. und dann das IV. Jahrhundert unter νόμος begreifen, zeigt der Zusammenhang, in dem es bei Solon auftritt; daß es nicht, wie Kaibel als selbstverständlich voraussetzte, „Gesetz" bedeuten kann, soll hier nochmals betont werden. Denn damit erledigt sich ein Einwand, der von anderer Seite aus gemacht werden könnte. Bekanntlich bezeichnet Solon sein politisches Ideal mit dem Namen der εὐνομία. Die spätere Zeit leitet dieses Wort ausnahmslos von νόμος ab; das wird besonders deutlich ausgesprochen von Aristoteles in seiner Politik IV 8 p. 1294a 3. Ob man eine Anschauung, die für das IV. Jahrhundert belegt ist, ohne weiteres auf das VII. und VI. Jahrhundert wird übertragen dürfen, mag mit Recht zweifelhaft erscheinen. Bereits in der alexandrinischen Philologie war ein lebhafter Streit über die Ableitung der εὐνομία entstanden; angesichts des Fehlens jeglicher Belege für νόμος im Homertext entschied sich Aristarch für die Ableitung der εὐνομία in ρ 487[23]) von εὖ νέμεσθαι. Von den Neueren haben ihm Lehrs (De Aristarchi studiis Homericis p. 342f. Anm. 247) und Hirzel (Themis

---

[22]) Daher kann ich den Ausführungen Ehrenbergs a. a. O. nicht zustimmen. — Die übrigen Stellen, an denen bei Hesiod νόμος erscheint, sind bei Ehrenberg l. c. S. 115f. gesammelt. Die νόμοι καὶ ἤθεα κεδνὰ πάντων ἀθανάτων (Theog. 66), der πεδίων νόμος (Erga 388), die Hekateverehrung κατὰ νόμον (Theog. 417, wozu das — wenn echte — fr. 221 Rzach[3]: ὥς κε πόλις ῥέζῃσι, νόμος δ' ἀρχαῖος ἄριστος, zu stellen ist), zeigen, daß dem Begriffe etwas Geheiligtes eigen ist, daß ihm aber keine außerordentliche Bedeutung beigemessen wird. — Über das Verhältnis Hesiods zu Solon s. jetzt W. Jägers Behandlung der „Eunomie Solons" in den Sitzungsberichten der Berliner Akademie der Wiss. 1926, besonders S. 78. — An die hesiodischen νόμος-Stellen schließt sich das 2. Frgt. des Pherekydes von Syros (Diels) zwanglos an (ταῦτά φασιν ἀνακαλυπτήρια πρῶτον γενέσθαι· ἐκ τούτου δὲ ὁ νόμος ἐγένετο καὶ θεοῖσι καὶ ἀνθρώποισιν).

[23]) S. oben S. 232, Anm. 20.

S. 242f.) beigepflichtet; besonders letzterer hat die Frage eingehend erörtert und auch die Begriffe der *ἰσονομία*, *αὐτονομία* etc. in seine Betrachtung einbezogen; ihm haben sich B. Keil (in Gercke-Nordens Einleitung, Bd. III 1 S. 366ff.)[24]), H. Swoboda (in seiner Neubearbeitung der Hermannschen Staatsaltertümer, Tübingen 1913, S. 106), V. Ehrenberg (Rechtsidee S. 84 Anm. 1; S. 117 Anm.), Busolt (Staatskunde I S. 418) angeschlossen[25]). Gegen die Herleitung von *νέμειν* bzw. *νέμεσθαι* erklärten sich u. a. Kaerst (Geschichte des Hellenismus I 2, Lpz. 1916, S. 23) und mit besonderer Schärfe W. Jäger (Solons Eunomie S. 82 Anm. 1). Da die Frage für die Beurteilung des älteren griechischen Staats nicht ganz unwesentlich ist, soll versucht werden, an Hand der wichtigsten Belegstellen eine Entscheidung zu gewinnen. Daß die Worte *εὐνομία*, *ἰσονομία* und *αὐτονομία* hinsichtlich ihrer sprachlichen Bildung eng verwandt sind, bedarf wohl keiner weiteren Bemerkung; die Resultate, die sich für eines von ihnen ergeben, werden also auch auf die übrigen zurückwirken.

Es wurde oben darauf hingewiesen, daß während des V. und IV. Jahrhunderts die Beziehung der *εὐνομία* auf *νόμος* sich ziemlich allgemein durchsetzte. So ist es bereits bei Herodot (cf. I 65; I 96 u. 97 wird der *εὐνομία* als Gegenbegriff die — nur von *νόμος* ableitbare — *ἀνομία* gegenübergestellt). Um so auffälliger ist es, daß sich bei der *ἰσονομία* diese Ableitung nie ganz durchgesetzt hat. Bekanntlich war sie die ursprüngliche Bezeichnung der Demokratie; als solche erscheint sie noch bei Herodot (als *οὔνομα πάντων κάλλιστον*, III 80, und sonst). An besonders prägnanten Stellen, wo es sich um den Gegensatz zur Tyrannis handelt (in einem Zusammenhang, in dem das älteste Zeugnis, das „*ἰσονόμους δ' Ἀθήνας ἐποιησάτην*“ des Harmodiosskolions, begegnet!), gebraucht Herodot als vollkommen synonyme Begriffe *ἰσοκρατία* (V 92) bzw. *ἰσηγορία* (V 78). Sie allein schließen m. E. die Beziehung der *ἰσονομία* auf *νόμος* aus. Platon spottet über den *ἀνὴρ ἰσονομικός* (rep. VIII 858ff.) und über die Demokratie, die „*ἰσότητά τινα ὁμοίως ἴσοις τε καὶ ἀνίσοις διανέμουσα*“.

---

[24]) Keil hat in seiner Abhandlung über *Εἰρήνη* (Berichte der Sächs. Gesellsch. der Wissensch. Lpz. 1916, S. 39 Anm. 1) für das Vorkommen und die Verwendung der *εὐνομία* ein reiches Material zusammengestellt.

[25]) cf. dazu M. Muttelsees Hamburger Dissertation „Zur Verfassungsgesch. Kretas im Zeitalter des Hellenismus“, 1925, S. 30.

Wäre der „*νόμος*" im Worte *ἰσονομία* von irgendwelcher Bedeutung gewesen, so wäre schwer zu verstehen, wieso der Begriff im Laufe des IV. Jahrhunderts immer mehr verschwindet (bekanntlich fehlt *ἰσονομία* bei Aristoteles, was bereits Hirzel, Themis 273 Anm. 6, hervorgehoben hat; ihre Stelle nimmt bezeichnenderweise die *ἰσότης* ein), während sich der *νόμος* als politisches Programm (wovon unten zu handeln sein wird) gerade immer stärker in den Vordergrund der Diskussionen schiebt[26]). Es läßt sich also — in Umkehrung der Argumentation Kaersts a. O. — von den für *ἰσονομία* klar vorliegenden Indizien aus für die Auffassung der *εὐνομία* ein gewisses Präjudiz gewinnen. Die ältere Zeit kennt als Gegenbegriff für *εὐνομία* lediglich *δυσνομία*[27]); wenn W. Jäger a. O. dieses Wort lediglich als metrischen Ersatz für *ἀνομία* (das allerdings, wie er sagt, „wohl niemand von *νέμω* wird herleiten wollen"), halten will, so ist dies m. E. methodisch unzulässig. Einstweilen lehrt der Tatbestand, daß die *ἀνομία* erst für die spätere Zeit bezeugt ist. *δυσνομία* gestattet die Herleitung von *νέμειν* ohne weiteres. Dazu kommt, daß der *νόμος* an der einzigen bei Solon vorkommenden Stelle, wie oben dargelegt worden ist, von der Bedeutung „Gesetz" recht entfernt ist, daß also für die solonische *εὐνομία* die Erklärung als Zustand, „wo guter *νόμος* in Kraft und Ansehen bei den Bürgern steht" (Jäger a. O.), nicht in Frage kommen kann. Bei näherer Betrachtung läßt sich aus den solonischen Fragmenten sehr wohl herauslesen, was Solon unter *εὐνομία* und *δυσνομία* verstand. Wenn er in fr. 3 (Diehl) die in Athen herrschenden Zustände scharf geißelt und sich vor allem gegen die Habgier der *δήμου ἡγεμόνες* wendet, die nur den eigenen Nutzen im Auge haben, ohne auf die *σεμνὰ Δίκης θέμεθλα* Rücksicht zu nehmen, so ist das die *δυσνομία*, die allein den Staat an den Rand des Abgrundes gebracht hat. Ihr

---

26) Weitere Argumente für den Zusammenhang der *ἰσονομία* mit *νέμειν* bzw. *νέμεσθαι*: das Alkmäonfragment 4 Diels (*τῆς μὲν ὑγιείας εἶναι συνεκτικὴν τὴν ἰσονομίαν* [= Gleichberechtigung, Diels] *τῶν δυνάμεων* . . . *τὴν δ' ἐν αὐτοῖς μοναρχίαν νόσου ποιητικήν* . . .); Kallikles bekämpft in Platons Gorg. 484a das demokratische Ideal, nach dem es „*τὸ ἴσον χρὴ ἔχειν*". Gegenbegriff zur *ἰσονομία* ist *πλεονεξία* (Thuk. III 82, 6. 8 u. a.), wofür im Gorg. 492c, in deutlicher Anspielung auf die *ἰσονομία*, *πλέον νέμοντες* gesagt wird (ebenso Ps.-Xen. *πολ. Ἀθην.* I 4). Die Zeugnisse ließen sich beliebig vermehren.

27) cf. Hesiod. theog. 230.

stellt Solon in v. 32 ff. die εὐνομία entgegen, als wahrhafte „menschlich-sittliche Daseinsordnung“ (Jäger S. 82); sie soll vor allen Dingen κόρος und ὕβρις dämpfen, denen bei der Schilderung der δυσνομία eine Hauptrolle beigemessen wird (v. 8 f.). Wie Solon dieses Ideal der εὐνομία verwirklicht hat, sagt er selbst in fr. 5 (Diehl): ἔστην δ'ἀμφιβαλὼν κρατερὸν σάκος ἀμφοτέροισι, νικᾶν δ' οὐκ εἴασ' οὐδετέρους ἀδίκως. Das alles macht die Herleitung der εὐνομία von εὖ νέμεσθαι (womit durchaus nicht mit Ehrenberg, Rechtsidee S. 84, an ein „Verteilen“ gedacht zu werden braucht), an die sich schließlich erst alexandrinische Gelehrsamkeit dunkel wieder zu erinnern vermochte, zu einer mit den Tatsachen aufs beste übereinstimmenden Hypothese[28]).

Von den beiden Stellen, an denen bei Theognis der νόμος erscheint, zeigt v. 290, wo der Dichter vom Regiment der κακοί mit bitterem Hohne sagt, es geschähe ἐκτραπέλοισι νόμοις, nach „ungewohnten νόμοι“, daß hier von „Gesetzen“ nicht die Rede ist; darauf weisen auch die folgenden Verse hin, wo davon die Rede ist, daß jetzt an Stelle von αἰδώς und δέος ἀναίδεια und ὕβρις herrschen. So wird man auch an der zweiten Stelle (v. 53 ff., die sicherlich alt sind): πόλις μὲν ἔθ' ἥδε πόλις, λαοὶ δὲ δὴ ἄλλοι, οἳ πρόσθ' οὔτε δίκας ἤιδεσαν οὔτε νόμους, nicht an „Recht und Gesetze“ denken dürfen, sondern an ein Leben in den geregelten Formen der Sitte[29]) an Stelle eines unsteten Umherschweifens nach Art des scheuen Wildes (v. 55 ff.).

Wie sehr die Lückenhaftigkeit der Überlieferung jede Beurteilung der älteren Zeugnisse für νόμος erschwert, und wie wenig der Zweifel sich beseitigen läßt, ob nicht die erhaltenen dürftigen Trümmer, aus ihrem Zusammenhange gerissen, ursprünglich einen ganz anderen Sinn ergaben, als ihn die spätere Zeit ihnen beilegte, wird besonders deutlich bei den drei Äußerungen Heraklits über den νόμος (fr. 44. 33. 114 Diels.). Am ausführlichsten ist das bei

[28]) Auf dem Wege zur konsequenten Ausgestaltung der Demokratie hat sich bekanntlich noch vor Ende des VI. Jahrhunderts die ἰσονομία an die Stelle der εὐνομία gesetzt, während letztere zum Schlagwort der oligarchischen Partei wurde. Als Gegenbegriff gegen die demokratische ἰσονομία gibt sich die εὐνομία in charakteristischer Weise zu erkennen bei Ps.-Xen. Ἀθην. πολ. I 9, wo Nomothesie, Rat, Volksversammlung nur in die Hände der δεξιοί und χρηστοί gelegt werden sollen; allerdings würde das für den δῆμος eine δουλεία bedeuten (cf. § 8).

[29]) Anders Ehrenberg l. c. S. 117.

Stobaeos bewahrte 114. Fragment: *ξὺν νόωι λέγοντας ἰσχυρίζεσθαι χρὴ τῶι ξυνῶι πάντων, ὅκωσπερ νόμωι πόλις, καὶ πολὺ ἰσχυροτέρως· τρέφονται γὰρ πάντες οἱ ἀνθρώπειοι νόμοι ὑπὸ ἑνὸς τοῦ θείου· κρατεῖ γὰρ τοσοῦτον ὁκόσον ἐθέλει καὶ ἐξαρκεῖ πᾶσι καὶ περιγίνεται.* Alle menschlichen *νόμοι* erhalten ihre Kraft aus dem einen göttlichen *νόμος* (d. i. dem Logos); von ihm sind sie nur ein (unvollkommener) Ausdruck. Was ist unter dem *νόμος*, mit dem die Polis sich wappnet, zu verstehen? Ehrenberg möchte (l. c. S. 118) das *ξυνὸν πάντων*, von dem im Eingang des Fragments die Rede ist, auf den *νόμος* beziehen; er erklärt es als „das Allen Gemeinsame, das was die Bürger umschließt, an dem sie alle teilhaben, da es die Grundlage des Staates ist". Das ist sicher verfehlt; was das *ξυνόν* bei Heraklit ist, zeigt fr. 2. (aus Sext. VII 133: '*διὸ δεῖ ἕπεσθαι τῶι ⟨ξυνῶι', τουτέστι τῶι⟩ κοινῶι. ξυνὸς γὰρ ὁ κοινός. 'τοῦ λόγου δ' ἐόντος ξυνοῦ ζώουσιν οἱ πολλοὶ ὡς ἰδίαν ἔχοντες φρόνησιν'*). Das *ἰσχυρίζεσθαι* ist das tertium comparationis in fr. 114. Es zeigt, welch hohe Bedeutung Heraklit dem *νόμος* für das Leben in der Polis beimißt. Die beiden anderen Aussprüche über den *νόμος*: fr. 44 (aus Diog. Laert.): *μάχεσθαι χρὴ τὸν δῆμον ὑπὲρ τοῦ νόμου*[30]) *ὅκωσπερ τείχεος* und fr. 33 (aus Clem. Alex.): *νόμος καὶ βουλῆι πείθεσθαι ἑνός* helfen vielleicht weiter für das Verständnis des *νόμος*-Begriffes bei Heraklit. Es muß daran erinnert werden, daß bei seinem Zeitgenossen Pindar, wie oben bereits angeführt, „*νόμος*" für die Verfassung eines Staates gebraucht wird (Pyth. II 86, I 62). Ich zweifle nicht, daß bei Heraklit der gleiche Gebrauch vorliegt. Der Demos muß für seine Staatsordnung (*νόμος*) kämpfen wie um seine Mauer; so kann es aber zugleich auch *νόμος* sein, dem Rate eines Einzelnen zu folgen[31]). Wir begegnen also auch bei Heraklit einem umfassenden *νόμος*-Begriff[32]); er nimmt bereits gerade für das

---

[30]) Diels (Vorschr.[3] I p. 86, Anm. zu Zeile 9) macht auf die in BP[1] F auftretende Variante *ὑπὲρ τοῦ γινομένου* aufmerksam und erklärt sie einleuchtend als „lect. em. *ὑπὲρ τοῦ γε νόμου*, die Beachtung verdient".

[31]) Den Zweifel, ob in fr. 33 das *ἓν τὸ θεῖον* oder *εἷς* gemeint sei, behebt Ehrenberg l. c. 118, Anm. 1, durch den Hinweis, daß die durch *καὶ* geforderte Paradoxie nur herauskommt, wenn *ἑνός* als Genitiv von *εἷς* betrachtet wird.

[32]) Diels gibt *νόμος* bei Heraklit überall mit „Gesetz" wieder. — Er versteht auch fr. 44 in durchaus „protreptischem" Sinne („soll"); aber demgegenüber sagt B. Snell (Hermes LXI, 1926, S. 379) richtiger, daß „die

staatliche Leben eine zentrale Stellung ein. Die Zurückführung der einzelnen menschlichen νόμοι auf den einen θεῖος νόμος ist sehr beachtenswert, wenn Heraklit vielleicht auch damit beabsichtigt haben sollte, zu seinen Gunsten die νόμοι der Menschen als einen mit allen möglichen Fehlern und Schwächen behafteten Abklatsch zurückzusetzen. — Der Verlust der Schrift Heraklits ist für unsere Kenntnis der älteren Geschichte des griechischen politischen Denkens um so fühlbarer, als bei Diogenes Laert. IX 115 ein dafür recht gewichtiges, bisher fast gar nicht gewürdigtes Zeugnis vorliegt: er erwähnt das Urteil des (leider m. W. weiter kaum bekannten) Grammatikers Diodotos, daß Heraklits Schrift eigentlich gar nicht περὶ φύσεως handle, wie es die herrschende Meinung zu betrachten liebte, sondern περὶ πολιτείας, „τὸ δὲ περὶ φύσεως ἐν παραδείγματος εἴδει κεῖσθαι". Dieses durchaus selbständig anmutende Urteil muß nachdenklich stimmen. Auffallend bleibt der zweifellose Rückschritt in Heraklits rein physikalischen Anschauungen gegenüber den Errungenschaften der milesischen Naturphilosophie (cf. Ed. Meyer, Gesch. d. Alt. V S. 224). —

Kehren wir nunmehr zu Pindar zurück, so lehrt der Überblick über die älteren und gleichzeitigen Zeugnisse für νόμος, daß auch der νόμος im fr. 169 nicht im Sinne Wilamowitz' verstanden werden kann: „wie es die Menschen gelten lassen".[33]) Er ist vielmehr eine geheiligte unverbrüchliche „Ordnung", die nicht nur über dem subjektiven Meinen und Belieben der Menschen, sondern — und darin liegt der Unterschied zwischen fr. 169 und 81, worauf oben bereits hingewiesen wurde (s. o. S. 6) — auch über den Göttern steht. Es ist für das Folgende wichtig, daß gerade von dem νόμος Pindars zu dem der Sophistik keine Brücke führt; das wird bei der Behandlung der aus dem Kreise der letzteren stammenden Zitate des fr. 169 deutlich werden. — Das Eigentümliche an Pindars Ausspruch ist, daß er der ihm zugrunde liegenden Idee einen fast übertrieben zugespitzten Ausdruck gegeben hat; daher mußten die Verse des Fragments den Eindruck des Gewaltsamen, Paradoxen hervorrufen, worauf denn letzten Endes

---

Leidenschaft des Ethikers, den Menschen ein Ziel vor Augen zu stellen, ihm (scil. Heraklit) vollkommen fehlt".

[33]) Platon II S. 96. Ähnlich Staat und Gesellschaft der Griechen, S. 63.

die große Rolle beruht, die sie in der geistigen Bewegung der Folgezeit gespielt haben.

Das älteste Zitat des pindarischen fr. 169 findet sich bei Herodot III 38. Im Anschluß an die Schilderung von Kambyses' Wüten gegen die religiösen Institutionen der Ägypter äußert er die Überzeugung, daß Kambyses im Wahnsinn verfahren sein müsse; denn nur ein Rasender vermöge *ἱρά* und *νόμαια* zum Gegenstande seines Hohnes zu machen. Wenn man nämlich die Menschen vor die Wahl stellte, sich aus allen *νόμοι* die schönsten herauszusuchen, so würden sie sich nach einiger Überlegung ihre eigenen als die besten nehmen. Zum Beweise dafür, *ὡς οὕτω νενομίκασι τὰ περὶ τοὺς νόμους πάντες ἄνθρωποι,* bringt er die Erzählung, daß Dareios einst von Griechen, die ihre Toten zu verbrennen pflegten, verlangt habe, sie sollten ihre verstorbenen Eltern verzehren, und von indischen Kallatiern, die diesem letztgenannten Brauche huldigten, sie sollten die Verstorbenen nunmehr verbrennen. Beide hätten mit der größten Entschiedenheit dieses Begehren von sich gewiesen. *οὕτω μέν νυν ταῦτα νενόμισται,* schließt Herodot, *καὶ ὀρθῶς μοι δοκέει Πίνδαρος ποιῆσαι νόμον πάντων βασιλέα φήσας εἶναι.*

Herodot kennt die Verschiedenheit der *νόμοι* bei den einzelnen Menschengruppen. Wenn daher jemand seine eigenen *νόμοι* als die absolut gültigen ansieht und andre verspottet, so weist er das als offenkundige *μανίη* zurück, also mit dem schärfsten Ausdruck. Die voneinander abweichenden Sitten und Bräuche haben für die einzelnen Völkerschaften ihre Rechtfertigung eben darin, daß sie deren *νόμοι* sind. Es ist bezeichnend, daß in dem — an die Herodoteischen Gedanken sehr stark anklingenden — pindarischen fr. 215: *ἄλλα δ' ἄλλοισιν νόμιμα, σφετέραν αἰνεῖ δίκαν ἕκαστος,* für *νόμος* die *δίκη* synonym gebraucht wird. — Völlig verkannt werden diese Verhältnisse von den neueren Erklärern, die Herodot an die Sophistik eng annähern möchten, besonders von Nestle (Herodots Verhältnis zur Philosophie und Sophistik, Prog. Schöntal Nr. 766, 1908, S. 25f.), der den *νόμος* bei Herodot III 38 mit Dümmler im Sinne des Hippias verstehen will, also als „Konvention, die Mode (in Schillers Sinn im Lied ‚An die Freude'), die eine unberechtigte Herrschaft ausübe, deren Fesseln zu sprengen Sache des Weisen sei". Auch V. Ehrenberg sieht in der „bekannten Erzählung von den Beerdigungssitten" (Her. III 38) den „charakteristischen Ausdruck einer Relativierung des Nomos".[34]) Das Gegenteil davon besagt aber die Herodotstelle. Mag man sie als eine gewisse Fortentwicklung von Pindar aus auf der Bahn zur Sophistik bewerten — von der sophistischen Doktrin, deren Hauptargument die auf der Relativität des Nomos beruhende Überzeugung von seiner Ungültigkeit und Verwerflichkeit ist, ist Herodot weltenweit entfernt. Allerdings sind die *νόμοι* für ihn von relativer Gültigkeit; das wendet er nun aber nicht wie die Sophistik dahin, daß sie infolgedessen nur den Rang einer willkürlichen Satzung, einer Konvention beanspruchen können; sondern umgekehrt erwächst ihm daraus die Überzeugung, daß eben der *νόμος* die einzige objektive Norm ist, die für die einzelnen Völkergruppen die „Richtigkeit" ihrer speziellen Lebensgewohnheiten zu gewährleisten vermag — eben insofern, als jeder mit den ihm eigenen *νόμοι* so eng verwachsen ist, daß er immer wieder zu ihnen zurückkehren wird. So ist der *νόμος* in der Tat für Herodot der *βασιλεὺς πάντων*, mit Pindar. Seinem Sinne nach gehört das Zitat bei Herodot noch eng mit dem pindarischen *νόμος* zusammen[35]).

Diese Stellung des *νόμος* als einer höchsten positiven Norm ist dem ganzen V. Jahrhundert bis in die Anfänge des peloponnesischen Krieges hinein gemeinsam. Wir finden sie bei Sophokles im Oid. Tyr. 867 ff. besonders prägnant formuliert, wo es von den *νόμοι* heißt: *ὧν Ὄλυμπος πατὴρ μόνος, οὐδέ νιν θνατὰ φύσις ἀνέρων ἔτικτεν οὐδὲ μήποτε λάθα κατακοιμάσῃ. μέγας ἐν τούτοις θεὸς οὐδὲ γηράσκει.* Daher wird auch in der Antigone das gegen das Heiligste frevelnde Gebot des Kreon, das dieser selbst v. 449 (cf. v. 382) als *νόμος* bezeichnet hatte, in schroffster Ablehnung *κήρυγμα* genannt und ihm die *ἄγραπτα κἀσφαλῆ θεῶν νόμιμα*[36]) entgegengestellt (v. 457 ff.): *οὐ γάρ τι νῦν γε κἀχθὲς ἀλλ' ἀεί ποτε ζῇ ταῦτα κοὐδεὶς οἶδεν, ἐξ ὅτου 'φάνη.* Noch

[34]) Archiv f. Gesch. der Philosophie, 1923, S. 5.

[35]) So auch Ehrenberg, Rechtsidee S. 120. — Über Herodots Welt- und Lebensauffassuug cf. Ed. Meyer, Forschungen II S. 252ff.

[36]) Gegen Hirzel, *Ἄγραφος νόμος*, Abhdlgn. der sächs. Ges. der Wiss. XX (1900), S. 65ff.

Euripides' Hekabe bietet zwei charakteristische Belege für die hohe Stellung des *νόμος* im Sinne des V. Jahrhunderts:

v. 798ff.: Hekabe: *ἡμεῖς μὲν οὖν δοῦλοί τε κἀσθενεῖς ἴσως.*
ἀλλ' οἱ θεοὶ σθένουσιν χὠ κείνων κρατῶν
νόμος. νόμωι γὰρ τοὺς θεοὺς ἡγούμεθα
καὶ ζῶμεν ἄδικα καὶ δίκαι' ὡρισμένοι.

Ed. Meyer will hier eine Anspielung an Pindar fr. 169 heraushören (Gesch. des Altert. IV S. 146 f.), sicherlich mit Recht. Daß aber in keiner Weise der sophistische Gegensatz *νόμωι-φύσει* hineinzutragen ist, wie das bei den Neueren zumeist geschehen ist, sondern es sich handelt um einen Ausdruck „frommen Vertrauens in die Gerechtigkeit der göttlichen Weltordnung", hat Ehrenberg in dem schon zitierten Aufsatze im Archiv für Gesch. der Philosophie 1923, S. 23, richtig betont. Gestützt wird das durch die Verse 847 ff., wo die *νόμοι*, durch Polymestors Hinterlist aufs schwerste verletzt, die bisher eng verbundenen *ξένοι*, Hekabe und Polymestor, zu Todfeinden machen und Hekabe dem bisherigen erbitterten Gegner Agamemnon in die Arme treiben[37]. „Der Nomos, das Gesetz einer sittlichen Welt, geht über die konventionellen Verhältnisse, die dem allgemeinen Bewußtsein als „Zwang" erscheinen, siegreich hinweg. Es ist kein Zufall, daß die Scholien zu dieser Stelle das Gegenteil dessen, was dasteht, lesen. Tatsächlich ist der Gebrauch der Worte vertauscht: *ἀνάγκη* ist hier das Konventionelle, dem der *νόμος* obsiegt." (Ehrenberg l. c.)

Somit ist Reinhardt durchaus im Recht, wenn er sagt, daß der „Begriff der Konvention, der Satzung, des Kontraktes im Worte *νόμος* keineswegs gegeben war" (Parmenides u. die Geschichte der griech. Philosophie, 1916, S. 83). Die beste Formulierung gibt Jakob Burckhardt (Griech. Kulturgeschichte I S. 85): der Nomos „ist das höhere Objektive, welches über allem Einzeldasein, allem Einzelwillen waltet und sich nicht, wie in der neueren Welt, da-

---

[37]) *δεινόν γε, θνητοῖς ὡς ἅπαντα συμπίτνει, καὶ τὰς ἀνάγκας οἱ νόμοι διώρισαν φίλους τιθέντες τούς γε πολεμιωτάτους ἐχθρούς τε τοὺς πρὶν εὐμενεῖς ποιούμενοι.* Die Scholien (ed. Ed. Schwartz, vol. I p. 67) verlangen einstimmig: *μεταλλακτέον τὰς πτώσεις. ἔστι γάρ· καὶ αἱ ἀνάγκαι τοὺς νόμους διώρισαν*; Didymos begründet es, indem er sagt: *αἱ γὰρ ἀνάγκαι καὶ τῶν νόμων ἐπικρατέστεραι, οὐχ οἱ νόμοι τῶν ἀναγκῶν.* Man sieht, wie vollkommen verständnislos die spätere Zeit der *νόμος*-Idee des V. Jahrhunderts gegenübersteht.

mit begnügt, das Individuum zu schützen und zu Steuern und Kriegsdienst anzuhalten, sondern die Seele des Ganzen zu sein begehrt." Seit den großen Gesetzgebungen des VII. und VI. Jahrhunderts, in denen an Stelle der lockeren, ständisch orientierten mittelalterlichen Verhältnisse die neue Idee der festen Staatsordnung (Ed. Meyer, Gesch. des Altert. II S. 572) erscheint und sich allmählich überall Anerkennung verschafft, schreitet der griechische Staat immer weiter auf den Bahnen einer „demokratisch" gerichteten Gestaltung fort. Die Freiheit ist das Ideal; die sogenannte erste Tyrannis vermochte sich demgegenüber nicht zu behaupten, wenn sie auch die Nomothesien ausdrücklich anerkannte. Besonders folgerichtig verlief die Entwicklung in Athen; nach dem Sturze der Pisistratiden wurde die Verwirklichung der *ἰσονομία*, die inzwischen an die Stelle der *εὐνομία* getreten war, mit allen Kräften betrieben, gefördert durch die von auswärts, zumal vom persischen Reiche her drohenden Gefahren, bis sie — besonders nach der Beseitigung des Areopags — im Zeitalter des Perikles wirklich erreicht war — wenn auch im wesentlichen nur in der Theorie[38]. Nur die Gesetze des Staates sind es, denen der Bürger sich unterordnet. Sie waren inzwischen aus *θεσμοί* zu *νόμοι* geworden, zu integrierenden Bestandteilen des *νόμος*, der Lebensordnung des Staates, mehr und mehr zu dessen hervorragendster Verkörperung. Das spiegelt sich in der oben berührten Entwicklung der *εὐνομία* wider, die im Laufe des V. Jahrhunderts nicht mehr als das *εὖ νέμεσθαι* empfunden wurde, sondern immer stärker mit dem *νόμος* zusammenwächst (Herodot I 65, 96 ff.) Als ihr Gegenbegriff erscheint an Stelle der älteren *δυσνομία* und der allmählich verschwindenden *κακονομία* (Ps.-Xen. rep. Athen. I 8) die *ἀνομία*, die aber mit der *κακονομία* nicht gleichbedeutend ist, sondern eher der — gleichfalls erst im V. Jahrhundert auftauchenden — *παρανομία*[39]) nahesteht (cf. die oben angeführten Herodotstellen). Der Begriff des *νόμος* verschmilzt mehr und mehr mit der Demokratie, in der allein ja die wirkliche Alleinherrschaft der Gesetze garantiert erscheint. Je höher die Stellung der letzteren — die durch die *γραφὴ παρανόμων* weithin sichtbar geschützt ist — steigt, um so mehr überträgt sich der Begriff des *νόμος* auf sie

38) cf Ed. Meyer, Gesch. des Alt. III S. 579 f.
39) Hirzel, Themis S. 243.

allein. Dabei darf von einer „Herrschaft der Gesetze“, streng genommen, zunächst nur tatsächlich die Rede sein, nicht auch theoretisch; der athenische Staat heißt nicht „Nomokratie“, sondern *ἰσονομία* und *δημοκρατία*. Nur so erklärt es sich, daß Pindars Wort vom *νόμος βασιλεύς* zunächst in Athen anscheinend als starke Paradoxie empfunden wurde; einmal deutet manches in der Art, wie Herodot III 38 das Zitat anbringt, darauf hin (*ὀρϑῶς*!), und andererseits ist m. E., wo sich zahlreiche Äußerungen über den *νόμος* und seine Stellung in die Literatur der Florilegien usw. hineingerettet haben, trotz der Lückenhaftigkeit unserer Überlieferung das argumentum ex silentio zwingend[40]): nirgends hören wir von einer Verwendung des Pindarwortes vom Königtum des *νόμος* aus der Blütezeit der Demokratie. Daß der griechische Staat seit den Zeiten Solons (cf. fr. 103) prinzipiell antimonarchisch eingestellt ist (das gilt wie für Athen auch für Sparta; in diesem Sinne ist der bekannte Befehl der Ephoren zu verstehen: den Bart zu scheren und *τοῖς νόμοις πείϑεσϑαι*) ist fast überflüssig zu erwähnen, läßt aber für Strohms und v. Sterns eingangs zitierte Ansichten vom angeblich monarchischen Charakter des V. Jahrhunderts wenig Glauben aufkommen[41]). Aber der Widerstand sammelt sich allmählich immer stärker um die *νόμος*-Idee. Man ermißt den Unterschied, wenn man sieht, wie bei Hippokrates de aere 16 (cf. 23)

---

[40]) Bei Sophokles Oid. Kol. 915 bedeutet die Bezeichnung der *νόμοι* Athens (nicht im politischen Sinne gebraucht!) als *τὰ τῆσδε τῆς γῆς κύρια* nicht eine „Herrschaft“ dieser *νόμοι*. — Herodots bekanntes Wort vom *νόμος δεσπότης* (VII 104) besagt keineswegs, wie O. Schröder, Philol. LXXIV S 199, will, „die ganze Staats- und Lebensordnung“, sondern lediglich die spartanische Vorschrift (bzw. „Sitte“), mit dem Schilde oder auf dem Schilde heimzukehren; es ist die militärische Disziplin (ähnlich bei Thuk. V 60[2]). Diesen *νόμος* bezeichnet Demarat als *δεσπότης*, weil Xerxes soeben sich geringschätzig über die *ἐλεύϑεροι καὶ μὴ ὑπ' ἑνὸς ἀρχόμενοι* geäußert hatte: wer solle sie in den Kampf treiben, so wie es bei den Barbaren die Furcht vor ihrem Zwingherrn (*δεσπότης*) tue? Die *ἀρετή* wird die Griechen retten vor *δεσποσύνη*, heißt es an derselben Stelle, nicht der *νόμος ἰσχυρός*, der vielmehr in Verbindung mit der *σοφία* erst die *ἀρετή* hervorgerufen hat.

[41]) cf. S. 225f — Die Versuche beider kranken daran, daß sie fortwährend „Tatsächliches“ und „Ideeliches“ durcheinanderwerfen. Das Problem der Umwandlung der griech. Demokratie in die Monarchie gehört der politischen Ideengeschichte an; für diese ist es gleichgültig, ob Perikles tatsächlich eine fast monarchische Stellung in Athen einnahm, wenn nur das politische Denken sich nicht in monarchischen Bahnen bewegte. Tatsächlich ist ja auch in der athenischen Demokratie die Monarchie nicht durchgedrungen, ebensowenig wie die schließlich siegreiche makedonische Monarchie aus einer Demokratie hervorging; trotzdem ist es ein einheitlicher Vorgang für die Geschichte des politischen Denkens der griechischen Welt.

die Überlegenheit der Völker Europas über die Asiaten damit begründet wird, daß letztere nicht *αὐτοὶ ἑωυτέων εἰσὶ καρτεροὶ μηδὲ αὐτόνομοι, ἀλλὰ δεσπόζονται,* während erstere *αὐτόνομοι* sind (übrigens wieder ein deutlicher Beleg für die Herleitung dieses Begriffes von *νέμεσθαι;* der Verfasser verwendet an derselben Stelle *νόμος* in der Weise, daß es für die Asiaten *νόμος* ist *βασιλεύεσθαι,* für die Hellenen etc. aber *νόμος,* autonom zu sein). Gegen Ausgang des V. Jahrhunderts sagt Euripides in den Hiketiden v. 429 ff.:

οὐδὲν τυράννου δυσμενέστερον πόλει,
ὅπου τὸ μὲν πρώτιστον οὐκ εἰσὶν νόμοι
κοινοί, κρατεῖ δ' εἷς τὸν νόμον κεκτημένος
αὐτὸς παρ' αὑτῶι, καὶ τόδ' οὐκέτ' ἔστ' ἴσον.
γεγραμμένων δὲ τῶν νόμων ὅ τ' ἀσθενὴς
ὁ πλούσιός τε τὴν δίκην ἴσην ἔχει etc.

So ergibt sich, daß die *νόμος*-Idee als beherrschende Staatsidee ihren Höhepunkt erst am Ende des V. Jahrhunderts erreicht, daß es also verfehlt ist, bereits in der älteren Zeit überall den *νόμος* in seiner erst jetzt erreichten Stellung sehen zu wollen.

Wie die *εὐνομία,* so vermochte man jetzt auch die *ἰσονομία* nur in Verknüpfung mit dem *νόμος* zu verstehen; daß es hier nicht gelang, sondern die *ἰσονομία* aus den Debatten ziemlich verschwindet, ist bereits oben dargelegt worden. Um ganz deutlich zu sein, umschreibt Aeschines (I 5) schließlich den Begriff durch *ἴση καὶ ἔννομος πολιτεία.*

In den Diskussionen der Folgezeit spielt das Pindarwort vom *νόμος βασιλεύς* eine beträchtliche Rolle. In Platons Protagoras werden dem Hippias folgende Worte in den Mund gelegt: *Ὦ ἄνδρες οἱ παρόντες, ἡγοῦμαι ἐγὼ ὑμᾶς συγγενεῖς τε καὶ οἰκείους καὶ πολίτας ἅπαντας εἶναι φύσει οὐ νόμωι· τὸ γὰρ ὅμοιον τῶι ὁμοίωι φύσει συγγενές ἐστιν, ὁ δὲ νόμος τύραννος ὢν τῶν ἀνθρώπων πολλὰ παρὰ τὴν φύσιν βιάζεται.* Uns interessieren hier nur die letzten Worte, die eine unverkennbare Anspielung auf Pindar fr. 169 zeigen, wenn es auch in allem einzelnen aufs stärkste verändert worden ist. Der *νόμος* erscheint im Gegensatze zur *φύσις,* als Tyrann der Menschen, der wider die φύσις vielerlei Gewalttätigkeit ausübt. Der Sinn des Pindarwortes ist in sein Gegenteil verkehrt; der νόμος als τύραννος τῶν ἀνθρώπων hat mit dem πάντων βασιλεὺς θνατῶν τε καὶ ἀθανάτων kaum etwas gemeinsam, und an Stelle des δικαιοῦν, das die Funktion des pindarischen νόμος war, ist das βιάζεσθαι, sein schärfster Gegensatz, getreten. Die Stelle steht bei Platon bekanntlich ohne jeden Zusammenhang mit dem Verlaufe des Gespräches; man hat daraus mit Recht den Schluß gezogen, daß hier „eine Anspielung auf eine andere, dem Leser bekannte literarische Äußerung" des Hippias enthalten sei[42]). Die Authentizität dieser Hippiasworte — jedenfalls soweit sie die Form des Pindarzitats betreffen — scheint sich bei näherer Betrachtung sehr wahrscheinlich machen zu lassen.

Das Zitat führt in die νόμος-Diskussionen hinein, die die Folge der sophistischen Bewegung waren; es setzt zu seinem Verständnis die νόμος-φύσις-Lehre voraus. Ihren Ursprung aus der älteren Naturphilosophie hat K. Reinhardt (Parmenides S. 87 ff.) einleuchtend erwiesen[43]). Sie erwächst aus der dort vollzogenen Zerreißung des Weltbildes in eine Welt des Seins und des Scheins, wobei die letztere sehr bald mit dem νόμος bezeichnet wird. Damit wird die alte, so fest fundiert erscheinende νόμος-Vorstellung vollständig aus den Angeln gehoben[44]). In der zweiten Hälfte des V. Jahrhunderts hat sich diese Entwicklung besonders in der ionischen Welt überall durchgesetzt und hat auch Athen in ihren Bann gezogen. In den Stürmen des peloponnesischen Krieges, die überall die alte Ordnung ins Wanken brachten, drohte auch die

---

[42]) cf. H. Gomperz, Sophistik und Rhetorik. Lpz. u. Bln. 1912, S. 75

[43]) Der Widerspruch Ehrenbergs im Archiv f. Gesch. d. Philos. 1923 S. 6) ist gänzlich unberechtigt und ermangelt gegenüber Reinhardts auf scharfer Interpretation der in Frage kommenden Fragmente gegründeter Argumentation jedes Beweises. — Völlig verkannt sind die Dinge auch in Laqueurs Gießener Rektoratsrede „Hellenismus" (1915), S. 17.

[44]) Daß hier eine ziemlich plötzliche, auf eine durchaus individuelle Einwirkung zurückgehende Gestaltung vorliegt, zeigt ein Blick auf die Ausführungen Hippokrates' in de aere 14 über die Makrokephalen, wo νόμος und φύσις nebeneinander erscheinen, ohne daß von dem diametralen Gegensatz zwischen beiden, auf dem die νόμος-φύσις-Lehre ruht, sich irgendeine Spur findet. Die Stelle lautet: τὴν μὲν γὰρ ἀρχὴν ὁ νόμος αἰτιώτατος ἐγένετο τοῦ μήκους τῆς κεφαλῆς νῦν δὲ καὶ ἡ φύσις συμβάλλεται τῶι νόμωι etc. . . . οὕτως τὴν ἀρχὴν ὁ νόμος κατειργάσατο, ὥστε ὑπὸ βίης τοιαύτην τὴν φύσιν γενέσθαι. τοῦ δὲ χρόνου προϊόντος ἐν φύσει ἐγένετο, ὥστε τὸν νόμον μηκέτι ἀναγκάζειν . . . .

νόμος-Idee der klassischen Zeit unterzugehen. Die neue Norm, welche die Sophistik, zunächst rein theoretisch verfahrend, proklamierte, war das Zurückgehen auf das angeblich wirkliche Wesen der Dinge, die *φύσις*. Die agressive Spitze, die die Sophisten damit in die Theorie der Naturphilosophie hineinbrachten, machte diese fruchtbar für die weitere Gestaltung der großen Lebensprobleme[45]. Der *νόμος* erscheint jetzt, wie es am schärfsten in der pseudo-hippokratischen Schrift *περὶ διαίτης* I 11 formuliert ist, als bloße Menschensatzung, verfaßt ohne Kenntnis des Wahren: *νόμον . . . ἄνθρωποι ἔθεσαν αὐτοὶ ἑωυτοῖσιν οὐ γινώσκοντες περὶ ὧν ἔθεσαν;* dieses Menschenwerk *οὐδέποτε κατὰ τωὐτὸ ἔχει οὔτ' ὀρθῶς οὔτε μὴ ὀρθῶς*. So wie sich der Kampf gegen den *νόμος* als die lediglich auf konventionellen Ansichten beruhende Tradition allmählich vor allem gegen deren konkrete Vertreter, die Gesetze des Staates als *νόμοι* wandte[46]), so erfährt auch die neue Norm der *φύσις*, die als solche zu abstrakt und schillernd war[47]), eine Verfestigung in der Theorie vom Rechte des Stärkeren[48]). Sie erscheint gleichzeitig mit dem erneuten Auftauchen des monarchischen Problems während des peloponnesischen

---

[45]) Daß die Sophistik ursprünglich die Probleme des „politischen" Lebens zum Gegenstand ihrer Tätigkeit machte, ist evident und wird gerechtfertigt durch eine vielleicht auf alte Quelle zurückgehende [Ad. Bauer zieht in seiner Ausgabe des Themistokles (Lpz. 1884) mit Recht Thuk. I 138 zum Vergleiche heran] Schilderung in Plutarchs Themistokles c. 2, wo er von der *καλουμένη σοφία* spricht, die in Wahrheit eine *δεινότης πολιτική* und *δραστήριος σύνεσις* war. Diels hat sie unter die allgemeinen Zeugnisse für die Sophistik im II. Bd. der Vorsokratiker nicht aufgenommen. Wenn Plutarch dann fortfährt: *ἣν* (sc. *τὴν καλουμένην σοφίαν*) *οἱ μετὰ ταῦτα δικανικαῖς μίξαντες τέχναις καὶ μεταγαγόντες ἀπὸ τῶν πράξεων τὴν ἄσκησιν ἐπὶ τοὺς λόγους σοφισταὶ προσηγορεύθησαν*, so paßt das trefflich zu allem, was über die Entwicklung der Sophistik bekannt ist, widerlegt damit aber die Ansichten, die H. Gomperz in seinem oben zitierten Buche über den Charakter der Sophistik geäußert hat

[46]) So schon bei Antiphon in dessen *'Αλήθεια* II6 Diels: *ἔστι δὲ πάν⟨τως⟩ τῶνδε ἕνεκα τούτων ἡ σκέψις, ὅτι τὰ πολλά τῶν κατὰ νόμον δικαίων πολεμίως τῆι φύσει κεῖται* und sonst.

[47]) Das wird bereits in dem anonymen Traktat *περὶ νόμων* betont, dessen Benutzung in der I. ps.-demosthen. Rede gegen Aristogeiton Pohlenz, Nachr. d. Gesellsch. d. Wiss. zu Göttingen, phil. hist. Kl. 1924, S. 19 ff., nachgewiesen hat. cf. A. Menzel, Kallikles (1922), S. 60.

[48]) Der Ursprung dieser Theorie wird von den Neueren meist verkannt, cf. v Schoeffer in Paulys Real-Enzykl. Suppl. I (s. v. Demokratie). Sp. 350; W. Jaeger, Griech. Staatsethik im Zeitalter Platons, Berliner Universitätsrede vom 18. I. 1924, S 6f Das Richtige ist angedeutet bei Beloch, Griech. Gesch.[2] II 1, S. 246; cf. Pöhlmann, Griech. Gesch.[5] S. 251.

Krieges, als der Fortgang der sich immer komplizierter gestaltenden Kriegshandlungen die Leitung bei beiden kriegführenden Parteien mehr und mehr in die Hände der befähigten Einzelpersönlichkeit übergehen ließ; es brauchen hier nur die Namen des Alkibiades u. Lysander genannt zu werden[49]. In engem Zusammenhang mit diesen Problemen erscheint das bekannteste Zitat des pindarischen fr. 169, das Platon im Gorgias 484b dem Kallikles in den Mund legt.

Wilamowitz[50] hat, ausgehend von dem ausgezeichneten Charakter der handschriftlichen Überlieferung, mit der früher geübten Methode, die bei Platon überlieferte Fassung *βιαίων* (mit Wilamowitz a. O. S. 96 in *βιαιῶν* zu korrigieren) *τὸ δικαιότατον* als Schreibfehler zu betrachten und in *δικαιῶν τὸ βιαιότατον* zu korrigieren (wie das auch Burnet in der Oxforder Ausgabe tut), endgültig gebrochen. Daß die Lesart des Gorgias tatsächlich die richtige ist, lehrt eine scharfe Interpretation der Worte des Kallikles. Ausgehend von dem Gegensatze zwischen *νόμος* und *φύσις* wendet dieser sich in heftigen Ausdrücken gegen die herrschende Staatsform, die ein Werk der Schwächlinge und der feigen Masse sei. Zu ihrem Nutzen allein habe letztere sich *νόμοι* gegeben; aus tiefer Furcht vor der *πλεονεξία* fähiger Einzelner begnüge sie sich mit der Isonomie und habe das *πλέον τῶν ἄλλων ζητεῖν ἔχειν* als *ἀδικία* gebrandmarkt. Aber die *φύσις* zeige überall, bei Menschen und Tieren, daß der *ἀμείνων* über den *χείρων* mit Recht (*δικαίως*) eine Herrschaft ausübe und seiner *πλεονεξία* keinen Zügel anlege. So hätten auch Xerxes und sein Vater Dareios ihre Feldzüge unternommen *κατὰ φύσιν τὴν τοῦ δικαίου*, und — wie Kallikles mit höchster Emphase fortfährt — *ναὶ μὰ Δία κατὰ νόμον γε τὸν τῆς φύσεως*, der sich von dem *νόμος*, den sich die Menschen gäben, aufs tiefste unterscheide. Letztere *νόμοι* seien nur *γράμματα καὶ μαγγανεύματα καὶ ἐπῳδαί*, zur Unterdrückung der wahren *φύσις* ersonnen; aber ihre Ohnmacht offenbare sich, sobald der wirkliche Herrenmensch erschiene und sie zerschmetterte und mit Füßen träte: *ἐπαναστὰς ἀνεφάνη δεσπότης ἡμέτερος ὁ δοῦλος, καὶ ἐνταῦθα ἐξέλαμψεν τὸ τῆς φύσεως δίκαιον*. Das

[49]) Die Verhältnisse sind im IV. Bande von Ed. Meyers Gesch. des Altertums eingehend dargelegt; ich verweise besonders auf S. 360.

[50]) Platon II S. 95 ff.

sieht Kallikles in den Versen Pindars verherrlicht; der νόμος τῆς φύσεως in dem eben geschilderten Sinne ist πάντων βασιλεὺς θνατῶν τε καὶ ἀθανάτων; Herakles' Vorgehen bezeugt es, der dem Geryones die Rinder raubte, sich über das konventionelle Recht, das δικαιότατον, hinwegsetzend und Gewalt übend, wie es das δίκαιον τῆς φύσεως gebiete. Besteht die oben dargelegte Auffassung des echten Pindar zu recht, nach der in dem δικαιῶν τὸ βιαιότατον der Schwerpunkt der Sentenz liegt, so ist für den gänzlich veränderten Gesichtspunkt, unter dem jetzt Kallikles die Worte verstehen will — das, was für Pindar Problem war und woran er ethischen Anstoß nahm, ist für Kallikles eine Selbstverständlichkeit! — die Änderung in das prägnante βιαιῶν τὸ δικαιότατον ganz besonders bezeichnend und, vom Standpunkte der Komposition des Ganzen aus betrachtet, ein Meisterstück Platons. Wilamowitz a. O. will die Änderung durch einen Gedächtnisfehler Platons erklären. Dazu steht schon in Widerspruch, daß, wie W. selbst sagt, „βιαιῶν überhaupt kein gebräuchliches Wort" ist (S. 97); wie sollte sich also gerade dies in Platons Gedächtnis festgesetzt haben? Dagegen als bewußt angewandtes stilistisches Hilfsmittel für die Auffassung der Verse im Sinne der „Aufklärer", diktiert von dem leidenschaftlichen Hasse, der Platon hier so scharf sehen ließ und der, wie natürlich, jedes Mittel benutzt, um die von ihm bekämpfte Antithese so schroff wie nur möglich zu gestalten, ist die Veränderung des Wortlauts durchaus verständlich. Im übrigen ist dieses Vorgehen Platons in nichts ungewöhnlicher als das des Hippias, der den νόμος βασιλεὺς θνατῶν τε καὶ ἀθανάτων in νόμος τύραννος ὢν τῶν ἀνθρώπων veränderte. Die prosaische Fassung des neuen Sinnes, den der Sophist mit dem Pindarwort verbinden will, läßt βιάζεται als durchaus natürlich erscheinen; es braucht nicht auf die Form βιαιῶν τὸ δικαιότατον hinzuweisen, die dann etwa schon Hippias den Pindarversen gegeben hätte. — Merkwürdigerweise benutzt Wilamowitz die Protagorasstelle für die Begründung seiner Ansicht nicht, so nahe dies an sich gelegen hätte.

Anders als das Hippiaszitat im Protagoras ist die Rede des Kallikles sicherlich Platons persönliches Eigentum. Es ist nicht eine vorgefundene Theorie, die er in seinen Text übernommen hat; sondern — worauf die Komposition der Rede wie überhaupt des gesamten Dialogs mit aller Deutlichkeit hinweist — Platon hat die letzten Konsequenzen der sophistischen Lehre von der *φύσις* gezogen, um diese desto wirksamer bekämpfen zu können. Nichtsdestoweniger waren die grundlegenden Gedanken vom Rechte des Stärkeren damals weithin verbreitet — man denke an Thukydides' Melierdialog oder an die Figur des Eteokles in Euripides' Phönissen —, und daß sie aus der Anwendung der Lehre von der *φύσις* auf die Praxis sich unmittelbar ergab, ist schon betont worden. Man versteht sie jedoch ganz erst, wenn man die gleichzeitigen politischen Verhältnisse in der griechischen Welt mit in Betracht zieht. Das IV. Jahrhundert ist charakterisiert durch die sog. zweite Tyrannis, deren Archeget und bedeutendster Vertreter Dionys I. von Syrakus ist. Sie ist nur der sichtbare Exponent der Stimmung eines Zeitalters, das „nur noch die um Einzelpersönlichkeiten sich gruppierenden Parteien und ihre Ziele" kennt[51]). Die allgemeine Lage hatte — wie dies besonders greifbar in Sizilien vor Augen tritt — die praktische Notwendigkeit der neuen Monarchie erwiesen; ihre theoretische, gewissermaßen „staatsrechtliche" Rechtfertigung erhielt sie durch die sophistische Lehre vom Recht des Stärkeren, mit der die angreifende Stellung gegen die bisherige Staatsauffassung und die sie beherrschende Nomosidee unmittelbar gegeben war[52]). Man kann sich die Wirkung der sophistischen Angriffe auf die Stellung des *νόμος* nicht groß genug denken; sobald man die ganze Schärfe des Bruches ermißt, d. h. sich befreit hat von der Hineintragung eines stark relativistischen Elements im Sinne des „Konventionellen" in die alte vorsophistische *νόμος*-Idee durch die modernen Forscher (s. o. S. 240), tritt das überall greifbar hervor. Die alte Form ist zerstört, eine neue noch nicht gefunden. Daß die Gestaltung

---

[51]) Ed. Meyer über Theopomp, Theopomps Hellenika S. 150; cf. besonders S. 151. — Wenn Swoboda, Staatsaltertümer S. 92, (gegen Plaß) das Aufkommen der 2. Tyrannis statt auf 400 auf 500 v. Chr. zurückverlegen will, so ignoriert er die geschichtlichen Verhältnisse zugunsten rein staatstheoretischer Erwägungen, die niemals das prius sein dürfen.

[52]) Überreste aus diesen Diskussionen sind die Gespräche über die *νόμοι* außer bei Platon (z. B. Hipp. mai. 284 d) besonders bei Xenophon, zumal das an den Namen des Alkibiades sich knüpfende, Mem. I 240 ff., und die Erörterungen in der dramatischen Dichtung, vor allem das Fragment aus Kritias' Sisyphos (fr. 25 Diels). Eine Aufzählung kann hier nicht erwartet werden; es sei nur noch auf Athen XII 545 hingewiesen (Aristoxenos über den Besuch des Gesandten Dionys' I. bei Archytas in Tarent).

der Tyrannis nur etwas Vorläufiges war, war nicht zweifelhaft; nur unter dauernder Lebensgefahr hält sich der Gewaltherrscher in seiner Machtstellung, und je weiter die Zeit fortschreitet, umso mehr wächst die Gefahr; Tyrannenmorde häufen sich; die Akademie wird ein Zentrum für den Kampf gegen die Usurpatoren. Die Position des Tyrannen selbst enthält eine innere Zwiespältigkeit; bekannt ist Dionys' I. Wort von der *ἀδικία* als der Tochter der Tyrannis[53]).

Die Versuche, eine Lösung der politischen Aporie zu finden, haben zur Entwicklung der politischen Theorie geführt. Ihr sind auch einige Äußerungen über den *νόμος* zuzurechnen, die an Pindars *νόμος βασιλεύς* anklingen, ja ihn direkt zitieren; sie führen bis in Platons Altersschriften und zeigen an, welche Wege die weitere Entwicklung eingeschlagen hat.

Im Einklang mit der äußeren Geschichte des Zeitalters, dem Eduard Meyer (Gesch. des Altertums Bd. V, S. 274 u. passim) den Namen einer „Reaktionszeit" gegeben hat, entstand nach den heftigen Angriffen der Sophistik gegen den alten Staatsgedanken in erster Linie in den führenden Staaten des Mutterlandes, in Sparta und Athen, eine schroff reaktionär gerichtete Strömung. Sie richtete sich vor allem gegen die monarchischen Tendenzen im eigenen Lager[54]) und proklamierte noch einmal die Herrschaft der *νόμοι*, jetzt als ganz bewußtes politisches Programm. Ihr entstammen die zahlreichen Äußerungen über die Bedeutung des *νομος* für die *πόλις* bei den attischen Rednern, bei denen die polemische Tendenz gegen die letzten Endes in monarchischen Staatsideen gipfelnden Bewegungen deutlich im Hintergrunde zu bemerken ist, wenn sie auch nicht immer offen zutage tritt, wie etwa bei Demosthenes[55]). Zumindest seit dem peloponnesischen Kriege hatte die Antithesis *νόμος* und Einzelherrschaft stehenden Gebrauch erlangt[56]). Die reaktionäre Theorie gefällt sich in der Vorstellung, daß

---

[53]) Pöhlmann, Griech. Gesch.[5] S. 256, Anm. 3; Jäger, Staatsethik S. 9.

[54]) Wie stark diese waren, lehren die Diskussionen über Alkibiades in Athen; cf. Ed. Meyer, Gesch. d. Alt. V S. 361, 363 u. Anm.; Bruns, Literar. Porträt der Griechen S. 505 ff. — Der sichtbare Ausdruck der „Reaktion" war der Sturz Lysanders; nicht ohne Grund betont Xenophon in seinem Agesilaos die volle absichtliche Unterordnung dieses Fürsten unter die *νόμοι* (c. 7, 2 f.)

[55]) cf. z. B. 2. Philippika 25.

[56]) cf. außer Eurip. Hik. 429 ff. (s. o. S. 25) u. a. Thuk. III 62[3]; VI 38[4] ff.

„ihre Herrscher“ die *νόμοι* seien; in diesem Sinne spricht Alkidamas von ihnen als *„οἱ τῶν πόλεων βασιλεῖς νόμοι“*[57]) und bezeichnet der ps.-lysianische Epitaphios die *πρόγονοι* der Athener enkomiastisch als *ὑπὸ νόμου βασιλευόμενοι* (19 Hude). Der Anonymus Jamblichi (Diels Vorsokr.³ II S. 332 f.) legt dar, daß die Menschen durch ihre natürliche Beschaffenheit notwendig (*τῆι ἀνάγκηι εἴκοντες*) zum Gemeinschaftsleben prädestiniert seien; zur Regelung des Zusammenlebens dient der *νόμος* (6). Das faßt der Autor zusammen in den Worten: *διὰ ταύτας τοίνυν τὰς ἀνάγκας τόν τε νόμον καὶ τὸ δίκαιον ἐμβασιλεύειν τοῖς ἀνθρώποις καὶ οὐδαμῆι μεταστῆναι ἂν αὐτά· φύσει γὰρ ἰσχυρὰ ἐνδεδέσθαι ταῦτα.* Es ist eine deutliche Anspielung auf die entgegengesetzte Ansicht vom *νόμος τύραννος*, und wie dieser, so greift auch jenes *ἐμβασιλεύειν* des Anonymus Jamblichi unzweifelhaft auf Pindars *νόμος βασιλεύς* zurück[5]) und ebenso die oben angeführten Dicta[59]). Wenn der Anonymus Jamblichi weiterhin die Tyrannis (*κακὸν τοσοῦτόν τε καὶ τοιοῦτον*) aus der *ἀνομία* herleitet (7,12), so ist das ein Beleg dafür, wie stark sich die reaktionäre Anschauung fühlte[60]). *Δεῖ γὰρ τὸν ἄνδρα τοῦτον, ὃς τὴν δίκην καταλύσει καὶ τὸν νόμον τὸν πᾶσι κοινὸν καὶ συμφέροντα ἀφαιρήσεται, ἀδαμάντινον γενέσθαι, εἰ μέλλει συλήσειν ταῦτα παρὰ τοῦ πλήθους τῶν ἀνθρώπων εἷς ὢν παρὰ πολλῶν* (7,15); erst *ὅταν . . ταῦτα τὰ δύο ἐκ τοῦ πλήθους ἐκλίπηι, ὅ τε νόμος καὶ ἡ δίκη, τότε ἤδη εἰς ἕνα ἀποχωρεῖν τὴν ἐπιτροπείαν τούτων καὶ φυλακήν* etc. (7,14). Immerhin fällt auf, daß von einer einheitlichen, in sich geschlossenen Nomosidee

---

57) Bei Aristoteles rhet. III 3; cf. Platon, Symp. 196 c (Zitat aus Alkidamas).

58) So schon Diels a. O. Anm. zu Zeile 13, der zugleich auf das Hippiaszitat verweist.

59) Ich muß es einstweilen für unberechtigt halten, in der Bezeichnung der *νόμοι* als *βασιλεῖς* der Stadt etwas allgemein Verbreitetes, stets im Gebrauch Befindliches zu sehen. Sie setzt die Wandlung voraus, die die *νόμος*-Idee seit der Sophistik erfährt, und ist erst für diese Zeit — und zwar gleich mehrfach — belegt. Die Bezugnahme auf den Ausspruch Pindars ist, angesichts der großen Rolle die dieser in der sophistischen Theorie spielte, nicht nur erklärlich, sondern überhaupt geboten.

60) Erwähnt werden müssen hier die Worte, die der greise Euripides in den Bakchen 889 ff. findet:

οὐ
γὰρ κρεῖσσόν ποτε τῶν νόμων
γιγνώσκειν χρὴ καὶ μελετᾶν . . . .

wie im V. Jahrhundert hier nicht mehr die Rede ist; es zeigt, wie stark die „Aufklärung“ gewirkt hat. Das gleiche ist der Fall, wenn wir am Anfang des Traktates *περὶ νόμων* bei Ps.-Demosthenes c. Aristog. (I 15, s. o. S. 24 Anm. 47) lesen: *ἅπας ὁ τῶν ἀνθρώπων βίος . . . φύσει καὶ νόμοις διοικεῖται*; es ist klar, daß trotz aller feindlichen Ausfälle gegen die *φύσις* die Tendenz im tiefsten Grunde auf eine Synthese gerichtet ist, deren wirkliche Durchführung nicht auf diesem Boden gelingen konnte [61]).

Die letzten für das IV. Jahrhundert überlieferten Zitate des fr. 169 finden sich in Platons Gesetzen. Wilamowitz hat sie im Zusammenhange mit seiner Behandlung des Zitates im Gorgias eingehend besprochen (Platon II S. 97 f., cf. o. S. 25). 690a ff. zählt Platon die von den Theoretikern seiner Zeit genannten *ἀξιώματα τοῦ τε ἄρχειν καὶ ἄρχεσθαι* auf, mit offensichtlicher Ironie über ihre oft dramatische Verschiedenheit (690d). Als fünftes *ἀξίωμα* erscheint: *τὸν κρείττονα μὲν ἄρχειν, ἥττω δὲ ἄρχεσθαι,* wie es angeblich bei allen Lebewesen am häufigsten sei und auch *κατὰ φύσιν*, der wahren Natur der Dinge entsprechend, *ὡς ὁ Θηβαῖος ἔφη ποτὲ Πίνδαρος*. Dem stellt Platon als sechstes und größtes Axiom gegenüber, daß der *φρονῶν* Führer und Herrscher sein solle, der *ἀνεπιστήμων* aber ihm Folge zu leisten habe. Platon fährt dann fort: *καίτοι τοῦτό γε, ὦ Πίνδαρε σοφώτατε, σχεδὸν οὐκ ἂν παρὰ φύσιν ἔγωγε φαίην γίγνεσθαι, κατὰ φύσιν δέ, τὴν τοῦ νόμου ἑκόντων ἀρχήν, ἀλλ' οὐ βίαιον πεφυκυῖαν.* Auf 690b zurückweisend, sagt er 714ef.: . . . *ἔφαμέν που κατὰ φύσιν τὸν Πίνδαρον ἄγειν δικαιοῦντα τὸ βιαιότατον ὡς φάναι.* Hier erscheint nicht der *νόμος βασιλεύς*; sondern der Schwerpunkt des Interesses Platons liegt auf der Behauptung, Pindar habe die Herrschaft des Stärkeren über den Schwächeren als das „Naturgemäße“ bezeichnet. Mit Recht bemerkt Wilamowitz, daß das für die wirklichen Worte Pindars nicht zutrifft, sondern daß Platon hier an den Sinn denkt, den er mit dem Zitat des fr. 169 im Gorgias verbunden hatte (cf. besonders 488b; Wilamowitz a. O. S. 98). Wenn

---

61) Die Stellung des *νόμος* wird jetzt von den *νόμοι* eingenommen; das zeigt deutlich die seit der perikleischen Zeit eingetretene Verschiebung. So konnte auch die Gesetzmacherei im IV. Jhrhdt den erschreckenden Umfang annehmen, daß Demosthenes in der Leptinea (XX 91 f.) klagt, die *νόμοι* würden zu *ψηφίσματα,* d. h. es fehlt ihnen die sittlich verpflichtende Autorität.

jedoch Wilamowitz dementsprechend in den „Gesetzen" auch die vom pindarischen Text abweichende Fassung *βιαιῶν τὸ δικαιότατον*, gegen die klare Überlieferung in 715a, herstellen will, so liegt zu einer so radikalen Maßnahme m. E. kein zwingender Grund vor. Die Herrschaft des *κρείττων* über den *ἥττων* ist *βία*; und Pindar bezeichnet angeblich dies als die *φύσις* der Dinge. Dagegen bemerkt Platon mit leichtem Spott, man könne die Herrschaft des *νόμος* über *ἑκόντες*, die doch keinerlei *βίαιον* an sich habe, wohl nicht recht als *παρὰ φύσιν* bezeichnen. Von diesem Standpunkte aus muß Pindars angebliche Meinung als ein *δικαιοῦν τὸ βιαιότατον* erscheinen. Das aber ist es gerade, wogegen sich Platon mit Entschiedenheit und steigender Heftigkeit auflehnt. Im X. Buche (890a) wendet er sich gegen die radikale „Aufklärung", die da u. a. auch sage, das *δικαιότατον* sei, *ὅτι τις ἂν νικᾷ βιαζόμενος*. Sie macht etwas zur *δίκη*, was in Wahrheit *βίαιον* ist. Es lag also hier für Platon keine Nötigung vor, den pindarischen Wortlaut zu verändern.

Um die historische Stellung der Pindarzitate in den „Gesetzen" zu verstehen, ist es nötig, etwas weiter auszuholen. Durch die Entwicklung des platonischen Staatsdenkens geht — wenigstens hinsichtlich der Stellungnahme des Philosophen zum *νόμος*-Problem — ein scharfer Riß. Zwar wandte sich Platon im Gorgias mit Entschiedenheit gegen die Lehren der Sophisten, soweit sie über die reine Kritik am Bestehenden hinausgingen und selbst neue positive Normen aufrichten wollten, und deckte ihre in vollstem Nihilismus endenden Konsequenzen schonungslos auf. Aber auch für ihn ist der alte *νόμος*-Staat nicht mehr vorhanden; die Hinrichtung des Sokrates, die die reaktionäre Demokratie auf ihrem Gewissen hatte, machte den Bruch endgültig. Im VII. Briefe (326a) sagt Platon, er habe schließlich die Überzeugung gewonnen *περὶ πασῶν τῶν νῦν πόλεων ὅτι κακῶς σύμπασαι πολιτεύονται*; allein die *ὀρθὴ φιλοσοφία* erschien ihm als Heilmittel, *ὡς ἐκ ταύτης ἔστιν τά τε πολιτικὰ δίκαια καὶ τὰ τῶν ἰδιωτῶν πάντα κατιδεῖν*, und nicht eher werde eine Besserung eintreten, als bis die Philosophen die Regierung bekämen oder — was damit gleichbedeutend war — die Machthaber in den Staaten *ἔκ τινος μοίρας θείας* wirklich und aufrichtig sich der Philosophie zuwendeten. Es sind die Gedanken, die er im „Staat" verwirklicht hat[62]) und die dann in der unfertig gebliebenen Tetralogie von Dialogen, der der Politikos angehört, nochmals einen straff zusammenfassenden Ausdruck erhalten sollten. Die scharfe Absage an die bestehenden Verhältnisse gipfelt in Politik. 293c: *ἀναγκαῖον δὴ καὶ πολιτειῶν ὡς ἔοικε ταύτην ὀρθὴν διαφερόντως εἶναι καὶ μόνην πολιτείαν, ἐν ᾗι τις ἂν εὑρίσκοι τοὺς ἄρχοντας ἀληθῶς ἐπιστήμονας καὶ οὐ δοκοῦντας μόνον, ἐάν τε κατὰ νόμους ἐάν τε ἄνευ νόμων ἄρχωσι καὶ ἑκόντων καὶ ἀκόντων ἢ πενόμενοι ἢ πλουτοῦντες· τούτων ὑπολογιστέον οὐδὲν οὐδαμῶς εἶναι κατ᾽ οὐδεμίαν ὀρθότητα.* Der entscheidende Stoß gegen die Demokratie war, daß jetzt die übergeordnete Stellung der *νόμοι* im idealen Staate rundweg bestritten wird. *Τὸ δ᾽ ἄριστον οὐ τοὺς νόμους ἐστὶν ἰσχύειν, ἀλλὰ ἄνδρα τὸν μετὰ φρονήσεως βασιλικόν* (294a). Daß Platon sich der grundstürzenden Bedeutung dieser Erklärung wohl bewußt war, zeigt die Bemerkung, die er den jungen Sokrates machen läßt: *τὸ . . καὶ ἄνευ νόμων δεῖν ἄρχειν χαλεπώτερον ἀκούειν ἐρρήθη* (293e). Die Begründung für sein Vorgehen gibt Platon, indem er leugnet, daß die *νόμοι* für die Vielgestaltigkeit des wirklichen Lebens ausreichten; sie gelten, wie es später Aristoteles besonders betont, nur *καθόλου*. Damit ist jetzt der Höhepunkt der Kritik erreicht, wie sie von den Sophisten einst eröffnet worden war. Diese kämpften noch erbittert gegen den *νόμος*; für Platon ist, als er den Politikos schreibt, die Frage längst erledigt[63]). Gegen die Bestimmungen, die den Eckstein der Nomosherrschaft bilden sollten, die bekannten Erschwerungen einer Änderung der *νόμοι* im Staate, findet sich im Politik. 296ff. die heftigste Polemik. Wie in der Verwerfung der bestehenden *νόμοι*, so teilt auch hinsichtlich seines Verhältnisses zur monarchischen Bewegung seines Zeitalters Platon die Stellung der Sophistik. Sein „ganzes Interesse gehört dem Problem des Führertums[64])." Beim Regierungsantritt Dionys' II. hatte er die Hoffnung, den Staat, in dem das Königtum des Philo-

[62]) Bekanntlich sind die Worte über die Philosophenkönige im VII. Briefe ein Zitat aus Rep. VI 499b.

[63]) Daß die *νόμοι*, die dem Sokrates im „Kriton" erscheinen, kein Argument bieten gegen Platons Stellung zum *νόμος*, wie sie oben charakterisiert wurde, ist wohl selbstverständlich. Man denke an die — selten zitierte — Stelle aus der Apologie, wo Platon ironisierend den Meletos auf Sokrates' Frage, wer die Jüngeren *ἀμείνους ποιεῖ*, antworten läßt: *οἱ νόμοι* (24d).

[64]) Jäger, Staatsethik S. 11.

sophen der hellenischen Welt die Lösung der politischen Aporie bringen sollte, in Syrakus verwirklichen zu können. —

Mit der Katastrophe Dions ergab sich die Undurchführbarkeit des Planes. Platon war aufs tiefste getroffen, wie ep. VII und vor allem die „Gesetze" zeigen[65]). Die unumschränkte Gewalt, die er dem *ἀνὴρ βασιλικός* als dem guten Arzte zugewiesen hatte, der schneiden und brennen darf, wenn er es für richtig befindet, war in Dions Händen zum Verhängnis geworden (cf. Ed. Meyer, Gesch. d. Alt. V S. 520 ff.), wenn dessen Maßnahmen auch von der harten Notwendigkeit diktiert waren. Angesichts der Verwirrung in Syrakus regten sich die Stimmen der Opposition, vor allem der Anhänger der Tyrannis. Die „Machtmoral" im Sinne des Kallikles schien die einzige dem Wesen der Dinge angemessene Anschauung zu sein. So erklärt es sich, daß in den „Gesetzen" sich mehrfach Anspielungen auf den weit zurückliegenden „Gorgias" finden, vor allem die Pindarzitate[66]). Es mußte Platon vor allen Dingen jetzt am Herzen liegen, seinen Standpunkt als wirklich *κατὰ φύσιν* zu erweisen. Das tut er in den Gesetzen, die nicht umsonst von dem Motiv des „*θεός*" ganz durchzogen sind (s. u. S. 256 . Dem Streben nach Rechtfertigung seines Denkens ist die eigenartige Behandlung des fr. 169 entwachsen; nicht die Frage nach dem *νόμος* interessierte Platon, sondern das Verhältnis zwischen *βίαιον* und *δίκαιον* (s. o. S. 31 f.) —

Der einzige noch gangbare Weg war der *δεύτερος πλοῦς* des Politikos, der *νόμος*-Staat. Somit sah sich Platon genötigt, seine Ablehnung der *νόμοι*, für die Praxis wenigstens, zurückzunehmen. Der *νόμος* wird der Leitgedanke der platonischen Altersschriften; nicht nur, daß sein letztes Werk den Titel *Νόμοι* trägt, sondern vor allem der VII. und VIII. Brief beleuchten die Wandlung. *Τεθέντων τῶν νόμων ἐν τούτωι δὴ τὰ πάντα ἐστίν*, faßt Platon seine Gedanken ep. VII 337c zusammen. Zahlreich begegnen Ausdrücke, die die Herrscherstellung des *νόμος* bezeichnen sollen, besonders der *νόμος βασιλεύς*. Ep. VIII 354b wird die

---

[65]) cf. besonders die Stellen über die Kleinheit und Schwäche der menschlichen Natur: 853c 739d 874e f. 803b: *ἔστι δὴ τοίνυν τὰ τῶν ἀνθρώπων πράγματα μεγάλης μὲν σπουδῆς οὐκ ἄξια.*

[66]) Auf seine eigene Entwicklung seit dem „Gorgias" deutet Platon hin, wenn er 715e sagt: *Νέος μὲν γὰρ ὢν πᾶς ἄνθρωπος τὰ τοιαῦτα ἀμβλύτατα αὐτὸς αὑτοῦ ὁρᾶι, γέρων δὲ ὀξύτατα.*

lykurgische Verfassung gelobt: *νόμος ἐπειδὴ κύριος ἐγένετο βασιλεὺς τῶν ἀνθρώπων*[67]), *ἀλλ' οὐκ ἄνθρωποι τύραννοι νόμων*. Es ist eine Anspielung auf Pindars damals überall zitiertes Wort (s. o. S. 251 Anm. 59). Umso schärfer weicht Platons Idee dieses *νόμος βασιλικός* von dem ab, was etwa Alkidamas und überhaupt die Allgemeinheit unter dem König Nomos verstanden; er sagt es selbst ep. VIII 355b, daß seine *νόμοι* nicht *πρὸς χρηματισμὸν καὶ πλοῦτον* die Begierde richten sollen, sondern *τὴν τῆς ψυχῆς ἀρετὴν ἐντιμοτάτην ποιοῦντες, δευτέραν δὲ τὴν τοῦ σώματος, ὑπὸ τῆι τῆς ψυχῆς κειμένην, τρίτην δὲ καὶ ὑστάτην τὴν τῶν χρημάτων τιμήν, δουλεύουσαν τῶι σώματί τε καὶ ψυχῆι*, die echte *εὐδαιμονία* herbeiführen würden; ein solcher *θεσμός „νόμος ἂν ὀρθῶς ὑμῖν εἴη κείμενος"*, fügt er hinzu. Der Hinblick auf das Göttliche ermöglicht die Aufstellung der wahren *νόμοι* durch den Weisen (716 c u. a.). *Μετρία ἡ θεῶι δουλεία, ἄμετρος δὲ ἡ τοῖς ἀνθρώποις, θεὸς δὲ ἀνθρώποις σώφροσιν νόμος, ἄφροσιν δὲ ἡδονή*[68]), heißt es ep. VIII 354c. Gewiß gelten auch die *νόμοι* der perikleischen Zeit letzten Endes als Werke der Götter; aber da war es der ursprüngliche, frisch aus der Seele quellende Glaube; bei Platon ist es das letzte und tiefste Ergebnis rein gedanklicher Betrachtung und Durchforschung des Weltganzen, wenn er dem *νόμος* durch die Verknüpfung mit dem *θεῖον* die Rechtfertigung gibt, die ihn als *„κατὰ φύσιν"* erscheinen läßt.

Die Lösung der politischen Aporie war Platon nur gedanklich gelungen; sie beruhte auf der — auch dem alten Platon nicht zweifelhaften — Überzeugung, daß allein der Besitz der wahren *ἐπιστήμη*, die die *φύσις* der Dinge durchschaut, die Errichtung eines wirklichen Staates zu gewährleisten vermochte und daß der Mann, der etwa — *θείαι μοίραι γεννηθείς* — diese *ἐπιστήμη* besitze und damit an *ἀρετή* alle überrage, nicht unter *νόμοι* gestellt werden könne, weil er, wie das dann Aristoteles formuliert,

---

67) cf. die Bezeichnung *νόμοι βασιλικοί* 354c. Die Herrschaft der *νόμοι* soll den wahren Ausgleich zwischen Demokraten und Tyrannenpartei herstellen: *νῦν οὖν τοῖς μὲν ἐλευθερία γιγνέσθω μετὰ βασιλικῆς ἀρχῆς, τοῖς δὲ ἀρχὴ ὑπεύθυνος βασιλικὴ δεσποζόντων νόμων τῶν τε ἄλλων πολιτῶν καὶ τῶν βασιλέων αὐτῶν, ἄν τι παράνομον πράττωσιν.*

68) cf. 716c *ὁ δὴ θεὸς ἡμῖν πάντων χρημάτων μέτρον*, in ausdrücklicher Polemik gegen Protagoras. — cf. Wilamowitz, Platon I S. 662.

selbst *νόμος* sei[69]). Damit hat die „monarchische Bewegung" ihre vollendete theoretische Formulierung erhalten.

Um so weniger geklärt lagen die Verhältnisse in der Praxis. Seitdem das Zeitalter des peloponnesischen Krieges und der sich an ihn anschließenden Wirren die monarchische Staatsgestaltung zu einer Notwendigkeit gemacht hatte, waren mannigfache Versuche hervorgetreten, sie zu verwirklichen. In enger Verbindung mit der Sophistik, deren Kritik die alten Normen, zumal den *νόμος*, zersetzt und damit der Monarchie die Bahn freigemacht hatte, und deren Lehre vom Recht des Stärkeren der emporstrebenden Einzelgewalt die ideelle Rechtfertigung zu geben sich bemühte, war die jüngere Tyrannis emporgekommen und hatte eine beträchtliche Ausdehnung gewonnen[70]). Aber, wie Wilamowitz (Staat und Gesellschaft der Griechen² S. 141) sagt, „die Hellenen hätten sich selbst aufgeben müssen, wenn sie die Herrschaft eines Gewaltherrn der ‚den Nomos bei sich selber hat', wie der Tyrann definiert wird, überhaupt als einen Staat hätten gelten lassen sollen. Denn ein Staat war für sie zu allen Zeiten eine Gemeinschaft freier Männer gewesen". So setzte die reaktionäre Bewegung ein und erhob den *νόμος* zu ihrem politischen Programm, bezeichnenderweise als ihren „*βασιλεύς*"; produktive Arbeit vermochte sie nicht zu leisten, wohl aber fiel Sokrates ihr zum Opfer. Platon stellte sich ganz auf die Seite der „monarchischen" Bewegung, auf der, wie er deutlich erkannt hat, die Zukunft beruhte; sein Versuch, den Konflikt zwischen dem Alten und Neuen durch die Philosophie zu beseitigen, indem eine Gruppe von Männern oder auch ein einzelner im Besitze der *ἐπιστήμη* den Staat der Gerechtigkeit verwirklichte, erlitt äußerlich Schiffbruch mit dem Tode Dions. Innerlich blieb seine Überzeugung unerschüttert, wenn er auch für die praktische Durchführung seiner Ideale wiederum dem *νόμος* sich zuwandte. Es ist interessant zu beobachten, wie die entscheidenden politischen Gedanken der Epoche sämtlich in Athen durchgedacht werden; hier war der Hort der reaktionären Demokratie, hier entwickelte sich in der platonischen Akademie ein Zentrum für die „fortschrittliche" Gedankenwelt; von hier propa-

---

69) Platon *Νόμοι* 875 c f. Aristoteles Politik (ed. Immisch) III 13 p. 1284 a 13.

70) Die Zahl der bekanntgewordenen Tyrannen im IV. Jhrdt. beträgt 128 (Pöhlmann l. c. S. 255 Anm. 1, nach Plaß).

gierte Isokrates die Idee einer Einigung der hellenischen Staatenwelt unter monarchischer Führung. Die Ereignisse lehrten, daß die Monarchie in der Gestalt der *τυραννίς* keine Dauer besitzen konnte; an ihrer Erschütterung ist der Tätigkeit Platons ein ganz hervorragender Anteil beizumessen, da er ihr durch seinen Kampf gegen die „Aufklärung“ ideelich den Boden entzog. Auf seiner Grundlage baute Aristoteles weiter [71]). Die Schlacht bei Chäronea entschied äußerlich den Sieg der Monarchie. Es galt jetzt, das Grundproblem, die Vereinigung der erforderlichen Monarchie mit der Errungenschaft des Rechtsstaates, dessen sichtbarer Ausdruck der *νόμος* geblieben war, einer wirklichen Lösung entgegenzuführen. Die Hegemonie im Korinthischen Bunde, wie sie Philipp übernahm, konnte nur eine vorläufige Gestaltung sein; die endgültige Form bot das Gottkönigtum, wie es Philipp bereits vorbereitete und Alexander auf Grund seiner Siege durchgeführt hat [72]).

Um zu den am Eingang erwähnten Theorien Strohms und von Sterns zurückzukehren, so zeigt sich, daß sie die verwirrende Mannigfaltigkeit des tatsächlichen Geschehens durch eine viel zu knappe Formel zu erklären suchten. Die Betrachtung der Schicksale, die die *νόμος*-Idee durchgemacht hat und die sich in den Pindarzitaten spiegeln, macht es offenkundig, wie kompliziert die Verhältnisse liegen; unzweifelhaft werden sich bei Untersuchungen ähnlicher Ideen, die im geistigen Leben des V. und IV. Jahrhunderts eine hervorragende Rolle spielten, noch weitere Komplikationen ergeben, die die Hoffnung illusorisch machen, den ganzen Prozeß mit einigen wenigen Begriffen zu erklären.

Berlin-Lichterfelde Hans Erich Stier.

---

[71]) cf. seine Ausführung über die *παμβασιλεία*, Pol. III 10 p. 1285b 32ff.

[72]) cf. die auf S. 225 zitierte Abhandlung Eduard Meyers über Alexander, die m. E. trotz des bei den Neueren zuweilen laut gewordenen Widerspruchs das Problem des Gottkönigtums endgültig geklärt hat.

ZUR VARUSSCHLACHT

VON

HANS ERICH STIER

DIE Schlacht im Teutoburger Walde gehört zu den meistverhandelten Problemen der Alten Geschichte. Es ist dankbar zu begrüßen, daß die schon in eine mehr oder weniger verhüllte Resignation ausmündende Erörterung in letzter Zeit neu belebt worden ist durch zwei bedeutsame Arbeiten: W. Judeichs Behandlung der „Überlieferung der Varusschlacht“ im Rhein. Museum 80 (1931), S. 299ff., und W. Kolbes „Forschungen über die Varusschlacht“ in der Klio 25 (1932), S. 141 ff. Angesichts der grundlegenden Wichtigkeit beider Abhandlungen[1]), deren Kenntnis hier vorausgesetzt wird, mag es gestattet sein, ihre wesentlichen Ergebnisse kurz zu überprüfen.[2]) So wenig es zu vermeiden ist, bereits Gesagtes hier und da zu wiederholen, so entschieden mußte davon abgesehen werden, den ganzen Ballast moderner Erwägungen und Hypothesen abermals heranzuschleppen.[3]) Es ist uns hier um die Varusschlacht selbst zu tun und nicht um die Geschichte ihrer Erforschung.

Das überraschende Resultat, zu dem sowohl Judeich wie Kolbe durch ihre Behandlung der literarischen Überlieferung gelangen, ist eine erhebliche Verkürzung des Zeitraums, innerhalb dessen die Katastrophe sich abgespielt haben muß. Judeich[4])

[1]) Sie besteht vor allem in der entschlossenen Rückwendung zur Interpretation der schriftlichen Überlieferung als der einzig tragfähigen Grundlage für alle aus dem archäologischen Material zu ziehenden Schlüsse — einem Schritte, der angesichts der berechtigten Skepsis gegenüber der rein archäologisch gerichteten Methode unbedingt getan werden mußte.

[2]) Während der Drucklegung meines Aufsatzes erschienen A. Klotzens Ausführungen über den Untergang des Varus in der Poland-Festschrift der Philolog. Wochenschrift (1932, Nr. 35/38), Sp. 199 ff. Auch er lehnt Kolbes chronolog. Ergebnisse mit Recht ab. Wenn er sich jedoch wieder für die Lesung *τετάρτῃ* bei Dio c. 21, 3 einsetzt, so halte ich diese für ganz unmöglich und seine Beweisführung Sp. 204 f. für völlig mißglückt. Ebenso muß ich an meiner Verwerfung des Florus (s. u. S. 498) festhalten; Kl. (Sp. 206) übersieht, daß nach Dio c. 19 die Germanenfürsten nicht mehr bei Varus waren (*οὐ παρέμενον*). — Damit fallen auch die Folgerungen für die Marschrichtung (a. a. O. Sp. 206 f.) in sich zusammen.

[3]) Sie sind namentlich in Kolbes Abhandlung ausführlich berücksichtigt worden.

[4]) A. a. O. S. 308.

denkt ganz ernstlich daran, daß bereits am Mittag des Tages, an welchem Varus sein Standlager verließ, der Angriff der Germanen erfolgt sei. Kolbe sieht eine Stütze dafür in einer neuen Interpretation des Berichtes bei Tacitus Ann. I 61, nach der das von Germanicus 15 n. Chr. aufgefundene 1. Lager des Varus als mit dem Sommerlager der Römer identisch anzusehen sei. Aber hier erheben sich gewichtige Bedenken. Wer die Schilderung bei Tacitus unbefangen hinnimmt, kann m. E. gar nicht auf den Gedanken kommen, daß die *prima*[1]) *Vari castra* nicht auf dem Kampfplatze selbst gedacht wären. Man darf den Satz nicht aus dem Zusammenhange lösen, in dem er steht. Schon am Schluß von c. 60 ist nur von der Stätte der Katastrophe die Rede.[2]) Und in c. 61 heißt es, daß Germanicus den Caecina voraussendet, um die notwendige Sicherung des Marsches dahin durchzuführen und die Wege herzurichten[3]); dann kommt man zu den *maesti loci visuque ac memoria deformis*, also zur Unglücksstätte selbst. Es folgt der Anblick, der sich den Einmarschierenden bietet: das erste Lager des Varus, noch regelmäßig und korrekt[4]) von drei Legionen angelegt; dann (*dein*) ein viel kümmerlicheres Lager, in dem sich die schon in dem Vernichtungskampfe zusammengeschmolzenen Reste der Römer zu verteidigen suchten, und ringsum auf der Stätte des Kampfes — *medio campi* —, woraus Kolbe[5]) fälschlich eine dritte Örtlichkeit macht, die, hinter dem zweiten Lager gelegen, den Ort der Schlußkatastrophe darstellte (in seinem Schema mit *K* bezeichnet), wovon aber bei Tacitus nichts steht — die bleichenden Gebeine der Gefallenen, deren Lage noch die Situation erkennen

[1]) Daß hier nicht der geringste Grund für eine Änderung des überlieferten Textes in *primo* vorliegt, betont Judeich a. a. O. S. 306, Anm. 2 mit Recht.

[2]) *haud procul Teutoburgiensi saltu, in quo reliquiae Vari legionumque insepultae dicebantur.*

[3]) *ut occulta saltuum scrutaretur pontesque* (Bohlenwege, nicht Brücken, wie Kolbe a. a. O. S. 156 schreibt) *et aggeres umido paludum et fallacibus campis imponeret;* die Schilderung deckt sich mit dem, was wir bei Dio LVI 20 über die Stätte der Varusschlacht lesen.

[4]) Wenn Kolbe a. a. O. S. 168 (Zusatz zu S. 147) sich auf einen Hinweis von Fabricius beruft, daß die Absteckung der Lagerstraßen unzweideutig auf ein Standlager hinweise, so ist dazu zu bemerken, daß im Text *dimensis principiis* steht, also vom Hauptplatz mit dem Feldherrnzelte die Rede ist. Und hatten etwa Marschlager keine Straßen? Die Antwort gibt Hygin, dessen Angaben, wie v. Domaszewski auf S. 39 seiner erklärenden Ausgabe betont hat [danach erübrigt es sich, die offenbar hieraus entnommene Stelle bei v. Nischer in Iwan Müllers Handb. der Altertumswiss. IV 3, 2 (1928) zu zitieren], gerade ein Marschlager im Sinne haben.

[5]) A. a. O. S. 148, 153.

ließ, in der der Tod sie ereilt hatte, sowie zerbrochene Waffen, Pferdeknochen und an den Bäumen ringsum germanische Siegestrophäen usw. Die beim Heere befindlichen Teilnehmer an der Varusschlacht[1]) begleiten den Zug durch diese Stätten mit Schilderungen von den Einzelheiten der Katastrophe. Es ist klar, daß alles, was Tacitus hier gibt, eine Schilderung des Schlachtfeldes ist, auf dem die drei Legionen zugrunde gegangen sind. Damit fällt Kolbes Identifizierung der *prima castra* mit dem Sommerlager in sich zusammen.[2]) Das befreit uns zugleich von der äußerst gewundenen Erklärung des ἐντεῦθεν ἄραντες[3]) bei Dio c. 21, zu der Kolbe sich gezwungen sah, wenn er annahm, daß bei Tacitus nur ein „Kampflager" erwähnt werde und dementsprechend auch bei Dio nur von einem die Rede sein könne.[4]) Vor allem aber erhoben sich starke sachliche Zweifel. Wäre Varus in der Nähe seines Standlagers gewesen, als der Überfall erfolgte, so wäre er, worauf auch bereits Knoke[5]) hinwies, aller Voraussicht nach dorthin zurückgekehrt. Er hatte sich seinen Weg für den Vormarsch durch Fällen von Bäumen und Anlegung von Bohlenwegen auf sumpfigem Gelände mühsam bahnen müssen.[6]) Somit

[1]) Dios Worte c. 22 φυγεῖν γὰρ οὐδ' εἰ τὰ μάλιστά τις ἤθελεν ἐδύνατο sind übertrieben und werden berichtigt durch c. 24: ἀκούσας ὅτι τῶν τε στρατιωτῶν τινες ἐσώθησαν.

[2]) Und damit die Hypothese, daß bei Tacitus nur ein „Kampflager" genannt sei. Ein Hauptfehler Kolbes war, daß er in der Angabe über das Lager bei Dio c. 21, 1 einen präzisen Anhalt für die Gleichsetzung mit dem 2. Lager bei Tacitus sehen wollte und nun noch Dios ἔπασχον πολλά mit den *reliquiae iam accisae* gleichsetzte (a. a. O. S. 151). Dazu bietet der Text bei Dio nicht nur keinerlei Handhaben, sondern macht die Identifizierung unmöglich durch das ἐντεῦθεν ἄραντες, das Kolbe nun folgerichtig wegdeuten mußte. Freilich hört da methodische Interpretation einfach auf. — Beide Lager bei Tacitus sind „Kampflager" gewesen. Wäre vom Sommerlager bei ihnen die Rede, so hätte er sich bei dem immerhin recht ausführlichen Eingehen auf die Erinnerungen, mit denen die entronnenen Varianer den Marsch durch die *maesti loci* begleiteten (man beachte das Imperfektum: *referebant*!), schwerlich die Schilderung entgehen lassen, wie Armin und seine Genossen den nichtsahnenden Varus bei seinem Auszuge aus dem ersten Lager trugvoll geleiteten (vgl. Dio 19, 4).

[3]) Richtig Judeich, a. a. O. S. 303, Anm. 3.

[4]) Vgl. oben Anm. 1. — Über die Übereinstimmung der Berichte des Dio und Tacitus, die auch Judeich a.a.O. S. 307 treffend hervorhebt, s.u. S. 497.

[5]) Die Feldzüge des Germanicus² (1922), S. 91.

[6]) Dio c. 20. Daß es sich hier nur um die Herrichtung eines bereits vorhandenen, nur als Militärstraße noch nicht ausgebauten Weges durch den Teutoburger Wald handeln kann, dessen Passage namentlich bei schlechtem Wetter Schwierigkeiten machte, betont Knoke a. a. O. S. 96f. mit Recht.

war es das Gegebene, daß er auf der bereits gelichteten[1]) Anmarschstraße zurückgegangen wäre. Außerdem hatte er Reiterei bei sich; die Absendung einiger Meldereiter hätte genügt, um die im Lager zurückgelassene Besatzung[2]) zu alarmieren und herbeizuholen in einer Lage, in der es auf den letzten Mann ankam. Kolbe sind die Bedenken nicht fern geblieben. Wenn er sie aber beschwichtigen will durch den Hinweis auf die Vernichtung des Sabinus und Cotta durch die Eburonen 54 v. Chr.[3]), ja sogar sagt, durch diese Analogie verliere „der Überfall der Varuslegionen nahe beim Lager alles Unwahrscheinliche"[4]), so ist dem entgegenzuhalten, daß hier nur 15 Kohorten vernichtet wurden und diese bereits beim Abzuge (denn um einen solchen handelte es sich) moralisch aufs stärkste erschüttert waren, während die drei Legionen und neun Auxilien des Varus nach Velleius' völlig ernst zu nehmender Angabe (II 119, 2) *exercitus omnium fortissimus disciplina, manu experientiaque bellorum inter Romanos milites princeps* waren.[5]) Kolbes Einwand ist also weit entfernt, eine Analogie[6]) beigebracht zu haben, und läßt die Unmöglichkeit seiner Auffassung nur noch deutlicher werden.

Wenn Dio die Aufständischen, gegen die der römische Feldherr zog, als fern vom Standlager im Cheruskerlande wohnend[7])

[1]) Kolbe a. a. O. S. 156.

[2]) Wenn von einer solchen hier überhaupt die Rede sein kann. E. Stein hat mich schließlich davon überzeugt, daß die von Kolbe herangezogene Stelle bei Frontin II 9,4 durchaus nicht zwingend auf das Standlager des Varus bezogen werden kann, sondern ebensogut „auf eines der bei Dio LVI 22, 2a (vgl. 18, 1f.) erwähnten ἐρύματα, oder auf diese alle außer Aliso". Die bei Frontin III 15, 4 genannten *reliqui ex clade Variana* sind, gleich den *post Varianam cladem obsessis nostris* IV 7, 8, die Besatzung von Aliso (vgl. Vell. II 120, 4; Dio c. 22, 2). Sollte aber auch von einer Besatzung im Standlager nicht die Rede sein können, so bliebe die Möglichkeit, von den Besatzungen der Kastelle etc. Mannschaften heranzuholen, deren bloßes Erscheinen auf die Germanen erheblichen moralischen Eindruck ausüben konnte. Vgl. Dio c. 22 über die Wirkung, die das angebliche Erscheinen des Asprenas bei den Bedrängern der abrückenden Besatzung von Aliso hervorruft.

[3]) Caesar, bell. Gall. V 26ff.

[4]) A. a. O. S. 154f.

[5]) Vgl. dazu Ritterling, Bonner Jahrbb. 114 (1906), S. 181, Anm. 1 (Hinweis von E. Stein).

[6]) S. ihre Definition bei Kant, Prolegomena, 3. Teil § 58! Bestenfalls könnte von einer bloßen Ähnlichkeit beider Vorfälle in äußerlicher Beziehung die Rede sein. Aber eine solche ist kein methodisches Prinzip.

[7]) c. 19: τῶν ἄπωθεν αὐτοῦ οἰκούντων. Leider ist der Name nicht genannt. Kolbes a. a. O. S. 164 vorgetragene Kombinationen entbehren m. E. jeder

bezeichnet, so wird man unmöglich in dieser Angabe mit Kolbe S. 155 nur den Reflex einer listigen, der Tatsachengrundlage entbehrenden Vorspiegelung des Armin sehen können, sondern sie vielmehr eben als Bestätigung dafür auffassen, daß Varus von den Verschworenen möglichst weit von seinem Standlager fortgelockt werden sollte — also auch eine beträchtliche Wegstrecke zurückgelegt haben muß, da andernfalls nicht einzusehen wäre, welchen Sinn der Anschlag haben sollte.[1]) Wir werden immer wieder auf einen größeren Zeitraum geführt, der zwischen dem Ausmarsche des Varus und seinem Untergange gelegen haben muß.

Auch aus Dio ist nichts gegen diese dem Sachverhalt allein gerecht werdende Auffassung anzuführen. Judeich hat sehr zu Unrecht in seinem Bericht vom Ausmarsch chronologische Erwägungen hineingetragen.[2]) Es steht fest, daß Armin seine Hoffnungen lediglich auf die Gunst der unwirtlichen, für einen Überfall aus dem Hinterhalt vorzüglich geeigneten Waldschluchten ge-

Wahrscheinlichkeit. — Daß das Sommerlager nicht fern von der Weser gelegen hat, dürfte trotz Kolbes Ausführungen (S. 163) aus dem Wortlaut in c. 18, 5 klar hervorgehen [ein *μέχρι*, das Kolbe fordert, ist nach dem transitiven *προήγαγον* (sc. die Cherusker des Varus) kaum zu erwarten; die als Parallelen angeführten Stellen wie Dio LIV 33, 1; LV 1,2 haben denn auch *μέχρι* nach Intransitiven: *προῆλθε*, *ἤλασε*, *προεχώρησε*. Dort ist es allein am Platze.]: der allgemein gehaltenen Angabe *προήγαγον αὐτὸν πόρρω που ἀπὸ τοῦ Ῥήνου ἔς τε τὴν Χερουσκίδα* folgt die nähere Bestimmung *καὶ πρὸς τὸν Οὐίσουργον*. — Daß der Aufstand nicht in Richtung der Rückmarschlinie der Römer zu den Winterquartieren lag, wie auch Judeich a. a. O. S. 302 wieder angenommen hat, hat Kolbe a. a. O. S. 158ff. richtig ausgeführt. Vor allem ist sein Hinweis darauf, daß Germanicus nach Tacitus ersichtlich von West nach Ost die Stätte der Katastrophe durchzieht und damit auch für den Marsch des Varus die gleiche Richtung erwiesen wird, m. E. schlagend. Wie sich diese Tatsache mit der Lokalisierung des Standlagers nahe der Weser bei Dio verträgt, bleibt allerdings vorerst dunkel. Da mir leider die persönliche Anschauung bislang fehlt, wage ich nicht, mich auf die topographischen Probleme einzulassen. — Für die Ansetzung des Lagers in der Nähe der Weser erklärt sich auch C. Jullian, *Hist. de la Gaule* IV (1924), S. 121.

[1]) Auch Kolbe spricht auf S. 156 davon, daß „die röm. Marschkolonne, die infolge von Wegschwierigkeiten und Brückenbauten in dem schwierigen Gelände viel Aufenthalt hatte, nur langsam voran"kam. Trotzdem soll sie „tief im Walde" gesteckt haben, als der Überfall stattfand (a. a. O.)! — Jullian a. a. O. S. 122 denkt zu Unrecht daran, daß das Heer des Varus sich verirrt habe.

[2]) A. a. O. S. 303, Anm. 2. Tatsächlich ist bei Dio nur dann eine Zeitangabe gegeben, wenn sie für seine Erzählung von besonderem Interesse war.

setzt hat, in die er den Varus lockte. Das römische Heer hat nun am Abend des ersten Kampftages ohne allzu wesentliche Verluste (das zeigt der Zustand der *prima castra* bei Tacitus) und in guter Ordnung sein Lager bezogen, wäre also auf jeden Fall imstande gewesen — nachdem erkannt war, daß man einer Verräterei des Arminius und der (angeblich mit den Römern verbündeten) Germanen gegenüberstand —, sich den Weg in das Standlager zurück zu bahnen, falls dieses nur einen halben bzw. einen Tag entfernt war.[1]) Varus' Sorglosigkeit. einer der wesentlichsten Faktoren in der Rechnung Armins und der Seinen, wäre verschwunden gewesen, wenn schon am Mittag des ersten Tages die Freunde, auf deren Treue gegen ihn er soeben einem Segestes und anderen Warnern gegenüber fest beharrt hatte, ihm als Feinde entgegengetreten wären. Es ist vollends unwahrscheinlich im höchsten Grade, daß die Germanen sich das Wagnis zugetraut hätten, einem mit gesammelter Kraft geführten Durchbruchsstoß der Legionen zu ihrem Standlager hin in offenem Kampfe die Spitze zu bieten. Ihre Taktik zeigt, daß sie darauf zählten, der Feind werde, einmal eingeschlossen, nur in der Forcierung des Durchmarsches durch das gebirgige Waldgebiet eine Hoffnung auf Entkommen aus der ihm gestellten Falle haben, und alsdann würde das schwer passierbare Terrain mit seinen Hindernissen der wirksamste Helfer zum Gelingen des Anschlages sein. Nach Dio, c. 19, gaben die Germanen dem ausmarschierenden Varus noch das Geleit und entfernten sich, um ihre bundesgenössischen Pflichten zu erfüllen und mit ihren Aufgeboten „schnell"[2]) zu ihm zu stoßen. Sie gaben sich also den Anschein, als ob sie ihre Streitkräfte erst sammeln wollten, hatten sie aber in Wirklichkeit schon in Bereitschaft und brachten mit ihnen nun die noch bei ihnen befindlichen Soldaten des römischen Okkupationsheeres[3]) um. Dann eilten sie fort, um dem Varus und seiner Armee das gleiche Schicksal zu bereiten. Das kann unmöglich in den Verlauf eines Vormittags zusammengepreßt werden, wie es Judeich tut.[4]) Die Zeit, die sonst mit dem Sammeln der Kontingente verbracht worden wäre, konnten die Germanen unauffällig zur Vernichtung der bei ihnen

[1]) Selbst einem Teile der arg bedrängten Soldaten des Sabinus und Cotta gelang es, sich durch die Feinde durchzuschlagen und das Lager wieder zu erreichen: bell. Gall. V 37, 4.

[2]) διὰ ταχέων.

[3]) Über sie vgl. Mommsen, Röm. Gesch. V⁶ (1909) S. 41 Anm. 2; E. Stein, Die kaiserl. Beamten u. Truppenkörper im röm. Dtschld. unter d. Prinzipat (1932), S. 89 f. Anm. 19.

[4]) Vgl. o. S. 489 f.

weilenden Feindestruppen verwenden, während Varus weiterhin sich seinen Weg durch den Teutoburger Wald bahnte, ohne Ahnung von dem, was bei seinen angeblichen Bundesgenossen wirklich geschah. Bei Dio erfahren wir nur, daß die Germanen auf den Varus stießen, als dieser sich bereits (ἤδη) ἐν ὕλαις δυσεκβάτοις befand. Noch immer bleibt das Problem bestehen, wieso sich der römische Oberfeldherr jetzt, statt umzukehren, trotz der Angriffe zur Fortsetzung des Vormarsches entschließen konnte. Das läßt tatsächlich nur die Lösung zu, daß er sich bereits so tief im *saltus Teutoburgiensis* befand, daß ihm der Rückmarsch trotz des gebahnten Weges gefahrvoller schien und scheinen mußte als ein Durchbruchsversuch nach vorn. Er hoffte und durfte hoffen, die Legionen würden nach Beseitigung des Trosses und Gepäcks die noch vor ihnen liegende Strecke rascher überwinden; einmal ins freie Feld gelangt, wo sie ihre Kampfkraft wieder voll entfalten konnten, würden sie dem Feinde gewachsen sein — Erwägungen, wie sie sich später auf den Rückzugskämpfen des Caecina 15 n. Chr. bestätigten.[1]) Daß den Feinden in einem Unwetter ein mächtiger Helfer erstehen sollte[2]), entzog sich natürlich der Berechnung. Jeder Aufenthalt aber verschlechterte die Lage der Eingeschlossenen, da zu gewärtigen war, daß die Menge der Germanen sich ständig verstärkte.[3]) So war an ein abwartendes Ausharren nicht zu denken. Es muß bei diesen Betrachtungen vorausgesetzt werden, daß Varus, wie auch Germanicus und seine Offiziere, von der Gegend, in der sie sich befanden, eine einigermaßen zutreffende Vorstellung hatten; wäre das nicht von vornherein klar, so müßte angesichts der Verabredungen, die später Germanicus mit Caecina u. a. für die Kooperation ihrer auf verschiedenen Anmarschstraßen herangeführten Truppen treffen konnte und die pünktlich innegehalten wurden, jeder Zweifel verstummen. Auch war der Ort der Varusschlacht noch 6 Jahre später den Römern seiner Lage nach bekannt. Somit war die Fortsetzung des Marsches durchaus kein kopfloses Unternehmen des Varus.

Dios Bericht erlaubt nun, uns von dem Verlaufe der Kämpfe ein anschauliches Bild zu machen. Das römische Heer zog in langer Marschkolonne[4]) mit seinem zahlreichen Troß durch die

[1]) Tac. Ann. I 64—68. Tatsächlich gelangt Caecina nach schweren Mühen *in aperta et solida* (65). Vgl. den Ruf der jetzt siegreich vordringenden Römer in c. 68: *non hic silvas nec paludes, sed aequis locis aequos deos*!

[2]) Dio c. 20.

[3]) Vgl. dazu Dio c. 21.

[4]) Und zwar in ganz gelockerter Ordnung, da man ja in befriedetem und verbündetem Gebiete zu marschieren wähnte; s. Dio c. 20; Judeich a. a. O. S. 302.

Waldschluchten dahin. Offenbar hat Armin, dem als ehemaligem römischen Offizier die Marschformation der Römer mit allen ihren Schwächen einem plötzlichen Angriffe gegenüber natürlich genau bekannt war, seine Hoffnung bei der zweifellosen Unterlegenheit seiner Krieger gegenüber den Legionaren mit darauf gesetzt, bei einem unvermuteten Überfall die einzelnen Verbände der Varusarmee voneinander trennen zu können. Gelang es, den Troß rasch zu überwältigen und das römische Heer möglichst an mehreren Punkten zu durchbrechen, so konnte man darauf rechnen, die ihres Zusammenhalts beraubten Angegriffenen leichter zu vernichten. Aber damit hat Armin einen Erfolg zunächst nicht gehabt. Am Abend ist die Vereinigung der drei Legionen erfolgt, und Varus kann ein vorschriftsmäßiges Marschlager aufschlagen lassen.[1]) Nur so erklären sich die merkwürdigen Angaben namentlich des Velleius[2]), wonach Varus unter Strafandrohungen verboten habe, Angriffe auf die Germanen zu machen. Die ihm feindliche römische Überlieferung hat das als unmännliches Verhalten des Feldherrn gebrandmarkt. Tatsächlich aber dürfen wir hier den Versuch erkennen, die kämpfenden Legionäre in der durch den Hinterhalt geschaffenen prekären Situation davon zurückzuhalten, durch eigenmächtiges Vorgehen die Rettung des ganzen Heeres aufs Spiel zu setzen.[3]) Es kam alles darauf an, die Armee zusammenzuziehen und in Schlachtordnung massiert aufzustellen. Das ist dem Varus tatsächlich gelungen. Der Troß und das Gepäck wurden verbrannt bzw. zurückgelassen, und nun konnten die Römer wesentlich unbehinderter und zuversichtlicher den kommenden Ereignissen entgegensehen.[4]) Nur eine Situation, die sich in der Aufrichtung des von Tacitus beschriebenen ersten Lagers

[1]) Dio c. 21, 1.

[2]) II 119, 2.

[3]) Wir erfahren auch aus Dio c. 20, 4, daß die Römer am ersten Kampftage so gut wie keinerlei nennenswerte Gegenwehr leisteten. Dio macht dafür die schwierige Lage der Angegriffenen verantwortlich. Wenn es am Schlusse vor c. 20 heißt: *ἔπασχον μὲν πολλά, ἀντέδρων δὲ οὐδέν*, so kann nur eine strategische Rücksicht den Varus veranlaßt haben, ein Eingreifen zu verbieten, während seine Leute schon angegriffen und niedergemacht wurden. Daß er es hier nicht mit „irrtümlichen Vorstößen einzelner" zu tun hatte, wie Judeich a. a. O. S. 303 (mit Anm. 1) seine Gedanken auslegt, mußte der römische Feldherr sehr bald merken. Zu welchen Ergebnissen ein Vorgehen einzelner Abteilungen führen mußte, ist von Caesar b. G. V 34f. anschaulich geschildert.

[4]) Es war ihnen gelungen, an einen für die Anlage ihres Lagers leidlich geeigneten Platz vorzudringen, wie ihn Dio c. 21, 1 schildert.

als immerhin nicht ungünstig spiegelt, erklärt den Umstand, daß Varus — natürlich nach vorangegangener Beratung mit seinem Stabe — die Fortsetzung des Vormarsches befehlen konnte. Der zweite Kampftag, der mit dem Auszug der Römer aus dem Lager begann, sollte über das Schicksal der Eingeschlossenen entscheiden. Sie müssen den wütendsten Angriffen seitens der Germanen ausgesetzt gewesen sein, so daß ihre Zahl arg dahinschmolz und sie auf einer schließlich erreichten Waldlichtung das zweite Lager *semiruto vallo, humili fossa* als kaum ausreichenden Schutz aufwarfen. Der Befehl wurde ausgegeben, am folgenden Tage noch bei Dunkelheit aufzubrechen, um der unerträglichen Bedrängnis durch die Feinde zu entgehen. Aber das war nicht mehr möglich. Auf dem unbekannten Pfade, behindert durch die Finsternis, in der Reiter und Fußsoldaten, in fürchterlichem Gedränge sich vorwärts schiebend, übereinander und über Baumwurzeln stürzten oder auf dem moorigen Boden ausglitten, ereilte die Römer das Verderben. Mit Tagesanbruch (wie Kolbe die Stelle sicher richtig deutet[1])) fielen die Germanen abermals über die Römer her, unterstützt durch Sturm und Regengüsse. Als Varus sehen mußte, daß an ein Gelingen seines Rettungsplanes nicht mehr zu denken war, stürzten er und die höheren Offiziere sich ins Schwert, um der Gefangenahme und Mißhandlung durch den infolge des heftigen Widerstandes aufs äußerste gereizten Feind zu entgehen. Damit war das Schicksal des Heeres besiegelt.

So dürfte sich der Untergang der drei Legionen im Teutoburger Walde vollzogen haben.[2]) Auch Judeich hat wieder mit Recht betont[3]), daß Dios Angaben keinen Anstoß bieten, daß wir hier also einen vorzüglichen Bericht über die Schlacht vor uns haben — und im Grunde nur diesen einen Bericht. Tacitus' Notiz über die beiden Lager bestätigt und ergänzt die Erzählung bei Dio in einigen nicht unwesentlichen Punkten.[4]) Dagegen bringt Velleius für den Verlauf der Schlacht selbst nichts Positives[5]), was nicht zu verwundern braucht, da er ja nach seinen

1) A. a. O. S. 154; anders Judeich a. a. O. S. 304, Anm. 1.

2) In den Nachrichten über die Warnung des Segestes bei Tac. Ann. I 55, 58, u. Vell. II 118 (Schluß) sucht Kolbe a. a. O. S. 152 eine absolute Zeitangabe. Aber das Unheil, das Segestes beklagt, ist nicht der Angriff Armins, sondern die Eröffnung des verhängnisvollen Feldzuges durch Varus, nach der eine abermalige Warnung in der Tat kein Gehör mehr finden konnte.

3) A. a. O. S. 304.

4) Vgl. Judeich a. a. O. S. 307.

5) Nur aus der Schlußkatastrophe erfahren wir Einzelheiten bei ihm, wie das Verhalten der beiden *praefecti castrorum* [in denen Judeich a. a. O.

eigenen Worten II 119 von ihrer Schilderung absieht. Die ausgesprochene Feindseligkeit gegen Varus tritt aus seinen Sätzen besonders hervor. Wenn er meint: *Duci plus ad moriendum quam ad pugnandum animi fuit*, so steht dazu im Widerspruch, daß wir hören, auch Varus sei im Kampfe verwundet worden.[1] Sein Verhalten in der Schlacht, wie es sich aus dem Hergang der Ereignisse erschließen läßt, war keinesfalls Pflichtvergessenheit oder Verblendung. — Wie es schließlich gelingen soll, die Angaben bei Florus II 30, 29 (IV 12) ff. mit dem Berichte bei Dio zu vereinigen, ist mir unerfindlich. Kolbe, a. a. O. S. 149, hat sich die Sache zu leicht gemacht. Bei Florus steht, daß die Germanen den Varus überfallen hätten, *cum ille — o securitas! — ad tribunal citaret*, und zwar im Lager: *castra rapiuntur, tres legiones opprimuntur.* Es folgt die Bemerkung, Varus habe nach dem Verluste des Lagers sich den Tod gegeben; sein Leichnam sei von seinen Soldaten beerdigt, dann von den Siegern wieder ausgegraben worden. Das widerspricht der Notiz bei Velleius II 119, nach der seine halb verbrannte Leiche von den wilden Siegern mißhandelt und sein abgeschnittenes Haupt dem Marbod überbracht worden sei. Dazwischen tritt plötzlich das blutige Gemetzel in Sümpfen und Wäldern auf (*per paludes perque silvas*), ein Zeichen dafür, daß Florus den richtigen Bericht über die Katastrophe vor Augen

S. 305, worauf mich ebenfalls E. Stein hinwies, nicht die Präfekten der beiden Kampflager hätte suchen dürfen, sondern die Kommandanten der beiden Lager von Vetera und von Köln oder Neuß; vgl. Ritterling in Pauly-Wissowas Realenzykl. XII, 1767 f.; s. jetzt Syme, Germania 16 (1932), 2, 109 ff.; dazu E. Stein, a. a. O. S. 89, Anm. 18 f. Daß die Angabe über ihr Verhalten im Kampfe in die Varusschlacht selbst gehört und sich nicht, wie Kolbe a. a. O. S. 158, Anm. 1, meint, auf einen später erfolgten Angriff des Armin auf das Standlager des Varus und eine dort zurückgelassene Besatzung bezieht, lehrt der Zusammenhang, in dem sie bei Velleius steht. — Vgl. auch o. S. 492, Anm. 2], der Reiterei und ihres Führers Numonius Vala etc. Klotz wendet a. a. O. Sp. 202 ein, daß bei Kolbes Interpretation ein ἤδη oder δή statt γάρ im Text zu erwarten wäre. Aber das τότε γάρ ist nun einmal überliefert und von Kolbe trefflich gedeutet. Die nächtliche Kampfesruhe (vgl. Tac. Anm. I 64 f.) wollte Varus ausnutzen, sobald seine erschöpften Truppen sich die nötigste Erholung gegönnt hatten. Die Textverderbnis steckt in dem überlieferten τῇ τε, worin man τρίτῃ vermuten wird, wie es die Situation erfordert. Das γάρ erläutert das Vorhergehende (bsd. περὶ τοῖς δένδροις ἐσφάλλοντο), wie L. Wickert gesehen hat: „denn damals brach für die Marschierenden der 3. (Leidens-) Tag an“, der nun durch das einsetzende Unwetter zur Katastrophe führt. Die Zeitangabe τρίτῃ ist allerdings unentbehrlich.

[1]) Tac. Ann. I 61; Dio c. 21.

hatte, aber es nicht der Mühe für wert hielt, ihm zu folgen bzw. ihn zu verstehen. Somit scheidet Florus als Quelle überhaupt aus.[1])

Auf die topographischen Fragen kann hier nicht eingegangen werden. Es sei dafür aber versucht, an Kolbes Schlußwort[2]) anknüpfend, auf die Frage nach der historischen Bedeutung der Varusschlacht eine Antwort zu finden. Kolbe sucht zwischen den beiden Extremen, der Überschätzung der Schlacht und der namentlich von amerikanischer Seite[3]) geäußerten Auffassung, wir hätten es bei der Vernichtung des Varus nur mit einem Ereignis von relativ sehr geringer Bedeutung zu tun, die Mitte zu halten, wenn er abschließend sagt, die Vernichtung der Legionen habe „die große Wendung eingeleitet, die unsere Vorfahren davor bewahrt hat, ihre Freiheit an die Weltherrscherin Rom zu verlieren". Es mag wie ein Streit um bloße Worte anmuten, wenn man dieses „einleiten" beanstandet und sich für „herbeiführen" einsetzt. Tatsächlich aber steht in diesen beiden Worten die gesamte Bewertung des ältesten Ereignisses unserer Geschichte auf dem Spiele. Das macht Kolbes Begründung seines Urteils sofort offenbar. Der Sieg des Arminius sei, bemerkt er[4]), erfochten „nicht in heldenhaftem Kampfe", sondern „nur durch Verrat", somit auch keine „militärische Großtat im eigentlichen Sinne des Wortes"[5]). Vielmehr seien Oldfather und Canter mit ihrer Einstellung durchaus im Recht und die Schlacht „nur eine Schlappe" gewesen, „wie sie auch eine militärische Großmacht im Kampfe mit undisziplinierten Barbaren gelegentlich erleiden kann". So wird schließlich die Freiheit Germaniens zu einem Geschenke des Zufalls, indem die Wendung, zu der sich Tiberius im Jahre 16 n. Chr. entschloß, als ausschlaggebend für sie angesehen wird. Daran ändert auch die Konzession nichts, zu der sich Kolbe genötigt sieht, wenn er die Veranlassung zu dieser Wendung in dem hartnäckigen Widerstande sucht, den die Germanen seit

[1]) Judeichs Versuch a. a. O. S. 308, die Konfusion bei Florus durch die Zusammenrückung der Ereignisse zu erklären, wird überflüssig durch das oben Dargelegte. — Sein wichtigstes Ergebnis, daß wir es mit „einer großen einheitlichen Überlieferung" über die Schlacht zu tun haben (S. 309), bleibt trotzdem bestehen.

[2]) A. a. O. S. 167f.

[3]) Oldfather und Canter, *The Defeat of Varus and the German Frontier Policy of Augustus* (*University of Illinois Studies in the social sciences* IV 2), 1915; vgl. dazu Gelzers Rezension in der Hist. Ztschr. 115 (1916), S. 601ff.

[4]) A. a. O. S. 167.

[5]) Damit geht Kolbe weit hinaus über die wesentlich vorsichtigere Formulierung Ed. Meyers, Kl. Schr.[2] I, S. 468 (vgl. auch S. 426).

ihrem Siege über Varus allen Angriffen entgegensetzten[1]) — so daß immerhin von einer Mitwirkung der Schlacht die Rede sein muß. Der von Kolbe mehrfach gezogene Vergleich mit der Vernichtung der Kohorten des Sabinus und Cotta durch die Eburonen hat ihn auf eine falsche Fährte geleitet. In der Art, wie ihr Führer Ambiorix den römischen Truppen, die bereit sind, das von ihnen besetzt gehaltene Lager zu räumen, freien Abzug zusicherte und diese Zusage dann bedenkenlos brach, sobald er die Abrückenden in einem Talkessel umzingeln konnte, mag man „barbarische Perfidie" verkörpert sehen. Bei Armin ist es nicht ein Verrat gewesen, der ihm nach bereits gesichertem Siege die Abschlachtung fast wehrloser, jedenfalls nicht mehr zu Kampf und Widerstand entschlossener Feinde ermöglichen sollte[2]), sondern seine Irreführung des Varus setzte vor dem Kampfe ein und sollte diesen Kampf nicht überflüssig machen und auf ein bloßes Niedermetzeln der Gegner reduzieren. Er setzte sich und die Seinen aufs Spiel. Jenem Vorwurfe, die Schlacht im Teutoburger Walde sei „nur" durch Verrat gewonnen worden, ist entgegenzuhalten, daß damit verzichtet wird, an die Dinge den Maßstab anzulegen, der ihnen allein gemäß ist[3]). Es ist eigenartig zu beobachten, wie schwer sich dem menschlichen Auge der Blick auf wirkliche Größe erschließt — weil es stets geneigt ist, das Wie über das Was zu stellen, nirgends so sehr wie bei kriegerischen Ereignissen. Aber der Krieg ist bekanntlich nicht in erster Linie eine Gelegenheit zur Bewährung ritterlicher Tugenden, sondern ein „rauh gewaltsam' Handwerk". Auf den Erfolg, den Sieg hat sich der einzustellen, der das Furchtbare wagt, an die Gewalt zu appellieren als die letzte ihm noch gelassene Möglichkeit, sich zu behaupten, — falls er überhaupt auf den Namen eines wirklichen militärischen „Führers" Anspruch haben soll. Man beachtet zu wenig, daß

[1]) A. a. O. S. 168. Wodurch ist denn dieser hartnäckige Widerstand bedingt bzw. ermöglicht worden?!

[2]) Als die Römer unerwartete Gegenwehr leisten, läßt Ambiorix den als Unterhändler zu ihm kommenden Sabinus und seine Begleiter hinterlistig niedermachen und stürzt sich dann auf die ihres Führers beraubten Legionäre; b. G. V 37.

[3]) Oder soll von den Germanen verlangt werden, daß sie in offener Schlacht wie Epaminondas bei Leuktra die Gegner überwanden? Das nur für denkbar zu halten, bedeutet, daß das römische Reich sich keinen Tag lang sicher fühlen durfte und seine Eroberungspolitik sich auf die Gunst des Zufalls, nicht auf die unbedingte Überlegenheit auf militärischem Gebiete gründete, ohne die jedes Vorgehen ein nicht zu rechtfertigendes Abenteuer gewesen wäre.

nicht in der Besiegung der Varuslegionen allein das Ziel des Arminius lag, sondern daß dieses erheblich mehr umfaßte: die Vernichtung der römischen Herrschaft in Germanien. Das lehrt ja die nach der Schlacht durchgeführte Bezwingung der römischen Lager und Kastelle rechts des Rheins[1]), die nicht als nebensächliches Nachspiel aufgefaßt werden darf, sondern das Kernstück des Befreiungswerkes bildete[2]). Die Vorbedingung für sie war die Zerschmetterung der mobilen Armee, deren gewaltige Kampfkraft jene Zwingburgen schützte und ihre Existenz auf germanischem Boden allein ermöglichte. Daß Armin die Chancen für das Gelingen seines Werkes so günstig wie möglich zu gestalten suchte, war nicht nur sein Recht, sondern seine Pflicht. Wir gestehen es einem Napoleon I. bewundernd zu, in mehreren seiner großen Schlachten, wie etwa der von Jena, sich den Sieg von vornherein dadurch gesichert zu haben, daß er am entscheidenden Punkte das numerische und materielle Übergewicht auf seine Seite brachte. Wir halten auch die doppelte Übermacht der Verbündeten bei Leipzig 1813 nicht für einen Grund, um der Völkerschlacht mit Beschämung zu gedenken. Ohne diese Überlegenheit wäre die Bezwingung des Korsen nicht gelungen. Nun, Armin bedurfte der Wälder und Sümpfe sowie der Überlistung des Varus, um sich und seinen Kriegern die notwendige Überlegenheit zu sichern. Wir urteilen viel zu stark lediglich *ex eventu*, wenn wir von vornherein annehmen, daß es für Varus „keine Rettung gab".[3]) Varus selbst konnte zwei Tage lang anderer Meinung sein. Die Germanen mußten den Kampf hartnäckig führen und sich in Angriffen und Umzingelungsversuchen aller Art exponieren. Es ist nicht die Art wilder Horden, auszuharren, wenn der erste Tag des Kampfes wie in der Teutoburger Schlacht ihre Erwartungen in keiner Weise erfüllt, ja der Feind sogar in Ordnung und unerschüttert sein Lager aufschlägt und an die Fortsetzung des Vormarsches denken kann, und dann noch zwei Tage und Nächte in den Unbilden der Witterung und dem erbitterten Gefecht mit dem gefährlichsten Gegner durchzuhalten bis zum endlichen Erliegen des Feindes. Beutegier allein bringt solche seelische Spannkraft nicht hervor.[4]) Daß vollends der Umstand, daß die Römer

[1]) Dio c. 22; Vell. II 120.

[2]) Das tritt bei Kolbe nicht hervor, wenn er auf S. 156 sagt, „Arminius hat das Feldheer vernichtet. Von nun an gilt sein Kampf den römischen Befestigungen".

[3]) Kolbe a. a. O. S. 167.

[4]) Nach Dio c. 21 scheint es, als seien die Zuzüge anderer Germanen zu den Cheruskern erst erfolgt, als der 2. Kampftag diesen die Hoffnung

nur dem Hinterhalt und der Ungunst des Bodens und Wetters zum Opfer gefallen seien, geeignet gewesen wäre, die Cherusker zu ermutigen, schließlich dem Heere des Germanicus in offener Feldschlacht zu begegnen — was vor der Varuskatastrophe kein germanisches Aufgebot gewagt hätte, ist so unpsychologisch wie möglich gedacht. Bei Tacitus rühmt Armin, so oft er die Seinen zum Kampfe begeistert, sei es gegen Germanicus, sei es gegen Marbod, die Teutoburger Schlacht als Heldentat, ja hält dem mit Verrat (*proditio*) arbeitenden Imperator entgegen, er führe Krieg *palam adversus armatos.*[1]) Daß seine Widersacher seinen Erfolg nach Möglichkeit zu verkleinern suchten und man namentlich römischerseits den Flecken auf der Ehre der Armee dadurch zu beseitigen strebte, daß man dem Verrat des Armin und der Unfähigkeit des Varus die Katastrophe allein zuschrieb, ist nicht weiter verwunderlich — ebensowenig, daß Marbod in dem bevorstehenden Kriege gegen Arminius gegen dessen Ruhm eifrig Propaganda treibt und es demgemäß mit der Wahrheit nicht genau nehmen kann. Es fragt sich, ob es ein Fortschritt ist, wenn man in letzter Zeit auf Marbods Anschuldigung Ann. II 46 zurückkommt, Armin beanspruche unverdienten Ruhm, *quoniam tres vagas legiones et ducem fraudis ignarum perfidia deceperit.* Man sollte dann aber auch wie Marbod hinzusetzen: *magna cum clade Germaniae et ignominia sua, cum coniunx, cum filius eius servitium adhuc tolerent.* Eben dieser Zusatz zeigt, wohin die *obtrectatores Arminii* zu gelangen in Gefahr stehen.

Wie es um die wirkliche Bedeutung der Varusschlacht steht, lehrt am klarsten die Betrachtung ihrer Folgen. Ob die Erreichung der Elbgrenze weiterhin die leitende Idee der Germanenpolitik des Augustus blieb oder nicht, ist völlig belanglos gegenüber der Tatsache, daß die Römer sich nach der Katastrophe hinsichtlich der Bezwingung Germaniens einer ganz veränderten Situation gegenübersahen. War es vordem möglich gewesen, in kühnen Zügen bis an die Elbe und über sie hinaus vorzudringen, so stand

auf den Sieg brachte; da hat man das Abwarten aufgegeben, um durch Beteiligung an der Vernichtung der Römer sich ein Anrecht auf die Beute zu sichern.

[1]) Tacitus Ann. I 59. Die Worte beziehen sich ausdrücklich auf die Varusschlacht — Wenn in c. I 65 Armin, auf die bedrängten Truppen des Caecina hinweisend, ausruft: *en Varus eodemque iterum fato vinctae legiones*, so ist hier die Lage trefflich gekennzeichnet. Die Legionen sind *vinctae*, nicht bereits *oppressae*. — Richtig heißt es auch I 55: *Varus fato et vi Arminii cecidit.* — Armin gegen Marbod: II 45.

dem jetzt im Wege, daß die Bevölkerung des ganzen Gebietes wie revolutioniert war und die einmarschierenden römischen Truppen mit Kämpfen auf Leben und Tod bedrohte, ja auch durch Mißerfolge sich nicht einschüchtern ließ.[1]) Es wird noch immer nicht genügend beachtet, welche tiefere Bedeutung darin liegt, daß alle Feldzüge des Germanicus sich gegen das Cheruskerland richten.[2]) Hier lag das Zentrum des feindlichen Widerstandes, das Germanicus endlich seit 14 n. Chr. mit einer gewaltigen Armee zu erschüttern und zu zertrümmern suchte.[3]) Wie zögernd erfolgt sein Vorgehen![4]) Der Vorstoß, der in gerader Richtung nach Osten durchs Marserland geführt wird und den im folgenden Frühjahr Caecina wiederholt, als Germanicus selbst durch das Gebiet der Chatten von Süden aus gegen die Cherusker sich vorfühlt, bildet den Auftakt für die Feldzüge, in denen die Römer die Hochburg des feindlichen Widerstandes anzugreifen unternehmen. Armins Gattin fällt in die Hände des Germanicus; aber weiter ist auf dem Chattenzuge nichts von Bedeutung unternommen worden. Dafür proklamiert nun Armin überall den Vernichtungskampf gegen die Römer und findet für ihn bezeichnenderweise zahlreiche Gefolgschaft.[5]) Im Spätsommer desselben Jahres unternimmt der römische Feldherr, indem er für die Hauptmacht die bequemere und sicherere Anmarschstraße von Norden her flußaufwärts wählt, eine Heerfahrt, die ersichtlich zum Ziele hat[6]), die noch

[1]) Damit vergleiche man den Aufstand Germaniens unter M. Vinicius und seine Niederwerfung durch Tiberius 4—6 n. Chr. (Vell. II 104—107), um den Unterschied voll zu empfinden. — Richtig Jullian a. a. O. S. 130.

[2]) Daran, sich ,,elbwärts zu wagen" (Dessau, Gesch. der röm. Kaiserzeit I, S. 450) konnte Germanicus überhaupt nicht denken.

[3]) Das läßt die Angabe des Tacitus (Ann. I 3), daß der Germanenkrieg bestimmt gewesen sei *abolendae magis infamiae ob amissum cum Quintilio Varo exercitum quam cupidine proferendi imperii aut dignum ob praemium* mehr als fraglich und *ex eventu* entstanden erscheinen.

[4]) Dazu stimmt das rücksichtslose Wüten gegen die Angegriffenen (vgl. z. B. Ann. I 51 aus dem Feldzuge gegen die Marser 14 n. Chr.: *non sexus, non aetas miserationem attulit*), durch das Germanicus die Gegner schrecken will. Der ,,Terror" ist noch stets ein Begleiter der Furcht gewesen.

[5]) Selbst die Spaltung zwischen ihm und Segestes, auf die Germanicus nach Ann. I 55 zählte, wirkte sich nicht in dem Maße aus, wie eigentlich zu erwarten gewesen wäre.

[6]) Dies geht aus der Situation klar hervor. Die Verwüstung des Bruktererlandes stand weder im Verhältnis zur aufgebotenen Heeresmacht, noch war sie allein schon geeignet, die Schmach der Varuskatastrophe auszulöschen, worauf es doch nach Ann. I 3 mit angelegt war. Durch das ,,*igitur*" bei Tac. c. 61 sollte man sich nicht beirren lassen (wie Kolbe a. a. O. S. 161 f.).

unbestatteten Gefallenen auf dem Schauplatze des Unterganges der Varusarmee zu beerdigen. Nach der Vereinigung mit den Kohorten des Caecina gelingt der Vorstoß. Aber nicht wie ein unbestrittener Sieger im unterworfenen Lande geht Germanicus ans Werk, sondern unter den sorgfältigsten Sicherungsmaßnahmen gegen die zu erwartenden germanischen Angriffe.[1]) Und ohne sich lange aufzuhalten, zieht der Imperator wieder ab, wobei es zu einem Zusammenstoß mit den Cheruskern kommt, der unentschieden bleibt.[2]) Auf dem Rückwege gerät die Heeresabteilung des Caecina durch Armin in so schwere Bedrängnis, daß man sie jenseits des Rheins schon verloren gibt und aus Furcht vor einem Angriffe der Germanen die Brücke über den Strom abbrechen will, was die tatkräftige Agrippina nur mit Mühe verhindert. Überall erscheint die Stimmung der Römer seit der Varusschlacht gelähmt, während die Germanen von einer Zuversicht und Tatkraft ohnegleichen erfüllt sind und unermüdlich im Kampfe ausharren, obwohl die Armee des Germanicus den Legionen des Varus an Zahl ganz erheblich überlegen war. Immerhin war durch die Beisetzung der Toten im Teutoburger Walde der Ehre des römischen Namens in gewissem Sinne Genüge geschehen.[3]) Darauf, den alsbald durch die Germanen zerstörten Grabhügel wiederherzustellen, mußte freilich verzichtet werden.[4]) Für das folgende Jahr wird nun der Stoß ins Herz der feindlichen Macht selbst angesetzt. Der Imperator plant, durch die Porta Westfalica in das Gebiet der Cherusker selbst einzudringen.[5]) Da werfen sich dem bereits über die Weser gegangenen starken Römerheere, um dem Vernichtung drohenden Angriffsstoße zu begegnen, die Cherusker und ihre Verbündeten in offener Feldschlacht entgegen. Wie zu erwarten, erringen die Römer einen taktischen Sieg. Von einer Vernichtung des Feindes aber hat anscheinend keine Rede sein können. Wir sehen Germanicus alsbald auf dem Rückzuge, wo er sich in einer zweiten Schlacht des Armin zu erwehren hat und nach schweren Verlusten, die namentlich die Flotte auf der Heimfahrt erleidet, wieder auf römischem Gebiet anlangt. Das Unternehmen war mißglückt. Die noch im

[1]) Daß Armin bereitsteht, hören wir Ann. I 63.

[2]) Was letzthin, wie Fr. Koepp, Die Römer in Deutschland[3] (1926), S. 42, mit Recht betont, auf einen empfindlichen Mißerfolg hinauslief.

[3]) Daß freilich in Rom die Meinung darüber geteilt war, zeigt Ann. I 62.

[4]) Ann. II 7.

[5]) Zur Ansetzung des Schlachtfeldes s. jetzt Schuchhardt, Prähistor. Ztschr. XVII (1926), S. 100ff.

Herbst unternommenen Vorstöße gegen die Germanenstämme am rechten Rheinufer sollten lediglich den Eindruck verwischen, den der Fehlschlag überall hervorrief.[1])

Dessau hat von den Kriegszügen des Germanicus gesagt[2]): „Es waren im wesentlichen Rache- und Raubzüge, oder nutzlose Demonstrationen.“ Wer nach dem großen Zuge vom Jahre 16 auf sie zurückblickt, muß das Urteil unterschreiben. Aber es ist die Frage, ob sie von Anfang an als solche gedacht waren.[3]) Zweifellos ist, daß die Pläne des Germanicus die Billigung des Kaisers Tiberius hatten[4]), mochte dieser auch hinsichtlich der Beurteilung der Aussichten in Germanien anders denken als sein kriegsbegeisterter Neffe. Aber es kam auf den Versuch an. Gelangen die Pläne des Germanicus, so war der Vorteil für die römische Politik groß genug. Als sich aber 16 n. Chr. ihre Undurchführbarkeit erwiesen hatte, war Tiberius nur konsequent, wenn er durch seinen Machtspruch weiteren „Abenteuern“ ein Ziel setzte. Tacitus, der begeisterte Verehrer des Germanicus, nennt II 88 den Armin *proeliis ambiguus, bello non victus*[5]); dieses Urteil bildet den Schlüssel zum richtigen Verständnis der Germanicuszüge, nicht die prahlerische Aufschrift des Siegesmonuments, das der jugendliche Feldherr nach II 22 errichten ließ. Man ermißt das erst ganz, wenn man die kurze Notiz bei Dio LVII 18 heranzieht. Wäre der Verlauf der Ereignisse so gewesen, wie er hier geschildert wird: erst Besiegung der Germanen, dann Bestattung der in der Varusschlacht Gefallenen und Wiedergewinnung der verlorenen Feldzeichen, so unterläge es keinem Zweifel, daß die Niederlage im Teutoburger Walde vollauf ausgeglichen worden wäre. Der Besuch der Stätte der Varuskatastrophe wäre die Krönung des Feldzuges gewesen. In Wirklichkeit aber stellte er nur eine vorbereitende Aktion dar. Wenn nun Tiberius die Germanen ihrer inneren Zwietracht überläßt, so ist das zugleich ein Eingeständnis der Resignation gegenüber der römischen Kraft. Die Züge des Germanicus sind nichts weiter gewesen als der Versuch, eine bereits gefallene Entscheidung mit Aufbietung aller Mittel noch einmal rückgängig zu machen. Somit erweist sich die Varusschlacht nicht als die Einleitung zur großen historischen

[1]) Vgl. Ann. II 25.

[2]) A. a. O. I S. 488.

[3]) Wie es nach Tac. Ann. I 3 scheinen könnte. Vgl. oben S. 503, Anm. 3.

[4]) Vgl. auch Ed. Meyer, Kl. Schr.[2] I, S. 469.

[5]) Ebenda die berühmt gewordene Beurteilung des Armin als *liberator haud dubie Germaniae.*

Wende, sondern als diese Wendung selbst.[1]) Sie war kein ephemeres Ereignis, das seine Bedeutung erst durch die Entwicklung gewann, die die römische Politik durch den Entschluß des Tiberius nahm, sondern eine der großen entscheidenden Schlachten der Weltgeschichte[2]), und der Verzicht des Tiberius auf eine Weiterführung der Kämpfe in Germanien ist nichts weiter als die Konsequenz, zu der der Vernichtungsschlag vom Jahre 9 n. Chr. unwiderruflich zwang.

[1]) Brachte sie doch und nicht erst das Vorgehen des Germanicus die Erkenntnis, welcher Anstrengungen es bedurft hätte, Germanien zu unterwerfen — Anstrengungen, die zu dem schließlich zu erwartenden Resultat in keinem Verhältnis standen. Vgl. Ed. Meyer a. a. O. S. 469.

[2]) Wir datieren die Unterwerfung Makedoniens durch die Römer ebenfalls nicht nach dem erfolglos gebliebenen Aufstande des Andriskos 149—148 v. Chr., sondern nach dem Siege bei Pydna 168 v. Chr.

Eine Grosstat der attischen Geschichte

Die sog. Schlacht bei „Oinoë“

Von

Hans Erich Stier

Vorbemerkung.

Unter den großen Jahrhunderten der griechischen Geschichte ist das 5. unstreitig das bedeutendste gewesen. Was ihm die besondere welthistorische Signatur gibt, ist der Aufstieg Athens zu staunenerregender Blüte, die selbst die Stürme des Peloponnesischen Krieges nicht zu knicken vermocht haben.

Für die Rekonstruktion der Geschichte der sog. Pentekontaetie, des halben Jahrhunderts zwischen der Abwehr des persischen Angriffs und dem Beginne des Peloponnesischen Krieges, sind wir so gut wie allein auf den knappen Abriß angewiesen, den Thukydides seinem ersten Buche (Kap. 89—118) eingefügt hat. Er liefert uns den Maßstab für die Beurteilung und Verwertung der Darstellungen späterer Autoren, in erster Linie des Ephoros-Diodor und des Plutarch. Aber woher nehmen wir den Maßstab, an dem die Zuverlässigkeit des thukydideischen Berichtes geprüft werden könnte? Die Inschriftenfunde, so wesentlich sie sind, reichen für eine derartige Kritik nicht aus; alle Hoffnungen, die man in dieser Hinsicht auf sie setzte, sind bald wieder verflogen.

Und nun wird im Pausanias gleich an zwei Stellen [1]) von einer Schlacht gesprochen, die von den verbündeten Athenern und Argivern ἐν Οἰνόῃι τῆς Ἀργείας gegen die Spartaner gewonnen wurde. Generationen hindurch haben sich Historiker und Archäologen bemüht, zu erklären, wieso Thukydides diese

1) I 15, 1: Die Stoa Poikile zu Athen πρῶτα μὲν Ἀθηναίους ἔχει τεταγμένους ἐν Οἰνόῃι τῆς Ἀργείας ἐναντία Λακεδαιμονίων· γέγραπται δὲ οὐκ ἐς ἀκμὴν ἀγῶνος οὐδὲ τολμημάτων ἐς ἐπίδειξιν τὸ ἔργον ἤδη προῆκον, ἀλλὰ ἀρχομένη τε ἡ μάχη καὶ ἐς χεῖρας ἔτι συνιόντες. X 10, 4 über die Figuren der Septem in Delphi: οὗτοι μὲν δὴ Ὑπατοδώρου καὶ Ἀριστογείτονός εἰσιν ἔργα, καὶ ἐποίησαν σφᾶς, ὡς αὐτοὶ Ἀργεῖοι λέγουσιν, ἀπὸ τῆς νίκης ἥντινα ἐν Οἰνόῃι τῆι Ἀργείαι αὐτοί τε καὶ Ἀθηναίων ἐπίκουροι Λακεδαιμονίους ἐνίκησαν.

Schlacht, deren Ansetzung innerhalb der Pentekontaëtie gegen jeden Zweifel sichergestellt wurde, verschwiegen habe. Keiner der Vorschläge kann ganz befriedigen. Und läßt man sich durch streng sachliche Interpretation des Pausaniastextes davon überzeugen, daß diese rätselhafte Schlacht eine ganz erhebliche Bedeutung besessen haben muß, so steigert sich die Unsicherheit gegenüber dem Berichte des Thukydides. Liegt hier eine — wie man schon sagen muß — ganz beträchtliche Lücke in seiner Aufzählung der Ereignisse vor? Entsprang sie einem Versehen oder einer Tendenz? Hat uns aber ein glücklicher Zufall Kenntnis von dieser Lücke bewahrt — sind dann nicht noch andere erhebliche Auslassungen oder Versehen im Thukydides anzunehmen?

Im Verlauf dieser Untersuchung soll gezeigt werden, daß auch diesmal Thukydides glänzend gerechtfertigt werden kann. Es ist das gleiche Ergebnis, zu dem jüngst W. Kolbe auf Grund seiner trefflichen Studien über das Verhältnis des Thukydides zu den Angaben der Inschriften gelangt ist[2]). Wir sehen darin eine Gewähr, daß der von uns eingeschlagene Weg richtig ist.

Über die Bestätigung der thukydideischen Darstellung hinaus gewinnen wir aus den richtig verwerteten Angaben des Pausanias die dem Historiker hocherwünschte Möglichkeit, in die Gefühle und Stimmungen einen Einblick zu tun, mit denen die Zeitgenossen ein großes historisches Geschehen hinnahmen und für ihr politisches Denken und Handeln fruchtbar zu machen strebten. So möge die Behandlung der Schlacht bei Oinoë zugleich als Beitrag angesehen werden zur Lösung eines grundlegenden, bislang zu wenig gewürdigten Problems: welches eigentlich die Auffassung der Hellenen s e l b s t von ihrer Geschichte gewesen ist. Ich denke, demnächst auf diese Frage von größeren Zusammenhängen aus in meinem im Cot-

2) W. Kolbe, Thukydides im Lichte der Urkunden. Stuttgart (W. Kohlhammer) 1930; siehe besonders S. 41.

taschen Verlage erscheinenden Buche „Die Epochen der griechischen Geschichte“ zurückzukommen. Die vorliegende Untersuchung sollte ursprünglich im Rahmen dieses Buches veröffentlicht werden; Gründe der Raumersparnis zwingen mich, davon abzusehen. Die Tragweite der Ergebnisse — läßt sich doch jetzt u. a. ein zeitlich recht genau fixiertes Datum für die Errichtung eines bedeutsamen Frühwerkes des Phidias gewinnen [3]) — wird die gesonderte Veröffentlichung dieser Studie, für deren bereitwillige Übernahme ich dem Herrn Verleger zu herzlichem Danke verpflichtet bin, gewiß rechtfertigen.

Berlin, Oktober 1934. Hans Erich Stier.

3) s. u. S. 31 ff.

Inhalt.

I.

Das Verdienst, die Diskussion über die Schlacht bei Oinoë, von der allein Pausanias (I 15, 1 und X 10, 4) Kunde gibt, in die richtigen Bahnen geleitet zu haben, gebührt bekanntlich C. Robert. Seine grundlegenden Ausführungen im Hermes 25 (1890), S. 413 ff., die er dann in seiner Arbeit über „Die Marathonschlacht in der Poikile" (18. Hall. Winckelmannsprogramm, 1895) gegen alle Einwände und Zweifel siegreich verteidigte, haben den unwiderleglichen Nachweis erbracht, daß von einer Verlegung der Schlacht in die Wirrnisse und Kämpfe des 4. Jahrhunderts v. Chr. nicht die Rede sein kann, sondern daß sie dem 5. Jahrhundert angehören muß. Die Auffindung des Originals des Epiddalossteines bei den französischen Ausgrabungen in Delphi [1]) brachte für Roberts Ansetzung den erwünschten inschriftlichen Beleg, so daß damit die Erörterung, soweit sie den weiteren Rahmen für die Zeit der Schlacht zum Gegenstande hatte, als abgeschlossen betrachtet werden darf. Auch die genauere Einreihung in die Ereignisse des 5. Jahrhunderts schien sich ohne viel Kopfzerbrechen bewerkstelligen zu lassen. Da Pausanias' Angaben über die Schlacht das athenisch-argivische Bündnis voraussetzen, mußte sie in das Jahrzehnt von 462/1 bis 451 v. Chr. fallen. Das war evident und ist so gut wie allgemein angenommen worden, noch ehe die Wiederauffindung des Epiddalossteines bekannt geworden war, namentlich auch von Ed. Meyer im III. Bande der „Geschichte des Altertums" (S. 588 f.) [2]). Doch ist die Fixierung der Schlacht auf eins der in Frage kommenden Jahre

1) S. darüber Pomtow, Klio VIII, 1908, S. 188 f.

2) Auch Fr. Koepp hat seinen Widerspruch gegen die Ansetzung der Schlacht ins 5. Jhdt. schließlich zurückgezogen; vgl. Rhein. Mus. 69 (1914) 160 f.

innerhalb des eben genannten Zeitraumes unerwarteterweise auf Schwierigkeiten gestoßen, die es fast so erscheinen lassen, als habe Roberts glänzender Nachweis das Rätsel eher komplizierter gemacht als gelöst. Während Robert und Ed. Meyer an die Jahre 460/459 dachten, entschied sich Busolt für 456, worin ihm Pomtow folgte. Schließlich hat Beloch[3]) durch radikale Anzweiflung der Angaben des Pausanias die Schlacht bei Oinoë in die spartanisch-arkadischen Kämpfe um 470 v. Chr. und die von ihnen ausgelösten Wirren im Peloponnes verlegen wollen. Dieses Hin- und Herschwanken zeigt — wie so häufig in analogen Fällen —, daß man in der kritischen Auswertung des vorhandenen Quellenmaterials nicht weit genug gegangen ist. Es will mir scheinen, als lasse sich für das auf den ersten Blick so verwickelt sich gebende Problem eine eindeutige und zugleich überraschend einfache Lösung finden, — vorausgesetzt, daß man die einzelnen Anstöße und Schwierigkeiten nicht zu vertuschen, sondern möglichst klar herauszustellen strebt, ehe man daran geht, sie aufzulösen.

Den schwersten Anstoß bildet das Schweigen des Thukydides über die Schlacht bei Oinoë. Die Versuche, damit die Verlegung des Ereignisses in die Pentekontaëtie überhaupt anzuzweifeln, hat Robert zwar mit Recht abgewiesen[4]). Aber zugleich erkannte er die Schwierigkeit voll an, die durch das Fehlen jeglicher sonstigen Kunde über das Ereignis geschaffen wird[5]). Er suchte sich mit einem Seitenblick auf

---

3) Griechische Geschichte² II, 2 (1916), S. 207 f.

4) „Das Schweigen des Thukydides . . . kann gegenüber dem inschriftlichen Zeugnis, das mittelbar auch die Schlacht bei Oinoë chronologisch fixiert, nicht in Betracht kommen" (Winckelmannsprogr. S. 5). „Nicht auf Grund willkürlicher Hypothesen ist die Schlacht bei Oinoë als ein Ereignis der Pentekontaëtie eingesetzt, sie ist uns durch eine Kette einwandsfreier literarischer Zeugnisse, zu denen sich eine inschriftliche Urkunde gesellt, überliefert. Sache der Wissenschaft ist es, sich mit dieser Überlieferung abzufinden, nicht sie zu ignorieren" (a. a. O., S. 9).

5) Schon im Hermes 25, S. 417 f. schrieb er: „Das Rätsel, daß eine an

die angeblich „notorische Lückenhaftigkeit“ [6]) der thukydideischen Darstellung herauszuhelfen. Im Gegensatze dazu fand Ed. Meyer Thukydides' Schweigen „nicht auffallend“ [7]); die Schlacht „gehört“, wie er sagt, „der argivischen Geschichte an; die Athener kämpfen nur als ἐπίκουροι; das ist durch den Satz Ἀργείοις τοῖς ἐκείνων (τῶν Λακ.) πολεμίοις ξύμμαχοι ἐγένοντο für den Abriß der attischen Geschichte hinreichend angedeutet“. Aber die Worte des Thukydides besagen durchaus nicht, daß der Abschluß des Bündnisses mit den notorischen Erbfeinden der Spartaner, den Argivern, für die Athener schon zu kriegerischen Verwicklungen im Peloponnes geführt hätte, ebensowenig wie das bei dem im gleichen Satze berichteten Bunde mit den Thessalern für den Norden der Fall war. Und gegen die Verlegung der Schlacht in die „argivische Geschichte“ hat Beloch [8]) mit Recht eingewendet: „Den Zeitgenossen muß der Sieg doch tiefen Eindruck gemacht haben, wenn sie ihn in der Ruhmeshalle Athens, neben der Amazonenschlacht und der Schlacht bei Marathon, also den beiden größten Siegen Athens, darstellen ließen.“ Somit bleibt es dabei, daß das Schweigen des Thukydides sehr auffallend [9]) ist. Schließlich hat Busolt die These aufgestellt, Thukydides habe „das Treffen, das ohne weitere strategische Folgen blieb und in seiner Bedeutung ungeschichtlich übertrieben wurde, möglicherweise nicht ohne Absicht übergangen“ [10]), — sein Hinweis auf Thuk. I 20 bleibt mir unverständlich —; außerdem erfüh-

---

hervorragender Stelle als Gegenstück zur Schlacht bei Marathon verherrlichte Waffentat in unserer Überlieferung völlig ausgefallen ist, bleibt bestehen, mag nun das Ereignis in den korinthischen Krieg oder in die Pentekontaëtie gehören“, und im 18. Winckelmannsprogramm (S. 4) gab er die Unbequemlichkeit rückhaltlos zu, „mit diesem verschollenen Siege bei der Chronologie der Pentekontaëtie rechnen zu müssen“.

6) Hermes 25, S. 421.

7) Geschichte des Altertums III, S. 589, Anm.

8) Griech. Gesch.² II 2, S. 207.

9) Beloch a. O.

10) Griech Gesch.² III 1 (1897), S. 325, Anm.

ren wir die wichtige Besitznahme Trözens durch die Athener (Andok. περὶ εἰρ. 3) erst nachträglich aus den Bedingungen des 30jährigen Friedens, Thuk. I 115, 1. Abgesehen von der Bewertung der Schlacht, die sich uns angesichts der Überlieferung als gänzlich abwegig erweisen wird (s. u.), bleibt immer noch die Unbehaglichkeit bestehen, daß von dem „Treffen" bei Oinoë, das durch pompöse Weihgeschenke verherrlicht wurde (was für die Einnahme Trözens nicht der Fall war), bei Thukydides überhaupt nicht die Rede ist, auch nicht in einer nachträglichen Erwähnung, und daß alle sonstigen Quellen, mit Ausnahme des einen Pausanias, sich gleichfalls völlig ausschweigen.

Vielmehr wird das Schweigen über die Schlacht nur um so auffälliger, je unbefangener man die Tatsachen auf sich wirken läßt, von denen Pausanias Kunde gibt. Sowohl Eduard Meyer, wie Beloch, Busolt und Pomtow[11]) sind darin einig — und werden von ihrem Standpunkt aus zu dieser Auffassung gedrängt —, daß wir es lediglich mit einem bedeutungslosen „Gefecht" oder „Treffen" zu tun hätten. Beloch (a. O.) sagt geradezu: „Es braucht keine schwere Niederlage gewesen zu sein, war es doch Ruhm genug, die Spartaner am weiteren Vormarsch gehindert zu haben." Die Verherrlichung des Sieges in Athen und Delphi wird als maßlose Überschätzung seitens der Zeitgenossen abgetan, die den äußerst bescheidenen Erfolg arg aufgebauscht haben sollen. Wie steht es nun mit den zur Feier des Sieges errichteten Monumenten? Da ist zunächst der Zyklus der großen Gemälde in der Stoa des Peisianax[12]) zu Athen, die ein Meister wie Polygnot mit seinen Genossen und Schülern anfertigte. Schon Robert hat gegen Brunn mit aller Entschiedenheit darauf hingewiesen, daß „gerade die vier Bilder: Oinoa, Amazonenkampf, Iliupersis, Marathon unverkennbar ein in

11) a. O., S. 192.

12) Die nach ihnen die Benennung „Bunte Halle" (Στοὰ ποικίλη) erhielt.

sich abgeschlossenes Ganzes bilden; die beiden größten Heldentaten der mythischen Vorzeit werden eingeschlossen von zwei Siegen aus der jüngsten Vergangenheit, der Niederwerfung der feindlichsten Barbaren bei Marathon und der Überwältigung des feindlichsten Hellenenstammes bei Oinoë" [13]). Es handelt sich hier offenkundig um eine ganz umfassende, wohldurchdachte, künstlerische Gesamtkomposition, die — wie es am nächstliegenden ist anzunehmen — unter dem überwältigenden Eindrucke des Sieges sorgsam entworfen und beraten worden ist und zu deren Ausführung — und das ist das Wesentliche — zumindest mehrere Jahre gehörten. Ähnlich steht es mit dem Anathem der Argiver in Delphi [14]), das die „Sieben gegen Theben" in monumentalen, von Hypatodoros und Aristogeiton geschaffenen Statuen darstellte — auch sie nach der Schlacht in Auftrag gegeben und ohne Zweifel erst in mehrjähriger Frist fertiggestellt. Die an dieses Anathem anschließende Gruppe der Epigonen ist von Pausanias zu Unrecht ebenfalls auf Oinoë bezogen worden [15]); trotzdem bleibt das Denkmal für die Schlacht groß genug. Hinzu kommt nun noch, wovon weiter unten die Rede sein wird [16]), offenbar eines der großen athenischen Weihgeschenke in Delphi, so daß die Selbsttäuschung bzw. der Selbstbetrug der Zeitgenossen geradezu phantastische Dimensionen angenommen haben müßte. Namentlich die Athener hätten Möglichkeit genug gehabt (falls die Schlacht etwa in das Jahr 460 fiele), Geld und künstlerische Kräfte für wertvollere Gelegenheiten zu sparen und namentlich sich der unvermeidlichen Lächer-

---

13) Hermes 25, S. 415. — Koepps Behauptung, aus dem Wortlaut des Pausanias gehe hervor, daß das Oinoëgemälde nachträglich den drei übrigen hinzugefügt sei (Rh. Mus. 69 163, 4; Neue Wege zur Antike IV 89 f.), ist eine alles andere als „unbefangene" Interpretation und entbehrt in Wirklichkeit jeder Stütze.

14) S. dazu Pomtow, Klio VIII, S. 187 f.; „Topographie von Delphoi" in Paulys Real-Enzyklopädie, Suppl. Bd. IV (1924), 1224 ff.

15) S. Pomtow a. O., 1227 f.

16) u. S. 30 f.

lichkeit zu entziehen, als ihnen die nächsten Jahre des Krieges eine Reihe glänzender Siege bescherten, bei denen von Überschätzung nicht so leicht die Rede sein konnte. Und auf bloße „Hoffnungen" hin, mochten sie auch die „größten" sein[17]), errichtete man nicht solche Monumente, wie sie uns Pausanias schildert. Wer die außerordentliche Bedeutung der Schlacht bei Oinoë leugnet, interpretiert den Pausanias falsch.

So bleibt als dringendste Aufgabe, zu versuchen, zunächst einmal der chronologischen Schwierigkeiten Herr zu werden. Beschäftigen wir uns zuerst mit dem Ansatz, den Ed. Meyer und Robert gewählt haben[18]), die an die ersten Jahre der kriegerischen Auseinandersetzung zwischen Athen und den peloponnesischen Staaten nach Auflösung des Bündnisses mit Sparta denken. Aber dagegen steht das ausdrückliche Zeugnis des Thukydides (I 118, 2), wonach die Spartaner mit kaum begreiflicher Langmut und Saumseligkeit den bedrohlichen Fortschritten der attischen Macht zusahen: οἱ δὲ Λακεδαιμόνιοι αἰσθόμενοι οὔτε ἐκώλυον εἰ μὴ ἐπὶ βραχύ, ἡσύχαζόν τε τὸ πλέον τοῦ χρόνου, ὄντες μὲν καὶ πρὸ τοῦ μὴ ταχεῖς ἰέναι ἐς τοὺς πολεμίους, εἰ μὴ ἀναγκάζοιντο, τὸ δέ τι καὶ πολέμοις οἰκείοις ἐξειργόμενοι, πρὶν δὴ ἡ δύναμις τῶν Ἀθηναίων σαφῶς ἤιρετο καὶ τῆς ξυμμαχίας αὐτῶν ἥπτοντο.

Letzteres bezieht sich auf die Ereignisse, die dem Ausbruche des großen peloponnesischen Krieges unmittelbar vorhergingen. Die οἰκεῖοι πόλεμοι meinen den Aufstand, den die Messenier anschließend an das Erdbeben in Sparta unternahmen. Nun ist die Angabe des Thuk. I 103, daß die Einschließung von Ithome zehn Jahre gewährt habe, unbegreiflicherweise wieder und wieder abgelehnt worden[19]), seitdem K. W. Krü-

---

17) Ed. Meyer a. O., S. 588.

18) Robert hat an seinem Ansatze festgehalten gegen Busolt und Pomtow; s. Pausanias als Schriftsteller (1909), S. 307, Anm. 1.

19) Namentlich von Busolt a. O., III 1, 298, Anm. 2; A. B. West hält es in seiner ausführlichen Erörterung der „Thucydidean chronology anterior to the Peloponnesian War", Classical Philol. 20 (1925) 216 ff.,

ger die Konjektur τετάρτωι dafür in Umlauf gesetzt hat. Die Änderung des eindeutig überlieferten Textes nur auf Vermutungen und Erwägungen hin ist gänzlich unzulässig [20]); und wer etwa die bekannten Worte in der pseudoxenophontischen Ἀθηναίων πολιτεία III 11: ἐντὸς ὀλίγου χρόνου Λακεδαιμόνιοι καταστρεψάμενοι Μεσσηνίους ἐπολέμουν Ἀθηναίοις als Stütze für τετάρτωι anführen wollte, reißt sie aus ihrem Zusammenhange heraus und verbindet ἐντὸς ὀλίγου χρόνου mit καταστρεψάμενοι, während es zu ἐπολέμουν Ἀθηναίοις gehört. Es bleibt dabei, daß die Einschließung von Ithome bis 454 v. Chr. währte, wozu die Ereignisse selbst vortrefflich stimmen [21]). Die Spartaner haben weder daran gedacht noch daran denken können, vor 457 v. Chr. in die kriegerischen Verwicklungen einzugreifen; und selbst da rafften sie sich erst auf, als die Bundesgenossen, namentlich Korinth und das belagerte Aegina, in schwerster Bedrängnis waren, begnügten sich dann mit dem taktischen Erfolge bei Tanagra und eilten heim, Mittelgriechenland und Aegina ihrem Schicksal überlassend. Nun soll gar nach Ed. Meyer (a. O., S. 588) die Lokalität von Oinoë in Argolis zeigen, daß der Angriff von Sparta ausgegangen sei; und Robert (Winckelmannsprogr. S. 8), der darauf verweist, daß „in jener Zeit die Hauptmacht Spartas vor Ithome engagiert" war, meint: „Es kann sich also nur um einen kecken Handstreich handeln, den die Lacedaemonier mit einer detachierten Truppe gegen die Stadt Argos unternahmen." Das sind an und für sich durchaus zwingende Schlüsse, die sich aber zu der Überlieferung in flagranten Widerspruch setzen. Wenn Robert fortfährt: „Die schleunige Hilfeleistung der Athener macht den Anschlag zunichte; die Spartaner, auf eine längere Kriegführung in Argos nicht vorbereitet, ziehen

---

sogar für ausreichend, nur in einer kurzen Anmerkung zu S. 234 auf die Textänderung hinzuweisen!

20) So auch mit Recht Ed. Meyer a. O., S. 591.

21) Vgl. Ed. Meyer a. O.

sich zurück . . .“, so ist unerfindlich, wie die Argiver und Athener so rechtzeitig Nachricht von dem bevorstehenden „kecken Handstreich“ erhielten, daß die athenischen Hilfstruppen zur Stelle sein und dem Feinde sogar noch an der Südgrenze der Argolis entgegentreten konnten. Ein Sieg der Feinde von der Größe, wie ihn die Weihgeschenke voraussetzen, unmittelbar an der eigenen Landesgrenze errungen, hätte für Sparta die schwerste Bedrohung gebildet; und unstreitig würde Thukydides sich darüber geäußert oder zum mindesten die Sätze I 118, 2 anders formuliert haben. Auch ist die spartanische Taktik eben nicht die der kecken Handstreiche gewesen[22]), jedenfalls nicht vor dem Auftreten des Brasidas: darüber bedarf es wohl keiner weiteren Ausführungen. — Vor allem kommt nun hinzu, worauf bereits Judeich vor Jahren[23]) aufmerksam machte und was dann namentlich von Busolt wieder aufgenommen wurde, daß in den ersten Kriegsjahren nur die durch Athens maritime Entwicklung unmittelbar bedrohten nordpeloponnesischen Seestaaten, Korinth und Epidauros, bei Thukydides als Gegner Athens erscheinen, zu denen sich — nach Thuk. I 105, 2 zu schließen: auf den Eindruck hin, den die Seeschlacht bei Kekryphaleia machte — das einst so seemächtige Aegina gesellte, das in klarer Erkenntnis der Lage seine politische Stellung aufs stärkste bedroht sah und tatsächlich nur den ehren-

22) Die Einnahme von Halieis durch den Spartaner Aneristos, von der bei Herodot VII 137 die Rede ist, gehört m. E. zwar in die Kämpfe zwischen den Athenern einer-, den Korinthern und Epidauriern andererseits zu Beginn des Krieges. Thukydides (I 105) erzählt nur, daß die Athener dort gelandet und in einer Schlacht von den Gegnern besiegt worden seien; nach Ausweis der Liste der Erechtheis fällt der Kampf ins Frühjahr 459. Aber da handelt es sich um einen Spartiaten, der „ὁλκάδι πλήρει ἀνδρῶν“ einen Handstreich vollbringt — also etwas wesentlich anderes, als es eine Unternehmung gegen Argos voraussetzen müßte. Von einem „Vormarsche der Spartaner“, wie ihn Beloch annimmt (a. O.), kann nicht die Rede sein.

23) Jahrb. für klass. Philol. 141 (1890), S. 757, Anm. 12.

vollen Untergang noch zu erkämpfen vermocht hat. Die Spartaner befinden sich auch bei ihrem Erscheinen an der attisch-böotischen Grenze im Jahre 457 durchaus noch nicht mit Athen im Kriegszustande; ganz im Gegenteil treten die Athener als die Angreifenden auf, die den Sturm auf sie wagen, als ihre Arbeit an der Wiedererrichtung der thebanischen Machtstellung in Böotien die Flanke Attikas bedroht und vor allem die antidemokratischen Kreise in Athen selbst mit den Spartanern geheime Beziehungen anknüpfen (Thuk. I 107). So kam es nicht in Attika, sondern in Böotien bei Tanagra zur Schlacht [24]). Und daß von da an der Kriegszustand mit Sparta fortdauerte, zeigt die Verbrennung Gythions durch Tolmides 455 v. Chr. [25]). — Jedenfalls ist vor 457 v. Chr. an kriegerische Verwicklungen zwischen Athen und Sparta nicht zu denken; und das macht eine Ansetzung der Schlacht von Oinoë vor dieses Jahr unmöglich [26]).

Damit dürfte chronologisch ein fester Punkt gewonnen sein. Da die letzten drei Jahre des Krieges nach Thuk. I 112, 1

---

24) Möglicherweise sind die Athener durch die Unruhen in Böotien in den Krieg gegen Sparta hineingezogen worden; vgl. Ed. Meyer a. O., S. 596, Anm.

25) Vgl. Wilamowitz, Aristoteles und Athen II (1893), S. 293, Anm. 7. An die Realität des von Ephoros-Diodor (XI 80) berichteten Waffenstillstandes von vier Monaten nach Tanagra vermag ich (gegen Wilamowitz a. O.) nicht zu glauben; s. die Ausführungen Ed. Meyers a. O. Vgl. u. S. 23 Anm. 51.

26) Beloch hat sich, um seine Chronologie der Schlacht bei Oinoë zu stützen, die völlig in der Luft schwebende, von ihm freilich als „sehr ansprechend“ bezeichnete Beziehung jenes Pleistarchos, dessen Vertreibung aus Argos durch Apollon die Argiver in der von Vollgraff, Bull. de corresp. hellén. 32 (1908), S. 236 ff., veröffentlichten Inschrift rühmen, auf den spartanischen König gleichen Namens, den Sohn des Leonidas, zu eigen gemacht, die Herzog in seiner — für die Herstellung des Textes der Inschrift sehr verdienstlichen — Abhandlung im Philol. 71 (1912), S. 1 ff. vorschlug. Dagegen auch Hiller von Gaertringen in seiner Sammlung historischer griechischer Epigramme (1926; Lietzmanns Kl. Texte Nr. 156), S. 35. — Die obigen Feststellungen dürften Herzogs Vermutung endgültig den Boden entziehen; König Pleistarchos ist ca. 459/8 v. Chr. gestorben.

ereignislos verstrichen und nach der ägyptischen Katastrophe von 454 v. Chr.[27]) die Siegeszuversicht, die sich in der Errichtung der Denkmäler aussprach, arg gedämpft sein mußte, so wollte Busolt[28]) die Schlacht bei Oinoë ins Jahr 456 verlegen, das bei Thukydides ereignislos sei. Dagegen ist vor allem mit Beloch[29]) einzuwenden, daß die Überlieferung über die Jahre 458—455 bei Thukydides recht ausführlich ist und nicht den Eindruck macht, als habe sie irgendwie wesentliche Ereignisse in diesen entscheidungsreichen Jahren übergangen, daß im Gegenteil die Ausbreitung der athenischen Macht über Mittelgriechenland, die Bezwingung Aeginas und namentlich die nach den gewaltigen Schlägen des Vorjahres, Tanagra und Oinophyta, unstreitig notwendige Erholungspause es erklärt, wenn von großen Unternehmungen für 456 nicht die Rede ist. Nur durch seine absprechende Bewertung des „Treffens" bei Oinoë ist Busolt zu seiner Ansetzung gekommen; wie wenig diese Bewertung mit den Nachrichten über die Denkmäler sich deckt — die doch nach wie vor die Hauptpunkte für unsere Kenntnisse darstellen —, wurde oben schon bemerkt. Es muß vielmehr aufs höchste überraschen, daß nach dem siegreichen Ausgange des Kriegsjahres 457 gerade jenes „Gefecht" so überschwenglich gefeiert worden wäre. Wie sollte schließlich motiviert werden, daß die Spartaner ihren bei Tanagra in schwerem Kampfe behaupteten Schlachtruhm, von dem das Weihgeschenk in Olympia kündete (s. u.), alsbald im nächsten Jahre ganz gegen ihre sonstige Art wieder aufs Spiel setzten durch einen leichtfertig und mit ungenügender Macht allein unternommenen Angriffszug gegen Argos, wo doch Ithome noch unbezwungen war und zudem nach Oinophyta und der Kapitulation Aegi-

27) Zur Datierung vgl. H. Nesselhauf, Untersuchungen zur Geschichte der delisch-attischen Symmachie. Freiburger Dissert. 1933, S. 6 ff.

28) Griech. Gesch.² III 1, S. 325.

29) a. O., S. 207.

nas der — tatsächlich im nächsten Jahre (455) erfolgte — athenische Angriff zur See zu befürchten stand? Und welche Gefahren hätte eine große Niederlage des spartanischen Fußvolks, und sei es nur einer an Zahl geringfügigen Abteilung — man denke an die Gefangenen von Sphakteria 425 v. Chr. oder die Vernichtung der Mora im korinthischen Kriege durch Iphikrates — für die Stellung Spartas im Peloponnes mit sich gebracht, wo noch nicht zehn Jahre vergangen waren, seit der Staat durch den messenischen Aufstand in seinen Grundfesten erschüttert worden war! Und daß man sich in ein solches Risiko gestürzt haben sollte, um etwa die uns ebenfalls nicht berichtete Besetzung von Trözen durch die Athener zu hindern, ist ganz undenkbar; etwas anderes war es, wenn Ed. Meyer und Beloch für die von ihnen vertretene chronologische Ansetzung der Schlacht die Rettung des mit Sparta verbündeten, von Argos schwer bedrängten Mykenä als Grund für den „spartanischen Vorstoß“ ansahen [30]).

Stellen sich also einer Ansetzung auf 456 ebenfalls ganz schwerwiegende Bedenken entgegen, so bleibt — da Belochs radikaler Ausweg, Pausanias' Angabe, das delphische Weihgeschenk der Argiver beziehe sich auf den Sieg der Argiver und Athener bei Oinoë, einfach zu verwerfen und es statt dessen kurzerhand mit der Einnahme von Mykenä zusammenzubringen, methodisch undiskutierbar ist — nur eine Lösung übrig: die Identifizierung der von Pausanias genannten Schlacht bei Oinoë mit der Schlacht bei Oinophyta. Diese gar nicht so fern liegende Gleichsetzung ist, soweit ich sehe, bisher nicht in Erwägung gezogen worden. Zwar hat

---

30) Beloch setzt die Eroberung und Zerstörung von Mykenä mit Diodor XI 65 ins Jahr 468/7 und glaubt allen Ernstes, die in den großen Kämpfen der Vorjahre gegen die verbündeten Argiver und Arkader mit schwersten Mühen hergestellte Herrschaftsstellung Spartas im Peloponnes habe eine Niederlage wie die bei Oinoë — gegen die Argiver allein! — ertragen können, ohne daß die Empörung abermals ausbrach, und diesmal mit besseren Erfolgsaussichten.

E. Loewy geäußert, in der Stoa Poikile sei in Wirklichkeit die Schlacht von Oinophyta gemalt gewesen [31]). Aber er nimmt lediglich an, daß Pausanias die beiden Schlachten miteinander verwechselt habe. Darauf hat nun Beloch seine schon mehrfach erwähnte Kritik des Pausanias aufgebaut. Freilich hat sich Loewy selbst die erheblichen Bedenken gegen seine Hypothese nicht klargemacht. Er bedachte nicht, daß der Sieg eben nicht über den „spartanischen Erbfeind", sondern über die Böoter gewonnen worden ist (Thukydides I 108, 3). Dabei hatte Beloch [32]) die Schwierigkeit bereits besprochen. Beloch half sich abermals mit einem „Irrtum" des Pausanias: „Wenn Pausanias die Lakedaimonier statt der Böoter als Gegner der Athener nennt und die Argiver an der Schlacht teilnehmen läßt, so liegt eine Verwechselung mit Tanagra vor." Aber diese „Verwechselung" müßte dann doch nicht lediglich dem Pausanias, sondern dem Künstler zugeschrieben werden, der das Gemälde entwarf, — falls wir nicht die Angabe, auf dem Gemälde seien die Spartaner als Gegner der Athener dargestellt gewesen, abermals als ein Versehen des Pausanias abtun wollen. Freilich dürfte es dann allmählich völlig überflüssig werden, den Periegeten überhaupt noch zu befragen. — Immerhin hält Beloch an der Loewyschen Vermutung fest und erkennt nun [33]) zwar an, daß eine Beziehung des delphischen Weihgeschenks der Argiver auf Oinophyta nicht ohne weiteres denkbar sei, wird aber damit zu einer abermaligen fundamentalen Änderung des Pausaniasberichtes genötigt: auf dem Denkmal habe „höchstens gestanden ἀπὸ Λακεδαιμονίων und natürlich (!) nichts von einer Teilnahme der Athener an der Schlacht" — ohne zu berücksichtigen, was seinerzeit Robert [34]) eben über diese Weih-

31) Vgl. jetzt Polygnot (1929), S. 13.
32) a. O.
33) a. O., S. 208.
34) Hermes 25, S. 413; 18. Hall. Winckelmannsprogr. S. 7.

inschrift festgestellt hatte (s. u.), so daß jedenfalls diese Methodik ihre Kritik in sich selbst trägt.

Im Gegensatz zu Loewy und Beloch soll hier der Nachweis erbracht werden, daß die Schlachten bei Oinoë und Oinophyta in Wahrheit ein und dasselbe Ereignis sind, und, da angesichts des Quellenbestandes ohne jegliche Änderung nicht auszukommen ist, lediglich Pausanias' Ortsangabe ἐν Οἰνόηι τῆς Ἀργείας (I 15, 2 und X 10, 3) irrig ist. Eine solche Korrektur geht in keiner Weise über die Befugnisse der Quellenkritik hinaus. Auf ein sehr wesentliches Verdachtsmoment ist bereits Robert gestoßen bei Behandlung der Angaben bei Pausanias über das Argivermonument in Delphi [35]). Daß hier im Text die Worte Ἀθηναίων ἐπίκουροι einen Versschluß bilden und offenbar von einer auf der Basis der Gruppe angebrachten metrischen Weihinschrift herrühren, hat Robert durchaus einleuchtend betont [36]), zugleich aber auch darauf aufmerksam gemacht, daß Ἀθηναίων ἐπίκουροι „nur die Hilfsvölker der Athener, nicht, was offenbar gemeint ist, athenische Hilfsvölker heißen" [37]) kann. Zur Erklärung dieses seltsam doppeldeutigen und inkorrekten Ausdrucks griff Robert zu der Hypothese, daß der Versschluß ursprünglich Ἀργείων καὶ Ἀθηναίων ἐπικούρων gelautet habe, und sah in dieser zunächst fragend eingeführten Vermutung später eine vollständig befriedigende Erklärung [38]). Aber die Argiver allein haben das Denkmal errichtet. So kann man hier mit dem überlieferten Wortlaut ohne Änderungen auskommen, wenn bedacht wird, daß die natürliche Interpretation, die Argiver seien als Bundesgenossen oder Hilfsvölker der Athener in Aktion getreten bei dem Ereignis, das durch die Errichtung des Denkmals verherrlicht wird, stark

---

35) Paus. X 10, 3; Herm. 25, 413.

36) a. O. Belochs Behandlung der Stelle ist demgegenüber ein Rückschritt. 37) S. a. O., Anm. 2.

38) Vgl. auch Pomtow a. O. 1225; die von ihm angeführte Stelle Paus. I 15, 4 ἀπὸ Σκιωναίων καὶ τῶν ἐπικούρων εἶναι ist jedoch keine Parallele, die den Anstoß beseitigte.

gestützt wird durch den Inhalt des Anathems selbst. Es dürfte schwerlich Zufall sein — so wenig wie es das etwa bei der Errichtung des benachbarten Epigonen-Halbrundes war [39]) —, daß man gerade die „Sieben gegen Theben" wählte. So wie einst die argivischen Heroen dem Polyneikes zu Hilfe zogen, der sie rief, so waren die Nachfahren zur Stelle bei dem Entscheidungskampfe, den die mit ihnen im Bunde stehenden Athener durchzufechten hatten [40]). Also hat Pausanias in der Tat, wie Robert (s. o.) ausführte, seine Kenntnisse aus der Weihinschrift, aus der die Wendung Ἀθηναίων ἐπίκουροι von ihm wortgetreu übernommen worden ist. Die Tatsache, daß man mit der metrischen Form der Inschrift „von der damaligen delphischen Sitte der großen, durchlaufenden Prosaaufschriften abgewichen" ist, hat bereits Pomtow zur Bestätigung der Ansetzung der Schlacht von Oinoë nach Tanagra verwertet [41]). Offenbar hat man das Epigramm für die goldene ἀσπίς in Olympia damit beantworten und überbieten wollen. So erklärt sich jene Abweichung ohne weiteres, während sonst nicht einzusehen wäre, weshalb man sich über das Herkommen hätte hinwegsetzen sollen, zumal die Verse an Qualität wohl nicht eben hervorragten. Jedenfalls hat sich ihr Gedächtnis nicht auf die Nachwelt gerettet. Die Argiver sind also diejenigen, die den Hilfszug vollführten, nicht die Athener; und die Schlacht kann nicht auf dem Boden der Argolis ausgefochten worden sein.

Weiteres vermögen wir zu gewinnen, wenn wir uns nun der historischen Aufgabe im engeren Sinne zuwenden, die „Verwechselung" der Schlacht bei Oinophyta mit der bei Tangara zu erklären.

---

39) s. Pomtow 1228.

40) Somit war es völlig überflüssig, etwa einen attischen Heros unter die Dargestellten aufzunehmen; vgl. Robert, Winckelmannsprogr. S. 6. — Mit diesen Feststellungen wird Ed. Meyers Annahme unhaltbar, die Schlacht gehöre lediglich der argivischen Geschichte an und habe deshalb Thukydides' Beachtung nicht gefunden. 41) Pomtow, Klio VIII, S. 192.

II.

Von jeher ist aufgefallen, daß in der athenischen Überlieferung die Schlacht bei Tanagra nicht zu den verlorenen Schlachten gerechnet worden ist. Zwar daß sie mit einer taktischen Niederlage der Athener und ihrer Verbündeten endete, berichtet Thuk. I 108, 1 ausdrücklich; aber er erwähnt zugleich (107, 7) den Verrat der thessalischen Reiter an der athenischen Sache mitten in der Schlacht und hebt durch die 108, 1 angefügte Notiz καὶ φόνος ἐγένετο ἀμφοτέρων πολύς hervor, wie schwer den Spartanern ihr Sieg geworden ist. Bei Ephoros[42]) bleibt die Schlacht, die er mit allem möglichem Beiwerk ausschmückte, unentschieden, eine Auffassung, die uns namentlich schon in der Übersicht über die Großtaten Athens entgegentritt, die Plato im Menexenos gibt. Da heißt es p. 242a: συνέβαλον μὲν ἐν Τανάγραι ὑπὲρ τῆς Βοιωτῶν ἐλευθερίας Λακεδαιμονίοις μαχόμενοι, ἀμφισβητησίμου δὲ τῆς μάχης γενομένης διέκρινε τὸ ὕστερον ἔργον, sc. Oinophyta. Tatsächlich ist die Schlacht bei Tanagra nichts weiter als ein taktischer Erfolg der Spartaner gewesen[43]). Der mit erheblicher Macht unternommene Zug im Frühjahr 457, der sich lediglich dem Namen nach gegen die die Doris bekriegenden Phoker richtete[44]) und in Wahrheit eine Diversion zugunsten der schwer bedrängten Korinther und Aegineten war, jedenfalls einen kriegerischen Zusammenstoß durch rückwärtige Bedrohung Athens herbeizuführen bestimmt war — das lehrt die Heeresstärke —, schien arg gefährdet, als die Athener von Pagae aus die Rückzugslinie sperrten und die Besetzung der Geraneiapässe mit verstärkter Sorgfalt durchführten[45]). So blieben die Spartaner nach Abschluß des dorisch-phokischen Zwistes in Böotien, vor allem — das scheint aus Thukydides' Worten 107, 4 doch hervor-

42) Diod. XI 80; vgl. Pausan. I 29, 9.

43) Vgl. Wilamowitz, Aristot. u. Athen II, S. 293; Ed. Meyer a. O. III, S. 595 ff.

44) S. Ed. Meyer a. O., S. 593 f.

45) Thuk. I 107, 3.

zugehen — mit der Frage beschäftigt, wie der Rückzug in der schwierigen Situation sich am besten bewerkstelligen lassen werde. Daß sie daneben den unfreiwilligen Aufenthalt benutzten, um durch Förderung der alten thebanischen Suprematiebestrebungen über Böotien sich in Mittelgriechenland einen starken Bundesgenossen gegen die athenische Machtentfaltung zu schaffen [46]), wovon namentlich Ephoros Kunde bewahrt hat [47]), ist durchaus glaubwürdig, wenn auch bezeichnenderweise Thukydides darüber kein Wort verlieren zu brauchen geglaubt hat. Der Erfolg dieser Bestrebungen kann — abgesehen von der mit Wahrscheinlichkeit hierher zu versetzenden Vergrößerung der Stadt Theben [48]) — nicht bedeutend gewesen sein, wenn mit der Schlacht bei Oinophyta der vollständige Zusammenbruch der thebanischen Machtstellung erfolgen und ganz Böotien in die Gewalt der Athener kommen konnte. — Man scheint spartanischerseits den Ausbau Tanagras zu einem Stützpunkte gegen Attika betrieben zu haben, da die Athener nach dem Siege bei Oinophyta alsbald dessen Mauern niederrissen [49]). Bei Tanagra wurden die Spartaner offenbar überraschend (noch ehe sie sich durch ein böotisches Hilfsheer verstärken konnten?) von den Athenern angegriffen, die zur Ausführung dieses Anschlags neben Hilfstruppen aus dem Gebiete des attisch-delischen Seebundes und der thessalischen Reiterei vor allem 1000 Argiver heranziehen konnten [50]) und nun dem Gegner sogar numerisch überlegen waren. Die Hoffnung auf einen Sieg erfüllte sich freilich nicht. Mag nun wirklich der Verrat der Thessaler oder die spartanische Kriegstüchtigkeit den Ausschlag gegeben haben, jedenfalls gewannen die Spartaner die Schlacht nach schwerer Anstren-

46) Ed. Meyer a. O., S. 595 f.; Theopomps Hellenika (1909), S. 100.

47) Diod. XI 81.

48) Ed. Meyer, Theop. Hell. a. O.

49) Thuk. I 108, 3.

50) Thuk. I 107, 5; Grabstein der mit den Argivern gekommenen Kleonäer im Kerameikos IG I² 931.

gung. Zu einer Ausnutzung des Sieges sind sie nicht gekommen[51]); wir erfahren nur, daß sie nach der Schlacht Böotien verließen und, das Gebiet von Megara verwüstend, heimkehrten, — gleichsam froh, sich den Rückzug erstritten zu haben, mit dem sie Böotien und Phokis sowie besonders Aegina opferten. Immerhin wurde der Waffenerfolg durch die Weihung des goldenen Giebelakroters[52]) für den Zeustempel von Olympia gefeiert.

Inzwischen war man in Athen, wo die Bürgerschaft durch den gemeinsamen Kampf gegen den äußeren Feind zur Einheit zusammengeschmiedet worden war, keineswegs durch den Mißerfolg entmutigt. Bereits 62 Tage nach der Schlacht, wie Thukydides[53]) berichtet, war der Stratege Myronides abermals mit dem athenischen Heere gegen Tanagra unterwegs und schlug die Böoter bei den „Weinbergen" (Oinophyta). Daß wir es hier mit einem ganz entscheidenden Siege zu tun haben, verrät schon der Bericht des Thukydides, der die überwältigenden Folgen der Schlacht gleich anschließend an den Bericht über den Sieg aufzählt: die Aufrichtung der athenischen Hoheit über Böotien, Phokis, Lokris, die Schleifung der Mauern von Tanagra, die Vollendung der langen Mauern zum Piraeus, die Athen unangreifbar machten, schließlich die Einnahme Aeginas und den großen Seezug des Tolmides um den Peloponnes, bei dem die Spartaner im eigenen Lande angegriffen wurden und die Verbrennung ihres Kriegshafens Gythion geschehen lassen mußten. Die Tatsachen sprechen da eine beredte Sprache. Außerdem bezeugt die oben angeführte Stelle aus Platos Menexenos[54]) die entschei-

---

51) Gegen die Geschichtlichkeit des bei Diod. XI 80 berichteten Waffenstillstandes von vier Monaten s. E d. M e y e r, Gesch. des Alt. III, S. 596, Anm.

52) S. P. W o l t e r s, Das spartanische Siegesdenkmal der Schlacht bei Tanagra, Philol. 84, 2, 121 ff.

53) 108, 2.

54) S. o. S. 21.

dende Bedeutung des Sieges bei Oinophyta; aus den 62 Tagen seit Tanagra sind drei Tage Zwischenzeit geworden, so daß die beiden Schlachten fast unmittelbar zusammenrücken. Schließlich hat Ephoros[55]) die Bedeutsamkeit der Schlacht bei Oinophyta sich zwar auf Grund der militärischen Rolle Thebens im 4. Jahrhundert reichlich anachronistisch zu erklären versucht, sie als Tatsache selbst jedoch zweifellos bereits übernommen; es ist nicht lediglich „der eigene Kitzel Diodors, aus Oinophyta eine ganz besondere Heldentat zu machen", wie Wilamowitz meinte[56]). Vor allem aber haben wir in Pindars VII. isthmischen Gesange, wie schon Boeckh gesehen und dann Wilamowitz weiter ausgeführt hat[57]), ein Zeugnis von der Stimmung in Theben in den Jahren nach der Schlacht, das weiteres Licht auf die Ereignisse zu werfen vermag. In bitterem Tone wird des „undankbaren" Verhaltens der Spartaner nach Tanagra gedacht; es ist Pindars — und gewiß aller thebanischen Patrioten — Ansicht, daß der Abzug des peloponnesischen Heeres die Schuld trage am Unglück von Oinophyta und an der Unterwerfung unter die athenische Oberhoheit. Somit tritt uns auch hier die Schlacht von Oinophyta als das entscheidende Ereignis entgegen, und dieser Eindruck verstärkt sich, wenn man bedenkt, daß Pindars Gedicht aller Wahrscheinlichkeit nach erst drei Jahre nach der Niederlage[58]) verfaßt worden ist. Wir hören ferner aus den Äußerungen über den Heldentod, den Strepsiades, der Großvater des besungenen jugendlichen Isthmioniken, in der Schlacht erlitt[59]), heraus, daß „eine geschlossene Abteilung Thebaner erst dem letzten Ansturm der Feinde erlegen ist,

---

55) Diod. XI 81 f. — Vgl. v. Meß, Untersuchungen über die Arbeitsweise Diodors, Rhein. Mus. N.F. 61 (1906), S. 249; Ed. Meyer III, S. 598, Anm.

56) Aristot. u. Athen II, S. 295, Anm.

57) Pindaros, S. 411 ff.

58) S. darüber Wilamowitz a. O., S. 411; möglich, wenn auch weniger wahrscheinlich, ist auch die Ansetzung ins Jahr 450 v. Chr.

59) V. 27 ff.; Wilamowitz a. O.

wie die heilige Schar bei Chäronea“ [60]). Somit kann die militärische Leistung der Athener keine geringe gewesen sein. Offenbar sind sie auf ganz erbitterte und verzweifelte Gegenwehr gestoßen, aus der die nationalen Hoffnungen Thebens so lebendige Kraft zu ziehen vermochten, wie sie aus Pindars Versen herausklingt [61]). Rund ein Jahrzehnt hat die Machtstellung in Mittelgriechenland behauptet werden können, die Athen durch den Sieg bei Oinophyta errang. Das ist eine beträchtliche Zeitspanne, sobald man bedenkt, daß Sparta nach der Kapitulation Athens 404 v. Chr., als ihm nirgends ein ebenbürtiger Gegner mehr entgegenstand, ebenfalls nicht länger als zehn Jahre seine Position in Hellas unbestritten innehatte und Theben nach der Schlacht von Leuktra noch kürzere Zeit hindurch.

Somit ist die Waffentat von Oinophyta, wenn überhaupt eine Schlacht jener Kriegsperiode, der Sieg gewesen, der es rechtfertigte, durch so erhebliche Denkmäler gefeiert zu werden, wie wir sie aus Pausanias' Angaben kennenlernen. So wie der spartanische Erfolg bei Tanagra durch Oinophyta,

---

60) Wilamowitz a. O., S. 413.

61) Die Stimmung, die in dem Gedichte Pindars herrscht, wäre unverständlich, wenn Ephoros (Diod. XI 82) recht hätte mit seiner Behauptung, Böotien sei πλὴν Θηβῶν unterworfen worden. Seine Notiz erweist sich freilich auch durch unsere sonstigen Nachrichten als unmöglich: s. Ed. Meyer III, S. 598, Anm., dazu die S. 596, Anm. gesammelten Stellen. Wenn die Künstler des Argiveranathems in Delphi auf der Epiddalos-Inschrift als Thebaner signieren, so konnten sie als solche für die Feinde ihrer Vaterstadt das Siegesdenkmal erst verfertigen, als durch die Entscheidung bei Oinophyta Theben und Böotien ein Bündnis mit Athen eingingen (und damit auch mit dessen Verbündeten), das von der antispartanischen — und das heißt in diesem Falle antidemokratischen (Ps.-Xen. Ἀθην. πολ. 3,11; Aristot. Pol. V 3, 1302 b 25) —, von vornherein mit den Athenern als „Befreiern“ (Plato, Menex. p. 242 d) sympathisierenden Gruppe der thebanischen „Aristokraten“ (weil im eigenen Machtinteresse liegend) durchaus ehrlich gemeint gewesen sein muß, rühmt ja Plato a. O., daß die Athener τοὺς ἀδίκως φεύγοντας δικαίως κατήγαγον. Vgl. Pomtow, Klio VIII, S. 192; Real-Enzykl. Suppl. IV 1224 (gegen Swoboda). Die Künstlersignatur zeigt gleichfalls, daß Ephoros' Angabe der Berichtigung bedarf.

wurde auch das peloponnesische Siegesdenkmal in Olympia, das namentlich den Argivern ein Dorn im Auge gewesen sein wird (waren doch ihre Krieger an der unglücklichen Schlacht beteiligt gewesen), durch die neuen Monumente in Athen und Delphi überboten.

Pausanias berichtet I 15, 2, das Gemälde in der Stoa Poikile zeige Ἀθηναίους τεταγμένους ἐν Οἰνόῃ τῆς Ἀργείας ἐναντία Λακεδαιμονίων· γέγραπται δὲ οὐκ ἐς ἀκμὴν ἀγῶνος οὐδὲ τολμημάτων ἐς ἐπίδειξιν τὸ ἔργον ἤδη προῆκον, ἀλλὰ ἀρχομένη τε ἡ μάχη καὶ ἐς χεῖρας ἔτι συνιόντες. Also anders als auf dem Bilde der Marathonschlacht waren die Athener nicht als Sieger dargestellt, was offenbar Pausanias' Aufmerksamkeit erregte, wenn er hinzusetzte, die Schlacht sei „nicht in dem vorgerückten Stadium dargestellt, wo der Kampf zur Entscheidung kommt und der Heldenmut der einzelnen glänzen kann, sondern der Beginn der Schlacht . . . und wie sie noch gegeneinander stürmen“ [62]). Das ist in der Tat auffällig und erklärt sich erst, wenn man hier den — zugleich ältesten — Beleg für die uns in der literarischen Überlieferung entgegentretende Tendenz einer bewußten Zusammenziehung der beiden Schlachten bei Tanagra und Oinophyta erkennt. Ein griechisches Schlachtgemälde strebt niemals die historisch getreue Wiedergabe eines bestimmten einmaligen Ereignisses an, sondern geht auf den tieferen Sinn dieses Ereignisses, wie er sich den Mitlebenden darstellt, sucht also den geschichtlichen Vorgang durch die Erhebung in eine zeitlose, „überhistorische“ Sphäre gewissermaßen zu einem Symbol zu gestalten [63]). So steht es mit der Marathonschlacht [64]), die ja erst über ein Menschenalter später gemalt worden ist und in nebeneinandergestellten Szenen Beginn, Höhepunkt und Ausgang des Kampfes in ausdrucks-

62) Übersetzung von Robert, Winckelmannsprogr., S. 1.

63) Ich versage es mir, darauf an dieser Stelle weiter einzugehen und verweise nur auf die treffenden Bemerkungen G. Rodenwaldts im 3. Bande der Propyläen-Kunstgeschichte (1927), S. 51.

64) S. Robert a. O.

vollen Einzelgruppen vereinigt [65]), ohne auf die „Realität" der Vorgänge in dem uns geläufigen Sinne Rücksicht zu nehmen. So ist auch die Schlacht von Oinophyta offenbar nicht gemalt worden, um nur die Besiegung der Böoter im Bilde festzuhalten, sondern um die eigentliche Großtat Athens, die Aufrichtung der athenischen Hegemonie in Hellas, zu feiern, — nicht den Teilerfolg, sondern den völligen Umschwung der Lage, den das Jahr 457 gebracht hatte [66]). Dann ergab sich von selbst, daß nicht die Böoter, sondern die wirklich bedeutenden Gegner, die Spartaner, als Feinde der Athener dargestellt wurden, so wie sie auch in der argivischen Weihinschrift in Delphi genannt waren. Als großen Erfolg gegen die bisherige Vormacht von Hellas empfand man — wir müssen sagen, nicht zu Unrecht —, den Kriegssommer 457. Das Epigramm auf die athenischen Reiter [67]), die in der Schlacht bei Tanagra gefallen waren, rühmt die κοῦροι Ἀθηναίων οἵ ποτε καλλιχόρου περὶ πατρίδος ὠλέσαθ' ἥβην πλείστοις Ἑλλάνων ἀντία μαρνάμενοι. Mit welch hochgespannten Hoffnungen man den Krieg führte, lehren Aeschylos' im Jahre 458 im Rahmen der Orestes-Trilogie aufgeführte „Eumeniden", namentlich V. 755 ff., wo Orestes voll heißen Dankesgefühls gegen die Stadt der Pallas dem Volke von Argos zu dessen eigenem Heil

---

65) S. Roberts Rekonstruktion des Gemäldes, a. O.

66) Dazu kam das Bestreben, auf das spartanisch-peloponnesische Weihepigramm zu Olympia die rechte Antwort zu geben; was hätte dafür eine Siegesfeier nur über die Böoter bedeutet! — Vgl. das oben S. 24 über Ephoros Gesagte.

67) S. Hiller v. Gaertringen, Histor. griech. Epigramme, S. 19, Nr. 47. An der zeitlichen Beziehung auf Tanagra möchte ich mit Ad. Wilhelm, Österr. Jahresh. II (1899), S. 221, gegen v. Domaszewskis (Sitzungsber. der Heidelberger Akademie der Wiss. 1917, S. 18) aus der Form des Σ auf der Postolakkas-Abschrift (IG I² 946) geschöpfte Bedenken aus inhaltlichen Gründen doch festhalten. Die Beziehung auf das belanglose Reitergefecht beim ersten Einfall der Spartaner in Attika 431 v. Chr. (Thuk. II 22), die Domaszewski vorschlägt, ist unmöglich: s. auch Hiller v. Gaertringen a. O., der freilich die Entscheidung offen läßt.

das von ihm beschworene Bündnis mit Athen ans Herz legt. Gestützt auf die argivische Bundesgenossenschaft konnten die Athener trotz ihrer Inanspruchnahme durch die überseeischen Unternehmungen gegen die Perser den Kampf gegen die peloponnesischen Seestaaten durchführen und Aegina einschließen. Nun stand die eigentliche Belastungsprobe bevor, als im Frühjahr 457 die Spartaner ihr starkes Heer nach Mittelgriechenland brachten und sich zum Vorstoße gegen die Polis anschickten, τὰν καὶ Ζεὺς ὁ παγκρατὴς Ἄρης τε φρούριον θεῶν νέμει, ῥυσίβωμον Ἑλλάνων ἄγαλμα δαιμόνων (Aesch. Eum. 918 ff.). So entschlossen, wie die Athener die Herausforderung annahmen (und schließlich damit sogar den Parteihader im Innern zum Verstummen brachten), haben die Argiver den Bündnisfall für gekommen erachtet und ihre Krieger nach Attika entsandt, die dann bei Tanagra tapfer mitfochten. Tatsächlich ist die Gefahr abgewendet worden; die Spartaner zogen ab und die Athener erwirkten durch ihre beispiellosen Anstrengungen, die den für das Jahr 459 durch den von stolzer Freude erfüllten Bericht bei Thukydides I 105 und die erschütternde Verlustliste der Phyle Erechtheis [68]) bezeugten gleichkamen, daß sie nicht nur ihre sämtlichen Kriegsziele erreichten, sondern darüber hinaus die Hegemonie in Mittelgriechenland gewannen. Daß die Argiver am Tage von Oinophyta ebenfalls beteiligt waren, sagt Thukydides zwar nicht; er würde aber sicherlich darauf kurz hingewiesen haben, wenn sie abgezogen wären und Athen seinem Schicksal überlassen hätten. Nun muß der Rückmarsch der Spartaner ziemlich unmittelbar an die Schlacht bei Tanagra anschließend erfolgt sein; die Argiver werden schwerlich das gleiche getan haben wie die Feinde, sondern — angesichts der vielleicht unerwartet kommenden Wendung — eher darauf gebrannt haben, die Scharte auszuwetzen und nicht als Besiegte in die Heimat zurückzukommen. So muß die Freude doppelt groß gewesen sein, als

68) IG I² 929.

der Tag von Oinophyta einen so glücklichen Ausgang nahm, daß mit ihm der Erfolg des ganzen Kriegsjahres auf seiten der Verbündeten [69]) war und jetzt nicht nur der Zugang nach Mittelgriechenland und damit ein direkter Angriff auf Attika den Spartanern versperrt war, sondern die Athener vielmehr daran denken konnten, gegen Lakonien mit ihrer Flotte vorzugehen. Von Stund an besteht der Krieg zwischen den Mächtegruppen — abgesehen von der athenischen Expedition nach Ägypten — aus den kühnen Seezügen der Athener gegen die peloponnesischen Küsten und die korinthischen Stützpunkte im Westen einerseits und der kaum jemals von Erfolg begleiteten Abwehr der Bedrohten andererseits. Die Lage wurde für die Peloponnesier so unerträglich, daß Sparta 451 trotz der Entsendung des alten Spartanerfreundes Kimon von seiten der Athener sich — anders als gegenüber den Argivern — nur zum Abschluß eines fünfjährigen Waffenstillstandes, nicht eines Friedens entschließen konnte und schließlich nicht ruhte, als bis Athen sich zur Aufgabe seiner festländischen Untertanengebiete und namentlich seiner Flottenstützpunkte an der peloponnesischen Küste, wie Trözen, verstand. — Es ist demnach nicht unberechtigt, von einer bewußten Zusammenziehung der Taten von Tanagra und Oinophyta zu sprechen; sie erklärt die eigenartige Darstellung auf dem Gemälde, die es vermeidet, die Spartaner als Besiegte wiederzugeben. Bedenkt man, welche Rolle das Gemälde der Marathonschlacht für die Überlieferung gespielt hat, die die einzelnen Heldentaten zum großen Teil eben ihm entnahm [70]), so begreift man die Klage des Ephoros [71]) (Diod. XI 82), daß τῶν συγγραφέων καίπερ τῆς μάχης ταύτης ἐπιφανοῦς γεγενημένης οὐδεὶς οὔτε τὸν τρόπον αὐτῆς οὔτε τὴν διάταξιν ἀνέγραψε, womit es

69) Aus dem delphischen Monument würde man die Teilnahme der Argiver ohne weiteres folgern.

70) Ed. Meyer III, S. 332.

71) Vgl. v. Mess a. O.

für ihn unmöglich gemacht war, auch hier wieder eine der bei ihm beliebten phantastisch ausgemalten und aller militärischen Sachkenntnis ins Gesicht schlagenden Schlachtschilderungen einzufügen. Es handelt sich für die athenische Überlieferung, soweit sie offiziellen Charakter trug, nicht um den Teilerfolg gegen die Böoter, die man anders als zu Ephoros' Zeit als so nebensächlich bewerten konnte angesichts der Gegnerschaft der Spartaner, daß man von ihrer Darstellung absah. — Geht man wie Loewy über diese seltsame Unstimmigkeit in der Darstellung hinweg, so beraubt man sich der Einsichten, die gerade die Verfolgung des Anstoßes uns beschert. Jene angebliche „Verwechselung" mit Tanagra, von der Beloch redete, spricht ihrerseits wieder für eine Gleichsetzung von Oinophyta und Oinoë; was bei der Schlacht von Oinophyta zu ihr Veranlassung bot, läßt sich deutlich genug erkennen.

III.

Beachtet man die Parallelisierung des Oinophytasieges mit Marathon, die ein besonders charakteristischer Zug ist — wovon noch zu reden sein wird —, so dürfte es gelingen, einem mehrfach behandelten, aber infolge des Mangels an jeder genaueren Überlieferung bislang unentschieden gebliebenen Problem die unter den nun einmal obwaltenden Umständen plausibelste Erklärung zu geben. So wie die Spartaner ihren Erfolg bei Tanagra an einem der großen Zentren hellenischen Lebens, in Olympia, verherrlichten und die Argiver ihr Monument in Delphi errichteten und sich nicht mit einem Siegesmal in Argos begnügen durften, haben wir, nachdem die Bedeutung des Sieges aus dem Pausaniasbericht einmal festgestellt ist, auch ein athenisches Weihgeschenk für den Sieg nicht nur in Athen, sondern (da Olympia kaum geeignet war) gerade in Delphi zu fordern, das ja in der athenischen Machtsphäre lag. Ich sehe eine Bestätigung meiner gesamten Auffassung darin, daß sich als solches gerade das zweite Marathonmonument zwanglos ergibt, das die Athener nach Pausan. X 10, 1 am Eingang in den heiligen Bezirk des Apollo, also an besonders augenfälliger Stelle und weit von dem eigentlichen Weihgeschenk für den Sieg bei Marathon entfernt, errichtet haben und das den argivischen Septem unmittelbar benachbart war[72]). Seitdem (namentlich durch Bulles Beobachtungen am „Beutesockel von Marathon" vor dem Schatzhause der Athener) feststeht, daß beide Anatheme aus Statuengruppen bestanden und einander hinsichtlich ihres Inhalts fast gleich waren[73]), ist eine Beziehung beider Gruppen auf 490 v. Chr. ganz unmöglich geworden. Nun gibt Pausanias an, daß Phidias der Schöpfer des Monuments am Eingange der heiligen Straße war. Da kein Grund vorliegt, an dieser Angabe zu zweifeln, außerdem der Sockel vor dem Thesauros der Athener sich durch seine Inschrift als das eigentliche Siegesmal erweist[74]), so ist die Phidiasgruppe die jüngere. Pomtow (a. O. 1218) nahm als untere Grenze für ihre Errichtung die Eurymedonschlacht an, deren Denkmal bei Pausan. X 15, 4 f. beschrieben ist[75]); ohne sich genauer über den Anlaß der Weihung zu äußern, dachte er etwa an das Jahr 471 v. Chr. Dagegen bezog v. Domaszewski[76]) das Monument auf die Eurymedonschlacht selbst, mußte es nun freilich als persönliche Weihung des Kimon für das Andenken seines Vaters erklären, was schon angesichts der Größe des Monuments den schwersten Bedenken unterliegt, abgesehen davon, daß in Pausanias' ausführlichen Angaben nicht der

72) Über die Lokalisierung s. die ausführlichen Erörterungen Pomtows, Klio VIII, S. 73 ff.; vgl. Realenzykl. 1214 ff. Das „hölzerne Pferd", das zwischen dem Miltiadesmonument und den Septem steht, ist später dazwischengeschoben und erst 414 v. Chr. errichtet worden: s. Pomtow 1221 ff.

73) S. Pomtow 1217.

74) S. Pomtow 1217; 1287 f.

75) Vgl. Busolt, Griech. Gesch.² III 1, S. 459, Anm. 2.

76) Die attische Politik in der Pentekontaëtie, Sitzungsber. der Heidelberger Akad. d. Wiss. 1925, S. 20.

leiseste Anhalt für diese Vermutung sich findet [77]). Es ist überflüssig, sich auf eine besondere Kritik aller Einzelaufstellungen einzulassen, da sie sämtlich auf Kombinationen beruhen und beruhen müssen. Die Ansetzung neben den Septem, die zur räumlichen die zeitliche Nachbarschaft hinzubringt, die die durch Nennung des Phidias geschaffene chronologische Schwierigkeit am glücklichsten beseitigt und sich in einen großen historischen Zusammenhang ohne Gewaltsamkeiten einordnen läßt, ist wohl allen anderen Hypothesen vorzuziehen. Sie überhebt uns auch der Schwierigkeit, eine Weihung, von der Pausanias mit ausdrücklicher Angabe des Weihepigramms als Quelle berichtet, sie sei auf Grund der δεκάτη aus der Marathonschlacht errichtet, also jedenfalls nicht aus privaten Mitteln, unter Umgehung der Überlieferung als rein persönliche Angelegenheit des Kimon [78]) ansehen zu müssen. Die Zuweisung dieser Gruppe zum Kreise der übrigen für den Sieg bei Oinophyta gestifteten Denkmäler macht es vollends unmöglich, in der Schlacht bei „Oinoë" ein praktisch bedeutungsloses „Gefecht" zu sehen. — Für die Errichtung der gewaltigen Siegesmäler steht in den Jahren nach 457 ausreichende Zeit zur Verfügung bis zur ägyptischen Katastrophe von 454; es sind zugleich die Jahre höchster politischer Hoffnungen in Athen, als man sich dem Glauben hingeben durfte, die kriegerischen Aufgaben in Hellas und gegen die Perser bewältigen zu können.

---

77) Aus Pausan. X 10, 1 geht hervor, daß in der Aufschrift stand, die Statuen seien aufgestellt ἀπὸ δεκάτης τοῦ Μαραθωνίου ἔργου; das kann man nicht mit Domaszewski a. O. interpretieren: „errichtet aus der δεκάτη einer Siegesbeute" und die Beziehung der δεκάτη auf Marathon als irrige Kombination des Pausanias abtun. — Dagegen hat Robert schon darauf hingewiesen, daß auch Phidias' Athena Promachos als marathonische δεκάτη bezeichnet wird. Somit dürfte diesem Ausdruck für chronologische Bestimmungen kein übertriebenes Gewicht beizumessen sein.

78) Dessen Stellung als „Fürst" von Athen Domaszewski a. O., besonders S. 12, stark übertreibend zeichnet. Vgl. dagegen die wesentlich maßvolleren und zutreffenderen Ausführungen Swobodas s. v. Kimon in der Paulyschen Realenzykl.

Ich fasse noch einmal zusammen: die Identifizierung der bei Pausanias überlieferten Schlacht bei Oinoë mit der bei Oinophyta, die durch die Überlieferung, wie sie uns vorliegt, geboten ist und durch chronologische Erwägungen wesentlich gestützt wird, dürfte geeignet sein, die schweren Anstöße zu beseitigen, die sich vordem allen Lösungen des Problems entgegenstellten. Sie beseitigt die Zweifel an der Berichterstattung des Thukydides, ist doch die Schlacht von Oinophyta bei ihm ganz der ihr gebührenden Stellung entsprechend im Rahmen seines Überblicks über die Geschichte der Pentekontaëtie genannt, womit die gewundenen und strenggenommen unmöglichen Erklärungen überflüssig werden, zu denen Ed. Meyer und Busolt gedrängt wurden. Sie ermöglicht das richtige Verständnis der rätselhaften Wendung Ἀθηναίων ἐπίκουροι im Pausaniastext, ohne zu Konjekturen irgendwelcher Art greifen zu brauchen, und erklärt, wieso für die Aufschrift des Argiveranathems abweichend vom damaligen delphischen Brauch metrische Form gewählt wurde. Sie wirft neues Licht auf das eigenartige Schwanken der Überlieferung über die Schlacht bei Tanagra und gestattet, sie zu begreifen und in gewissem Sinne zu rechtfertigen[79]) ohne damit den Bericht des Thukydides anzutasten. Sie gibt eine Erklärung für die Form, in der die Schlacht in der Stoa Poikile abgebildet war, und läßt die Tatsache begreiflich erscheinen, daß als Gegner der Athener die Spartaner dargestellt waren. Sie bringt den Inhalt des Argivermonuments in Delphi mit dem tatsächlichen Zweck seiner Errichtung in Übereinstimmung, indem sie die Hilfsbereitschaft der Septem als Symbol für das Verhalten der Nachfahren erkennt, von dem wir aus Thukydides Kunde haben. Sie vermag die inschriftlich bezeugte Signatur der beiden Künstler des Argiveranathems als Thebaner befriedigend zu erklären (an der namentlich Beloch[80]) Anstoß

79) Vgl. dazu auch Wilamowitz, Aristot. u. Athen II, S. 293.
80) a. O., S. 208.

nahm), ohne ihnen vaterlandslose Gesinnung vorhalten zu brauchen. Sie gestattet endlich, dem zweiten athenischen Marathonmonument in Delphi die langgesuchte chronologische und historische Einordnung zu geben, und liefert einen festen Anhaltspunkt für die zeitliche Ansetzung namentlich der Künstler Phidias und Polygnot. Angesichts dieser sich gegenseitig stützenden und ergänzenden Tatsachen und Kombinationen, die in jeder Hinsicht peinliche Rücksicht auf die Überlieferung zu nehmen bestrebt sind, kann es nicht ins Gewicht fallen, daß bei Pausanias lediglich die Örtlichkeit der Schlacht falsch angegeben und demgemäß zu verwerfen ist. Wie der Irrtum bei ihm entstanden ist, läßt sich noch vermuten. Beloch wies bereits mit Recht darauf hin, daß die Beischrift der Ortsnymphe von Oinophyta auf dem Gemälde Οἰνόη gelautet haben muß [81]). Das hat also Pausanias mißverstanden und von sich aus die nähere Bestimmung τῆς Ἀργείας hinzugesetzt. Da überrascht es nun, daß er entgegen sonstigen Gepflogenheiten [82]) bei der Schilderung der Ortschaft Oinoë in der Argolis (II 25) mit keinem Worte des großen Ereignisses gedenkt, das sich dort abgespielt haben sollte, so ausführlich er auf die mythische Vorgeschichte eingeht. Man sieht, sonderlich durchdacht ist Pausanias' Angabe über die Schlacht ἐν Οἰνόῃ τῆς Ἀργείας sicherlich nicht; sie entspringt einem der — bei ihm bekanntlich nicht eben seltenen [83]) — Mißverständnisse, auf die er sich noch obendrein etwas zugute hält. Waren auf dem Gemälde in der Stoa Poikile neben den Athenern auch die Argiver dargestellt — man möchte es schon in Analogie zu den Platäern auf der „Marathonschlacht" annehmen;

81) Winckelmannsprogr., S. 7; vgl. die Lokalisierung auf dem Parallelgemälde durch den Heros Marathon. — S. auch Beloch a. O., S. 207.

82) So nennt er II 24, 7 bei der Erwähnung von Hysiae die halb verschollene Schlacht, in der einst die Spartaner von den Argivern besiegt wurden.

83) Vgl. z. B. seine Angaben über das Miltiadesanathem in Delphi und die Kritik Pomtows a. O. 1218.

auch dürfte es sich Pausanias kaum so vorgestellt haben, als hätten die Athener allein in der Argolis die Spartaner bekämpft, spricht doch X 10, 3 ausdrücklich dagegen —, so erklärt sich das Mißverständnis noch leichter, zumal da der sehr häufige Ortsname Oinoë einer näheren Bestimmung bedurfte.

Mit dem Umschwunge der Lage 446 v. Chr. trat die Schlacht bei Oinophyta zurück für das allgemeine Interesse, blieb freilich als glänzende Waffentat im Gedächtnis. Unter dem Eindruck der thebanischen Siege machte Ephoros wieder auf sie aufmerksam. Im großen und ganzen gleicht ihr Schicksal dem, das auch in neuerer Zeit wieder und wieder sogar ganz gewaltigen Schlachten beschieden war; man erinnere sich dessen, was die Schlacht von Sedan für die Popularität der Leipziger Schlacht oder die Ereignisse des Weltkrieges für Sedan heute bedeuten. Je mehr sich das Interesse der Öffentlichkeit in Hellas auf die Auseinandersetzung mit dem persischen Reiche im Laufe des IV. Jahrhunderts konzentrierte, desto mehr trat Oinophyta hinter Marathon zurück; so ist es durchaus nicht verwunderlich, wenn in unseren Quellen, die ja zum überwiegenden Teile dem IV. Jahrh. v. Chr. entstammen bzw. auf es zurückgehen, so viel häufiger von der Perserschlacht die Rede ist [84]) als von dem Siege in den „Weinbergen".

Eine andere Frage freilich ist es, ob und inwieweit eine solche Bewertung für das historische Urteil maßgebend ist. Als zunächst schwer begreifliches Ergebnis unserer Untersuchung tritt uns die Tatsache entgegen, daß man in Athen um die Mitte des V. Jahrhunderts allen Ernstes den Sieg über die gegnerischen Hellenen der Besiegung der Barbaren bei Marathon zur Seite stellte und obendrein dem Kampfe um Troja und der Vernichtung der Amazonen. Es steht fest, daß das mit vollem Bewußtsein geschehen ist (vgl. o. S. 5). Der Erbauer

84) S. die von Robert im 18. Hall. Winckelmannsprogr. gesammelten Stellen.

der Stoa zu Athen, Peisianax, nach dem die Halle zunächst allein benannt war [85]), war Kimons Schwager. So folgerte man, daß sich auch in dem Zyklus der Gemälde an den Wänden der Stoa „ein bewußtes Vorgehen der kimonischen Partei" erkennen lasse, „die, indem sie der überwallenden Stimmung des Tages durch die bildliche Verherrlichung jenes ersten Sieges über Sparta Rechnung trug, sich gerade dadurch das Recht erwerben wollte, die Verdienste der Philaiden teils in mythischer Verkleidung, teils in verklärtem Abbild dem Volke vorzuführen, um so die Erinnerung an den Verbannten wachzuhalten und mit vorsichtiger Hand eine Rehabilitierung vorzubereiten" [86]). Damit waren jedoch Ad. Furtwänglers schwere Bedenken nicht behoben, wieso die Schöpfung gerade dieser Gemälde in der Zeit der Verbannung Kimons möglich gewesen sei, von denen noch dazu eines ein Ereignis darstellte, das die aus dem Bruche mit Sparta resultierende Politik verherrlichte und damit im schroffen Gegensatze zu Kimons eigenen Tendenzen stand [87]). Robert konnte dem nur entgegenhalten: „Das Befremdliche, weil wir es nicht erklären können, zu eliminieren, haben wir noch lange kein Recht. Wer wollte sich vermessen, die verschlungenen Fäden des damaligen politischen Lebens in Athen zu entwirren?" etc. Ich denke, die Schwierigkeiten verschwinden, sobald wir darauf verzichten, die Denkmäler irgendwie mit „Parteien", ihrem Hader und ihren Tagesinteressen zusammenzubringen, und statt dessen das in ihnen sehen, was sie in Wirklichkeit sind: machtvolle Meinungsäußerungen des athenischen Volkes, für

---

85) S. besonders Plut. Kim. 4; Diog. Laert. VII 1, 5; Schol. Aesch. III 184; Schol. Demosth. XX 112; Suidas s. v. Ζήνων und Πεισιανάκτειος στοά. Dazu Wachsmuth, Die Stadt Athen, Bd. II 501; Ed. Meyer III, S. 541.

86) Robert, Winckelmannsprogr., S. 9.

87) Auch Fr. Koepp, Rhein. Mus. 69, 160 f. (vgl. Neue Wege zur Antike IV 89 f.), betont mit Recht, daß sich wohl die Verherrlichung der Marathonschlacht, aber nicht die des Sieges von „Oinoë" in die kimonische Tradition einfüge.

dessen Größe ja gerade auch die Anhänger Kimons bei Tanagra den Heldentod erlitten haben. Mit Recht macht Fr. Koepp darauf aufmerksam, daß aus der bekannten Anekdote über die Verleihung des attischen Bürgerrechts an Polygnot bei Harpokration s. v. Πολύγνωτος hervorgeht, daß die Gemälde in der Stoa vom Staat in Auftrag gegeben worden sind; „nur in diesem Falle hatte das Volk Anlaß, den einen der Maler durch das Bürgerrecht zu ehren, weil er für sein Bild kein Honorar genommen hatte“ [88]). Nicht Kimon und Miltiades sind es, deren Taten hier verherrlicht wurden — eben das scheint mir die Angabe bei Cornel. Nepos (Milt. 6, 3) zu beweisen, es sei dem Miltiades [89]) nur als ganz besondere Gunst gestattet worden, daß sein Bild unter den Scharen der Mitkämpfer besonders hervorgehoben und kenntlich gemacht wurde —, sondern Athen [90]), das nun für ein Jahrhundert lang die unbestrittene kulturelle und mit einigen Unterbrechungen auch politische Führung in der Hellenenwelt übernahm, wie das Frankreich Richelieus und Mazarins nach den Friedensschlüssen von 1648 und 1659 [91]) die des christlichen Europa bis zum siebenjährigen Kriege. Zeitgenossen pflegen für solche Schicksalswenden, die natürlich in den Urkunden des offiziellen diplomatischen Verkehrs nicht verzeichnet stehen, ein feines Verständnis zu besitzen.

So ist die Schlacht bei Oinophyta als eine besondere Großtat der attischen Geschichte zu betrachten. Sie bezeichnet tatsächlich eine Zeitwende. Mochten sich infolge der Überspannung der Kräfte auch Rückschläge für Athen einstellen —

---

88) Rhein. Mus. 69, 165.

89) D. h. natürlich seinem Andenken.

90) Vgl. Koepp a. O. 165: „Des attischen Staates Stimmung also, nicht die eines einzelnen, wird sich in den Bildern spiegeln“. — Eine Polemik gegen Koepps sonstige Ausführungen dürfte sich nach den obigen Darlegungen erübrigen.

91) Vgl. J. Haller, Tausend Jahre deutsch-französischer Beziehungen (1930), S. 41 f.

454 gelang es dem an Zahl überlegenen persischen Heere, Athens Expeditionskorps und Flotten in Ägypten zu vernichten, und 446 mußte Perikles die attische Herrschaft auf dem griechischen Festlande preisgeben —, so ist doch das wichtigste Ergebnis des Sieges von Oinophyta bestehen geblieben: athenische Tatkraft und Unternehmungslust hatten sich gegen die altehrwürdigen Ansprüche Spartas auf die alleinige Hegemonie in der griechischen Welt durchgesetzt; konnte man doch in Athen schließlich daran denken, Sparta völlig zu verdrängen.

Sind demnach die Wirkungen der Schlacht auf die weitere Gestaltung der politischen Geschichte der Hellenenwelt kaum zu überschätzen, so läßt sich ihre Bedeutung für Athen selbst durch zwei Tatsachen beleuchten, die mit ihr in engen Zusammenhang zu bringen sind. Der siegreiche Ausgang des Feldzuges von 457 ermöglichte die Vollendung des Riesenbaus der „Langen Mauern“ [92]), durch die die Stadt sich die feste Verbindung mit dem Meere sicherte und für einen festländischen Gegner so unangreifbar wurde, als läge sie auf einer Insel. Die Niederzwingung der alten Rivalin Aegina und ihre Eingliederung in den Seebund beseitigte die letzte Gefahr, die noch von der Seeseite her drohte.

Aber die Bedeutung des Baus der Langen Mauern erschöpft sich nicht mit der Sicherstellung der Stadt der Pallas gegen feindliche Angriffe von außen her. Kaum geringer war die Tragweite der Vollendung des Werkes für die innerpolitische Entwicklung. Thukydides berichtet (I 107, 4) von den Verbindungen, die die attischen Gegner der Demokratie mit den Spartanern anknüpften, als diese vor der Schlacht bei Tanagra an der Nordgrenze Attikas erschienen waren; er gibt an, daß sie bei diesem hochverräterischen Vorgehen sich leiten ließen von der Hoffnung, δῆμόν τε καταπαύσειν καὶ τὰ μακρὰ τείχη οἰκοδομούμενα. Vollendung des Mauerbaus und Vollendung der

92) Thuk. I 108, 3; Beloch, Griech. Gesch.² II 1, S. 171.

Demokratie waren in der Tat miteinander identisch; denn nun verschwand die einzige noch gebliebene Möglichkeit, die verhaßte Demokratie zu stürzen: die Kooperation mit der Landmacht Sparta.

Aus der Aufrichtung der „radikalen Demokratie" in Athen durch den Sturz des Areopags war der Krieg gegen die Peloponnesier und Sparta letzten Endes erwachsen. Athens bedeutendster Feldherr, der ruhmgekrönte Sohn des Siegers von Marathon, Kimon, hatte als Verbannter aus seiner Vaterstadt weichen müssen. Mancher mochte sich die bange Frage vorlegen, ob der neue Staat der gewaltigen Belastung durch den gleichzeitigen Kampf gegen die Persermacht und die griechischen Feinde gewachsen sein würde. In dem gefährlichen Augenblick, wo große Teile der attischen Macht durch die Einschließung Aeginas und die ägyptische Expedition gebunden waren, erschien der Hauptfeind, die Spartaner, an der Landesgrenze. Es war die Krisis, in der Perikles zum großen Staatsmann und wahrhaften Führer seines Volkes reifte. Plutarch Per. 10 berichtet davon, daß er bei Tanagra mit höchster persönlicher Tapferkeit mitkämpfte und sein Leben nicht schonte. Die Schlacht ging verloren. Aber die äußere Bedrohung durch den Feind hatte das attische Volk zur geschlossenen nationalen Einheit geschmiedet. Es wurde hervorgehoben, daß auch Kimons Anhänger, die Perikles vordem verräterischer Gesinnung bezichtigt hatte, für Athens Freiheit und Weltgeltung wie Löwen gestritten und ihre Treue zu ihrem Volk durch Hingabe ihres Lebens besiegelt hatten. Der Lohn blieb nicht aus: die Spartaner rückten ab, Athen blieb damit bereits strategisch Sieger [93]), und den großen taktischen Sieg brachte der große Tag von Oinophyta. Damit war auch Perikles' Innenpolitik glänzend gerechtfertigt. So besiegelte der Sieg in den „Weinbergen" auch die Vollendung der athenischen Demo-

93) Beloch^2 II, 1, S. 169.

kratie. Als sichtbares äußeres Zeichen dafür wurde die Zulassung zum höchsten Amte des Staates, dem Archontat, die bis dahin nur den beiden oberen Klassen vorbehalten geblieben war, auf die 3. Klasse, die Zeugiten, ausgedehnt[94]. Es kann keinem Zweifel unterliegen, daß auch diese Tat ihre eigentliche historische Beleuchtung erst erhält, wenn sie in Beziehung gesetzt wird zu dem in seiner Bedeutung recht erkannten Siege bei Oinophyta.

---

94) 457/6 v. Chr., Aristot. Ἀθην. πολ. 26, 2.

Zur griechischen Geschichte

Die Schlacht bei 'Oinoë'

Von Hans Erich Stier.

Für die Geschichte des fünften Jahrhunderts v. Chr. besitzen wir bekanntlich in dem knappen Abriß bei Thukydides I 89—118 eine ganz ausgezeichnete Quelle, in der die wesentlichen Momente der politischen Entwicklung prägnant herausgearbeitet sind. Wir verfolgen Athens Aufstieg zur Vormacht von Hellas nach der siegreichen Abwehr der Perser und die Rückwirkung dieser Verschiebung der Machtverhältnisse auf die Politik der übrigen Griechenstaaten an der Hand eines Darstellers, der einen Teil der Entwicklung persönlich miterleben konnte und um der Tiefe seines Einblicks willen für alle Zeiten klassische Bedeutung gewonnen hat. Der Historiker hat um so mehr Grund, dem Geschichtsbilde des Thukydides volles Vertrauen zu schenken, als dieser ausdrücklich erklärt (I 97), er sei bestrebt, mit seinem ausführlichen Exkurs ein Versäumnis gutzumachen, das sich seine Vorgänger und Zeitgenossen haben zuschulden kommen lassen. So gibt er eine Darstellung der griechischen Geschichte, die in dem halben Jahrhundert zwischen dem Ende des Perserkriegs und dem Ausbruch des Peloponnesischen Krieges zum weitaus überwiegenden Teile mit der Geschichte Athens identisch war und dem Geschichtsschreiber damit zugleich die Möglichkeit bot, in ihr die wahren Gründe für den schließlichen Ausbruch des 27jährigen Krieges zwischen Sparta und Athen 431 v. Chr. anschaulich aufzuzeigen.

Wie vertrug sich nun mit dem Vertrauen auf die Darstellung des Thukydides der merkwürdige Umstand, daß in der Beschreibung Griechenlands und seiner Denkmäler, die Pausanias auf der Höhe der römischen Kaiserzeit verfaßt hat — also rund sechs Jahrhunderte nach Thukydides, als Hellas und seine Geschichte in der Hauptsache nur noch eine große Erinnerung waren —, in Athen und in Delphi Monumente für einen Sieg beschrieben werden, den vordem die Athener und Argiver über die Spartaner bei dem Flecken Oinoë in der Argolis errungen haben sollten und der nach Ausweis der Künstlernamen in die Zeit von 461—451 v. Chr. gehören mußte [1])? Es mußte größtes Befremden erregen, daß bei Thukydides von einer „Schlacht bei Oinoë" mit keinem Worte die Rede ist.

Nachdem zahlreiche Versuche, den peinlichen Widerspruch zu beseitigen, unbefriedigend ausgelaufen waren, habe ich mit meiner Studie „Eine Großtat der attischen Geschichte" (Stuttgart, W. Kohlhammer, 1934) die jahrzehntelange Diskussion beenden zu können gehofft durch den Nachweis, daß die Ortsbestimmung einem Mißverständnis

1) Wenn daran immer noch — ohne ausreichende Begründung — Zweifel geäußert werden (vgl. z. B. Walker in der *Cambridge Ancient History* V 77 n; Taeger, Pentekontaëtie 21), so lehrt das nur, wie ungern man sich entschließt, mit methodisch gesicherten Erkenntnissen der Forschung in der eigenen Arbeit zu rechnen, haben doch auch W. Judeich und F. Koepp sich an die scheinbare Möglichkeit, die Schlacht in den Korinthischen Krieg (395—386) zu setzen, geklammert, bis endlich die Auffindung des Originals des Epiddalossteins ihnen den Widerruf abnötigte.

des Pausanias entsprungen sei und wir es in Wirklichkeit mit der bei Thukydides ausführlich gewürdigten Schlacht bei Oinophyta (457 v. Chr.) zu tun hätten [2]). Da in einer Anzahl von Fachzeitschriften Widerspruch gegen meine Ergebnisse laut geworden ist [3]), komme ich hier in Kürze nochmals auf das Problem zurück.

Der Bericht des Pausanias über den Zyklus von vier Monumentalgemälden in der Stoa Poikile zu Athen, von denen das der Oinoëschlacht das erste bildete, läßt nur die Interpretation berechtigt erscheinen, die Robert gegeben hat. Die Wandgemälde sind ganz zwanglos und organisch innerhalb der — ersichtlich erst eigens für sie auf der Agora errichteten — Halle angeordnet: auf der Längswand die beiden Großtaten der *mythischen* Zeit, die Besiegung der Amazonen und die Einnahme Trojas, an den beiden Schmalwänden die des *geschichtlichen* Athen, die Abwehr der Perser bei Marathon und die der Spartaner bei 'Oinoë in Argolis'. Der immer noch wieder hervorgeholte Versuch, durch Zerreißung dieses innerlich und äußerlich einheitlichen Gemäldezyklus die Darstellung der Oinoëschlacht als spätere Hinzufügung zu erweisen, führt zu lauter Unmöglichkeiten. Judeich muß selbst zugeben, der künstlerische Gedanke des Schmuckes der Stoa Poikile werde durch die von ihm behauptete nachträgliche Verwendung der einen Hallenschmalwand für das Oinoëgemälde 'etwas gestört' — wir müssen sagen: völlig zerstört. Der Einwand, daß es dabei eben nicht auf künstlerische Momente, sondern lediglich auf den politischen und nationalen Gedanken angekommen sei, konstruiert ein Mißverhältnis zwischen beiden, das wohl der modernen Welt seit der Mitte des vorigen Jahrhunderts zu leidiger Gewohnheit geworden ist, *nicht* aber auf das klassische Athen zutrifft. Auch die Behauptung, die Errichtung und Ausmalung der Stoa habe der verwandtschaftlichen wie der politischen Richtung *Kimons* entsprochen und deshalb müsse das Oinoëgemälde, das zu ihr in diametralem Gegensatze steht, ein Nachtrag sein, ist gänzlich unbewiesen. Die Marathonschlacht ist in Athen nicht als eine in erster Linie kimonische Angelegenheit gewertet worden, und Miltiades hat für das attische Volk wahrhaftig nicht in der Hauptsache als Vater Kimons weitergelebt. Die Tatsache, daß der Stifter der Halle Kimons Schwager war, ist für die moderne Annahme einer kimonischen Vetternwirtschaft sowenig beweisend wie die zweifellos mit den anderen Klatschgeschichten um Kimons Schwester Elpinike auf die gleiche Stufe gehörende Laodike-Anekdote bei Plutarch. Die Gemälde sind, wie die Verleihung des Bürgerrechts an Polygnot beweist, vom athenischen *Staat* in Auftrag gegeben worden, und dieser Staat hat sich mit Kimons spartafreundlicher Politik keineswegs identifiziert, sondern in dem Augenblick, wo ihre innere Haltlosigkeit klar zutage trat, sich ganz entschieden von ihr distanziert. Das Gemälde des Sieges über die Spartaner, das Pausanias an erster Stelle schildert und das offenbar dem Besucher der Halle zuerst ins Auge fiel, sollte ersichtlich den Ton angeben, auf den die Gesamtkomposition des Polygnot und seiner Schüler gestimmt war. Gerade die Wahl der Marathonschlacht für das eine der beiden Gemälde historischen Inhalts erhält jetzt erst die richtige Beleuchtung. Für den Perserkrieg besaß nicht Marathon entscheidende Bedeutung, sondern Salamis; und diese Schlacht, in der die Athener mit den Spartanern und den übrigen Hellenen zusammen den glorreichen Seesieg erstritten, zum Thema zu wählen, hätte im Inter-

2) Ich muß dabei bleiben, daß ich in E. Loewys beiläufig geäußertem Einfall zum Oinoëgemälde in der Stoa Poikile einen Vorläufer meiner Auffassung des Problems nicht zu erblicken vermag, zumal L. nicht den geringsten Versuch gemacht hat, einen Beweis zu liefern. Vgl. auch Koepp, Gött. gel. Anz. 1935, 495.

3) Histor. Ztschr. 152 (1935) 301—307: Judeich; Gött. gel. Anz. 1935, 493—498: Koepp; Klio 28 (1935) 339 f.: F. Miltner; Gnomon 11 (1935) 382—384: H. Rudolph.

esse der kimonischen, 'panhellenisch' orientierten Politik gelegen. Wenn man statt dessen Marathon bevorzugte, so muß das deshalb geschehen sein, weil hier die Athener allein den Sieg erfochten, und zwar ohne Hilfe Spartas. Der Gemäldezyklus in der Stoa Poikile, wie die Errichtung der Halle überhaupt, zielt darauf ab, den Ruhm und die spezifische Größe Athens zu verherrlichen, eines Athen, das nicht mehr in Anlehnung an die bisherige Vormacht Sparta seinen hellenischen Verpflichtungen gerecht zu werden strebt, sondern den Hellenen zu verstehen gibt, daß es gewillt und imstande ist, jeder Bedrohung der griechischen Freiheit[4]), gleich ob von seiten der Perser oder der Spartaner, siegreich zu begegnen Der Geist des Perikles, nicht der Kimons, weht uns aus dieser neuen Ruhmeshalle Athens entgegen[5]).

Der große Zyklus der vier Monumentalgemälde, entworfen und ausgeführt durch den größten griechischen Maler seiner Zeit und seine Schüler und angebracht im Herzen Athens in einer eigens für ihn errichteten prachtvollen Halle, die nach echt hellenischer Sitte ein vornehmer Bürger stiftete, kann es an Bedeutung sehr wohl aufnehmen mit der Statuengruppe der 'Sieben gegen Theben', die die Argiver für den Sieg bei Oinoë nach Delphi weihten. Ja, für das Altertum standen die gefeierten polygnotischen Malereien an Wert erheblich über den gleichzeitigen plastischen Werken Erst allmählich begann ja damals die Plastik die Malerei als führende Kunstgattung abzulösen. — Völlig zugunsten Athens senkt sich die Waagschale, wenn man das zweite athenische Marathonmonument in Delphi hinzunimmt. Der Name des Phidias als des Schöpfers des Denkmals ist von Pausanias ersichtlich der Weihinschrift entnommen. Wie man die weitere Angabe, die Gruppe sei vom Zehnten der marathonischen Beute errichtet — eine Angabe, die wir u. a. auch für die Athena Promachos auf der Akropolis haben —, gegen diese bestens beglaubigte Tatsache ins Feld führen kann, nachdem die archäologische Durchforschung Delphis klar erwiesen hat, daß da zweite Marathonmonument von der Schlacht selbst zeitlich zu trennen ist, begreife ich nicht. Daß vollends durchaus eine Perserschlacht Anspruch darauf haben sollte, den Anlaß für die Errichtung dieses Monuments abgegeben zu haben, kann ich nicht zugeben. Weshalb hätte man sie gerade durch eine zweite Marathonweihung verherrlichen sollen? Für die Schlacht am Eurymedon ist außerdem in Delphi ein besonderes athenisches Siegesmal (der Palmbaum mit dem Bilde der Pallas) errichtet worden Und das zweite Marathonmonument für eine Privatweihung des Siegers Kimon zu halten, ist deshalb unmöglich, weil die Errichtung aus dem Zehnten der marathonischen Beute jeden Gedanken an einen Privatmann als Stifter ausschließt. Es handelt sich um eine Weihung des attischen Staates. Sie ist in unmittelbarer Nachbarschaft des Argiveranathems für Oinoë in besonders bevorzugter Lage gleich links vom Eingang in den heiligen Bezirk errichtet worden, muß also entweder kurz vor oder gleichzeitig mit der argivischen Gruppe geschaffen sein. Die Nennung des Phidias zwingt zu möglichster Herabdatierung des Werkes. Wenn nun zur räumlichen Nachbarschaft der beiden Siegesmäler in Delphi die Gleichheit des Grundgedankens — die Verknüpfung von Marathon und Oinoë — und die Tatsache, daß es sich in Athen und in Delph

4) Vgl. Platos Menex. 242 a.

5) Wenn wir den Namen des Künstlers für das Oinoëgemälde zufällig nicht besonders überliefert erhalten haben, so läßt sich daraus kein Verdacht gegen die ursprüngliche Zugehörigkeit des Bildes zum Gesamtentwurf herleiten. Pausanias nennt bei d Beschreibung I 15 nicht einen einzigen Künstlernamen. Unsere Überlieferung ist zudem nicht derart, daß man die Erwähnung des Meisters von ihr fordern könnte.

um athenische Staatsweihungen handelt, hinzugenommen wird, so kommt die von mir vertretene zeitliche Ansetzung des zweiten Marathonmonuments unter den obwaltenden Umständen einer Gewißheit nahe. Pomtow (vgl. RE, Suppl.-Bd. IV [1924], 1227 f.) hat gezeigt, daß in der Liste der „Sieben gegen Theben“, wie sie das Argivermal voraussetzt, im Gegensatz zu dem (nach Ausweis der Schriftcharaktere älteren) [6]) argivischen Denkmal der 'Epigonen' der Einfluß des Aeschylos, also attischen Geistes, erkennbar ist. Wenn man erwägt, daß gerade Aeschylos in den Eumeniden — die bezeichnenderweise im Frühjahr 458 zu Athen aufgeführt worden sind — der athenisch-argivischen Freundschaft mit lebhaftesten Hoffnungen gedenkt, und daß zu damaliger Zeit die attische Kulturhegemonie in Hellas noch keineswegs eine Selbstverständlichkeit war, wird man hier schwerlich von belanglosen Zufällen reden dürfen. Wohin wir auch blicken — alles, was sich an gesicherten Tatsachen über die Schlacht bei Oinoë erschließen läßt, erhebt es zu höchster Wahrscheinlichkeit, daß wir es hier mit einer Großtat der attischen, nicht der argivischen Geschichte zu tun haben [7]). Das Oinoëgemälde in Athen hat auch Judeichs Skepsis (a. a. O. 304) bestehen lassen müssen; und wenn er die Bedeutung des Sieges in der Herstellung der athenischen Waffenehre gegenüber Sparta sieht, so sollte das für die attische Geschichte belanglos und das Schweigen des attischen Patrioten und Kriegsmanns Thukydides über ein solches Ereignis 'durchaus verständlich und richtig' sein?! Es muß schon dabei bleiben, daß nicht die Athener an einem argivischen, sondern umgekehrt die Argiver an einem athenischen Erfolge partizipiert haben.

Und weiterhin steht fest, daß es sich angesichts der Größe der Weihungen bei dem Siege von 'Oinoë' keinesfalls um einen 'unbedeutenden Erfolg' gehandelt haben kann. Die Errichtung der Stoa Poikile und die Vollendung der für sie bestimmten Ausmalung durch Polygnot, Mikon und Panainos, die Anfertigung der Phidiasgruppe in Delphi und der Gruppe der argivischen 'Sieben gegen Theben' ebendort erfordern zumindest eine Zeitspanne von zwei Jahren. So lange sollte die Augentäuschung in Athen und Argos vorgehalten haben? Dann wäre es klüger gewesen, den Sieg bei Oinophyta, dessen erhebliche Bedeutung klar zutage lag, durch so reiche und prunkvolle Weihungen zu verherrlichen.

Zu den sachlichen Erwägungen treten die chronologischen hinzu, die lediglich eine Ansetzung der Schlacht in das Jahr 457 gestatten. Vor dem Zusammenstoß bei Tanagra befand sich Athen noch nicht mit Sparta, sondern nur mit den nordpeloponnesischen Seestaaten im Kriege. Unter dieser Voraussetzung wären die — doch auf die hellenische Öffentlichkeit berechneten — Siegesmäler unbegreiflich. Nach der Schlacht von Oinophyta aber kann ein Ereignis nicht angesetzt werden, das nach Ausweis der Weihungen von den Zeitgenossen höher bewertet worden wäre als dieser Sieg, (der Athen ganz Mittelgriechenland und Aegina zu Füßen legte); denn dann wäre Thukydides' Schwei

6) Damit erledigt sich die Anregung Th. Lenschaus, Phil. Wochenschr. 1935, 526.

7) Man sehe sich die 'argivische Geschichte' an, die die Gegner dieser These sich im Widerspruch zu unserer Überlieferung zu konstruieren genötigt sind (Judeich a. a. O.; Miltner a. a. O.). Wenn die Spartaner den Argivern einen dreißigjährigen, den Athenern hingegen nur einen fünfjährigen Frieden bewilligten, so dürfte klar sein, daß für sie Athen der ungleich gefährlichere Gegner war. Die Unterwerfung von Mykenae durch die Argiver gehört, da bei ihr tegeatische Bundestruppen mitwirkten, zweifellos in die von Argos her unterstützte arkadische Erhebung gegen Sparta um 470 (gegen Ephoros-Diodor XI 65). Von einer Niederlage eines spartanischen Entsatzheeres für Mykenae bei Oinoë in der Argolis, bei der athenische Hilfstruppen auf Seiten der Argiver mitgewirkt hätten, wissen unsere Quellen nichts.

gen völlig unverständlich [8]). Und schlechterdings unvorstellbar ist, wie Spartas Machtstellung im Peloponnes nach dem schweren Rückschlage, den die Schlacht von Oinophyta und die Kapitulation Aeginas für das spartanische Prestige bedeutet haben, eine Niederlage gegen die verbündeten Argiver und Athener inmitten des Peloponnes hätte überstehen sollen — und das zu einer Zeit, wo Ithome noch unbezwungen war, dessen Fall ich nach dem unantastbaren Wortlaut bei Thukydides nach wie vor ins Jahr 455/4 setzen muß. Erst die Katastrophe der attischen Flotte in Ägypten und ihre Rückwirkung auf die Weltlage haben Sparta aus peinlicher Zwangslage befreit. In den beiden vorangehenden Jahren, an die Judeich allein denken könnte, hätte eine Niederlage im Felde gegen Athen und Argos für die spartanische Machtstellung so schwerwiegende Folgen nach sich gezogen, daß der Gang der Ereignisse ein anderer geworden wäre. Pomtows Nachweis, daß die Weihungen für 'Oinoë' die Tendenz erkennen lassen, das olympische Weihgeschenk der Spartaner und ihrer Bundesgenossen für Tanagra zu überbieten, schließt den Kreis der Argumentation. Wir werden zwangsweise darauf geführt, die angebliche Schlacht bei Oinoë in der Argolis mit der Schlacht von Oinophyta zu identifizieren. Man erinnere sich des auffallenden Umstandes, daß für den doch wahrhaftig nicht unbedeutenden Sieg von Oinophyta [9]) — anders als bei den übrigen entscheidenden Ereignissen der griechischen Geschichte — keinerlei monumentale Siegesmäler bekannt sind, also gerade das fehlt, was für die Schlacht bei 'Oinoë' in reichem Maße vorhanden ist. Die Tatsache, daß es sich beidemal um eine besondere athenische Kriegstat handelt, fällt so schwer ins Gewicht wie die gewiß nicht als Zufall zu wertende Verwandtschaft der Namen Oinoë und Oinophyta. Beloch hat darauf aufmerksam gemacht, daß auf einem Gemälde, das die Schlacht bei den „Weinbergen" (Oinophyta) darstellen soll, die Namensbeischrift der Ortsnymphe nur 'Oinoë' lauten konnte. Ich sehe nicht, was man dieser vollauf befriedigenden Erklärung der Namensverwandtschaft entgegenhalten könnte.

Man wendet gegen die Gleichsetzung ein, daß die Ortsbestimmung „in der Argolis" von Pausanias der Inschrift des delphischen Siegesmals der Argiver entnommen sei. Aber eine geographisch genaue Ortsbestimmung ist für den Periegeten Pausanias ebenso naheliegend wie in der Weihinschrift überflüssig [10]). Als urkundlich genau aus der Inschrift überliefert können nur die durch ihre metrische Form aus der Paraphrase des Pausanias herausfallenden Worte 'Αθηναίων ἐπίκουροι gelten. Es wäre doch wahrhaftig nicht der einzige Irrtum, den wir dem auf seine Scheingelehrsamkeit eingebildeten Spätling nachweisen können, wenn wir seine Verlegung der Schlacht nach Oinoë in der Argolis auf Grund methodisch vorgehender Kritik als Ergebnis eines Mißverständnisses ablehnen [11]). Es muß in diesem Zusammenhange besonders auffallen, daß Pausanias, der doch häufig auf die griechische Geschichte zu sprechen

8) Sein Schweigen über den Kalliasfrieden darf man nicht als Analogie heranziehen, war doch dieser Frieden weder durch Siegesmäler verherrlicht noch überhaupt dazu geeignet (s. Ed. Meyer, Forschungen II 81 f.). Das Zurückweichen vor dem Großkönig mit einem Siege über Sparta auf die gleiche Linie zu stellen, geht nicht an.

9) Daß er als die entscheidende Leistung des ganzen Krieges vor der Katastrophe von 454 anzusprechen ist, als 'Großtat der attischen Geschichte', sollte der — befremdlich mißverstandene — Titel meiner Schrift andeuten.

10) Sie fehlt auch im Tanagraepigramm der Spartaner.

11) Wer hier von Vergewaltigung einer 'Überlieferung' redet oder die gänzliche Singularität der Angabe des Pausanias als 'beste Empfehlung für deren Echtheit' hält, ja aus den beiden Erwähnungen in dem einen Werke des Pausanias zwei voneinander unabhängige und einander stützende Quellenzeugnisse macht, kann nicht verlangen, ernst genommen zu werden.

kommt und u. a. auch die Schlacht bei Tanagra nennt, die Schlacht von Oinophyta mit keinem Worte erwähnt. Offensichtlich hat er nichts mehr von ihr gewußt. Auch mit seiner 'Schlacht beim argivischen Oinoë' hat er nichts Rechtes anfangen können. Denn als er von der erwähnten Stelle (I 29, 8 f.) ausführlich auf die Waffengemeinschaft der Athener und Argiver zu sprechen kommt, hat er jene 'Oinoëschlacht' vergessen, und nicht anders bei der Beschreibung von Oinoë in der Argolis (II 25). Den Ausschlag gibt der Hinweis Roberts, daß unter Ἀθηναίων ἐπίκουροι sprachlich nur 'Hilfsvölker f ü r die Athener' verstanden werden können; das läßt sich nicht anders interpretieren als auf den Inhalt des Denkmals, den Hilfszug der Septem aus der Argolis nach Mittelgriechenland, hin. Somit spiegelt sich hier in der Sage der Zug des argivischen Expeditionskorps von 1000 Mann im Jahre 457 zur Verstärkung des attischen Heeres gegen den drohenden Zusammenstoß mit den Spartanern, ein Zug, von dem Thukydides kurz berichtet.

Kann gegenüber allen diesen schwerwiegenden Argumenten noch ins Gewicht fallen, daß zwei Schwierigkeiten — scheinbare Schwierigkeiten — bleiben: einmal, daß von einer Teilnahme der Argiver an der Schlacht von Oinophyta in unserer Überlieferung nicht ausdrücklich die Rede ist, und zweitens, daß der Sieg bei Oinophyta nach Thukydides' unanfechtbarem Zeugnis nicht über die Spartaner, sondern nur über deren böotische Verbündete errungen worden ist? Der erste Anstoß ist leicht zu beheben [12]). Von einer Heimkehr der Argiver nach der Schlacht bei Tanagra weiß unsere Überlieferung ebenfalls nichts. Daß die Besiegten von Tanagra [13]) für den Schutz ihrer Heimatstadt Argos benötigt worden wären, ist überaus unwahrscheinlich. Hätten die Argiver nicht von vornherein ausreichende Mannschaft gegen einen eventuellen spartanischen Angriff daheim behalten, so wäre das Kontingent, das sie zum athenischen Heere stoßen ließen, gewiß stärker gewesen als 1000 Mann. Der rasche Abzug der Spartaner aus Mittelgriechenland zeigte, daß Athener und Argiver die Hoffnung auf siegreiche Beendigung des Kriegsjahrs durchaus noch nicht fahren zu lassen brauchten; so werden wir es für gewiß halten dürfen, daß die argivischen Hilfstruppen in Athen blieben, bis die Gelegenheit gekommen war, die Scharte von Tanagra wieder auszuwetzen.

Den zweiten Anstoß kann nur für unüberwindlich halten, wer die naive Formel 'Sieg über die Böoter — Nichtsieg über die Spartaner' als dem komplizierten Geschehen adäquat betrachtet. War denn Oinophyta wirklich nur ein Sieg über die Böoter? Sollen wir die Rückwirkung auf das spartanische Prestige für nichts achten? Ich dächte, die Zertrümmerung des von den Spartanern soeben in Mittelgriechenland mühsam errichteten antiathenischen Blocks, die Schleifung der von ihnen gerade errichteten Sperrfestung Tanagra an der Heerstraße von Athen nach Theben, die Kapitulation Aeginas, Pindars Vorwürfe im 7. isthmischen Gesange, überhaupt der völlige Umschwung der Lage, der zu dem bei Aeschines II 75 den großen Perserschlachten gleichgestellten

12) Auch die Kritiker haben darauf verzichtet, hier die Angabe des Ephoros (Diod. XI 82) heranzuziehen, daß die Athener allein (μόνοι) den Sieg über die Böoter errungen hätten, lehrt doch die im gleichen Kapitel folgende Angabe, die Thebaner hätten ihre Siege bei Leuktra und vor allem Mantinea 'allein' gegen erdrückende Übermacht gewonnen, wie wenig auf dieses 'Quellenzeugnis' zu geben ist. — Ed. Meyers berechtigte Verwerfung des bei Diodor überlieferten viermonatigen Waffenstillstands nach Tanagra kann man nicht damit aus der Welt schaffen, daß man erklärt, man 'teile sie nicht'.

13) Pausanias stellt es I 29, 9 so dar, als hätten die Argiver die Hauptlast des Kampfes bei Tanagra getragen.

Seezuge des Tolmides führte, redeten hier deutlich genug. Athen, bereits Hegemon der Hellenen der Ägäischen Inseln und Küsten sowie Mittelgriechenlands, konnte der überschwenglichen Hoffnung leben, der alten Vormacht Sparta die Hegemonie völlig zu entwinden. Von diesem Ziel aus betrachtet, gewann der Sieg von Oinophyta seine wahre Bedeutung erst, wenn man ihn nicht als einen Triumph in der Reihe der Bötersiege angesehen wissen wollte, sondern ihn feierte als das, was er wirklich war: den Zusammenbruch der spartanischen Machtstellung in Mittelgriechenland, vor den Toren Athens.

Wenn nun in Platos Menexenos, bei Ephoros-Diodor, bei Justin (III 6, 9) die Schlacht bei Tanagra für unentschieden und der Sieg bei Oinophyta als die Entscheidung gilt, so kann darin nur der Reflex der offiziellen athenischen Anschauung gesehen werden, die sich unter dem Eindruck der Erlebnisse selbst gebildet haben muß [14]. Plato (der doch die Darstellung des Thukydides kannte) kann die von ihm berichtete Version nicht frei erfunden haben; das wäre unvereinbar gewesen mit der Haltung, die er gerade im Menexenos vertritt. Ersichtlich schöpfen er und Ephoros aus einer gemeinsamen Quelle, dem nationalen Geschichtsbild, in dem die attische Öffentlichkeit lebte. Thukydides ist niemals Exponent dieser allgemeinen Auffassung gewesen, eher vielmehr ihr Kritiker, der große Einsame, der die lautere Wahrheit suchte, um die Resultate seines Suchens als κτῆμα ἐς ἀεί aufzuzeichnen — eben um den Preis des Verzichts auf ein ἀγώνισμα ἐς τὸ παραχρῆμα ἀκούειν, das eine Berücksichtigung subjektiv-nationaler Gefühle, Wünsche und Vorurteile nicht hätte entbehren können. Wenn er von einer Bezugnahme auf das offizielle Geschichtsbild absah, so wäre es voreilig, daraus zu folgern, daß er von diesem 'noch nichts gewußt' und daß es sich in den rund anderthalb ersten Jahrzehnten des 4. Jahrhunderts vor Chr. (d. h. der Zeit zwischen der Abfassung von Thukydides' Abriß der Pentekontaëtie und von Platos Menexenos) 'entwickelt' hätte. Für so apodiktische Urteile ist der Bestand unserer Überlieferung viel zu dürftig. Die Zusammenziehung der Schlachten von Tanagra und Oinophyta wäre unmittelbar verständlich, wenn sie bereits in den Siegesmälern für Oinophyta begegnete. Was auf der einen Seite den Angaben des Pausanias über diese Denkmäler zu entnehmen ist, fügt sich ausgezeichnet zu dem, was sich andererseits aus der attischen Überlieferung, soweit sie nicht-wissenschaftlichen, nationalpolitischen Charakters ist, und den Ereignissen selbst erschließen läßt [15]. Die Frage, ob angesichts der Tatsache, daß dem Gemälde in der Stoa Poikile durch die 'Bezeichnung des Ortes der Stempel des Bestimmten, Einmaligen aufgedrückt' war, 'die Mitlebenden das Geschehnis von Oinophyta so abstrakt in geschichtlicher Perspektive zu sehen vermochten, um, wenn das Gemälde die Spartaner schlechthin an die Stelle der Böoter setzte, nicht einen Widerspruch gegen das tatsächlich Erlebte zu empfinden, das Bild als bewußte Zusammenziehung der Taten von Tanagra und Oinophyta zu verstehen' [16], sucht bei den Zeitgenossen der Schlachten Schwierigkeiten, die in Wahrheit nur den modernen, auf historische 'Genauigkeit' und 'Akribie' eingestellten Betrachter beengen.

14) Beloch hat zutreffend gesagt (Griech. Gesch.² II 1, 169): 'Strategisch hatten die Athener gesiegt, trotz ihrer taktischen Niederlage'. Man kann doch nicht im Ernst in der Erkämpfung des Heimwegs das 'strategische Ziel' des spartanischen Feldzuges sehen wollen, wie es Koepp tut! Dann wären die Spartaner am richtigsten gleich zu Hause geblieben.

15) Schließlich können wir den Quellen ja nicht vorschreiben, was sie zu sagen haben, damit wir ihnen glauben.

16) E. Loewy, Phil. Wochenschr. 1936, 176.

Die Stätte der Varusschlacht

Von Hans Erich Stier

Noch immer gehört die Bestimmung der Stätte, an der im Herbst des Jahres 9 n. Chr. den von Armin geführten Germanen die Vernichtung der drei Legionen des Varus gelang, trotz aller darauf verwandten Mühe zu den offenen Fragen der Altertumsforschung. Wer die letzten Behandlungen des Problems durch Althistoriker von Fach [1]) überprüft, wäre versucht zu glauben, daß man seit E. Wilisch' rückschauender Betrachtung des „Kampfes um das Schlachtfeld im Teutoburger Walde" vom Jahre 1909 [2]) keinen Schritt vorangekommen sei. Die Barenauhypothese ist zwar nicht wieder aufgegriffen worden — Mommsens Irrtum war allzu offenkundig gewesen —; aber dafür ist man auf die beiden anderen schon bei Wilisch zur Diskussion gestellten Stätten zurückgekommen: den Lippischen Wald und die Lippegegend. So wenig wie dieses Resultat entspricht die befolgte Methode dem heutigen Stande der Forschung.

Wer auf die Zeit zurückblickt, in der Wilisch seine höchst dankenswerte Zusammenfassung schrieb, wird mit freudigem Erstaunen wahrnehmen, wie erheblich die Fortschritte sind, die seitdem in zäher Arbeit erzielt werden konnten. Vor allem hat die Grabungsforschung Großes erreichen können. Ich muß mich hier darauf beschränken, aus der beträchtlichen Zahl verdienter Forscher die Namen Carl Schuchhardts und Albert Stierens herauszuheben, mit denen die beiden bedeutendsten Ergebnisse fest verknüpft sind: die Festlegung des Angrivarierwalles bei Leese nebst den Schlachtfeldern des Germanicuszuges vom Sommer 16 n. Chr. [3]) und die Aufdeckung des langgesuchten Kastells Aliso bei Haltern an der unteren Lippe. Gleichzeitig konnte die philologisch-historische Arbeit schöne Erfolge erringen: mit dem Nachweis der Einheitlichkeit unserer Überlieferung und der Trefflichkeit des ausführlichen Berichtes über die Schlacht bei Dio Cassius [3a]) verknüpfte sich ein neuer Respekt vor dieser Überlieferung, der die Periode der Willkür in Interpretation und Konjekturalkritik wie überall so auch auf diesem Spezialgebiet überwunden erscheinen läßt. Die Festlegung des Schlachtfeldes von Idistaviso bei Nammen hat das Vertrauen auf den Bericht des Tacitus, den H. Delbrück in den Bereich der Fabel verweisen wollte, erheblich gestärkt [4]), und dieses bedeutsame Ergebnis des Zusammenwirkens von Quellenkritik und Spatenforschung wirkt sich für die Grundhaltung gegenüber dem Problem der Varusschlacht fühlbar aus.

1) W. Kolbe, Klio 25 (1932), S. 141 ff.; E. Kornemann, Staaten, Völker, Männer (Das Erbe der Alten, II 24, 1934), S. 117 ff.

2) Sonderabdruck aus dem 12. Jahrgang der Neuen Jahrbücher für das Klassische Altertum, Geschichte und Deutsche Literatur, S. 322 ff.

3) Prähistorische Zeitschrift 17 (1926), S. 100 ff.

3a) Vgl. meine Ausführungen in der Histor. Zeitschr. 147 (1932), S. 497 ff. Die dort vertretene Bewertung des Florus hat durch die Ausführungen O. Kramers (Jahrbuch des Braunschw. Geschichtsvereins, II. Folge, Band 5, 1933, S. 10 ff.), der den Text von den Schlimmbesserungen moderner Editoren befreit hat, eine wesentliche Stütze erhalten.

4) Siehe Ed. Meyer, 25 Jahre Röm.-german. Kommission (1929), S. 4.

Die weiterhin lebhaft geführte Diskussion über die topographische Ansetzung hat immerhin das Ergebnis gezeitigt, daß die von der bisherigen Forschung zu Unrecht stiefmütterlich behandelten ausgedehnten Waldgebiete des östlichen Westfalen mehr und mehr in den Mittelpunkt des Interesses getreten sind [5]).

So sind vielerorts neue Ansatzpunkte erreicht, die es rechtfertigen, das topographische Problem abermals zu überprüfen [6]).

Den Ausgangspunkt für jeden ernst zu nehmenden Versuch, die Stätte der Varusschlacht festzulegen, muß der Bericht des Tacitus (*Ann.* I 60 ff.) über den Besuch des Germanicus auf dem Schlachtfelde im Spätsommer des Jahres 15 n. Chr. bilden. Hier allein ist auch der Name *Teutoburgiensis saltus* überliefert. Daß Tacitus auf ganz vorzüglichen Quellen fußte [7]), ist deutlich zu erkennen.

Fest steht, daß Germanicus nach seiner Vereinigung mit der Reiterei und den vier Legionen des Caecina bei Rheine [8]) die Ems aufwärts gezogen ist. Er dringt mit gesammelter Macht vor *ad ultimos Bructerorum.* Von einem Übergang über einen der beiden Flüsse Ems und Lippe ist in dem Berichte des Tacitus mit keinem Wort die Rede. Es wird gesagt, daß bei den *ultimi Bructerorum* alles Land zwischen Ems und Lippe verwüstet wurde, und zwar nicht fern dem „Teutoburger Walde". Ersichtlich handelt es sich bei dem verwüsteten Landstrich um das Gebiet zwischen dem O b e r lauf der Ems und Lippe, da das eigentliche Bruktererland bereits durch eine Streifschar *(expedita manus)* unter Stertinius ausgeplündert worden ist. Die Heeresstärke (8 Legionen!) beweist, daß Germanicus in dem Marsch auf die Stätte der Varuskatastrophe das Ziel des Feldzuges sah [9]); hier wollte er den Gegner, d. h.

5) Besondere Beachtung scheint mir hier Kramers eben zitierter Aufsatz (namentlich S. 33 ff.) zu verdienen. Weiter möchte ich W. Müllers Studie „Von Höxter bis Horn" (Weimar 1933) nennen. Beiden Schriften verdanke ich wesentliche Anregung für die topographische Betrachtung, wenn ich mir auch ihre Endergebnisse nicht zu eigen machen konnte. — Den Ausführungen C. Küthmanns (Zur Schlacht im Teutoburger Walde und den Feldzügen des Germanicus, Hannoversche Geschichtsblätter N. F. 2, 1932, S. 161 ff.) kann ich mit Ausnahme seiner Ansetzung des Sommerlagers in der Gegend von Hameln, der sich u. a. auch Kornemann, a. a. O., S. 130, angeschlossen hat, zu meinem Bedauern fast nirgends zustimmen. Auch Schuchhardts Ansetzung der Varusschlacht auf dem Winfelde (Hist. Ztschr. 149, 1934, 8 ff.) scheint mir unmöglich, so beherzigenswert seine Forderung nach Grabungen an dieser wichtigen Stelle auch bleibt.

6) Die Polemik mußte — schon aus Raumgründen — auf das Notwendigste beschränkt werden. Völlig undiskutierbare Theorien wie etwa die von F. Köhler (vgl. Stieren, Germania 16, 1932, 63 f.) lasse ich unberücksichtigt. Die Münzfunde (s. jetzt besonders A. Wormstall, Augustische Münzfunde im Raume Westfalen und römische Marschrichtungen, Westfalen 20, 1935, 267 ff.) sind leider für die Lokalisierung der Teutoburger Schlacht zur Zeit nicht fruchtbar zu machen. Der Umstand, daß die Germanen vor der Schlacht von Idistaviso jedem Überläufer einen täglichen Sold von 100 Sestertien zusagen können (Tac. *Ann.* II 13), zeigt, daß wie die noch verwendbaren Waffen und Rüstungsstücke der gewiß nicht unbeträchtliche Vorrat der Varianer an Bargeld zum überwiegenden Teil in die Hände der Sieger übergegangen sein muß.

7) Zu den Quellen der Annalen des Tacitus vgl. auch F. A. Marx, Klio 26 (1933), S. 323 ff.

8) Siehe Knoke, Die Feldzüge des Germanicus² (1922), S. 64.

9) Siehe meine Ausführungen Histor. Zeitschr. 147, 503 f. — Man darf sich über diese Tatsache nicht durch Tacitus, den „unmilitärischsten aller Schriftsteller" (Mommsen, Röm. Gesch. V 165, 1), täuschen lassen, der es — ersichtlich ganz im Sinne des von ihm rückhaltlos bewunderten Germanicus — so darstellt, als sei der Besuch des Schlachtfeldes nur einer zufallsbedingten Laune des Germanicus zu danken gewesen. Kornemann (a. a. O., 134) u. a. machen daraus den Abstecher eines Detachements, während bei Tacitus ganz eindeutig das g e s a m t e Römerheer zur Stelle ist. Die „fernere militärische Aktion des Jahres 15 n. Chr. nach Unterwerfung der Brukterer gegen

vor allem Armin und die Cherusker, zur Schlacht zwingen[10]). Also muß das Schlachtfeld irgendwie in der Verlängerung des emsaufwärts gerichteten Anmarsches des Germanicus zu suchen sein, und zwar nicht sehr entfernt *(haud procul)* von der Emsquelle. Es muß dem Germanicus der Lage nach ausreichend bekannt gewesen sein, da er seinen Feldzugsplan nur auf Grund solcher Kenntnis genau entwerfen und durchführen konnte. Der Ausgang lehrt den Römerfeldherrn, daß die „Weserfestung" von hier aus nicht zu bezwingen ist; daher setzt er den nächsten Feldzug, der kriegsentscheidend gedacht ist, nicht von Westen, sondern von Norden (Porta Westfalica!) her an. Das Schlachtfeld im „Teutoburger Walde", auf das Germanicus durch den Paß von Horn gelangt sein muß (s. u.), kann demnach nicht allzu nah der Porta Westfalica gesucht werden. Sonst hätte Germanicus mit seiner riesigen Heeresmacht bereits im Herzen des Cheruskerlandes gestanden und die von ihm angestrebte Entscheidungsschlacht zu erzwingen vermocht, die Armin bei dem Vorstoß im folgenden Sommer (16 n. Chr.) nicht mehr verweigern konnte. Die Varuskatastrophe, die sich nach dem unanfechtbaren Zeugnis der Quellen (Dio, Strabo) im Cheruskerlande abgespielt hat[11]), muß also in einem Randgebiete des cheruskischen Bereichs erfolgt sein. Wenn Armin beim Auszuge des Varus sich von diesem beurlaubt, um die Krieger der Cherusker zu sammeln und ihm schnell (διὰ ταχέων) zuzuführen, so ist das nur dann verständlich, wenn Varus inzwischen auf dem Marsche durch den „Teutoburger Wald" der Landesgrenze zustreben und dort die Vereinigung mit den bundesgenössischen Kontingenten unter Armin erfolgen soll. Der *saltus Teutoburgiensis* kann somit nicht sehr weit von der cheruskischen Grenze entfernt gewesen sein. Andererseits muß er noch auf cheruskischem Gebiet gelegen haben. Damit scheidet die Gegend rings um die Lippe endgültig aus; sie läßt sich auch mit dem in weitem Bogen von Norden her erfolgenden Anmarsch des Germanicus im Sommer 15 n. Chr. in keiner Weise in Einklang bringen. Zweifellos ist Germanicus bereits im Herbst 14 im Marsergebiet so weit[12]) vorgedrungen, daß er in nächster Nähe des Varusschlachtfeldes vorübergezogen wäre, ohne damals von ihm Notiz zu nehmen. Und wie sollte Armin hierher kommen, der doch in erster Linie für die Verteidigung des Cherusker landes gegen die gewaltige Übermacht bereitstehen mußte? Er ist in den Jahren 14 und 15 weder den Marsern noch den Brukterern zu Hilfe geeilt und war dazu nach dem Stand der Dinge auch gar nicht in der Lage[13]). Da mit den Höhenzügen des Osning und des Eggegebirges die Grenze

Arminius und die Cherusker", von der Kornemann spricht, ist eben mit dem Zuge auf die Stätte des Unterganges des Varus identisch. — Daß mit der zu Tacitus' *cupido invadit* genau parallelen Formel πόθος λαμβάνει Abstecher von der eigentlichen Marschroute bezeichnet würden, muß ich gerade im Hinblick auf die Alexandergeschichte entschieden bestreiten. Ich werde an anderer Stelle darauf ausführlicher eingehen.

10) Auf die strategischen Absichten und Pläne des Germanicus, die m. E. noch immer nicht richtig verstanden werden, gedenke ich demnächst an anderer Stelle zurückzukommen, zumal sich manches noch schärfer fassen läßt, als ich es Histor. Zeitschr. 147, 503 ff. getan habe.

11) Dio 56, 19: ὡς καὶ διὰ φιλίας διιών. Strabo VII 1, 4 (p. 291), wo der entscheidende Relativsatz gegen Kornemann (a. O., 131) für jeden unbefangenen Interpreten ganz offensichtlich zu den allein mit Namen genannten Cheruskern gehört.

12) Das von ihm heimgesuchte Heiligtum der Tamfana (Tac. *Ann.* I 51) kann als sakraler Mittelpunkt für die umwohnenden Stämme nicht zu nah dem Rhein gesucht werden.

13) Das Römerlager von Kneblinghausen ist viel zu klein, um in den Kämpfen zur Zeit Armins eine Stätte zu finden. Zudem liegt es auf der begangenen Diemelstraße und gehört nach der Gestaltung seiner Tore in erheblich spätere Zeit (Kahrstedt).

zwischen Brukterer- und Cheruskergebiet ungefähr zusammenfiel, so kann Tacitus' Angabe *ad ultimos Bructerorum* etc. nur bedeuten, daß das Gros der Armee des Germanicus diese Grenze erreichte und nun sich zum Vorstoß auf das Varusschlachtfeld, d. h. auf cheruskischen Boden anschickte. Ich vermag keinen ernsthaften Einwand gegen diese Deutung zu entdecken. Als Einfallspforte hat der Paß von Horn zu gelten, der für eine vom Oberlauf der Ems und Lippe her vordringende starke Armee den natürlichen Zugang zum Cheruskerlande innerhalb der „Weserfestung" darstellt. Bis zu diesem Punkte bewegt sich die Suche nach der Stätte der Varusschlacht auf durchaus gesichertem Boden, zumal wenn man die Entfernungen berücksichtigt, mit denen für den Marsch der Armeen des Varus und des Germanicus zu rechnen ist (s. u.). Die Schwierigkeiten beginnen erst jenseits des Passes von Horn.

Von entscheidender Bedeutung ist die — leider immer wieder [14]) beiseite geschobene — Tatsache, daß nach Tacitus' ausführlichem Bericht die Armee des Germanicus im Jahre 15 die Stätte der Varus s c h l a c h t von der Örtlichkeit der ersten Kämpfe an in derselben Richtung wie Varus durchzogen hat. Jeder Versuch einer Lokalisierung, der diesen Umstand nicht in vollem Ausmaße berücksichtigt, ist verfehlt. Hinzu kommt weiter die Erwägung, daß — bei der Länge der Marschkolonne des varianischen Heeres von rund 10, evtl. sogar 12—15 km [15]) — für die Marsch- und die drei Kampftage ein Gebiet von etwa 40—50 km Längenausdehnung benötigt wird. Es handelt sich dabei um ein gebirgiges [16]) Waldland mit Schluchten und ausgedehnten sumpfigen Partien, die von einigen Lichtungen unterbrochen werden. Ein Weg muß hindurchgeführt haben, wenn es auch nötig war, ihn durch die Pioniertruppen für den Durchzug des großen Heeres erst herrichten zu lassen [17]). Die Schwierigkeiten hierbei sind anscheinend von Varus unterschätzt worden. Allerdings verschlechterte der Hereinbruch eines schweren Herbstunwetters mit Sturm, Windbruch und Regengüssen die Lage der Römer erheblich; sicherlich konnte Armin eine derartige Unterstützung seines Anschlags durch die Wetterlage in seinen Plan einbeziehen. Für die Zeit der Schlacht [18]) werden wir etwa auf Ende September geführt; dazu stimmt, daß Velleius berichtet, Varus habe den Aufenthalt im Sommerlager an der Weser über Gebühr ausgedehnt *(trahebat aestiva)*. Daß sich Varus über das Gelände nicht in völliger Unkenntnis befunden haben kann, geht daraus hervor, daß er — trotz des gebahnten Weges in seinem Rücken — nach dem Überfall durch die Germanen den Vormarsch fortsetzte, weil von ihm allein und am ehesten die Rettung zu erhoffen war [19]). In ähnlicher Lage hat im Herbst 15 n. Chr. Caecina nicht anders gehandelt und tatsächlich die Rettung erzwungen.

Leider lassen uns die Quellen gänzlich in Unkenntnis über die Marschrichtung des Varus. Wir kennen weder den Ausgangspunkt des Marsches noch sein Ziel. Veranlaßt wurde er durch die Erhebung eines Volksstammes jenseits des Cheruskerlandes (vgl. Dio 56, 19), die dem Varus nicht unbedeutend erschienen sein kann, da er mit der gesamten Armee zu ihrer Unterdrückung ausgezogen ist. Die Größe des mitgeführten Trosses deutet darauf hin, daß das Sommerlager geräumt und die

14) So auch von O. Kramer, a. O., S. 33, dessen Aufstellungen hier völlig willkürlich und falsch sind.

15) Vgl. dazu die an Delbrück anknüpfenden Ausführungen Kramers, a. O., S. 34 ff.

16) Die klaren Angaben bei Dio, die durch das von Armin für den Überfall auf Caecina ausgesuchte Gelände (Tac. *Ann.* I 63 ff.) gestützt werden, sucht Kornemann (a. O., 135 f.) vergebens wegzudisputieren.

17) So richtig schon Knoke, a. O., S. 96 f.

18) Vgl. Judeich, Klio 26 (1932), 62 f.

19) Siehe meine Ausführungen Histor. Ztschr. 147, 495 ff.

Rückführung der Armee in die Winterquartiere mit der Expedition gegen die Aufständischen verknüpft worden ist. Demnach wird Varus schwerlich einen großen Umweg zur Bekämpfung des Aufstandes zu machen gehabt haben; wozu hätte er sonst den riesigen Troß mitgeschleppt [20]), dessen Menge einen wichtigen Posten in Armins Überrumpelungsplan darstellte? Nirgends begegnet in unseren Quellen — auch nicht bei Velleius, der dem Varus wahrlich nicht günstig gesinnt ist — ein Vorwurf wegen der Mitnahme des übergroßen Trosses (dessen sich der Feldherr nach dem ersten Kampftage entledigen mußte: Dio 56, 20) in den Feldzug. Die drei Varuslegionen haben zwei Lagerpräfekten bei sich (Vell. II 119), nach Ritterlings Vermutung [21]) die Kommandanten des Zweilegionenlagers von Vetera und des Legionslagers von Köln. In Mainz stehen die beiden Legionen des Asprenas (vgl. Vell. II 120). Beabsichtigte Varus, seine Armee zum Niederrhein zu führen? Es scheint, als sprächen Velleius' Angaben über das Verhalten des Legaten Numonius Vala in der Schlacht dagegen (II 119, 5). Wenn es dort heißt, dieser habe mit der Reiterei die kämpfenden Legionen (ersichtlich erst am letzten Schlachttage: vgl. Dio 56, 21) schmählich im Stich gelassen und (vergeblich) den R h e i n zu erreichen gesucht, so kann das nicht bedeuten, daß wir es hier mit einem Durchbruchsversuch n a c h v o r n zu tun hätten, so wie er beispielsweise den 6000 Römern in der Schlacht am Trasimenischen See 217 v. Chr. gelang. Ein solcher Versuch hätte nicht als Verrat gebrandmarkt werden können, den die Fortuna rächte (Vell. a. O.). Es muß sich um ein Ausbrechen nach der Seite (und zwar nach Westen hin) gehandelt haben [22]). Danach hätte Varus' Marsch entweder nordsüdliche oder südnördliche Richtung gehabt [23]). — Ob sich aus Kramers sehr dankenswertem Hinweis [24]), daß im Florustext (II 30, 29: *ausus ille agere conventum et incautius edixerat)* das *incautius* nur eine Konjektur Halms (1854) ist, während die Lesarten des Bambergensis *incauto sedixerat* und des Nazarianus *incastos sedi rexerat* die Verderbnis eines ursprünglich hier genannten Volksnamens, also *Chaucos* oder *Chattos,* verraten könnten, ein sicherer Fingerzeig für die aufrührerische Völkerschaft gewinnen ließe, gegen die Varus seinen verhängnisvollen Zug unternahm„ ist leider recht fraglich. Kramer dachte an die Chauken, die jedoch stets mit den Römern befreundet waren; ich würde dann lieber eine Nennung der Chatten annehmen, deren kriegerischer Geist (vgl. Tac. *German.* 30 u. 31) sie von jeher zu erbitterten Römergegnern machte und gegen die sich denn auch Germanicus' erster persönlich durchgeführter Vorstoß im Kriegsjahre 15 n. Chr. richtete [25]). — Aus der Erkenntnis, daß Aliso in Haltern wiedergefunden worden ist, läßt sich für die genauere Lokalisierung des Schlachtfeldes kaum viel entnehmen. Die bei Frontin III 15, 4 genannten *reliqui ex clade Variana* in Aliso sind, wie schon L. Schmidt (Westfalen 17, 1932, 20) betont hat, aufzufassen nicht als aus der Varusschlacht entronnene römische Soldaten, sondern als „die einzige noch übrige Truppe, die sich nach der Katastrophe des varianischen Heeres vorläufig noch in Germanien behauptete".

20) Vgl. dazu auch Tac. *Ann.* II 5; Sueton. Tib. 18, 1.

21) In Paulys Realenzykl. XII 1767 f.; anders R. Syme, Germania 16 (1932), 109 ff. Vgl. E. Stein, Die kaiserlichen Beamten und Truppenkörper im röm. Deutschland (1932), S. 89, 18 f.

22) Falsch Judeich, Rhein. Museum 1931, S. 302, 1.

23) Meine Zustimmung zu Kolbes Ausführungen, Klio 25, 158 ff. (Histor. Ztschr. 147, 492, 7) nehme ich ausdrücklich zurück.

24) a. O. 8 ff.

25) Die Kombinationen von Kolbe, a. O. 164 (die bedauerlicherweise auch Kramers Beifall gefunden haben) und von Kornemann, a. O. 132 f., muß ich für Mißgriffe halten; vgl. besonders Kornemann, S. 147 f., Anm. 64!

Fest steht, daß Armin bald nach der Schlacht vor Aliso erscheinen konnte, um diese Zwingburg zu brechen, und daß daraufhin Asprenas seine beiden Legionen von Mainz nach Vetera marschieren ließ, von wo er den Belagerten Hilfe brachte (Vell. II 120, 1. Dio[-Zonaras] 56, 22).

Wesentlich vereinfacht wäre die Fragestellung, wenn es gelänge, das große Standlager der drei varianischen Legionen nachzuweisen. Dieses Sommerlager des Varus ist durch die Angaben bei Dio 56, 18 topographisch insoweit festgelegt, als es sich im Cheruskerlande, und zwar an der Weser [26]) befand. Nach dem Wortlaut muß es abseits der großen Straße durch die Porta Westfalica gelegen haben, aber doch in belebter Gegend. Die Lage mußte einigermaßen zentral sein, damit die Cherusker von ringsum ohne allzu große Mühen zu den Gerichtstagen erscheinen konnten, auf deren Abhaltung Varus so erpicht war. Der Gedanke, das Standlager in der Gegend von Rehme zu suchen, war von vornherein verfehlt; die Nachgrabungen Schuchhardts [27]) haben das endgültig erwiesen. Auch Vlotho und Rinteln dürften der nach Norden führenden Hauptstraße zu nah liegen, um als Stätte des Sommerlagers in Frage zu kommen. Der Anmarsch von hier zum Schlachtfelde muß mit dem Vormarsch des Germanicus 15 n. Chr. durch den Paß von Horn in Einklang gebracht werden, was mir nicht ganz einfach erscheint. Die Gegend von Höxter [28]) scheidet nach den jüngst vorgenommenen Grabungen F. Langewiesches auf dem Steinberge südlich von Godelheim [29]) aus. Unter diesen Umständen bleiben zunächst z w e i Örtlichkeiten zu erwägen: 1. die Umgegend von Hameln [30]), 2. Herstelle unweit der Diemelmündung.

Die Erhebung des Ohrbergs an der Weser südlich von Hameln dürfte zweifellos, soweit sich zurzeit urteilen läßt, den Bedingungen für die Ansetzung des Sommerlagers am ehesten entsprechen. Hier läge es in altbesiedeltem Gebiet, zugleich den großen Heerstraßen fern (durch das Emmertal führte, worauf H. Krüger [31]) aufmerksam gemacht hat, bis in das 19. Jahrhundert hinein keine Straße) und in der Mitte des Cheruskerlandes, wie ein Blick auf die Karte lehrt. Hinzu kommt, daß die Identifizierung des *saltus Teutoburgiensis* mit dem gebirgigen Waldgelände westlich der Weser zwischen Wehrden und Vlotho, das seltsamerweise in den früheren Diskussionen so gut wie gar keine Rolle spielte, immer mehr Freunde gewinnt [32]). Es kann nicht bezweifelt werden, daß hier allein ein seit alters dicht bewaldetes, kaum besiedeltes Gebiet vorliegt, in dem die zahlreichen Leichen der erschlagenen Römer auf einer Strecke von gewiß rund 20—25 km sechs Jahre lang unbestattet liegen konnten, ohne die cheruskische Bevölkerung unerträglich zu belasten. Der Varuszug müßte sich vom Ohrberge aus zunächst in südwestlicher Richtung durch das wegsame

26) Siehe Histor. Ztschr. 147, 492, 7; gut W. Müller, Von Höxter bis Horn 6: „Daß ... das πρός des Dio wirklich ... ‚an die Weser' und nicht bloß ‚nach der Weser hin' bedeutet, sollte für jeden, der bedenkt, was ein solches Römerlager an einem derart wichtigen Strome, wie es die Weser war, in machtpolitischer, militärischer und nicht zuletzt in hygienischer Hinsicht bedeutete, nicht zweifelhaft sein."

27) Zeitschr. f. vaterländ. Gesch. u. Altertumskde. Westfalens 61, 163.

28) Für die sich namentlich W. Müller entschieden hatte.

29) Die zwar bedeutsame Aufschlüsse für die Prähistorie und die germanische Besiedlung brachten, aber keinerlei römische Spuren festzustellen vermochten.

30) Für sie haben sich namentlich Küthmann, Kornemann (a. O., 130, 147, 52) und G. Heimbs, Das Sommerlager des Varus, Hannov. Magazin VIII (1932), S. 49 ff., eingesetzt.

31) Die vorgeschichtlichen Straßen in den Sachsenkriegen Karls d. Gr., Korrespondenzblatt des Gesamtvereins der deutschen Geschichts- und Altertumsvereine 80 (1932), 246.

32) Vgl. vor allem Kramer, a. O., 36 f.

Hummetal, dann südlich auf Nethe und Diemel zu bewegt haben, sei es, um das Chattenland in Richtung auf Mainz zu durchziehen, sei es, um die Aufständischen durch das Erscheinen mit der gesammelten Macht der Römer und Bundesgenossen zu erschrecken, sie (wie Germanicus die Brukterer im Sommer 15) durch Vorstöße der Reiterei und leichten Truppen niederzuwerfen bzw. zu rascher Unterwerfung zu nötigen und dann die drei Legionen nebst ihrem Troß auf der Diemelstraße zur Lippe und zum Niederrhein in die Winterquartiere zu führen. Der Einwand, daß bei einer Erhebung der Chatten Varus den Asprenas zum Eingreifen veranlaßt hätte, und damit die Chatten zwischen zwei Feuer geraten wären [33]), ist schwerlich stichhaltig. Seine trefflichen, aus Kerntruppen bestehenden [34]) drei Legionen und weiter die Zusicherung sofortiger tatkräftiger Bundeshilfe durch Armin und die Verschworenen mußten ihm zur Niederwerfung der Empörung vollauf ausreichend erscheinen. Eine Marschrichtung durch das Emmertal auf den Paß von Horn zu, wie sie C. Küthmann vorgeschlagen hat, ist aus räumlichen Gründen völlig unmöglich [35]), auch wenn man diese These von ihrem Hauptfehler, der Ansetzung des Zuges auf der Etappenstraße, statt auf einem verhältnismäßig wenig begangenen Wege, befreit. — Den Überfall Armins möchte ich in der Gegend von Elbrinxen—Rischenau ansetzen. Jedenfalls läßt sich das Gelände mit der Schlachtschilderung bei Dio, die auf vorzügliche Quellen [36]) zurückgeht, durchaus in Einklang bringen.

Alle Wahrscheinlichkeiten vermögen schließlich nicht darüber hinwegzuhelfen, daß zurzeit irgendeine Gewißheit über die Ansetzung des Varuslagers bei Hameln nicht zu erreichen ist. So muß auch dem Vorschlage, das Sommerlager bei Herstelle zu suchen (O. Kramer) [37]), Aufmerksamkeit zuteil werden. Hier hat Karl d. Gr. im Winter 798/9 sich aufgehalten. Die Vermutung, daß auch Drusus im Jahre 11 v. Chr. an dieser Stelle die Weser erreichte [38]), erscheint mir nicht unrichtig, zumal wenn man der Wichtigkeit der Diemelstraße gebührende Beachtung schenkt, für die das Lager von Kneblinghausen ein Beleg unter vielen ist. — Naturgemäß müßte sich die Varusschlacht dann in der Richtung von Süden nach Norden abgespielt haben und Germanicus gegebenenfalls weiter südlich, etwa durch den Paß von Altenbeken, auf die Marschroute des Varus gestoßen sein. Allerdings wollen mir die Schwierigkeiten bei dieser Hypothese weit größer erscheinen als bei der, die den Ausgangspunkt bei Hameln sucht. Aber die Entscheidung kann nur der Spaten des Ausgräbers bringen.

Es ist verwunderlich, daß die systematische archäologische Untersuchung des linken Weserufers — das bei dem Schweigen aller Berichte über eine Überschreitung des Stromes durch Varus allein in Frage kommt — bei dem regen Interesse an der Topographie des Varuszuges nicht längst durchgeführt worden ist. Wenn auch das Sommerlager beim Abzug der Armee völlig geräumt worden ist, wie der zahlreiche Troß beweist, so wäre angesichts der Erfolge der Spatenforschung bei den Drususlagern, Kneblinghausen, Nammen, Leese etc. an der Möglichkeit eines Nachweises des Varuslagers an der Weser m. E. kaum zu zweifeln. Scherben und in gewissem Umfange wohl auch Münzfunde wären zu erwarten. Das Auftauchen irgendeines Fundstücks mit der Nennung der 17., 18. oder 19. Legion, die bekanntlich mit ihrem Untergange im Teutoburger Walde von der römischen Liste aus abergläubischer Scheu gestrichen

33) Müller, Von Höxter bis Horn, 12.
34) Vell. II 119, 2.
35) Vgl. Kramer, a. O. S. 37 f.
36) Vgl. o. S. 368, Anm. 3 a; F. A. Marx, a. O.
37) a. O. S. 39 f.
38) a. O. S. 39. Vgl. Dio 55, 1.

wurden [39]), würde den bündigen Beweis liefern, daß wir es mit dem gesuchten Standlager zu tun haben. Aber auch ohne eine solche außergewöhnliche Gunst des Schicksals ließe sich der Nachweis führen.

Schwieriger wäre schon die Suche nach den beiden Lagern auf dem ausgedehnten Kampfplatze, die Tacitus beschreibt. Noch Mommsen hat das Suchen nach Varuslagern als „Kindertraum oder Kinderspiel" verspottet [40]). Seit den großen Ergebnissen der Spatenforschung, zu denen u. a. der überraschende Nachweis der Schlachtfelder des Sommers 16 n. Chr. bei Nammen und Leese gehört, denken wir darüber nicht mehr so skeptisch. Daß die Lager der römischen Legionen für die Germanen uneinnehmbar waren, lehrt Tacitus' Bericht über die Kämpfe auf dem Rückzuge des Caecina im Herbst des Jahres 15 n. Chr. Das erste Lager auf dem Schlachtfelde war als stattliches, regelmäßig angelegtes Dreilegionenlager noch für Germanicus nach den Witterungseinflüssen von 6 Jahren vorzüglich erkennbar *(prima Vari castra lato ambitu et dimensis principiis trium legionum manus ostentabant),* während das zweite Lager *semiruto vallo, humili fossa* zeigte, daß hier *accisae iam reliquiae* Zuflucht gesucht haben. Ausgrabungen von Schlachtfeldern gehören zu den Seltenheiten [41]). Im allgemeinen ist die Spatenforschung auf Gefallenengräber angewiesen (so z. B. bei dem Schlachtfelde von Benevent 1266 und antiken Schlachtfeldern wie Marathon, Chaeronea etc.). Auf der Stätte der Varuskatastrophe hat Germanicus die Leichen der gefallenen Römer in einem riesigen Massengrabe mit hohem Hügel beisetzen lassen, für den er selbst mit symbolischer Geste das erste Rasenstück herbeitrug. Daß die Germanen dieses Monument des Feindes nach seinem unrühmlichen Abzuge nicht auf der Stätte ihres größten Sieges duldeten, sondern den Hügel alsbald auseinanderwarfen, müßte man annehmen, auch wenn keine Kunde darüber erhalten wäre. Unzweifelhaft bezieht sich aber hierauf (und nicht auf einen Hügel bei Aliso) die Nachricht bei Tacitus *Ann.* II 7: *tumulum nuper Varianis legionibus structum ... disiecerant;* n u r so wird das folgende *tumulum iterare haud visum (sc. Germanico)* überhaupt verständlich.

Zum Schluß sei noch darauf hingewiesen. daß die Auffindung der Varuslager zwar für unsere Kenntnis der römischen Dinge kaum Neues bringen, aber unschätzbaren Wert für die topographische Festlegung und damit die Erkenntnis der ältesten Großtat unserer deutschen Geschichte besitzen würde, ja, daß gerade in diesem Wert die Rechtfertigung für jeden Aufwand zur Erforschung jener Römerlager liegt. Erst wenn es wirklich gelungen ist, die Stätte des dreitägigen Kampfes im Gelände exakt nachzuweisen, wird die wahre Größe der Leistung Armins und der germanischen Freiheitskämpfer [42]) in ihrem ganzen Umfange hervortreten und vieles, was heute nur Ahnung ist, als Gewißheit und bleibende Erkenntnis vor uns stehen.

39) Kornemann, a. O. 131.
40) Vgl. Wilisch, a. O. S. 23 (des Sep.-Abdr.).
41) Mir ist auf Grund eines Hinweises von F. Altheim lediglich die Aufdeckung der Stätte bekannt geworden, an der 1361 Waldemar Atterdag die Bürger von Wisby auf Gotland schlug.
42) Vgl. dazu meine Ausführungen Histor. Zeitschr. 147 (1932), 499 ff.

Die Bedeutung der römischen Angriffskriege für Westfalen

Ein Beitrag zum Verständnis der „germanischen Revolution“ *

Von Hans Erich Stier

1.

Die europäisch-abendländische Kultur, in deren erdumspannender Wirksamkeit der Bau der Weltgeschichte seine Krönung erhalten hat, verdankt die Möglichkeit, die überreichen Errungenschaften und Erfahrungen der antiken, vom Griechentum geistig geprägten Welt als wesentlichen Tragpfeiler ihrem Gebäude einfügen zu können, allein den Römern. Dem in sich zusammenbrechenden, politisch wie geistig seit dem späteren Hellenismus vom Chaos bedrohten Hellenentum hat nach anderthalb Jahrhunderten bitterster Leiden der römische Genius, verkörpert in der Persönlichkeit des Kaisers Augustus, neuen Halt verliehen. Hineingezwungen durch die Notwendigkeiten der geschichtlichen Entwicklung in die Bahn der Welteroberung, die einst Alexander der Große in titanischem Überschwange zum politischen Leitgedanken erkor, hat das Römertum die Kraft besessen, nach schwersten Erschütterungen und Rückschlägen schließlich den Lockungen der hellenistischen Modernität zu widerstehen und die Gefahr uferlosen Hinausdrängens und sinnloser Nivellierung naturgegebener Unterschiede innerhalb der reichen Völkerwelt des Mittelmeerkreises zu bannen. An die Stelle des unbeschränkten Imperialismus, dem noch Caesar erlag, setzte der Reichsbau des Prinzipats den erhabenen Gedanken einer in sich geschlossenen *Welt als Staat.* Nur soweit diese Welt einer verteidigungsfähigen Grenze bedurfte, sollten nach Augustus' Willen Eroberungen angestrebt werden. So sind römische Legionen bis zur Donau und Elbe geführt worden, um hier eine möglichst geradlinig verlaufende Nordfront für das gewaltige Reich aufzurichten. Ein eroberndes Ausgreifen über diese Linie hinaus hat Augustus strikt abgelehnt[1]. Denn die Welt bedurfte nach der Ära verheerendster Bürgerkriege mehr denn je des Friedens. In seiner Heraufführung und in seiner Sicherheit sah der vom römischen Volke erkorene Führer seine eigentliche Aufgabe. Im Schutze dieser *Pax Romana* erlebte die antike Menschheit eine erneute Blüteperiode, und diese hat als erstes in der Reihe der von warmer Griechenbegeisterung getragenen sog. klassizistischen Zeitalter der europäischen Geschichte für die Weiterleitung des hellenischen Kulturerbes, das der späte Hellenismus verriet bzw. verschleuderte, geradezu grundlegende Wichtigkeit gewonnen.

Von der Bedeutung der Römerzeit für Europa zeugen noch am auffälligsten die überall begegnenden beträchtlichen Spuren zivilisatorischer Großtaten, vor allem der ragenden Ingenieurbauten[2], der festen Heerlager und der großen, teilweise nach ihrem Vorbilde entworfenen Städteanlagen, der riesigen Amphitheater und Wasserleitungen, des bewunderungswürdigen Netzes gradliniger Kunststraßen, *einer der gewaltigsten Leistungen des römischen Kaiserreichs*[3], durch die der bis dahin an der Peripherie der geschichtlichen Entwicklung gelegene europäische Westen und Norden vornehmlich erschlossen worden sind. Jenen Leistungen, in denen sich das von Mit- und Nachwelt immer erneut und niemals über Gebühr

* Die nachfolgenden Ausführungen sind die etwas erweiterte Niederschrift eines am 17. März 1938 in der Generalversammlung des Vereins für Geschichte und Altertumskunde Westfalens (Abt. Münster) zu Münster gehaltenen Vortrags.

1 Vgl. Strabo VII 1,4 p. 291. 2,4 p. 294; Meyer, Ed., Kaiser Augustus, Kl. Schriften I, 1924, 453 f.

2 Koch, H., Römische Kunst, 1925, 20 f.

3 Dragendorff, H., Westdeutschland zur Römerzeit[2], 1919, 50.

[112] bewunderte Reich, eines der erstaunlichsten Phänomene der Geschichte, seinen Ausdruck geschaffen hat, wird man erst vollauf gerecht, wenn man erkennt, daß aus ihnen nicht nur ein grandioses organisatorisches und technisches Vermögen spricht, sondern zugleich ein Geist, in dem die reichen Überlieferungen der alten Mittelmeerkultur in neuer Form und Würde verlebendigt worden sind. Als sprechender Beleg dafür hat die Tatsache zu gelten, daß in seinen Bauten eine harmonische Vereinigung von praktischer Brauchbarkeit und ästhetischer Befriedigung, von Nützlichkeit und Schönheit in einem Ausmaße erreicht worden ist, wie es für die ganze Folgezeit Vorbild geblieben ist, ohne daß es bisher wieder gelungen wäre, dieses Ideal erneut voll zu verwirklichen [4]. Es gehörte schon der einzigartige geschichtliche Moment dazu, in dem eine ganze Welt ihre Kräfte in einem einzigen Staate — nicht unterdrückt und nivelliert, sondern zusammengefaßt sah [5]. Die Baukunst erlebte eines ihrer größten Zeitalter. In der Entwicklung von den geschmackvoll-klassizistischen Anlagen der augusteischen Zeit zu dem ganz neuartigen, im Pantheon zuerst ausgebildeten, schließlich in der Hagia Sophia kulminierenden *Raumstil* wird das Erbe sichtbar, das dann die Architektur der mittelalterlichen Kathedralen und Dome angetreten und wunderbar weitergebildet hat [6].

Für die Intensität der Einwirkung des Römertums legt die Gruppe der *romanischen* Nationen Europas ein besonders beredtes Zeugnis ab, konnten sie sich doch, auf ihren unmittelbar dem Lateinischen entwachsenen Sprachen fußend, immer wieder als die wahren Erben Roms fühlen und als solche ausgeben, obwohl sie blutsmäßig vor allem durch die vorrömischen Urbevölkerungen, durch Iberer, Kelten usw. in ihrer Eigenart bestimmt sind und dementsprechend der Wesensart des echten Römertums fernstehen, das weithin etwa mit dem Preußentum [7] viel stärkere geistige Verwandtschaft aufweist als mit dem Romanentum. Am bezeichnendsten aber ist, daß sowohl im germanischen Abendlande wie im griechischen Byzanz die großen Reichsbildungen des frühen und hohen Mittelalters nur als Erneuerungen des römischen Reiches empfunden worden sind und demgemäß den Römernamen getragen haben; so unmittelbar einleuchtend war angesichts der römischen Größe die biblische Auffassung, daß das Imperium Romanum das letzte in der Reihe der Weltreiche sei, und daß sein Bestand erst am Jüngsten Tage sein Ende finden werde.

Liegt somit die unermeßliche Bedeutung der Römerzeit für die Geschichte der europäischen Menschheit — weit jenseits aller pro- und antirömischen Vorurteile, auf die sich eine jetzt glücklicherweise überlebte Richtung in der Forschung allerlei zugute hielt — für den nüchternen Betrachter der Tatsachen klar zutage, so ist ihre Bedeutung speziell für Deutschland, das Herz des neuen Europa, nicht so einfach festzulegen.

Allerdings für das linksrheinische Deutschland ist sie schlechthin epochemachend gewesen [8]. Seine Eingliederung in den umfassenden Bereich der Mittelmeerkultur, seine poli-

---

[4] Vgl. Koch a. a. O. 15.

[5] s. Koch a. a. O. 15 f.

[6] Vgl. Koch a. a. O. 16 ff.; Rodenwaldt, G., Archäol. Anzeiger 1923/24, 371.

[7] Teilweise auch mit dem Engländertum. Vgl. dazu die Ausführungen von F. Altheim, Neue Rundschau, März 1937, 255 ff. Schon die nüchtern sachliche Stellung zu Krieg und Kriegertum (vgl. dazu R. Heinzes bekannte Rede *Von den Ursachen der Größe Roms,* 1925, 17; ferner die Ausführungen im 6. Buche des Polybios) unterscheidet die römische Art fundamental von der kriegerischen Ruhmsucht der Romanen; niemals wäre die *gloire* als alles Fühlen und Denken beherrschendes Idol in Rom möglich gewesen. Dafür verstanden die Römer, was den Romanen bis in die letzte Zeit abging: Siege auszunutzen. Das *Vae victis,* die zynische Brutalität, die den Sieg schändet und gefährdet, ist gallisch, nicht römisch. — Aber die ebenso bequeme wie oberflächliche Gleichsetzung von Römischem und Romanischem scheint unausrottbar zu sein. Dabei sollte schon zu denken geben, daß es gerade ein preußisch-deutscher Forscher gewesen ist, in dem das Römertum seinen kongenialen Interpreten fand: Theodor Mommsen.

[8] Vgl. Aubin, H., in Aubin-Frings-Müller, Kulturströmungen u. Kulturprovinzen in den Rheinlanden, 1926, 20.

tische und kommerzielle Vereinheitlichung unter der Römerherrschaft, seine Durchsetzung mit städtischen Siedlungen führte dahin, daß tatsächlich auf dem Rhein *nicht nur eine politische, nein die Grenze zweier gänzlich verschiedenen Welten lief*[9]. Obwohl die Völkerwanderungszeit die unnatürliche Trennung beider Rheinufer voneinander (die freilich lediglich durch das Scheitern der Unterwerfung der rechtsrheinischen Germanen Dauer erhalten hatte) wieder beseitigte, ist die Nachwirkung der nahezu halbtausendjährigen Anwesenheit der Römer in den Rheinlanden deutlich spürbar geblieben. Es war eine Blüteperiode, von der noch jetzt zahlreiche Überreste vernehmlich Kunde geben. Hier genüge, an die Kaiserresidenz Trier zu erinnern, in deren Stadtbild dem von den umliegenden Höhen herabschauenden Betrachter noch heute die Römerbauten am imponierendsten erscheinen wollen, und sich die Tatsache zu vergegenwärtigen, daß *den Rhein in der Römerzeit mehr feste Brücken überschritten als während der folgenden anderthalb Jahrtausende; erst das Zeitalter der Eisenbahnen hat hier wieder erreicht, was die Römerzeit schon besessen*[10]. [113]

Für den Teil des rechtsrheinischen Germanien, der innerhalb der römischen Limesgrenzen lag, gilt gleichfalls, daß seine Einbeziehung in das Römerreich schicksalhafte Bedeutung für ihn gewann. Aber diese blieb an Ausmaß schon hinter den Verhältnissen in den Rheinlanden zurück. Und diese Bedeutung der Römerzeit scheint immer geringfügiger zu werden, je mehr wir das freie Germanien ins Auge fassen, das sich der Fremdherrschaft bald erwehrte bzw. überhaupt nicht zu beugen brauchte. Die Freiheit der Germanen östlich der Elbe ist überhaupt niemals von den Römern bedroht worden. Westlich der Elbe haben römische Heere zwar weithin die Lande durchzogen und die germanischen Fürsten und Stämme zur Unterwerfung genötigt; aber es handelt sich hier immerhin nur um die verhältnismäßig kurze Spanne eines Vierteljahrhunderts, um die Zeit zwischen dem ersten großen Angriffszuge des Drusus 12 v. Chr. und der Abberufung seines Sohnes Germanicus aus Deutschland sowie der Aufgabe der letzten bedeutenden Stützpunkte an der Nordseeküste durch Kaiser Tiberius im Herbst 16 n. Chr. Für das kulturelle Bild Nordwestdeutschlands ist die Hinterlassenschaft der römischen Legionare belanglos[11]. Erschöpft sich also die Bedeutung der Römerzeit für den nordwestdeutschen Raum und damit auch für Westfalen mit dem Gelingen der Abwehr der Fremdherrschaft in der Schlacht im Teutoburger Walde (9 n. Chr.) und den Kämpfen gegen Germanicus (15 und 16 n. Chr.)?

Aber schon der Umstand, daß sich ein lebhafter Streit um die Bedeutung der Varusschlacht und der Germanicuszüge erhoben hat, der bis in die letzte Zeit hinein andauerte, stimmt hier nachdenklich. Warum fühlte man sich immer wieder versucht, Armins Sieg im Teutoburger Wald zu verkleinern? *Arminius war der tapfere und verschlagene und vor allen Dingen glückliche Führer in dem Verzweiflungskampfe um die verlorene nationale Unabhängigkeit; nicht weniger, aber auch nicht mehr. Es war mehr die Schuld der Römer als das Verdienst der Insurgenten, wenn deren Plan gelang . . . Die Varusschlacht ist ein Rätsel, nicht militärisch, aber politisch, nicht in ihrem Verlauf, aber in ihren Folgen,* hat Mommsen gemeint. Und das steigerten die Epigonen im In- und Ausland dahin, daß lediglich die Abberufung des Germanicus für die Befreiung Deutschlands den Ausschlag gegeben habe, nicht jener angeblich durch Hinterlist und Verrat nur erschlichene Sieg über Varus, dem man folgerichtig den Charakter einer Großtat unserer nationalen Geschichte ausdrücklich absprechen müßte. Aber jede grundsätzliche Überprüfung dieser Auffassung hat ihre Haltlosigkeit klar ergeben. Deutlicher denn je erkennen wir heute die entscheidende Wichtigkeit der Varusschlacht, die nicht lediglich eine Episode der germanischen Geschichte

9 Aubin a. a. O. 21.
10 Dragendorff a. a. O. 53.
11 Dragendorff a. a. O. 15; vgl. auch Kossinna, G., Altgerm. Kulturhöhe, 1919, 9.

[114] und noch dazu von zweifelhaftem Werte, sondern eine welthistorische Epochenwende gewesen ist[12]. Eine solche entscheidende Wende wird selbstredend durch eine Schlacht allein noch nicht herbeigeführt. Dem Siege muß vielmehr eine grundlegende Wandlung vorangegangen sein, die ihn und seine Auswirkungen allein zu erklären gestattet. Sie ist ein geistiges Problem, wie alle großen Schicksalswenden der Geschichte, und läßt wohl an Fichtes berühmte Feststellung denken, daß es nicht die Gewalt der Waffen, sondern die Kraft des Gemütes sei, die die Siege erkämpfe. Die Bedeutung der Teutoburger Schlacht erschöpft sich eben nicht damit, daß sie ein gelungener Freiheitskampf war, wie ihn auch andere Völker hätten führen können[13], sondern daß mit ihr eine der genialsten Führergestalten der Weltgeschichte den Grund legte für ein neues, für das germanische Weltalter.

So erwächst uns gerade von der Varusschlacht her, die sich im Raume Westfalen abgespielt hat, die Berechtigung, die Frage nach der Bedeutung der Römerzeit für Westfalen nachdrücklich aufzuwerfen. Dabei ist es nur selbstverständlich, daß der heutige, erheblich vermehrte und gefestigte Stand unserer Kenntnis auf die Beantwortung dieser Frage Rückwirkungen haben muß. Die wesentlichste besteht in der Forderung, entsprechend der umfassenden Bedeutung der Varusschlacht das Problem *Westfalen und Römerzeit* aus einer falschen, unfruchtbaren Isolierung herauszunehmen und in den großen, allgemeingeschichtlichen Rahmen hineinzustellen, in dem es allein erfaßbar und lösbar wird. Darin liegt zugleich die Rechtfertigung gerade für den Historiker, zur Frage das Wort zu nehmen — ist es doch die universale, ständig auf den Gesamtzusammenhang der Geschichte gerichtete Einstellung, die seiner wissenschaftlichen Arbeit selbständigen Rang verleiht und von der geleitet er den allein von ihm für die Arbeitsgemeinschaft der Forschung zu erwartenden Beitrag zu liefern vermag[14]. Mag er dabei genötigt sein, den Verlauf der Dinge vielfach geradliniger zu zeichnen, als die gewundenen Kurvenpfade des wirklichen Ganges der Ereignisse es eigentlich gestatten, so kommt das in Wahrheit der Erreichung seines Ziels, der Orientierung in der auf den ersten Blick so verwirrend erscheinenden Mannigfaltigkeit der Geschichte, nur zugute.

2.

Wählen wir als Ausgangspunkt unserer Betrachtungen eins der größten Probleme, das der Geschichtsforschung gestellt ist: die germanische Ausbreitung von den Ursitzen im Ostseegebiet über Europa[15]. Sie ist erst in letzter Zeit durch zahlreiche Funde und Beobachtungen in das rechte Licht gerückt worden. Das Ergebnis war außerordentlich überraschend. Es stellte sich heraus, daß die sog. germanische Völkerwanderung, die im größeren Ausmaße mit dem 3. nachchristlichen Jahrhundert einsetzte, mit dem Hunnensturme (375) und der Schlacht bei Adrianopel (378) zur Springflut anschwoll und in den großen Wanderbewegungen des 5. Jahrhunderts ihren Höhepunkt erreichte, im 2. und 1. Jahrhundert vor Christi Geburt eine Vorläuferin gehabt hat[16], die an Umfang und Verlauf eine geradezu erstaunliche Parallelität zur späteren Wanderung aufweist.

---

[12] S. meine Abhandlung *Zur Varusschlacht* i. d. Histor. Zeitschr. 147, 1932, 497 ff.

[13] Vgl. u. S 299.

[14] Vgl. die treffenden Bemerkungen von Jaeger, W., Philologie u. Historie, Neue Jahrbücher 1916, 81 ff. (= Humanistische Reden und Vorträge, 1937, 10 f.).

[15] Es ist selbstverständlich, daß hier lediglich von den Vorgängen die Rede sein kann, die sich im hellen Licht geschichtlicher Überlieferung vollziehen. Alles Davorliegende ist die Domäne der Prähistorie, nicht der Geschichte.

[16] Das Verdienst, die zahlreichen Einzelbeobachtungen zuerst zu einem geschlossenen Bilde vereinigt und damit für die geschichtliche Betrachtung fruchtbar gemacht zu haben, gebührt F. Altheim; s. neben seinem Buche *Weltherrschaft und Krise,* Epochen der römischen Geschichte II, 1936, 180 ff., den Aufsatz *Eine Vorläuferin der großen Völkerwanderung,* Die Welt als Geschichte II, 1936, 322 ff.

Beidemal sehen wir zu Beginn germanische Stämme auf der alten Völkerstraße von der Ostsee zum Schwarzen Meer sich vorschieben. Wie seit rund 200 n. Chr. die Goten in Südrußland erscheinen, so bedrängen 400 Jahre früher die germanischen Bastarnen und Skiren[17] die Griechenstädte an der Nordküste des Schwarzen Meeres. Wie Vandalen, Burgunder u. a. den Goten durch Schlesien allmählich folgen bzw. zu folgen gedenken, so rücken im 2. Jahrh. v. Chr. ebendort die Kimbern und Teutonen langsam ihren bastarnischen usw. Vorgängern nach. Es scheint, als wolle sich junge Volkskraft auf dieser Linie des geringsten Widerstandes den ersehnten Zugang aus nordischem Dämmer zur lichten Welt des Südens bahnen. Aber beidemal wird dieses von Nordwesten nach Südosten gerichtete Vordringen der Germanen durchkreuzt und abgelenkt von einer riesigen ostwestlichen Bewegung, die letzten Endes auf die Hunnen zurückgeht, nur mit dem Unterschied, daß diese im Jahre 375 n. Chr. selbst die Träger des zermalmenden Vorstoßes waren, da der Zusammenbruch ihres ausgedehnten mittelasiatischen Reiches sie im Westen für das Verlorene Ersatz suchen ließ, während es um 200 v. Chr. umgekehrt die Aufrichtung dieses hunnischen Großreichs war, deren Auswirkung sich in den Völkerbewegungen des 2. vorchristlichen Jahrhunderts in Iran — der Zertrümmerung des baktrischen Griechenreichs am Hindukusch und der erhöhten Aktivität im Vordringen der Parther gegen das Seleukidenreich im Westen[18] — und in Südrußland bemerkbar machen[19]. [115]

Unsere Überlieferung über diese Vorgänge, die sich an der Peripherie der hellenischen Welt abspielten, ist denkbar geringfügig. Immerhin gestattet sie, die Zusammenhänge zu erkennen. So wissen wir, daß etwa zu Beginn des 2. Jahrhunderts v. Chr.[20] die Skythenherrschaft in Südrußland gestürzt worden ist durch die von Osten her vordringenden Sarmaten, denen wahrscheinlich die Erfindung des Steigbügels und ihre umwälzende Bedeutung für den Reiterkampf ein taktisches Übergewicht gegeben hat. Wenn nun die Bastarnen seit 184 v. Chr. an der unteren Donau erscheinen, diese mehrfach überschreiten und mit den Königen von Makedonien, Philipp V. und seinem Sohne und Nachfolger Perseus, in Verbindung treten, so wird man darin in Analogie zum Übergang der Westgoten über die Donau unter dem Druck der Hunnen seit 375 die Folge des Vorstoßes der sarmatischen Reiterschwärme zu erkennen haben[21]. Ja, die Ähnlichkeiten gehen noch weiter. Man hat mit Recht darauf hingewiesen[22], daß Philipps V. schon bis an die Schwelle der Ausführung gelangter Plan, die bastarnischen Heerführer und ihre kampferprobten Scharen in dem von ihm vorbereiteten Kriege gegen Rom zum Vordringen durch den Westen der Balkanhalbinsel in Richtung auf Oberitalien zu veranlassen[23], wie eine Vorwegnahme der Entsendung Theoderichs und der Ostgoten durch den oströmischen Kaiser gegen Odovakars Herrschaft in Italien anmutet. Der Tod Philipps und der kümmerliche Geiz seines Nachfolgers, der die Geldforderungen der bastarnischen Anführer ablehnte und darüber schließlich Thron

[17] Ein Zweifel an der germanischen Herkunft der Bastarnen, die schon J. Grimm erkannte, ist heute nicht mehr statthaft. Aus dem Stamm der Skiren ist Odovakar hervorgegangen, der bekanntlich dem weströmischen Reiche durch Absetzung des Schattenkaisers Romulus (Augustulus) 476 ein Ende bereitete. Für das Germanentum der Bastarnen besonders charakteristisch ist das Auftreten der sog. ἅμιπποι unter ihren Kriegerscharen, jener leichten Fußkämpfertruppe, die auf Grund ständiger Übung mit der Reiterei Schritt zu halten vermochte und diese bei ihrem Vorgehen wirkungsvoll unterstützte — eine Kampfesform, die Caesar als spezifische Eigentümlichkeit der Germanen schildert (Bell. Gall. I 48, 4 ff., IV 2, 3 ff.).

[18] Altheim, Welt als Geschichte II, 317.

[19] Altheim a. a. O. 325.

[20] Altheim a. a. O. 320.

[21] Altheim a. a. O. 325.

[22] Stähelin, F., Der Eintritt der Germanen in die Geschichte, Festschrift Th. Plüß, 1905, 71 f.; Altheim a. a. O. 334.

[23] Livius 40, 57 f.

[116] und Land verlor (168 v. Chr.), ließen das Unternehmen unausgeführt bleiben, während im analogen Falle Theoderich Italien gewann und dort das glanzvolle Ostgotenreich begründete.

Der Stoß aus dem Osten gegen die germanische Ausbreitung nach Südrußland war beidemal so stark, daß er nicht nur die am weitesten vorgeschobenen Stämme zurückwarf, sondern der gesamten Wanderbewegung eine neue Richtung gab, besser gesagt: sie in seine eigene Richtung hineinzwang. So wurden vor allem die ostgermanischen Vandalen aus ihrem Aufenthalt in der Theißniederung aufgescheucht und zu ihrem Zuge an der Nordseite der Alpen vorbei über den Rhein nach Gallien, Spanien und schließlich Nordafrika getrieben. Ganz vergleichbar ist es, wenn im 2. Jahrhundert v. Chr. die Kimbern und Teutonen von Schlesien und der mittleren Donau aus [24] ihre ursprüngliche Zugrichtung ändernd am Nordostrande der Alpen erschienen, wo die schwere Niederlage der Römer bei Noreja im Jahre 113 v. Chr. ein Jahrzehnt *kimbrischen Schreckens* für Rom und Italien eröffnete, und dann weiterziehend durch Gallien bis nach Spanien gelangten [25]. Die furchtbaren Niederlagen, die sie den Römern — vor allem bei Arausio (Orange) in Südfrankreich (105 v. Chr.) — beibrachten, haben sich dem Gedächtnis der antiken Menschheit unauslöschlich eingegraben, so wie es später die Einnahme Roms durch die Vandalen (455 n. Chr.) tat.

Neben der Ausbreitung des Germanentums in südöstlicher und (erst sekundär) westlicher Richtung steht die direkt über den Rhein nach Gallien hinein gerichtete. Die antike Überlieferung hat nahezu einstimmig Kenntnis von der Tatsache bewahrt, daß sich nicht nur die überwiegende Mehrheit der linksrheinischen Völkerschaften, sondern sogar die wichtigsten Stämme der Gallia Belgica germanischer Abstammung rühmten [26]. So hörte Caesar von den Gesandten der keltischen Remer, die meisten Belger seien germanischen Ursprungs, hätten bereits vor alter Zeit den Rhein überschritten, sich in den fruchtbaren Ebenen niedergelassen und die gallischen Ureinwohner vertrieben; sie seien die einzigen, die die ganz Gallien verheerend durchziehenden Teutonen und Kimbern von ihren Landesgrenzen abgewehrt hätten — eine Leistung, auf die sie sich besonders viel zugute hielten [27]. Die Angabe über ihre Herkunft wird von den übrigen antiken Zeugnissen bestätigt. Die Nervier und Treverer, die kriegerischsten Stämme dieses Gebiets, galten dem Geographen Strabo aus der frühen Kaiserzeit für Germanen [28]. Die Kondrusen, Eburonen, Käröser und Pämanen im mittelrheinischen Flachland führen den Namen *Germani (cisrhenani)* [29]. Dazu kommen die Aduatuker, die von den Kimbern und Teutonen abstammten [30], und wohl noch andere Völkerschaften wie die Texuandrer [31].

---

[24] Vgl. Altheim a. a. O. 326. Daß Kimbern, Teutonen und Ambronen von Anfang an gemeinsam wanderten, hat Ed. Meyer erwiesen: Tougener und Teutonen, Sitzungsber. der Berliner Akademie d. Wiss. 1921, 750 ff. (= Kl. Schriften II, 497 ff., besonders 500 f.).

[25] Von Resten der Teutonen und Kimbern am unteren Main und Neckar noch im 2. Jahrhundert n. Chr. zeugen bekanntlich der Teutonenstein von Miltenberg und inschriftliche Weihungen an den Kimbrischen Merkur. Vgl. Capelle, Die Germanen im Frühlicht der Geschichte, 43; 63.

[26] Ähnlich haben sich später die aus ihrer alten Heimat verpflanzten Ubier, die sich gar Agrippinenser nannten, mit Stolz ihrer germanischen Herkunft erinnert: Tacitus, Germ. 28.

[27] Bell. Gall. II 4. Die in neuerer Zeit gegen die Glaubwürdigkeit dieser Angabe gerichteten Zweifel (bes. eindrucksvoll Norden, Die germ. Urgeschichte in Tacitus' Germania, 1920, 361 ff.) gehen von vorgefaßten Meinungen aus und sind nicht geeignet, die Zuverlässigkeit der Zeugnisse zu entkräften.

[28] Strabo IV 3, 4 f. (p. 194); Tacitus. Germania 28.

[29] s. Caesar, Bell. Gall. II 4; Aubin, Kulturströmungen u. Kulturprov. in den Rheinlanden, 1926, 18. Vgl. die instruktive Kartenskizze ebda. 19. — Literaturnachweise gibt Steinhausen, J., Archäol. Siedlungskunde des Trierer Landes, 1936, 282 ff. Dazu v. Petrikovits, H., Die Wohnsitze von Germanen am linken Mittel- und Niederrhein nach antiken Quellen, Rhein. Vorzeit I, 1938, 83 ff.

[30] Caesar, B.G. II 29, 4 f.; Appian, Gall. I 4 (wo der Epitomator durch Auslassung der Aduatuker Verwirrung angerichtet hat: Norden).

[31] Norden a. a. O. 383 ff.

Die größere kriegerische Kraft, die die belgischen Völkerschaften vor den Galliern auszeichnete, ist deutlicher Beleg für germanische Herkunft. Wenn sie sich vermöge dieser Kraft der Kimbern und Teutonen zu erwehren vermochten [32], so liefert das sogleich einen chronologischen *terminus ante quem* für diese älteste geschichtlich erkennbare westgermanische Ausbreitung: sie muß spätestens um 120 v. Chr. erfolgt sein. In Wirklichkeit wird man hoch ins 2., ja ins 3. vorchristl. Jahrhundert hinaufgehen dürfen, da die Ausbreitung gewiß nicht mit einem Schlage erfolgt ist, sondern in mehreren zeitlich voneinander getrennten Vorstößen und Schüben. Die Bewegung dauerte auch im 1. Jahrhundert v. Chr. an; es sei nur an die germanischen Usipeter und Tenkterer erinnert, denen es noch während Caesars Anwesenheit in Gallien gelang, den Niederrhein zu überschreiten, und deren sich der römische Feldherr nur durch List und Vertragsbruch entledigen konnte. Vor allem aber erstreckte sie sich nunmehr auch auf Zentralgallien, in dessen östlichem Teile der Suebenkönig Ariovist mit seinen kampfgewohnten Scharen als Eroberer schaltete. Caesars Sieg über ihn im Oberelsaß (58 v. Chr.) verhinderte in letzter Stunde, daß zwei Drittel des Sequanerlandes germanisches Siedlungsgebiet wurden, hatte Ariovist doch schon neue Wanderschwärme aus Germanien herübergezogen und standen rechts des Rheins weitere Völkerschaften zum Übergange bereit [33]. Immerhin mußte Caesar die Stämme der Triboker, Nemeter und Vangionen, die zu den bedeutendsten germanischen Hilfsvölkern des Ariovist gehörten, im unteren Elsaß, in der Pfalz und in Rheinhessen ansiedeln [34], so daß auch hier das linke Rheinufer weitgehend germanisiert wurde — trotz der Niederlage Ariovists. Bekanntlich haben die germanischen Vorstöße ins linksrheinische Gebiet auch nach Caesar angedauert; es sei nur an die Ansiedlung der Tungrer [35] im Gebiet der von Caesar politisch vernichteten Eburonen und an den Sieg der kriegerischen Sugambrer über den Legaten M. Lollius (16 v. Chr.) erinnert. [117]

Somit ist die Parallelität dieser ersten in der geschichtlichen Überlieferung für uns faßbaren germanischen Ausdehnung nach Westen und Südosten zur sog. germanischen Völkerwanderung der spätantiken Zeit eine vollständige [36]. Die Frage drängt sich auf, wieso die erste germanische Wanderung nicht bereits zum Ziel kam, wieso sie Episode blieb, während die *Völkerwanderung* in der Weltgeschichte Epoche machte. Als Caesar der westgermanischen Ausbreitung mit Waffengewalt einen Riegel vorschob, war diese bereits mindestens ein Jahrhundert lang im Gange gewesen. Und die frühe ostgermanische Ausbreitung, die für uns vor allem durch die Bastarnen repräsentiert wird, fand überhaupt keinen Gegner von Rang, der ihr den Weg nach Griechenland, den die Kelten 279 v. Chr. bereits gefunden hatten, hätte verlegen können, vor allem nicht in den beiden Jahrzehnten zwischen dem Zusammenbruche des makedonischen Staates (168 v. Chr.) und der Übernahme der von diesem bis dahin beobachteten Wacht für das hellenische Kulturgebiet gegen Norden durch die römische Provinz Macedonia (148 v. Chr.) [37].

Lag der Grund für das Versagen in einer geringeren Intensität der frühen Wanderbewegung? Gewiß nicht. Die kriegerische Überlegenheit der Germanen war offenkundig. Die Gallier waren überall im Zurückweichen und hatten sich großenteils germanischer Herrschaft fügen müssen [38]. Selbst die Römer erlitten Niederlage auf Niederlage; die furcht-

---

[32] Caesar a. a. O.

[33] Caesar, B.G. I 30 ff.; 37; 51, 2.

[34] Caesar, B.G. I 51. Vgl. Plin. nat. hist. IV 106; Tac. Germ. 28. Dazu Scharf, J., Studien zur Bevölkerungsgeschichte der Rheinlande, 1938, 94 ff. Über die Triboker s. auch Strabo IV 3, 4.

[35] Scharf a. a. O. 71; Norden a. a. O. 399 ff.; v. Petrikovits a. a. O. 90.

[36] Vgl. auch Altheim a. a. O. 325 unten: *Sie ist eine so schlagende, daß man sagen darf, in ihnen* [sc. den Vorgängen des 2. vorchristl. Jahrh.] *liegt eine regelrechte Vorwegnahme jener Ereignisse vor, die man mit dem Schicksalsjahr 375 beginnen zu lassen pflegt.*

[37] Altheim, Weltherrschaft u. Krise 174 f.

[38] Anschaulich schildert Caesar B. G. I 31 f. die Furcht der Kelten, besonders der Sequaner, vor Ariovist.

[118] baren Katastrophen der Kimbernschlachten ließen den *kimbrischen Schrecken* und den *furor Teutonicus,* den teutonischen Kampfeszorn, bis ins späte Altertum hinein zu Symbolen der von den Germanen drohenden Gefahr werden. Entscheidend für die Beurteilung der Intensität der Bewegung ist der Umstand, daß die germanischen Wanderer nicht so sehr nach bloßer Beherrschung der Besiegten strebten, sondern nach Siedlungsraum, nach Erwerb fruchtbaren Bodens für eine zahlenmäßig kräftig angewachsene und weiter wachsende Bevölkerung. Aus Caesars Angaben über die Stärke der von Ariovist nach Gallien geführten Einwanderer geht, wenn man ihre auf Erhöhung seines Tatenruhms abzielende Tendenz auch einkalkuliert, soviel doch mit Sicherheit hervor, daß es sich hier um ganze auf der Wanderschaft befindliche Völkerschaften gehandelt hat, nicht nur um kleine abenteuernde Scharen von Kriegern, wie etwa in der Wikingerzeit. Auch die Kimbern und Teutonen waren mit ihren aus der germanischen Heimat mitgebrachten Frauen und Kindern unterwegs. Sie suchten Land, Lebensraum. Eben deshalb haben sie ihre gewaltigen Siege politisch niemals auszuwerten getrachtet. Die in den linksrheinischen Landen seßhaft gewordenen Stämme waren zahlenmäßig stark genug, um sich für die Dauer als Besitzer des Ackerlandes zu behaupten; sie haben hier überall unter der römischen Herrschaft bis in die späte Kaiserseit hinein existiert, mit Ausnahme lediglich der wenigen Stämme, die die Römer gewaltsam vernichteten. Welche Kräfte hat Caesar aufbieten müssen, um den Stamm der Eburonen auszurotten! [39] Der Stolz der linksrheinischen Stämme auf ihre kriegerische Stärke und Überlegenheit, wie er in dem noch völlig lebendigen Bewußtsein germanischen Ursprungs hervortritt und wie ihn Ariovist sowohl wie die Usipeter und Tenkterer Caesar gegenüber zur Schau tragen [40], war vollauf berechtigt. Es ist bekannt und von Caesar selbst anerkannt, welche Bedeutung seiner germanischen Hilfsreiterei für die Einschließung des Vercingetorix in Alesia zukam [41].

Stand die frühe Wanderung demnach an Kraft und Intensität hinter der späteren kaum zurück, so wäre man versucht, den Grund für ihr Scheitern in einer besonderen Ungunst der allgemeinen Lage, einer ungewöhnlichen Stärke des Widerstandes zu sehen, so daß die Germanen der sog. Völkerwanderung sich eines Lächelns des Glücks zu erfreuen gehabt hätten, das ihren tragisch erliegenden Vorfahren völlig versagt geblieben wäre. Aber eher trifft das Gegenteil zu: die Verhältnisse, die die Wanderscharen des 2. vorchristlichen Jahrhunderts vorfanden, waren in Wirklichkeit erheblich günstiger als die etwa des ausgehenden 3. und 4. Jahrhunderts n. Chr. Wohl waren die Römer bereits die Herren im Mittelmeerkreise; aber die furchtbaren Blutopfer der fast unaufhörlich andauernden Kämpfe um seine Existenz, die Rom seit dem ihm aufgezwungenen Hannibalkriege zu bestehen hatte, waren zum Ausgangspunkt einer schweren Krisis des gesamten Staatswesens geworden, die in dem bedrohlichen Schwinden des staatserhaltenden Bauernstandes, dem Versinken der Oberschicht in Luxus und Korruption und der hieraus erwachsenden, nur allzu bald zum Kampf ehrgeiziger Elemente um die persönliche Macht im Staate ausartenden Revolution mit der drohenden Gefahr des Bürgerkrieges ihren bedenklichen Ausdruck fand. In dem Versagen der römischen Heere gegenüber den Kimbern und Teutonen [42] und in den — zeitlich dem Kimbernkriege parallel laufenden — skandalösen Vorfällen des berüchtigten Jugurthinischen Krieges (111—106 v. Chr.) trat dieser Niedergang grell hervor. Es ist nicht abzusehen, was

[39] Ganz ist es ihm nicht einmal gelungen. Dabei legt das „Husarenstückchen" der 2000 Suebenreiter, die überraschend vor dem römischen Lager in Aduatuca erscheinen, eine glänzende Probe für die germanische Kühnheit ab. Vgl. Caesar, Bell. Gall. VI 35 ff. — Zäh haben sich auch die Bastarnen gegen die Römer bis 29/8 v. Chr. gewehrt.

[40] Bell. Gall. I 44, IV 7, 5.

[41] a. a. O. VII 65, 4 f., 67, 5, 70, 2, 4, 7, 80, 6 f. Dio Cass. 40, 39, 2 f.

[42] Das auch die Unterlegenheit der germanischen Bewaffnung als ernstlichen Grund für das Scheitern auf jeden Fall ausschließt (gegen Capelle, Die Germanen usw. 40 f.).

geworden wäre, wenn nach dem Doppelsiege von Arausio die Kimbern und Teutonen in Italien eingebrochen und auf Rom marschiert wären. Jedenfalls hat der große Römerfeind im Osten, Mithridates von Pontos, auf Grund ihrer Siege Verbindungen mit ihnen anzuknüpfen gestrebt[43]. Die noch im 3. Jahrhundert blühende hellenistische Staatenwelt zählte im 2. als eventuelle Gegnerin der Nordvölker kaum noch wesentlich mit. Schon 129 v. Chr. besiegelte die vernichtende Niederlage des Seleukiden Antiochos VII. Sidetes gegen die Parther den Zusammenbruch der einstigen griechischen Weltstellung im Osten, die Alexander d. Gr. begründet hatte. Und die neuen, weitgehend orientalisierten Mächte des Ostens, wie vor allem das pontische Reich des Mithridates Eupator, dachten, wie gesagt, eher an Zusammenarbeit mit den Wandervölkern gegen Rom[44] als an Abwehr. [119]

Demgegenüber war die Situation der Völkerwanderungszeit für die Einwanderer erheblich schwieriger und gefahrvoller. Nach der vorübergehenden Krise und Auflösung um die Mitte des 3. Jahrhunderts n. Chr. hatte das römische Reich, in dem nun die Länder der gesamten Mittelmeerwelt zusammengefaßt waren, eine kraftvolle Erneuerung durch die illyrischen Kaiser erlebt. Die Hereinziehung der Germanen ins Reich bedeutete eine erhebliche Kräftigung, waren sie doch vielfach treuere Verfechter der römischen Sache als die Römer selbst. Julians Alemannensieg bei Straßburg 357 — um nur das bekannteste Beispiel zu nennen — offenbarte die militärische Schlagkraft des Reiches unter einem fähigen Führer. Daß man gegebenenfalls auch ohne die Germanen ausreichende Streitkräfte aufzustellen vermochte, bezeugen die siegreichen Kriege unter Justinian gegen Vandalen und Goten, die deren Staaten mit geradezu erstaunlicher Schnelligkeit den völligen Untergang brachten. Dabei zeigten die Wiedererhebung unter Totila und der Heldenkampf Tejas, welche Kräfte noch im Ostgotenreich lebendig waren. Erst nach Zurückziehung der römischen Truppen am Rhein und in Britannien konnten die Vandalen, Sueben, Alanen, Angeln, Sachsen daran denken, in diese Gebiete erobernd einzurücken. Und Stilichos glänzende Verteidigung Italiens gegen Alarich und die Scharen des Radagais liefert einen klaren Beweis dafür, daß den Eroberern im 5. Jahrhundert n. Chr. hier durchaus nicht geringere, eher höhere Schwierigkeiten entgegenstanden als etwa den Kimbern und Teutonen. Vollends im oströmischen Reiche dauernd Fuß zu fassen, ist trotz der Siege der Westgoten am Ausgange des 4. Jahrhunderts unserer Zeitrechnung keinem Germanenvolke gelungen.

Auch in den Dimensionen beider Wanderungsperioden ist ein wesentlicher Unterschied nicht zu erkennen. Man darf sich hier durch die, wie erwähnt, äußerst trümmerhafte Überlieferung für die erste Periode nicht täuschen lassen. Die Germanisierung der Niederlande, die Ausmaße der Wanderbewegungen der Bastarnen und Skiren, der Kimbern, Teutonen und der mit ihnen verbundenen Völkerschaften reden eine deutliche Sprache. Schließlich erfüllte auch damals das Geschehen den weiten Raum zwischen Ostasien und der Straße von Gibraltar. Und setzt man in Rechnung, wie sehr die zivilisatorischen Taten des römischen Kaiserreichs die Länder des Imperiums, vor allem an der Nordfront, durch die Straßen- und Brückenbauten, durch Erschließung weiter, bis dahin ganz abgelegener Gebiete, durch den alle Provinzen miteinander verbindenden Verkehr einander genähert haben, so werden die Leistungen der Wanderscharen des 2. vorchristlichen Jahrhunderts hinsichtlich ihrer räumlichen Größenverhältnisse eher bedeutender erscheinen als die ihrer Nachfolger am Ausgange des Altertums.

So wird man immer wieder darauf hingeführt, daß der fundamentale Unterschied im Erfolg beider Perioden der germanischen Ausbreitung nicht in den äußeren, quantitativen Verhältnissen: Intensität der Bewegung, Gunst der Lage, Stärke der Gegenwehr, Dimensionen

[43] Capelle a. a. O. 39f.
[44] Appian, Mithr. 15, 69, 71.

[120] der Vorgänge seinen Grund finden kann [45]. Er muß tiefer liegen; seine Wurzeln können nur gesucht werden in der Geistigkeit des Germanentums der ersten und des der zweiten Wanderzeit selbst. Und hier begegnet in der Tat eine durchgreifende Verschiedenheit, die es geradezu verwunderlich erscheinen läßt, daß man ihr bislang in der Forschung noch immer nicht genügend Rechnung getragen hat, handelt es sich hier doch geradezu um den Schlüssel zu einem wirklichen historischen Verständnis des erstaunlichen Phänomens, in dem die Ursprünge unserer eigenen, der abendländisch-europäischen Kulturperiode beschlossen liegen.

3.

Ein sicheres Empfinden für den Unterschied in der geistigen Haltung des Germanentums der beiden großen Wanderzeiten spricht schon aus der einfachen Erfahrung, daß jeder, der überhaupt Sinn für geschichtliches Leben und Werden hat, sich einen Bastarnen oder Kimbern in der Rolle des Stilicho oder gar der des Theoderich schlechthin nicht wird vorstellen können. Geradezu weltenweit erscheint die Verschiedenheit. Wohl haben die handelnden Persönlichkeiten beider Epochen die eminente Begabung — wie sie sich etwa in Ariovists politischen und militärischen Maßnahmen zweifellos ausspricht — und die kriegerisch-heldenhafte Gesinnung miteinander gemeinsam, ebenso den ausgesprochen nordrassischen Typus der leiblichen Erscheinung und seelischen Haltung. Was sie aber grundlegend voneinander scheidet (und darin liegt der Beweis für die Richtigkeit jenes soeben erwähnten Empfindens für die Unmöglichkeit, daß Germanen der ersten Periode eine geschichtliche Bedeutung wie die der Völkerwanderungsgermanen hätten gewinnen können), ist die in ihrer Wichtigkeit zumeist verkannte Tatsache, daß die Germanenstämme, die im 2. Jahrhundert v. Chr. zum erstenmal ins Licht der Geschichte treten, anders als die der sog. Völkerwanderung nirgends das Streben zeigen, eine spezifische — man könnte wohl am besten sagen: nationale — Eigenart inmitten einer andersgearteten Welt zu behaupten [46]. Ja, sie verraten überhaupt in keiner Weise ein Gefühl für solche Eigenart; sie erfreuen sich ihrer wohl als naturhafter Anlage, die in Sprache und kriegerischer Überlegenheit hervortritt und von den umwohnenden Volksgruppen, namentlich den Kelten und Italikern, deutlich wahrgenommen wird, aber sie haben diese Eigenart noch nicht in die Sphäre des völkischen Bewußtseins zu erheben, sie durch eine solche Erhebung zu adeln vermocht. Die Aufgabe, das ihnen gewordene Erbe *zu erwerben, um es zu besitzen,* ist offensichtlich von ihnen unerkannt geblieben.

So erklärt sich die befremdliche Erscheinung, daß die ersten germanischen Wandervölker trotz ihres Wissens um ihre Herkunft und trotz ihres Stolzes auf ihr sieggewohntes Kriegertum sich mit überraschender Schnelligkeit überall keltisiert haben bzw. im Begriffe standen, völlig im Keltentum aufzugehen. Sprachlich wie archäologisch fügen sich die germanischen Einwanderer der Belgica weitestgehend dem Bilde der übrigen Gallier ein [47]; nur dürftige einwandfreie Spuren ihres germanischen Ursprungs gestattet vor allem das Namenmaterial aus den Inschriften der Römerzeit zu erkennen [48]. Von Ariovist bezeugt Caesar [49] ausdrücklich, daß er bereits infolge langer Übung geläufig gallisch sprach. Es ist bekannt, wie rasch und vollständig noch Armin und sein Bruder Flavus die lateinische Sprache er-

---

[45] Ich möchte deshalb nicht in dem Scheitern der germanischen Ausbreitung des 2. und 1. vorchristlichen Jahrhunderts — mit Jakob Burckhardt zu reden — *eine abgebrochene Krise ersten Ranges* sehen. Die römische Gegenwehr ist nicht die Ursache des Scheiterns gewesen, sondern erst durch das Versagen der Wandernden ermöglicht worden, war also eher die Folge.

[46] Vgl. u. S. 279 ff.

[47] Vgl. auch Caesar, B. G. V 27, 6 ff.; dazu Norden, Urgesch. 381.

[48] Vgl. Scharf a. a. O. 65 ff.

[49] Bell Gall. I 47, 4. Ariovists Leute finden Gefallen an *agri et cultus et copiae Gallorum:* I 31, 5, 11.

lernten, führen sie doch bei Tacitus sogar noch ihre Unterhaltung am Weserstrom vor der Schlacht von Idistaviso großenteils in ihr[50]. Wenn *die ältesten germanischen Namen unserer Überlieferung, wie Boiorix, Caesorix, Catualda, Ariovistus, Ariogaisus, Teutobodus, Marabodus u. a. keltischen Namen der gleichen Form zum Verwechseln ähnlich sehen*[51], so ist das gewiß nicht lediglich darauf zurückzuführen, daß *fast alle frühen Nachrichten über die Namen rheinischer Germanen durch Mittler keltischer Sprache in die Quellen unserer Überlieferung gelangt* wären, *in deren Mund sich ganz zwanglos gewisse bestehende Anklänge an die eigene Sprache zur völligen Assimilierung verdichteten*[52]. Warum sollten die Kelten, die ein so sicheres Wissen um die Eigenart der Germanen besaßen, ausgerechnet deren Namen ungenau wiedergegeben haben? Eher ist diese Keltisierung germanischer Namen mit der Latinisierung in der Römerzeit[53] auf eine Stufe zu stellen; beide Erscheinungen sind völlig parallel, und die spätere, eindeutig als bewußte Absicht erkennbare Erscheinung deckt auch die Motive auf, aus denen die frühere hervorgegangen sein muß. Schlagend dürfte schließlich der Hinweis auf die Bastarnen wirken, bei denen noch die neueren Forscher lange geschwankt haben, ob es sich hier nicht um ein keltisches Volk handele, das sich möglicherweise später mehr oder minder oberflächlich germanisiert hätte[54]. Überhaupt ist der Umstand, daß die antiken Völker nur ganz allmählich den Unterschied zwischen Kelten und Germanen erfaßten, angesichts des regen ethnographischen Interesses und der sicheren Beobachtungsgabe namentlich der griechischen Wissenschaft nicht allein damit zu erklären, daß ihnen nur mangelhafte Kunde zugekommen sei. Es müssen Verhältnisse vorgelegen haben, die ein Übersehen des Unterschiedes zwischen beiden Volkstümern nahelegten. Lediglich der Analysier- und Registriertrieb der neueren Geschichtswissenschaft, der wohl einem Botaniker oder Zoologen ansteht, niemals aber einem Historiker, hat verschuldet, daß man klare Unterscheidungen dort wieder und wieder suchte, wo in Wahrheit ein ständiges Fluktuieren zu beobachten ist[55]. Gerade daß die Namen der germanischen Könige und Führer, also der Geschichte machenden Oberschicht, keltisches Gepräge tragen, während — nach den germanischen Überresten im Namenmaterial der Kaiserzeit zu schließen — die breite Menge der Bevölkerung entsprechend ihrem natürlichen Beharrungsvermögen sich in erheblich geringerem Maße der Keltisierung öffnete, beleuchtet das Wesen des Vorganges, in dem durchaus nicht etwa eine schmähliche Erniedrigung der Eroberer zu sehen ist, so wenig wie in dem analogen Falle der Römer, wo *Graecia capta ferum victorem cepit et artes intulit agresti Latio,* sondern die freiwillige Anpassung an die als höherstehend anerkannte fremde Kultur[56]. [121]

Was (wie man mit Recht hervorgehoben hat[57]) die Caesarischen Zeugnisse lehren, daß nämlich die Germanen des Ariovist an die Behauptung ihrer nationalen Eigenart nicht dachten, bestätigt sich überall, wohin wir die Blicke bei Betrachtung der ersten germanischen

---

[50] Ann. II 9 f.

[51] Scharf a. a. O. 30.

[52] So Scharf a. a. O.

[53] Vgl. a. a. O. 31.

[54] Den Ausschlag für die Erkenntnis des Germanentums der frühen Bastarnen hat die Erwähnung der Skiren in der Protogenesinschrift (Fiebiger-Schmidt, Inschriftensammlung z. Gesch. der Ostgermanen, Denkschr. d. Wiener Akademie 60, 3, 1917, 1 ff.) gegeben. Die ursprünglich stark keltisierten Bastarnen (vgl. a. a. O. 3 f.) haben sich späterhin den Sarmaten stark angeglichen; vgl. Tac. Germ. 46.

[55] Welche Mühe ist allein darauf verwendet worden, die Nationalität der Treverer eindeutig zu bestimmen! Vgl. Dehn, W., Germania 19, 1925, 295 ff.; Steinhausen, J., a. a. O. 282 ff. Die archäologische Hinterlassenschaft gibt eben über die ethnische Zugehörigkeit der Träger der Kultur keine eindeutige Antwort.

[56] Der Unterschied besteht darin, daß die Frühgermanen weitgehend das fremde Vorbild nur kopieren, während der römische Geist sich am Griechentum zu bilden vermochte. Auf diese Stufe der Entwicklung ist das Germanentum erst seit Caesar und Armin gelangt.

[57] Gelzer, M., Vor 2000 Jahren, Elsaß-Lothring. Jahrbuch VIII, 1928, 9.

[122] Wanderperiode richten. Auch die auf uns gekommenen Darstellungen von der Hand griechischer Künstler weisen in diese Richtung. Wir besitzen noch den Marmorkopf eines — an seiner charakteristischen Haartracht zu erkennenden — Bastarnen aus der weitberühmten pergamenischen Schule, der uns einen Begriff von der Erscheinung jener frühen Germanen des 2. Jahrhunderts v. Chr. vermittelt. Bedenkt man die Meisterschaft, die die Künstler von Pergamon bei aller Idealisierung in der Darstellung fremder Volkstypen entwickelt haben — es sei nur an die bekannten Gallierstatuen und -gruppen erinnert — so wird man die Wirklichkeitstreue[58] dieser Wiedergabe eines Germanen verhältnismäßig hoch bemessen müssen. Es fällt auf, wie wenig bei ihr von einem charakteristisch ausgeprägten Typus die Rede sein kann. Etwas merkwürdig Verschwimmendes, innerlich Ungefestigtes spricht aus dem sympathischen Gesicht. Der Abstand von späteren Darstellungen tritt besonders bei einem Vergleiche mit der Gestalt des gefesselten Germanen auf der herrlichen, ebenfalls von einem Griechen gefertigten Gemma Augustea, dem Prachtstück der kunstgewerblichen Sammlung des Wiener Museums, hervor. Hier steht ein ganz neues, ungebrochenes, seiner selbst sicheres Menschentum vor unseren Augen. Wie tief ist die Kluft zwischen diesem männlich-kräftigen, das harte Los der Gefangenschaft innerlich ungebeugt und in gefaßter Haltung tragenden Germanen und dem um die Gnade des Siegers winselnden Kelten geworden; wie sicher hat der Künstler diese erfaßt und gestaltet! Eine so ausgeprägte Verschiedenheit vom Keltentume in Haltung und Erscheinung würden wir in dem pergamenischen Bastarnenkopf vergeblich suchen[59]. Er wirkt eher wie eine durch äußerliche Besonderheiten wie die Haartracht sich heraushebende Varietät des allgemeinen Typus der Nordvölker, und es bedarf schon eines scharfen Hinsehens, um zu erkennen, daß wir hier bereits einen Vertreter des Menschentums vor uns haben, dem die Zukunft gehören sollte.

Geradezu planlos nehmen sich die weitgedehnten Wanderzüge der Bastarnen oder gar der Kimbern und Teutonen aus, wenn wir sie den großartig angelegten und durchgeführten Bewegungen der großen Völkerwanderung des 4. und 5. nachchristlichen Jahrhunderts zur Seite stellen[60]. Unbegreiflich erscheint der Entschluß der Kimbern und Teutonen, nach ihrem gewaltigen Siege bei Arausio (Orange) statt nach Italien nach Spanien zu ziehen, und wie ein Wunder ist den Römern damals diese unvermutete Rettung Italiens vor dem feindlichen Einfalle erschienen[61]. Es ist der dumpfe Drang eines wertvollen Volkstums, der Triumph des Abenteuersinnes über die politische Besinnung[62]. Dabei sind die Leistungen der Wandernden erstaunlich gewesen; man braucht sich nur des Kimbernkrieges und seines unauslöschlichen Eindruckes auf die antike Menschheit zu erinnern. Aber daß in deren Gedächtnis vor allem eins blieb: der *furor Teutonicus,* ist bezeichnend. Noch klingt die Stimme eines zeitlich in unmittelbarer Nähe der Ereignisse Lebenden, des großen spätgriechischen Welt- und Völkerkenners Poseidonios, aus Senecas Worten[63] zu uns, in denen der entscheidende Grund für das Scheitern der heldenhaften Söhne des germanischen Nordens mit bewundernswerter Schärfe erfaßt ist: *Was hat so viele Tausende von Kimbern und Teutonen, die sich weit über die Alpen ergossen hatten, in solchem Grade vernichtet, daß die*

---

[58] Die natürlich nicht mit Verismus zu verwechseln ist!

[59] Es ist bezeichnend für den Niedergang des Keltentums seit dem 2. Jahrhundert v. Chr., daß die antike Kunst nach den grandiosen Schöpfungen der Attalischen Weihgeschenke aus dem 3. Jahrhundert das auch im Unglück ungebrochene Heldentum und seine tragische Größe nie mehr in Gestalten von Galliern verkörpert hat.

[60] Vgl. auch Altheim a. a. O. 328.

[61] Vgl. Capelle, W., Die Germanen im Frühlicht der Geschichte, 1928, 27. Plutarch, Marius 14.

[62] Dazu steht nicht in Widerspruch, daß die Kimbern vor großen Entscheidungen wie bei Noreja und Arausio eine gewisse Vorsicht walten lassen und ebenso Ariovist in seinen Schlachten.

[63] De ira I 11, 2; s. Capelle, W., Die Germanen im Frühlicht der Geschichte (Das Erbe der Alten II, 15, 1928), 51; Das alte Germanien, 1937, 454.

Kunde von solch grandioser Niederlage kein Bote, sondern nur ein dunkles Gerücht zu den Ihrigen daheim brachte? Doch nur die Tatsache, daß sie statt wirklicher Kriegstüchtigkeit blinde Kampfeswut (ira) beseelte! Das *ϑυμοειδές, das Mut-, aber auch das Wutartige*[64], sei der Erbfehler der Germanen überhaupt[65]. Das Gleiche erklärte nach Strabo[66] Poseidonios von den Kelten; auch ihre Unterlegenheit gegenüber einer entwickelten Kriegskunst trotz kriegerischer Wildheit betonte er besonders. In der Tat war der kriegerische Sinn der Kimbern und Teutonen dem der Kelten wohl quantitativ, aber nicht qualitativ überlegen; es war ein Unterschied der Stärke, nicht des Wesens. Und daher wirkt auch der Untergang dieser Germanen gleich den Katastrophen, die die Gallier betrafen, wie ein verdientes Schicksal; nur sentimentale Voreingenommenheit könnte das verkennen wollen. Wie die Namen ihrer Könige (Teutobod, Boiorix) keltisches Gepräge tragen, so haben sich ihre Ableger in der Belgica, die Aduatuker, völlig keltisiert; eine als unverlierbarer Wert gehütete Eigenart, um deren Erhaltung willen sie die im Kulturerbe der damaligen Menschheit gesammelten Erfahrungen sich zu eigen zu machen und zu verwerten gestrebt hätten, gab es für sie nicht — und konnte es für sie noch nicht geben. [123]

Kimbern, Teutonen und Ambronen sind durch die Katastrophen von Aquae Sextiae (102 v. Chr.) und Vercellae (101) gewaltsam aus der Geschichte gestrichen worden. Im allgemeinen haben die Träger der ersten germanischen Ausbreitung ein anderes Schicksal gehabt: ihre Bewegung war bedroht von der Gefahr eines unaufhörlichen allmählichen Versickerns, eines nahezu völligen Aufgehens in den höher zivilisierten, von Natur und Geschichte reicher bedachten Völkermächten, vor allem im Keltentume. Wohl erinnerten sie sich mit Stolz ihrer germanischen Abstammung, zumal im Hinblick auf ihre Überlegenheit im Waffenhandwerk, die noch Caesar im Kampfe mit den Belgern zu spüren bekam; wohl hielten sie noch an den altererbten Namen großenteils fest; aber sonst sind sie in Sprache und Gesittung weitgehend zu Kelten geworden[67]. Das ganze wertvolle Menschentum drohte der Geschichte als neue Größe von spezifischer Sonderart verlorenzugehen. Nur Nutznießer fremder Errungenschaften, deren sie sich mit Waffengewalt bemächtigten, nicht Mitgestalter des großen, in sich sinnvoll geordneten Laufs der Weltgeschichte wollten die Germanenvölker der ersten Wanderperiode sein; ihr Blick war noch verschlossen gegenüber jener Aufgabe, deren Erfüllung allein dem Völkerleben Inhalt verleiht und die Nationen in „geschichtliche" und „geschichtslose" unerbittlich sondert. Besonders klar tritt uns die geistige Haltung der ersten Wanderzeit infolge der reichen Nachrichten in Caesars *Gallischem Krieg* bei den Germanen des Ariovist entgegen. *Ihr ganzes Trachten ging darauf, wie die reichen Kelten zu leben. So mußte auch die germanische Sprache bald verloren gehen, und mit den übrigen Kelten nahm die Oberschicht in den folgenden Jahrzehnten auch den römischen Kulturfirnis an. Ebenso gut wie von den Mattiakern* (Germ. 29. Hist. IV 70) *hätte Tacitus von ihnen sagen können: Mente animoque nobiscum agunt. Im Jahre 70 n. Chr. haben sich Triboker und Vangionen gleich beim Anmarsch des römischen Heeres von den aufständischen Treverern losgesagt*[68]. Die jahrhundertelange Römerherrschaft auf dem linken Rheinufer hat schließlich den Ausschlag dafür gegeben, daß die hier siedelnden germanischen Volkselemente als

---

[64] a. a. O.

[65] Vgl. den Schluß des Abschnitts bei Seneca (Übersetzung von Capelle): Gib jenen riesigen Leibern, jenen muterfüllten Herzen . . . vernünftige Überlegung, gib ihnen Zucht; um nicht mehr zu sagen: dann wird es wahrhaftig not tun, uns auf Römertugend zu besinnen! — Mangel an *usus et disciplina* bei den Germanen: Caesar, Bell. Gall. I 40, 5.

[66] IV 4, 2, p. 195.

[67] So rechnet Caesar die Belger stets zu den Galliern, obwohl er von ihrer germanischen Herkunft weiß und (B. G. I 1) von den Unterschieden zwischen Aquitaniern, Kelten und Belgern kurz berichtet. Daß diese Unterschiede geringfügig waren, berichtet Strabo IV 1, 1 (p. 176).

[68] Gelzer a. a. O.

[124] Sprößlinge einer ersten, vorzeitigen, noch nicht gereiften germanischen Epoche aus dem weiteren Gange der weltgeschichtlichen Ereignisse, vor allem der Geschichte des Germanentums selbst ausgeschaltet wurden; begonnen aber ist dieser Prozeß von den Germanen selbst[69].

Die antiken Quellen kargen mit Ausdrücken der Bewunderung für das Heldentum der Kimbern und Teutonen nicht. Aber es wäre schlechthin unvorstellbar, daß etwa ein Tacitus des 2. Jahrhunderts v. Chr. mit seiner Schilderung dieses frühe Germanentum seinen Zeitgenossen in dem Maße als Vorbild hätte vorhalten können, wie es am Ende des 1. nachchristlichen Jahrhunderts der historische Tacitus mit dem Germanentum seiner Zeit tat. Und wieder kann der hier gefühlte Unterschied nicht aus den allgemeinen Zuständen der Zeitalter selbst heraus erklärt werden, in dem Sinne, daß die Gesamtheit der politischen und moralischen Verhältnisse im Römertum der vorchristlichen Periode ein solches Mahnbild überflüssig gemacht hätte. Im Gegenteil, es ist allbekannt, wie tief das durch und durch sittlich korrupte Menschentum der römischen Revolutions- und Bürgerkriegszeit des 2. und 1. Jahrhunderts v. Chr. unter dem der Trajanischen Ära, des glanzvollen Höhepunkts der römischen Kaiserzeit, stand. In jener Epoche der Auflösung und Zersetzung wäre ein solcher Sittenspiegel wie die Germania des T a c i t u s eher noch mehr am Platze gewesen als später. Es bleibt nur der Schluß, daß weder die Kimbern und Teutonen noch die Bastarnen und die übrigen frühgermanischen Wandervölker sich bereits zu einer Stufe emporentwickelt hatten, die sie befähigt hätte, Vorbilder zu sein für eine unter den Zuckungen einer schweren Krise fast erliegende Welt, obwohl dieser die Idealisierung der Nordvölker längst eine geläufige Anschauungsform geworden war.

Wir werden also immer wieder darauf geführt, den Grund für die Verschiedenheit des Erfolges der ersten und der zweiten geschichtlich erkennbaren germanischen Wanderung in der inneren Struktur des Germanentums und ihrem Wandel zu suchen. Schon die erste Periode läßt die großartigen Anlagen des germanischen Menschen durchblicken: die Freiheitsliebe, den Heldensinn, den Wagemut, die Ritterlichkeit[70], die Aufrichtigkeit, die Treue. Sie waren verheißungsvolle Boten neuer Jugendfrische in einer gealterten Welt. Aber die Frühgermanen selbst wußten nicht darum. Geradezu unheimlich wirkt ihre Bereitschaft, sich zu verströmen, zu verlieren. Sie stehen der überlegenen Zivilisation der Kelten und vollends der der antiken Mittelmeervölker mit dem Nachahmungstriebe und der Lernbegierde von begabten Kindern gegenüber. Erst in der zweiten Periode, der eigentlichen *Völkerwanderungszeit*, erscheint das Germanentum in seinem Verhältnis zur Kulturwelt des Südens wie ein gereifter Mann, der der fremden Überlegenheit nicht erliegt, auch nicht erliegen will, sondern der sie begreift, in ihrer ursprünglichen Reinheit erfaßt und ihr nun seine Dienste weiht, um das eigene Selbst auf diesem (nach Ausweis der Geschichte e i n z i g möglichen) Wege geläutert zurückzuempfangen — es ist der geistige Prozeß, den wir noch immer am besten mit dem Worte *Bildung* erfassen und der zutiefst in G o e t h e s Mahnung beschlossen liegt: *Was du ererbt von deinen Vätern hast, e r w i r b es, um es zu besitzen*[71]. So ist das Germanentum erst seit der Völkerwanderungszeit am Ausgange des Altertums eine welt-

---

[69] Daß gerade die Ubier, die in Caesars Zeit noch rechts des Rheins saßen und sich keltischen Kultureinflüssen besonders bereitwillig geöffnet haben (B. G. IV 3, 3), auch stets eifrige Anhänger der Römer waren, nach Ausweis ihres Namenmaterials ihr Germanentum weitgehend wahrten (S c h a r f a. a. O. 164), obwohl sie nach ihrer Überführung aufs linke Ufer (38 v. Chr.) *keltischer Gesittung und Zivilisation völlig verfielen* (a. a. O.), beleuchtet die Verhältnisse schlagend. Es war gewolltes, nicht widerfahrenes Schicksal.

[70] Es sei an das Verhalten der Kimbern vor der Schlacht bei Vercellae erinnert (das in dem der Deutschordensritter vor der Schlacht bei Tannenberg sein bekanntestes Gegenstück findet). Vgl. dazu P l u t. Mar. 25. Wie anders — man muß schon sagen: wieviel verantwortungsbewußter — verhielt sich später Armin gegenüber Varus und Germanicus! Seine Auffassung deckte sich mit der des Römers Marius (a. a. O), daß der Zeitpunkt für die Schlacht ohne Rücksicht auf Wünsche des Feindes zu wählen sei.

[71] Vgl. o. S. 278.

historische Potenz geworden: durch und durch erfüllt mit dem Geiste der Antike und dennoch — richtiger gesagt: und deshalb erst — durch und durch *germanisch*. [125]

Erst seit das — man muß schon sagen: egoistisch-träge Sichverlieren an die fremde Hochkultur, wie es die geistige Signatur des Frühgermanentums im 2. und 1. vorchristlichen Jahrhundert bestimmt, von einer höchst aktiven geistigen Begegnung und Auseinandersetzung mit der im Römertum verkörperten alten Kultur ersetzt worden war, konnte das Germanentum als das Menschentum der Zukunft erscheinen wie bei Tacitus. Tacitus' großartige Ahnung aber zeigt zugleich, daß der entscheidende Wandel zeitlich erheblich vor der sog. Völkerwanderung eingesetzt haben muß. Um so dringender erhebt sich die Frage nach dem Anlaß, der eine so grundlegende Wandlung im germanischen Selbstbewußtsein hervorgerufen, und nach dem Raume, auf dem sie sich zuerst vollzogen hat.

4.

Die Antwort auf diese Fragen wird für gewöhnlich damit gegeben, daß sich im Germanentum eben eine *Entwicklung* vollzogen habe und daß es überflüssig sei, nach einem besonderen Ort zu suchen, auf dem sich diese *Entwicklung* abgespielt hätte, da folgerichtig alle Glieder des germanischen Stammes von ihr ergriffen gewesen sein müßten. Daß letzteres falsch ist, wird sich im Fortgange unserer Betrachtungen erweisen. Aber auch rein theoretisch gesehen, ist das Operieren mit dem allzeit gefügigen Entwicklungsbegriff ein verhängnisvoller Selbstbetrug, durch den die Kennzeichnung eines vorerst nur mangelhaft bekannten Tatbestandes — in unserem Falle also der inneren Umwandlung des Germanentums — bereits als dessen Aufhellung und Erklärung erscheint. Es gehört zu den größten Fortschritten der modernen geschichtlichen Forschung auf dem Wege zu dauernder Erkenntnis, daß es ihr gelungen ist, der hier beliebten Vernebelung sich zu entziehen und auf klare Erfassung der Tatsachen zu dringen.

Um ihrer grundsätzlichen Bedeutung für das Verständnis unserer Ausführungen willen sei es verstattet, hier die Worte hinzusetzen, mit denen jüngst ein hervorragender Forscher der Gegenwart die alte und die neue Betrachtungsart einander gegenüberstellte. Im Jahre 1935 schrieb der schwedische Orientalist H. S. Nyberg[72]: *Die Entwicklungslehre hatte uns eine äußerst wichtige Wahrheit einzuschärfen: die von der Kontinuität des geschichtlichen Geschehens. Aus nichts wird nichts, und in der Welt des Geistes wie der Natur geschehen keine Sprünge. Keine Geschichtsforschung kann diese selbstverständlichen Voraussetzungen entbehren. Aber die Entwicklungslehre ist gescheitert, wo es galt, den Inhalt des geschichtlichen Prozesses und die Art der geschichtlichen Veränderung zu erklären. Es ist ihr nie gelungen, den treibenden Kräften im geschichtlichen Leben selber auf die Spur zu kommen. Manchmal scheint sie mit einer Art unpersönlicher Kraft als eigentlichem Genius der Geschichte zu rechnen. „Entwicklung" ist eine Art unpersönlicher Gottheit, die mit mechanischer Notwendigkeit wirkt. Alles „schreitet fort", von Klarheit zu Klarheit, wie von selber. Alte Formen sterben und neue erstehen, darum macht sich die Entwicklungslehre wenig Sorgen. Ein unbestimmter Hinweis auf das biologische Gesetz von der Auslese der Stärksten muß für gewöhnlich genügen. Und doch liegt hier das eigentliche Geheimnis des geschichtlichen Geschehens.*

Daß unser irdisches Dasein in ein unzerreißbares Netz von Naturnotwendigkeiten eingeschnürt ist, ist eine beinahe triviale Wahrheit. Alles geschichtliche Geschehen ist an Voraussetzungen und Faktoren außerhalb des Einzelwillens gebunden. Aber an den großen Wendepunkten des Geschehens werden alte Formen zerbrochen und neue geschaffen, sterben unter Ängsten alte Gedanken und werden unter Ängsten neue aus ihrer Asche geboren. An diesen

[72] Seine Darlegungen erschienen in deutscher Übersetzung von H. H. Schaeder unter dem Titel *Das Christentum als religionsgeschichtliches Problem* in der Zeitschr. f. Missionskunde u. Religionswissenschaft 50, 1935, H. 10, 295 ff. Der hier abgedruckte Abschnitt findet sich auf S. 298 f.

[126] *Wendepunkten stehen die großen schöpferischen Persönlichkeiten mit ihrer geheimnisvollen Macht. Der Evolutionismus hat eine gewisse Neigung, den schöpferischen Einsatz dieser Persönlichkeiten zu verringern, und darin liegt seine größte Schwäche. Sicher ist es, daß, wenn wir diese Neuschöpfungen irgendwie greifen wollen, jegliche rein evolutionistische Betrachtungsweise unrettbar zu kurz kommt. Wir müssen uns hier ernstlich entschließen, den Gesichtspunkt der Revolution einzuführen. Wir können uns nicht verhehlen, daß damit das Prinzip der Evolution in entscheidender Weise durchbrochen ist. Eine Revolution wird immer auf der Grundlage vorhandener Verhältnisse gemacht, und auch nach der stärksten Revolution lebt das Alte immer bis zu einem gewissen Grade fort. Und doch, wo eine Revolution erfolgt ist, da ist nichts Früheres sich gleich geblieben. Hier zeigt sich etwas grundsätzlich anderes als das stille, gesetzmäßige Wachstum der Evolution.* Schon die Tatsache, daß die *Entwicklung* an einem bestimmten Zeitpunkt sichtbar wird, daß sie also chronologisch gebunden ist, woran die (sich damit als grundsätzlich unhistorisch entlarvende) Entwicklungslehre so gern vorbeisieht, lehrt die Unhaltbarkeit dieser Theorie, die lediglich ein Wunschtraum des vorigen Jahrhunderts, nicht eine wirkliche Erkenntnis ist. Geschichte ist nicht Geschichte von *Entwicklungen,* sondern Geschichte von Taten. Schon aus Goethes spöttischen Versen klingt das heraus:

Zum Handeln die Gelegenheit verpassen,
Nennt ihr: die Dinge sich entwickeln lassen.
Was hat sich denn entwickelt, sagt mir an,
Das man zur rechten Stunde nicht getan?

Suchen wir nun, um zu unserem speziellen Thema zurückzukehren, nach den grundlegenden Taten, die die große Revolution des frühgermanischen Menschen — denn um eine solche hat es sich tatsächlich gehandelt — heraufgeführt haben, so ist es nicht schwer, sie aufzuzeigen: es sind das Eingreifen der Römer in die erste germanische Ausbreitung und die Wirksamkeit des Arminius. Damit ist zugleich der Boden bestimmt, auf dem die Geschehnisse in ihre welthistorisch entscheidende Phase getreten sind. Es ist der Raum Westfalen, das Herzstück des nordwestlichen Germanien zwischen Rhein und Weser mit der großen westöstlichen Einfallstraße des Lippegebietes.

Die gewaltige Gestalt Julius Caesars ist es gewesen, die die Wendung der Dinge angebahnt hat. Sein herrisches Eingreifen in Gallien war nicht nur für das Römertum epochemachend, hat er doch in einem Maße wie kaum jemand vor ihm verstanden, dieses mit dem schon wankenden Bewußtsein seiner ruhmvollen Traditionen und der in ihnen enthaltenen Kräfte und Ansprüche zu durchdringen — welche Sprache redet in dieser Hinsicht allein schon das erste Buch seiner Kommentarien über den Gallischen Krieg![73] —; dieses Eingreifen bedeutete für das westliche und nördliche Europa eine wahrhafte Zeitenwende. Durch die Aufrichtung der Rheingrenze, die er mit Waffengewalt zu behaupten wußte, hat Caesar wohl das bereits beide Uferlandschaften des Stromes umfassende germanische Siedlungsgebiet in ganz künstlicher Weise zerrissen; aber zugleich erwies er mit ihr, ganz gegen seine Absicht, dem Germanentum einen unschätzbaren Dienst[74]. Dem sozusagen unter-

[73] Daß gerade Caesar es sein sollte, der im Fortgange seines staatsmännischen Wirkens mit steigender Entschiedenheit von den römisch-republikanischen Traditionen abrückte, ja zu ihnen in einen verhängnisvollen Gegensatz geriet (der bekanntlich zum Anlaß seines jähen Untergangs wurde), ist eine geschichtliche Tragik, die wohl am ehesten mit der Entwicklung in Alexanders des Großen (des Vorbildes des Reichsgründers Caesar!) Stellung zu seinen Makedonen und den durch sie heraufgeführten schweren Konflikten vergleichbar ist, mag dieser auch durch Alexanders frühzeitigen Tod das bittere Ende erspart geblieben sein.

[74] Daß Caesar selbst mit den beiden Rheinübergängen von 55 und 53 v. Chr. die germanische Gefahr nicht völlig gebannt zu haben glaubte, zeigen seine letzten, infolge seiner Ermordung nicht zur Ausführung gelangten Pläne, die nach Unterwerfung der Parther einen Marsch in den Rücken der Germanen vorsahen. Vgl. Plut. Caes. 58. Meyer, Ed., Caesars Monarchie und das Prinzipat des Pompejus², 1919, 475.

irdischen Verströmen wertvollster germanischer Volkskraft ins Keltentum, das auf die Dauer der Existenz des Germanentums als selbständiger Größe ein allmähliches Ende gemacht haben müßte, hat er durch die Abriegelung jeder weiteren Ausbreitung nach Gallien hinein mit rauher Hand einen Damm entgegengestellt, der die allzu heftig strömende Quelle dieser Volkskraft vor dem Versiegen bewahrte. Was wog dieser Bürgschaft für die Zukunft gegenüber die Trennung der linksrheinischen Germanen von ihren Stammesbrüdern! [127]

Was Caesar an der Nordgrenze anbahnte, hat Augustus zu vollenden getrachtet. Im Zuge der Sicherung der Nordfront des Reiches [75] führten der ritterliche Drusus und nach seinem frühen Tode im Jahre 9 v. Chr. der tatkräftige Tiberius die römischen Legionen bis zum Elbstrome. Die römische Flotte stieß bis Kap Skagen vor. Schon konnte das nordwestdeutsche Hinterland der gewaltigen Donau-Elb-Grenzlinie als römische Provinz gelten [76], mit deren Sicherung Augustus seine politischen Ziele in Germanien erreicht zu haben erklärte. Gerade daß es sich hier nicht um uferlose, aus bloßer Herrsch- und Machtgier unternommene, keine anderen Grenzen als die des Erreichbaren anerkennende Eroberungszüge handelte, sondern um planmäßige, mit größter Sorgfalt und Vorsicht in die Wege geleitete Unternehmungen im Sinne einer offensiv geführten Defensive mit ausdrücklich begrenztem Ziel, das irgendwelche Übergriffe auf den größeren, jenseits der Elbe siedelnden Teil der Germanen ausschloß, war wesentlich, weil es etwas ausgesprochen Neues darstellte. Es kann kein Zufall gewesen sein, daß die Erhebung gegen die römische Gefahr nicht von den freien, kriegerischen Stämmen rechts der Elbe ausgegangen ist [77], sondern von denen, die sich der fremden Herrschaft bereits gebeugt hatten. Gerade hier muß der Eindruck vom Wandel der Zeiten gewaltig gewesen sein. Waren ehedem germanische Wanderscharen weit über den Rhein hinausgestoßen und in stetig anschwellendem Vordringen begriffen gewesen, so hatte sich nun das Blatt vollständig gewendet: das Germanentum war in die Verteidigung geworfen und vermochte dem übermächtigen neuen Gegner nicht einmal den Zugang zur Elbe, geschweige denn zum Rhein, zu wehren.

Bisher waren die Germanen nirgends auf einen ihnen ebenbürtigen Partner gestoßen. Den Kelten waren sie in kriegerischer Beziehung bedingungslos überlegen; das hatten die Kimbernzüge und die Erfolge des Ariovist in Gallien klar erwiesen. Der verhältnismäßig leichte Sieg aber entband nicht die in der germanischen Volksseele schlummernden Kräfte, sondern schläferte sie ein. Die Verteidigung der eigenen Art vermochte nicht zur lodernden Idee zu werden; man ließ sich daran genügen, daß die germanische Art, der germanische Ursprung eine — zum Teil prahlerische — Erinnerung blieb, ein Vorrecht, aber keine Verpflichtung im tieferen Sinne des Wortes. Erst in den Römern trat den Germanen ein mächtiger Gegner entgegen, und er erwies sich nicht nur als ebenbürtig, sondern sogar als erheblich überlegen. Namentlich auf militärischem Gebiete trat das hervor, wo die Kriegskunst der Römer Triumph auf Triumph über den germanischen Kampfeszorn erfocht. Dazu kam die trefflich geschulte Diplomatie, die die Waffenerfolge durch kluge Verhandlungen mit den germanischen Fürsten und Edelingen und durch die Überreichung kostbarer, den Empfänger durch ihren Wert nicht nur bereichernder, sondern auch auszeichnender und

[75] Vgl. Miltner, F., Klio 30, 1937, 206 ff.

[76] Das geht aus der Errichtung eines Zentralheiligtums für die neue Provinz in Ara Ubiorum (Köln) mit germanischen Fürstensöhnen als Priestern mit Sicherheit hervor, die E. Kornemann mit vollem Recht zum gallischen Provinzialheiligtum von Lyon in Parallele gestellt hat (Staaten, Völker, Männer [Das Erbe der Alten II 24, 1937] 117 ff.).

[77] Daß auch sie zur Unterwerfung bereit waren, lehren ihre Gesandtschaften an Augustus: Kimbern, Haruden, Semnonen nennt das Monum. Ancyranum (26).

[128] ehrender Geschenke zu unterbauen verstand[78]. Vor allem aber war es der ganz ungewohnte Umstand, daß die römische Eroberung nicht aus bloßem Machttrieb und ungezügelter Lust am Herrschen an sich erfolgte, sondern im Gefolge einer grandiosen Kulturidee, war doch die Heraufführung des Weltfriedens — und zwar nicht im Sinne einer Kirchhofsruhe, sondern eines gesicherten Neben- und Miteinanderlebens der Völker der *Oikumene* unter dem Schutze des Imperium Romanum[79] — das Ziel der augusteischen Politik, ein Ziel, das wenigstens in den entscheidenden Jahren der Germanenkriege nach den furchtbaren Zeiten des letzten Bürgerkrieges ehrlich angestrebt worden ist[80]. Nur wenn wir diese mit den Quellenzeugnissen in Übereinstimmung stehende Voraussetzung machen, erklärt sich das Verhalten der großen Zahl germanischer Edelinge, die sich aufrichtig an die römischen Eroberer anschlossen und ihnen selbst über den Zusammenbruch ihrer Herrschaft in der Varusschlacht hinaus die Treue hielten. Ausdrücklich wird bei Tacitus[81] hervorgehoben, wie sehr der fanatische Römerfreund Segestes durch seine gewaltige, echt germanische Erscheinung und durch sein zur Schau getragenes gutes Gewissen den Römern aufgefallen sei. Ebenso wird Armins Bruder, der im Heere des Germanicus 16 n. Chr. gegen seine Angehörigen und Volksgenossen gekämpft hat, *Flavus,* der Blonde, genannt. Gerade die Anhänger der Römer sind also besonders augenfällige Verkörperer des echt germanischen Typus gewesen. Es darf gewiß als ausgemacht gelten, daß sie sich einer Herrschaft von Kelten oder Skythen nicht im gleichen Maße gefügt hätten.

Als besonders schlagendes Zeugnis für die Stimmung in Germanien während der römischen Eroberung darf die berühmte Szene gelten, die der römische Offizier Vellejus Paterculus[82] als Augenzeuge geschildert hat, wie am Elbestrom nach der Vereinigung der von der Nordsee gekommenen Flotte mit dem Heere des Tiberius — etwa in der Gegend von Magdeburg? — sich von dem durch die germanischen Semnonen besetzt gehaltenen östlichen Ufer ein hochgewachsener, schon betagter Fürst im eigenhändig durch den Strom getriebenen Einbaum dem römischen Lager näherte, den Oberfeldherrn zu sehen begehrte und die Erfüllung dieses Wunsches dankbar als den schönsten Augenblick seines Lebens bezeichnete[83]. Wer erwägt, wie groß die Zahl ähnlich Gestimmter in Germanien gewesen

[78] Mit Recht hat H. Schoppa (Zum römischen Import in Westfalen, Westfalen 21, 1936, 391) kürzlich ausgeführt, daß die durch Kostbarkeit und künstlerische Qualität ausgezeichneten Fundstücke der augusteischen Zeit im germanischen Bereich, wie die Verteilung der Fundstücke lehrt, weder als Handelsimport noch als Beutestücke nach Germanien gelangt sein können, sondern daß wir „hier nur Zeugnisse einer römischen Germanenpolitik sehen" können, „die durch offizielle oder halboffizielle Geschenke sich einzelne Stammesfürsten verpflichten will, aus demselben Grunde, warum auch germanische Edle am römischen Hof und im römischen Heere besonders ausgezeichnet wurden".

[79] Auch hier ist die gelehrte Forschung seit kurzem auf dem Wege, dem Römertum endlich mehr Gerechtigkeit widerfahren zu lassen als die des vorigen Jahrhunderts, dessen wissenschaftlichem Urteil die Überzeugung, daß Ideale — mit Ibsen zu reden — Lügen seien, weitgehend zugrunde lag. Für die Berichtigung des Urteils sei hier vor allem auf M. Rostovtzeffs monumentales Werk *Gesellschaft und Wirtschaft im römischen Kaiserreich* verwiesen, vor allem auf Bd. I 74 ff., wo mit Recht betont wird, daß es der freie Wille der Provinzen war, der in der schweren Krisis des Vierkaiserjahres (69 n. Chr.) das Reich zusammenhielt, und 112 ff., wo die Stimmung der Reichsbevölkerung im 2. Jahrh. n. Chr. an der Rede des Aristides auf Rom treffend dargelegt wird (vgl. ferner Nestle, W., Der Friedensgedanke in der antiken Welt, 1938, 72 ff.). Auch die berühmten Vergilverse (Aeneis VI 851 ff.) sind durchaus nicht im Sinne eines zügellosen Imperialismus zu interpretieren.

[80] Für Unterwerfen wird bei den Römern mit Vorliebe der Terminus *pacare* = *befrieden* verwendet. — Vgl. auch die Rede des Cerialis bei Tac. Hist. IV 74.

[81] Ann. I 57.

[82] II 107.

[83] S. besonders § 2: *tum appulso lintre et diu tacitus contemplatus Caesarem „nostra quidem" inquit, „furit iuventus, quae cum vestrum numen absentium colat, praesentium potius arma metuit quam sequitur fidem. sed ego beneficio et permissu tuo, Caesar, quos ante audiebam, hodie vidi deos, nec feliciorem ullum vitae meae aut optavi aut sensi diem". impetratoque, ut manum contingeret, reversus in naviculam sine fine*

sein muß und wie begeistert sich die gleichen Persönlichkeiten zum überwiegenden Teile später der Erhebung Armins angeschlossen haben, der wird es weit von sich weisen, von den Germanen der augusteischen Epoche etwa gar mehr als ein Drittel für Landes- und Volksverräter oder für Wankelmütige erklären zu sollen. Schon der Eintritt vornehmer Germanen wie des Arminius und Flavus oder Marbod ins römische Heer war wahrhaftig keine landesverräterische Angelegenheit[84], zumal weder Marbod noch Armin durch ihn ihrer Anhänglichkeit an das eigene Volk entfremdet worden sind. [129]

Es war der harte, schmerzende Zusammenprall mit der reifen Weltkultur antiken Gepräges, der nach dem Scheitern tapferster Gegenwehr sich in der germanischen Seele auswirkte. Das eigene Selbst schien in Frage gestellt; es sollte schon nicht mehr, wie vordem, verschwendet werden, wobei doch immerhin wie bei den linksrheinischen Germanen die Erinnerung an die alte Art geblieben wäre, sondern es drohte überhaupt angesichts der römischen Überlegenheit wertlos zu werden. Und bald steigerte sich die Gefahr dahin, daß die germanische Eigenart kurzerhand unterdrückt, ja genommen werden sollte: als die Niederwerfung des furchtbaren pannonisch-dalmatischen Aufstandes alle fähigen Kräfte der römischen Heerführung und Staatsverwaltung beanspruchte, beging die kaiserliche Regierung den Kardinalfehler, den nicht unbefähigten, aber bornierten Publius Quinctilius Varus zum Statthalter der neuen Provinz zu ernennen, der seine im Orient erprobten Methoden auch bei den freiheitsstolzen Germanen zur Anwendung zu bringen gedachte und diese drei Jahre lang mit einer ihnen wesensfremden römischen Verwaltungspraxis und Rechtsprechung heimsuchte. Mochte damit auch der Widerstand gegen das fremde Wesen erneut angefacht werden[85], so war es doch noch ein weiter Weg bis zum Gelingen einer Erhebung gegen die Fremdherrschaft. Und wer die Machtmittel der Römer und die Stärke ihrer Anhängerschaft unter den Germanen selbst erwog, mußte zu dem Ergebnis kommen, daß die Zukunftsaussichten eines als selbständige Größe eigener geistiger Prägung existierenden Germanentums trübe waren.

Aber nun sollte der germanische Genius sich leuchtend zeigen. Aus dem Kreise der Germanenprinzen in römischen Diensten, deren ehrliche Bewunderung der römischen Größe schon daraus spricht, daß sie z. T. wie die Söhne des Cheruskerfürsten Segimer, Arminius und Flavus, römische Namen annahmen, erfolgte der Umschwung. Sie waren nicht gesonnen, weichlich vor dem Überwinder hinzusiechen. Sie studierten die hochentwickelte Staats- und Kriegskunst der Römer und ihre Sprache. Sie lernten römisches Geld und römische Kunst schätzen. Aber sie verschlossen sich nicht dem Erlebnis, daß eben d u r c h die Versenkung in eine bewunderungswürdige fremde Schöpfung die Liebe zur eigenen Art und der Drang nach Selbstbehauptung aus einem dumpfen Gefühl zu heller geistiger Klarheit erwuchsen. Freilich war das nicht bei allen der Fall; im Gegenteil. Aber gerade hier war eben der Prüfstein für die Herausbildung wahrer Führereigenschaften. Nur einer hat schließlich die harte Prüfung bestanden: Armin.

Man betrachtet für gewöhnlich die Leistung Armins, in der die jetzt einsetzende Revolution kulminierte, viel zu sehr als Selbstverständlichkeit und erkennt daher nur unvollkommen, wie diese Leistung eigentlich möglich wurde. Daß das Staunen der Anfang der Weisheit ist, gilt kaum irgendwo so sehr wie in diesem Falle. Die gewiß vorhandene geniale Begabung Armins ist schließlich nur Voraussetzung für die große Tat gewesen, aber noch nicht bereits die Erfüllung selbst. Und die rassische Hochform des Germanentums war an

---

respectans Caesarem ripae suorum appulsus est. Es liegt nicht der mindeste Grund vor, diese Erzählung, die sich in den Rahmen des sonst über die Stimmung in Germanien Bekannten vorzüglich einfügt, als *in maiorem gloriam Tiberii* erfundene Schönfärberei zu verdächtigen.

[84] Darauf berief sich später noch nach T a c. Ann. XI 17 Flavus' Sohn Italicus.

[85] Vgl. die Ausführungen bei D i o C a s s. 56, 18, 3 f.

[130] sich noch durchaus keine Bürgschaft des Erfolges und der Wiedergewinnung der Freiheit, denn gerade die fanatischsten Anhänger der Römer waren, wie erwähnt, nach unseren Quellenzeugnissen besonders augenfällige Vertreter des hochgewachsenen, blondhaarigen nordischen Typs. Gerade die tapfersten und einflußreichsten Haudegen, wie Armins Oheim Inguiomer, der erst sehr allmählich und, wie sich später zeigte, nicht gerade zum Besten der Sache zu seinem Neffen sich bekehrte, konnten von den Römern als ihre Parteigänger betrachtet werden [86]. Nicht daß die germanische Eigenart vorhanden war, gab den Ausschlag, sondern daß diese Eigenart nun geläutert ins Bewußtsein erhoben und zur gestaltenden Idee erhöht wurde, für deren Rettung und Durchsetzung das Kühnste gewagt werden mußte — und unter veränderten Voraussetzungen auch konnte.

Schon die Tatsache, daß diese Leistung einem Germanenfürsten gelungen ist, der durch die römische Schule gegangen war, einem Armin und nicht einem Inguiomer, erhebt es zur Evidenz, daß der geistige Anteil des Römertums hierbei nicht eben gering zu bewerten sein kann. Das wird nur der als Paradoxie empfinden, der die Augen vor der Erfahrungstatsache verschließt, daß die Inkommensurabilität von Absicht und Ergebnis eine der häufigsten Erscheinungen der Geschichte ist. Wir sahen, daß bereits die Aufrichtung der Rheingrenze durch Caesar die germanische Gefahr für das Imperium nicht nur nicht bannte, sondern zu einer gewaltigen Stärkung des Germanentums und damit schließlich zu einer Verdoppelung jener Gefahr geführt hat. Und das Ergebnis von Armins Lehrzeit bei den Römern ist der Sturz ihrer Herrschaft in Germanien gewesen. Das völkische Selbstbewußtsein der Germanen wurde seit der Abriegelung des Westens und der Unterwerfung durch den übermächtigen Feind geweckt. Nicht prahlerische Selbstbespiegelung, sondern heiliger Ernst griff Platz; Germanentum und germanische Freiheit konnten nun zu einem plötzlich heißgeliebten und aufs äußerste zu verteidigenden Besitz werden.

Was Armin über seine Volksgenossen hinaushebt, ist vor allem der klare, unbestechliche Blick des Mannes, der nicht nur daran denkt zu kämpfen — das taten schließlich die anderen auch, mehr als zuträglich war, gaben sie doch nur dem Gegner Gelegenheit zu immer neuen militärischen Triumphen, deren jeder gleichsam als Gottesgericht einen bedenklichen Stoß gegen die Widerstandskraft der germanischen Seele bedeuten mußte —, sondern dessen ganzes Sinnen und Trachten darauf gerichtet war, zu siegen. An die Stelle jener bequemen, die eigene Tapferkeit und die Reinheit der eigenen Absicht als ausreichende Rechtfertigung für das Handeln betrachtenden Haltung, für die das Mißlingen niemals eine verdiente Strafe, sondern ein „tragisches“ Erliegen vor der Gewalt eines „unerforschlichen“, ja wohl gar „unvermeidlichen Schicksals“ bedeutet, setzte Armin in rastloser, zäher Arbeit an sich selbst die Verantwortung gegenüber der Zukunft seines Volkes und des gesamten Germanentums, der mit einem bloßen Sichwehren nicht gedient sein konnte, sondern allein mit einem durchschlagenden Erfolge [87]. So hat dieser wohl genialste Schüler der Römer, der es auf Grund seiner Verdienste sogar zum römischen Ritter gebracht, der den ihm verliehenen römischen Namen Arminius [88] Zeit seines Lebens mit Stolz getragen hat (so daß wir den germanischen Namen des Befreiers Germaniens überhaupt nicht kennen!), der der lateinischen Sprache in nicht unerheblichem Ausmaße kundig war und der in die Struktur römischen Wesens und römischer Kultur einen ganz tiefen Einblick sich verschafft haben muß [89], den wunden Punkt in der römischen Politik erkannt.

---

[86] Vgl. Tac. Ann. I 60.

[87] Hierher gehört auch die als „Verrat“ gebrandmarkte Irreführung des Varus; wie sie zu verstehen ist, habe ich in der Hist. Ztschr. 147, 1932, 500 ff., ausgeführt.

[88] Vgl. Bickel, E., und Meißner, R., Rhein. Museum 84, 1935, 1 ff.

[89] Wie seine späteren Taten und Absichten lehren. Vgl. u. S. 296.

Der Dienst an der Verwirklichung des Weltfriedens besagte noch nicht, daß die Segnungen dieses Friedens und der in seinem Schatten sich entfaltenden Weltkultur vom Römertum geradezu zwangsweise für sich monopolisiert werden, daß er mit der Vernichtung fremder Eigenart verbunden sein durfte. Der verhältnismäßig rasche Wandel von den Methoden des Drusus[90] zu denen des Varus hatte gelehrt, wie groß die Kluft zwischen der römischen Idee und der Praxis so manches ihrer Träger war[91]. Es war eine Tragik, der das Römertum schließlich erlegen ist: in der Entwicklung vom Prinzipat zum Dominat, zu dem an orientalische Despotie erinnernden, unerträglichen Zwangsstaat der spätantiken Epoche hat sie ihren Ausdruck gefunden. Wenn demgegenüber später Germanien als Hort der Freiheit erscheinen konnte[92], so ist dies das Verdienst Armins, dessen Befreiungswerk das Germanentum vor dem Ergriffenwerden von jenem verhängnisvollen Prozeß bewahrt hat. Die Freiheit ist zum Leitgedanken des jugendlichen Fürsten geworden; die Germanen dürften niemals vergeben, daß sie zwischen Elbe und Rhein Ruten und Beile und Toga hätten sehen müssen, läßt Tacitus ihn später — gewiß zutreffend — seinen Landsleuten zurufen[93]. Eben daß hier nicht von römischen Waffen die Rede ist, sondern lediglich von den Insignien der römischen Verwaltungsbeamten und Hoheitsträger, beleuchtet die Tiefe des Gegensatzes: nicht die Verpflichtung zur Heeresfolge auf römischer Seite, sondern die Gefährdung des germanischen Wesens durch die Einführung römischer Gerichtsbarkeit und römischer Staatsverwaltung gab für den Cheruskerfürsten in erster Linie den Anlaß zum Widerstande und zur Erhebung ab. Der Kampf, zu dem Armin seine Mannen mit fortriß, wurde aus den letzten Tiefen menschlicher Bestimmung heraus gekämpft. Damit war es nicht mehr nur ein Kampf für die Freiheit eines beliebigen Volkstums, sondern für die Freiheit in der Weltgeschichte überhaupt. So ist sein Ergebnis dem Gange nicht nur der Volksgeschichte, sondern darüber hinaus dem der Weltgeschichte zugute gekommen. Und deshalb darf Armins Name ebenbürtig neben dem des großen Augustus genannt werden. [131]

Die Eigenart des Weges, den Armins Geist beschritt, und die Unmöglichkeit, ihn mit den herkömmlichen oberflächlichen Redensarten von Genialität, Freiheitsliebe u. dgl. zu erklären, tritt klar hervor bei einem Vergleiche mit dem für gewöhnlich — zu Unrecht — mit Armin in einem Atem genannten Marbod.

Auch dieser war kein Mann gewöhnlichen Schlages, sondern ragte erheblich über seine germanischen Zeitgenossen hinaus. Auch er hat sich in römischen Diensten ausgezeichnet. Und glühende Freiheitsliebe muß es gewesen sein, die ihn als König der Markomannen veranlaßte, sein Volk aus dessen alten Sitzen am oberen Main nach Böhmen fortzuführen, hinter dessen Gebirgswällen es vor dem Zugriff der Römer gesichert schien. Aber die Methode, mit der Marbod sich neben den Herren der Welt behaupten wollte, bestand lediglich in einer mehr oder weniger oberflächlichen Nachahmung des römischen Vorbildes, das auf ihn infolge seines Aufenthaltes im Herzen des Imperiums, in Rom selbst, und seiner Fühlungnahme mit Augustus ganz besonderen Eindruck gemacht haben muß[94].

---

90 Wie sehr sich Drusus und Tiberius von den übrigen römischen Befehlshabern dieser Zeit abhoben, lehren auch die Mißerfolge des L. Domitius Ahenobarbus (D i o C a s s. 55, 10^a, 3) und M. Vinicius (V e l l. II 104, 2). Den Abstand zu Varus heben die Quellen mit aller Deutlichkeit hervor: D i o 56, 18; V e l l. II 117, 2 f.; F l o r u s II 30, 29.

91 Vgl. auch die (im Grunde hilflose) Antwort des Avitus an den treuen, nun schwer enttäuschten Römerfreund Boiocalus, den Wortführer der Ampsivarier, bei T a c i t u s, Ann. XIII 55 (58 n. Chr.).

92 Vgl. z. B. die Angaben Salvians: A u b i n, H., Maß und Bedeutung der röm.-germ. Kulturzusammenhänge im Rheinland, 13. Ber. der Röm.-Germ. Kommission, 1921, 63.

93 Ann. I 59.

94 Hinsichtlich seines Entwicklungsganges und seines Verhaltens erinnert Marbod an den Seleukiden Antiochos IV. Epiphanes, der gleichfalls durch seinen langjährigen Aufenthalt in Rom zu einem unbedingten Nachahmer römischer Sitte und Institutionen geworden ist — zum schweren Schaden seines Herrschertums

[132] So suchte er sich eine Armee zu schaffen, die er römisch bewaffnete und römisch einexerzierte[95] und die er den Legionen an Kampfkraft ebenbürtig zu machen hoffte. Auch ein erstaunliches Imperium nach Art des römischen hat er sich teils durch Waffengewalt, teils durch kluge Verhandlungen gegründet[96]; es umspannte den größten Teil der rechts der Elbe wohnenden freien Germanenvölker, vor allem die Langobarden an der unteren und die Semnonen an der mittleren Elbe. Damit scheint er die Menschen und Mittel für die Aufstellung seiner Armee gewonnen zu haben, die sich nach den Angaben des Zeitgenossen Vellejus auf 70000 Mann zu Fuß und 4000 Reiter belaufen haben soll[97]. Jedenfalls hat Tiberius noch als Kaiser, als Marbod bei den Römern als hilfloser Flüchtling Schutz suchte, im Senat erklärt, dieser Mann sei einst auf der Höhe seiner Macht für Rom gefährlicher gewesen als Pyrrhos und Antiochos der Große und als Philipp von Makedonien für Athen[98].

Aber die Absichten der römischen Politik und vor allem die Psychologie des Römertums muß Marbod gänzlich verkannt haben. Denn sein Verfahren, bis zu bedenklicher Höhe aufzurüsten und bei Betonung friedlicher Absichten doch die Römer wissen zu lassen, er habe sowohl die ausreichende Macht wie die nötige Entschlossenheit, sich gegen jeden Angriff zur Wehr zu setzen, sein drohender Hinweis auf die vergleichsweise geringe Entfernung, die die Grenzen seines Machtgebietes von denen Italiens trennte[99], und manches andere sollten natürlich die römischen Staatsmänner und Heerführer einschüchtern, erreichten aber begreiflicherweise das Gegenteil: Tiberius erachtete es als seine wichtigste Aufgabe, diese gefährliche Machtbildung, durch die sich das römische Germanien, Pannonien und Noricum, ja sogar Italien ständig bedroht fühlen mußten, zu zertrümmern. Außerdem bedeutete Böhmen das Verbindungsglied zwischen Elbe und Donau, dessen Erwerb für die augusteische Grenzpolitik schlechterdings unentbehrlich war. Nur der plötzlich ausbrechende Aufstand der Pannonier und Dalmater rettete damals (6 n. Chr.) Marbods Reich vor dem bereits weit vorangetragenen Doppelangriffe der Legionen des Tiberius und seines Unterfeldherrn Saturninus[100]. Der Markomannenfürst war jetzt weit davon entfernt, die günstige Stunde zu nutzen und seinen großen Worten die entsprechenden Taten folgen zu lassen; selbst als Armin ihn nach der Teutoburger Schlacht durch Übersendung des abgeschlagenen Hauptes des Varus zu gemeinsamer Tat aufrief, verschloß er sich dem Anruf eines Schicksals, das er nicht begriff und nicht begreifen wollte[101]. Sein ganzes politisches Denken und Wollen ging in der Sorge für die Sicherung der Unabhängigkeit seiner Markomannen auf, die er durch Übernahme und Befolgung römischer Methoden erreichen zu können glaubte. An ein Eingreifen in den großen Gang der Weltgeschichte hat er nie gedacht.

Aber zwischen Kopieren und wirklichem Lernen ist ein weltenweiter Unterschied. Die nur äußerliche Übernahme fremder Einrichtungen bedeutet vielleicht dem Scheine nach eine Stärkung; in Wirklichkeit erschüttert sie das Zutrauen zur eigenen Kraft, aus der die ursprünglichen Lebensformen des Volkes einst organisch herausgewachsen waren. Die Sicherheit im Denken und Handeln geht verloren, und im entscheidenden Augenblick versagt

---

und seines Reiches. Ich darf hier auf die demnächst im Druck erscheinende Dissertation meines Schülers Reuter, F., *Beiträge zur Beurteilung des Königs Antiochos Epiphanes*, verweisen, in der die notwendigen Korrekturen an der z. Zt. noch verbreiteten Auffassung von dem Herrscher und seinen Zielen vorgenommen worden sind.

[95] Vell. II 109, 1.

[96] Vell. II 108, 2.

[97] Vell. II 109, 1.

[98] Tac. Ann. II 63.

[99] Vell. II 109, 4. Vgl. Tiberius' Ausführungen bei Tac. Ann. II 63.

[100] Vell. II 109, 5 — 110, 3.

[101] Vell. II 119, 6. Vgl. Tac. Ann. II 63 (aus dem Briefe des flüchtigen Marbod an den Kaiser Tiberius. Ebda. auch ein sprechender Beleg für das enorme Selbstgefühl des Markomannenkönigs).

der Mut[102]. Man begreift den rasenden Zorn, der sich Armins gegen Marbod bemächtigte, und ihn gegen diesen als einen Feind der germanischen Freiheit schließlich sogar die Waffen erheben ließ[103]. [133]

Bei Armin ist die Begegnung mit dem römischen Vorbilde bis zu der seelischen und geistigen Tiefe vorgeschritten, in der sich der Kultur-, der *Bildungs*prozeß vollzieht. Mit seinem bloßen Sinnen auf Freiheit und kriegerische Macht war Marbod doch durchaus in den Fesseln der Geistigkeit der ersten germanischen Ausbreitung befangen geblieben. Eben dahin wies seine Bereitschaft, die ererbten Formen und Gewohnheiten aufzugeben, sie durch fremde — in diesem Falle römische statt keltische — künstlich zu ersetzen und sich dem Germanentum je länger, desto mehr zu entfremden[104]. Armin hat diese Gefahr überwunden. Aus der Einsicht in die Struktur des römischen Heerwesens, des Staatsbaus des Prinzipats, der römischen Mentalität, die er sich mit der unerläßlichen unbedingten Wahrheitsliebe *sine ira et studio*, anders als Marbod jenseits aller patriotischen und persönlichen Wünsche verschafft haben muß, erwuchs ihm zugleich ein neues Vertrauen gerade auf die germanische Eigenart. So hat er später darauf verzichten können, seine Cherusker an römische Disziplin und römische Fechtweise zu gewöhnen[105], und damit den gefährlichen Bruch mit den ererbten, durch die Geschichte geheiligten Anschauungen vermieden, der nur schwächen konnte. Völlig neu war nur der Geist, mit dem er die überkommenen Formen erfüllte. An die Stelle der alten impulsiven, vom Augenblick eingegebenen Art setzte er die bewußte Planung. Das gab seiner Erhebung gegen Rom die durchschlagende Wucht; die fürchterliche Bestürzung in Rom[106], wie sie seit dem Kimbernschrecken dort nicht mehr aufgetreten war, bedeutete wie das Verratschreien bei Vellejus und unseren übrigen Quellenschriftstellern die ungewollte Anerkennung dafür, daß hier der Schüler den Meister mit dessen eigenen Mitteln überwunden hatte. Aus dem Hazardspiel des bloßen mannhaften Kampfes, das gegen einen Feind wie die Römer im Grunde nicht einmal mehr ein solches Spiel war, weil es so gut wie keine Gewinnchancen für die Germanen bot, hat Armin eine großartige Kriegführung mit weitestgehender Sicherung des Erfolges bei kämpferischem Einsatze gemacht[107]. An seiner meisterhaften Strategie ist die dem Varusheer an Zahl um mehr als das Doppelte überlegene

---

[102] Das haben Antiochos Epiphanes und Marbod in gleichem Maße an sich erfahren: der erste an dem (von Otto, W., *Zur Gesch. des 6. Ptolemäers*, Abh. Bayer. Akademie 1934, 82 f., so genannten) *Tag von Eleusis*, der letztere nach dem Ausbruche des pannonischen Aufstands, dann nach der Varusschlacht, zum letztenmal, als er nach der unentschieden gebliebenen Schlacht gegen Armin selbst das Schlachtfeld räumte und sogar römische Hilfe erbat (Tac. Ann. II 46).

[103] Daß auch Marbods Königtum nach dem Muster der Monarchie des Augustus gestaltet war, bemerkt Mommsen, Röm. Gesch.^{5} V, 34.

[104] Selbstverständlich haben unsere römischen Quellen für diese Schwächen bei Marbod kein Auge. Sie mußten die Nachahmung römischer Institutionen überall als Stärkung der Nachahmer ansehen, waren diese Institutionen ihnen doch zur Bürgschaft der eigenen Größe geworden und galten in ihrer Wirkung für nahezu unfehlbar. — Wenn Mommsen (Röm. Gesch. V^5 54) den *gebildeten und staatsklugen König* Marbod dem *wilden* Armin gegenüberstellte, so stellte er damit die Dinge auf den Kopf. Es ist um so seltsamer, als er bald darauf (a. a. O.) von Marbods Verhalten urteilen mußte, diese *Politik der Feinheit oder der Feigheit* habe *sich ihr eigenes Grab gegraben* (vgl. auch S. 34). Dann war sie eben nicht staatsklug und ihr Träger nicht wahrhaft *gebildet*.

[105] Das gilt jedenfalls für die entscheidende Zeit der Varusschlacht und der Germanicuskriege. Im Kriege gegen Marbod war es nach Tacitus' ausdrücklichem, sicher auf beste Überlieferung zurückgehendem Zeugnis (Ann. II 45) anders.

[106] Sueton, Aug. 23. Dio Cass. 56, 23. Man wußte dort nun, daß man es in Zukunft in Germanien mit einem geistig ebenbürtigen Gegner zu tun haben würde. Germanicus hat trotz zahlenmäßiger Überlegenheit überhaupt nicht mehr den Versuch gemacht, ihn strategisch zu besiegen, sondern seine Hoffnung allein auf die Erzwingung einer Entscheidungsschlacht gesetzt, womit er alsbald sich das Gesetz des Handelns vom Gegner diktieren lassen mußte.

[107] Vgl. m. Aufsatz *Zur Varusschlacht*, Hist. Ztschr. 147, 1938, 500 ff. Schon das dreitägige Durchhalten in der Varusschlacht ist erstaunlich.

[134] Armee des Germanicus in den beiden Feldzügen vom Sommer 15 und Sommer 16 n. Chr. trotz der taktischen Erfolge auf dem Felde Idistaviso bei Nammen und am Angrivarierwall bei Leese gescheitert[108]. Als Stratege, nicht als wackerer Haudegen — der er übrigens auch war[109] —, ist er zum *liberator haud dubie Germaniae* geworden, *proeliis ambiguus, bello non victus,* wie Tacitus an dieser mit Recht berühmt gewordenen Stelle[110] vollkommen richtig hinzufügt, ein Urteil, das doppelt wiegt, weil der römische Geschichtschreiber mit seinen Sympathien weitgehend auf seiten des Germanicus steht. Es war die geistige Überlegenheit, nicht der Waffenerfolg als solcher — der allein niemals von Dauer ist —, die dem Wirken Armins nicht episodenhaften Ruhm, sondern epochemachende Bedeutung für die Weltgeschichte gesichert hat[111].

Daß diese neue Durchgeistigung, wie wir die Leistung des Cheruskerfürsten für das Germanentum kurz nennen wollen, nicht aus dem germanischen Wesen allein herauswachsen, sondern für es nur aus der Lehrzeit bei einem in ihr groß gewordenen fremden Kulturvolke wie den Römern gewonnen werden konnte, erhebt der Blick auf das, was wir vom Verhalten der Volksgenossen Armins beobachten können, zur Gewißheit. Es soll hier gar nicht von seinen Gegnern wie Segestes geredet werden, der bekanntlich in letzter Stunde den ganzen Befreiungsplan dem römischen Statthalter aufdeckte, sondern von denen, die ihm Gefolgschaft leisteten. Den Sieg über Varus und die Befreiung des germanischen Bodens bis zum Rhein und zur Donau sahen sie nur als die erwünschte Gelegenheit an, um ihre alten Privat- und Stammesfehden ungestört von neuem aufzunehmen und über ihnen die Weltgeschichte und ihre Forderungen zu vergessen[112]. Welche Mühe hat es Armin gekostet, den Widerstand gegen Germanicus zu organisieren! Erst der schmerzvolle Verlust seiner Gemahlin Thusnelda und seines noch ungeborenen Sohnes durch den schmählichen Übergang des von Haß gegen den Besieger des Varus glühenden Segestes zu den Römern brachte die cheruskischen Edelinge zur Besinnung, so daß nun zu Armin auch sein einflußreicher Oheim Inguiomer fand[113]. Aber gerade Inguiomer hat durch seine Kurzsichtigkeit in militärischen Fragen zweimal seinem Neffen den schon sicheren Erfolg aus den Händen geschlagen: einmal, als Armin im Spätherbst 15 n. Chr. die auf dem Rückmarsch begriffenen, moralisch bereits schwer erschütterten vier Legionen des Caecina in den Sümpfen unweit Dülmen völlig eingeschlossen hatte, so daß man sie in Vetera bereits verloren gab[114], und ihm Inguiomers törichter Rat an die Germanen, das römische Lager anzugreifen, einen schon gesicherten Sieg entwand, der den des Jahres 9 im Teutoburger Walde über die drei Legionen des Varus noch übertroffen haben würde; zum zweitenmal, als durch das vorzeitige Eingreifen der cheruskischen Hauptmacht — doch wohl unter Inguiomers Leitung — gegen Armins Plan die von ihm außer-

[108] Auf Armins, nicht auf Germanicus' Verhalten läßt sich Mommsens Charakteristik des Vorgehens des Tiberius 5/6 n. Chr. genau anwenden: *die umsichtige Kriegführung brach nicht die Gegenwehr, sondern machte sie unmöglich. Diesem Feldherrn war es nicht um unfruchtbare Lorbeeren zu tun, sondern um dauernden Erfolg.* Armin wußte wirklich von den Römern zu lernen. So hat er sie bald überboten. Sein Verhalten nach der Niederlage von Idistaviso steht dem Blüchers und Gneisenaus nach Ligny ebenbürtig zur Seite. Vgl. Westf. Lebensbilder V 1, 10.

[109] Vgl. etwa Vell. II 118, 2 in der berühmten Charakteristik Armins, die auf persönlicher Kenntnis beruhen muß.

[110] Ann. II 88.

[111] Im Jahre 8 v. Chr. konnten die Edlen der Sugambrer sich nur das Leben nehmen (Dio 55, 6, 3). Ihre Kriegführung hatte sich der des Drusus völlig unterlegen gezeigt; vgl. Dio 54, 33, 2 f. Als ihnen eine Lage wie die in der Varusschlacht geschenkt war (a. a. O.; als Ort nennt Plinius, Nat. hist. XI 55, das uns leider ganz unbekannte Arbalo), wußten sie diese infolge verfrühter Siegesgewißheit nicht zu nutzen. Wie hoch erhebt sich Armin über diese kümmerlichen Vorgänger!

[112] Vgl. meine Skizzen des Lebens Armins in den Westfäl. Lebensbildern V 1, 1935, 1 ff., und in dem von P. Rohden herausgegebenen Sammelwerke *Gestalter deutscher Vergangenheit,* 1937, 27 ff., besonders 34.

[113] s. Tac. Ann. I 59 f.

[114] Tac. Ann. I 69 nach Plinius' Bella Germaniae.

ordentlich geschickt angelegte Feldschlacht von Idistaviso verloren ging. Beidemal hat der Appell an germanische Mannhaftigkeit und Siegesgewißheit zur unrechten Stunde begeisterte Zustimmung gefunden. Noch beherrschte also die Gemüter dieser wackeren Recken die alte Auffassung, daß das Dreinschlagen allein die Schlachten und Kriege entscheide[115]. Hatten sie die Teutoburger Schlacht und die Umstände, die damals zum Siege der germanischen Waffen führten, vergessen oder überhaupt nicht begriffen? Jedenfalls ist das eine sicher, daß Armin seinen Heldenkampf nicht nur gegen die Römer, sondern ebensosehr gegen den Unverstand bei seinen Volksgenossen zu führen gehabt hat. Auch die beschämende Tatsache, daß später Inguiomer — wie Tacitus berichtet[116], aus Neid auf die Genialität des Neffen — mit seiner zahlreichen Gefolgschaft zu Marbod überging und sich von diesem als der große Römersieger feiern ließ, und daß schließlich Armin noch vor Abschluß des dritten Jahrzehntes seines Lebens dem Mordstahl seiner eigenen Verwandten erlegen ist[117], lehrt, wie weit die Genialität des Befreiers über die gewohnte germanische Mentalität hinausragte und wie wenig das Germanentum dieser Zeit bereits reif war, eine Leistung zu begreifen und zu würdigen, der es seine geschichtliche Zukunft allein schuldete[118]. [135]

5.

Mit der Vertreibung der römischen Legionen und Besatzungen aus dem rechtsrheinischen Germanien glaubt die populäre Meinung die Verdienste Armins erschöpfend umschrieben zu haben. Ja, sie knüpft mit Vorliebe die Germanisierung des Imperium Romanum an die Abwehr der Römer durch die Varusschlacht an, ohne zu berücksichtigen, daß rund vier Jahrhunderte zwischen beiden Ereignissen sich dehnen. Über den Inhalt dieser gewaltigen Zeitspanne hüllt sie sich in Schweigen. Daß das Germanentum in dieser Zeit innerlich eine gewaltige Revolution erlebt hat, scheint sie überhaupt nicht zu ahnen, tut sie doch so, als sei nach der Zertrümmerung der Fremdherrschaft in Germanien alles beim alten geblieben und als sei es höchstens eine Frage der Zeit gewesen, wann das vor dem fremden Zugriffe gerettete Germanentum das Römertum in der Führung der Geschichte ersetzen sollte. Die Auffassung sucht wieder ihre Analogie eher im Pflanzenreich, wo eine Pflanze das Abwelken der anderen abwartet, um an Stelle jener ihre eigene Blüte zu entfalten, als in den Erfahrungen der Geschichte.

Tatsächlich bedeutet Armins Leistung nicht nur äußerlich für die Freiheit Germaniens, sondern auch für die innere Entwicklung des Germanentums eine Revolution[119]. Sie hat diesem den Weg freigemacht für eine wirkliche Begegnung mit dem Römertum, eine Be-

---

[115] Die Kehrseite war, daß sie von sich aus nach Rückschlägen nur allzu rasch den Mut verloren, wie Segimer, Segestes' Bruder, *einst neben Arminius der Führer der Patrioten* (Mommsen), der sich 15 n. Chr. (nicht mit Segest zusammen!) dem Germanicus unterwarf (Tac. Ann. I 71).

[116] Ann. II 45.

[117] die ihn als Tyrannen verdächtigten und zum Kampfe gegen ihn aufriefen: Tac. Ann. II 88.

[118] Hat es doch selbst in der neueren Forschung lange gedauert, bis man die ganze Größe des Arminius begriff und es sich abgewöhnte, seine Maßnahmen zu kritisieren, ehe man sie wirklich verstanden hatte. So konnte noch Mommsen (a. a. O. 35) ihn tadeln, daß er nicht gleichzeitig mit dem pannonischen Aufstande seine Erhebung in die Wege geleitet hätte. In Wirklichkeit gehörte gerade die während des schweren Pannonierkrieges gezeigte Loyalität gegenüber Varus zu den wichtigsten Voraussetzungen für das Gelingen des Befreiungsplanes: der römische Statthalter mußte nun völlig in Sicherheit gewiegt sein (vgl. Vell. II 118, 2) und konnte vor allem nach der Niederwerfung der Pannonier und Dalmater an keinerlei Aufruhrpläne bei dem in römischen Diensten erprobten Cheruskerfürsten mehr glauben. Eben damit wird überhaupt erst ganz begreiflich, wieso Varus in die ihm im Teutoburger Walde gestellte Falle gehen konnte: Armin hatte in glänzender Psychologie genau den richtigen Zeitpunkt abgepaßt.

[119] Man ermißt das besonders bei einem Vergleiche Armins mit dem gallischen Freiheitshelden Vercingetorix, für den sein Vorhaben lediglich ein militärisches Problem war und der mit drakonischer Strenge — freilich vergebens — zum Ziele zu kommen meinte (vgl. Caesar, B.G. VII 4).

[136] gegnung, die erst zwischen Freien und Gleichen fruchtbar werden kann[120]. Was der Besieger des Varus an sich selbst erlebt und durchlebt hatte und was ihm zum Ursprung höchsten Ruhmes, aber auch frühen Untergangs geworden war, das sollte nun das gesamte freie Germanentum langsam ergreifen und durchdringen. Unsere spärliche Überlieferung scheint davon so gut wie nichts zu künden. Das würde natürlich noch nicht besagen, daß wir deshalb den langen Zeitraum zwischen Teutoburger Schlacht und Völkerwanderung in der germanischen Geschichte als eine verhältnismäßig tote Zeit ansehen dürften. Man wird sich Droysens berühmter Formulierung erinnern: *Das wahre Faktum steht nicht in den Quellen*[121]. Es liegt ihnen zugrunde, und die Aufgabe des Historikers besteht eben nicht darin, lediglich die Quellenberichte nachzuerzählen, sondern die historische Situation zu rekonstruieren, aus der heraus die Quellenzeugnisse als konkrete Verkörperungen bzw. als Niederschlag einer ganz spezifisch gearteten Entwicklung ihren wirklichen Sinn erhalten. So gesehen, ist auch unsere trümmerhafte Überlieferung ausreichend für die historische Erkenntnis, um so mehr, als sie durch die reichen Ergebnisse der frühgeschichtlichen Bodenforschung ergänzt wird. Da sind nun die Verhältnisse Westfalens ganz besonders instruktiv: *Die Zeit des 1. Jahrhunderts n. Chr., die noch im Zeichen der Anstrengungen steht, die Rom macht, um das rechtsrheinische Germanien in seinen Besitz zu bekommen, ist für Westfalen arm an römischen Funden von ausgesprochenem Handelscharakter . . . Dagegen zieht der Verzicht auf das rechtsrheinische Gebiet zu Beginn des 2. Jahrhunderts, die Befestigung der Rheingrenze und des obergermanisch-rätischen Limes, verbunden mit dem Aufblühen der gallischen Industrie, einen regen Handelsverkehr mit dem freien Germanien nach sich . . . Es ist ganz erstaunlich, wie häufig seit dem 2. Jahrhundert römische Einfuhrware in Westfalen ist. Es gibt kaum einen Friedhof dieser Zeit, in dem nicht Sigillata oder römische Bronzen gefunden würden, kaum eine Siedlung, in der nicht daneben römisches Gebrauchsgeschirr aufträte*[122]. Die archäologischen Funde der letzten Zeit haben die vordem geläufige Auffassung, daß keinerlei lebhafter Handelsverkehr über den Rhein und den Limes hinweg zwischen dem römischen Gebiet und dem freien Germanien geherrscht habe, ja daß die Germanen römische Erzeugnisse nur ungern nahmen und als artfremd ablehnten, völlig widerlegt[123]. Mit dem späten 1. Jahrhundert n. Chr. setzte ein kräftiger römischer Import ein[124], und der Einstrom römischen Handelsguts verstärkte sich von Jahrhundert zu Jahrhundert, bis schließlich in der Spätantike ein Zustand erreicht war, bei dem man zweifelnd fragen möchte, ob sich das Imperium *barbarisiert* hat oder nicht vielmehr die *Barbaren* sich antikisierten[125]. Längst sind die Zeiten vorüber, in denen man jenen Einstrom römischen Kulturguts einfach als Bringung der Kultur zu den vordem in Wildheit lebenden Germanen auffassen wollte. Dieser durchaus tendenziösen These haben die reichen Bodenfunde jede Stütze entzogen. Aber ebenso verfehlt war die gleichfalls oberflächliche Auffassung, als hätten die Germanen überhaupt nichts von den

[120] Symbolhaft wirkt hier das von Orosius VII 43 glaubwürdig (vgl. Norden, Alt-Germanien, 1934, 78 ff.) überlieferte Selbstzeugnis des Westgotenkönigs Athaulf, der als seinen glühendsten Wunsch bezeichnen konnte, den Römernamen auszutilgen und an seine Stelle ein Gothien zu setzen, und der sich zu dem Entschluß durchrang, lieber *seinen Ruhm zu suchen in der Wiederherstellung und Mehrung des Römernamens durch Gotenkraft.* — Die endliche Erfüllung der dem Germanentum hier gestellten Aufgabe blieb den westgermanischen Franken vorbehalten, die *kulturell vom Römertum am weitesten abstanden, aber in ständiger Verbindung mit dem Heimatboden blieben* (Meyer, Ed., 25 Jahre Röm.-Germ. Kommission, 9).

[121] Brief an Perthes vom 8. Febr. 1837.

[122] Schoppa, H., Zum röm. Import in Westfalen, Westfalen 21, 1936, 392.

[123] Vgl. Uslar R. v., Westgerm. Bodenfunde, 1938, 169, 4, 170 ff.

[124] a. a. O. 170.

[125] Der Wandel zur Spätantike kann nach dem heutigen Stande der Kenntnis bekanntlich nicht mehr als die gewaltsame Vernichtung der *Antike* und ihre Ersetzung durch eine von den Wandervölkern mitgebrachte *primitive* Formenwelt begriffen werden, sondern ist als innerer Vorgang der Mittelmeerkultur ohne wesentliche Eingriffe von außen her zu verstehen.

Römern angenommen. Die Wahrheit liegt, wie so häufig, auch hier in der Mitte zwischen den Extremen. Das Germanentum wußte römische Kunstfertigkeit und römisches Handwerk sehr wohl zu schätzen. Je mehr die politischen Gefahren von seiten des Imperiums schwanden, desto stärker trat diese Tatsache in Erscheinung, die gerade den weltoffenen Blick des Germanentums und die Ernsthaftigkeit seines Strebens zur Höhe beleuchtet. Denn nicht um eine stümperhafte Fremdtümelei und Nachahmungssucht kann es sich hier gehandelt haben; das erhellt schon daraus, daß die stilistisch-formale Entwicklung der germanischen Kultur durch die Berührung mit dem Römischen in ihrer Folgerichtigkeit nicht bedroht oder abgelenkt worden ist[126]. Wir haben also mit einer tiefgehenden geistigen Auseinandersetzung zu rechnen, wie sie in der vorcäsarischen Zeit zwischen Germanentum und Keltentum fehlte und fehlen mußte; denn was hätte das Keltentum geistig zu geben gehabt? Das Neue war, daß nun mit den materiellen Errungenschaften der römischen Zivilisation auch römisches Geistesgut in Germanien Eingang gefunden haben muß[127] und daß seit und durch Armin das Germanentum für eine Wende von welthistorischem Ausmaße für Begegnung mit der Antike reif wurde, so daß nun eine Gefahr der Romanisierung wie ehedem bei der Keltisierung gar nicht mehr bestand und bestehen konnte. [137]

Ein solcher Reifeprozeß war notwendig, um an die Stelle des versagenden, seine Kräfte vergeudenden germanischen Menschentums der vorchristlichen Zeit ein dauerhaftes treten zu lassen, das der Welt das Gepräge seiner geläuterten Eigenart aufzudrücken vermochte. Wer das Verhältnis von Nord und Süd im Laufe der beglaubigten Weltgeschichte überblickt, wird die Beobachtung, daß hier jedesmal das ins Grenzenlose ausgreifende Streben der nordischen Seele in Zeiten der Krisis an dem klaren, in sich ruhenden Sein des antiken Südens neuen Halt und neue Verfestigung suchte und fand[128], unbedenklich auch auf die nur spärlich erhellten Anfänge unserer Geschichte ausdehnen; er wird das Empfinden, daß im Bereiche der antiken Mittelmeerkultur — von der ja auch die keltische und iberische weitgehend bestimmt waren — zu gewinnen sein würde, was der eigenen Seele fehlte, als einen der wesentlichsten Antriebe für den leidenschaftlichen Drang nach dem Süden werten. Nur mußte aus dem dumpfen Drange, der die Erfüllung nicht zu nutzen vermochte, ein klares Bewußtsein, eine echte geistige Sehnsucht werden, die die Kraft zur Synthese verlieh. Erst die Vermählung beider geistiger Welten, nicht der Sieg der einen über die andere bietet die Gewähr historischer Dauer. Freilich ist der Weg, auf dem sich diese Verschmelzung vollzog, auf dem mit anderen Worten das Germanentum der Völkerwanderung als neue geschichtliche Größe sich bildete, durchaus nicht gradlinig gewesen. Die ständige Bereitschaft der germanischen Recken, auf ihren im Kampfe gegen die Römer erworbenen Lorbeeren verfrüht auszuruhen und in die alte Zerrissenheit zurückzufallen, konnte den trefflichen Kenner germanischer Verhältnisse, den Kaiser Tiberius, zu seiner bekannten Mahnung an Germanicus veranlassen, die Germanen seien am besten und sichersten ihrer eigenen inneren Zwietracht zu überlassen, und viel fehlte nicht daran, daß das Germanentum in die Bahnen der Zeit vor Armin zurücklenkte[129]. Jedenfalls schien es zur Zeit Trajans und namentlich Hadrians,

---

126 Vgl. auch v. Uslar a. a. O. 169, 4.

127 Damit bekommen Angaben unserer Quellen wie die des Tacitus über die Chatten (Germ. 30) und ihre an römische Gepflogenheiten erinnernden militärischen Gewohnheiten eine ganz besondere Beleuchtung. Vgl. auch Tac. Germ. 36.

128 Vgl. auch Dehio, Gesch. der deutschen Kunst I 12.

129 Die Cherusker haben ihre Haltung gegenüber Armin bitter zu büßen gehabt; vgl. Tac. Germ. 36, Ann. XI 16f. Dio Cass. 67, 5, 1. Es geht aber zu weit, wenn auch Stauffenberg (u. Anm. 140 a.a.O. II 157) die Cherusker in der Zeit nach Armin als abhängigen Schutzstaat der Römer betrachten möchte. Sie holen sich den Italicus, Sohn des Flavus, aus Rom deshalb zum König, weil er allein von der *stirps regia* noch übrig war: Tac. Ann. XI 16f. Anders stand es mit den Markomannen und Quaden: Tac. Germ. 42.

[138] wie die damals durchgeführte Neuordnung der Grenzarmee lehrt[130], keine Gefahr mehr zu bedeuten.

Und doch — gerade in dieser mit Nerva einsetzenden, in Trajans Regierungszeit kulminierenden Blütezeit des Reiches steht mit Tacitus' Germania (98 n. Chr.) das seherische Wissen des Römertums um das Germanentum als den Erben der Zukunft überraschend lebendig vor uns[131]. Es ist derselbe Tacitus, der in seinen historischen Werken die alten Erbfehler des Germanentums, Eifersüchtelei, blindes Draufgängertum, Verzicht auf die ererbte Eigenart zugunsten fremder Nachahmung, Hang zu innerer Zwietracht, deutlich geschildert hat. Aber eben hierin offenbart sich die Revolution, die Armins Taten bedeuteten: obwohl scheinbar recht vieles beim alten blieb, war das Germanentum doch zutiefst ein anderes geworden[132], und der geniale Römer hat dieses echte, nun zu Selbstbewußtsein erweckte Germanentum erschaut und seine Unüberwindlichkeit erkannt: *tam diu Germania vincitur!*[133] So ist es tief bedeutsam, daß gerade Tacitus, der sein Römertum nie verleugnet hat, zum — man muß schon sagen: einzigen — Künder der Ruhmestaten und der Größe Armins geworden ist. Mit vollem Rechte wird seit jeher der entscheidende Einschnitt in der germanischen Geschichte in der Varusschlacht gesehen; auch die populäre Anknüpfung der Völkerwanderung an diese ist aus diesem Empfinden heraus erwachsen. Seit der Varusschlacht erst gibt es ein Germanentum als welthistorischen Faktor; mit ihr ist der Grund gelegt worden für die Entstehung eines germanischen Europa[134]. Und ist nicht in Armin die weitere Entwicklung zum Mittelalter hin gleichsam vorweggenommen? Mutet sein politisches Wollen, wie es nach der Abwehr des Germanicus und dem Triumphe über Marbod klar hervortrat, nicht an wie eine Vorahnung des Reiches der Deutschen, das sich im späteren Mittelalter das Heilige Römische Reich Deutscher Nation nennen durfte?[135] Armin mußte der Wiederkehr einer Bedrohung von seiten Roms durch einen umfassenden staatlichen Zusammenschluß der germanischen Stämme und Völker vorzubeugen suchen; wie weit er damit seinen Volks- und Standesgenossen voraus war, beleuchtet der Umstand, daß er von ihnen gerade um dieses Planes willen als Tyrann, als Unterdrücker der *Freiheit* umgebracht worden ist — der *liberator Germaniae*. Zu fremdartig erschien ihnen ein Wollen, das eben deshalb nicht altgermanischem Geiste, sondern nur der Begegnung mit römischer Staatsweisheit entsprungen sein kann.

Aber der Gedanke des politischen Zusammenschlusses hat sich durchgesetzt. Er war eine unumgängliche Notwendigkeit für das Germanentum. Die lockere Form des Zusammenwanderns mehrerer ihre volle Selbständigkeit wahrender Völkerschaften wie der Kimbern, Teutonen und Ambronen oder der Usipeter und Tenkterer, die sich je nach Belieben vereinigten oder trennten und, wie die Teutonen und Kimbern, vom Feinde vereinzelt überwältigt werden konnten, hatte seit dem Zusammenprall mit den Römern ihre Daseinsberechtigung völlig verloren. Das Nebeneinander zahlloser kleiner Stämme bot der römischen Politik nur die erwünschte Möglichkeit, ihren Grundsatz *divide et impera!* zur Geltung zu bringen und die innere Zwietracht der Germanenvölker als Bürgschaft für die Sicherheit der Nordgrenze des Imperiums zu betrachten. Nicht die Cherusker haben Germanien befreit,

---

[130] Vgl. Meyer, Ed., 25 Jahre Römisch-Germ. Kommission, 5f.

[131] Wie die Quintessenz dessen, was Tacitus hier zu sagen hatte, mutet der berühmt gewordene Schlußsatz von Germ. 19 an: *plusque ibi boni mores valent quam alibi bonae leges.* — Vgl. auch Florus II 30, 22: *si barbari tam vitia nostra quam imperia ferre potuissent.*

[132] Vgl. Nybergs Worte o. S. 284.

[133] Tac. Germ. 37. Vgl. ebenda die bezeichnenden Worte: *regno Arsacis acrior est Germanorum libertas.*

[134] Ein Rätsel in ihren Folgen (vgl. o. S. 271 Mommsen, Röm. Gesch.[5] V 54) ist die Schlacht im Teutoburger Walde nur dann, wenn man die mit ihr verbundene seelische Veränderung übersieht.

[135] Vgl. Westfäl. Lebensbilder V 1, 12.

sondern Armin; und dieser hat, wie erwähnt, ganz folgerichtig aus dem Bündnis zwischen Cheruskern, Brukterern, Angrivariern, Marsern, Chatten usw. ein festes politisches Gebilde zu schaffen unternommen. Er eilte seiner Zeit voraus. Aber etwa gegen Ende des zweiten nachchristlichen Jahrhunderts[136] — leider in den Einzelheiten für uns ganz im Dunkel liegend — ist die große politische Wendung in Germanien vollzogen: seit rund 200, gleichzeitig mit der großen Krise, die mit den sog. Soldatenkaisern über das Römerreich kam, stehen plötzlich neue, umfassende Stammesverbände vor uns, in denen die Mehrzahl der früheren kleinen Völkerschaften aufgegangen ist. An Stelle der Cherusker, Angrivarier usw. erscheinen die Alemannen, Franken, Sachsen, später die Thüringer, Bayern u. a. m. Mochte die lockere innere Organisation dieser neuen politischen Gebilde auch noch so viel zu wünschen übriglassen — stärker als die kleinen Stämme der früheren Zeit waren sie[137]. Namentlich die Alemannen machten den Römern seit Caracalla zu schaffen. Gegen 260 überrannten sie den Limes, und alsbald erfolgten stürmische Einfälle in Italien und Gallien, die erst nach rund zwei Jahrhunderten durch den Frankenkönig Chlodwig definitiv ihr Ende fanden und den gewaltigen Raum zwischen Main, Lech, St. Gotthard und Vogesen alemannischem Volkstum gewonnen haben, trotz des hartnäckigen Widerstandes der Römer und zahlreicher schwerer Rückschläge, die dieser verursachte. Nicht minder erstaunlich ist das Ausgreifen der Franken und Sachsen bereits im dritten Jahrhundert n. Chr. Die Ummauerung der Römerstädte ist der sprechende Beleg dafür, in welchem Maße das Imperium in die Defensive gedrängt worden war. Es ist nur für das tiefere Verständnis dieser Vorgänge ganz unerläßlich, sie mit der bereits oben[138] berührten Tatsache zusammenzusehen, daß gerade seit dem 2. Jahrhundert n. Chr. sich eine erhebliche Steigerung römischen Imports nach dem freien Germanien in den Funden beobachten läßt. Mit den materiellen Artikeln wandern, wie gesagt, auch die fremden Gedanken. Und eben dieses Jahrhundert ist die Vorbereitungszeit für die entscheidende politische Wendung bei den Westgermanen an seinem Ausgange gewesen[139]. [139]

Durch Konstantins des Großen weltgeschichtliche Tat, das Christentum in den Organismus des Reiches hineinzunehmen, ist zugleich die Germanisierung des Imperiums entscheidend gefördert worden[140]. Sehr bald hat sich der Kampf der Germanen gegen Rom in den Kampf der Germanen um Rom gewandelt. Daß das *römische* Imperium neben dem *romäischen* Reiche der gräzisierten Byzantiner als Idee erhalten blieb, ja schließlich mit der Kaiserkrönung Karls des Großen auch als Realität wiederhergestellt wurde, ist das Ergebnis dieses langen. wechselvollen Kampfes gewesen Die Ziele der Kulturbewegung und die der germanischen Ausbreitung konnten seit Armins Auftreten mehr und mehr zusammenfallen; darin lag der gewaltige Unterschied zu den Verhältnissen der ersten, frühgermanischen Wan-

---

136 Zweifellos im Zusammenhange mit den Erfahrungen aus der vierzehnjährigen gewaltigen Erschütterung des sog. Markomannenkrieges (166—180 n. Chr.). Vgl. Schmidt, L., Die germ. Reiche der Völkerwanderung², 1918, 29. — S. u. Anm. 139.

137 Vgl. Schreuer, H., s. v. *Stamm* in Hoops' Reallexikon der germ. Altertumskunde IV 263. J. Scharf (a. a. O. 136 f.) verweist auf die im 3. Jahrhdt. *immer häufigere Erscheinung, daß Träger eines germanischen Namens darauf verzichten, ihren heimatlichen Namen zugunsten eines romanisierten Adoptivnamens abzulegen,* vor allem die Ubier! So hat auch die Konstituierung der neuen politischen Körper mit Romanisierung der Germanen nichts zu tun. Germanische Institutionen wirkten nun auf das Imperium zurück; über die *Comitatenses* vgl. A. Schenk Graf v. Stauffenberg, Welt als Geschichte, I 81 f.

138 S. o. S. 294.

139 Der große Markomannenkrieg hat Römer und Germanen wieder aufeinanderprallen lassen. Seit ihm *begegnet uns das massenhafte Eindringen barbarischer, besonders germanischer Elemente in den Reichskörper:* vgl. Schmidt a. a. O. 29.

140 S. A. Schenk Graf v. Stauffenberg, Die Germanen im röm. Reich, Welt als Geschichte I, 1935, 72 ff.; II, 1936, 117 ff.; III, 1937, 345 ff.; besonders I 89 f.; II 167 f.; III 356 ff.

[140] derung zutiefst beschlossen, und darin trat zugleich in Erscheinung, daß die abermalige Ausdehnung des Germanentums diesmal die Einleitung einer neuen Weltepoche, die Geburt eines neuen Zeitalters der Geschichte bedeuten sollte.

6.

Wenden wir den Blick nun von diesen fernen Zeiten zurück und fragen wir, nachdem der Rahmen für die Betrachtung abgesteckt ist, nach der Bedeutung der Römerzeit für Westfalen. Da fällt als wesentlichste Tatsache ins Auge, daß sich im Raume Westfalen der entscheidende Anstoß für den Umschwung der Dinge in Germanien, der erste hallende Auftakt zur großen *germanischen Revolution,* vollzogen hat. Die Germanenstämme der Nordseeküste, die Bataver, Friesen, Chauken, sind den Römern willig gefolgt und haben ihnen auch nach der Teutoburger Schlacht die Treue gehalten. Ganz anders dagegen die Brukterer, Marser, Angrivarier, Cherusker[141], um nur die wichtigsten Völkerschaften im Raum Westfalen zu nennen: mit ihren Kräften hat Armin die Tat vollbracht, die zum erstenmal der Welt einen Begriff von den im Germanentum schlummernden geschichtlichen Möglichkeiten vermittelte. Denn der Kimbernschrecken war im Grunde nicht mehr gewesen als eine Wiederholung der Panik, die dreihundert Jahre zuvor der Einfall der Gallier und die Verbrennung Roms (381 v. Chr.) ausgelöst hatten. Damals mußte man sogar den Abzug der übermütigen Sieger abwarten, weil die Kraft fehlte, sie aus dem Lande herauszuschlagen; im Kimbern- und Teutonenkriege hatten die Siege des Marius gelehrt, daß die Römer unter tüchtiger Führung wohl imstande waren, den gefährlichen Nordleuten zu begegnen. Ganz anders die Schlacht im Teutoburger Walde, in der das Imperium Romanum auf der Höhe seiner Kraft[142] einen Schlag empfing, den es nicht wieder zu verwinden vermochte[143]. Daß sich aber die Erhebung gerade im Raum Westfalen vollzog, ist keineswegs ein Zufall gewesen. Ein Blick auf die Karte lehrt, daß nirgends sonst auf rechtsrheinischem Gebiete die römische Okkupation so weit ins Land vorgetrieben war, wie hier, wo die römische Politik eines der wesentlichsten Zentren des Germanentums erkannt haben muß. Gelang es ihr, das kraftvolle, zähe Volkstum dieses Bereichs völlig zu gewinnen, so stand der Eckpfeiler der Nordfront des Imperiums unerschütterlich fest. Die Kastelle und Lager an der Lippestraße, Oberaden, vor allem Aliso-Haltern, die die erfolgreichen Ausgrabungen in ihrer imponierenden Mächtigkeit kennen gelehrt haben, zeugen von der Intensität der römischen Bemühungen. Aber auch die Winter- und Sommerlager der im freien Germanien operierenden Heere, vor allem das vielbewunderte des Tiberius vom Winter 4/5 n. Chr. an der Lippequelle[144] und das dreimalige Sommerlager des Varus an der Weser[145], gehören in diesen Zusammenhang und unterstreichen die Bedeutung, die die Römer gerade diesem Raume beimaßen. Daß die Varusschlacht auf westfälischem Boden geschlagen ist, darf heute als gesichert gelten[146]. Und die Züge des Germanicus haben, wie aus ihrer Anlage deutlich hervorgeht, die Sprengung der *Weserfestung* zum Ziel gehabt[147], weil mit ihr das Kerngebiet

[141] Von ihnen siedelte zumindest ein bedeutender Teil — wenn nicht der bedeutendste — innerhalb der sog. Weserfestung. Ob auch die Chatten an der Varusschlacht teilnahmen, ist nicht sicher; nur ist nach Lage der Dinge wahrscheinlich, daß sie der Stamm waren, auf dessen mit Armin verabredete Erhebung hin Varus seinen Unglückszug antrat. Vgl. m. Aufs. *Die Stätte der Varusschlacht,* Welt als Geschichte II, 1936, 372.

[142] s. Tac. Ann. II 88.

[143] Es ist bekannt, daß Augustus damals für die Sicherheit Galliens und Italiens, ja Roms, schwerste Besorgnis hatte; vgl. Dio 56, 23.

[144] Bei Vell. II 105 ist das handschriftlich überlieferte *Juliae* mit vollem Recht seit jeher in *Lupiae* korrigiert worden.

[145] Dio 56, 18.

[146] Vgl. den oben Anm. 141 zitierten Aufsatz.

[147] s. m. Abhdlg. *Zur Varusschlacht,* Hist. Ztschr. 147, 503 f.

des Widerstandes in römische Hände gelangt und damit die Wiederunterwerfung Germanicus' gelungen wäre. Man erkennt, daß die Begegnung zwischen Germanen und Römern in diesem Raume die allerintensivste gewesen ist, und vermag leicht zu ermessen, was es für die ersteren bedeuten mußte, dem Feind ständig im Lande und vor Augen zu haben, zumal es sich hier im Unterschied zu den linksrheinischen, jedem Neuen bereitwilligst sich öffnenden Stammesgenossen um eine bodenständige, heimattreue, vom Wandertrieb nicht erfaßte Kernbevölkerung handelte. Von der Haltung des Volkstums in diesem Raume hing eine welthistorische Entscheidung größten Ausmaßes ab. Es hat sich ihr gewachsen gezeigt. [141]

Die Ereignisse, die sich zwischen den Jahren 12 vor und 16 n. Chr. im Raume Westfalen abgespielt haben und deren Auswirkungen es verhinderten, daß der zweiten germanischen Weltwanderung ein Schicksal beschieden war wie der ersten, sind nun nicht nur deswegen bedeutsam, weil es sich in ihnen um den Kampf eines tapferen, kriegerischen, blutsmäßig reinen Volkstums für seine Freiheit handelte. Einen solchen führten damals die Pannonier und Dalmater und später im Vierkaiserjahre die Bataver unter Führung des Civilis und ihre Verbündeten auch. Die Dimensionen dieser Kämpfe sind erheblich gewesen und die Lage der Römer war vor allem im Bataveraufstand zeitweilig verzweifelt: das feste Lager von Vetera (Birten bei Xanten), einst die Ausfallspforte nach dem rechtsrheinischen Germanien hinein[148], wurde zerstört, und viel fehlte nicht daran, daß sogar Trier von den Aufständischen erstürmt worden wäre. Aber Civilis war eben kein Armin. Und damit greifen wir den wesentlichen Punkt heraus: entscheidend für die Bedeutung, die das Geschehen auf westfälischem Boden in dem knappen Menschenalter vor und nach Christi Geburt hoch über jene anderen Freiheitskämpfe hinaushebt, ist gewesen, daß hier die Gestalt des großen Führers sich erhob und wirken konnte, die Persönlichkeit, die nicht nur zu kämpfen wußte, sondern deren Geist *zweier Zeiten Schlachtgebiet* war und die durch eine tief verantwortungsvolle Versenkung in die klar erkannte Größe eines fremden Volkes dem germanischen Menschen den Weg zur Besinnung auf die eigene Art erst erschließen konnte. Ohne einen solchen Schlüssel wäre diese Selbstfindung hier so wenig wie sonst irgend in der Geschichte der Völker indogermanischen Stammes gelungen. Armin zeigte dem — eher widerstrebenden als überzeugungsbereiten — Germanentum, wie es überlegen zu siegen vermochte — der deutlichste Beweis für die Richtigkeit seiner Haltung, die sich von Stund' an unauslöschlich der germanischen Seele eingegraben haben muß[149].

Was ist es aber, was in dem Genius Armins vor uns steht? Unzweifelhaft schauen wir in ihm das erste Aufleuchten des *Westfalengeistes* in der Geschichte. Jene aus verborgenen Tiefen gespeiste, sich immer wieder als Einheit zeigende Kraft des fälischen Volkstums, die selbst über die Glaubensspaltung im 16. Jahrhundert *hinweg bis heute eine im Laufe der Geschichte nicht immer klar erfaßbare, aber doch nicht wegzuleugnende Potenz geblieben ist*[150], muß hoch in die Vergangenheit hinaufreichen, und zwar noch erheblich über die Sachsenzeit hinauf. Daß der Begriff *Westfalen* in dieser überhaupt erst auftaucht, darf den Blick für die wirklichen Verhältnisse nicht trüben, handelt es sich doch sicher hier um uralte Eigenschaften der in diesem Raume bodenständigen Rasse. Wenn die vorgeschichtliche Forschung[151] aus ihren Grabungsfunden die Eigenart des hier hausenden Volkstums

---

148 s. Tac. Hist. IV 23: . . . *illis hibernis obsideri premique Germaniam Augustus crediderat.*

149 Daß Armin in germanischen Landen noch zu seiner Zeit in Liedern gefeiert wurde, berichtet Tacitus, Ann. II 88. Erst als sein Wollen Gemeingut des Germanentums geworden war und die von ihm inaugurierte Entwicklung sich vollendete, erlosch die Erinnerung an den gewaltigen Mann, die nur der Römer Tacitus für die Nachwelt lebendig erhalten hat.

150 Aubin, H., in *Der Raum Westfalen* I 19.

151 Vgl. z. B. die Ausführungen A. Stierens in der Zeitschr. *Der Westfälische Erzieher* III, 1935, 328; Bodenaltertümer Westfalens IV, Westfalen 20, 1935, 266.

[142] schon für ganz frühe Zeit nachweisen zu können glaubt — ein Beweis zugleich für die Bodenständigkeit dieses Volkstums —, so entspräche das genau dem, was der Historiker für die im Licht der Geschichte liegenden Perioden feststellt und von dieser Analogie aus für die vorhistorische Zeit postulieren wird.

Diesem *Westfalengeiste* — es sei erlaubt, den Terminus auch für die vorsächsische Epoche zu verwenden! — tut man unrecht, wenn man ihn nur als eine partikulare Sonderart, als ein Anderssein als andere deutsche Stämme, versteht. In ihm hat vielmehr die germanisch-deutsche Wesensart eine ganz spezifische Verkörperung gefunden. Der echte Dolmetsch geistiger Eigenart von symbolischem Range ist immer und überall die große Kunst, als die monumentale Lebensäußerung, als der Ausdruck des Lebens *sub specie aeternitatis,* wo alles Kleinliche, Allzumenschliche abgefallen ist angesichts der göttlichen Majestät. Die wuchtigen, ja trutzigen westfälischen Bauten von Rang lassen vielfach in Planung und Durchführung eine so großzügige Kühnheit erkennen[152], eine so erstaunliche Vereinigung von bäuerlicher Erdkraft und adlig-vornehmer Weltoffenheit, daß mehr als ein geistvoller Beobachter diese Schöpfungen der alten Meister, vor allem in Münster und Soest[153], als ganz spezifisch deutsch angesprochen hat, eben weil in ihnen die mit großer Bereitwilligkeit in allen Epochen übernommenen fremden Stilelemente besonders originell und kraftvoll ausgewertet und umgeschaffen worden sind. Nehmen wir dazu das Nebeneinander von lebhaftem Interesse an der Umwelt und warmer Liebe zur Heimat, zu Glauben und Sitte der Väter, die Ehrlichkeit und Geradheit, Zähigkeit und furchtbare Entschlossenheit in der Stunde der Gefahr, wie sie den westfälischen Menschenschlag auszeichnen, so werden wir immer an das Charakterbild Armins erinnert, wie es sich aus den Quellen und aus seinen Taten und Plänen ergibt. Es ist also nur folgerichtig, auf der Suche nach den frühesten geschichtlichen Äußerungen des Westfalengeistes über die Sachsenzeit hinaus bis zu dem ersten uns namentlich bekannten Kämpfer auf westfälischem Boden hinaufzudringen.

In jener gewaltigen Revolution des Germanentums, die mit Caesars Eingreifen gegen Ariovist anhob, muß der *Westfalengeist* geweckt, zum Bewußtsein seiner selbst geführt worden sein. Nur als innere Möglichkeit, als Potenz, ja als Instinkt war er im fälischen Volkstume angelegt; nur in dieser Form kann er uns in der prähistorischen Zeit entgegentreten. Das macht allein schon der tiefgreifende Unterschied zur historischen Epoche evident: der Wille zu dauerhafter Erinnerung noch über mündliche Überlieferung hinaus ist vor Verwendung der Schrift noch nicht geweckt; das Geschehen ist wesentlich *pflanzenhafter* und unpersönlicher als später. Erst das Ergriffenwerden vom Gange der Weltgeschichte, die ja tatsächlich erst mit der Erfindung und gesteigerten Verwertung der Schrift ihren Anfang genommen hat und überall an den Willen zur Schriftlichkeit gebunden ist, läßt aus den reichen Möglichkeiten des Volksgeistes Wirklichkeit werden. Dieses Wirklichkeitwerden ist etwas Besonderes, zur natürlichen Anlage erst Hinzutretendes, ihr Dauer Verleihendes; es setzt g e s c h i c h t l i c h e Verflechtungen und Vorgänge voraus, in denen es aus einer relativ unbeachteten Möglichkeit zum Range einer historischen Idee (mit R a n k e zu reden) aufsteigt, um nunmehr selbst auf den Gang der Geschichte entscheidend einzuwirken. Erst seitdem gewinnt der Volkscharakter, dessen Schwanken das Frühgermanentum in seinem geistigen Verhalten zeigt, die Festigkeit *geprägter Form, die keine Macht zerstückelt.* Dieser Vorgang ist stets an das Auftreten einzelner bedeutender Persönlichkeiten und an umwälzende historische Ereignisse gebunden. Armins geistige Einsamkeit und tragisches Ende beleuchten den Sachverhalt mit aller nur wünschenswerten Schärfe. Der geistige Anteil seiner Volksgenossen am Gelingen des Befreiungswerkes ist nach allem, was wir wissen, erstaunlich

152 P i n d e r, W., Die Kunst der deutschen Kaiserzeit, 1935, 316; 318.
153 P i n d e r a.a. O. 132; 253; 316.

gering, die Gefahr, daß übelangebrachter Übereifer die Größe des Erfolges in Frage stellte, erschreckend groß gewesen[154]. Die natürlichen Anlagen des westfälischen Volkscharakters sind also noch nicht die ausreichende Erklärung für das Erwachen des *Westfalengeistes* als geschichtlich bedeutsamer Größe[155]. Nicht Völker, sondern Männer machen die Geschichte, und zwar Männer, deren bildungsfreudigem Geiste sich ein erheblich umfassenderes und damit treueres Bild der Weltwirklichkeit erschließt als ihren sich mit viel bescheideneren „Einsichten" zufriedengebenden Zeitgenossen — Männer wie Armin, nicht Inguiomer, der seine Volksgenossen eher verführte als führte. Erst seit der *Westfalengeist* in einer überlegenen Persönlichkeit an der unbefangenen Auseinandersetzung mit fremder Größe zum Bewußtsein seiner selbst gelangt war, ist er eine geschichtliche Realität geworden und hat er den fälischen Volkscharakter entscheidend geprägt. Das blinde Ungestüm, die schwankende Gesinnung, die kleinliche Scheelsucht und die schlecht verhehlte Eitelkeit eines Inguiomer, dem seine Landsleute bezeichnenderweise wieder und wieder folgten, haben mit dem echten Westfalengeiste wenig zu schaffen. [143]

Als Maßstab für die Größe der germanischen Leistung ist die Erschließung der römischen Hinterlassenschaft auf deutschem Boden einfach unentbehrlich. Erst der möglichst augenfällige Eindruck der ganzen staunenswerten Überlegenheit des Gegners setzt das Wagnis und den Sieg des Arminius auf westfälischem Boden ins rechte Licht. Vor allem aber ist zu hoffen, daß die Vertrautheit mit den römischen Lagerbauten und den Angaben der griechisch-römischen Quellen eines Tages durch den Nachweis der Lager des Varus, des Standlagers an der Weser[156] und der beiden Kampflager auf dem Schlachtfelde[157], die Entscheidung bringen wird für die noch immer ausstehende endgültige Festlegung der Stätte der Varusschlacht. Erst die genaue Lokalisierung der Vorgänge wird die letzten noch bestehenden Unklarheiten in der Interpretation der Quellen beseitigen und die volle Größe der Entwürfe und der Tatkraft Armins erkennbar machen. Es ist eine Ehrenpflicht, die Westfalen dem Gedächtnis des ersten in der stolzen Reihe seiner großen Söhne schuldet.

---

[154] Unwillkürlich wird man sich an Bismarck erinnert fühlen.

[155] Es ist auch u. E. nicht zutreffend, daß der Westfalengeist streng an das Volkstum allein gebunden wäre. Wie wäre es sonst möglich, daß eine Persönlichkeit wie der in Nassau geborene Freiherr vom Stein zu einem ausgesprochenen Verkörperer jener westfälischen Geisteshaltung hätte werden können! Man denke ferner an die Bedeutung etwa des Spaniers Trajan für die römische Idee, des Italieners Prinz Eugen für die habsburgisch-österreichische, des Korsen Napoleon für die französische!

[156] s. o. S. 298.

[157] Tacitus, Ann. I 60.

DER AUFBAU DER ÄGYPTISCHEN GESCHICHTE

Von Hans Erich Stier

Vier Jahrtausende historischen Lebens umspannt der Blick des Forschers, der sich der Wunderwelt Ägyptens im Altertum zuwendet: eine für menschliche Verhältnisse unvorstellbar hohe Zahl, mag sie auch das Minimum darstellen, zu dem die überschwenglichen Ziffern einer phantasiegenährten Betrachtung von den Tagen der Hellenen bis zur Begründung der wissenschaftlichen Ägyptologie durch die kritische Forschungsarbeit der letzten fünfzig Jahre reduziert wurden! Mußte es nicht scheinen, als hätte im Niltal die Geschichte zur Erreichung ihrer Ziele ganz andere Zeiträume benötigt als in anderen Kulturen und Völkern? Gab es hier, wie einst Ernst Curtius[1]) behauptete, nur Umwälzungen, aber keine Entwickelungen, — Chronologie, aber keine Geschichte im vollen Sinne des Wortes? Durch die Aufhellung der ägyptischen Geschichte ist Curtius' These gründlichst widerlegt worden[2]). Aber daß bereits alle Konsequenzen für die wirklichkeitsgetreue Rekonstruktion der Geschichte Ägyptens aus den neuen Einsichten gezogen wären, kann nicht bejaht werden. Für die Erforschung eines so grundlegenden Lebensgebietes wie der ägyptischen Religion hat Hermann Junker in seiner ganz ausgezeichneten »Geschichte der Ägypter«[3]) erklärt, der Grund für die Widersprüche in den Ergebnissen der ägyptologischen Arbeit liege nicht in einem Mangel an Material, sondern darin, daß die Überfülle der Zeugnisse aus rund 4000 Jahren noch nicht genügend durch die historische Betrachtungsweise zu großen Linien geordnet worden sei. Diese Feststellung des bedeutendsten Sachkenners auf diesem Gebiete ermutigt den Historiker, an sie einige grundsätzliche Überlegungen über den Aufbau der ägyptischen Geschichte zu knüpfen, die auf eine vieljährige Beschäftigung mit dem Problem zurückgehen, hier freilich angesichts des zur Verfügung stehenden Raums skizzenhaft bleiben müssen. Sie erheben keinen anderen Anspruch als den, die Spezialforschung zu einem erneuten Durchdenken der Problematik anzuregen. Das rege Leben, das sich in der deutschen Ägyptologie gerade in unseren Tagen zeigt, berechtigt den Historiker des Altertums zu den schönsten Hoffnungen.

Die Chronologie ist das Auge der Geschichte. Dieser Fundamentalsatz der modernen Geschichtswissenschaft besagt auch, daß das Tempo des geschichtlichen Verlaufes[4]) zu allen Zeiten das gleiche gewesen sein muß[5]), daß also die Bedeutung eines

[1]) Griech. Gesch. I (1858) 13.

[2]) Vgl. dazu Junkers Ausführungen über die außerordentlich bewegte und lebensvolle Geschichte schon des AR, Gesch. der führenden Völker III: Die Ägypter (1933) 40.

[3]) 30.

[4]) Das natürlich nicht verwechselt werden darf mit der größeren oder geringeren Aufgeregtheit, mit der es von den jeweils Mitlebenden hingenommen wird!

[5]) In den reichhaltig überlieferten Zeiten der Geschichte trägt jedes Jahrhundert bekanntlich sein eigenes Gesicht. Das gleiche muß auch für die nur mangelhaft bekannten Perioden vorausgesetzt werden.

Jahrhunderts für den Kulturwandel immer und überall die gleiche war[1]), ist doch stets die Zeiteinheit, auf die sich die Wertung geschichtlicher Perioden zu beziehen hat, dieselbe: das menschliche Leben. Damit sind die großen generationsbedingten Erscheinungen als feste Größen gegeben. Wie die wissenschaftliche Geologie ihre Rekonstruktion der Erdgeschichte nur unter der Voraussetzung durchzuführen vermag, daß die heute an der Erdoberfläche wirkenden Kräfte auch in den früheren Erdperioden die gestaltenden Mächte waren, so muß die Geschichtsforschung die Bedingungen, unter denen sich das menschliche Leben seinem zeitlichen Verlaufe nach abspielt, als konstante Größen betrachten, wenn anders das Bild, das sie von der Vergangenheit entwirft, auf methodisch-wissenschaftlichen Charakter Anspruch erheben soll.

Die ägyptische Geschichte weist den unermeßlichen Vorteil auf, daß sie auf eine im großen und ganzen völlig zuverlässige Chronologie sich gründet, die ohne Rücksicht auf irgendwelche Erwägungen über die Struktur der ägyptischen Geschichte allein auf Grund exakter Detailforschung gewonnen worden ist[2]). Mit Hilfe dieses Gerüstes, das eine Festlegung der Hauptepochen — mit den ganz vorläufigen Namen Altes, Mittleres, Neues Reich, Zeiten des Überganges bzw. der Auflösung, Spätzeit — ermöglichte, kann ein tragfähiger Bau errichtet werden, sobald über die bloße Ordnung des Stoffes hinaus der Versuch unternommen wird, die besondere Physiognomie, den Sinn der einzelnen Epochen innerhalb des riesigen Zeitraums, den die ägyptische Geschichte umspannt, zu bestimmen. Die erheblichen Fortschritte, die in dieser Hinsicht bereits erzielt werden konnten, werden noch deutlicher in Erscheinung treten, wenn man daran geht, die Jahrtausende der Geschichte des Niltals mit einem gleich großen Zeitraum der Weltgeschichte zu vergleichen, dessen gestaltende Epochen dank der Gunst der Überlieferung erheblich plastischer vor unseren Augen stehen als die der ägyptischen Geschichte. Für einen solchen Vergleich bieten sich die Jahrhunderte der griechisch-römischen Entwicklung dar; das beigefügte Schema zeigt ihn durchgeführt[3]) (Abb. 1).

Den Ausgangspunkt für den Vergleich beider Entwicklungen bildet für Ägypten das letzte Drittel des 4. Jahrtausends[4]), in dem die ersten Spuren der Wandlung zum spezifisch »Ägyptischen« sichtbar werden, für Griechenland der Ausgang des 2. Jahrtausends, als in den submykenischen und protogeometrischen Vasenstilen die ersten Anzeichen der typisch griechischen Formenwelt auftauchen. Es vermittelt eine Vorstellung von der zeitlichen Ausdehnung der ägyptischen Geschichte, wenn man sieht, daß das AR, das sich die populäre Auffassung fast unmittelbar auf die Zeit des Menes folgend denkt, von den Ursprüngen so weit entfernt ist wie die Blütezeit Griechenlands, das 6. bis 4. Jahrhundert v. Chr., die große Zeit des klassischen Sparta und

[1]) Diese Einsicht hat bekanntlich O. Spengler zu der These eines Gegensatzes zwischen »mathematischer« und »chronologischer« Zahl veranlaßt; vgl. dazu Ed. Meyer in seiner Spengler-Kritik: Dtsch. Literaturzeitg. 1924, 1762.

[2]) Vgl. m. Neuausgabe von Ed. Meyers chronolog. Nachtrag zu Bd. I seiner Gesch. des Altertums, 1931; dazu H. Kees, Ägypten (1933) 356f.

[3]) Die folgenden Ausführungen sind lediglich als Erläuterungen dieser schematischen Übersicht gedacht, ohne deren ständige Heranziehung sie nicht verstanden werden können.

[4]) Auch Junker gibt die Zahl 3300 (S. 20), die er allerdings — schwerlich mit Recht — mit König Menes verbindet. Vgl. Kees a. O. 356. — »Mit dem Auftreten dessen etwa, was wir als Negade-Kultur bezeichnen, beginnt sich das Chaos zu ordnen«: W. Wolf, Wesen u. Wert der Ägyptol. (1937) 25.

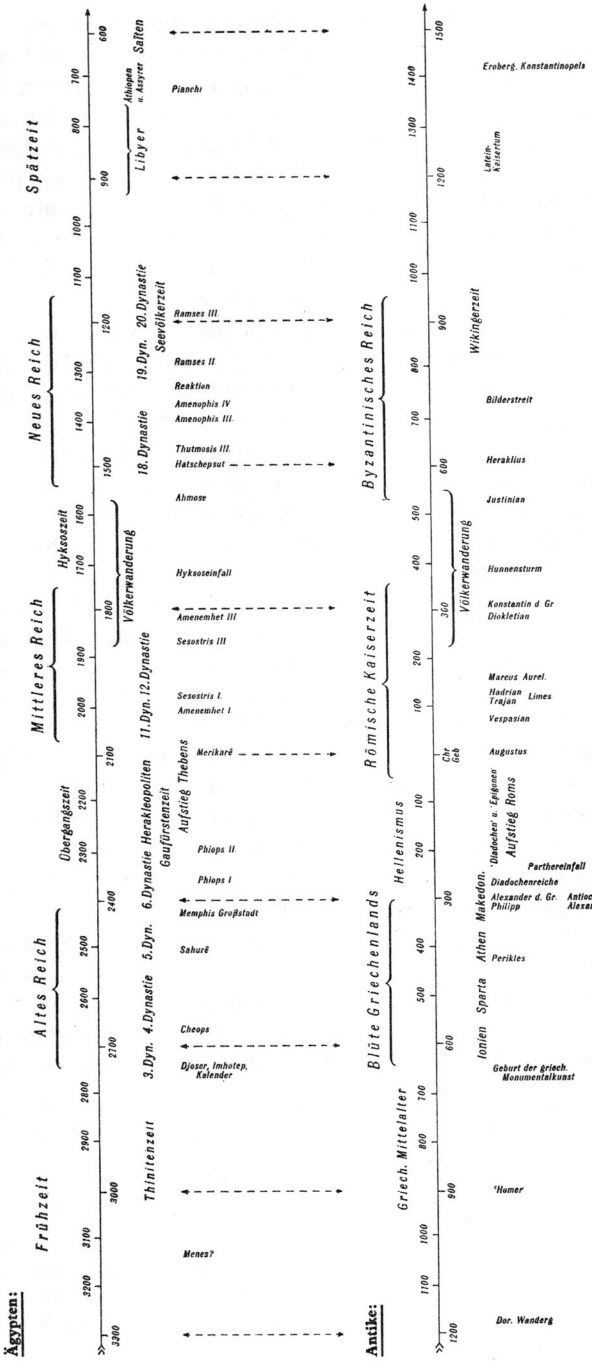

Abb. 1. Schematischer Vergleich der ägyptischen und der griechisch-römischen Geschichte

Athen, von der Epoche der Dorischen Wanderung, — wenn der Übergang zum MR um 2100 mit der Herausbildung der Römischen Kaiserzeit zusammenfällt, die Aufrichtung des NR dem Zeitalter Justinians entspricht und die ägyptische Geschichte mit ihrem Spätstadium selbst die Lebensdauer des Byzantinischen Reiches erheblich übertrifft. Wer käme auf den Gedanken, »*die*« Religion, »*den*» Staatsgedanken, »*die*« Kunst dieser »antiken« Jahrtausende darzustellen? Eben deshalb kann der Historiker (trotz aller Würdigung der zweifellos vorhandenen Schwierigkeit, in Ägypten Älteres und Jüngeres mit eindeutiger Sicherheit gegeneinander abzugrenzen) ein Bedenken nicht unterdrücken, wenn er sieht, daß noch heute ägyptologische Werke von hohem Rang — zumindest in der Disposition des Stoffes — die ägyptische Geschichte und Kultur als etwas prinzipiell Einheitliches behandeln.

Aber die Bedeutung des Vergleichs reicht noch tiefer. Es ist höchst auffallend, daß in beiden Geschichtsabläufen die Zeiten der Höhe und die eines gewissen Niederganges im großen und ganzen zusammenfallen. Die Frage, worauf das beruhen möge, hat uns hier nicht zu beschäftigen; sie kann auch nur bei einer Betrachtung des Gesamtphänomens der Weltgeschichte einer Lösung entgegengeführt werden, und dazu fühlen wir uns nicht befugt.

Beide Male ist das halbe Jahrtausend des Aufstiegs, für das in Griechenland die homerische Zeit, in Ägypten die Thinitenzeit repräsentativ ist, wenig bekannt, dafür aber seine grundlegende Bedeutung für die Entwicklung der Folgezeit immer stärker hervorgetreten[1]). Es folgt die Periode, die hier der Einfachheit halber als die klassische bezeichnet werden soll. Daß unter den großen Zeitaltern der ägyptischen Geschichte das des AR diese Bezeichnung am ehesten verdient, ist eine Erkenntnis, die sich in der jüngeren ägyptologischen Forschung weitgehend durchgesetzt hat[2]) und die jedem unmittelbar einleuchtet, der etwa das Glück hatte, unter Junkers Führung die Herrlichkeiten von Gîze und Sakkâra und des Museums zu Kairo durchwandern zu dürfen. Mit der 6. Dynastie setzt die Übergangszeit ein, die eine tiefgreifende Revolutionierung heraufführt[3]). Die Expansion des Reiches scheint zunächst gesteigert, mag sie auch eine solche Kraft wie die am Beginn der entsprechenden Periode der antiken Geschichte stehende 'Welteroberung' Alexanders nicht entfaltet haben. Immerhin geben die Expeditionen in den Sudân, die Fahrten nach Punt[4]) (in denen ein sachkundiger seemännischer Beurteiler Meisterleistungen gesehen hat)[5]) und die energisch durchgeführte Bezwingung Palästinas, von der die bekannte Inschrift des Una zeugt, ernstlich zu denken. Alsbald folgt der Gegenschlag: die ehrgeizigen Machthaber (in Ägypten die »Gaufürsten«) führen den Zerfall des Reiches herauf[6]); asiatische Schwärme setzen

[1]) Vgl. Junker a. O. 25.

[2]) Vgl. Junker a. O. 39; noch nachdrücklicher H. Kees, Ägypten 200. Dagegen ist das NR, in dem man früher wohl den Höhepunkt der ägyptischen Geschichte erblicken wollte — es sei nur an G. Steindorffs bekanntes Buch »Die Blütezeit des Pharaonenreiches« erinnert —, heute in seiner Bedeutung aufs stärkste umstritten, was besonders in der Würdigung Amenophis' IV. hervortritt; vgl. W. Wolf, Wesen u. Wert der Ägyptologie (1937) 11f.

[3]) Kees a. O. 200. 312. Junker a. O. 65. Scharff im Hdb. der Archäol. (1938) 509f.

[4]) Vgl. Junker a. O. 73. Kees a. O. 107. 122f.

[5]) A. Köster, ÄZ 58, 125f.

[6]) Aus den Ermahnungen des Ipuwer scheint mir hervorzugehen, daß das Königtum angesichts der verfahrenen Lage den Versuch gemacht hat, sich mit Hilfe der großstädtischen Be-

sich im Delta fest, der wichtigsten Provinz des AR[1]). In der hellenistischen Epoche entreißen die Parther, ermutigt durch die Auflösungserscheinungen im Seleukidenreiche, den makedonisch-griechischen Herrschern Iran, das Herzstück der Beherrschung des vorderen Orients, 75 Jahre nach Alexanders Tod. Die Großstadt Memphis erhält — ein deutlicher Hinweis auf ihre Bedeutung seit dieser Epoche — ihren Namen nach der Pyramide des 1. bzw. 2. Königs der 6. Dynastie[2]); man wird zum Vergleich an Alexandria erinnern dürfen. Die Fürsten von Theben erringen Erfolg auf Erfolg gegen den Norden; aber König Achthoës II. verkennt die von hier drohende Gefahr und legt seinem Sohne Merikarē vor allem den Schutz der Grenze gegen Asien ans Herz, wo unruhige Völker mit Einfällen drohen[3]). So unterschätzen die hellenistischen Mächte Roms Vordringen angesichts der Abwehr von Parthern, Kelten, Bastarnen usw., bis es zu spät geworden ist. Am Ausgang dieser von inneren und äußeren Umwälzungen erfüllten Periode erscheint das »Carpe diem« — bei Horaz und im Liede des blinden Harfners aus dem Grabe des Königs Antef.

Wie das siegreiche Rom der sog. Kaiserzeit den Stempel aufdrückt, so wird die kraftvolle Zeit des MR vom oberägyptischen Theben her bestimmt, das nunmehr Memphis ebenbürtig zur Seite tritt, ja es in mancher Hinsicht überflügelt. Die Beseitigung der einflußreichen Stellung der Gaufürsten durch die letzten Pharaonen der 12. Dynastie[4]) gemahnt an die Entwicklung zum Absolutismus im Reiche der Cäsaren, der in Diokletians 'Dominat' erreicht wird. Und wie die Notwendigkeiten der Reichsbeherrschung am Ende der Kaiserzeit zur Zurückverlegung der Residenz in den griechischen Osten (Byzanz) führen, so ist am Ausgang des MR wieder Unterägypten der Schwerpunkt geworden. Beide Male vollzieht sich die folgenschwere Entwicklung unter dem Druck einer Völkerwanderung; fast im gleichen Zeitpunkt überrennen die Germanen die römischen Provinzen und — im Zusammenhang der indogermanischen Wanderung — die Hyksos Unter- und Mittelägypten. Im Kampfe gegen die Eindringlinge erfolgt vom »Neuen Rom« und von Oberägypten aus eine politische Erneuerung. Während die neugegründeten Staaten der Einwanderer auf vorderasiatischem Boden, der Hethiter, Arier von Mitani, Kassiten bestehen bleiben, gelingt es den oberägyptischen Königen, die Hyksos völlig aus dem Nillande zu vertreiben. An diese Vertreibung schließt sich die Errichtung einer Weltmacht an, die mit ihrem Höhepunkt unter Thutmosis III. an die Blüte des Byzantinischen Reiches von Justinian bis

völkerung von Memphis wieder das Übergewicht über die Feudalherren zu verschaffen, und daß ihm dieses Beginnen — durch das Versagen der Persönlichkeit Phiops' II. — ebenso fehlschlug wie dem französischen Königtum Ludwigs XVI.: es kam zu einer blutigen Revolution der städtischen Schichten, auf die eine »Restauration« des Adels folgte wie 1814/15. Ipuwer muß auf seiten der Feudalaristokratie gestanden haben.

[1]) Dazu vgl. A. Scharffs Behandlung des historischen Abschnitts der Lehre für König Merikarê, Sitzgsber. der Bayer. Akademie 1936, Heft 8, die unsere Kenntnis erheblich gefördert hat. Über den Asiateneinfall, in dem ich freilich nicht mit Scharff die Ursache der Revolution erkennen möchte, vgl. a. O. 44.

[2]) Vgl. Scharff a. O. 35f.

[3]) a. O. 43.

[4]) Vgl. Ed. Meyer, Gesch. des Altertums I 2³ 276. Junker a. O. 89. Kees a. O. 205. — In der Kunst ist das Zurückgreifen der 11. Dynastie auf die besten Traditionen des AR, wie es die Statue Mentuhoteps zeigt (Junker 98; vgl. Scharff a. O. 49), analog der Anlehnung der augusteischen Kunst an die klassisch-griechische Plastik.

Heraklius erinnert[1]). Sehr bald erfolgt der Rückschlag. Der Reformversuch Amenophis IV. erschüttert die Grundfesten des NR nicht minder als der besonders das 8. Jahrhundert unserer Zeitrechnung erfüllende Bildersturm die des Byzantinischen Reiches. Der Druck von außen her wird stärker und stärker. Fremde Leibgarden, die Schardana hier, Armenier und Waräger dort, bilden den Schutz des Herrschers. In wechselvollen Kämpfen sucht man den alten Umfang des Reiches wieder herzustellen, ohne das Ziel völlig zu erreichen. Nur mit Mühe gelingt schließlich die Abwehr der fremden Völker, die die Reichsgrenzen umdrängen, unter Ramses III. und den Kaisern der armenisch-mazedonischen Dynastie.

Die Parallelen ließen sich beliebig vermehren. Aber vielleicht zeigen bereits die angeführten Beispiele, daß ein Nachdenken über die hier berührte Problematik lohnen würde. Jedenfalls wäre es angebracht, wenn in Zukunft die Forschung weniger Wert auf die Sammlung dessen legte, was den großen Epochen der ägyptischen Geschichte gemeinsam ist, als vielmehr auf die Herausarbeitung der Unterschiede zwischen ihnen, die gewiß noch erheblich tiefgehender sind, als es heute schon erscheinen mag.

[1]) Auf eine Darlegung der tiefgreifenden Unterschiede zwischen dem NR und den vorangehenden Epochen muß ich hier leider verzichten. Es sei mir nur erlaubt, darauf hinzuweisen, daß die in der vorliegenden Skizze befürwortete Betrachtung von dem leidigen Zwange befreit, eine Epoche der ägyptischen Geschichte auf Kosten der anderen herauszuheben, wie es mehrfach mit dem AR gegenüber dem NR — nach O. Spenglers Vorgang — geschah. Zumindest die Zeit der 18. Dynastie ist ganz unbestreitbar eine ausgesprochene Blüteperiode gewesen.

Zur Geschichtsanschauung Oswald Spenglers

Als Blick auf das Leben, als Absage an die bloße Theorie (auch die 'am grünen Tisch der goldenen Praxis' erdachte) hat Oswald Spengler seine Philosophie immer wieder bezeichnet. Für das Studium der Weltgeschichte, diese eigenste Angelegenheit des deutschen Geistes, hat sein Werk den überraschenden Beweis erbracht, daß das 19. Jahrhundert sich den Ehrentitel des historischen Jahrhunderts verfrüht zugelegt hat. Wohl hat es Historiker vom Range eines Niebuhr, Ranke, Droysen, Eduard Meyer — um nur die in ihrer Forschung ausgesprochen universal gerichteten zu nennen — aufzuweisen. Aber wie das 17. Jahrhundert trotz der Namen Descartes, Newton, Leibniz nicht als das philosophische Jahrhundert in die Geschichte eingegangen ist, sondern vielmehr das 18., so ist auch die Aufgabe, die grandiosen Einblicke und Entdeckungen der historisch gerichteten Arbeit des 19. Jahrhunderts zu einem in sich geschlossenen, den gesamten geistigen Lebensstil bestimmenden und gestaltenden Bilde der Welt als Geschichte zu verarbeiten, unserem Jahrhundert vorbehalten geblieben. Erst Spenglers Art, zu sehen, hat zu Bewußtsein gebracht, wie viele Fragen, die der Versuch, Weltgeschichte zu begreifen, auftauchen läßt, bisher überhaupt noch nicht gestellt, geschweige denn beantwortet waren. Erst er hat mit der Ausdehnung des geschichtlichen Blickfeldes über den ganzen Erdball hin in einer Weise Ernst gemacht, die *jeden* der verschiedenen Geschichtsabläufe als unentbehrlich für die Gewinnung des Gesamtbildes erscheinen lassen konnte. Erst damit sind auch die Voraussetzungen für die Ablösung der mit den billigen Schlagworten des 'Historismus' arbeitende Pseudohistorie von Sprachforschern, Kunstwissenschaftlern, Philologen usw. durch eine methodisch-exakte, ihres Namens würdige Geschichtsforschung gewonnen worden, die ihre Begriffe und Deutungen aus einer tiefen Kenntnis des wirklichen geschichtlichen Lebens, nicht aus nur-theoretischen Annahmen heraus gewinnt.

Ist Spengler hier über alles hinausgegangen, was das 19. Jahrhundert bis dahin zu bieten vermochte, so ist er diesem doch zutiefst verbunden geblieben durch seinen pessimistischen Lebensaspekt. Zwar konnte er in seiner mitreißenden Antikritik von 1922 einer Verwechslung seiner Weltschau mit dem herkömmlichen platten Pessimismus heftig widersprechen („Nein, ich bin kein Pessimist. Pessimismus heißt: keine Aufgaben mehr sehen. Ich sehe so viele noch ungelöst, daß ich fürchte, es wird uns an Zeit und Männern für sie fehlen"!); aber seine spätere geistige Entwicklung hat den pessimistischen Grundzug seines Philosophierens immer klarer heraustreten lassen bis zu dem Ausspruch am Schluß des 1931 veröffentlichten Schriftchens „Der Mensch und die Technik": „Optimismus ist Feigheit." Der deutsche Pessimismus des 19. Jahrhunderts ist die seelische Reaktion auf die englisch-liberale Weltansicht gewesen, die die Geistigkeit des Jahrhunderts weitgehend in ihren Bann zog; was in Westeuropa als aufklärerische Skepsis überwiegend in den Regionen des Nur-Verstandesmäßigen blieb, ergriff in Deutschland vor allem vom Gefühlsleben Besitz. Spengler suchte nun aus einer Stimmung ein Wissen um eine Tatsache zu machen — man mag das tragische Endschicksal der Kulturen „bewundern oder beweinen, aber es ist da"! —, und vielleicht rührte vor allem daher das erhebliche Aufsehen wie das Ärgernis, das er erregte und das bei den übrigen großen Pessimisten des Jahrhunderts, bei Schopenhauer, Wagner, Nietzsche, Eduard von Hartmann in dem Maße nicht empfunden wurde. Vom Blick auf seine Gegenwart, deren Dekadenz er noch schonungsloser als Nietzsche an den Pranger stellte, erschloß sich ihm der Blick auf die Weltgeschichte. Jetzt erschien die Dekadenz als Schicksal, als unentrinnbare, mit der Geburt der abendländischen Welt zugleich gesetzte „Vollendung". Er meinte als tiefste Verwurzelung dieses Schicksals in der Geschichte der „großen Kulturen" Kulturseelen zu schauen mit einer geheimnisvollen, jeweils verschieden gearteten Uridee, die nach Verwirklichung innerer Möglichkeiten strebe wie eine seltene Pflanze, die nach Erreichung des Endzustandes absterbe. Sobald von der Forschung das Ursymbol der Kultur erschaut sei, könne von ihr auch der Augenblick bestimmt werden, in dem sie sich erfüllt habe und abzusterben beginne: Dieser Augenblick sei für die antik-apollinische Seele mit der Plastik des Pergamonaltars, für die abendländisch-faustische mit Wagners Tristanmusik erreicht worden. Was folge, sei Winter der Zivilisation, Erlöschen. Die „zweite Religiosität" einer fellachisierten Bauernbevölkerung und die immer negerhafter werdenden Machtkämpfe der „Soldatenkaiser" repräsentierten das prinzipiell endlose letzte Hindämmern...

Dieses erschütternde Gemälde, in dem alle Äußerungen menschlicher Existenz, Künste, Weltanschauungen, Schlachten, Wirtschaftsformen, Gottheiten, Persönlichkeiten ihren Platz erhielten, ermöglichte eine umfassende Physiognomik alles Menschlichen; aus ihr heraus wurde Spengler zum Ethiker, der den rechten Lebensweg in die Zukunft zu weisen sich berufen fühlte. Hier verspürte der Leser die unauflösliche Verbindung zwischen Leben und Denken dieses Philosophen ganz unmittelbar. Und wo hätte früher ein Historiker daran gedacht, die Geschichte der Mathematik so ernst, ja so grundsätzlich wichtig zu nehmen, wie es Spengler tat? Oder die Geschichte des Seelenbildes, der Naturanschauung und Naturwissenschaft, der Stadtentwicklung, der Religiosität und Weltanschauung, der Kunst, der Sprache! Das Leben des höheren Menschentums mit seiner Vielfalt kultureller Äußerungen erschien nun endlich auch im Geschichtsbilde als die sinnerfüllte Einheit, als die man es instinktiv schon immer empfand; kümmerlich wirkte daneben alles, was die Geschichtsschreibung des 19. Jahrhunderts in dieser Hinsicht unternommen hatte. Was bei Spenglers Gemälde aber so überraschte, war der Umstand, daß es in den Tatsachen selbst vielfach Bestätigung fand, ja die Einzelforschung in gar manchen Punkten maßgeblich beeinflussen konnte. In der Tat war es nicht etwa der Phantasie Spenglers entsprungen, sondern in ehrlicher, erstaunlich ausgebreiteter Arbeit gewonnen. Daher rührte das stolze, leider so oft mißdeutete Selbstbewußtsein Spenglers. Er schämte sich nie, zu lernen, sei es aus Büchern, sei es von Lebenden. Sein Bild der Welt als Geschichte war wirklich, wie er im Vorwort zum ersten Bande sagte, nur in beschränktem Maße sein eigenes Werk, in Wahrheit vielmehr das seiner gesamten Zeit; es wird dem Geschichtsschreiber dereinst als die großartigste Verkörperung von Weltbild und Weltgefühl der Jahrhundertwende erscheinen. Wer hätte glauben sollen, daß das vom „Historismus" des vorigen Jahrhunderts grau in grau gemalte Bild von Mensch und Leben, gegen das Nietzsche nur protestieren konnte, durch eine so glühende Farbgebung lebendig gemacht werden könnte wie bei Spengler? Daß das platteste aller Jahrhunderte der neueren Geschichte im Lichte einer echten, ergreifenden Tragik erscheinen würde? Auf den *common sense,* für den die Plattheiten des Liberalismus gedacht waren, war Spenglers Werk trotz mancher innerlichen Berührungen wirklich nicht mehr berechnet; daher das Geschrei der Ewiggestrigen, das Spengler, so sehr er es zu verachten vorgab, doch verbitterte, das letzten Endes verschuldete, daß er wie sein bewundertes Vorbild Nietzsche immer rigoroser, härter, unduldsamer wurde. Er war eben Mensch — hoffte, lebte, wurde enttäuscht, hoffte weiter und litt — einsam. Dazu traten Krankheit und schon 1927 ein leichter Schlaganfall. Spengler raffte sich mit fast übermenschlicher Kraft wieder auf; wie eine endgültige Absage, ein Abbrechen aller Brücken zu den von ihm verachteten Kritikern wirkte die Schrift über den Menschen und die Technik, in der der Untergang ihm gar nicht schnell genug kommen zu können schien. Alle Kulturen seien Niederlagen, schleuderte er der Kulturseligkeit seiner Zeit entgegen; es bleibe nur der Heroismus der Hoffnungslosigkeit. Als Strafe für den Frevel der faustischen Technik an der Natur erschien ihm die Krise der Gegenwart: „der gestürzte Sieger wird von dem rasenden Gespann zu Tode geschleift". In diesem Schriftchen Spenglers bäumte sich das 19. Jahrhundert, das in der Katastrophe des Weltkriegs zu Ende ging, noch einmal mit Verachtung gegen das es unentrinnbar ablösende, ganz ander gestimmte 20. auf: abweisend, ablehnend, hohnvoll — sein düsteres Schicksal, seine Tragik nun selbst entlarvend als g e w o l l t e s Schicksal, g e w o l l t e Tragik — und wir Jüngeren hörten erschütert den Ruf daraus: sei ein Mann und folge mir n i c h t nach! ...

So ist Spengler, indem er mit höchster Konsequenz die relativistisch-skeptischen Perspektiven des 19. Jahrhunderts im Bilde der geschichtlichen Welt durchzuführen, aus Nietzsches Ausblick, wie er selbst sagte, einen Umblick zu machen suchte, tatsächlich zum Befreier von diesen Perspektiven geworden. In seinem heroischen Kampfe um die Lösung des Problems der Weltgeschichte hat er die Erkenntnis durch seine umfassende Einbeziehung aller Schöpfungen des Kulturlebens in die Betrachtung ganz wesentlich gefördert und Tore aufgestoßen, durch die alsbald erfrischender neuer Wind auch in die Fachwissenschaft hineinfegte und an gar manchem lieb gewordenen, aber überlebten Vorurteil rüttelte. In einer Zeit, die unter der Nachwirkung der prinzipiell unhistorisch, ja antihistorisch gerichteten Aufklärungsbewegung sich von der Geschichte und ihren Erfahrungen zu emanzipieren drohte, hat Spengler die Geschichte und ihre Problematik wieder zum Mittelpunkt philosophischer Besinnung über Welt und Leben gemacht. Damit nahm er die Traditionen der deutschen Romantik wieder auf. Es wäre unbillig, wenn man über dem Kampf gegen die pessimistischen Folgerungen aus seinem Geschichtsbilde dieses unleugbare Verdienst um die geistige Wiedergenesung unseres Volkes vergessen wollte. Sein Hohn über den tristen Zug der Weltverbesserer, der als einziges Zeichen seiner Existenz einen riesigen Haufen bedruckten Papiers hinterlasse, traf die geistige Haltung der „liberalistischen" Ära ins Herz. Aber diese rächte sich — und darin liegt die Tragik Spenglers —, indem sie den scharfen Kritiker selbst zu einem Apostel ihrer tragenden Ideologie vom blind waltenden „Willen zur Macht" und seiner Vergötzung der bloßen Gewalt umprägte. Der gleiche Geist, der den tiefen, strengen Sinngehalt im Antlitz der großen Kulturzeitalter zu deuten wußte, der sie als in allen ihren Lebensäußerungen durchaus sinnerfüllt verstehen lehrte (wie schlug das dem deterministischen Zufallsglauben des Positivismus und Materialismus ins Gesicht!), mußte sich zur erhabenen Sinnlosigkeit als dem letzten „Sinn" der Weltgeschichte, dieses Kosmos sinnerfüllter Geschichtsbewegungen, bekennen. Eben damit ist er den Weltverbesserern schließlich in einem wesentlichen Punkte doch noch verhaftet geblieben: denn gerade der von ihm so gefeierte „Tatsachenmensch" weiß darum, daß Weltgeschichte nicht lediglich Kriegsgeschichte ist und daß Kunst und abstraktes Denken, anders als Spengler meinte, in ihrer Bedeutung gar nicht überschätzt werden können. Aber was verschlägt eine solche Feststellung für die Würdigung der Persönlichkeit Spenglers? Wie andere Große hätte auch er von sich sagen dürfen: *ich bin kein ausgeklügelt' Buch, ich bin ein Mensch mit seinem Widerspruch.* Es ist nur ein Zeichen für seine Größe, daß so manche seiner Irrtümer sich nicht weniger produktiv ausgewirkt haben als seine Erkenntnisse; denn auch sie waren ihm eingegeben vom Willen zur Wahrheit, dem einzigen zuverlässigen Leitstern auf dem Wege zur Wahrheit, der mit seiner Leuchtkraft noch jeden ihn zeitweise verhüllenden Nebelschleier schließlich durchdrungen hat.

Es ist Spengler nicht mehr vergönnt gewesen, seinen zweiten, durch Jahre hindurch verfolgten Plan einer Geschichte des Menschen von seinem Ursprung an auszuführen. Der bereits erwähnte Abriß, den er aus der Fülle seiner Vorarbeiten im Jahre 1931 unter dem Titel „Der Mensch und die Technik" veröffentlichte, gewährt gewiß nur einen geringfügigen Begriff vom Ganzen. Er überraschte durch die Düsterkeit seines Aspekts. Der Leidensweg, den die moderne Kulturbewegung seit Rousseau sich erwählt hatte, war hier zu Ende gegangen: während damals die Illusion die Herzen nährte, daß die Kultur als Verderberin der ursprünglichen Güte der menschlichen Natur durch ein Zurückgreifen auf den „Naturzustand" der wild lebenden Völker abgeschüttelt bzw. ersetzt werden könne, ist Spengler völlig desillusioniert und sieht das „Raubtier" Mensch hoffnungslos in die Kultur als Schicksal verstrickt, mit der er unweigerlich dem Untergange zusteuere. Das eigentlich Interessante an dem Schriftchen war das Eingeständnis, daß die abendländisch-europäische Kultur nicht eine unter vielen war, sondern in ihr der Weg des geschichtlichen Menschen seinen Höhepunkt erreicht habe, dem höchstens noch ein „matter Nachzügler", aber keine ebenbürtige Kultur, „etwa irgendwo in der Ebene zwischen Weichsel und Amur und im nächsten Jahrtausend" folgen könne. Damit war der konsequente Relativismus des „Untergangs des Abendlandes" verlassen, und der alte Grundgedanke einer kontinuierlich verlaufenden Weltgeschichte, dem Spengler einst so heftig abgesagt hatte, wurde erneut sichtbar — ein Eindruck, der sich noch verstärkte, als sein letztes Buch, die „Jahre der Entscheidung", die entrüstete Frage nach den Urhebern der europäischen Dekadenz aufwarf, den Verantwortlichen für die große Kulturkrise, die vordem lediglich als naturgegebenes, widerspruchslos hinzunehmendes „Schicksal" hingestellt worden war! Damit hat Spengler in einer ihn hoch ehrenden Aufgeschlossenheit gegenüber der Wirklichkeit der Geschichte selbst den Punkt sichtbar werden lassen, an dem die Einsichtigkeit seines früheren Geschichtsbildes grundlegend korrigiert werden kann und wird.

Die Geschichte des Altertums hat stets in besonderem Maße Spenglers Interesse erregt. Aus ihrem in klarer Überschaulichkeit vorliegenden „Lebenslauf" gewann er die Analogie, mit deren Hilfe er die Zukunft unserer europäischen Kultur vorauszubestimmen unternahm. Bekanntlich ist der Titel seines Hauptwerkes durch Otto Seecks „Geschichte des Untergangs der antiken Welt" angeregt worden. Wie aber gerade in der Fehldeutung des Sinns der Geschichte der Römerzeit — die nicht ihm zur Last fällt, sondern die er von der Wissenschaft seiner Zeit übernahm — der grundlegende Fehler der Spenglerschen Geschichtsansicht liegt, aus dem sich alle seine Folgerungen über die „Morphologie der Weltgeschichte" beinahe zwangsmäßig ergaben, kann hier nicht ausgeführt werden. Eben dafür, daß Spenglers unerbittliche Logik zu einer grundsätzlichen Überprüfung der hier verbreiteten, völlig abwegigen Meinungen zwang, aus der der historischen Wissenschaft überraschende neue, für unser gesamtes Geschichtsbild außerordentlich folgenschwere Erkenntnisse erwuchsen, weiß die Alte Geschichte dem Heimgegangenen aufrichtigen Dank. Mit der weltweiten Verbreitung seines Hauptwerkes aber hat er die Erfüllung seines Wunsches in der Vorrede zum ersten Bande erlebt, das Buch möge neben den militärischen Leistungen seines von ihm innig geliebten Deutschland im Großen Kriege, in dem es vollendet wurde, nicht ganz unwürdig dastehen. Konnte ihm ein schönerer Lohn beschieden sein?

HANS ERICH STIER

Zum Gottkönigtum Alexanders des Großen

Im Frühjahr 324 v. Chr. hat Alexander der Große von Susa, der alten Hauptstadt des persischen Weltreichs aus, wo er nach einem zehnjährigen unvergleichlichen Siegeszuge als Herr der Osthälfte der Oikumene die ersten Maßnahmen zu einer grundlegenden Neugestaltung der Welt traf, an die griechischen Staaten das Ansinnen gerichtet, ihn als Gott zu verehren und unter ihre Staatsgötter aufzunehmen. Daß ein so außergewöhnliches Ereignis wie dieses von folgenschwerer Bedeutung für den Gang der antiken Geschichte, ja der Weltgeschichte überhaupt gewesen sein muß, liegt auf der Hand. In der Tat sind Gottkönigtum und Herrscherkult charakteristische Erscheinungen im politischen Bilde des Hellenismus geblieben. Um so befremdlicher wirkt die Tatsache, daß es bis heute trotz eifrigsten Bemühens nicht gelungen ist, das Wesen dieser Erscheinung bis ins letzte aufzuhellen [1]). Die Schuld liegt natürlich in erster Linie an der unerhörten Dürftigkeit unserer Überlieferung. Aber es wäre verfehlt, diese Überlieferung nun als völlig unzureichend für eine Lösung des Problems anzusprechen. Wohl konnte einst Grote sagen, wir besäßen von dem Quellenreichtum der Antike nur, was vom Wrack eines gestrandeten Fahrzeugs an das Ufer getrieben worden sei [2]), und für die hellenistische Überlieferung gilt dies bekanntlich in besonderem Maße. Aber er gab zugleich zu, daß von der einst so überreichlichen Ladung gerade einige der kostbarsten Artikel gerettet werden konnten. Es kommt darauf an, sie unter den Trümmern herauszufinden und ihren Wert erkennbar zu machen. „So dürftig das Überlieferte, so entstellt, verwittert, unbedeutend noch von diesem Wenigen das meiste ist, sobald nur gewußt wird, was man und in welcher Richtung man suchen muß, finden sich noch immer kleine Stückchen hier und da, welche in jene hypothetisch gezeichneten Linien (sc. des Bildes des Historikers) erfreulich sich einfügend bestätigen, daß sie, wenn auch dreist, doch richtig gezeichnet waren“ [3]).

Mit dem ihm eigenen sicheren Gefühl für staatspolitische Notwendigkeiten und Zusammenhänge hatte Eduard Meyer sich für die Auffassung der Vergöttlichung Alexanders als eines in erster Linie p o l i t i s c h e n Aktes eingesetzt. „In der Tat ist die Erhebung des absoluten Monarchen zum Gott nichts anderes als die Verleihung der gesetzgebenden Gewalt an den Herrscher in einer Form, die sich mit den bestehenden rechtlichen Anschauungen verträgt ... Der neue Weltbeherrscher emanzipiert sich, indem er zum Gottessohn und selbst zum Gott wird, von den rechtlichen Schranken, durch die der Volkskönig und der Bundespräsident gefesselt gewesen war“ [4]). Dem hat man heftig wider-

1) Vgl. W. Schubart, Die religiöse Haltung des frühen Hellenismus (1937) S. 15.
2) Geschichte Griechenlands (deutsche Ausgabe) I S. V.
3) J. G. Droysen, in seinem Vorwort zum 11. Band der Geschichte des Hellenismus (jetzt bei R. Hübner, J. G. Dr.s Historik, 1937, S. 370).
4) Kl. Schr. I, S. 294 f.

sprochen. Alexanders inneres religiöses Erleben sei der tiefere Grund für seine Forderung göttlicher Ehren gewesen, und der beschwerliche, „geheimnisvolle" Zug zum Orakel des Ammon in der Oase Siwa sei — sofern man ihn überhaupt mit der späteren Erhebung des Königs zum Gott als Vorstufe in Verbindung zu bringen gestattet — „eine jener Handlungen Alexanders, die nur aus seinem religiösen Innenleben und aus den irrationalen Imponderabilien seines Wesens zu verstehen sind" [5]). Die Apotheose trage also einen durchaus unpolitischen, religiösen Charakter und sei nicht „ein rein politischer Schachzug" gewesen [6]). Und man ergeht sich in mehr oder weniger tief bewegten Schilderungen von Alexanders Gottesfurcht und Frömmigkeit, ohne daß man damit ganz zu leugnen vermöchte, „daß so manches Mal auch die Politik seine gottesdienstlichen Handlungen bedingt hat" [7]). Vielleicht wäre es für eine zutreffende Beurteilung besser gewesen, wenn man die Problematik nicht ohne jeden Seitenblick auf vergleichbare Erscheinungen aus Zeitaltern überprüft hätte, für die uns im Unterschied zur Geschichte Alexanders ein reichhaltiges Quellenmaterial zur Verfügung steht — es sei hier etwa an Religiosität und Religionspolitik des ersten Napoleon erinnert. Ohne eine methodische Heranziehung der historischen Analogie bleiben alle Feststellungen geschichtlicher Forschung ein Schöpfen aus der Tiefe des eigenen Busens, und es ist verwunderlich zu sehen, in welchem kaum glaublichen Maße diese Tiefe, die man mit der Tiefe der Einsicht in die geschichtliche Wirklichkeit gleichsetzt, überschätzt wird.

Die genaueren Umstände, unter denen Alexander die Forderung seiner Vergöttlichung an die Hellenenwelt gerichtet hat, sind unbekannt. Vor allem enthalten die auf uns gekommenen Alexanderhistoriker keinen Hinweis darauf, ob jene Forderung zu dem an den Olympien (September) des gleichen Jahres offiziell verlesenen Briefe des Königs, in dem dieser kurzerhand die Wiederaufnahme der politischen Verbannten (mit Ausnahme der mit Blutschuld und Gottesfrevel Beladenen) in die griechischen Staaten anordnete [8]), in irgendeiner Beziehung stand. Daß Alexander sich mit dieser Anordnung in jeder Hellenenstadt eine ihm durch Dankbarkeit unbedingt verpflichtete Partei schaffen wollte, die angesichts der unsicheren Haltung der Griechenstaaten zur makedonischen Herrschaft Alexanders politischen Einfluß auf diese Staaten definitiv zu sichern vermochte, wird bei Diodor ausdrücklich angegeben [9]). Wie wichtig der Weltherrscher diese Anlegenheit nahm, lehrt am Schlusse seines dort mitgeteilten Briefes der Hinweis auf ein anderes Schreiben, in dem er seinen Statthalter in Europa, Antipater, angewiesen habe, widerstrebende Staaten mit Gewalt zur Durchführung des Verbanntenerlasses zu zwingen. Die ungeheure Aufregung und Empörung, die dieser Erlaß in den hellenischen Staatswesen auslöste, beweisen, daß mit ihm der Kern des machtpolitischen Problems getroffen war. Freiheit und Souveränität des Hellenentums waren tödlich bedroht [10]).

5) U. Wilcken, Alexander d. Gr. (1931), S. 198, 111.
6) a. O. S. 198. Vgl. Sitzungsberichte der Preuß. Akad. d. Wiss. 1938, S. 304.
7) O. Kern, Forsch. u. Fortschr. 14 (1938) S. 406; Rel. der Griechen III (1938) S. 52.
8) Diod. 18, 8, 2; vgl. 17, 109, 1.
9) 18, 8, 2.
10) Vgl. A. Schäfer, Demosth. und seine Zeit [2] III (1887) S. 316 ff. Ed. Meyer, a. O. S. 312, 2.

In den dürftigen, aber immerhin eindeutigen Nachrichten von diesen Vorgängen, die namentlich durch die attischen Redner auf uns gekommen sind, begegnet mehrfach zugleich die Frage der Apotheose Alexanders. So haben die Athener sich bereit gefunden, die Göttlichkeit des Königs anzuerkennen — nach leidenschaftlich bewegten Debatten —, dafür aber die Wiederaufnahme der Verbannten hartnäckig verweigert. Offenbar rechneten sie darauf, durch ihr Entgegenkommen in dem einen Punkt Alexander zu einem Einlenken hinsichtlich des zweiten, für sie erheblich lebenswichtigeren zu bewegen. So lag es nicht eben fern, wenn Eduard Meyer einen engen Zusammenhang zwischen beiden Maßnahmen Alexanders postulierte, in dem Sinne, daß die Göttlichkeit die Rechtfertigung für den ohne sie einfach unerträglich bleibenden Eingriff in das Selbstbestimmungsrecht des freien Hellenenstaats darstelle, den das Verbannteneddikt ja für die Mächte des Korinthischen Bundes ohne Zweifel bedeutet hat.

Für einen solchen Zusammenhang beider Maßnahmen Alexanders, der bislang lediglich Vermutung bleiben mußte, gibt es nun ein Zeugnis, das, wenigstens soweit ich sehe, in der bisherigen Diskussion nirgends nach Gebühr berücksichtigt worden ist. Im 5. Buche seiner Beschreibung Griechenlands (cap. 25, 1 [24, 11]) erwähnt Pausanias eine bei dem großen Zeustempel von Olympia errichtete Statue, die nicht zu den (von ihm soeben sorgfältig aufgezählten) Zeusstatuen innerhalb der Altis gerechnet werden dürfe. Sie sei das Weihgeschenk eines Korinthers, aber nicht eines von den altberühmten Korinthern, sondern von denen, die vom König ihre Stadt zurückerhalten hätten, und stelle in Wahrheit nicht einen Zeus dar, sondern Alexander, Philipps Sohn, der freilich in seiner Erscheinung dem Zeus angeglichen sei [sc. weshalb man diese Statue zuweilen irrigerweise den Zeusbildern zugezählt habe]. Von dem Einfall, diese Weihung in die römische Kaiserzeit nach dem Wiederaufbau und Wiederaufblühen Korinths zu setzen [11]), können wir füglich absehen. Der Wortlaut bei Pausanias ist ganz klar. Es handelt sich um eine Statue Alexanders des Großen, und der König, dem der korinthische Stifter die Rückkehr in die Heimatstadt verdankt, kann selbstverständlich nur Alexander sein. Offenbar haben wir hier, wie auch sonst häufig bei Pausanias, noch die Formulierung der Weihinschrift vor uns, der der Perieget seine Kenntnis entnahm. Von den Vorgängen selbst konnte er natürlich kein wirkliches Wissen mehr haben, wie er sich denn überhaupt in der griechischen Geschichte vielfach erheblich weniger unterrichtet zeigt, als manche der neueren Forscher gelten lassen wollen, die für gewöhnlich den zeitlich wie geistig enormen Abstand zwischen ihm und der klassisch-hellenischen Welt viel zu wenig berücksichtigen [12]).

11) Vgl. Hitzig-Blümner zur Stelle (Bd. II 1, S. 437); Th. Schreiber, Stud. über das Bildnis Alexanders d. Gr. (1903) S. 114 (nach Purgold, Hist.-philol. Aufs. E. Curtius gewidmet, S. 236).

12) Das trat in der Diskussion über die von mir vorgeschlagene Lösung des Problems der Schlacht bei ‘Oinoë’ (Eine Großtat der attischen Geschichte, Stuttgart, Kohlhammer, 1934; vgl. Welt als Gesch. II, 1936, S. 279 ff.) deutlich hervor. — Zu den Ausführungen W. Kolbes (Hermes 72, 1937, S. 255 ff.), die leider ‘alle Errungenschaften der Forschung von Robert bis Pomtow über Bord werfen’, bemerke ich, daß er für die Unterwerfung Mykenäs durch die Argiver die in allen Handbüchern angeführte Angabe aus Ephoros bei Strabo VIII 6, 19 seltsamerweise übersehen hat, die die Tegeaten als Bundesgenossen der Argiver ausdrücklich nennt. Damit fallen seine Ausführungen und Folgerungen in sich zusammen.

Wir haben hier also Kunde von einer Alexanderstatue, die den König nicht als menschlichen Herrscher zeigt, wie es etwa die bekannten Schöpfungen des Lysipp taten, sondern als Gottkönig, dem Zeus angeglichen, dem König der Götter und Menschen, als dessen Sohn Alexander bei seinem Besuche im Ammonion auftrat und vor der Schlacht bei Gaugamela die Hilfe der Götter herabrief [13]). Daß die Weihung einen offiziellen, politischen Charakter trug, erhebt die Inschrift zur Gewißheit, die auf die Rückführung der Verbannten ausdrücklich Bezug nahm. Die Auffassung, daß diese Verbannten „zum guten Teil zu seinen [Alexanders] politischen Gegnern gehört haben werden, die er also durch diesen Akt zu versöhnen hoffen mochte" [14]), findet in der Überlieferung keine Stütze, ja ist so unwahrscheinlich wie möglich. Alexander mußte Staatsmann genug sein, um zu wissen, daß bloße Dankbarkeit für erwiesene Wohltaten eine schlechte Bürgschaft für politisches Verhalten ist. Da er sich mit den Zurückgeführten nach Aussage der Quelle eine ihm treu anhängende Gefolgschaft in allen hellenischen Städten schaffen wollte, die für unbedingte Ergebenheit ihrer Staaten gegenüber der Politik des Weltherrschers zu sorgen hatte, konnte er sich nur auf Persönlichkeiten stützen, deren Gesinnung in dieser Hinsicht bereits erprobt war, d. h. die um ihrer makedonischen Gesinnung willen aus ihrer Heimat vertrieben worden waren. Schon die erhebliche Zahl dieser Verbannten, die Diodor nach bester Quelle auf mehr als 20 000 beziffert [15]), legt den Schluß nahe, daß es die Schärfe des Gegensatzes in der Stellung der makedonischen Oberhoheit war, die dieses außergewöhnlich hohe Ausmaß von Austreibungen allein befriedigend zu erklären vermag. Für die Stellung Athens zu Alexander ist ein sprechendes Beispiel die glänzende Rehabilitierung, die das attische Volk ungeachtet der militärischen Entscheidungen von Gaugamela und Megalopolis dem unversöhnlichen Makedonengegner Demosthenes im 330 verhandelten [16]) sog. Kranzprozeß zuteil werden ließ. Somit kann die Berufung auf die Rückführung der Verbannten in damaliger Zeit immer nur eine politische Willenskundgebung in promakedonischem bzw. proalexandrischem Sinne gewesen sein. Darauf führt auch mit zwingender Notwendigkeit die Tatsache, daß gerade Olympia zum Aufstellungsort der Statue gewählt worden ist, wurde doch dort Alexanders Sendschreiben über die Rückführung der Verbannten veröffentlicht. Auch der Standort in nächster Nähe des großen Zeustempels unterstreicht die Wichtigkeit dieser Weihung; sie sollte die Aufmerksamkeit aller Besucher des Heiligtums auf sich ziehen und ihnen laut davon künden, daß der Herr der Welt im Herzen Griechenlands, in Korinth, dem Sitze des Synedrions des Hellenenbundes, seine ihm in dankbarer Treue unbedingt ergebenen Anhänger besitze.

Es ist ohne weiteres klar, daß die betonte Göttlichkeit des dargestellten Herrschers mit der politischen Tendenz der Weihung, von der die Aufschrift der Statuenbasis unmißverständlich kündigt, in Einklang stehen muß, und es bedarf keiner sonderlichen Mühe, hier das Richtige zu finden. Die Wiedereinsetzung der um ihrer politischen Haltung willen Vertriebenen in ihre staats-

13) Kallisthenes bei Plut. Alex. 33. Zum Typus vgl. die bei Schreiber a. O. Tf. VIII O abgebildete (römisch stilisierte) Pariser Bronzefigur.

14) Wilcken, Alexander d. Gr., S. 200 f. (nach Beloch).

15) 18, 8, 5.

16) A. Schäfer, a. O. S. 223 ff.

bürgerlichen Rechte und ihren einstigen Besitz in der Heimat durfte gerade wegen der mit ihr unweigerlich verbundenen Gewaltsamkeiten und Aufregungen nicht als der mehr oder weniger vergängliche Gewaltakt eines momentan mit Übermacht die Hellenenwelt bedrängenden und unterdrückenden Tyrannen erscheinen, als den die griechischen Patrioten Alexander allein betrachteten, sondern nur als eine Tat von dauernder Gültigkeit. Das hieß, daß sie nicht als menschlicher, sondern als göttlicher Willensakt hingestellt werden mußte, wenn anders sie auf allgemeine Anerkennung Anspruch erheben wollte. Der Umstand, daß ein Gott, nicht ein irdischer Machthaber, die Verfügung erlassen hatte, enthob diesen Eingriff in das freie Verfassungsleben hellenischer Staaten der Sphäre des Widerrechtlich-Gewaltsamen und gab ihm eine höhere Weihe, die Legitimation, als unentbehrliche Voraussetzung für seinen Charakter einer für die Dauer berechneten Neuordnung der politischen Verhältnisse in Hellas. „Über den Republiken und ihren Gesetzen erhob sich der Wille des Herrschers; die Form aber, in der allein sein Gebot bindend und unverbrüchlich werden konnte, war, daß er über allen Menschen stand, weil er sich, wie Aristoteles es formuliert hat, an Tugend und politischer Leistungsfähigkeit über sie alle zusammengenommen soweit erhebt, daß er nicht unter dem Gesetze stehen kann, sondern selbst das Gesetz ist“ [17]).

Es kann keinem Zweifel unterliegen, daß die Weihung der Alexanderstatue mit ihren eindeutig zu erschließenden Absichten nicht die private Auffassung eines Bürgers von Korinth wiedergab — das verbietet allein schon der Platz, an dem sie Aufstellung fand —, sondern die Intentionen Alexanders selbst. Die Göttlichkeit des Herrschers erscheint als Rechtfertigung und damit als Voraussetzung seines Erlasses über die Rückführung der griechischen Verbannten in ihre Heimatstädte [18]). Somit ist die gegen Ed. Meyers Auffassung gerichtete These, daß dieser Erlaß „nicht eine Konsequenz der Apotheosenforderung“ gewesen sei, sondern sich „ausschließlich aus dem aufs höchste gesteigerten Kraftbewußtsein Alexanders“ erkläre und daß der Anspruch des Königs auf göttliche Verehrung seitens der griechischen Staaten „in dieser selben psychologischen Grundtatsache wurzele“ [19]), als unzutreffend erwiesen. Und damit fallen auch alle aus dieser These gezogenen Folgerungen in sich zusammen.

17) Ed. Meyer, a. O. S. 313 f.

18) Es kann in Wirklichkeit keinem Zweifel unterliegen, daß nicht seine Vergöttlichung das eigentliche Anliegen Alexanders war, sondern die Stabilisierung seiner Macht, der die Rückberufung der Verbannten diente. Die Apotheose kann für ihn nur als Mittel für die Erreichung des wirklichen Ziels, der Eingliederung der Hellenenwelt in seine Herrschaft, wichtig gewesen sein. Unter diesen Umständen verlöre das Schweigen der uns erhaltenen Alexanderhistoriker alles Befremdliche: sie exzerpierten aus den umfangreichen zeitgenössischen Vorlagen nur das Wesentliche, und das war in unserem Falle eben das Verbannteneedikt.

19) Wilcken, Alexander d. Gr. S. 201.

HANS ERICH STIER

Hellas und Ägypten*)

Daß bei dem Übergange der griechischen Kunst zur Monumentalität im 7. Jahrhundert v. Chr., jener denkwürdigen Epoche, die man „die Geburtsstunde der großen Kunst Europas" genannt hat [1]), der Kunst des Alten Orients eine erhebliche Mitwirkung einzuräumen ist, bedeutet für die Forschung heute kein Problem mehr. „Es wäre nicht griechische Klugheit, sondern etwa szythische Dummheit gewesen, Asiaten und Ägyptern so nah zu sein und die Hand vors Gesicht zu halten, als ob diese mit Kunst und Vorbilde nicht auf der Welt wären", schrieb Herder schon 1777 [2]), und das Zeitalter der Ausgrabungen hat ihm darin vollauf recht gegeben. In dieser seiner grundlegenden Bedeutung für die Fundamente unserer europäischen Kultur, die die unabdingbare Rechtfertigung aller ägyptologischen und assyriologischen Studien bildet, scheidet sich der Alte Orient grundsätzlich von den späteren Perioden morgenländischer Geschichte, die wesentlich als aufschlußreiche Parallelerscheinung zur okzidentalen Entwicklung Berücksichtigung heischen. Während nun die ältere Forschung die Verkörperung altorientalischer Kultur und damit das Vorbild für das Schaffen der „archaischen" griechischen Künstler in Ä g y p t e n sah, hat die Erschließung des vorderasiatischen Kreises allmählich fast zu dem entgegengesetzten Ergebnis geführt. Schon Winckelmann hatte sich hinsichtlich griechisch-ägyptischer Kunstbeziehungen skeptisch geäußert und — wenn überhaupt — eher an die Phöniker als Vermittler morgenländischen Guts denken wollen [3]). Die weitere Entwicklung der Forschung hat ihm recht gegeben. Neben das phönikische Kunstgewerbe ist als Spenderin zahlreicher künstlerischer Motive vor allem die assyrische Kunst getreten. Wo ägyptische Elemente im griechischen dekorativen Formenschatz auftreten, erwiesen sie sich, wie etwa der Lotosfries, als weitgehend durch asiatische Vermittlung und in asiatischer Umbildung nach Hellas gelangt [4]), so daß die Annahme eines direkten kulturellen Zusammenhangs zwischen dem Nillande und Griechenland auf immer stärkere Zweifel gestoßen ist. Je deutlicher die vorderasiatischen Beziehungen im Bilde der frühgriechischen Kunst wurden, um so mehr traten die ägyptischen in den Hintergrund, ja sie konnten großenteils gänzlich geleugnet werden. Wo wirklich das ägyptische Vorbild unverkennbar war, wie bei dem berühmten ruhenden Marmorlöwen aus Ionien im Berliner Museum, dem „größten

*) Referat, gehalten auf dem VI. Internationalen Kongreß für Archäologie, Berlin, August 1939.

1) G. Rodenwaldt, Altdor. Bildwerke in Korfu (1938) 7; vgl. Ath. Mitt. 44 (1919) 179.

2) In seinem „Denkmal Johann Winckelmanns".

3) Gesch. der Kunst des Altert. I. Teil, 1. Kap.

4) Vgl. u. a. E. Kunze, Kret. Bronzereliefs (1931); Payne, Necrocorinthia (1931); v. Bissing, Der Anteil der ägypt. Kunst (1912) 14, 63 ff.; Götting. Gel.Anz. 1936, 324; H. Thiersch, Antike 9 (1933) 214.

archaischen Kunstwerk, das der Boden Kleinasiens bisher gespendet hat“ [5]), legte man eher Wert auf die Züge, die von dem Vorbilde abwichen und den spezifisch griechischen Charakter des Werkes ausmachten. Im übrigen sollten Anklänge an ägyptische Formgebung bei frühgriechischen Kunstschöpfungen möglichst durch Konvergenz, nicht durch Entlehnung, ihre Erklärung finden. Der ägyptische Einfluß auf die ältere griechische Kunst schien in höherem Grade als der vorderasiatische „durchaus sekundärer Natur“ zu sein [6]). Diese Wandlung der Auffassung ging zusammen mit der Erschütterung der alten naiven „Einflußtheorie“; man wurde darauf aufmerksam, daß es sich in der überwiegenden Mehrzahl aller Fälle von Berührungen zweier Formenwelten weniger um „Einwirkungen“ handelte als um bewußtes und beabsichtigtes „Annehmen“, und man sprach — nicht ganz zu Unrecht — von dem geradezu planmäßigen Mißverstehen [7]) des Fremden, von dem nur eine ganz bestimmte, für den Annehmenden charakteristische Auswahl zur Übernahme überhaupt zugelassen wird. Der Schwerpunkt der archäologischen Forschung verlagerte sich folgerichtig in die Aufhellung der Eigenleistung der griechischen Kunst, die durch meisterhafte Analysen jetzt erst voll erkennbar wurde. Die altorientalische und vor allem die ägyptische Kunst zog man in erster Linie als Gegenbild zur hellenischen heran, um deren schöpferische Leistung auf dem Hintergrunde jener besonders hell erstrahlen zu lassen [8]).

Aber das Ergebnis blieb doch letzten Endes unbefriedigend. Denn daß die Griechen eben die Griechen waren und keine Ägypter, wußte man auch vordem, und daß sie ihre „barbarischen“ Lehrmeister auf allen Gebieten überflügelten, hat schon Platos Schüler Philippos von Opus [9]) ausgesprochen. Warum aber von griechischen Künstlern überhaupt der Umweg über das Studium ägyptischer Werke eingeschlagen wurde, blieb unbeantwortet. Gerade seitdem die Aktivität und ungebrochene Originalität im hellenischen Kunstschaffen des 7. und 6. Jahrhunderts v. Chr. gegen jeden Zweifel gesichert worden waren, kam jener Frage erhöhtes Interesse zu. Wenn dem ägyptischen Vorbilde, wie die archäologische Forschung auf Grund ihrer (doch auf dem Wege exakter Stilvergleichung gewonnenen) Ergebnisse behaupten mußte, für die Herausbildung der griechischen Monumentalkunst keinerlei wesentliche Bedeutung zukam — wie vertrug sich das mit den Angaben der Griechen selbst, die bekanntlich bis in das 3. Jahrhundert v. Chr. hinein in einer bei der Lückenhaftigkeit unserer Überlieferung erstaunlich großen Zahl Ägypten mit steigender Entschiedenheit geradezu als Ursprungsland und Vorbild hellenischer Kultur und Kunst hinstellen, während alles vorderasiatische Wesen, dem sie doch so Erhebliches verdankten, für sie alle Zeit die Verkörperung des Barbarischen, Un-, ja Antihellenischen schlechthin gewesen ist? Für den Historiker klafft hier ein Gegensatz auf, den es unbedingt aufzulösen gilt.

5) H. Schrader, Archa. griech. Plastik (1933) 54.

6) G. Krahmer, 28. Hall. Winckelmannsprogr. (1931) 73, 17. Vgl. auch O. Spengler, Untergang des Abendlandes II 66.

7) Spengler, a. O. 67.

8) Vgl. etwa Schrader a. O. 17 f., 25 f., 32, 35 f., 54, 57. R. Heidenreich, Corolla L. Curtius (1937) 71.

9) Epinomis 987 d. — Ein Musterbeispiel dieser Art ist der bereits zitierte Aufsatz von H. Thiersch.

Von seiten der Ägyptologie wie der alten Geschichte ist in letzter Zeit der Nachweis erbracht worden, daß die Angaben Herodots [10]) und des bei Diodor im Auszuge erhaltenen Demokriteers Hekatäos von Abdera [11]) erheblich ernster zu nehmen sind, als die ältere Forschung wahr haben wollte, die Herodot von ägyptischen Pfaffen betrogen werden ließ [12]) und in dem Werke des Hekatäos eine Utopie im Stile von Xenophons Kyrupädie sehen wollte. Daß es sich bei den Ausführungen beider nicht um den mehr oder weniger verantwortungsbewußten Ausdruck privater Sympathien für Ägypten handelt, lehrt einmal die Fülle ähnlich gestimmter Zeugnisse [13]), dann aber vor allem die in diesem Zusammenhange noch nicht genügend gewürdigte Tatsache, daß sich in diesen Zeugnissen etwas Überpersönliches, der Gang der gesamten griechischen Geistesgeschichte, erstaunlich klar widerspiegelt. Mit dem Erwachen des kritischen Bewußtseins gegenüber den eigenen kulturellen Traditionen im Zeitalter der ionischen Naturphilosophie beginnt zugleich auch die Bewunderung Ägyptens, für die Hekatäos von Milet für uns der erste greifbare Zeuge ist [14]). Wir spüren den Eindruck, „welchen das Bekanntwerden mit dem Alter der ägyptischen Geschichte auf die Griechen gemacht hat. Es hat ihren Rationalismus nicht erzeugt, aber wesentlich bestärkt" [15]). Der Triumph hellenischer Überlegenheit über den Orient im großen Perserkriege führte für die Wertschätzung Ägyptens in Hellas keinen Wandel herauf. Obwohl Herodot der subjektiv-überheblichen Kritik des Hekatäos scharf entgegentrat und sich in gesundem, frommen Wirklichkeitssinne erneut „auf die Bedeutung der Überlieferung besann" [16]), sehen wir in seinem Werke jene Überbewertung Ägyptens, die selbst wohlwollende Beurteiler zu dem Vorwurfe der Ägyptomanie [17]) veranlaßt hat und mit der er seinen Vorgänger offenkundig noch überbot. Wenn er die Unterschiede zwischen Hellenen und Ägyptern in Art, Kultur, Verfassung herausstellt, so gilt ihm die Besonderheit der Ägypter, wie man mit Recht hervorgehoben hat [18]), nicht als Verschrobenheit, sondern wird als Ursprünglichkeit hoch gewertet. Wohl klingt aus seinen Ausführungen hier und da eine gewisse Kritik an den hellenischen Anschauungen und Bräuchen heraus [19]); aber von einer Verurteilung der griechischen Kultur zu gunsten der ägyptischen ist keine Spur bei ihm zu entdecken. Es ist der gleichmäßig in sich ruhende, weltoffen-lebenskräftige Geist der attischen Klassik, der auch fremde Größe sich einordnet, ohne deshalb an sich selbst irre zu werden. Eine Epochenwende führt die große Krisis seit dem Peloponnesischen Krieg herauf, in der die klassische Kultur versunken und die griechische Moderne [20])

10) W. Spiegelberg, Die Glaubwürdigkeit von Herodots Bericht über Ägypten (1926). Vgl. auch J. Vogt, Herod. in Ägypten (1929).

11) Ed. Meyer, Gesch. des Altert.² II 2 (1931) 43 f.

12) Niebuhr, Kl. Schr. II 123.

13) Siehe die Sammlungen bei Th. Hopfner, Orient und griech. Philos. (1925).

14) Jacoby RE VII 2676 ff., 2740 f.

15) Ed. Meyer, Forschungen zur alten Gesch. I 193. Jacoby a. O. 2741.

16) M. Pohlenz, Herodot (1937) 193. (Vgl. auch 101 f.).

17) Vogt a. O. 24. Ebenda 31 über die Sorgfalt von Herodots Erkundung.

18) a. O. 21.

19) z. B. II 4, 45. Die besonders rationalistische Haltung des II. Buches hat man auf die starke Heranziehung des Werkes des Hekatäos durch Hdt. zurückführen können, vgl. Jacoby a. O. 2678.

20) F. Jacoby, Die griech. Moderne (1924).

die hellenistische Zivilisation, an ihre Stelle getreten ist. Es ist bezeichnend, daß jetzt von neuem das ägyptische Idealbild uns in der literarischen Überlieferung begegnet, diesmal aber noch erheblich rigoroser als ehedem vertreten, und zwar im Sinne einer ausgesprochenen Kulturkritik. Durch Platos Alterswerk, die „Gesetze", zieht sich der mit allem Nachdruck vorgetragene Hinweis auf die Vortrefflichkeit der ägyptischen Lebensordnung, in der sozusagen allein unter allen Staaten der Welt mit bewunderungswürdigem Scharfblick die alte gute Art religiös sanktioniert und weder bildenden Künstlern noch Dichtern und Musikern ein Abweichen von ihr gestattet worden sei, so daß dort allen Ernstes seit zehntausend Jahren alle künstlerische Form sich gleich bleiben konnte [21]). Es ist die schärfste Absage an die Dynamik der hellenischen Kulturentwicklung. Und als unter Ptolemäos I. Ägypten selbst sich in ein griechisch-makedonisches Staatswesen wandelte, verfaßte Hekatäos von Abdera sein bereits erwähntes Buch, in dem er das Idealbild der spätägyptischen Theokratie vom Königtum einer für diese Fragen längst aufgeschlossenen Gegenwart schilderte und alle Kultur der Welt auf Eroberungs- und Koloniationszüge ägyptischer Gottkönige zurückführte [22]). Die hervorragendsten griechischen Gesetzgeber, Dichter, Denker, Künstler sollten bei den ägyptischen Priestern in die Lehre gegangen sein [23]), hatte doch bereits Hekatäos' Lehrer Demokrit die stilistische Verwandtschaft der ältesten griechischen Großplastik mit ägyptischen Kunstwerken beobachtet [24]). Es muß damals lebhafte Diskussionen über das ägyptische Ideal gegeben haben, vergleichbar etwa den Auseinandersetzungen zwischen Klassizismus und Romantik um 1800 über die Geltung des hellenischen Ideals; so hat Krantor den Begründer der Akademie, Plato, gegen den Vorwurf verteidigen müssen, sein „Staat" sei ägyptischen Vorbildern nachgeschaffen [25]). Die überzeugten „Ägyptizisten" müssen eine schroff ablehnende Haltung gegenüber der klassischen Kultur eingenommen haben. Noch aus Diodors dürftigen Exzerpten ist die von einem rigorosen Moralismus eingegebene Kulturkritik des Hekatäos erkennbar, der sich im Namen der Wahrheit über Herodots angebliches παραδοξολογεῖν καὶ μύθους πλάττειν ψυχαγωγίας ἕνεκα [26]) hoch erhaben fühlte und gegen den Verfall von Zucht und Sitte, Gesundheit und Staatsgesinnung gleichsam als einen Jungbrunnen das ägyptische Idealbild beschwor [27]). Alle vier Abschnitte seines Werkes „charakterisiert außer einem ausgesprochen rationalistischen Standpunkt in gleicher Weise das Streben, die ägyptischen Meinungen und Institutionen als allein wahr, vortrefflich und nach-

21) II 656 f.; vgl. VII 799, 819. Polit. 290 d (dazu Ed. Meyer GdA.² II 2, 44). Platos Aufenthalt in Ägypten (Belege bei Hopfner 7, 3): „weit mehr als die Mythen, die er einflicht, zeugt von dieser Reise der tiefe Eindruck ägyptischer Größe, der ihm geblieben ist": W. Schubart, Die Griechen in Ägypten (1927) 8. Über Platos Stellung zur Kunst vgl. die treffenden Ausführungen B. Schweitzers, Der bildende Künstler und der Begriff des Künstlerischen in der Antike (1925) 74 f. Damit erledigen sich auch endgültig die Versuche, Platos Äußerungen über die ägyptische Kultur als ironisch gemeint hinzustellen (so z. B. v. Bissing, Neue Jahrb. 1912, 95 f.). — Auch Isokrates' Lob Ägyptens im Busiris ist keine Ironie (s. Sykutris, Hermes 62, 46 ff.; vgl. auch Herod. II 45; Plut. Lyk. 4).

22) Jacoby RE VII 2750 ff., besonders 2758 ff.

23) Diod. I 96—98.

24) Nachweis von B. Schweitzer, Xenokrates von Athen (1932) 27.

25) Procl. in Tim. I s. 76, 2 Diehl.

26) Diod. I 69, 7. Dazu Ed. Meyer a. O.² II 2, 44, 2.

27) Diod. I 81, 93.

ahmenswert hinzustellen. Die Hochachtung, die die ältesten ionischen Historike vor der uralten Kultur des Nillandes und vor allem vor der Weisheit seine Priester hegen, ist hier zur kritiklosen Bewunderung alles Ägyptischen über- haupt, zu einer wahren Ägyptomanie gesteigert" [28]). Wir haben in den Trüm- mern der Überlieferung noch genug Notizen, die beweisen, daß Hekatäos lediglich der konsequenteste Vertreter einer Auffassung von der hohen Bedeu- tung des ägyptischen Vorbildes gewesen ist, die in den Grundzügen weithin ver breitet war [29]). Aber die Übersteigerung mußte lähmend, ja zersetzend wirken Das ägyptische Ideal sollte nicht mehr in die griechische Kultur und Geistig keit eingebaut werden, sondern sie geradezu ersetzen. Das war eine Utopie Und so ist denn allem Anscheine nach in der Folgezeit eine weitgehende Er nüchterung [30]) eingetreten, wie denn auch griechische und ägyptische Kunst sic im ptolemäischen Ägypten nur oberflächlich berührt haben [31]).

Diese (hier nur gestreiften) Zeugnisse, in denen sich die Bedeutung Ägypten für die Hellenen und ihre Geistesgeschichte klar genug ausspricht, beiseite z schieben, nur weil in ihnen das Bild des echten Ägypten, wie es die Aus grabungen und Entzifferungen kennen gelehrt haben, ganz verzeichnet ist, wär zweifellos unberechtigt. Allerdings handelt es sich hier erheblich mehr um ei Wunschbild als um ein Abbild der historischen Wirklichkeit. Aber stand e mit dem Griechenbilde unseres Klassizismus — ich denke etwa an das „hold Blütenalter der Natur" in Schillers „Göttern Griechenlands" von 1788 — wesent lich anders?

Auffallend bleibt es in hohem Maße, daß einem „barbarischen Volke' als das die Ägypter immer erwähnt werden [32]), eine solche Ausnahmestellun von den Hellenen eingeräumt werden konnte. Man wird, um etwas Vergleich bares zu finden, schon an die Ausnahmestellung denken müssen, die die heid nischen und stets als Heiden angesehenen Griechen und Römer in der christlich europäischen Welt genossen haben und noch genießen. Wie hier nun di Geltung des antiken Ideals letzten Endes auf die Wiederentdeckung un Wiederbelebung der Antike im Zeitalter des Humanismus und der Renaissanc zurückgeht, in dem die neuzeitlich-europäische Kunst und Kultur gebore wurden, so werden wir für Hellas auf das 7. und 6. Jahrhundert verwiese wo mit der Erschöpfung des geometrischen Stils die Sehnsucht nach der große Form in einer tiefgreifenden Umwälzung die hellenische Monumentalkuns erblühen ließ. Gerade in der archaischen Plastik treten nun tatsächlich jene An klänge an ägyptische Vorbilder auf, von denen bereits die Rede war. Es is demnach keine Frage, daß in dieser Periode die Geburt des ägyptischen Ideal

28) Jacoby a. O. 2760.

29) Die Stellen bei Hopfner 49. Vgl. auch Kern, Religion der Griechen III 124.

30) Vgl. Norden, Geb. des Kindes (1924) 163. Bekannt ist Strabos Urteil über di Säulensäle der ägyptischen Tempel (XVII 1, 28: ματαιοπονία), das aber Ed. Meye GdA.² II 1, 317, 1) zu Unrecht als für die griechische Haltung überhaupt typisch a gesprochen hat; siehe dagegen Herodot II 136, 148.

31) Siehe W. Wolf, Archiv für Orientforschung VI 271 ff.

32) Z. B. Herodot II 50, 57, 104. Siehe auch Plato Legg. 747 c; Rep. 436 a. Wie weni blind die Griechen gegenüber den Schwächen des ägyptischen Volkscharakters ware lehren auch Ausdrücke wie αἰγυπτιάζειν und Αἰγυπτιστί für Verschlagenheit und Falsc heit. Aber hier handelt es sich überall um das heruntergekommene Ägyptertum de eigenen Zeit, nicht um die ägyptische Kultur.

sich vollzogen haben muß, das uns in der Folgezeit in Hellas wieder und wieder begegnet.

Der archäologischen Forschung kommt das Verdienst zu, der oberflächlichen Entlehnungshypothese, die die Selbständigkeit des griechischen Schaffens antastete, für immer jede Grundlage entzogen zu haben. Sie hat damit den Boden bereitet für ein vertieftes Verständnis der Auseinandersetzung zwischen Hellas und dem ägyptischen Kulturerbe. Aber die Stilkritik vermag die Frage nach der Bedeutung der ägyptischen Kunst für die griechische nicht zu lösen, sondern nur die tiefgehende Verschiedenheit beider zu unterstreichen. Wollte man die Bedeutung der Antike für die Kunst der Renaissance oder gar des Barock allein auf dem Wege einer exakten Stilvergleichung zu ermessen suchen, so würde man angesichts der gewaltigen Unterschiede, die ja schon dem leidlich geübten Auge jede Verwechslung eines antiken und eines modernen Kunstwerks von Rang unmöglich machen, die antiken Elemente in den Schöpfungen jener Kunstepochen als lediglich sekundär ansprechen müssen — und hat es mehrfach auch getan [33]). Erst die Fülle der literarischen Überlieferung kündet uns von der leidenschaftlichen Verehrung der antiken Kunst und den Kämpfen um das antikisierende Stilideal. Anlehnungen an ägyptische Vorbilder in der archaisch-griechischen Kunst wie bei den sog. Apollines (in der Haltung, zumal der Arme und Hände, und dem Vorstellen des linken Beines), dem Berliner Löwen, der Busirisvase [34]) und Arkesilaosschale [35]), den Säulenhäufungen ionischer Tempel [36]) u. a. sind wohl Beweise für das Walten eines Formideals, das von ägyptischen Schöpfungen hergenommen war, vermögen aber für sich allein über Geltung und Bedeutung dieses Ideals sowohl in positiver wie negativer Beziehung nichts auszumachen. Erst auf Grund des Bildes, das man rückschließend aus der schriftlichen Überlieferung erhält, läßt sich sagen, daß die Bedeutung des ägyptischen Vorbildes für das Schaffen der archaisch-griechischen Meister e r h e b l i c h g r ö ß e r gewesen sein m u ß, als das stilkritische Studium der Kunstwerke allein erkennen lassen kann [37]). Das wird die künftige Forschung auf diesem Gebiet in Rechnung zu stellen haben [38]). Damit sieht sie sich einer wesentlich veränderten Problemstellung gegenüber.

33) So auch Wölfflin, Die klassische Kunst⁴ (1908) 233 ff. [siehe dazu L. Curtius in „Vom Altertum zur Gegenwart“ ² (1921) 252 f.].

34) F. Matz, Archäol. Anz. 1921, 11 ff. (völlig verfehlt R. Herbig, Corolla Ludw. Curtius 206 f.).

35) E. Pfuhl, Meisterwerke griechischer Zeichnung und Malerei (1924) 13.

36) Vgl. auch C. Weickert, Typen der archa. Archit. (1929) 73.

37) Wie wenig die Funde an sich über den Intensitätsgrad der Beziehungen zwischen Hellas und Ägypten auszusagen vermögen, lehrt das Beispiel von Samos: Pendlebury, Aegyptiaca 105.

38) So z. B. bei der Frage nach dem Verhältnis des griechischen Peripteros zum ägyptischen Tempel, wo die — auch von Rodenwaldt, Ath. Mitt. 1919, 192 gebilligte — Annahme eines Zusammenhanges offenbar das Richtige getroffen hat. Weickerts Skepsis (a. O.) verkennt zudem, daß als Vergleichsobjekte vor allem die ägyptischen Peripteraltempel (vgl. H. Kees, Ägypten, 1933, 160) in Betracht kommen. — Auch für die spätere Kunst (so das korinthische Kapitell) wird angesichts der gleichzeitigen literarisch bezeugten Geistesbewegung die Frage erneut zu stellen sein, ob hier überall wirklich nur an Konvergenz als Erklärung (so Thiersch a. O. 226 f.) zu denken ist. — Daß „der Kern des ganzen Problems, die Frage nach der B e d e u t u n g des Orients für althellenische Kultur und Kunst, noch keineswegs gelöst ist, trotz zahlreicher und oft vortrefflicher Vorarbeiten und Einzelstudien“, betonte G. Karo, Ath. Mitt. 45 (1920) 106.

Die Möglichkeit einer so erheblichen Bedeutung Ägyptens für die griechische Kunst, wie wir sie erschließen mußten, kann erst begriffen werden, wenn man damit ernst macht, in der ägyptischen Kunst nicht eine Kuriosität, den seltsamen Stil eines seltsamen „fremden Volkes" zu sehen, sondern die Kunst, in der „die Grundlinien des ‚vorgriechischen' Schaffens in wohl klassisch zu nennender Reinheit herausgestellt" [39]) worden sind. Vor allem ist die vorderasiatische Kunst bei aller Achtbarkeit ihrer Leistungen niemals wirklich monumental geworden in dem Sinne, wie es die ägyptische fast von Anfang an war [40]). Sobald das unruhige Suchen der spätgeometrischen Zeit in Hellas im sog. Blockstil vorderasiatischer Prägung die notwendige Verfestigung gefunden hatte [41]), mußten die hellenischen Künstler über diese Stufe hinausdringen und sich von der Straffheit und Majestät des ägyptischen Kunstschaffens, jener Steinkunst κατ' ἐξοχήν inspirieren lassen, auf einer Bahn, die vordem in Europa noch niemand beschritten hatte [42]). Daß sie dabei unter „ägyptisch" sehr vieles verstanden haben werden, was diese Bezeichnung nicht verdiente [43]), werden wir nach dem Vorbilde anderer Kunstepochen als gewiß annehmen müssen. Die Intensität aber, mit der sie den Anregungen aus dem Studium ägyptischer Werke nachgingen, gibt sich u. a. darin zu erkennen, daß weniger ganz frühe als vielmehr gerade aus reif-archaischer Zeit stammende, qualitativ hochwertige Schöpfungen aus dem Mutterlande und aus Jonien wie der Apoll von Tenea und der bereits mehrfach erwähnte Berliner Löwe besonders augenfällig ägyptisierende Züge aufweisen. Was der Hellene suchte, war nicht so sehr das Original-ägyptische als vielmehr das Große und Echte. So hat man sich damals auch nicht an die zeitgenössische, reichlich artistische Moderne der ägyptischen Spätzeit angelehnt, die in der naturalistischen, von der griechischen Kunst noch auf lange hinaus gemiedenen Porträtplastik ihre originalste Leistung aufwies, sondern vor ihr offenbar den großen Werken der ägyptischen Blütezeiten bewußt den Vorzug gegeben [44]). Auf sie mußten die griechischen Künstler, soweit sie den Bahnen der kolonisierenden Handelsherren und wissensdurstigen Weltreisenden wie Solon und Pythagoras [45]) folgend das Nilland selbst besuchten, schon durch die archaisierende Geschmacksrichtung der Saïtenzeit [46])

39) H. Schäfer, Die Leistung der ägyptischen Kunst (1929) 43. — Vgl. auch F. Matz, Archäol. Jahrb. 37 (1922) 53.

40) Vgl. Ed. Meyer GdA. I ³ 2 S. 449; II ² 1 S. 321.

41) Vgl. Müller, Archäol. Anz. 1927, 439 ff.; Frühe Plastik in Griechenland und Vorderasien (1929). Dazu F. Matz, Gnomon 1930, 256 ff.

42) Es ist bezeichnend, daß die Griechen die Typen sitzender und stehender bekleideter männlicher und weiblicher Gestalten aus Vorderasien übernahmen, während die für alles hellenische Kunstschaffen zentrale männliche Aktfigur, die im nordöstlichen Peloponnes zusammen mit dem dorischen Tempel ihre monumentale Ausgestaltung erhielt (siehe auch Matz, Gnomon 1937, 412 ff.), besonders deutlich das ägyptische Vorbild erkennen läßt: Rodenwaldt, Propyl.-Kunstgesch. III² (1927) 21 f. Furtwängler, Ath. Mitt. VI (1881) 174 ff.

43) Das lehren die literarischen Quellen mit aller Deutlichkeit; vgl. etwa Herodot II 123 (Seelenwanderung), IV 180 (Helm).

44) Siehe v. Bissing, Ursprung und Wesen der persischen Kunst (1927) 24; ferner Schrader a. O. 25.

45) Siehe Schubart, a. O. 6. Die erstaunlich zahlreichen Reisen der Hellenen nach Ägypten bezeugen vernehmlich den Willen zur Autopsie und lassen sich an Bedeutung durchaus den Italienreisen neuzeitlicher Künstler und Denker vergleichen.

46) K. Bosse, Die menschl. Fig. in d. Rundplastik d. ägypt. Spätzeit (1936) 88; H. Kees a. O. 171.

hingewiesen werden. Was bei den ägyptischen Epigonen tote Nachahmung blieb, haben die Hellenen zu neuem Leben um- und weitergebildet[47]). Der Wert, den s i e diesem Erbe beimaßen, ist zugleich verpflichtend für die Haltung der modernen Wissenschaft vom klassischen Altertum gegenüber den ägyptologischen Studien[48]).

„Es ist, wenn man das Wort recht versteht, richtig, wenn man gesagt hat, daß alle Völker der Erde Ägypten gegenüber Undankbare sind. Nicht für das Weitergeben einzelner Formen, obwohl auch da manches aufzuzählen wäre, sondern einfach für das selbstsichere, reiche und stolze Dasein der ägyptischen Kunst, durch das sie ja die griechische, auf der unsere heutige beruht, zur Größe emporgeführt hat“[49]).

47) Gut spricht Buschor, Plastik der Griechen (1936) 13, von „dieser freien Anteilnahme am alten Erbe, ohne die ein Aufsteigen zur Weltgeltung undenkbar gewesen wäre“ [ganz falsch Poulsen, Orient und frühgriechische Kunst 74].

48) Für die Ägyptologie hat letzthin R. Anthes mit Recht betont, es sei „nicht angängig, zu sagen, daß die Ausstrahlungen der altägyptischen Welt, die über die Antike, auf andern Wegen und unmittelbar zu uns hinführen, mögen sie auch oft äußerlich nur erkennbar oder ihrem inneren Gehalte nach von uns umgestaltet sein, für das Wesen Ägyptens im Grunde belanglos seien und nur zufällige Bedeutung hätten“: Zeitschr. d. Deutschen Morgenländ. Gesellschaft 92 (1938) 437.

49) H. Schäfer, Propyl.-Kunstgesch. II² 129.

HANS ERICH STIER

Roms Aufstieg zur Vormacht im Mittelmeer

Roms Aufstieg zur Vormacht im Mittelmeer gehört zu den erstaunlichsten Erscheinungen der Geschichte. Vom Stadtstaat unweit der Tibermündung bis zur Zusammenfassung aller alten Kulturländer des Südens in einem Imperium, wie es die Geschichte Europas in diesem Ausmaß und von dieser Dauer nicht wieder erlebt hat, einem Imperium, das schließlich den überwiegenden Teil der damals bekannten Erde in einem machtvollen Staatsbau zusammenfassen und diesen 'orbis terrarum' zu einem 'orbis Romanus' zu formen vermochte — es will begreiflich erscheinen, wenn gar mancher Betrachter in dieser Entwicklung ein Wunder schlechthin zu sehen vermeinte. Die Götter mußten es gewesen sein, die, so erschien es griechischen Zeitgenossen des Aufstiegs im Beginne des 2. Jahrhunderts v. Chr. [1]) und den Römern selber, die ganze Welt in der Gewalt der Tiberstadt gegeben hatten.

Das Staunen ist nach Aristoteles' tiefem Worte der Anfang der Weisheit. „Es ist natürlich nicht die Aufgabe des Historikers, die Erscheinungen der Geschichte wie wunderbare Phänomene anzustaunen und sie unverstanden an sich vorüberziehen zu lassen, sondern er muß trotz ihrer scheinbaren Unbegreiflichkeit um so energischer den Versuch machen, sie zu verstehen und die Möglichkeit einer solchen Entwicklung, wie die betrachtete es ist, darzulegen. Gerade das Wunderbare des Vorgangs stellt uns also vor die erhöhte Forderung, das auffällige Problem zu lösen" [2]). In der Tat sind von jeher Versuche gemacht worden, für den römischen Aufstieg eine befriedigende Erklärung zu finden, geht es doch hier, wenn überhaupt irgendwo in der Beschäftigung mit den großen Fragen der Geschichte, um die Möglichkeit (nach Jakob Burckhardts viel zitiertem Worte), nicht sowohl klug für ein andermal als vielmehr weise für immer zu werden — oder wie es Adolf Hitler formuliert hat [3]): „Römische Geschichte, in ganz großen Linien richtig aufgefaßt, ist und bleibt die beste Lehrmeisterin nicht nur für heute, sondern wohl für alle Zeiten."

Weiten Kreisen der sich sehr „aufgeklärt" dünkenden griechischen „Moderne" des 2. vorchristlichen Jahrhunderts wollte sich der Aufstieg Roms, wie einst der Makedoniens unter Philipp und Alexander d. Gr. [4]) als eine Fügung des Schicksals, der Tyche, im Sinne des launischen, blind waltenden Ungefährs, des „autómaton", darstellen [5]). Diese Auffassung empfahl sich auch dadurch, daß sie

1) Rede der Rhodier im röm. Senat 189 v. Chr.: Polyb. 21, 23, 4 B.-W. Vgl. Livius 37, 54, 10 deum benignitate; dazu M. Gelzer in „Das Reich, Festschrift für J. Haller" (1940) 18, 3.

2) J. Kromayer, Roms Kampf um die Weltherrschaft (1912) 4.

3) Mein Kampf (1934) 470.

4) Demetrios von Phaleron b. Polyb. 29, 21.

5) Polyb. 1, 63, 9. 21, 16, 8. Vgl. auch H. Fuchs, Der geistige Widerstand gegen Rom in der antiken Welt (1938) 27, A. 4

die — freilich recht vage — Hoffnung offen ließ, eines Tages würde die Tyche sich auch in Hinsicht der neuen Herren der Welt eines andern besinnen und eine Entwicklung rückgängig machen, zu deren Abwendung die eigene Kraft nicht gereicht hatte. Schließlich konnten der plötzliche Zusammenbruch des persischen Großreichs unter der stürmenden Wucht des Siegeszuges Alexanders und die im Laufe nur eines Menschenalters sich vollziehende Katastrophe der makedonisch-hellenistischen Großmächte als Belege für ein solches allgewaltiges Wirken der Tyche gelten. Aber diese Anschauung bezeugt nur die Oberflächlichkeit des Geistes, dem sie entsprang; denn bekanntlich hat Glück eben nur der Tüchtige, der, der es durch seine L e i s t u n g verdient. Diesem Gesichtspunkt in der Öffentlichkeit und wohl noch mehr bei der Nachwelt die gebührende Beachtung verschafft zu haben, ist das Verdienst des achäischen Staatsmannes und Militärs Polybios [5a]). Er war freilich ein Kind seines verstandesstolzen und verstandesdürren Zeitalters, und so hat er auch nach Mommsens treffender Bemerkung [6]) die Geschichte, die als Kampf der Notwendigkeit und der Freiheit ein sittliches Problem ist, behandelt, als wäre sie ein mechanisches: „Polybios' Behandlung aller Fragen, in denen Recht, Ehre, Religion zur Sprache kommen, ist nicht bloß platt, sondern auch gründlich falsch." Aber sein unbeirrbarer Wahrheitssinn und seine echt griechische Befähigung zu scharfer Beobachtung — es „ist vielleicht kein Schriftsteller des Altertums zu nennen, dem wir so viele ernstliche Belehrung verdanken wie ihm" [7]) — haben ihn die Vortrefflichkeit des römischen Staatsbaus und der römischen Staatskunst wie die besonderen römischen Tugenden in Krieg und Frieden bei seinem 16jährigen Zwangsaufenthalt in Rom so klar erkennen lassen, daß sein Werk die Grundlage für alle Beschäftigung der Folgezeit mit dem römischen Phänomen werden und in seiner schlichten Natürlichkeit sich neben den anspruchsvolleren römischen Darstellungen, vor allem dem Geschichtswerk des Livius, immer behaupten konnte. Bedenklich war nur, daß er in der berechtigten Reaktion gegen jene fatalistische Auffassung ins entgegengesetzte Extrem verfiel und in der Aufrichtung der römischen Vormacht im Mittelmeerkreise die Verwirklichung eines bewußt gehegten Planes sehen wollte, den das römische Volk und vor allem der Senat mit großer Kühnheit zu fassen gewußt und mit Hilfe einer ans schlechthin Ideale streifenden Staatsordnung, hierin alle früheren Versuche übertreffend, in nicht ganz 53 Jahren (221—168 v. Chr.) zu verwirklichen vermocht hätten. Diese Auffassung, zu der die mit der klassisch-römischen Literatur des Augusteischen Zeitalters in großem Maßstabe hervorbrechende Überzeugung vom gottgewollten Berufe des Römertums zum Regiment der Welt bestens zu passen schien, hat bis in die Gegenwart hinein Anhänger gefunden. Ein Kenner Altroms wie R. Heinze meinte sogar, von der Psychologie her die Erklärung für dieses römische Wesen geben zu können. Der Römer wurde ihm zur Verkörperung des Machtmenschen im Sinne der Sprangerschen Typenpsychologie; „ein fest im Volksgeist verwurzelter zäher Wille zur Machterweiterung" und eine „stetige Führung, die den Volkswillen in rechter Weise zu lenken und zu nutzen versteht", sollten die Ursachen der Aufrichtung der römischen Weltherrschaft gewesen sein [8]). Es sei der gleiche Wille zur Macht, der sich in der privaten Sphäre in der unumschränkten Hausgewalt des pater familias zu erkennen gebe. Der Niedergang des Griechentums und seiner politischen Welt-

5a) Vgl. z. B. 2, 38, 5. 31, 30, 3.
6) Röm. Gesch. 2 [7], 452.
7) a. a. O. 453.
8) R. Heinze, Von den Ursachen der Größe Roms ([2] 1925) 7 f., 15 ff. Vgl. dazu F. Altheim, Von den Ursachen der Größe Roms, Neue Rundschau 1937, 241 ff.

stellung war offensichtlich der geeignete Zeitpunkt, zu dem die gewaltig erstarkte italische Großmacht aus bisheriger Zurückgezogenheit, ja Isolierung heraustrat und eine mehr als zweihundertjährige Eroberungspolitik in der Mittelmeerwelt begann, die zielbewußt alle Völker und Staaten dieses Bereiches der römischen Herrschaft unterwarf — nicht eben zum Segen der antiken Welt, deren „großer Kirchhof" nach Hegel das Imperium Romanum geworden sein sollte [9]).

Der populären Geschichtsansicht kam eine solche Auffassung begreiflicherweise sehr entgegen. Der vielgelesene Dilettant W. Hertslet sprach es ganz nüchtern aus, es sei falsch, daß den Sieg immer das tugendhafte Volk davontrage; „die langweiligen Völker siegen mit ihren greulichen Quäleinrichtungen: die abgeschlossenen Spartaner, die urlangweiligen Römer, kurz die, bei denen das einzige, was des Lebens wert ist, die freie und schöne Entfaltung der Persönlichkeit, in großem Maßstab unterdrückt und behindert wird" [10]). Es war nur noch ein Schritt zu Wilhelm Buschs pessimistischer Feststellung, daß der größte Lump obenauf bleibe. Interessant ist bei diesen Stimmen lediglich die unverhohlene Bekundung des Abscheus, die aus ihnen herausklingt, kommt in ihr doch ein urgesundes Empfinden zum Ausdruck. War der Sieg Roms ein Triumph der Barbarei oder der Halbkultur, ein brutales Gewaltregiment, mit dem Schwerte gewonnen und lediglich aufs Schwert sich stützend, so war die Abneigung gerade des deutschen Wesens gegen eine solche Entwicklung und ihre Träger nicht nur verständlich, sondern geradezu angebracht. Die alten deutschen Affekte gegen Rom seit den Tagen des Investiturstreits, der Reformation, Napoleons schienen so aus der Betrachtung der Geschichte der römischen Welteroberung neue Nahrung zu ziehen [11]).

Je ablehnender die deutsche Haltung gegenüber dem Römertum wurde, um so höher stieg die Verehrung für alles Hellenisch-Griechische. Sie führte in der Wissenschaft dank den bahnbrechenden Arbeiten Johann Gustav Droysens zur Erschließung der Epoche des Weltgriechentums seit Alexander, des von seinem Entdecker so benannten Zeitalters des Hellenismus. Es wurde offenbar, daß auch in der Zeit nach der Schlacht bei Chäronea der Schwerpunkt der Weltgeschichte im griechischen Osten lag und sich nicht, wie die bis dahin geltende Ansicht meinte, bereits nach Rom und Italien verschoben hatte. Neben dem Ptolemäischen Ägypten und dem Reiche Pergamon traten im Zeitalter der systematischen, wissenschaftlich geleiteten Ausgrabungen Roms überwundene Rivalen, die dem hellenistischen Bereiche angehörten, Makedonien, das Seleukidenreich in Vorderasien, Karthago, erheblich deutlicher und lebensvoller als bisher in den Gesichtskreis der Forschung. Und die überraschenden Erkenntnisse auf diesem Gebiet wollten kein Ende nehmen. Droysens Wort, daß es sich beim Zeitalter des Hellenismus um die moderne Zeit des Altertums handele [12]), bestätigte sich in erstaunlichem Maße. Und je mehr sich die Parallelen zur Modernität des 19. Jahrhunderts häuften, um so lebhafter wurden die Sympathien dieses mit sich wahrlich überaus

9) Vgl. auch Bachofen, Griech. Reise (Heidelberg 1927) 135: „Ist einmal das Leben in den einzelnen Organismen abgestorben, dann gebührt ihnen der Friede des gemeinsamen Grabes, das ist Rom der alten Welt geworden, durch Zeus' ewigen Ratschluß."

10) Der Treppenwitz der Weltgeschichte [10] 9 f.

11) Auch für O. Spengler stand es fest, „daß die Römer — was man nur mit leeren Worten bestreiten kann — Barbaren gewesen sind": s. Untergg. des Abendlandes 1 [2], 43. Er hat dabei unter dem Eindruck seiner Vorstellung von der Zukunft gerade auch des deutschen Volkes den entschlossenen Versuch gemacht, dieses Römertum zu bejahen — und doch, wie gequält ist dieses Ja ausgefallen (vgl. a. O. 52)!

12) Vgl. das Vorwort zu seiner Gesch. des Hellenismus 2 (1843) (jetzt wieder abgedruckt in der Akademieausgabe der Droysenschen Historik von R. Hübner, 1937, 384).

zufriedenen Jahrhunderts mit der hellenistischen Welt. Die Bedeutung Roms schien darin zu liegen, daß es selbst in zunehmendem Maße ein Bestandteil dieser Welt wurde und sich hellenisierte; ja die römische Geschichte schien sich in einer allgemeinen hellenistischen auflösen zu sollen. Andererseits begann man nun die Römer als die Henker der hellenistischen Kulturwelt zu hassen; daß sich in dieser aus der universellen, die alten Volkstümer sich einordnenden Weltkultur allmählich bewußte Nationalitäten herausgebildet und kräftige Staaten mit innerer Geschlossenheit und Selbständigkeit geschaffen hätten, sei verhindert worden durch die Entscheidungen, welche die Schlachtfelder unwiderruflich brachten; das herrische Eingreifen Roms habe eine Gestaltung, wie sie uns so als Phantasiebild entgegentrete, für alle Zukunft unmöglich gemacht und damit auch das Schicksal des Hellenismus entschieden [13]). Das Staatensystem der hellenistischen Welt erschien wie das Konzert der europäischen Großmächte des 19. Jahrhunderts als Garant einer stetigen Aufwärtsentwicklung im gesunden Wettbewerb aller materiellen und geistigen Kräfte und mußte deshalb der bewußten Zielsetzung einer gereiften Staatskunst seine Entstehung und Erhaltung verdanken. Man versteht die Entrüstung über Rom, das dieses System zertrümmerte und sein Universalreich an die Stelle setzte. Die seit der Aufklärung weit verbreitete Sucht, mit dem Gange der Weltgeschichte, wie er sich wirklich gestaltet hatte, grundsätzlich unzufrieden zu sein — eine Neigung, der Droysen [14]) schon 1843 den Grundsatz entgegenhielt, die höchste Aufgabe der historischen Wissenschaft sollte vielmehr die Theodizee sein —, tat ein übriges, um solcher Entrüstung den Brustton einer geheiligten Überzeugung zu leihen [15]).

Wieso hatte nun gerade Rom in dem Ringen der Mächte den Sieg davongetragen? Warum war es gerade ihm gelungen, das anscheinend so lebenskräftige politische System des Hellenismus über den Haufen zu werfen? War es die militärische Überlegenheit der Römer gewesen, der diese Triumphe zu danken gewesen sind? Waren sie vielleicht das geborene Kriegervolk unter den damaligen Völkern, eine ausgesprochene Soldatennation inmitten wenig kriegerischer Nachbarn?

Während die Altertumswissenschaft auf dem Gebiete der griechischen Geschichte die überraschendsten neuen Erkenntnisse zu gewinnen und sicherzustellen wußte, war sie darüber bei der Erforschung des Römertums durchaus nicht müßig gewesen. In dem überwältigenden Lebenswerk Theodor Mommsens hat die Arbeit deutscher Wisenschaft geradezu den entscheidenden Beitrag zu einem vertieften Verständnis römischer Eigenart und römischer Größe leisten dürfen, und auf den von dem erstaunlichen Manne gelegten Grundlagen haben lateinische Philologie und Althistorie mit Glück weiterzuarbeiten vermocht. Und wie der Blick des Forschers nach Lessings Ausspruch nicht selten mehr fand, als er zu finden

13) Ed. Meyer, Blüte und Niedergang des Hellenismus in Asien (1925) 62.

14) a. a. O. 371.

15) Hierher gehört auch die der geschichtlichen Überlieferung gegenüber befolgte Hyperkritik. So wurde ziemlich allgemein Polybios' Darstellung der Kriegsschuldfrage von 218 v. Chr. prinzipiell angezweifelt, obwohl er nicht müde wird, seine Wahrheitsliebe immer erneut unter Beweis zu stellen (vgl. z. B. 1, 14, 5. 18, 28, 5). Man nehme etwa die kaum noch zu überbietende Formulierung bei Täubler, Die Vorgeschichte des 2. Pun. Krieges (1922) 73: „. . . so wird, wer nicht im Banne der Überlieferung steht (!), doch der Versuchung (!) widerstehen, bei Hamilkar ein Kriegsprogramm vorauszusetzen" etc.! Als Ersatz bemühte man eine „geschichtsmechanische (!) Gesetzmäßigkeit (!)" für den Nachweis, daß Rom durch Auswirkung von Potentialgefälle (!) zur Expansion über Italien und den ganzen Mittelmeerbereich getrieben sei und also auch den Hannibalkrieg willkürlich herbeigeführt habe (so F. Schachermeyr, Histor. Ztschr. 150, 560).

wünschte, so hat sich dieser Arbeit, soweit sie im lauteren Dienst an der Wahrheit geleistet wurde, ein Bild des echten Römertums aus seinen eigenen Erzeugnissen ergeben, das zu jener oben erwähnten ungünstigen, ablehnenden Beurteilung durch die Modernen schlecht, ja eigentlich gar nicht stimmte. Einmal stellte sich nun die Haltung des Römers zum Kriege völlig entgegengesetzt dar zu dem, was man vordem hier erwartet hatte. Wir dürfen sie mit den Worten Richard Heinzes hier umreißen [16]: „..... so seltsam es klingen mag, die Römer, das kriegerischste Volk der Weltgeschichte, sind doch niemals, so weit wir zurückzublicken vermögen, kriegslustig gewesen. Von einer Wertung des Kampfes als des schönsten und höchsten Manneswerks, von einer Lust am rücksichtslosen Einsetzen des eigenen Lebens, Mann gegen Mann — davon ist bei den Römern schlechterdings nichts zu spüren. Das Kriegführen ist schwere Arbeit, der sich der römische Bürger unterzieht um der res publica willen, wie er der res privata zuliebe im Schweiße seines Angesichts den Acker pflügt; aber wer die endlosen Kriegsberichte der römischen Annalen liest, wird nie den Eindruck gewinnen, daß dabei der elementare Drang gewaltet habe, sich in blutigen Kriegen des vollen Manneswertes bewußt zu werden. Es ist bezeichnend, daß auch die Heldentaten einzelner, von denen jene Annalen legendarisch oder historisch berichten, kaum je kühne. überschäumendem Selbstvertrauen entsprungene Angriffsstückchen sind, sondern todesmutige Pflichterfüllung oder Eintreten für die römische Waffenehre gegenüber höhnischer Herausforderung durch den Feind. Es entspricht ganz der seelischen Verfassung, die sich hier äußert, daß auch das friedliche Gegenstück des Krieges, die Jagd, für den alten Römer keinen Reiz gehabt hat“ [17]). Zum zweiten stellte sich der Zusammenhang zwischen Politik und Moral in Rom als so eng heraus, daß er zur Vorstellung von einem eroberungsfreudigen, angriffslustigen Volke gar nicht mehr passen wollte. Aus der erheblichen Zahl hierher gehöriger Äußerungen sei nur eine Stimme der allerletzten Zeit zitiert: „Ebenso erstaunlich (wie die Tatsache, daß bei den Römern alle sittlichen Begriffe letztlich der Macht und der Größe der res publica dienten) aber ist es für den modernen Betrachter, wie sehr in Rom die Macht auf Grundsätzen ruht, die von sittlichen und noblen Grundsätzen getragen sind ... Der Gedanke, daß das Machtinteresse eines Staates seine Politik rechtfertige, hat ... in der politischen Ideologie des Römertums keinen Raum ... Bei Perikles erscheint die Macht fast als Selbstzweck, bei den Römern dient sie dem Ziel, den Menschen, die ihr unterstellt sind, zu nützen ... Wir müssen die Römer hier ernst nehmen ...; in ihrem Denken war der Gegensatz zwischen Politik und Moral, zwischen Macht und Sittlichkeit, ursprünglich nicht vorhanden ... Wahre Politik ist im Grunde moralisch, auf ein Gutes, auf Ordnung und Leistung gerichtet; wahre Macht hat eine sittliche Aufgabe: dies ist ... die altrömische Auffassung gewesen“ [18]). Natürlich waren die Römer auch nur Menschen und als solche den Leidenschaften unterworfen; zudem waren sie Heiden, und was das bedeutet, wissen wir heute zu würdigen, wo wir das antike Heiden-

16) a. O. 17.

17) Charakteristisch für die römische Einstellung ist Polybios' Hinweis, daß die Zenturionen, das Rückgrat der römischen Armee, keine tollkühnen Draufgänger sein sollen, sonder zähe, charakterfeste, auf ihrem Posten bis zum Tode ausharrende Persönlichkeiten: 6, 24, 9. — Bedauern über die schädlichen Auswirkungen des Krieges auf das kulturelle Leben (pellitur e medio sapientia, vi geritur res, spernitur orator bonus, horridus miles amatur): Ennius 268 V. (98 D.).

18) V. Pöschl, Grundwerte römischer Staatsgesinnung in den Geschichtswerken des Sallust (1940) 103—108. — Vgl. auch K. Groß, Die Unterpfänder der römischen Herrschaft (1935) 35 f. — Über das Zeremoniell bei Eröffnung des bellum iustum siehe Altheim, Neue Rundschau 1937, 250 f.; E. Burck, Altrom im Kriege, Die Antike 16 (1940) 216.

tum nicht mehr in jener sentimentalischen Verklärung sehen, wie dies einst das Zeitalter der Aufklärung tat, sondern in seiner wirklichen, allen Dämonien in höchstem Maße ausgelieferten Gestalt. Dennoch ist es ein offenbar durchgehender Grundzug der römischen Geschichte, daß die Politik vom Pfade der Sittlichkeit nicht abweichen dürfe [19]). Nur im Falle der Notwehr galt der Krieg als politisches Mittel erlaubt [20]). „Im Ganzen wird man ... sagen dürfen, daß der Römer weniger Kriege gesucht hat, ihnen nicht ausgewichen ist, wenn sie die letzte Lösung der Spannungen darstellten. Dann freilich hat er einen vollen Einsatz geleistet und sie mit ebenso großer Tapferkeit wie Zähigkeit geführt, bis der Gegner in die Knie gezwungen war" [21]).

So wird auch verständlich, was Mommsen [22]) besonders eindringlich betont hat, daß „die römische Weltherrschaft keineswegs als ein von unersättlicher Ländergier entworfener und durchgeführter Riesenplan erscheint, sondern als ein Ergebnis, das der römischen Regierung sich ohne, ja wider ihren Willen aufgedrungen hat ... Eroberungslust haben die Römer in dieser Epoche des Ausgreifens im Mittelmeergebiet so wenig bewiesen, daß sie vielmehr eine sehr verständige Eroberungsfurcht zeigen". Immer mehr haben gerade die Forschungen der letzten Zeit diese Auffassung bestätigt [23]), so daß sie „jetzt wohl als ganz gesichert gelten kann" [24]). Selbst die Besitzergreifungen in Makedonien und Afrika 148 und 146 sind als Auswirkungen des erneuerten und verstärkten Kampfes gegen die Randvölker erkannt worden [25]), deren Beutegier sich die Kulturländer rings um das Mittelmeer infolge des Wandels der politischen Verhältnisse bereits als Ziel auserkor. Und so mußte denn Polybios in diesem Punkte ausdrücklich berichtigt werden [26]); er hatte offensichtlich die römische Expansion mit dem ihm durch seine griechische Herkunft geläufigen Maßstabe der zutiefst imperialistischen [27]) Geistigkeit des politischen Hellenismus gemessen, so wie er die Religiosität der führenden römischen Kreise, besonders des älteren Scipio, als eine raffiniert kluge Methode zur Gängelung der Massen zu verstehen suchte und sie damit in ihrer Eigenart völlig mißverstand [28]). So konnte man mit vollem

19) Vgl. Polyb. fr. 99. — Bezeichnend ist die Entrüstung einer großen Gruppe im Senat, als sich Q. Marcius Philippus im 3. Makedonischen Kriege eines doppelzüngigen Verfahrens gegenüber König Perseus bediente und sich dessen vor den Senatoren sogar rühmte, über diese „nova sapientia", die ja tatsächlich nicht römischen, sondern hellenistischen Ursprungs war, mochte sie auch in der Not des Augenblicks schließlich nach heftiger Debatte die Billigung der Mehrzahl finden. Die Darlegungen jener Gruppe gibt Livius 42, 47, 1 ff. besonders ausführlich wieder. — Von der Bedeutung der Moral im römischen Leben hat Heinze (Vom Geist des Römertums, herausg. von E. Burck, 1938, 282) richtig gesagt, daß in Rom „die Gemeinde sich um das sittliche Verhalten der Bürger mit einem Ernst und einer Beflissenheit kümmerte, wie es in Athen jedenfalls nie der Fall gewesen ist".

20) J. Vogt, Die römische Republik (1932) 46.

21) Burck, a. O. 219.

22) Röm. Gesch. [7] 1, 779 f.

23) Vgl. den Überblick über die Entwicklung der Forschung seit M. Holleaux in dem sehr förderlichen Aufsatz von H. Haffter, Polit. Denken im alten Rom, Studi ital. di Filol. Class., N.F. 17 (1940) 99 ff. Unter den aufgeführten Namen vermißt man den F. Altheims.

24) H. Bengtson, Welt als Gesch. 5 (1939) 176.

25) Altheim, Weltherrschaft und Krise (1935) 172 ff.

26) Dazu Gelzer, Hallerfestschr. 1 ff. 19; Vogt, ebda. 27 f.

27) Polyb. 5, 104, 7.

28) Vgl. Ed. Meyer, Kl. Schr. 2 (1924) 425 ff. — Grenzen der Autorität des Polybios in der Schilderung des römischen Kriegswesens seiner Zeit: Veith b. Kromayer-Veith, Heerwesen u. Kriegführung der Griechen u. Römer (1928) 338. — Wenn bei Ennius gelegentlich eine „imperialistische" Auffassung aufzutreten scheint (z. B. 466. 273 V.), so erklärt sich dieses ohne weiteres aus seiner Berührung mit dem Hellenismus.

Rechte sagen, daß bei Polybios hinter dem Politischen die moralische Kraft des römischen Wesens zurücktrete, während es bei Cicero eher umgekehrt sei [29]): es ist der Unterschied zwischen griechisch-hellenistischem und römischem Wesen, der hierin hervortritt. — In Wirklichkeit kann kein Zweifel mehr daran sein, daß die Fülle von Leiden, die die Aufrichtung der römischen Vormacht im Mittelmeer für die antike Welt zur Folge gehabt hat, nicht so sehr aus der römischen Unterwerfung resultierte als vielmehr daraus, daß der Senat aus Sorge für die Erhaltung der republikanisch-stadtstaatlichen Verfassung und der römischen Volkskraft die ungeheure und gefahrvolle Aufgabe, die Rom zugefallene Machtstellung zur Aufrichtung und zum Ausbau eines Weltreiches mit geordneter Verwaltung und stetigem kraftvollem Regiment zu verwenden, bewußt vernachlässigte, bis schließlich die Neuordnung Vorderasiens durch Pompeius (63 v. Chr.) und die durch sie heraufgeführten Ereignisse das Versäumte — fast in letzter Stunde — nachzuholen gestatteten. Tatsächlich hat die Geschichte dem Römertum die Erfüllung seiner welthistorischen Aufgabe gegen seinen Willen aufzwingen müssen. Selbst die Kriegführung suchte man wieder und wieder dem bürgerlichen Dilettantismus auszuliefern, und diese Versuche haben Rom „viel unnütz vergossenes Blut und manche Einbuße an Prestige gekostet“ [30]). Und was für einen Blutzoll hat es in den hundert Jahren schreckensvoller Bürgerkriege (133—30 v. Chr.) entrichten müssen, bis die Durchführung der großen politischen und seelischen Umwandlung gelang, die die damalige Welt nun geradezu schwärmerisch begrüßt hat! Von Stund an erschien das, was nach langem heftigen Sträuben vollendet werden mußte, als die selbstverständliche eigentliche Aufgabe Roms: tu regere imperio populos, Romane, memento, parcere subiectis et debellare superbos [31]); daß dieses berühmt gewordene Verspaar aus dem sechsten Buche von Vergils römischem Nationalepos ein vaticinium ex eventu gewesen ist, bildet heute einen gesicherten Besitz der Wissenschaft [32]). Darin liegt zugleich, daß das Römertum der Zeit, die die Aufrichtung der römischen Vormacht im Mittelmeer sah, ganz anders gestimmt war, daß es einen wesentlich defensiven Charakter trug, wirklich von der defensiven Tendenz seiner auswärtigen Politik durchdrungen war und die strenge Beobachtung von Moral und Recht durch diese Politik vor der griechischen Weltöffentlichkeit mit Nachdruck vertreten konnte [33]).

29) V. Pöschl, Röm. Staat und griech. Staatsdenken bei Cicero (1936) 174.
30) Veith, a. O. 298.
31) Vgl. Haffter 111 ff.
32) Vgl. zuletzt Gelzer, Hallerfestschr. 4.
33) Vgl. besonders Gelzer, Röm. Politik bei Fabius Pictor, Hermes 68 (1933) 129 ff. (dazu Haffter, a. O. 100 ff.); Archiv f. Kulturgesch. 1935, 262: „Die gesamte römische Geschichte ist zutiefst von dem Instinkt der Abwehr getragen. Die Pax Romana hat diesen Sinn. Es ist keine Phrase verlogener Propaganda, wenn die Römer nur Verteidigungs-, nie Eroberungskriege zu führen behaupteten und ihre Politik unter dem Zeichen immerwährender Furcht vor mächtigen Nachbarn stand.“ — Die entgegengesetzte Auffassung findet sich bekanntlich ebenfalls in der römischen Literatur (siehe die Aufzählung bei Fuchs, a. O. 15 ff.), wird aber stets den erbitterten Feinden Roms in den Mund gelegt und trägt dadurch, daß sie zumeist in bewußter Verbindung mit einer groben Verzerrung des wirklichen historischen Hergangs erscheint (so besonders in dem Briefe des Mithridates aus Sallusts Historien), für jeden aufmerksamen Leser ihre Kritik schon in sich. Vgl. auch Burck, a. O. 215. — Kromayers Versuch (Roms Kampf um die Weltherrsch. 10 ff.), die römische Eroberung aus einem völkerpsychologischen Gesetz zu erklären, „das immer und überall die Völker niederer Kulturstufe in oft unverstandenem Drange nach den Brennpunkten höherer Lebenshaltung und Zivilisation hinzieht“, ist gänzlich abwegig. Weder waren die Römer so unkultiviert, wie es diese Theorie voraussetzen muß, noch zeigt der römische Charakter einen ausgesprochenen „Drang“ nach dem Osten. Bei Kromayers These hat offenbar Horaz' „Graecia capta ferum (!) victorem capit et artes intulit agresti (!) Latio“ Pate gestanden.

Sind die Römer also nicht gerade das gewesen, was man unter einem Kriegervolke versteht, so gab es doch in der Welt, in der sich Roms Aufstieg zur Vormacht vollzog, ein solches Kriegervolk, eines der ausgeprägtesten Soldatenvölker der Geschichte: die Makedonen, die Träger des politischen Hellenismus. Kampfesfroh und sieggewohnt treten sie uns entgegen seit der Mitte des 4. Jahrhunderts v. Chr., als der vorzügliche Feldherr und verschlagene Diplomat Philipp die günstige politische Situation in Hellas mit ebensoviel Tatkraft wie Klugheit benutzte, um, fast noch ehe seine Gegner richtig begriffen hatten, was sich hier vollzog, seine und seines Volkes Oberherrschaft in der griechischen Welt aufzurichten. „Philipp und Alexander haben im östlichen Hellas zuerst gezeigt, was ein Feldherr mit einer ihm unbedingt zur Verfügung stehenden Truppe zu leisten vermag, wenn er, nur die militärischen Zwecke allein berücksichtigend, Entschlüsse fassen und sie rasch zur Ausführung bringen kann. Die Vernichtung des Feindes, die Eroberung seiner Festung durch Sturmangriff, die Zerstörung aller seiner Hilfsquellen, die Besetzung des feindlichen Landes, weitausgreifende kühne Märsche in getrennten Kolonnen, kunstreiche kombinierte strategische Operationen im großen Stil und weite Länderstrecken als deren Schauplatz charakterisieren die Strategie in der Zeit seit Philipp und Alexander ... Alexander hat die seltenen Gaben eines großen Feldherrn mit den ebenso seltenen Eigenschaften eines Reiterführers ersten Ranges in sich vereint. Kühle Berechnung, kühner Entschluß und rücksichtsloses Draufgehen im entscheidenden Augenblick, wobei Alexander persönlich an die Spitze seiner Kavallerie sich stellte, verbinden sich in seinen Kriegstaten zu einem Gesamtbild ganz eigener Art"[34]). Von vornherein schienen zum Schauplatz für seine Taten nicht nur die Balkanländer ausersehen, sondern die ganze Welt. Nach Philipps vorzeitigem Tode hat sein noch ungleich genialerer Sohn das makedonische Volk in Waffen in einem unvergleichlichen Siegeszuge auf die Bahn der Welteroberung mit sich hinausgerissen, der Einzige, wie die kühnste Phantasie ihn nur erträumt, der Held, der das seiner Genialität allein gemäße Weltreich mit überlegener Stärke sich erkämpfte[35]) und vor dessen strahlender Männlichkeit die Massenaufgebote des Morgenlandes eines nach dem andern erlagen. Als den Welteroberer, den Kriegsgewaltigen, der auf die schier übermenschliche Leistung der Bezwingung des Erdkreises schauend zum Gottessohn, ja selbst zum Gott emporzusteigen und göttliche Verehrung von den Hellenen offiziell zu fordern sich vermessen durfte, haben ihn die großen Bildhauer und Maler seiner Zeit dargestellt: Lysipp gab ihm als Attribut die sieggewohnte Lanze, Apelles gar den Donnerkeil des Zeus in die Hand, und das bekannte prachtvolle Mosaik der Alexanderschlacht aus Pompeji, in dem uns die Nachbildung des nahezu zeitgenössischen Monumentalgemäldes des Philoxenos von Eretria erhalten ist[36]), verherrlicht den unwiderstehlichen Einbruch des königlichen Reiterführers in das von jäher Bestürzung halb gelähmte Gefolge des orientalischen Großkönigs. Untrennbar ist seit Alexander mit dem makedonischen Königtum die Idee einer allgemeinen Oberherrschaft verknüpft geblieben und hat sich immer wieder Berücksichtigung erzwungen, sobald die Weltverhältnisse ihrer Verwirklichung günstig schienen[37]). Das Kriegerische war geradezu das Lebenselement des Make-

34) Kromayer, Heerwesen 98. 96.

35) Im Gegensatz dazu steht die nahezu anonyme (Kromayer, Roms Kampf 3 f.; siehe auch Mommsen, a. O. 780) Art, wie das römische Weltreich entstand — auch wenn man den Anteil des älteren Scipio hieran gebührend in Anrechnung bringt.

36) H. Fuhrmann, Philoxenos v. Eretria (1931).

37) Daß noch der letzte bedeutende makedonische Herrscher, Philipp V., mit ihr liebäugelte, berichtet Polybios (5, 101, 10. 102, 5. 104, 7. 108, 5). Vgl. auch das Epigramm

donentums geworden; es bestimmte Haltung und Ausrichtung dieses reich begabten Volkes in geradezu einseitiger Zuspitzung. Dazu stimmt trefflich das Urteil, in dem ein um die Aufhellung der makedonischen Geschichte hervorragend verdienter neuerer Forscher seine Eindrücke zusammengefaßt hat, ein stolzeres und selbstbewußteres Volk als die Makedonier in den Zeiten Alexanders habe es vielleicht nie gegeben [38]; tum maximum in terris Macedonum regnum nomenque, heißt es bei Livius [39]. Und nach dem Ableben des Heldenkönigs, der in der Blüte der Jugend, kaum 33 Jahre alt, in Babylon von der Malaria hingerafft wurde, fand der rein soldatische Lebensstil in den reckenhaften Gestalten seiner Marschälle, der „Diadochen", und ihrem Kampfe um das Erbe Alexanders eine nicht minder eindrucksvolle Verkörperung. „Sie wiesen solche Tugenden auf und zogen in solchem Maße die Verehrung auf sich, daß man in jedem einzelnen von ihnen einen König hätte erblicken können. Denn sie alle zeichneten sich durch so erhebliche Schönheit der Erscheinung, überragende Körpergröße und ein solches Maß von Kraft und Klugheit aus, daß jemand, der nicht von ihnen wußte, des Glaubens sein mußte, sie seien nicht die Auserwählten einer einzigen Nation, sondern die des ganzen Erdkreises ... Wen hätte es also verwundern sollen, daß mit solchen Helfern der Erdkreis überwunden werden konnte, da doch die Leitung der makedonischen Armee in der Hand von soviel Männern lag, die weniger bloße Heerführer als vielmehr Könige waren? Niemals würden sie ihresgleichen gefunden haben, wenn sie nicht gegeneinander ihre Waffen erhoben hätten, und Makedonien hätte viele Alexander an Stelle des einen sein eigen nennen können, wenn nicht das Geschick sie infolge ihres eifersüchtigen Ehrgeizes zu wechselseitigem Verderben gegeneinander bewaffnete" [40]. Die gleiche Quelle, der diese Worte entnommen sind, hebt hervor [41], daß damals immerhin die Kriege mit größerer Ehrenhaftigkeit und Ritterlichkeit geführt als in späterer Zeit Freundschaften gehalten zu werden pflegten; und gerade diese Tatsache, die sich aus der Geschichte jenes Zeitalters in vielfacher Hinsicht bestätigen läßt, wirft auf die soldatische Haltung der Epoche ein charakteristisches Licht. Über die Gestaltung des politischen Schicksals entschieden allein die Waffen, das Kriegsrecht. So heißt es in einem ganz offensichtlich aus damaliger Zeit auf uns gekommenen Fragment, auf das bereits 1891 U. Köhler [42] die Aufmerksamkeit gelenkt hat, ausdrücklich, es seien nicht hohe Geburt und nicht Rechtsansprüche, welche den Menschen Königtümer bescherten; diese fielen vielmehr denen zu, die ein Heer zu führen und Staatsgeschäfte klug zu meistern wüßten, so wie einst Philipp und die Nachfolger Alexanders. Das Seitenstück zu dieser rein militärischen, ritterlichen Auffassung ist die leidenschaftliche Pflege der Jagd bei den hellenistischen Fürsten, wie sie schon auf dem prachtvollen Alexandersarkophag aus Sidon die eine Langseite als gleichberechtigtes Gegenstück zur Perserschlacht auf der anderen schmückt [43].

des Alkäos von Messene A.P. 9, 518 (Nr. 324 Geffcken). Ferner Polyb. 21, 22, 8 (die Rhodier vor dem Senat über den monarchischen Imperialismus; siehe auch 23, 3).

38) U. Köhler, Sitzber. der Berl. Akad. d. Wiss. 1898, 134.

39) 45, 9, 7.

40) Justin 13, 1, 10 ff.

41) 13, 2, 9. Vgl. auch Polyb. 18, 3, 2 ff.

42) Über einige Fragmente zur Diadochengesch., Sitzber. Berl. Akad. 1891, 213 f.: Suid. 1, 214 s. v. βασιλεία. Mit Recht hat J. Kaerst, Studien zur Entwicklung und theoret. Begründung der Monarchie im Altertum (1898) 59, 2, als Parallele die Rede Ptolemäos' I. bei Justin 13, 2, 12 herangezogen.

43) Aus den königlichen Jagdparks Makedoniens hat der junge Scipio Aemilianus nach dem Siege bei Pydna die Freude am edlen Weidwerk nach Rom verpflanzt: Polyb. 31, 29.

Bis in die hellenistische Kunst hinein läßt sich die kampfesfrohe Gesinnung beobachten. Wie Alexander mit Vorliebe in kriegerischer Haltung, entweder im vollen Schmucke seiner Rüstung oder doch zumindest mit Helm (bzw. Löwenhaut), Schwert, Lanze, Schild dargestellt wird, so besitzen wir unter den Portraits der Diadochen und späteren hellenistischen Fürsten behelmte Köpfe, die den schlachtenkundigen Heerführer zu erkennen geben wollen. Zu den eindrucksvollsten gehört die bekannte Büste des Königs Pyrrhos aus dem erlauchten Geschlechte der Äakiden im Museum zu Neapel. In dem erprobten Heerführer und gefürchteten Krieger, dessen soldatische Tugenden gerade auch auf die Römer Eindruck machten [44]), tritt, wie man sehr schön gesagt hat, „noch einmal jene Einheit von Führer und heldischem Kämpfer hervor, die Alexander verkörpert hatte" [45]); nur ist die Einengung auf das nur Militärische [46]) in der Büste des königlichen Epiroten erheblich weitergetrieben. Das kühne, unter dem bekränzten Helm wie das Königsdiadem fast verschwindende Antlitz ist das des rast- und ruhelosen Condottiere, als der uns Pyrrhos in der literarischen Überlieferung geschildert wird —, des genialen Abenteurers, der ohne innere Beständigkeit und Ausdauer das Glück im ehernen Würfelspiel des Krieges wieder und wieder herausfordert und im Streben, es zu erjagen, von uferlosen Plänen [47]) und erstaunlichen Wechselfällen in Ost und West umgetrieben wird, um schließlich im Straßenkampfe ein elendes Ende zu finden. Es ist für seine Beurteilung wesentlich, daß es gerade sein römischer Bewunderer Ennius war. der mit Bezug auf ihn von dem stolidum genus Aeacidarum sagen konnte: bellipotentes sunt magis quam sapientipotentes, sie sind mehr kriegsgewaltig als weisheitsmächtig, die einfältige Sippe der Äakiden [48]). — Die Erscheinung der hellenistischen Fürsten wird vielfach ins Herkulische gesteigert, doch letzen Endes nur, um schließlich in Statuen wie dem sog. Thermenherrscher [49]) in ein peinliches Mißverhältnis zwischen der „mit einer unheimlichen und gewalttätigen Aufdringlichkeit vorgetragenen Physis" und dem „kleingeformten, konzentriert und höchst persönlich gebildeten Kopf über dem gewaltigen Gebirge der Schultern" [50]) auszumünden. Je unbedeutender der Dargestellte war — im Thermenherrscher haben wir wahrscheinlich das Bild des Seleukidischen Schattenkönigs Demetrios I. (162–150 v. Chr.) vor uns —, um so aufdringlicher ist offenbar das Protzen mit heldenhaft sein sollender Kraftfülle betrieben worden. In dieser Hinsicht bildet die Entwicklung des späthellenistischen Herrscherbildes eine Parallele zu der Politik dieser Fürsten: in beiden Fällen reichte die geistige Bereitwilligkeit nur zu epigonenhafter Nachahmung und Übersteigerung der großen Muster des frühen Hellenismus und nicht mehr zu einem Mitgehen mit den Aufgaben, die eine sich wandelnde Zeit in Wirklichkeit der Staatskunst stellte. So zieht sich fast eintönig durch die ganze mehrhundertjährige Geschichte der Ptolemäer und Seleukiden der Kampf um den Besitz Syriens und darüber hinaus um die Angliederung oder gar Eingliederung des einen Reiches durch das andere; schließlich hat in der entscheidenden Weltstunde des 3. Makedonischen Krieges Antiochos IV. Epiphanes durch die gesteigerte Wiederaufnahme der traditionellen, in Wahrheit unter den damaligen Umständen hoffnungslos antiquierten Politik einer Eroberung Ägyptens nur der

44) Siehe Ennius Ann. fr. 73 Diehl (194 ff. Vahlen).
45) Altheim, Weltherrsch. 76. Zur Büste vgl. auch F. Poulsen, Die Antike 14 (1938) 137 ff.
46) Vgl. Plutarch, Pyrrh. 8. 26. Justin 25, 4, 1 ff.
47) Vgl. Plut. Pyrrh. 14.
48) 68 D. (180 f. V.).
49) Siehe W. H. Schuchhardt, Die Kunst der Griechen (1940) 445 ff., Abb. 413 f.
50) a. O. 447.

Seleukidischen Großmachtstellung zu ihrem endgültigen Sturze verholfen. — Erinnert sei hier nur noch an eines der Hauptwerke hellenistischer Monumentalkunst, den Gigantenaltar von Pergamon. Er verherrlicht den entscheidenden Sieg des Pergamenischen Königtums über die Galater, und es ist offensichtlich, daß es vor allem dieser Triumph ist, der aus der Darstellung der Vernichtung der Unholde durch die Götter herausklingen soll: „die Gigantomachie ist ein Symbol der Gallierkämpfe“ [51]). In dem kriegerischen, von leidenschaftlichem Pathos erfüllten Getümmel sind selbst die Göttinnen, die Wonnespenderin Aphrodite nicht ausgenommen, grimmige, unbarmherzige Kämpferinnen; andererseits haben die Künstler einigen der Giganten, so dem Gegner der Artemis, die Gestalt jugendschöner, z. T. mit Helm, Schild und Schwert bewaffneter Krieger verliehen. „Der Altar soll eine fromme Weihung sein; dabei ist er jedoch das stolzeste Denkmal monarchischen Selbstbewußtseins, welches die hellenistische Zeit überhaupt hervorgebracht hat“ [52]); wenn man bedenkt, in welch überragendem Maße sich königliches Selbstbewußtsein in der makedonisch-hellenistischen Welt auf kriegerische Leistung und kriegerischen Ruhm gründet, so wird vollends deutlich, daß auch aus dem Pergamonaltar jene kampfesfrohe Geistigkeit und Hochschätzung rein militärischer Tugenden zu uns spricht, die die besondere Eigentümlichkeit der aus dem Alexanderzuge geborenen Welt geblieben ist.

Stellt man den hellenistischen Werken von Rang repräsentative römische Skulpturen gegenüber, der Büste des Pyrrhos etwa den Bronzekopf des sog. Brutus im Konservatorenpalast zu Rom aus dem 3. Jahrhundert v. Chr. oder den Reliefs vom großen Fries des Pergamonaltars die der Augusteischen Ara Pacis aus dem Jahre 9 v. Chr., so wirken diese römischen Schöpfungen geradezu zivilistisch. Man hätte erwarten können, ganze Reihen behelmter Feldherrnköpfe aus der Zeit der Aufrichtung der römischen Vormacht im Mittelmeer in der Kunst Roms zu finden; aber nichts dergleichen ist der Fall. Ja, noch die Ara Pacis, bei deren Ausschmückung die Anspielung auf die alle Pergamenischen Galatersiege weit überragenden, den Weltfrieden begründenden Kriegstaten des Augustus, vor allem die Schlacht bei Actium, wahrlich nahe gelegen hätte, vermeidet geradezu eine Bezugnahme auf alles Militärische — in dieser geistigen Haltung wie in ihrem künstlerischen Stil der ausgeprägteste Gegensatz zu dem hellenistischen Ruhmesaltar [53]).

Der Eindruck, den eine Überprüfung der künstlerischen Hinterlassenschaft vermittelt, bestätigt sich in der literarischen Überlieferung. So ist, um nur ein Beispiel zu nennen, der Typus des Bramarbas, des Miles gloriosus, im hellenistisch-griechischen Bereiche erwachsen; nach griechischer Vorlage hat Plautus, wie allein schon die von ihm beibehaltenen Namen bezeugen, seine bekannte lateinische

51) A. von Salis, Der Altar von Pergamon (1912) 21.

52) a. O. 18, wo die Ruhmessucht der Attaliden von Pergamon mit der Stimmung des französischen Empire in Verbindung gebracht wird. — Gegen die herkömmliche Datierung des Großen Altars in die Regierungszeit Eumenes' II. habe ich im Anschluß an F. Matz' Erkenntnisse über den stilistischen Unterschied zwischen dem Süd- und Ostfries einerseits, dem Nordfries andererseits schon in meinem Buche „Aus der Welt des Pergamonaltars“ (1932) 186 f Bedenken geäußert. Inzwischen hat W. Zschietzschmann die Erbauung unter Attalos I. mit guten Gründen dargetan (Die hellenist. u. röm. Kunst, Burger-Brinckmann, Handbuch der Kunstwiss. 2, 2, 1938, 45 f.; Paulys Realenzykl. der klass. Altertumswiss. 19, 1256 ff.); weitere Ausführungen zu dieser Frage sind von ihm zu erwarten (siehe E. Ohlemutz, Die Kulte u. Heiligtümer der Götter im Pergamon, 1940, 2. 69).

53) Vgl. auch den spöttischen Ausspruch des Fabius bei Liv. 27, 16, 8 nach der Zurückeroberung Tarents, qui interroganti scriba, quid fieri signis vellet ingentis magnitudinis — di sunt, suo quisque habitu in modum pugnantium formati —, deos iratos Tarentinis relinqui iussit.

Komödie gestaltet. Die Erscheinung des ruhmredigen, bald nicht nur mit wirklich vollbrachten, sondern mit hinzuerfundenen Kriegstaten sich brüstenden und jeder darauf zielenden Schmeichelei, und sei sie noch so abgeschmackt und übertrieben, sich zugänglich erweisenden Berufssoldaten belegt schlagender als alles andere die außerordentliche Wertschätzung, deren sich kriegerischer Ruhm (im Sinne der französischen gloire) im makedonischen Zeitalter erfreute [54]). Gewiß sind deshalb auch der Pergamenischen Kunst die Galatergruppen so trefflich gelungen: der keltische Sinn für gloire [55]) fand in der hellenistischen Welt, obwohl die Gallier hier gleichfalls als Feinde auftraten und Furcht und Haß ernteten, auch abgesehen von der seit Homer und Äschylos' „Persern" dem griechischen Geiste in seinen höchsten Vertretern eigenen ritterlichen Haltung gegenüber dem Feinde, ein ganz anderes Verständnis als in Rom, wo ihr „vae victis", ihr triumphierender Siegerstolz, als echtester Ausfluß barbarischen Geistes nur Abscheu hinterließ.

Mit dem Siegeszuge der hellenistischen Zivilisation hat sich der makedonisch-kriegerische Stil im Mittelmeergebiet heimisch gemacht. Vor allem hat sich ihm Karthago, einst die Todfeindin alles griechischen Wesens, eröffnet, so weit das überhaupt möglich war. Bei der ganz aufs Praktische gerichteten Art der Punier waren es vor allem die Fortschritte im Kriegswesen, die man von den Griechen zu übernehmen strebte. Der größte Feldherr der Karthager, Hannibal, war von hellenistischer Bildung nicht unberührt geblieben; er umgab sich mit griechischen Geschichtsschreibern und ließ den Bericht über seine Taten auch in griechischer Sprache auf einer Bronzetafel im Tempel der Juno Lacinia in Unteritalien eingraben, wo ihn Polybios gesehen und ausgewertet hat. In der großen Gewandtheit im Manövrieren mutet die karthagische Flotte des ersten Punischen Krieges wie eine Nachfolgerin der attischen an; diese Taktik widerspricht durchaus allem semitisch-orientalischen Wesen. Die Verteidigung der Festungen an der Westküste Siziliens verrät Kenntnis der fortgeschrittenen hellenistischen Belagerungs- und Verteidigungstechnik. Gegebenenfalls zog man griechische Söldnerführer heran, wie 256/55 v. Chr. der Spartaner Xanthippos, um von ihnen die Armee reorganisieren und taktisch vervollkommnen zu lassen [56]). Ihren Abschluß fand diese Entwicklung in der genialen Meisterschaft Hannibals, deren Wurzeln ganz offenkundig in der griechischen Strategie und Taktik liegen. Dabei hat der Schüler den bzw. die Lehrmeister — er selbst nannte Alexander und Pyrrhos als solche [57]) — noch weit überboten und aus den besonderen Erfordernissen des Kampfes gegen die römischen Legionen eine Einkreisungstaktik entwickelt, in der das geistige Erbe der hochgesteigerten hellenistischen Kriegskunst einer verständnisvollen Nachwelt als unverlierbarer Besitz weitergegeben werden konnte [58]),

54) In diesem Zusamenhange ist die Beobachtung von Interesse, daß im Gegensatz zu den Römern bei den Griechen (wie im Altnordischen) eine Vielfalt von Ruhmesbegriffen und eine ihr entsprechend reiche Synonymik für „Ruhm" sich findet: U. Knoche, Philologus 89 (1934) 101 ff.

55) Vgl. Mommsen, a. O. 1, 325 f.; Ed. Meyer, Weltgesch. und Weltkrieg (1916) 91.

56) Altheim, Welth. 34 f.

57) Liv. 35, 14, 5 ff., Appian, Syr. 9; in verderbter Fassung bei Plut. Pyrrh. 8. — Vgl. auch H. Nissen, Krit. Untersuchungen über die Quellen der 4. u. 5. Dekade des Livius (1863) 167 ff. — Die Umzingelung durch die Reiterei, die die Schlachten entscheidet, begegnet auch in der von Xanthippos entworfenen und geleiteten Schlacht bei Tunes 255 v. Chr.: siehe Polyb. 1, 33 f.

58) Man darf sich hier u. E. nicht durch äußerliche Verschiedenheiten zwischen der hellenistischen Taktik und der Hannibals beirren lassen. Die Starrheit und mangelnde Beweglichkeit der ersteren (siehe die treffenden Ausführungen Altheims, Welth. 108 ff.) war eine bedenkliche Abweichung von der Linie Alexanders (a. O. 111 f.), die Hannibal

so wie später die hellenistische Poliorketik durch die Römer. Roms Aufstieg zur Vormacht im Mittelmeer im Kampfe gegen Karthago und gegen die Monarchien des Ostens ist weitgehend mit dem Kampfe Roms gegen den Hellenismus, den politischen wie den geistigen, identisch [59]). Hannibal hat das, soweit wir sehen können, klar erkannt. Seine Rechnung war, daß die hellenistischen Mächte die weltgeschichtliche Stunde erkennen und ihm zur Seite stehen würden; sie hat seine ganze Lebensarbeit durchzogen. Mit der Auswirkung seines Sieges am Trasimenischen See auf Philipp V. von Makedonien und dem Beitritt dieses bedeutenden Fürsten und der Syrakusaner zur karthagischen Sache nach Cannä schien sie ihre erste Erfüllung gefunden zu haben, doch nur, um bald um so grausamer zu enttäuschen. Dann hat Hannibal nach der Niederlage Karthagos seine Hoffnung auf den Seleukiden Antiochos d. Gr. gesetzt, dessen Krieg mit Rom er als unvermeidlich ansah, und den König auf die Notwendigkeit einer Einigung mit Philipp V. und Karthago zum Kampfe gegen den gemeinsamen Gegner hingewiesen [60]). Aber seine Niederlage im 2. Punischen Kriege hat die Autorität des großen Karthagerfeldherrn nicht gerade steigern können; so hörte Antiochos ihn an, ohne sich doch von seiner eigenen Auffassung der Verhältnisse abbringen zu lassen, in seiner kurzsichtigen Beurteilung der Lage noch bestärkt durch seine ihm als sachkundig erscheinenden Berater. Dagegen hatten die Römer bei ihren Unternehmungen stets mit der Gefahr der Bildung einer hellenistischen Einheitsfront gerechnet und ihre Politik ganz auf sie abgestellt; so nahe also lag dieser Gedanke. Nach Hannibals und Antiochos' Tode suchte der letzte Makedonenkönig Perseus in seinem schweren Kampfe endlich die Verwirklichung jener Einheitsfront zu erreichen [61]); er scheiterte am Starrsinn Antiochos' IV. Epiphanes, dessen Demütigung nach der Schlacht von Pydna [62]) somit wahrlich nicht unverschuldet war. Mit Recht stellte Polybios [63]) die Torheit derer, die sich um ein Zusammenwirken mit andern Mächten nicht kümmerten, sondern sich allein für kräftig genug hielten, um ihre Machtstellung zu behaupten, der Wohlberatenheit der Römer gegenüber. Hinter der kriegerischen Kraftentfaltung des späteren Hellenismus steht trotz alles Aufwands an Gut und Blut kein rechter Ernst; es verwundert uns nicht, daß diese Einsicht aus hellenistischen Kreisen selber bei Polybios laut wird [64]) und daß das Überlegenheitsgefühl der Römer gegenüber den windigen, bramarbasierenden „Graeculi" ihrer Zeit [65]) ständig wachsen mußte.

Aber dies war erst das Endergebnis des langen, rund zwei Jahrhunderte ausfüllenden Prozesses. Vordem war die hellenistische Welt ein gewaltiges Kräftereservoir, in geistiger wie in politisch-militärischer Hinsicht. An der bis ins zweite Jahrhundert hinein blühenden Plastik sind alle Versuche gescheitert, Zeichen eines Erlahmens der schöpferischen Kraft zu entdecken, wie sie die alte Verfallstheorie postulierte. Die formvollendete, virtuose Dichtung eines Theokrit, Kallimachos

mit dem sicheren Blick des genialen, allen bloßen Nachbetern und Verwässerern weit überlegenen Vollenders gerade zu vermeiden wußte. Seine Armee genügte in höherem Maße der berühmten, aus der Diadochenzeit stammenden theoretischen Forderung des Demetrios von Phaleron als die achäische eines Philopömen, von der Polybios solches berichtet (10, 24, 7).

59) „Hellenismus und Rom stehen sich, nach dem Maße ihrer gegenseitigen Aufgeschlossenheit, durchaus als die unvereinbaren Gegensätze gegenüber, auf literarischem Gebiete nicht anders als auf dem der Politik": Altheim, a. O. 144.

60) Vgl. E. Groag, Hannibal als Politiker (1929) 129 ff.

61) Vgl. Liv. 42, 12, 26.

62) Polyb. 29, 11.

63) fr. 23.

64) 5, 104, 10 f.

65) Vgl. dazu W. Jaeger, Humanist. Reden u. Vortr. (1937) 51.

und anderer blieb mit manchen ihrer Schöpfungen auf lange hinaus vorbildlich; für den weltweiten Kreis ihrer Interessen bezeichnend ist die Aufmerksamkeit, die sie schon früh Rom zugewandt hat [66]). Die Wissenschaft von Alexandria war keineswegs eine müde, welt- und lebensfremde Angelegenheit; die Römer bekamen das zu spüren, als sie 213/12 v. Chr. Syrakus belagerten, das durch den zum Ptolemäischen Geisteszentrum in enger Beziehung stehenden genialen Archimedes mit einem alle Erwartungen übertreffenden kriegstechnischen Apparat verteidigt wurde [67]).

Überhaupt erweckt die technische Leistungsfähigkeit der hellenistischen Welt, die ihrer wissenschaftlichen ebenbürtig gewesen ist, unsere höchste Bewunderung, je mehr wir sie kennen lernen [68]). Von den auf uns gekommenen Werken der hellenistischen Kriegsschriftsteller hat ein hervorragenden Sachkenner [69]) geurteilt, ihr Studium erfülle „mit Staunen, mit Hochachtung, ja mit Begeisterung". Die makedonische Phalanx ist ein furchtbares Kriegsinstrument gewesen; besser als alle theoretischen Auseinandersetzungen belegt das die auf uns gekommene Schilderung des Eindrucks, den sie beim plötzlichen Heranmarsch zur Entscheidungsschlacht von Pydna am 22. Juni 168 v. Chr. auf den kriegserfahrenen römischen Feldherrn L. Aemilius Paullus gemacht hat [70]). Schließlich hatte wenigstens das glänzendste der Diadochenreiche, das Ptolemäische Ägypten [71]), während seiner Blüte im 3. Jahrhundert v. Chr. eine hervorragende diplomatische Kunst entwickelt, für deren Treffsicherheit in der Abschätzung der politischen Verhältnisse und Machtbildungen die frühzeitige Anknüpfung mit Rom ein vollgültiges Zeugnis bedeutet. Ihr stand in der inneren Politik eine an altägyptische Traditionen anknüpfende, geschulte und sehr leistungsfähige Bürokratie zur Seite, die mit Beginn der Kaiserzeit auch für die Verwaltung des römischen Reiches vorbildlich werden konnte. Die imperialistische Ideologie, der Gedanke des Weltreichs mit Weltstädten, Weltverkehr und Weltwirtschaft, Weltsprache und Weltbildung [72]) hat die antike Menschheit nicht wieder losgelassen, bis sie von den Römern seit Augustus — wenn auch mit nicht unwesentlichen Modifikationen — verwirklicht worden ist. Und die monarchische Verfassung war die Vorbedingung für die Verwirklichung der Großreichs-, ja Weltreichsidee; auch Rom hat sie nach härtestem Widerstreben als die eben doch moderne, fortgeschrittene Staatsform übernehmen müssen. So werden wir immer wieder gemahnt, die Lebenskraft der hellenistischen Welt, auch noch in später Zeit, nicht zu unterschätzen [73]). Noch die römische Gesandtschaft, die unter der Leitung des Scipio Aemilianus auf ihrer Reise durch den Osten um die Jahreswende 140/39 v. Chr. in Ägypten weilte [74]),

66) Altheim, Welth. 137 ff. Welt als Gesch. 2, 75 ff.

67) Vgl. die ausgezeichneten Schilderungen bei Polyb. 8, 3—7 (besonders 7, 7 ff.).

68) Vgl. M. Rostovtzeff, Die hellenist. Welt u. ihre wirtschaftl. Entwicklung, Welt als Gesch. 4 (1938) 76 f.

69) E. Schramm bei Kromayer-Veith, Heerw. 243.

70) Polyb. 29, 17, 1. Plutarch, Aem. 18 f. Ed. Meyer, Die Schlacht bei Pydna, Kl. Schr. 2, 477 ff.; Altheim, a. O. 107 ff.

71) Vgl. Altheim, a. O. 82 ff.

72) Siehe W. Schubart, Hellenismus und Weltreligion, Neue Jahrbücher 1926, 505 ff.

73) Wenn kürzlich L. Wickert, Neue Jahrb. 1941, 15, wieder erklärte, die hellenistischen Königreiche böten der historischen Schau ein Bild trostloser Zwitterhaftigkeit, und wir dürften von hellenistischen Reichen überhaupt nicht sprechen, so ist das m. E. völlig abwegig; ihre geschichtliche Leistung spricht laut genug dagegen, und es wäre zu fragen, wie viele bedeutende Reiche der Geschichte unter Wickerts Definition überhaupt fallen könnten. Eine Definition historischer Erscheinungen ist aber nur dann für die Forschung brauchbar, wenn sie aus den Erscheinungen der Geschichte selbst genommen worden ist.

74) Vgl. W. Otto u. H. Bengtson, Zur Gesch. des Niedergangs des Ptolemäerreiches, Abhdlgn. der Bayer. Akad. 1938, 38.

war stark beeindruckt durch den Zustand und die Hilfsquellen des Landes und nahm die Überzeugung mit sich, es sei eine treffliche Basis für eine gesicherte und bedeutende politische Führerstellung [75]). Welche kühnen Pionierleistungen damals noch möglich waren, lehrt die in der Zeit um 116 v. Chr. erfolgte Erschließung des direkten Seeweges von Ägypten nach Indien durch die geschickte Auswertung der Monsunwinde. „Die seemännische Entdeckung, die damals gemacht wurde, hätte eine neue Epoche des Ptolemäischen Handels heraufführen und dadurch dem niedergehenden Ptolemäerreich einen gewissen Auftrieb geben können, wenn es Regierungen gehabt hätte, die fähig waren, das, was sich so unerwartet darbot, mit ganzer Energie auszunutzen [76]). In dieser Unfähigkeit der Leitung, nicht in einer bedauerlichen Labilität der hellenistischen Reiche [77]) infolge ihrer angeblichen Fehlkonstruktion, die eine verhältnismäßig dünne hellenistisch-griechische Oberschicht den Massen der beherrschten morgenländischen Völker gegenübergestellt und schließlich eine bedenkliche, entkräftigende Vermischung beider heraufgeführt hätte, ist der Grund für das politische Versagen der hellenistischen Mächte zu suchen. Denn einmal ist die noch vielfach beliebte Vorstellung, als sei jene Oberschicht nur so etwas „wie ein lockerer Verputz an den festen Häusern" [78]) des Orientalentums gewesen, weit übertrieben; sie wird den wirklichen Verhältnissen keinesfalls gerecht, wie die Tiefe der griechischen Einwirkung auf Kultur und Mentalität des Orients für jeden beweist, der einen Blick für geschichtliche Wirklichkeit hat. Zweitens gehört die Frage nach Ausmaß und Bedeutsamkeit einer Völker- und Rassenmischung im griechischen Osten zu den schwierigsten und dunkelsten Problemen der hellenistischen Geschichte; den Zeugnissen, die sie zu beweisen scheinen, stehen andere gegenüber, die sie gerade für Gebiete, wo man sie am ehesten erwarten würde, wie im babylonischen Seleukia [79]), noch in der römischen Kaiserzeit als irgendwie wesentliche Erscheinung geradezu ausschließen [80]). Vor allem aber ist Roms wichtigster Gegner in der griechischen Welt, die makedonische Monarchie, ein geschlossener Nationalstaat gewesen, mit erheblichen Kraftreserven, die auch durch den Auswandererstrom nach Osten seit Alexander nicht im entferntesten aufgebraucht sein können, wie noch die Heereszahlen unter Philipp V. und Perseus beweisen [81]).

Wir begreifen also, daß sich der Schwerpunkt der Weltgeschichte seit den Tagen des Alexanderzuges nach Makedonien und dem hellenistischen Osten verlagern mußte, wo er noch für Polybios unverkennbar lag [82]). Hier erblühten die gewaltigsten Metropolen, hier fand sich höchste Verfeinerung des zivilisierten Lebens; hier war die Besiedlung die dichteste. Mit der Römerzeit tritt allmählich eine Verschiebung ein; Rom und Italien werden für rund 300 Jahre das Herz der Mittelmeerwelt. Aber am Ausgange der Antike kehrt die Lage des hohen Hellenismus wieder: Kaiser Konstantin bringt die Entwicklung mit der Verlegung der Reichsresidenz in den Osten, nach Konstantinopel, zum Abschluß. Diese Gestaltung der Dinge zeichnet sich jedoch bereits erheblich früher ab. Zeitlich etwa in der Mitte zwischen Alexander d. Gr. und Konstantin d. Gr. steht Caesar, der, wie oft her-

75) Diodor 33, 28 a.
76) Otto-Bengtson, a. O. 194. 212 f. 217 f.
77) Vgl. dazu E. Bickermann, Bellum Antiochicum, Hermes 67 (1932) 63 ff.
78) So Kromayer, Roms Kampf 7.
79) Tacitus, Ann. 6, 42.
80) Vgl. für das Ptolemäerreich die besonnenen Ausführungen von H. Bengtson, Welt als Gesch. 5 (1939) 179.
81) Vgl. auch Polyb. 36, 17, 14.
82) Siehe die Darlegungen U. Kahrstedts im 3. Bd. von Meltzers Geschichte der Karthager (1913) 153 f.

vorgehoben worden ist, die spätantike Entwicklung „mit kühnem Griff hatte vorwegnehmen wollen“ [83]) mit seiner Hinneigung zu der politischen Ideologie des Hellenismus als Grundlage der ihm vorschwebenden Neuordnung der Welt [84]) und der im Zusammenhang damit geplanten Verlegung der Residenz in den Osten [85]); und nach Caesars Ermordung hat Antonius diese Bahn weiter zu verfolgen gesucht [86]), bis Octavians Sieg bei Actium eine völlige Veränderung der Lage brachte. Im ersten Augenblick gewinnt man den Eindruck, als handle es sich hier um eine natürliche, in den Dingen selbst begründete Tendenz der Entwicklung; und es sei gar nicht so töricht gewesen, wenn Oswald Spengler der Meinung Ausdruck gab, bei Actium hätte Antonius siegen müssen [87]), und nun die römische Kaiserzeit nur als eine „Pseudomorphose“ ansprechen wollte. Tatsächlich hat sich die produktive geistige Entwicklung, als deren innerstes Wesen die siegreiche Durchsetzung der religiösen Strömung, die Ablösung einer Epoche des Unglaubens durch eine solche des Glaubens, erscheint, im Osten abgespielt. So sieht es aus, als sei Roms Aufstieg zur Vormacht von Scipio Africanus bis zu Augustus beinahe ein retardierendes Moment in der politischen Entwicklung der Mittelmeerwelt gewesen, ein Hindernis für die natürliche, gesunde Gestaltung der Dinge, wurde doch mit diesem Aufstieg — von allem andern abgesehen — zunächst an Stelle der modernen, sich auf eine geschulte Beamtenschaft und ein stehendes Berufsheer stützenden Monarchie der alte republikanische Stadtstaat mit seinem alljährlichen Wechsel der leitenden Beamten, seinem kaum überwindlichen Argwohn gegenüber der überragenden Persönlichkeit als einer möglichen Gefahr für die politische Freiheit der Bürgerschaft, überhaupt der ihm eigentümlichen Neigung, die Außenpolitik den Forderungen der Innenpolitik unterzuordnen, zum Meister in einer Welt erhoben, deren brennende Probleme er einfach nicht zu meistern vermochte [88]), bis nach unsäglichen Leiden für Sieger und Besiegte am Ende doch die Aufrichtung des persönlichen Regiments, die Begründung der Monarchie und des Weltstaates erfolgte und damit ein Ergebnis erreicht war, das der hellenistischen Lösung — äußerlich wenigstens — erheblich näher stand als der genuin römischen. Der Weg der Geschichte, auf dem durch Roms Aufstieg der Schwerpunkt der Entwicklung der Mittelmeerwelt nach Westen verlagert wurde, will beinahe wie ein Umweg anmuten.

Weshalb der Umweg? Daß Roms Aufstieg nicht mit dem Einbruch einer bloß schwertgewaltigen Barbarenhorde in ein entnervtes Kulturgebiet gleichzusetzen ist, haben wir gesehen. Unser Erstaunen ist somit noch gestiegen, die Frage nach dem Sinn und den bewegenden Kräften dieses Aufstiegs noch brennender geworden. Weder eine ausgesprochen erobernd-kriegerische Mentalität noch die Woge der natürlichen historischen Entwicklung haben die Tiberstadt zum caput mundi emporgetragen; eher ist sie gegen alle Erwartung zu dieser Stellung empor-

83) Ed. Meyer, Caesars Monarchie ² (1919) 548.

84) a. O. 472 ff. — Gelzers Skepsis (Hallerfestschr. 11) gegenüber den Angaben bei Plutarch 58, die Caesar ausdrücklich den Plan der Welteroberung zuschreiben, kann ich nicht als berechtigt anerkennen; die Berufung auf Vergil Aen. 6, 795 ff. hat für die Verhältnisse der Caesarischen Zeit m. E. keine Beweiskraft.— Wickert (a. O. 17) erkennt an, „daß die Beeinflussung Caesars durch den Hellenismus nicht geleugnet werden darf“. Ob es sich hierbei wirklich um nicht viel mehr als Anregungen und äußere Formen handelt, wie er meint (m. E. liegen die Dinge hier ganz ähnlich wie bei dem viel verhandelten Verhältnis zwischen Hellas und Ägypten; vgl. Welt als Gesch. 5, 438 ff.), kann hier dahingestellt bleiben.

85) Sueton Caes. 79. Weiteres bei Ed. Meyer, a. O. 521. Gelzer, Caesar ² (1940) 326.

86) Vgl. u. a. Fuchs, a. O. 39, Anm. 35.

87) Untergang des Abendlandes 2, 230.

88) Gelzer, Caesars weltgesch. Leistung (1941) 9 ff.

gewachsen. Woher nahm das Römertum die Kraft, seinen gewaltigen Gegnern nicht nur zu widerstehen, sondern sie sogar zu überwältigen und ihnen die Führung einer Welt zu entwinden? Eine Antwort auf diese Frage muß sich ergeben, wenn wir den entscheidenden Abschnitt der römischen Geschichte, die Zeit der Welteroberung, „in großen Linien richtig aufgefaßt" uns zu vergegenwärtigen suchen.

II.

Seiner geographischen Lage nach ist Italien unter den drei südeuropäischen Halbinseln durch feindliche Invasionen am meisten gefährdet. Als es seit Augustus das Herz des gewaltigen, einheitlichen Imperiums geworden war, erschien es einer ex eventu urteilenden Betrachtung [89]) als die gegebene Basis für die Erringung der Vormachtstellung im Mittelmeer. In Wirklichkeit war das Gegenteil der Fall [90]): die langgestreckten, schwer zu verteidigenden Küsten boten Versuchen von der Seeseite her, sich im Lande festzusetzen, jederzeit Gewähr des Gelingens, und weder die Alpen noch der Apennin haben je einen Schutz gebildet gegen die Einfälle der ewig von der Sehnsucht nach dem Süden vorwärtsgetriebenen kriegerischen Nordvölker. So ist die Halbinsel auf politischen Zusammenschluß hingewiesen [91]), um den notwendigen Schutz für ihre Bewohner gewährleistet zu sehen. Dafür entwickelte sich in diesen ein Gemeingefühl, das auf die Dauer auch tiefgewurzelte nachbarliche Abneigungen zwischen den einzelnen Stämmen zu überwinden vermochte und schließlich zur Entstehung einer einheitlich geschlossenen italischen Nation geführt hat. Die Aufrichtung einer Herrschaft, die ganz Italien umspannte, war nur möglich durch eine kluge und einsichtsvolle Politik, die die Gegensätze zwischen den Großmächten am Tyrrhenischen Meere wie überhaupt im Mittelmeerraume auszunutzen wußte, um die eigene Position zu sichern und zu kräftigen. Mit vollem Recht hat man es kürzlich so formuliert [92]), daß Rom „von vornherein auch mediterraner, nicht bloß italischer Staat" gewesen ist und sich von Anfang an in das Ringen der „großen Mächte" einbezogen sah. Sein kraftvoller Kampf gegen die etruskische Herrschaft, die Aufrichtung eines leistungsfähigen Volksstaats nach Analogie klassisch-hellenischer Staatsgestaltung, seine alte Verbundenheit mit griechischer Kultur, die für das Römertum niemals wie für die Etrusker bloße Dekoration des Lebens, sondern treibende Kraft für eine beharrliche innere Weiterentwicklung gewesen und immer geblieben ist [93]), seine Wiedererhebung nach der großen Überflutung durch die Gallier in der ersten Hälfte des 4. vorchristlichen Jahrhunderts belegen schlagend, in welchem Maße und mit welcher Zähigkeit es die großen Krisen im Verhältnis der Mächte zuein-

89) Vgl. Strabo 6, 4, 1.

90) Das hat besonders nachdrücklich Ed. Meyer betont, Gesch. des Altertums [2] 3 (1937) 452 f.; Weltgesch. u. Weltkrieg 82 f.

91) Dazu Altheim, Epochen der röm. Geschichte (1934) 17 ff.

92) Altheim, a. O. 186.

93) Die Etrusker haben sich, auch in diesem Punkte von den Römern grundsätzlich verschieden, niemals bemüht, in die griechische S p r a c h e wirklich einzudringen, und sich in der Hauptsache mit der Nachahmung der griechischen Gymnastik und Agonistik sowie des Kunststils und der — recht äußerlichen — Übernahme der griechischen Sage und Mythologie begnügt. So blieb ihnen der Weg zu einer wirklichen Berührung mit hellenischem Geiste, vor allem einer Begegnung mit der griechischen Klassik, und damit zu einer wahrhaft weltgeschichtlichen Rolle versperrt; sie vermochten schließlich das Übernommene nur noch zu barbarisieren, aber nicht mit seiner Hilfe zur humanitas (vgl. auch H. Altevogt, Der Bildungsbegriff im Wortschatz Ciceros, Diss. Münster 1940, 81 f.), zu höherem Menschentum, aufzusteigen wie die Römer. Sie blieben auf die Dauer bloße Nachahmer, während die Römer zu lernen, sich zu bilden verstanden.

ander für sein Wachstum fruchtbar zu machen wußte. Am Ausgange des 4. Jahrhunderts hat sich der gewaltige Zusammenprall mit der sabellischen Expansion in den großen Samniterkriegen, die den Diadochenkriegen zeitlich ungefähr parallel laufen, zum Kampfe um die Beherrschung Italiens ausgewachsen. Die Schlacht bei Sentinum (295 v. Chr.) ließ die Entscheidung in dem jahrzehntelangen Ringen für die Römer fallen. Ein System geschickt angelegter Festungen an allen wichtigen Punkten der Halbinsel sicherte die römische Herrschaft. Schon hier tritt die Staatskunst des Senats glänzend in Erscheinung. „Merkwürdig und der Erklärung bedürftig ist nicht, daß Rom so viel italisches Land an sich gebracht hat, sondern daß es so wenig genommen und das wenige nach ganz bestimmten Gesichtspunkten verwendet hat. Da die Gelegenheit zu schrankenloser Annexion gegeben war, ist die Maßhaltung des römischen Staates auf politische Motive zurückzuführen“ [94]). Die Neuordnung Italiens wurde mit solcher Großzügigkeit durchgeführt, daß das ganze Gebilde weit eher einem Staatenbunde unter Führung Roms als einer nur auf militärische Überlegenheit gegründeten Gewaltherrschaft glich [95]). Dann erfolgte, nachdem die gerade auch von Rom mit sorgenvoller Spannung beobachtete Gefahr [96]) eines Übergreifens Alexanders d. Gr. in die westliche Mittelmeerwelt durch dessen plötzliches Ableben verschwunden war, mit der Hereinziehung des Pyrrhos in den Konflikt zwischen Rom und Tarent die erheblichste Bedrohung der italischen Unabhängigkeit durch eine überseeische Macht. Sie konnte infolge des Zusammenwirkens mit Karthago und der unsteten, immer neuen Projekten zuneigenden Art des Epirotenkönigs in fünfjährigem Kampfe abgewehrt werden. Der römische Grundsatz, mit keinem außeritalischen Feinde Friedensverhandlungen aufzunehmen, solange seine Streitmacht noch auf dem Boden der Apenninhalbinsel stehe, lehrt, wie sehr sich die Politik Roms zum Anwalt der Sicherheit Italiens gemacht hatte und machen konnte. Schon damals sind weder Latiner noch Kampaner zu Pyrrhos übergegangen, obwohl dieser als Schlachtensieger ihre Lande durchzog. Um so dringender war die Erfüllung der Aufgabe, die auch die Folgezeit jedem italienischen Einheitsstaate gestellt hat, nun auch die Kontrolle der Meere und der Inseln rings um Italien in die Hand zu bekommen, zumal da der Abzug des Pyrrhos der karthagischen Seemacht im Westen ein völliges Übergewicht verschafft hatte. Daß der Konflikt zwischen den beiden eben noch gegen den hellenistischen Heerkönig verbündeten Mächten in der Luft lag und nur eines Anlasses bedurfte, um offen auszubrechen — fast wäre er schon 272 v. Chr. über Tarent entbrannt, in dessen Hafen bereits die punische Flotte weilte [97]) —, lag auf der Hand. Polybios nennt als wichtigsten Grund, der die Römer im Jahre 264 veranlaßte, dem Hilfsgesuch der Mamertiner trotz aller moralischen Bedenken Folge zu leisten und damit die Hand auf die Straße von Messina und auf Sizilien zu legen, die Sorge vor der karthagischen Übermacht zur See und der von ihrer Seite dem eben geeinten Italien ständig drohenden Ein-

94) Vogt, Röm. Rep. 43. Es handelt sich bei der römischen Expansion also nicht um den Landhunger eines aufstrebenden Bauernvolkes. — Die geringe Bedeutung der wirtschaftlichen und die ausschlaggebende der politischen Momente hat dargelegt J. W. Späth, A Study of the causes of Roman wars from 343 to 265 B. C. (Dissert. Princeton 1926). Damit sind die Ausführungen Ed. Meyers, Weltgesch u. Weltkrieg 46 f., hinfällig geworden.

95) Vgl. jetzt auch J. Göhler, Rom und Italien (1939); dazu Gelzer, Gnomon 17, 145 ff.

96) Die bei Livius 9, 17 ff., wie die Ereignisse des Pyrrhoskrieges lehren, erheblich unterschätzt wird.

97) S. B. Niese, Gesch. der griech. u. makedonischen Staaten seit der Schlacht bei Chäronea (1899) 2, 63, 2 (dessen Zweifel an der Überlieferung lediglich einer bei ihm nicht eben seltenen Hyperkritik entsprungen sind); Altheim, Epochen 211.

kreisung[98]); es handelte sich nur noch darum, den Karthagern in Messana zuvorzukommen. Wenn bei den Verhandlungen von seiten eines punischen Befehlshabers die Äußerung gefallen sein soll, die Römer könnten nicht einmal wagen, ihre Hände im Meer zu waschen, wenn sie dem meerbeherrschenden Karthago die Freundschaft aufkündigten[99]), so beleuchtet ein solcher Ausspruch blitzartig die Lage, in der sich Italien tatsächlich befand. Rom, das jetzt politisch an die Stelle des Griechentums im Westmittelmeer trat, mußte damit auch die alte Feindschaft zwischen diesem und Karthago erben. So hat sich an der Meerenge von Messina der Riesenkampf entzündet, der in den beiden sog. Punischen Kriegen — den 20jährigen Waffenstillstand (denn mehr war diese angebliche Friedenszeit nicht) zwischen ihnen eingerechnet — 63 Jahre hindurch die Völker des Westens in Spannung hielt und schließlich auch auf den östlichen Hellenismus hinübergriff. Erst in seinem zweiten Abschnitt ist ganz deutlich geworden, wie ungeheuer die Gefahr war, die gegebenenfalls von Karthagos Seite der Sicherheit Italiens drohte. Man wird also nicht umhin können, den politischen Instinkt des römischen Volkes zu bewundern, der es im Jahre 264 v. Chr mit der Aufnahme des Kampfes die richtige Entscheidung treffen ließ, mochte dieser Kampf auch an Prüfungen, Opfern und Mühen alles überbieten, was bis dahin nicht nur Rom, sondern ein Volk der Geschichte überhaupt für seine Weltstellung aufzuwenden hatte.

Römische Zähigkeit und römischer Opfergeist haben nach 23jährigem, die Kräfte beider Staaten bis fast zu völliger Erschöpfung beanspruchenden Schwanken des Kriegsglücks in der Seeschlacht bei den Ägatischen Inseln 241 v. Chr. die Entscheidung des 1. Punischen Krieges[100]) zu ihren Gunsten erzwingen können. Damit kam ganz Sizilien nebst den Liparischen Inseln unter Roms Kontrolle. Die karthagische Seemacht war vernichtet. Die hohe Kriegskontribution, die der punische Staat binnen einem Jahrzehnt aufzubringen hatte, sollte diesen auch wirtschaftlich schwächen. Als nun Karthago durch den Aufruhr seiner enttäuschten Söldnertruppen und seiner ausgepreßten libyschen Untertanen an den Rand des Abgrunds geriet, lenkte Rom ihm gegenüber etwas ein[101]), jedoch nur, um seine Haltung sofort zu wechseln, als die Feldherrnkunst des Hamilkar Barkas nach mehr als dreijährigen schweren Kämpfen die Aufständischen zu Paaren trieb. Der ausgezeichnete General, der sich mit seinen Truppen bis zum Ende des Ersten Punischen Krieges unbesiegt im Westen Siziliens behauptet hatte, fügte seinem Ruhmeskranze mit der Bändigung des Aufruhrs in Afrika ein neues Blatt hinzu, und diesmal war es nicht ein Heldentum auf verlorenem Posten, sondern die Rettung Karthagos und die Wiederherstellung der punischen Macht. Auch auf Sardinien sollte diese wieder gefestigt werden. Aber daraufhin hat Rom das — zuerst abgelehnte — Hilfsgesuch der Söldner auf der Insel angenommen; es gab die Rüstungen der Karthager als gegen sich, nicht gegen die Aufrührer gerichtet aus und erklärte Karthago den Krieg. Diesem blieb nichts übrig, als sich dem Gewaltstreich zu fügen. Gegen Abtretung Sardiniens und eine abermalige erhebliche Kontribution erhielt es den Frieden. Die jetzt anschließende Besetzung der Insel und des nicht zum karthagischen Reiche gehörigen Korsika zeigt, daß die

98) 1, 10, 5 ff. — Hinter diesem politischen Motiv traten die wirtschaftlichen zurück: vgl. A. Schenk Graf von Stauffenberg, König Hieron II. von Syrakus (1933) 26 f., 98 f. (gegen Ed. Meyer u. a.); Altheim, Welth. 28 f.

99) Diodor 23, 2. Die Cassius fr. 43, 9 (= Zonaras 8, 9).

100) Vgl. Ed. Meyer, Hannibal u. Scipio, in „Meister der Politik", herausg. von E. Marcks u. K. A. von Müller, 1 (1923) 102 f. Altheim, Welth. 28 ff.

101) Polyb. 1, 83; Altheim, a. O. 42. Es hätte in Roms Macht gestanden, Karthago durch kräftige Unterstützung der Rebellion zu vernichten, boten doch bereits Utica und die Soldtruppen auf Sardinien ihre Unterwerfung an.

Absicht der römischen Politik auf die Gewinnung des gesamten Tyrrhenischen Meeres und damit die völlige Sicherung der Westküste Italiens ausging. 229/28 v. Chr. folgte in Gegenwehr gegen den illyrischen Seeräuberstaat, dessen Treiben auch die Griechen schwer heimsuchte und dessen Königin Teuta nicht vor einem Morde an der römischen Gesandtschaft zurückschreckte [102]), die Besetzung wichtiger Punkte der albanischen Küste, so daß nun auch der Zugang zur Adria in Roms Händen war. Es blieb nur noch übrig, die Nordgrenze Italiens zu sichern, und allem Anschein nach ist dieses Problem damals wieder besonders brennend gewesen. Zwar war die Zeit, in der nach Polybios' Worten [103]) „die Tyche alle Gallier mit kriegerischer Wut gleichsam wie mit einer Seuche infiziert hatte", vorüber. Aber bereits nahte eine neue, gefahrdrohende Welle von Norden heran: die frühgermanische Ausbreitung [104]) nach Süden, deren erste Zeugen in Ost und West für uns die Bastarnen und Gäsaten [105]) sind. Ihr erstes Auftreten an den Rändern der antiken Welt fällt in die 30er Jahre des 3. vorchristlichen Jahrhunderts [106]). Offenbar waren es die Auswirkungen dieser — den Römern natürlich als erneute Erstarkung ihres keltischen Erbfeindes erscheinenden — Völkerbewegung, die bei weitblickenden Männern wie C. Flaminius den Plan reifen ließen, im Sinne einer offensiven Defensive das ehemalige Senonenland zwischen Ariminum und Sena Gallica mit römischen und italischen Siedlern zu sichern. Daß hierfür die Sicherheit Italiens, nicht ein bloßer Expansionsdrang Roms, das entscheidende Motiv abgab, lehrt die Tatsache, daß „gegen den großen Galliereinfall des Jahres 225, der zum Teil wenigstens durch die Landanweisungen hervorgerufen war, sich Italien mit einer Einmütigkeit und Selbstverständlichkeit zur Wehr setzte, die unbegreiflich wäre, wenn es sich lediglich um Bedrohung rein römischer Interessen gehandelt hätte" [107]). So folgte der Abwehr des Gegenangriffs der Gallier und Gäsaten in der Schlacht bei Telamon die z. T. in harten Kämpfen durchgeführte Unterwerfung des Polandes und Venetiens durch die Römer und ihre Bundesgenossen. „Damit waren die italischen Kelten vollständig besiegt, und wie eben vorher die Römer den Hellenen im Piratenkrieg den Unterschied zwischen römischer und griechischer Seebeherrschung gezeigt, so hatten sie jetzt glänzend bewiesen, daß Rom Italiens Pforten anders gegen den Landraub zu wahren wußte als Makedonien die Tore Griechenlands" [108]).

Von der See her schien mit der Zertrümmerung der karthagischen Seemacht und der Besetzung der Inseln des Tyrrhenischen Meeres sowie aller wichtigen Punkte an den Küsten der Adria jede ernstliche Bedrohung durch einen auswärtigen Feind gebannt. Und doch sollte von dem besiegten und eben noch am Rande des Abgrunds schwebenden Karthago her die fürchterlichste Gefahr aufsteigen, der Rom und Italien jemals ins Auge zu sehen hatten: der Hannibalkrieg. Auch hier hat sich die neuere Forschung lange bemüht, im Widerspruch zu unserer Überlieferung der karthagischen Führung jede kriegerische Absicht gegen Rom abzusprechen und die Römer zu den Angreifern zu stempeln. Diese Auffassung

102) Polyb. 2, 8.
103) 2, 20.
104) Vgl. m. Abhandlg. in den Westfäl. Forschgn. 1 (1938) 272 ff.
105) S. Gutenbrunner, German. Frühzeit in den Berichten der Antike (1939) 82 ff.
106) Vgl. zum Erscheinen der Bastarnen L. Schmidt, Die Ostgermanen (1934) S. 87 f.
107) H. Mattingly, Welt als Geschichte 4 (1938) 325. Vgl. auch Polyb. 2, 13, 6. 23, 12. 31, 7. Liv. 23, 5, 11. J. Göhler, Rom und Italien 35 f. — Daß der Anstoß für die Besiedlung des Ager Gallicus von dem ersten, durch den keltischen Adel veranlaßten Eingreifen der Gäsaten in die Verhältnisse Oberitaliens im Jahre 237 v. Chr sich herschrieb, läßt Polyb. 2, 21, 2 ff. deutlich erkennen.
108) Mommsen, a. O. 557.

darf heute als überholt und der Bericht des Polybios als in allem wesentlichen zuverlässig betrachtet werden [109]). Einsichtige Beurteiler haben allerdings von jeher darauf aufmerksam gemacht, daß seit der Sardinischen Affäre „das Damoklesschwert der römischen Kriegserklärung stets über Karthago hing“ [110]), die bloße Möglichkeit einer solchen Bedrohung mußte der Gruppe der karthagischen Patrioten ein Ansporn sein, Gegenmittel zu finden und sich ihr zu entziehen, ganz gleich, ob die Römer daran dachten, jene Möglichkeit zu verwirklichen oder nicht. Es ist eine alte Weisheit, daß die beste Parade der Hieb ist. Der unbesiegte Feldherr des Sizilischen Krieges, der seine militärische Befähigung im Söldnerkriege soeben wieder unter Beweis gestellt hatte, war gewiß nicht der Mann, der dieser Einsicht nicht in jeder Weise bei seinen Plänen Rechnung getragen hätte; im Gegenteil, er ging auf den Rachekrieg in großem Maßstabe aus. Sein glühender Haß gegen Rom ist uns durch seinen genialen Sohn Hannibal selbst bezeugt [111]). Die römischen Gesandten haben sich bei Hamilkars spanischen Eroberungen mit dessen Hinweis auf die Notwendigkeit, die im Friedensvertrage geforderten hohen Kontributionen aufzubringen, zufrieden gegeben [112]). Erst als nach Ableistung der Kontributionszahlungen Hasdrubals Neugründung Cartagena und seine geschickte Politik gegenüber den Iberern die ganze Größe der Barkidischen Machtstellung in Spanien deutlich werden ließen, meinten die Römer, bisher geschlafen zu haben [113]); es ist also wieder nur die Furcht vor einer Bedrohung ihrer Sicherheit gewesen, die sie zu einem aktiveren Vorgehen veranlaßte. Die Weltlage machte es ihnen unmöglich, in Spanien einzugreifen, stand doch der Keltenkrieg unmittelbar bevor, der alle Aufmerksamkeit beanspruchte. Ja sie mußten Hasdrubal zu einem Einverständnis mit der Festlegung der Nordgrenze des karthagischen Einflusses in Spanien auf den Ebrolauf in Verhandlungen zu bewegen suchen, deren Schwierigkeit der Umstand allein schon beleuchtet, daß Rom dabei auf eine Sanktionierung des Vertrages durch die Regierung in Karthago verzichtete; die Hauptsache blieb, die Gefahr eines Zusammenwirkens zwischen dem karthagischen Feldherrn und den Kelten zu beseitigen. Die Einigung gelang schließlich, weil offensichtlich Hasdrubal seine Machtstellung und seine Rüstungen noch für unzureichend und die keltische Kampfkraft — mit Recht — nicht für erheblich hielt [114]). Dazu kam als hemmendes Moment die starke Spannung zwischen Hasdrubal und der regierenden karthagischen Oligarchie [115]). Die Bedrohung Italiens schien diesmal noch empfindlicher als 264 v. Chr., da die Barkiden über eine höchst bedeutende, sich ständig vergrößernde Landarmee verfügten und damit Rom auf seinem eigensten Gebiet gefährlich werden konnten. Vorbeugend hatte man — nach der (hier leider kein genaues Datum gebenden) Darstellung bei Polybios [116]) eher vor oder gleichzeitig mit als nach dem Ebrovertrage — der Bitte der iberischen Küstenstadt Sagunt um eine Garantie für ihre Unabhängigkeit entsprochen, eine in ihren möglichen Auswirkungen gefährliche, aber rechtlich unangreifbare Maßnahme, und mit den kriegerischen Stämmen nördlich des Ebro Verbindungen angeknüpft. Die Ermordung des vorsichtig zurückhaltenden Hasdrubal und die

109) Siehe Altheim, Welth. 47 ff.
110) Mommsen, a. O. 561.
111) Polyb. 3, 11; Altheim, a. O. 49.
112) Dio fr. 48. Ed. Meyer, Kl. Schr. 2, 393. Vgl. auch W. Otto, Histor. Ztschr. 145 (1931) 497 f.
113) Polyb. 2, 13, 4.
114) Altheim, a. O. 52.
115) Fabius Pictor b. Polyb. 3, 8, 2 ff.
116) 3, 30, 1 f. (danach ist 3, 15, 7 zu verstehen). Vgl. auch E. Täubler, Die Vorgeschichte des 2. Pun. Krieges 43 f.

Erhebung des ganz anders gearteten Hannibal durch das Heer in einem Augenblick, wo die Unterwerfung des Polandes noch keineswegs als beendet angesehen werden konnte, ließen, zumal seit der neue Karthagerführer mit weitausgreifender Energie in den ersten beiden Jahren seines Kommandos die letzten namhaften Herde des Widerstandes im karthagischen Interessengebiet auf der Pyrenäenhalbinsel auslöschte und so Hamilkars Pläne vollenden konnte [117]), die gefürchtete Bedrohung riesengroß erstehen. Als nun die mißtrauisch gewordenen Römer sich entschlossen, den vordem in den Wind geschlagenen Warnungen der Saguntiner, die angesichts des unaufhaltsamen Anwachsens der Barkidenmacht für ihre Selbständigkeit fürchteten [118]) jetzt endlich, nach der Niederwerfung der Kelten, Gehör zu schenken, und eine Gesandtschaft an Hannibal nach Neukarthago schickten mit dem dringenden Hinweise, die von Rom garantierte Unabhängigkeit Sagunts und ferner die — ja nur mit seinem Vorgänger vereinbarte — Ebrogrenze zu achten, zeigte die barsche Behandlung der Gesandten durch Hannibal [119]), daß der Krieg unvermeidlich sein würde. Hannibal „hat Rom wie Karthago gezwungen, ihn »anzunehmen«, sie mochten wollen oder nicht“ [120]). Die Macht, die Hamilkar in Spanien aufrichtete, hatte ihren Höhepunkt erreicht; die Streitkräfte waren so zahlreich und die Rüstungen so erheblich, daß Karthago nicht nur mit ihrer Hilfe einem feindlichen Angriff die Spitze bieten konnte, sondern darüber hinaus stark genug war zur Führung eines Angriffskrieges, soweit das unter den damaligen Verhältnissen überhaupt erreichbar war. Aus der Bedrohung Karthagos durch Rom war langsam eine Bedrohung Roms durch Karthago geworden. Die Machtbereiche beider dürften jetzt ungefähr gleich groß gewesen sein; hinsichtlich der militärischen Rüstung und taktischen Leistungsfähigkeit waren die Karthager zunächst sogar überlegen — wie sehr, haben die Jahre 218 bis 216 v. Chr. bewiesen. Es ist verständlich, daß die römische Politik hier, nachdem auf die bisherigen vertraglichen Abmachungen offensichtlich kein Verlaß mehr war, klare Verhältnisse schaffen mußte, obwohl die Unterwerfung Oberitaliens noch keineswegs abgeschlossen war und in Illyrien neue Verwicklungen eintraten. Die römische Gesandtschaft, die sich von Hannibal nach Karthago begab, ließ keinen Zweifel über den Ernst der Lage, falls die römische Garantie für die Unabhängigkeit Sagunts und der Ebrovertrag nicht respektiert werden würden. Im Vertrauen auf die Seeherrschaft, auf die Spannung zwischen dem Militärregime der Barkiden, das sich auf die hauptstädtische Masse stützte, und der karthagischen Kaufmannsoligarchie, die sich großenteils nur gezwungen der Kriegspolitik fügte, schließlich auf den Nimbus des doch erst 20 Jahre zurückliegenden großen Sieges im Ersten Punischen Kriege meinten die Römer, durch entschlossenes Auftreten das Äußerste verhindern zu können. Dazu kam die ihnen selbstverständlich bekannte Tatsache, daß das karthagische Reich in Spanien ein Koloß auf tönernen Füßen war und die freiheitsstolzen Iberer und Keltiberer die karthagische Zwingherrschaft zu

117) Polyb. 3, 14, 9 f.

118) Polyb. 3, 15, 1.

119) Polyb. 3, 15, 6 ff. Wenn Hannibal in seiner Erwiderung es als eine seit jeher geübte Pflicht der Karthager hinstellte, für die Verteidigung des Rechts gegen Ungerechtigkeit einzutreten, so war das in Anbetracht des wirklichen Verhaltens Karthagos in seiner Geschichte eine herausfordernde Anmaßung. Das sagt auch Polyb., a. O. 9 ff. Daß die Parteigänger Karthagos in Sagunt nur gering waren und die Bürgerschaft im wesentlichen geschlossen für die Wahrung ihrer Unabhängigkeit gegen die Barkidische Übermacht — und das hieß in diesem Falle für die römische Hilfe — eintrat, zeigt Polybios' Schilderung mit aller Deutlichkeit: so richtig Altheim, a. O. 55 f. gegen Groag. Vgl. Polyb. 3, 15, 1. 30, 1 f.

120) Ed. Meyer, Kl. Schr. 2, 368.

einem ganz erheblichen Teile nur widerwillig ertrugen [121]). So mußte eine doppelte Offensive, gegen Karthago selbst und gegen Spanien, das offenbar nur künstliche Machtgebäude der Barkiden aller menschlichen Berechnung nach rasch zum Einsturz bringen. Wenn die neuere Forschung das Recht Karthagos betont hat, sich gegen die römische Gefahr zur Wehr zu setzen, so mußte sie, falls sie mit ihrem laut und aufdringlich verkündeten Prinzip unbedingter Objektivität und Unvoreingenommenheit Ernst machen wollte, das gleiche Recht den Römern zubilligen, sobald die Barkidenmacht ein Ausmaß erreicht hatte, das nun wieder für Rom eine Bedrohung der politischen Existenz wurde [122]). Es wird vielleicht nicht genügend beachtet, daß für Hannibal selber offenbar die Rechtsfrage bei der Eröffnung des Konflikts keine wesentliche Rolle gespielt hat; denn während der Kampf in Wirklichkeit um die Wiedergutmachung des von Rom mit dem Raube Sardiniens und der Erpressung neuer Zahlungen an dem damals wehrlosen Karthago verübten Unrechts [123]) ging, ließ er diese wahre Rechtfertigung seines Vorgehens beiseite und begnügte sich damit, aus der Saguntinischen Frage einen Rechtsgrund für sich zu konstruieren, dessen Fadenscheinigkeit alsbald offenbar wurde: erklärte er sich doch der römischen Gesandtschaft gegenüber gleichsam zum Anwalt der Saguntiner gegen römische Übergriffe, während er in Karthago die Saguntiner feindseliger Handlungen gegen die Torboleten, seine Verbündeten, bezichtigte [124]). Der Krieg gegen Rom war ihm, töricht genug, nicht eine Rechts-, sondern nur eine Machtfrage, und der Gesichtspunkt, unter dem er ihn betrachtete, ein einseitig militärischer. Er mußte losschlagen, „aus hochpolitischen Erwägungen heraus, die darin gipfelten, daß Karthago zur großen Entscheidung fertig war und daß sie nicht mehr verschoben werden durfte; sonst warf Rom die Kelten der Po-Ebene zum zweitenmal und für immer nieder, verschloß damit die Einfallspforte nach Italien und zerstörte die Operationsbasis, ohne welche Hannibal den Einfall nicht wagen durfte“ [125]). Die Kriegserklärung schob Hannibal durch seinen Angriff auf Sagunt den Römern zu; daß diese eine solche Provokation nicht hinnehmen [126]) und andererseits die Regierung in Karthago der nach Sagunts Fall an sie gestellten römischen Forderung, den Feldherrn als Schuldigen auszuliefern, nicht stattgeben konnte, sah er klar. Der gewaltige, schon von den Zeitgenossen nach seinem Urheber benannte Krieg, dessen Verlauf hier als bekannt voraus-

121) Vgl. dazu Kahrstedt, a. O. 366 f., 435. Welche Mühe haben den Römern selber später spanische Freiheitsliebe und spanischer Nationalstolz bereitet!

122) Richtig scheint mir M. Gelzer die wirklichen Verhältnisse zu kennzeichnen, wenn er (gegen W. Kolbe, Die Kriegsschuldfrage von 218 v. Chr., Sitzber. Heidelbg. Akad. 1934) Gnomon (1935) 157 (vgl. 7, 370) erklärt: „Ohne die Eroberungspolitik der Barkiden in Spanien wären die Römer damals nicht nach Spanien gegangen, und ihr Antrieb war nicht ein starker Betätigungsdrang (K. 39), sondern die Sorge um die Sicherheit ihres res publica. Wenn K. 30 meint, die römische Politik werde damit nicht zutreffend charakterisiert, so erwidere ich, daß gute Sicherheitspolitik naturgemäß immer in Vorbeugungsmaßnahmen besteht.“ — F. Taeger, Das Altertum 2 (1939) 104, meint, Fragen nach Recht und Unrecht seien in solchen Dingen ein müßiges Spiel. Vielleicht sollten sie es sein; aber die geschichtliche Wirklichkeit zeigt ein anderes Bild.

123) Das die Einsichtigen in Rom selbst anerkannten; vgl. Polyb. 3, 28. 30.

124) Polyb. 3, 15, 6 ff.

125) G. Egelhaaf, Hannibal (1922) 38.

126) Daß Hannibal über die weltpolitische Bedeutsamkeit der Saguntinischen Frage sich ganz klar war, zeigt Polybios' (von Groag, a. O. 55 unrichtig wiedergegebene) Angabe, er habe sich bis dahin bestrebt, nach Möglichkeit sich von dieser Stadt fernzuhalten: 3, 14, 10. Den Saguntinern andererseits konnte ein römisch-karthagischer Konflikt nur willkommen sein, und sie werden das in ihrer Haltung gegenüber den Barkiden, vor allem durch den Ausbau ihrer Befestigung, sicherlich haben erkennen lassen, wie das in solchen Lagen zu gehen pflegt.

gesetzt werden darf, sollte das Übergewicht Roms im westlichen Mittelmeer brechen, hat aber in Wirklichkeit den Grund gelegt für die Aufrichtung der römischen Vormacht im Gesamtbereiche des Mittelmeeres. Auch für die Barkidenmacht gilt Bossuets tiefes Wort: Il n'y a point de Puissance qui ne serve malgré elle à d'autres desseins que les siens. Wie es möglich war, daß der Hannibalkrieg sich schließlich zu einem römischen Siege entwickelte — diese Frage zu beantworten ist gleichbedeutend damit, eine Lösung des umfassenden Problems zu finden, wie Rom zur Herrin der Welt werden konnte.

Der karthagische Feldherr ist mit unbegrenzter Siegeszuversicht in den Kampf gezogen. Drei Momente waren es, auf die sich diese Zuversicht gründete. Einmal war es das Heer, in dem er selbst von Jugend auf Dienst getan und das er jetzt, 26jährig (etwa im gleichen Alter wie Friedrich d. Gr. bei seiner Thronbesteigung) [127]), übernahm — „eine Armee, wie es damals im ganzen Umkreise des Mittelmeers keine zweite mehr gab" [128]). In eiserner Zucht und Disziplin war sie von Hamilkar aus den besten Kräften der kriegerischen libyschen und spanischen Stämme herangebildet worden, in harten Kämpfen gestählt und in der festen Hand eines Standes von Berufsoffizieren, ein Kriegsinstrument, das auch den schwierigsten operativen Aufgaben im Felde gewachsen sein mußte [129]). Offizier und Mann waren dazu erzogen, selbständig zu handeln, und wußten diese Fähigkeit im Kampfe trefflich zu bewähren. Was das für die bevorstehenden Entscheidungen bedeutete, lehrt ein Blick auf das römische Heer dieser Zeit, das „nach unsern Begriffen ausschließlich aus Reservemännern bestand, aber ohne jeden Anschluß an einen aktiven Kader, und was das böseste war, das Offizierkorps bis in die höchsten Chargen hinauf ausschließlich aus Reserveoffizieren; selbst der Feldherrnposten war mit wenigen Ausnahmen dem jährlichen Magistratswechsel unterworfen gewesen. Hatte bei der Mannschaft die vorzügliche Soldatenqualität diesen Mangel zur Not wettzumachen vermocht, so war es beim Offizierkorps damit nicht getan; die Kunst der Führung war durch Soldatengeist allein nicht zu ersetzen, ebensowenig die Fähigkeit, die Mannschaft für die Aufgaben einer kunstvolleren Führung auszubilden; das alles war nur durch konsequente berufsmäßige Schulung zu erreichen" [130]). Kraft dieser Schulung erreichte die karthagische Taktik, auf den bewährten hellenistischen Vorbildern weiterbauend, die Fähigkeit zum „unbegrenzt freien, schablonenlosen Manöver. Auch die römische hatte bisher ein Manöver gekannt, aber dieses war nicht frei, sondern in ein Schema gebunden gewesen; als solches hatte es sich allen übrigen, in andere Schablonen gebundenen Manövern überlegen gezeigt, und nur solche waren ihm bisher entgegengetreten; nun hatte es den Meister gefunden nicht in einer neuen Schablone, sondern in der Schablonenfreiheit an sich. — Ein Schlachtmanöver wie das karthagische bei Cannae hätte auch ein Hannibal mit dem damaligen römischen Kriegsinstrument nicht ausführen können" [131]). Das Operieren mit der Taktik der verbundenen Waffen wurde zu höchster Volkommenheit gesteigert. An Reiterei, der Lieblingswaffe Hannibals, war die karthagische Armee der römischen schon zahlenmäßig unbedingt überlegen. Das kurze, handliche Schwert seiner spanischen Regimenter, das die Römer alsbald übernahmen, ohne freilich seine Vortrefflichkeit ganz zu erreichen [132]), „ist vielleicht als die vollkommenste

127) Egelhaaf, a. O. 9.
128) Kromayer, Roms Kampf 16.
129) Zu ihren erstaunlichen Marschleistungen vgl. u. a. Polyb. 9, 6 ff.
130) G. Veith bei Kromayer-Veith, Heerwesen 291.
131) Veith, a. O. 289.
132) Polyb. fr. 179.

Waffe aller Zeiten zu werten“ [133]). Ein klug erdachtes System von Warttürmen ermöglichte die Weitergabe wichtiger Befehle und Nachrichten durch Feuerzeichen vom Zentrum bis zu den Grenzen des Machtbereichs in Afrika und Spanien binnen weniger Stunden [134]), wie denn überhaupt weitgehende Technisierung ein besonders bezeichnendes Merkmal der Armee Hannibals gewesen ist. Wirklich, es war für dieses Kriegsinstrument getan, was irgend erdenkbar und möglich war. Die Flottenrüstung hatte man auf das unbedingt Notwendige beschränkt; ein Vorstoß zur See gegen Rom konnte selbst im Falle des Gelingens allein nicht entscheidend sein, und außerdem mußte die Aufstellung einer karthagischen Flotte zu früh Roms Argwohn wachrufen, war doch um der Sicherung Italiens vom Meere her willen der Erste Punische Krieg begonnen und geführt worden. Es ging darum, den Gegner auf seinem eigenen Element aufzusuchen und vernichtend zu schlagen. Alle Einsparungen auf anderen Gebieten kamen der Erreichung dieses Hauptziels zugute. Und dem war auch — damit kommen wir zum zweiten Punkte — der Kriegsplan Hannibals angepaßt. Nach ausreichender militärischer Sicherung Spaniens und Afrikas gedachte der Feldherr selber mit dem Kern seines Heeres in Italien zu erscheinen, wo er auf Grund seiner sorgfältigen Erkundung unter den oberitalischen Kelten auf erheblichen Zustrom zu seinen Feldzeichen hoffen durfte. Darüber hinaus erwartete er nach dem Siege über die römischen Armeen eine Erhebung sämtlicher Italiker gegen die Herrschaft Roms [135]), womit der Krieg als beendet angesehen werden konnte. Der ganze Plan war auf Schnelligkeit angelegt, um der gegnerischen Offensive zuvorzukommen. Die Eroberung Sagunts und damit die Verriegelung des Tors für einen römischen Vorstoß in die Lande südlich des Ebro gelang ihm 219 — durch Aufbietung aller militärischen Mittel und ohne Rücksicht auf Verluste — zur Beunruhigung der Römer rascher als gedacht, ebenso im nächsten Jahre der schwierige Durchbruch durch die mit Rom verbündeten kriegerischen Stämme nördlich des Ebro [136]) und der kühne Marsch über die Pyrenäen und (in nur 15 Tagen) über die Alpen [137]), so daß die punische Armee am Erscheinen auf der Apenninhalbinsel nicht mehr zu hindern war. Stellte die Überwindung all dieser Schwierigkeiten und Hindernisse in einer für die damaligen Verhältnisse verblüffend geringen Zeit der Weitsicht und Tatkraft des jugendlichen Heerführers schon das glänzendste Zeugnis aus, so grenzten jetzt in Italien die Leistungen seiner Feldherrnkunst geradezu ans Wunderbare. Diese strategische Befähigung war der dritte große Faktor, auf den sich Hannibal bei seinen Plänen verlassen konnte [138]). Man weiß nicht, was nun mehr bewundern soll: die Anpassungsfähigkeit und Überlegenheit seiner Taktik, die Zielbewußtheit, mit der er die Vernichtung der gegnerischen Streitmacht anstrebte [139]) und schließlich erzwang, die Kühnheit in der Anlage seiner Operationen, seine Meisterschaft in Kriegslisten aller Art, die richtige Einschätzung des Gegners, der denn auch nach den ersten Niederlagen alle Hoffnung nur noch auf die quantitative Überlegenheit setzte und damit der genialen Feldherrnkunst Hannibals erst recht ins Garn ging, schließlich die unüberbietbare Sicherheit, mit der er, obwohl an Zahl erheblich unterlegen, die bis dahin wohl bedeutendste Schlacht der Alten

133) Veith, a. O. 325.
134) Plin. nat. hist. 2, 181. Egelhaaf, a. O. 36.
135) Polyb. 3, 77, 4 ff.
136) Polyb. 3, 40, 2. Zur Chronologie vgl. Kahrstedt, a. O. 375, 2.
137) „Fast von den Säulen des Herkules her ist er im Jahre 218 über die höchsten Gebirge Europas, die Pyrenäen und die Alpen, gezogen“: Egelhaaf, a. O. 10. Eindruck auf die gänzlich überraschten Römer: Polyb. 3, 61:
138) Diod. 26, 2.
139) Vgl. u. a. Kromayer, Histor. Ztschr. 131, 393 ff.

Geschichte sozusagen gegen alle Regeln der Kunst mit der schwächeren Streitmacht durch allseitige Umfassung für sich entschied [140]): „Die größte Armee, die das Altertum bis dahin ins Feld gestellt, wurde in eine einzige, fast kompakte Masse zusammengeballt und auf die halb so starke, dünne und kompliziert aufgestellte feindliche Linie losgelassen. Wenige Stunden später wurde diese Masse, als formloser Klumpen in einen dünnen, elastischen und unzerreißbaren Ring eingeschlossen, unerbittlich hingeschlachtet. — Das war Cannae" [141]).

Mit dem Siege von Cannae, der einen unvergleichlichen Siegeslauf krönte und die Welt aufhorchen ließ, durfte Hannibal glauben, die auf ihn gesetzten Hoffnungen erfüllt zu haben. Sein Kriegsinstrument hatte sich in einer Weise bewährt und der Gegner in einem Maße versagt, das aller Erwartung spottete. Auf den Alpenmarsch waren der Reitersieg am Ticinus und die Winterschlacht an der Trebia gefolgt. Seine Überquerung des Apennin und der Arnosümpfe im Frühjahr 217 hatte die römische Sperre gegen Norden überraschend durchbrochen, und mitten in Italien vernichtete er durch den Überfall am Trasimenischen See, mit einer „Großartigkeit in der Anwendung des Hinterhaltgedankens, die sich vielleicht kein zweites Mal in der Kriegsgeschichte so wiederfindet" [142]), eines der beiden konsularischen Heere. Offenbar hatte man nicht einmal in Karthago mit einem so raschen Voranschreiten der Offensive gerechnet; jedenfalls erschien vor Pisa ein Geschwader von 70 punischen Schiffen, das die Fühlung mit Hannibal aufnehmen sollte [143]), als dieser längst weitergezogen war, und mußte wieder umkehren. Dafür trat Hannibal, der inzwischen aus der riesigen Beute an Kriegsmaterial aller Art seine libyschen Elitetruppen mit trefflichen römischen Waffen ausrüsten konnte [144]), von der Adriatischen Küste aus mit Karthago in Verbindung. Mit äußerster Mühe vermochte die klug hinhaltende Kriegführung des Diktators Fabius Cunctator der römischen Regierung Zeit zu verschaffen für die Aufstellung ihres Riesenheeres, das Hannibal im nächsten Jahre angreifen und niederwalzen sollte; auch diese Zauderstrategie [145]) konnte peinliche Rückschläge nicht vermeiden und vor allem natürlich die Initiative nicht an sich reißen. Die letzten römischen Hoffnungen schien der Tag von Cannae zu begraben, als in rangierter Feldschlacht die mobile Armee Roms buchstäblich hinweggefegt wurde. Die diplomatische Auswertung des Erfolges zeitigte noch im Laufe des nächsten Jahres glänzende Ergebnisse: König Philipp V. von Makedonien verbündete sich mit Hannibal; in Syrakus ließ der jugendliche Fürst Hieronymos an den römischen Gesandten seinen Mutwillen aus, höhnte über das römische Versagen im Felde [146]) und trat zur karthagischen Seite über, womit den Römern eine ihrer Kornkammern verloren ging, und schon vordem hatten sich in Italien Stämme und Städte des Südens, vor allem das reiche Capua [147]), an Hannibal angeschlossen, was dieser sich als die ersten Regungen des erwarteten allgemeinen Abfalls der italischen Bundesgenossen von Rom deuten konnte. Er hatte die italischen Gefangenen anders als

140) κύκλωσις: Polyän. 6, 38, 3.

141) Veith, a. O. 291. Vgl. Mommsen, a. O. 603: „Flucht war nicht möglich und Quartier ward nicht gegeben; es ist vielmehr nie ein Heer von dieser Größe so vollständig und mit so geringem Verlust des Gegners auf dem Schlachtfeld selbst vernichtet worden wie das römische bei Cannae." — Über die angeblichen Gräberfunde aus der Schlacht vgl. jetzt H. Fuhrmann, Archäol. Anzeiger 1940, 536 f.

142) Kromayer, Roms Kampf 47.

143) Polyb. 3, 96, 9.

144) Polyb. 3, 87, 3. 18, 28, 9.

145) Vgl. über sie Kahrstedt, a. O. 417 f.

146) Polyb. 7, 3, 2 ff.

147) Vgl. auch Diod. 26, 10.

die römischen jedesmal mit betonter Freundlichkeit behandelt und ohne Lösegeld in ihre Heimat entlassen, eine Maßnahme, von der er sich gute Wirkung versprechen mußte. Über die Auslösung der römischen Gefangenen bot er nach Cannae dem römischen Senat Verhandlungen an, die der Eröffnung von Friedensbesprechungen den Weg bereiten sollten; er ließ die Römer wissen, daß er nicht einen unerbittlichen Vernichtungskrieg gegen sie führe, sondern mit ihnen nur um Vorrang und Herrschaft kämpfe. Jeder andere Staat würde damals auf Grund eines derartigen Unglücks nachgegeben und sich zu Verhandlungen bequemt haben [148]). Damit durfte Hannibal rechnen, und nur so versteht man, daß seine grandiose Armee für einen regelrechten Belagerungskrieg in Italien überhaupt nicht ausgerüstet war; er muß eine Belagerung Roms für überflüssig gehalten haben. Ebendeshalb versagte er sich dem Wunsche seines Reiterführers Maharbal, gleich von Cannae aus auf Rom zu marschieren, und soll diesem damit den Ausruf entlockt haben: „vincere scis, Hannibal, victoria uti nescis“ [149]). Daß eine Bestürmung der mächtigen Tiberfeste angesichts der fürchterlichen Niedergeschlagenheit und Panik in ihr [150]) keineswegs völlig aussichtslos war, wird man doch wohl zugeben müssen. Ich sehe keinen ernstlichen Grund, der Überlieferung zu mißtrauen, daß es Hannibals — von der überwiegenden Mehrzahl seiner Offiziere geteilte [151]) — Siegesgewißheit war, die ihn fürs erste von weiteren Kriegshandlungen und also auch vom Marsche auf Rom Abstand nehmen ließ [152]). Er meinte, am Ziel zu stehen und die ihm von der Geschichte übertragene Aufgabe glänzend gelöst zu haben.

Aber nun geschah das Unerwartete: der römische Senat wies jeden Gedanken an Verhandlungen und Frieden wie nach den Siegen des Pyrrhos weit von sich, ließ den punischen Abgesandten Karthalo überhaupt nicht vor und verkündete, obwohl der Staat am Rande des Abgrunds stand, „gerade den schonungslosen Krieg auf Leben und Tod, den Hannibal von sich wies“ [153]). Ja, er gewann es über sich, dem heimkehrenden Konsul C. Terentius Varro, dem Hauptschuldigen an der Niederlage von Cannae, mit dem Volke feierlich entgegenzugehen und ihm dafür zu danken, daß er an der Rettung des Vaterlandes nicht verzweifelte [154]). Es „waren dies weder leere Reden, um mit großen Worten das Unheil zu verhüllen, noch bitterer Spott über einen Armseligen; es war der Friedensschluß zwischen dem Regiment und den Regierten. Vor dem Ernst der Zeit und dem Ernst eines solchen Aufrufs verstummte das demagogische Geklatsch; fortan gedachte man in Rom nur, wie man gemeinsam die Not zu wenden vermöge“ [155]). So mußte denn Hannibal erleben, was Polybios in die Worte gekleidet hat, daß so mancher menschliche Anschlag, solange er sich im Zustande des Planens und Ersinnens befindet, Vertrauen einflößt und sicheren Erfolg verspricht, aber sobald er zur Durchführung kommt, in der unerbittlichen Prüfung an der harten Wirklichkeit wie gefälschte Münzen im Feuer sich nicht mehr so bewährt, wie zuerst

148) Vgl. Liv. 22, 54, 10: nulla profecto alia gens tanta mole cladis non obruta esset.
149) Liv. 22, 51, 4.
150) Liv. 22, 54, 8: numqam salva urbe tantum pavoris tumultusque intra moenia Romana fuit. Vgl. auch 55, 2 ff.
151) Liv. 22, 51, 1.
152) Liv. 58, 1: ... Hannibal secundum tam prosperam ad Cannas pugnam victoris magis quam bellum gerentis intentus curis ...; 51, 4: mora eius diei satis creditur saluti fuisse urbi atque imperio. Vgl. auch 30, 20, 7 ff.
153) Egelhaaf, a. O. 49.
154) Plut. Fab. 18. Liv. 22, 61, 14, der mit Recht hinzufügt, daß die Karthager im gleichen Falle den Feldherrn unter Martern hingerichtet hätten.
155) Mommsen, a. O. 609.

zu erwarten war[156]). Wohl hatte Hannibal unermeßlichen Ruhm gewonnen; nichts zeugt von dessen Größe so lebendig wie die Tatsache, daß ihm auch nach seinem Sturze überall dort, wohin er kam, alt und jung entgegeneilte, um den berühmten Karthagerfeldherrn zu sehen[157]), ganz zu schweigen von seiner Wirkung auf die Nachwelt. Aber mit dem Tage von Cannae entglitt die Führung der Dinge seinen Händen: dem G e n i e, in einem einzelnen zu höchster Leuchtkraft gesteigert, trat der C h a r a k t e r, verkörpert in einer ganzen Nation, gegenüber und zwang es schließlich nieder. Denn das ist es, was diesem Kampfe Hannibals gegen Rom seine überragende Bedeutung sichert: „das Hauptinteresse, durch welches wir uns gerade bei diesem Kriege angezogen fühlen, ... liegt auf moralischem Gebiet in dem großen Kampf von Charakter und Genie. Die Opferwilligkeit und zäheste, bis zur Grenze des Zusammenbruchs angespannte Ausdauer eines ganzen Volkes, das, ohne einen besonders hervorragenden, genialen Führer zu haben, der es über das gewöhnliche Maß hinaus hätte mit sich fortreißen und begeistern können, seine Existenz an seine Großmachtstellung setzt und die trockene Charakterstärke besitzt, lieber Unerhörtes zu dulden als seinen Willen beugen zu lassen, steht hier auf der einen Seite, und auf der anderen die überragende Kraft eines Genius ersten Ranges, der mit der Leidenschaft des Herzens die umfassendsten organisatorischen, staatsmännischen und feldherrlichen Eigenschaften verbindet, eine Welt gegen Rom in Waffen setzt und hält, aber nach den größten Triumphen es mit ansehen muß, wie die Schale seines Geschickes langsam, doch unaufhörlich sinkt und zuletzt alles zusammenbricht, was er geschaffen hatte"[158]). Steht man der Leistung Hannibals schon mit Bewunderung gegenüber, so erweckt die Art, wie die Römer die ungeheuerliche Prüfung[159]) zu überstehen wußten, bei jedem, dem die Geschichte nicht eine Requisitenkammer für Theatereffekte, sondern ein Bild der ehernen Wirklichkeit selbst ist, allerhöchstes Staunen. Die Größe des Unglücks war kaum zu überbieten. Militärisch geschlagen, wirtschaftlich nahezu am Ende seiner Kräfte[160]), diplomatisch durch Hannibal momentan fast gänzlich isoliert, von Abfall und Aufruhr im eigenen Bundesbereich bedroht und durch das Erscheinen punischer Geschwader auf dem Meere beunruhigt, hat das römische Volk nach Überwindung der ersten Panik die Weiterführung des Krieges organisieren müssen. Die Festigkeit und Größe seiner Mauern, seine Herrschaft über das Meer, die trotz aller karthagischen Versuche nicht ernstlich erschüttert werden konnte, die Treue des überwiegenden Teiles seiner italischen Bundesgenossen und das ihm hier zur Verfügung stehende Reservoir von Menschen und Hilfsmitteln ließen es den verhältnismäßig leichtherzig begonnenen[161]) und jetzt eine bedenkliche Wendung nehmenden Kampf nicht aufgeben. Hannibal selbst hat am Ende seiner Laufbahn dem König Antiochos III. erklärt, die Römer und die Art ihrer Kriegführung wichen von der Art der übrigen Sterblichen völlig ab: bei letzteren sei das zeitliche Zuvorkommen,

156) 29, 17, 2.
157) Diod. 28, 10. Vgl. auch Cic. de or. 2, 18, 75.
158) Kromayer, Roms Kampf 20.
159) Erst nach sechs Kriegsjahren ist eine allmähliche Besserung der militärischen Lage für Rom eingetreten; der kriegsentscheidende Gegenstoß nach Afrika vollends konnte nicht vor dem 14. Kriegsjahre ins Werk gesetzt werden, und selbst dann dauerte es bis zum Siege noch weitere zwei Jahre!
160) Vgl. die Schilderung von H. Mattingly u. E. Robinson, Welt als Geschichte 3 (1937) 76 ff., 77: „Der erhebende Patriotismus der Römer zeigte sich in der Aufopferung auf dem Schlachtfeld nicht weniger deutlich als in dem finanziellen Opfermut. Aber der erbarmungslose Krieg war fast zu viel selbst für römische Zähigkeit und römischen Mut."
161) Vgl. Appian 8, 60.

die Besetzung wichtiger Punkte, die Wegnahme von Ackerland, die Eroberung einiger Städte von höchster Bedeutung für die Kriegsentscheidung; dem Römer könne man in der Okkupation seines Gebietes zuvorgekommen sein, ja ihn sogar geschlagen haben, und man müsse doch noch mit dem bereits Besiegten und am Boden Liegenden weiterkämpfen[162]). Die römische Heeresleitung vermied in Italien peinlich die Schlacht, die der Karthagerfeldherr immer wieder anstrebte, tat ihm dafür durch Manöver und kleine Gefechte aller Art Abbruch, zumal er sich durch den Schutz der zu ihm übergetretenen italischen Gebiete und das Ausbleiben ausreichenden Nachschubs von Streitkräften für sein kleines Veteranenheer in seiner Bewegungsfreiheit empfindlich gehemmt sah[163]), und konzentrierte erfolgreich alle Aktivität auf die Nebenkriegsschauplätze, auf Spanien, Sizilien und später auch Griechenland. So wurde vor allem verhindert, daß Hannibal von irgendeiner Seite her bedeutendere Verstärkungen erhielt. Dafür gelang es den Römern, „das Soldatenmaterial, vorzugsweise aber das Offizierkorps, in der harten Schule eines ununterbrochenen Krieges langsam, aber gründlich heranzubilden, ja förmlich heranzuzüchten". Da aber „die Überführung der Miliz wenigstens in praxi in ein Berufsheer ... nicht von heute auf morgen geht, sondern, wie einst unter Hamilkar und Hasdrubal, Jahre ununterbrochener kriegerischer Schulung voraussetzt, so mußte eben dieser furchtbare Krieg so lange dauern, als dieser Zweck erforderte, die Entscheidung d u r f t e nicht früher gesucht werden, als bis das neu zu schaffende Instrument zum Siege auf dem Schlachtfelde geschmiedet war. Man war sich vollkommen bewußt, was man mit diesem Entschlusse auf sich nahm; und die Reihenfolge der führenden Feldherrn der weiteren Kriegsjahre — Fabius Cunctator, Marcellus, Claudius Nero, Scipio — versinnlicht gewissermaßen wie die unerbittliche Planmäßigkeit in der Durchführung dieses Entschlusses, so die schrittweise Annäherung an das Ziel". Es war nun von höchster Wichtigkeit, „daß es den Römern gelang, durch die strategische Führung des Krieges die Schwächezustände dieser Experimentierzeit zu decken, ja Schritt für Schritt einem taktisch zweifellos überlegenen Feind gegenüber die strategische Lage zu ihren Gunsten zu ändern, so daß man schließlich, als das erreichte taktische Niveau die Entscheidung zu wagen erlaubte, auch in ungleich günstigerer strategischer Situation in dieselbe eintreten konnte als ehedem"[164]). Die Krönung dieser Entwicklung bildete die Tätigkeit des jugendlichen Scipio Africanus in Spanien, in dem Hannibal schließlich auch taktisch seinen Meister finden sollte. Entscheidend für das Gelingen war, daß es trotz der Größe des Opfers glückte, den Krieg in die Länge zu ziehen und damit als wesentlichsten Faktor in die strategische Rechnung die Zeit einzusetzen, die sich alsbald gegen Hannibal und

162) Trogus-Justin 31, 5, 4 f., auf Hannibal selbst mit Recht zurückgeführt von E. Groag, H. als Politiker (1929) 141, 4. — Ennius 493 V. (186 D.): qui vincit, non est victor, nisi victus fatetur.

163) Vgl. zu dem Ermüdungskrieg in Italien Kromayer, a. O. 52 ff.

164) Veith, a. O. 292 f. Vgl. ebda.: „Es genügt ... nicht, festzustellen, daß das Vertrauen in die eigene Kraft ungebrochen blieb: das für die Folge Entscheidende war die nüchtern klare Objektivität, mit der man nun erst recht die beiderseitigen Chancen abwog, und die zielbewußte Energie, mit der man auf Grund der gewonnenen Erkenntnis an den Ausbau der Gegenwehr auf neuer Basis schritt. Die Planmäßigkeit des gesamten Vorgehens ist so großartig, daß man in ihr allein das volle Äquivalent gegen Hannibals Genie erblicken kann." — Den allgemeinen kriegshistorischen und kriegstheoretischen Wert der römischen Ermattungsstrategie sieht Kromayer (a. O. 59 f.) in dem durch sie gelieferten Beweise, „daß die Niederwerfungsstrategie als solche nicht unter allen Umständen das stärkste Kriegsprinzip ist, sondern daß selbst eine Niederwerfungsstrategie größten Stils durch konsequente und geschickte Anwendung der Ermattungsstrategie zu Boden gerungen werden kann".

seine auf größtmögliche Schnelligkeit berechnete Niederwerfungsstrategie kehren mußte. So kam einerseits die noch immer bestehende römische Überlegenheit an Hilfsquellen aller Art, andererseits die Brüchigkeit der gegnerischen Bündnisse und vor allem der karthagischen Macht in Spanien zutage, die sich in den Kriegsjahren, anders als einst unter Hasdrubal und noch in den ersten Jahren Hannibals, zu einer von Mißtrauen und Furcht genährten ausgesprochenen Gewaltherrschaft entwickelt und damit die spanische Freiheitsliebe rasch zu bald schwelendem, bald hell auflodernden Brande entfacht hatte. Hier hatten die Römer denn auch ein verhältnismäßig leichteres Spiel als in Italien, nachdem der Vater des Scipio Africanus schon 218, unbeirrt durch Hannibals Alpenmarsch, dem ursprünglichen Kriegsplan entsprechend sein Korps in das Gebiet nördlich des Ebro entsandt hatte [165]) und in Hannibals Bruder Hasdrubal und den übrigen karthagischen Generälen hier den römischen Truppen keine überragenden militärischen Führer gegenüberstanden. Freilich blieben schwere Rückschläge nicht aus. Nach der Katastrophe der beiden Scipionen in Spanien 211 v. Chr. gab sogar die Mehrzahl des römischen Volkes die Hoffnung auf eine günstige Gestaltung der Dinge auf der Pyrenäenhalbinsel auf [166]), wurde jedoch durch die glänzenden Erfolge des jungen Scipio bald eines Besseren belehrt. Ein banger Augenblick war auch das Erscheinen des — allerdings in Spanien bereits halb geschlagenen — Hasdrubal in Oberitalien. Erst der Sieg am Metaurus 207 v. Chr. über ihn begrub die schlimmsten Sorgen, was sich vor allem in der Wiederbelebung des Wirtschaftslebens zeigte [167]). Aber es waren lange, bittere Jahre der Not und des Leidens gewesen, die überstanden werden mußten [168]). Das Land war weithin verwüstet [169]); seit dem Hannibalkriege sind weite Gebiete, besonders in Unteritalien, verwildert und versumpft und damit zu Brutstätten der Malaria geworden [170]). Rund 7 Prozent der Gesamtbevölkerung und „rund zwei Fünftel der erwachsenen männlichen Bürgerbevölkerung des römischen Staatsgebiets, einschließlich der nicht mehr waffenfähigen alten Männer und der Invaliden" [171]), standen unter den Waffen, eine Zahl, deren Sprache man erst versteht, wenn man berücksichtigt, daß im preußischen Freiheitskriege gegen Napoleon 1813/14 bei äußerster Kraftanstrengung 5½ Prozent zum Kriegsdienst einberufen waren. In Rom dauerte diese Anspannung zudem 18 Jahre! [172]). Die Gesamtverluste der Bevölkerung lassen sich nach den Zensuszahlen auf rund 25 Prozent beziffern [173]) — eine enorme Summe, die lehrt, daß diese Nation wirklich ihr Alles freudig an ihre Ehre setzte.

Polybios sah die Ursache des römischen Endsieges in der Konstruktion des römischen Staates. So hat er seinem Werke nach der Schilderung der Katastrophe von Cannae eine berühmt gewordene Darstellung der Verfassung Roms eingefügt und diese als die beste aller überhaupt möglichen Staatsordnungen [174]) gezeichnet. Daran ist zweifellos etwas Richtiges. Auch die moderne Forschung hat dies anerkannt: „Es gibt in der Geschichte des Altertums kein Staatswesen, in dem die praktischen Notwendigkeiten des politischen Lebens und die idealen Forderungen

165) Eine gute Würdigung dieses weittragenden Entschlusses bei Kahrstedt, a. O. 382 ff.
166) Polyb. 10, 19, 9.
167) Liv. 27, 51.
168) Dazu Ed. Meyer, Kl. Schr. 2, 418 ff.
169) Vgl. von den zahlreichen Zeugnissen nur Strabo 6, 3, 11 über Apulien.
170) Literatur bei Vogt, in Gercke-Nordens Einl. in die Altertumswiss. 3, 2 (1933) 35.
171) Ed. Meyer, a. O. 2, 419.
172) Siehe Kromayer, a. O. 38.
173) a. O. 37.
174) 6, 18, 1.

der Staatstheorie zu solchem Ausgleich gelangt wären ... So sind in der Staatsordnung der römischen Republik Forderungen erfüllt, die wir auch heute an eine Verfassung zu stellen geneigt sind. Der Machtgedanke war verwirklicht, eine starke Regierung schuf Ruhe, Ordnung, Sicherheit im Innern und Unabhängigkeit nach außen, und die Bürgerfreiheit, die Sphäre des privaten Lebens, war geschützt. An diesen Leistungen gemessen, ist die Verfassung der römischen Republik allen andern Verfassungen der antiken Welt überlegen. ... In der attischen Demokratie waren die Bürger wohl unmittelbarer und gleichmäßiger am staatlichen Regiment beteiligt, aber der Demos, ohne Überwachung bedrohlich, scheute vor dem Eingriff in die Sphäre des privaten Daseins nicht zurück und ließ sich nach außenhin zu brutaler Überspannung des Machtgedankens hinreißen. Die römische Republik, im eigenen Haus gewohnt, sich Schranken aufzuerlegen, hat bei der Erweiterung des Staates die Autonomie der andern Gemeinden zu schonen verstanden und einen italischen Staat geschaffen, in dem es nicht Herren und Untertanen, sondern Bürger und Bundesgenossen und am Ende nur noch Bürger gab“ [175]). Eben deshalb hat die römische Macht in Italien standgehalten und ist Hannibals Plan, sie von innen heraus zu sprengen, zuletzt völlig gescheitert. Aber das Entscheidende ist weniger in der Konstruktion der Staatsmaschinerie zu sehen, so wichtig sie auch war, sondern darin, daß sie als wahrhafter Staat freier Männer die Möglichkeit zu einer Mobilisierung aller seelischen und moralischen Energien bot. Die altrömische Standhaftigkeit und Zähigkeit [176]) vermochten sich nun in einer granitenen Härte zu zeigen, die die überlegenen Waffen des Feindes stumpf werden ließ. Die Haltung und Tatkraft der Senatsaristokratie stellte in dieser Notzeit glänzend unter Beweis, was eine in fester Tradition zu politischem Können geradezu herangezüchtete [177]) Führerschicht in den Stürmen der Geschichte für ein Volk bedeuten kann. Ihre Autorität sah sich unwidersprochen überall anerkannt, und eine aus tiefster allgemeiner Überzeugung herauswachsende innere und äußere Disziplin, eine nicht nur, wie in Karthago, scheinbare, sondern wirkliche innere Einheit aller Schichten sicherten den moralischen Sieg als Grundvoraussetzung für den militärischen Endsieg. Das Vertrauen auf die Führung als die echte Verkörperung national-römischen Wesens fand seine unerläßliche Ergänzung in dem urrömischen Gottvertrauen. Seit den Tagen der erneuten gallischen Gefahr ist ein Anschwellen der religiösen Erregung im römischen Volke festzustellen [178]). Die Ereignisse des Hannibalkrieges haben sie gewaltig gesteigert. „In Zeiten des Unglücks sind die Römer mit außergewöhnlichem Eifer dabei, sowohl Götter wie Menschen zu versöhnen und in solchen Zeitläuften nichts für unziemlich oder unwürdig zu halten, was hierzu dienen kann“, sagt Polybios [179]). Mit einer fast beängstigenden Sorgfalt wurden die Vorzeichen und die Weisungen der „Sibyllinischen Bücher“ beobachtet und 226 wie 216 (nach Cannae) sogar zu dem finsteren etruskischen Ritus eines kultischen Menschenopfers zur Abwendung der äußersten Not gegriffen [180]). Die religiöse Bewegung erfüllte mit besonderer Vehemenz die Gemüter der hauptstädtischen Masse, und Senat und Magistrate mußten alle Energie aufwenden, um diese Bewegung nicht in wüsten orientalischen Unfug und Aberglauben ausarten zu lassen [181]). Dafür wurde nach Cannae der an-

175) Vogt, Die röm. Republik (1932) 41 f. Vgl. auch Liv. praef. 11.
176) constantia und pertinacia: vgl, Gelzer, Hallerfestschr. 20.
177) Kromayer, Staat und Gesellschaft der Römer (² 1923) 286.
178) Vgl. E. Kornemann, Röm. Geschichte 1 (1938) 279 ff.
179) 3, 112, 9; siehe auch 9, 6, 3 f. (bei Hannibals Erscheinen vor Rom 211; vgl. Liv. 26, 9, 7).
180) Vgl. Altheim, Röm. Religionsgesch. 2, 113 (engl. Ausgabe 287; 321, 6).
181) Liv. 25, 1. 6 f. Altheim, a. O. 144 f. (bzw. 313).

gesehene Q. Fabius Pictor [182]) offiziell zum Delphischen Orakel gesandt mit der Anfrage, was man zu tun habe, um die Götter zu versöhnen, und wie eine solche Reihe von Niederlagen ihr Ende finden werde; nach seiner Rückkehr wurden die Ratschläge des Apoll mit größter Gewissenhaftigkeit befolgt. Ferner verfügte der Senat im entscheidungsschweren Jahre 204 auf Weisung der Sibyllinischen Bücher die Aufnahme der kleinasiatischen Kybele, der „Großen Mutter", unter die Staatsgötter [183]), er wußte freilich die mit diesem orientalischen Kult verbundenen orgiastischen Riten weitgehend auszuschalten und der Verehrung der Göttin ausgeprägt römische Züge zu verleihen. Damit wurde allen bedenklichen Versuchen, von der altüberlieferten Götterverehrung abzuweichen, wie sie gerade in Notzeiten leicht aufzutreten und Anhänger zu finden pflegen, ein Riegel vorgeschoben, ohne zugleich damit den lebendigen Strom der Religiosität im Volke zu verstopfen. Daß in ihm der stärkste Quell römischer politischer Überlegenheit über alle anderen Völker und Staaten sprudelte, vermerkt Polybios ausdrücklich [184]). Und so ist auch der eigentliche Sieger über Hannibal, P. Cornelius Scipio, eine ausgesprochen religiöse Natur gewesen. Ihn umgibt in der Tradition „ein Raunen und eine geheimnisvolle Kunde, als wisse er von der Zukunft (Liv. 26, 20, 5), als tue er alles auf Weisung der Gottheit (Appian. Iber. 19)" [185]). Polybios hat das als die literarisch allgemein verbreitete Auffassung überliefert und sie anerkannt, wenn er sie sich auch als Rationalist nur durch schlaue Irreführung der Menge seitens des Africanus und seiner Freunde verständlich machen konnte [186]). Aus der religiösen Wurzel erwuchs das römische Bewußtsein, in hervorragendem Maße die Gunst der Götter zu genießen [187]) und deshalb im letzten unbesiegbar zu sein, ein Glaube, der in der Not des — wovon in Rom (anders als in Karthago) jedermann überzeugt war, um des Rechts willen unternommenen [188]) und als Verteidigung gegen einen übermächtigen Angreifer geführten — Hannibalkrieges seine Feuerprobe bestand und mehr als alles andere die unerschütterliche Siegeszuversicht und den ehernen Siegeswillen der Römer erklärt. Der 'Spruch' der Götter, das fatum, die Vorsehung, hatte Roms Aufstieg gewollt und ermöglicht; felsenfest war das Vertrauen darauf, daß es sich bei den furchtbaren Rückschlägen des Kriegsanfangs [189]) nur um einen vorübergehenden Zorn der Unsterblichen wegen römischer Verfehlungen handeln konnte und daß mit dem aufrichtig kundgetanen Willen zur Besserung das göttliche Wohlwollen wiederkehren müsse. Die Großtaten des jungen Scipio erschienen als die Leistungen eines „rechten homo genialis in des Wortes ursprünglicher Bedeutung", dem Jupiter Einblick in seinen göttlichen Weltplan verstattet und den er zum Vollstrecker seines Willens aus-

182) Liv. 22, 57, 5; 23, 11, 1 ff. Vgl. auch Appian 7, 27; Plut. Fab. 18.
183) Altheim, a. O. 139 f.; Welth. 219.
184) 6, 56, 6. Vgl. z. B. auch Liv. 30, 21, 6 ff.
185) Altheim, Welth. 68.
186) Polyb. 10, 2 ff. Sein Urteil hat bekanntlich Mommsen als echter Sohn seines Jahrhunderts nachgesprochen. Eine Wandlung führte vor allem Ed. Meyer herauf: siehe Kl. Schr. 2, 423 ff.; dazu vielfach berichtigend Altheim, a. O. 65 ff. Daß Scipios nüchterne Darstellung der Einnahme von Neukarthago in seinem Schreiben an Philipp V., auf das Polybios 10, 9, 3 verweist, ein Beweis gegen die Echtheit seiner Religiosität sei, kann wirklich nur ein Rationalist glauben.
187) Vgl. Burck, a. O. 220 ff. Zur Härte des römischen Sendungsbewußtseins siehe Haffter, a. O. 112.
188) Vgl. Cato fr. 84; dazu Groag, a. O. 63, 2. Ebda. 54, 3 die Quellenzeugnisse über die Auffassung der antibarkidischen Gruppe in Karthago.
189) cum ... di prope ipsi cum Hannibale starent, läßt Liv. 26, 41, 17 den Scipio rückblickend sagen.

ersehen habe[190]). Um so bereitwilliger war der römische Bürgersoldat, unter seiner Anleitung vom Feinde zu lernen und ihn schließlich, mochte es im Anfang auch noch so aussichtslos erscheinen und bittere Mühen kosten, auf seinem eigensten Gebiet zu erreichen und zu überwältigen, wie es bei Zama gelang. Hannibals geniale Taktik ließ sich, sobald ihr das Moment der Überraschung eines auf sie nicht gefaßten Gegners genommen war, erlernen; ihre Überlegenheit konnte nur eine zeitweilige sein. Auch die große Persönlichkeit, die dem Punier gewachsen war, fand sich in Scipio; nicht zu Unrecht hat man auf die Analogie des Verhältnisses Gneisenaus zu Napoleon hingewiesen[191]).

Von dieser römischen Leistung aus ist es erst möglich, den rechten Maßstab für die Beurteilung Karthagos zu gewinnen. Unbestreitbar und unbestritten bei Mit- und Nachwelt, Freund und Feind[192]), ist Hannibals Genie. Ihm flogen nicht nur die Herzen der Söldner zu und hielten ihm durch Glück und Unglück die Treue, sondern auch die große Schar entschlossener Patrioten, vor allem aus den nichtbesitzenden Schichten, in Karthago, die die Schmach der Niederlage im ersten Kriege gegen Rom doppelt schwer empfanden[193]) und nun aus dem guten Fortschreiten der spanischen Unternehmungen unter seiner Führung auf einen völligen Umschwung der Lage vertrauten[194]). Aber wenn man erklärt hat, Hannibal „glänzte nur in den Dingen, welche dem Soldaten ans Herz gewachsen sind“[195]), so trifft dies nicht nur einen Vorzug seines Wesens, sondern zugleich einen empfindlichen Nachteil. Denn unverkennbar ist hierin die bei ihm besonders ausgeprägt hervortretende, eben geniale Einseitigkeit seiner Persönlichkeit zu verspüren. Mit ihr ist er in ausgesprochenem Maße ein Kind jener spezialisierten und spezialistischen „Moderne“ des Hellenismus gewesen, von der oben die Rede war. Der militärische Gesichtspunkt war der einzige, unter dem er die großen Weltfragen betrachtete; sein gutes Schwert, seine glänzende Armee, sollte das Versagen der Generation vor ihm wieder wettmachen. Und dieses Versagen betrachtete er, gleichfalls in rein militärischem Geiste[196]), als ein im wesentlichen zufallsbedingtes, durch die von seiten der leitenden Kreise Karthagos begangenen und im Grunde vermeidbaren Fehler erklärbar, während doch die wahren Gründe erheblich tiefer lagen, nämlich in dem auf Mißtrauen, Bevormundung und Zwang gegründeten karthagischen Staatswesen selbst, das Mommsen eine bloße Spekulation genannt hat[197]): „Daher der feste Gang der römischen Politik, die im Unglück keinen Schritt zurückwich und die Gunst des Glückes nicht verscherzte durch Fahrlässigkeit und Halbheit; während die Karthager vom Kampf abstanden, wo eine letzte Anstrengung vielleicht alles gerettet hätte, und der großen

190) Altheim, a. O. 66 ff. — Die Kehrseite ist die Diffamierung des Feindes, der als Ausbund aller Verworfenheit gilt; das hat zu einer regelrechten, von der Bevölkerung offenbar zum allergrößten Teile gläubig hingenommenen Greuelpropaganda geführt, von der z. B. Liv. 23, 5, 11 f. einen Begriff gibt. Vgl. die Sammlungen von ähnlichen Stellen bei Egelhaaf, a. O. 45 ff.

191) Th. Lenschau in Paulys Real-Enzyklop. 7 (1912) 2348.

192) Vgl. besonders Polyb. 9, 22 ff. — Drei Statuen Hannibals gab es im Rom der frühen Kaiserzeit: Plin. n. h. 34, 32.

193) Siehe Ed. Meyer in „Meister der Politik“ 1, 105.

194) Polyb. 3, 10, 6.

195) Egelhaaf, a. O. 34. Vgl. Ranke, Weltgesch. 2, 1 (1886) 279: „Und gewiß, niemals hat es einen Kriegsführer gegeben, der eben dies in so hohem Grade war, wie Hannibal.“ Liv. 21, 4, 5 ff. Schon die Zeitgenossen haben sein Ausharren im Unglück und die hierbei bewiesene unerschütterliche Treue seiner Soldaten ebensosehr bewundert wie seinen Siegeslauf, Vgl. Polyb. 11, 19. Liv. 28, 12, 1 ff. Diod. 29, 19.

196) Wie schon sein Vater Hamilkar: Polyb. 3. 9, 7.

197) a. O. 1, 499: „In der Tat, wenn der Staat eine Spekulation wäre, nie hätte einer glänzender seine Aufgabe gelöst als Karthago.“

nationalen Aufgaben überdrüssig oder vergessen den halbfertigen Bau einstürzen ließen, um nach wenigen Jahren von vorn zu beginnen"[198]). Auch Hannibals psychologischer Blick erwies sich für die Beurteilung des Gegners nur dort als zutreffend, wo es sich um dessen militärische Absichten handelte; andernfalls hätte er nicht den doppelten Fehlgriff begangen, an die Möglichkeit eines Anschlusses der Italiker an ihre Nationalfeinde, die Kelten, oder gar an landfremde Spanier und Afrikaner als fragwürdige Befreier zu glauben und vor allem die moralischen Energien, die im römischen Wesen und Staatsbau lagen, gänzlich zu unterschätzen. Er hatte alles auf eine Karte gesetzt; die überwältigende Schnelligkeit und Durchschlagskraft seines Angriffs, die alles bisher Dagewesene zu überbieten vermochte, sollte den Sieg garantieren. So wirkt alles, was er geplant und unternommen hat, nur wie ein grandioses Experiment, ausgeklügelt von einer überragenden, kalt rechnenden Intelligenz — entsprechend der nüchtern-rationalen Verstandesschärfe des semitischen Nationalcharakters — und zugeschnitten nur auf diesen Einzelnen, wie vor allem die Cannaetaktik zeigt, die in der Hand des minder befähigten, auch nicht über solche Elitetruppen wie sein genialer Bruder verfügenden Hasdrubal in Spanien 216 sich zu einer schweren Niederlage gestaltete in einem Augenblick, wo alles darauf ankam, die in Italien operierende Armee durch neuen Zuzug zu verstärken. Die militärischen Erfolge sollten die heimische Opposition zum Schweigen bringen, die sich seit den Tagen Hamilkars gegen die Barkiden geregt hatte[199]). Die Vorweisung von Proben der reichen Beute kann ihren Eindruck nicht verfehlt haben[200]), und in Anbetracht dessen, daß in diesem Kriege wirklich Karthagos Existenz als unabhängige Großmacht auf dem Spiele stand, haben die Karthager Anstrengungen gemacht, die nicht viel hinter denen der Römer zurückstanden[201]). Aber der Einsatz der neu aufgestellten Armeen erfolgte zum großen Teile so wenig planvoll, daß man entweder die für ihn verantwortlichen Persönlichkeiten für völlig unfähig halten oder — worauf verschiedene Einzelheiten in unserer (für die Verhältnisse auf karthagischer Seite begreiflicherweise besonders dürftigen) Überlieferung hinweisen — damit erklären muß, daß man sich in Karthago auf Grund von Hannibals Siegeszug für erheblich stärker hielt, als man in Wirklichkeit war, und den Sieg schon so gut wie errungen glaubte, womit die alten Rivalitäten notwendigerweise in verstärktem Maße aufloderten. Die regierende Oligarchie sah ihre Sorge vor der Übermacht des siegreichen Feldherrn, die alte Begleiterscheinung der karthagischen Geschichte, vervielfacht, und daß diese Sorge begründet war, lehrt einerseits Hannibals Staatsreform von 196 v. Chr.[202]), die die alte Oligarchie durch eine Demokratisierung des Staatswesens weitgehend entrechtete; andererseits dürfte die Barkidische Partei in der Hauptstadt so wenig wie der Feldherr selbst es an entsprechenden drohenden Hinweisen haben fehlen lassen. Es gibt doch zu denken,

198) a. O. 500.

199) Daß Polybios' Widerspruch gegen diese in der römischen Überlieferung ausführlich berichtete Spannung zwischen dem vom Volke getragenen Barkidenregime und der Regierung hinfällig ist, betont mit Recht Ed. Meyer, Kl. Schr. 2, 352; siehe auch Groag, a. O. 22 ff.

200) Vgl. Liv. 23, 12.

201) Den Nachweis hat Kahrstedt a. O. zwingend geführt. Siehe besonders 482: „Wir sehen den Krieg für gewöhnlich von römischer Seite, verfolgen und bewundern die Anstrengungen Roms und seine immer neuen Armeen und Flotten; sobald man sich die realen Machtverhältnisse auf der punischen Seite klar macht, erkennt man, wie furchtbar auch hier alle Mittel angespannt werden mußten." Vgl. ferner 570 f.

202) Vgl. Groag, a. O. 114 ff.

wenn wir hören[203]), daß in den Städten Italiens mit Hannibals Siegen die Kluft zwischen Oberschicht und Volk „wie eine Krankheit" aufbrach, indem die Massen und ihre Führer die Partei der Punier ergriffen, während die Begüterten und der Adel im allgemeinen auf seiten der Römer standen, und daß nach Polybios die karthagische Verfassung bereits degeneriert und die Macht weitgehend in die Hände der Masse übergegangen war — eine Entwicklung, die in den Tagen Hamilkars die „Allianz des ruhmbedeckten Kriegshelden, der im Söldnerkrieg die Vaterstadt vor dem Untergang gerettet hatte, mit dem Herrn der Straße"[204]), Hasdrubal, heraufgeführt und die des letzteren mit Bestechungen und Putschversuchen, schließlich mit einer Verselbständigung der Barkidenmacht in Spanien und der Gründung eines eigenen „neuen Karthago" skrupellos operierende Politik[205]) zur Reife gebracht hatte. Die Rivalität zwischen Besitzenden und Nichtbesitzenden war in Karthago, wie überall in der hellenistischen Welt[206]), zu großer Schärfe gediehen, in der gleichen Zeit, in der bei den Römern so gut wie keine Kluft zwischen Vornehm und Gering wahrnehmbar ist und ein Trauerfall in den vornehmen Häusern zugleich als Verlust des ganzen Volkes galt[207]). Während also die römische Nation durch die Hammerschläge der Siege Hannibals sehr gegen dessen Absicht zu immer festerer Einheit und Eintracht zusammengeschmiedet wurde, vertieften sich offenbar die Gegensätze in Karthago mehr und mehr. Vollends seit den Ereignissen unmittelbar nach Cannae, dem Eintritt der Makedonen, Syrakusaner und anderer in das Waffenbündnis mit Karthago, wuchs die Sorge der Regierenden. „Damit gewann der Krieg mehr und mehr an Ausdehnung; der Maßstab der karthagischen Politik wuchs ins Gigantische, der Staat, dessen Interessensphären auch in den Zeiten unbeschränktester Bewegungsfreiheit nie über den Golf von Tarent und die iberischen Küstenlande hinausgereicht hatten, wurde in die Verhältnisse nicht nur ganz Italiens, sondern auch Makedoniens und Griechenlands hineingerissen, die Wellen, die die Barkidische Politik der letzten 20 Jahre aufgewühlt hatte, mochten manchem Ratsherrn in Karthago allzu hoch erscheinen, er mochte das Gefühl haben, daß sie drohten, ihm über dem Kopf zusammenzuschlagen[208]). In den Kriegsereignissen der folgenden Jahre in Spanien und Sizilien haben sich die Spannungen zwischen den vom Rate bestellten Generälen und den Barkidischen Offizieren geradezu verhängnisvoll ausgewirkt. Hier liegt zweifellos ein schweres staatsmännisches Versagen Hannibals und seiner Mitarbeiter vor; so trefflich sie sich in allen militärischen Angelegenheiten bewährten, so hilflos standen sie insgesamt der großen politischen Problematik gegenüber, weil sie nicht erkennen wollten, daß der Krieg im Grunde immer nur, um mit Clausewitz' bekannten Worten zu reden, eine Fortsetzung der Politik mit anderen Mitteln ist. So fehlten bei der Wendung des Glückes alle seelisch-moralischen Reserven, um der neuen Lage wirksam zu begegnen. Daß Hannibal oder die Karthager irreligiös gewesen seien, läßt sich nicht behaupten;

203) Liv. 24, 2, 8: unus velut morbus invaserat omnes Italiae civitates, ut plebes ab optimatibus dissentirent, senatus Romanis faveret, plebs ad Poenos rem traheret. Zu dieser allerdings reichlich summarischen Angabe vgl. Groag, a. O. 94, 3.

204) Groag, a. O. 23.

205) Hasdrubal princeps largitione vetustos pervertit mores Carthaginiensium: Nepos, Ham. 3. Vgl. Groag, a. O. 27 f. Fabius Pictor sah bekanntlich in Hasdrubal den Hauptschuldigen am 2. Punischen Kriege: Polyb. 3, 8. Vgl. 10, 10, 9 über sein Schloß in Neukarthago.

206) Siehe F. Oertel, Neue Jahrb. 1927, 1 ff.

207) Polyb. 6, 53; E. A. Baumann, Beiträge z. Beurteilung der Römer in der antiken Literatur (Diss. Rostock 1930), 9 f.

208) Kahrstedt, a. O. 450.

aber daß die Religion in ihrem öffentlichen Leben nicht entfernt die Rolle spielte wie in Rom, hat Polybios an der oben (S. 40) zitierten Stelle selbst betont. Und bei Hannibal begegnen Äußerungen wie die spöttische Frage an den opfernden König Prusias von Bithynien, ob er wirklich einem Stück Kalbfleisch lieber glauben wolle als einem alterprobten Feldherrn [209]). Man mag darauf hinweisen, daß es sich hier nur um Verachtung des Aberglaubens handelte [210]) — für einen Römer der damaligen Zeit wären ein solcher Ausspruch und eine solche Gesinnung undenkbar gewesen. Aus dieser kühlen Haltung Hannibals muß sich der römische Vorwurf der Gottlosigkeit [211]) ergeben haben, sowie das Empfinden, daß dieser listige und gewandte Punier weder Treu noch Glauben gegenüber Göttern wie Menschen kenne, sondern mit kalter Grausamkeit nur seine eigenen Machtziele verfolge. Man wird das eine sagen dürfen, daß Hannibal bei all seinen vortrefflichen Eigenschaften, seiner Ritterlichkeit, Schlichtheit, Enthaltsamkeit [212]) die überragende, gewinnende Menschlichkeit fehlte, die seinem Gegenspieler Scipio im Fluge alle Herzen gewann. Die ungeheure Begabung, die nicht minder ungeheure Energie, der schrankenlose Opfermut im Dienste seiner Sache und die lautere Vaterlandsliebe des gewaltigen Karthagers stehen außer Zweifel, aber das alles bleibt bei ihm irgendwie in die Sphäre des Intellektuellen gebannt [213]) und erweckte — außer etwa bei seinen Kriegern [214]) — ehrfürchtige Scheu, auch überschwengliche Bewunderung, doch je nachdem mit mehr oder weniger Grauen untermischt, jedenfalls nicht Zuneigung oder gar Liebe. Er blieb der „Barbar“ [215]) trotz seiner griechischen Bildung, die man sich ja nur als recht einseitig-praktisch und nicht zu tiefgehend vorstellen darf [216]). Ihm fehlt die göttliche Weihe, die

209) Valer. Max. 3, 7, ext. 6.

210) Egelhaaf 56.

211) Liv. 21, 4, 9: inhumana crudelitas, perfidia plus quam Punica, nihil veri, nihil sancti, nullus deum metus, nullum ius iurandum, nulla religio. Zweifellos ist dieses Urteil unter dem Eindruck der Kriegpsychose weit übertrieben; aber derart verharmlosen, wie dies Egelhaaf, a. O. 55 ff. tut, läßt sich der karthagische Kriegsheld denn doch nicht. — Gegen die Art, wie Kromayer u. a. aus dem Allianzvertrag Hannibals mit Philipp V. die äußerste Mäßigung in den Kriegszielen Hannibals gegenüber Rom herauslasen, hat Groag, a. O. 87 ff. mit vollem Recht Einspruch erhoben.

212) Vgl. dazu besonders Polyb. 9, 22—24. 26. Justin 32, 4. Polyän 7, 48. Liv. 21, 4, 5—8. Egelhaaf, a. O. 43 ff., 51.

213) Diesen Eindruck spiegelt besonders die Geschichte bei Polyb. 9, 24, 7, ob sie nun wahr ist oder nicht. — Hannibals Gewandtheit (ἐπιδεξιότης) und Scharfsinn (ἀγχίνοια) als Gründe für seine taktische Überlegenheit: Polyb. 18, 28, 6.

214) Polyb. 11, 19. — Die merkwürdige Erzählung bei Polyän 6, 38, 2, Hannibal habe einen seiner Soldaten, der einem in der Schlacht gefallenen Tapferen ähnelte, beredet, er solle sich für diesen ausgeben, um so seine Behauptung vom baldigen Wiederaufleben toter Helden bestätigen zu können, ist entweder ganz alberne Erfindung oder der entstellte Reflex einer Gepflogenheit, einzelnen Kriegern oder Heeresabteilungen den Namen gefallener Helden als Ehrennamen zu verleihen und diesen damit „Unsterblichkeit“ zu sichern. Daß eine auf die Psyche des Soldaten berechnete Maßnahme sich hinter der Erzählung verbirgt, möchte ich allerdings annehmen. — Hannibals schlichte soldatische Kleidung: Liv. 21, 4, 7 f.

215) Das liegt vor allem in der Charakteristik bei Polyb. 3, 15, 9, die Hannibals ungezügeltes, zu Jähzorn und Gewaltsamkeit neigendes Temperament zur Besonnenheit und dem moralischen Verantwortungsbewußtsein des echten Kulturmenschen in Gegensatz stellt. Zu diesem Temperament paßt die Schilderung des karthagischen Volkscharakters bei Plut. de rep. ger. 3, 6 (vgl. Groag, a. O. 77, 1) in vielen Punkten.

216) Vgl. Lukian, Totengespr. 12; Cic. de or. 2, 75 (non optume Graece). Um das anmaßende Geschwätz des Peripatetikers Phormion über Kriegskunst als Wahnsinn zu erkennen, bedurfte es wirklich keiner besonderen griechischen Bildung. Viel unmittelbarer fand zu dieser Scipio; jedenfalls wäre die Szene in Syrakus Liv. 29, 19, 12 für den stets kühl berechnenden Hannibal undenkbar.

Verwurzelung im Absoluten, in den Gefilden des Herzens und der Herzlichkeit. „Eine großartige Tatkraft und eine kaum weniger großartige Sinnlosigkeit haben sich hier zueinander gefunden" [217]). Während Scipio in allem, was er tat, Diener und Werkzeug seines Volkes und Vollstrecker eines göttlichen Willens war und sein wollte [218]), steht Hannibal da als der Vermessene, der aus eigener Kraft dem Weltenschicksal eine veränderte Richtung aufzwingen wollte und dem Karthago in vieler Hinsicht nur Mittel zum Zweck war oder doch zu werden drohte. Wem wollten beim Anblick der meteorhaft aufleuchtenden und allmählich wieder in nächtliches Dunkel zurücksinkenden Laufbahn dieses Genies nicht Goethes Verse aus „Des Epimenides Erwachen" in den Sinn kommen: „Doch was dem Abgrund kühn entstiegen, kann durch ein ehernes Geschick den halben Weltkreis übersiegen, zum Abgrund muß es doch zurück"! Vielleicht am erschütterndsten im ganzen Lebensgange Hannibals ist der Vorgang, wie er nach der Schlacht bei Zama in Karthago einen der Ratsherrn, der für die Weiterführung des Krieges eintrat, eigenhändig von der Rednertribüne herabzog und für sofortigen Friedensschluß eintrat: da zeigte sich, daß der Krieg für ihn im Grunde nur ein gigantisches Spiel gewesen war, in dem er zuletzt alles an einen Wurf gesetzt hatte; jetzt, wo die Würfel gegen ihn fielen, war das 'Spiel' für ihn zuende. Dafür verfolgte ihn im ganzen Rest seines Lebens der Schatten der Niederlage im großen Kriege: sein trotz allem mit Zähigkeit festgehaltenes und zunächst mit unleugbarem Geschick begonnenes Vorhaben, „die Vaterstadt instandzusetzen, bei günstiger internationaler Lage, nicht mehr gehemmt durch die politische Engherzigkeit und Selbstsucht der Oligarchen, die Abhängigkeit von Rom abzuschütteln und die frühere politische und wirtschaftliche Großmachtstellung wieder zu erringen" [219]), scheiterte an der Denunziation seitens der Gegenpartei, die gewiß nicht nur aus Standes- und Klasseninteresse [220]), sondern weil sie nach der letzten Erfahrung wissen mußte, „daß der Riesenplan der Patriotenpartei sich schlechterdings nicht erneuern ließ" [221]), die Römer gegen die Katastrophenpolitik zu Hilfe rief; und der Wirkung der weitgreifenden und außerordentlich scharfsichtigen Ratschläge [222]) des Verbannten am Hofe Antiochos' des Großen für dessen bevorstehenden Konflikt mit Rom stand offensichtlich sein Scheitern im Kampfe gegen dieses hindernd entgegen. So mangelte ihm die verpflichtende Autorität; wohl ließ der König sich von ihm beraten, fühlte sich aber auch durchaus zu eigener Beurteilung der Lage und selbständigen Entschlüssen berechtigt [223]), zum Schaden der Sache, aber eben nicht ohne guten Glauben. War Hannibals Plan für den Krieg gegen Rom, wofür alles spricht, im Grunde weniger karthagischer Mentalität entsprungen als vielmehr ein Reflex der weltumspannenden Entwürfe hellenistischer Geistigkeit, woraus sich der Argwohn und die unverhohlene Abneigung bei den eigentlichen Repräsentanten des Karthagertums, den herrschenden Oligarchenfamilien, mit erklären mögen, so waltet eine besondere Tragik darüber, daß die hellenistische Staatenwelt in ihrem verhängnisvollen Kampfe gegen die Römer und der große Karthager nicht wirklich zueinander gefunden haben, weil sie nach Lage der Dinge nicht zueinander finden konnten. So ist Hannibal, der die römische Macht zertrümmern wollte, vor der Geschichte dafür verantwortlich geworden, daß durch

217) Altheim, Welth. 64.
218) Vgl. a. O. 244 f.
219) Groag, a. O. 116.
220) so Groag 123.
221) Mommsen, a. O. 658.
222) Vgl. dazu Groag, a. O. 129 ff.
223) Liv. 35, 42 f. (nach Polyb).

seinen Angriff Rom zur Weltmacht, zur Vormacht in der gesamten Mittelmeerwelt aufstieg. Sein Kampf gegen die Römer bedeutet in der Tat den entscheidenden Wendepunkt in der Geschichte des Altertums [224]), nur in einem ganz andern als dem von ihm selbst gemeinten Sinne.

Denn die römische Expansion nach dem griechisch-hellenistischen Osten, die nun bald nach Beendigung des 2. Punischen Krieges mit dem 2. Makedonischen Kriege (200—197 v. Chr.) einsetzte, ist vor allem von der Furcht eingegeben gewesen, von irgendeiner Seite her die Wiederkehr einer Hannibalischen Bedrohung erleben zu können. Die necessitas tuendae salutis et libertatis [225]) war dabei um so zwingender, als Hannibal noch immer in rüstigem Alter stand und des seinem Vater Hamilkar einst geleisteten Schwures, niemals ein Freund der Römer sein zu wollen, durchaus eingedenk blieb. Ferner war, wie erwähnt, die auswärtige Politik der hellenistischen Reiche durchaus auf Eroberungen eingestellt; sie wandelte auf imperialistischen Bahnen [226]). Im Jahre der Schlacht am Trasimenischen See hatte das Ptolemäerreich mit äußerster Anstrengung bei Raphia nahe der palästinisch-ägyptischen Grenze den Angriff des Seleukiden Antiochos III. abgewehrt; der Sieg war nur durch massenhafte Einreihung der eingeborenen Ägypter in die Armee möglich geworden, eine aus der Not geborene Maßregel, die jedoch für die Lage und das Selbstgefühl des einheimischen Elements in den hellenistischen Monarchien bedenkliche Rückwirkungen hatte und überall die Hoffnungen der Unterworfenen stärkte. Im folgenden Jahrhundert ist die orientalische Reaktion bereits eine politische Größe und bis zur Aufrichtung der Römerherrschaft im Osten immer stärker angeschwollen. Die kurzsichtig-egoistische Großmachtspolitik hellenistischer Fürsten hat letzten Endes diese Entwicklung verschuldet. Antiochos III., der die Niederlage von Raphia verhältnismäßig rasch überwand, richtete in den armenischen und iranischen Landen bis nach Indien hin seine Oberhoheit auf, in denselben Jahren, in denen sich der Hannibalische Krieg zugunsten Roms wandte (212—205 v. Chr.). Von Europa und Asien ob des Gelingens seines kühnen Zuges bewundert und als würdiger Träger der Königskrone gefeiert [227]), schloß er, der sich nun wie ein neuer Alexander der „Große“ zubenennen ließ, mit dem unternehmungslustigen Philipp V. von Makedonien im Jahre 202 ein Abkommen zur Teilung des damals durch Thronwechsel und innere Wirren schwer erschütterten Ptolemäerreiches; beide begannen unverzüglich mit dem Angriff auf die Ptolemäischen Besitzungen in Syrien und im Ägäischen Raume. Die Folge war, daß die sich durch die Eroberungspolitik der beiden Großmächte bedroht fühlenden griechischen Mittelstaaten, Athen, Rhodos und Pergamon, sich mit der Bitte um Hilfe an Rom wandten. So ergab sich das Übergreifen der Römer in das Ostbecken des Mittelmeers aus den nicht abreißenden kriegerischen Verwicklungen, die die imperialistische Ausdehnungspolitik der hellenistischen Vormächte zur Folge hatte [228]). Je härter die römischen Kräfte im 2. Punischen Kriege mitgenommen waren, um so notwendiger war es für die Leiter der römischen Politik, rechtzeitig jeder neuen Gefahr vorzubeugen [229]). Und

224) Ed. Meyer, Kl. Schr. 2, 537. — Vgl. die Worte, die Livius, hier ex eventu urteilend, dem Scipio vor Zama in den Mund legt: nicht etwa Afrika oder Italien, sondern der Erdkreis werde der Preis des Sieges sein.

225) Augustin, Civ. Dei 3, 10.

226) Siehe Polyb. 15, 20.

227) Polyb. 11, 34, 16.

228) Daß bereits seit 217/16 v. Chr. die Bedeutung der Auseinandersetzung in Italien für den Osten fühlbar wurde, sagt Polybios 5, 105, 7.

229) Vgl. auch A. Heuß, Die röm. Ostpolitik und die Begründung der röm. Weltherrsch., N. Jahrb. 1938, 344.

so vollzog sich das Ungeheuerliche, daß in wenig mehr als einem Menschenalter (200—168 v. Chr.) Rom die Herrin auch in dem Bereiche wurde, der seit Alexander das Herz der Welt war, daß „der alten Staaten graues Prachtgerüste“ zusammenstürzte in einem so kläglichen Zusammenbruch, wie er allein durch die römische Kraft in diesem Ausmaße überhaupt nicht möglich gewesen wäre. Nach der Niederlage von Kynoskephalä (197) mußte Philipp V. Griechenland räumen. Feierlich wurde Hellas für frei erklärt und das Land tatsächlich 194 von den römischen Truppen geräumt[230]), obwohl inzwischen Antiochos der Gr. daranging, die ihm offenbar nicht unerwünschte Verlegenheit des Makedonenkönigs zu einem Übergreifen nach Europa auszunutzen. Die römischen Besorgnisse ihm gegenüber, die bereits in langwierigen Verhandlungen zum Ausdruck kamen, verstärkten sich, als der aus Karthago verbannte Hannibal beim König Aufnahme fand. Antiochos beabsichtigte einen Krieg gegen Rom so wenig wie die Römer gegen ihn[231]); aber die Verhandlungen zerschlugen sich über der Frage der griechischen Freiheit, deren rückhaltlose Anerkennung in einem Maße, wie Rom es wünschte, der Großkönig nicht bewilligte. Er war es, der den Krieg mit einem Vorstoße nach Griechenland hinein eröffnete, mußte nun aber die energische, von dem Besieger Hannibals geistig geleitete römische Gegenoffensive erleben, der auch der verbitterte Philipp V. in arger Verblendung Unterstützung lieh. Auf asiatischem Boden, bei Magnesia, erlitt der Seleukide im Jahre 190 eine Niederlage, die den Krieg zugunsten Roms beendete. Hatten die Römer die von Antiochos ihnen drohende Gefahr vielleicht überschätzt[232]), so kann man dasselbe nicht sagen von der Entwicklung, die sich jetzt in Makedonien anspann. Enttäuscht und erbittert bereitete Philipp V. durch eine systematische, rücksichtslos durchgeführte Aufrüstung ganz großen Ausmaßes[233]) im geheimen einen Entscheidungskampf vor, für den er mit klugem Weitblick sogar die Hilfe der frühgermanischen Bastarner sich zu sichern wußte. Auf die Anzeige Eumenes' II. von Pergamon gegen Philipps Sohn und Nachfolger Perseus hin entschloß sich der Senat 172/71 zum Kriege. Vier Jahre lang schwankte die Waagschale des Glücks, und weite Kreise glaubten bereits an eine grundstürzende Wandlung der Dinge im Sinne eines Gleichgewichts der Mächte im Mittelmeerraume. Da machte der entscheidende Sieg der Römer bei Pydna (168) diesen Träumen ein Ende. Es ist bezeichnend, daß Rom weder jetzt noch früher an Annexionen im Osten gedacht hat. Es begnügte sich damit, um seiner Sicherheit willen[234]) die Großmächte zu zerschlagen[235]), sei es militärisch, sei es diplomatisch. Daß damit eine Zeit bitterer Leiden für die Besiegten anbrach, lag in der Natur der Dinge; unverdient hat sie dieses Schicksal jedenfalls nicht getroffen.

Daß diese Entwicklung so kommen *mußte*, wird man verneinen dürfen. Zumindest die Aktionskraft und der Widerstand Makedoniens und seines Volksheeres waren erheblich gewesen, und vom Seleukidenreich hatte der römische Ein-

230) Vgl. dazu Gelzer, Hallerfestschr. 14 f.; Vogt, ebda 28.
231) Appian, Syr. 2. Bickermann, Hermes 67, 75.
232) M. Holleaux, Cambridge Ancient Hist. 8, 239. — J. Vogt, Hallerfestschr. 28.
233) Siehe B. Niese, Gesch. der griech. u. makedon. Staaten 3, 27 f.
234) Daß dieses Sicherheitsbedürfnis in der späteren, einer anderen Epoche angehörenden Zerstörung Karthagos und Korinths (146 v. Chr.) unter dem Zwange der großen Krise eine furchtbare Überspitzung erlebte, ist bekannt (vgl. auch Polyb. 3, 75, 8. 23, 17, 4 ff. Vell. Paterc. 1, 12, 7); wie die weitere Geschichte Roms die Überwindung dieser gefahrvollen, einseitigen Berücksichtigung des eigenen Wohls und ihren Ersatz durch die Verantwortung für das Wohlergehen aller Völker des orbis Romanus, die endliche Konsolidierung der Weltherrschaft in einem Weltreiche, brachte, kann hier nicht dargestellt werden.
235) Vgl. z. B. Polyb. 31, 10, 7.

marsch nur die westliche Peripherie berührt. Der Grund zu dem wahrhaft erschütternden Versagen der hellenistischen Mächte wird nur auf geistigem Gebiet gesucht werden dürfen. Denn was besonders ins Auge fällt, ist das so gut wie völlige Fehlen jeder geistigen Beweglichkeit und Elastizität, gerade auch in den militärischen Dingen. Die Taktik des aufs höchste gesteigerten Massendrucks, mit der die späthellenistische Kriegskunst operierte, ähnelte im Prinzip der, die die Römer in der Schlacht bei Cannae anwandten. Auch diesen wurde die größere Beweglichkeit des Gegners zum Verhängnis; aber anders als die Makedonen wußten sie sich umzustellen, dem Feinde seine Meisterschaft abzulernen und ihn schließlich mit seinen eigenen Mitteln zu überwinden. Wie schon bei Sparta in den Kämpfen der Epaminondaszeit muß es auch bei den hellenistischen Militärstaaten eine starre Selbstzufriedenheit, ein aus Hochmut und Schwäche seltsam zusammengesetztes Überlegenheitsbewußtsein gewesen sein, das jede Abkehr von einmal gewählten Formen ablehnte. Wohl brachten, wie uns eine ganze Anzahl von Zeugnissen lehrt, hellenistische Monarchen römischem Wesen und römischen Institutionen Interesse entgegen und übernahmen sie gelegentlich [236]); aber das blieb alles völlig peripher und drang niemals zum Kern der Sache vor [237]). Der Mut zum großen Wagnis fehlte; es blieb bei der Spielerei. Man haftete am Schein, der töricht genug für die Sache selbst genommen wurde. Und so brachte man es in allen Dingen lediglich zu einer „nur soldatischen" Mentalität, jedoch nicht wie die Römer zur echt soldatischen [238]). Die Tragödie des Hannibalkrieges wiederholte sich im Zusammenbruch des politischen Hellenismus, und zwar in einem noch verstärkten Maße, weil hier kein Genie wie der große Karthager alle Kräfte in heroischem Kampfe zusammenzufassen vermochte, sondern als es in Hannibal selber am Hofe des mächtigsten dieser Fürsten erschien, unverstanden blieb und sich alsbald kaltgestellt sah.

Und damit öffnet sich der Blick für eine letzte Einsicht. In der Geschichte unserer europäischen Welt, die mit dem Griechentum ihren Anfang genommen hat und von ihm maßgeblich geformt wurde, erscheinen Makedonen und Römer als wesentliche Mitspieler erst verhältnismäßig spät: während der großen Krisenzeit seit der zweiten Hälfte des 4. vorchristlichen Jahrhunderts, in der die hellenische Klassik von der hellenistischen Moderne abgelöst wurde. Beide Völker waren für die bildungsstolzen Hellenen „Barbaren", die nun fast gleichzeitig in den griechischen Raum im Osten und Westen als bedeutendste, ja bald allein maßgebliche politische Faktoren eintraten. Aber nur bis hierhin reicht ihre Gemeinsamkeit; sonst offenbart sich zwischen beiden eine tiefgreifende Verschiedenheit in der geistigen Haltung [239]). Während das Makedonentum sich unter Vorantritt seiner Könige zum Vorkämpfer der griechischen Moderne machte [240]) und ihr zu ihrem weltweiten Siegeslauf die Pforten der Geschichte öffnete, haben um-

236) Brief Philipps V. an die Larisäer: Dittenberger, Sylloge ^{3}543; Antiochos IV. Epiphanes: F. Reuter, Beitr. z. Beurteilung des Königs Ant. Ep., Diss. Münster 1938, 38 f.

237) Reuter, a. O. 51 f.

238) Die darum weiß, daß wahre kriegerische, nicht nur Schlachten, sondern den Krieg selbst gewinnende Kraft immer Folgewirkung einer richtigen Zielsetzung ist und niemals selbst Zielsetzung sein kann, was der Hellenismus völlig verkannte.

239) Vgl. auch die interessanten knappen Bemerkungen in Jak. Burckhardts Vortrag über „Demetrios den Städtebezwinger" (Kulturgesch. Vortr., herausgeg. von R. Marx) 345. 347 f.

240) Außer Alexander seien hier vor allem Kassander, der Gönner eines Euhemeros, und Antigonos Gonatas, der Freund und Beschützer der Stoiker und bedeutender „moderner" Dichter, genannt.

gekehrt die Römer sich ihr gegenüber wesentlich zurückhaltender gegeben[241]), ja sie schließlich zerbrochen. Sie waren es, an deren Wesen die innere Hohlheit und Fragwürdigkeit spätgriechischer „Zivilisation“ offenbar wurde und die, selbst ein durch und durch von konservativem Geiste erfülltes Volk[242]), die Wiedergeburt der griechischen Klassik in der ersten der großen klassizistischen Geistesperioden unserer Welt heraufgeführt haben. Wenn es heute noch eines objektiven Kriteriums bedürfte, um die einst lebhaft umstrittene Frage nach dem Wert der Klassik und dem des Hellenismus eindeutig zu beantworten, so liegt dieses in der schuldhaften Tragik des Makedonentums und der sieghaften Größe des Römertums klar vor aller Augen[243]). Vom welthistorischen Gesichtspunkt aus betrachtet wirkt die makedonisch-hellenistische Leistung trotz allen Glanzes nur wie ein verhältnismäßig kurzlebiger Schein; ist es doch charakteristisch hierfür, daß sie in ihren wahren Ausmaßen erst durch die verfeinerten Methoden neuzeitlicher Wissenschaft der Vergessenheit mühselig entrissen werden mußte. Der Kriegsruhm, den die hellenistische Moderne vor allem anstrebte, täuschte Dauer doch nur vor; die Gewaltmoral, die echte Tochter der sophistischen Aufklärung, war eben keine wirkliche Moral, und so verkümmerte die Kraft des Gemüts, die nach Fichtes tiefem Worte mehr als die Gewalt der Waffen die Siege erkämpft[244]). Dafür wuchsen Mißtrauen und Haß empor und die aus ihnen unfehlbar resultierende Vereinsamung. Man halte nur neben die selbstgewollte Isolierung der hellenistischen Mächte, die ihren Zerfall verhängnisvoll beschleunigte, den engen Zusammenhalt zwischen den Römern und ihren Bundesgenossen, neben die sinnlos wütende Grausamkeit eines Philipp V.[245]) das römische Streben nach clementia[246])! Tatsächlich ist dem Polybios die Katastrophe Makedoniens als Befreiung der griechischen Welt von schwerem Druck erschienen.

Die Römer haben den tiefsten Grund dieses Gegensatzes selbst deutlich erkannt: sie stellten punischen Schlichen und griechischer Schlauheit die römische religio entgegen[247]). „Die Achtung vor den Göttern, die pietas, ist die Schwester der männlichen Tatkraft, der virtus Romana, und erst diese beiden zusammen haben Roms Aufstieg zur Weltherrschaft gesichert“ [248]). Cicero konnte erklären[249]), die Römer hätten Spanier, Gallier, Punier, Griechen, Italiker und Latiner übertroffen allein durch ihre Frömmigkeit, ihr „Achthaben“ auf die Götter und durch jene einzigartige Weisheit, die sich aus der Einsicht ergebe, daß durch den Wink

241) Vgl. Altheim, Welth. 144 (siehe oben S. 21).

242) Moribus antiquis res stat Romana virisque: Ennius 500 V. (190 D.).

243) Es ist, als habe sich bei beiden Völkern in der Gestaltung ihrer historischen Laufbahn die Geschichte von Herakles am Scheidewege in ganz großem Maßstabe wiederholt.

244) Vgl. schon Polyb. fr. 58.

245) Polyb. 18, 54, 8 ff.: Errichtung von Altären für Gottlosigkeit (Ἀσέβεια) und Frevelmut (Παρανομία) durch den in Philipps Diensten stehenden Piraten Dikäarch; 15, 22: Vergewaltigung von Kios, 24: von Thasos; 16, 1: barbarische Zertrümmerung des Nikephorions bei Pergamon; Diod. 28,7, Liv. 31, 24, 17 f.: Verwüstung der Akademie und anderer berühmter Stätten bei Athen; 10, 26: Philipps Auftreten in Argos; usw.

246) Vgl. auch Baumann, a. O. 18. Haffter, a. O. 105 ff.

247) Liv. 42, 47, 7 (mit Vahlens trefflicher Emendation) als Äußerung der römischen Senatoren alten Schlages gegen die mit hellenistischer Zweideutigkeit und Unmoral operierende „neumodische“ Diplomatie im Perseuskriege. Vgl. oben S. 14.

248) Burck, a. O. 226.

249) de har. resp. 19. Dazu jetzt K. Kerényi, Die antike Religion (1940) 72. 123 ff., 132. Cic. Catil. 3, 21. Sall. Iug. 14, 19. Diod. 28, 3 (Schluß): οἱ δὲ Ῥωμαῖοι καὶ τότε (gegen Phil. V. und Ant. d. Gr.) καὶ μετὰ ταῦτα δικαίους ἐνιστάμενοι πολέμους καὶ πλεῖστον ὅρκων καὶ σπονδῶν ποιούμενοι λόγον, οὐκ ἀλόγως συμμάχους εἶχον τοὺς θεοὺς ἐν ἁπάσαις ταῖς ἐπιβολαῖς . . . Heilighaltung des Eides in Rom, im Unterschied zur hellenistischen Welt, Polyb. 6, 56, 12 ff.

der Götter alles regiert und gelenkt werde. Und bei Livius heißt es[250]), daß die Götter der pietas und fides ihre Gunst zuwendeten, den Eigenschaften, durch die das römische Volk zu solcher Höhe emporgestiegen sei. Wenn man die treffliche Beobachtung machen konnte[251]) daß die griechische Sprache für den römischen Begriff der constantia, der unerschütterlichen Standhaftigkeit[252]), nichts Gleichwertiges hat, so schließt sich das eng mit der anderen Tatsache zusammen, daß das Wesen der hellenistischen Zivilisation Irreligion und Irreligiosität waren. Während der hellenistische Mensch sich als Spielball der launischen Tyche fühlte, betrachtete sich der Römer als Anwalt der Gerechtigkeit[253]), als Werkzeug der Götter bei der Durchführung ihres Weltenplanes, und erfüllte sich so mit dem Bewußtsein, Träger einer geschichtlichen Mission zu sein. „Und diese erhebt die Römer zu einer einzigartigen, auserwählten Stellung. Indem sie den Göttern sich fügten, sind sie die Herren der Welt geworden“[254]). Weil somit ihr Wirken und Walten, ihr Harren und Kämpfen, ihr Planen und Vollenden sich aus den tiefsten Tiefen eines lebendigen, unverdorbenen Seelentums speisten, ist ihre Weltherrschaft nicht ein bloßes kurzlebiges 'Napoleonisches' Experiment geblieben, sondern sie haben die schwerste Aufgabe für den Sieger gemeistert, das Errungene trotz schwerster Krisen und Stürme aller Art zu behaupten. Das Ergebnis der Leidenszeit der Welteroberung und der aus ihr als bittere Beigabe hervorwachsenden Bürgerkriege sind nicht kulturelle Erschöpfung und Überfremdung gewesen, sondern die Geburt einer neuen Klassik in jenem 'Augustischen Alter', in dem römisches Wesen aus seiner Fülle heraus zur Welt zu sprechen vermochte und sich in vieler Hinsicht ebenbürtig neben das klassische Hellenentum, sein bewundertes Vorbild, gestellt hat.

Wenn es eine der wichtigsten Aufgaben unserer heutigen deutschen Altertumsforschung ist, „so wie wir vor hundert Jahren für alle Völker des Abendlandes zu ihrer griechischen Wurzel durchstießen, so heute den römischen Grundpfeiler Europas echt und rein sichtbar zu machen“[255]), dann liegt darin die Anerkennung der Tatsache, daß römisches Wesen als „Ausdruck einer wahrhaft soldatischen Haltung und Gesinnung, die nicht auf Ruhm und Ehre zielt, sondern Pflichterfüllung bis zum Tode ist“[256]), gerade auf den preußisch-deutschen Menschen besonders ermutigend und beflügelnd zu wirken vermag. Der Grundsatz des 'mehr Sein als Scheinen', die unbedingte Achtung und Verehrung gegenüber jeder echten Bildung und Kultur, vor allem aber die tief innerliche Religiosität bei hoch und niedrig, die so häufig in schwerster Notzeit dem gesamten Volke die Kraft schenkte, sich aus Niederlage und Zusammenbruch verjüngt wiederzuerheben, sind Züge, die ebenso charakteristisch für das Preußentum wie für das Römertum sind. Diese geistige Verwandtschaft über zwei Jahrtausende hinweg klingt auch auf in den schlicht-männlichen Worten Bismarcks: „Wir Deutsche

250) 44, 1, 11: favere enim pietati fideique deos, per quae populus Romanus ad tantum fastigii venerit.

251) Heinze, Vom Geist des Römertums (herausg. von Burck) 280.

252) Vgl. dazu Lucilius 613 f. M. (291 D.): ut Romanus populus victus vi et superatus proeliis saepe est multis, bello vero numquam, in quo sunt omnia.

253) Vgl. die Motivierung des Eintritts Roms in den Krieg gegen Philipp V. bei Liv. 33, 33, 7: ne quod toto orbe terrarum iniustum imperium sit ubique ius fas lex potentissima sint.

254) Altheim, Neue Rundschau 1937, 255.

255) H. Oppermann, Neue Jahrb. 1937, 272. Ähnlich M. Kaser, Röm. Recht als Gemeinschaftsordnung (1939) 6 über die Römer, „deren politisches Genie wir heute besser denn je zu würdigen wissen“.

256) Burck, a. O. 213.

fürchten Gott, aber sonst nichts in der Welt[257]); die Gottesfurcht ist es schon, die uns den Frieden lieben und pflegen läßt. Wer ihn aber trotzdem bricht, der wird sich überzeugen, daß die kampfesfreudige Vaterlandsliebe, welche 1813 die gesamte Bevölkerung des damals schwachen, kleinen und ausgesogenen Preußen unter die Fahnen rief, heutzutage ein Gemeingut der ganzen deutschen Nation ist, und daß derjenige, welcher die deutsche Nation irgendwie angreift, sie einheitlich gewaffnet finden wird, und jeden Wehrmann mit dem festen Glauben im Herzen: Gott wird mit uns sein!"

257) Wenn man als angebliches Seitenstück zu diesem Ausspruch früher die Worte Philipps V. bei Polyb. 18, 1, 7 heranziehen wollte, so hat man sich (wie überhaupt bei der einst beliebten Nebeneinanderstellung preußischen und makedonischen Wesens und charakteristischer Aussprüche, die sie beweisen sollten) dabei von einer ganz oberflächlichen, jedes wirkliche Verständnis vermissen lassenden Gleichsetzung zweier aus ihrem Sinnzusammenhange herausgerissenen Sätze irreführen lassen.

Probleme der frühgriechischen Geschichte und Kultur

Die großen Perioden der Weltgeschichte lassen sich weder in ihrem Beginn noch in ihrem Ausgange auf ein bestimmtes Jahr festlegen. Ihre Heraufkunft pflegt sich bereits rund ein halbes Jahrhundert vor ihrem eigentlichen, allseitig klar erkennbaren Einsetzen vernehmlich anzukündigen. So hat das »moderne« Zeitalter, in dem wir leben, sich nicht erst um die Wende vom 18. zum 19. Jahrhundert eingestellt, sondern seinen Anfang genommen mit den tiefgreifenden Umwandlungen seit etwa 1750/60, mit dem Hervortreten Rousseaus, Winckelmanns und dem Siebenjährigen Kriege. So beginnt die »Neuzeit« nicht mit der Entdeckung Amerikas oder Luthers Thesenanschlag, sondern bereits mit dem Siegeszug der Renaissancebewegung im religiösen, geistigen, künstlerischen und politischen Leben der abendländischen Welt seit etwa der Mitte des 15. Jahrhunderts; so das Spätmittelalter nicht erst mit dem Untergange der Hohenstaufen, sondern schon mit dem Aufstieg der Gotik und der Herausbildung der dynastischen Nationalstaaten in Westeuropa seit den Tagen Philipp Augustus' von Frankreich; so die römische Kaiserzeit nicht erst mit der Aufrichtung der Alleinherrschaft durch Augustus, sondern, was längst gefühlt wurde, im Grunde bereits mit dem Zeitalter Caesars und Ciceros. Dennoch wird die Praxis der Geschichtsschreibung wie bisher, so auch fernerhin aller Voraussicht nach nicht darum herumkommen, sich an bedeutsame Einzelereignisse für die Abgrenzung geschichtlicher Perioden zu halten. Allzu sinnfällig bieten sich die Französische Revolution von 1789 als Epochendatum für das Einsetzen der Moderne, die Entdeckerfahrt des Kolumbus von 1492 oder die Reformation von 1517 für das der Neuzeit, die Schlacht bei Bouvines 1214 oder der Tod Kaiser Friedrichs II. im Jahre 1250 für das des Spätmittelalters, die Schlacht bei Actium 31 v. Chr. oder die Errichtung des Prinzipats 27 v. Chr. für das der römischen Kaiserzeit dar, als daß man von ihnen als eigentlichen Epochendaten für die Bestimmung einer Wendezeit der Weltgeschichte absehen könnte.

Für die griechische Geschichte sind Chäronea bzw. Alexanders Übergang nach Asien, die Perserkriege und die sogenannte Dorische Wanderung solche Epochendaten geworden. Und da es den Anschein hat, als bezeichne hier das Faktum der politischen Geschichte jedesmal zugleich einen grundlegenden kulturellen und geistigen Wandel — die Aufrichtung der makedonischen Herrschaft in Hellas bzw. des Alexanderreiches in der Mittelmeerwelt die Geburt der »hellenistischen Moderne«, die siegreiche Abwehr des Morgenlandes den Beginn der hellenischen Klassik, die Wanderbewegung um 1200 v. Chr. den Anfang der spezifisch griechischen Kultur und Geschichte —, hat sich diese Einteilung weithin durchgesetzt. Wir sprechen von einem Zeitalter des Hellenismus, einem Zeitalter der Blüte und einem Zeitalter, das hier der Einfachheit halber »frühgriechisch« genannt sei und dem als noch nicht zur eigentlichen griechischen Geschichte gehörendes »Vorspiel« die Mykenische Zeit vorangeht. Bekanntlich erfolgte jedoch der Übergang zur Klassik bereits in den letzten beiden Jahrzehnten vor den Perserkriegen, wie auch der Hellenismus sich schon vernehmlich seit dem Walten des Maussolos ankündigte. Aber nicht diesen Fragen sollen die folgenden Betrachtungen gewidmet sein, sondern dem rund sieben Jahrhunderte umspannenden Zeitraume, in dem die griechische Geschichte *κατ᾽ ἐξοχήν* ihren Ursprung nahm und der sich von den übrigen Perioden schon rein äußerlich dadurch unterscheidet, daß er nicht wie jene durch das Licht einer reichhaltigen historischen Überlieferung für uns erhellt wird. Treffend hat H. Bengtson gelegentlich diesen für unsere Urteilsbildung sehr wesentlichen Sachverhalt charakterisiert, wenn er schrieb[1]: »Wie schwer ist es doch für uns, ein auch nur einigermaßen gesichertes Urteil über die treibenden Kräfte in dem Griechenland der Zeit vor und zu Beginn der Perserkriege zu fällen! Beruht doch die Überlieferung so gut wie ausschließlich auf Herodot, dessen Bericht nur in den seltensten Fällen durch andere selbständige Quellen zu kontrollieren ist. Angesichts dieses Zustandes der Überlieferung scheint mir von vornherein äußerste Zurückhaltung in weittragenden Urteilen allgemeiner Natur auf jeden Fall geboten. Vor allem hat man sich doch wohl die Frage wenigstens vorzulegen, ob die einschlägigen Herodotpartien in jeder Hinsicht als ‚objektiv' zu betrachten oder ob sie durch irgendeine Tendenz beeinflußt sind, eine Frage, die sich freilich in den meisten Fällen nur stellen, in den wenigsten mit wirklicher Sachlichkeit beantworten läßt.«

1.

Aber eine Periode von fast sieben Jahrhunderten als Einheit begreifen zu wollen, ist im Grunde ein Unding. In der Tat hat die bisherige Forschung die frühgriechische Geschichte in mindestens zwei Abschnitte gliedern zu müssen geglaubt und von einem griechischen »Mittelalter« gesprochen, dem seit dem 8. vorchristlichen Jahrhundert eine »Übergangszeit« folgte, wenn es gestattet ist, die in U. Wilckens, soweit ich sehe, allgemein anerkannter »Griechischer Geschichte im Rahmen der Altertumsgeschichte« (5. Aufl. 1943) verwendeten Benennungen zu gebrauchen. Dagegen hat kürzlich

1. Einzelpersönlichkeit und athenischer Staat zur Zeit des Peisistratos und des Miltiades, Sitzungsberichte der Bayerischen Akademie der Wissenschaften 1939, S. 6f.

A. Heuß eine ganz andere Auffassung vertreten. In dem 1946 erschienenen II. Bande der von B. Snell unter dem Titel »Antike und Abendland« herausgegebenen ‚Beiträge zum Verständnis der Griechen und Römer und ihres Nachlebens' (S. 26—62) veröffentlichte er eine umfangreiche Studie über »die archaische Zeit Griechenlands als geschichtliche Epoche«. Als »unmißverständlich gekennzeichneter« Einsatz dieser Epoche (S. 27), der mit dem der griechischen Geschichte zusammenfalle, wird von ihm die sog. Ägäische Wanderung »vom 12. Jahrhundert bis etwa zur Jahrtausendwende« angesehen; ihr Ende wird durch den Ausbruch des Zeitalters der Perserkriege bezeichnet. Die so umgrenzte »archaische Zeit« ist nach H. »eine echte Epoche und artikuliert sich selbst durch ihren sachlichen Inhalt. Das würde besagen, daß sich aus ihrem zeitlichen Fluß gewisse Konstanten herausheben und die Mannigfaltigkeit ihrer Erscheinungen sich um ein bestimmtes Zentrum gruppiert, kurz, daß sie in sich einen bestimmten Charakter hat« (S. 26; vgl. auch S. 61). Es fällt aber auf, daß Heuß schon in der zweiten Hälfte seiner Abhandlung (S. 44f.) bei der Besprechung der Entwicklung seit der Mitte des 7. Jahrhunderts sich zu der Frage gedrängt sieht, ob diese »sich noch innerhalb des alten Rahmens verstehen läßt, ob die historische Atmosphäre dieser Phase der archaischen Zeit — sie ist uns in ihren einzelnen Ereignissen bedeutend besser bekannt als die vorherliegenden Jahrhunderte — noch als archaisch anzusprechen ist.« H. gibt zu, daß Vorbereitung und Grundlegung des Stadtstaates sich in archaischer Zeit vollzogen haben; dennoch hieße nach ihm eine volle Einbeziehung der Entwicklung zur Demokratie, die sich ja innerhalb des Polisstaates abspielte, in die Betrachtung der archaischen Epoche »das Auge über dieselbe hinausrichten, die Ereignisse auf einen perspektivischen Punkt zu beziehen, der außerhalb ihrer Grenzen liegt.« H. hilft sich mit einem Hinweise darauf, daß hier wie in jeder Übergangszeit die Verhältnisse »dialektisch verknotet« seien. »Ineinander gelagert und unter sich verknotet und unter sich verzahnt stehen die beiden Schichten des ‚Archaischen' und ‚Modernen' in steter Wechselwirkung. Aber es kann kein Zweifel sein, welche von beiden damals noch den Charakter der Epoche und damit den ‚Geist der Zeit' repräsentierte«, etc. (S. 45). Wer diese Auffassung teilt, müßte beispielshalber in der Geschichte der römischen Kaiserzeit noch immer das aufsteigende Christentum als eine Erscheinung ansehen, die im Grunde mit der griechisch-römischen Welt nichts zu tun habe, sondern erst in die mit Konstantin anhebende frühbyzantinische Periode gehörte oder gar, wie Spengler meinte, in eine der Antike ganz wesensfremde neue, »magische« Kultur — Ansichten, die von der Mehrzahl der Forscher mittlerweile wohl zu den bereits überholten gerechnet werden. Vor allem aber: wie soll nun Sparta begriffen werden, dessen Ursprung als Stadtstaat doch immerhin hoch ins 8. Jahrhundert v. Chr. hinaufgeht und das sich später von Athen eben dadurch unterscheidet, daß es den Typus des archaischen Staates festgehalten hat? Soll diese historische Erscheinung Spartas wirklich im Bilde der archaischen Zeit als etwas nicht Zugehöriges, »Modernes«, gewissermaßen stören?

Eine Geschichtsepoche muß stets als Ganzes begriffen werden. Ehe das nicht gelingt, ist sie in ihrer Wesensart noch nicht verstanden. Es gibt keine Methode, die es gestattete, eindeutig zu entscheiden, ob eine bedeutsame Erscheinung innerhalb eines Zeitalters wesensmäßig dessen Geist repräsentiert oder nicht; man bleibt damit in den Bereich des Subjektiven gebannt, und der gehört zur Dichtung, nicht zur Wissenschaft. Offensichtlich hat sich Heuß auf diesen bedenklichen Weg gewiesen gesehen durch das Operieren mit dem Begriffe einer archaischen Zeit Griechenlands, der zu umfassend gewählt war und deshalb ganz Verschiedenartiges, miteinander nicht zu Vereinendes, umspannen mußte. Eine konkrete Periodisierung, die sich aus den geschichtlichen Tatsachen selbst ergibt, ist die Voraussetzung für die inhaltliche Wesensbestimmung einer Geschichtsepoche. Der umgekehrte Weg ist wissenschaftlich nicht gangbar. Wer nur von Begriffen wie »Feudalismus«, »Aristokratie« etc. ausgehend das »Mittelalter« zeitlich abzugrenzen suchte, ist auf die Dauer nie darum herumgekommen, dieses auch noch das 19. Jahrhundert umfassen zu lassen, womit denn eine nahezu totale Verunklärung erreicht werden konnte bzw. sollte. »An den Periodisierungen beobachtet die Wissenschaft den Fortschritt der Erkenntnis, der tiefer dringenden Erkenntnis«, hat G. v. Below einmal gesagt[2]. Gerade bei historisch so dürftig bekannten Zeiträumen wie dem frühgriechischen — der an Bedeutsamkeit für den weiteren Verlauf der Menschheitsgeschichte nur von wenigen anderen erreicht wird, ist in ihm doch Europa als geschichtliche Größe geboren worden! — bedarf die Frage nach seiner epochenmäßigen Gliederung besonders sorgfältiger Prüfung und Beantwortung, um der Forschung den Weg zu tieferem Eindringen in die Probleme aufzuzeigen.

2.

Schriftliche Überlieferung setzt für die griechische Geschichte erst mit dem 8. Jahrhundert v. Chr. ein, mit den Listen der Olympiasieger (776) und der spartanischen Ephoren (754). Für die davorliegenden Zeitabschnitte sind wir auf das Fundmaterial angewiesen, das die archäologische Forschung in reichem Maße zutage bringen konnte und mit dessen Hilfe es in der Tat gelungen ist, in das Dunkel jener Perioden einiges Licht der Erkenntnis dringen zu lassen. Scharf tritt in diesem Material der Umbruch hervor, den die Ablösung der sog. geometrischen durch die »orientalisierende« Kunst bedeutet. Seit G. Karo in seiner grundlegenden Abhandlung über

2. Archiv für Politik und Geschichte 1925, S. 1ff.

»Orient und Hellas in archaischer Zeit«[3] gegen Autoritäten wie O. Montelius, W. Dörpfeld u. a. die zeitliche Ansetzung dieses Wandels auf die zweite Hälfte des 8. Jahrhunderts v. Chr. sichern konnte, ist diese Datierung, soweit ich sehe, Allgemeingut der Forschung geworden und konnte verschiedentlich von anderer Seite, darunter von der sicher datierten neuassyrischen und spätägyptischen Kunst her gestützt werden[3a]. Natürlich bedeutet das Einsetzen eines neuen Kunststils, das zunächst lokal verhältnismäßig begrenzt zu sein pflegt, und neben dem die alte Überlieferung geraume Zeit weiterläuft, noch nicht eine geschichtliche Epochenwende; sonst müßte man bereits mit dem Auftreten der Frührenaissance das abendländische Mittelalter enden und die Neuzeit beginnen lassen. Wohl aber leitet es eine solche Epochenwende ein. Diese steht in der frühgriechischen Geschichte vor uns erst mit der Geburt der Monumentalkunst — der ersten spezifisch »abendländischen«, nicht nur auf dem Boden unseres Erdteils! — in der zweiten Hälfte des 7. Jahrhunderts, die sich als ein völliges Novum von der vorhergehenden Periode abhebt. Es ist die Zeit, die bisher allein den Namen der »archaischen« erhielt. Daß sie von der mykenischen Periode, deren voll entwickelte monumentale Burgenarchitektur und Malerei freilich im Höchstmaße etwa zwei Jahrhunderte lang (rund 1350—1150 v. Chr.) geblüht haben dürften[3b], durch einen Zeitraum von nahezu einem halben Jahrtausend getrennt ist, gehört zu den bedeutsamsten Entdeckungen der Altertumswissenschaft. Die Aufdeckung der richtigen Chronologie hat den Blick dafür geschärft, daß die Monumentalität, die beiden Perioden gemeinsam zu sein scheint, ihrem Wesen nach ganz verschiedenartig ist, mag sie auch beidemal in der Begegnung mit der Welt des Alten Orients wurzeln[4]. Insofern kann man Heuß zustimmen, daß die mykenische Periode als Vorgeschichte der eigentlich griechischen Geschichte anzusehen sei (S. 27), wenn er dabei m. E. auch zu wenig berücksichtigt, daß in ihr zugleich der Grund für alle spätere Entwicklung in Hellas gelegt wurde.

Die zwischen dem 12. und 8./7. Jahrhundert sich dehnende Zeit hebt sich im Fundmaterial sowohl von der mykenischen wie von der orientalisierenden scharf ab, wenn es auch gelungen ist, Übergänge zunächst zur letztgenannten, dann auch — besonders eindrucksvoll durch die Kerameikosgrabungen seit 1927 — zur mykenischen Formenwelt aufzudecken.

3. Athenische Mitteilungen 45, 1920, S. 106ff. — Zur Diskussion über die Chronologie der frühgriechischen Kunst vgl. K. Schefold, Orient, Hellas und Rom (1949) S. 80.

3a. Vgl. zuletzt Fr. Matz, Geschichte der griechischen Kunst 1 (1950) S. 54.

3b. Vgl. Fr. Matz, Die Ägäis, im Handbuch der Archäologie 2 (1950) S. 279ff. 304.

4. Ich darf hier der Kürze halber auf die zusammenfassenden Ausführungen in meinem Buche »Grundlagen und Sinn der griechischen Geschichte« S. 120f. verweisen. Das 1945 erschienene Buch hat Heuß bei der Abfassung seiner Abhandlung offenbar noch nicht vorgelegen.

Es ist das Zeitalter des geometrischen Stils, oder, wie wir heute richtiger sagen müssen, der geometrischen Stile. In seinem »geometrischen« Grundzuge ist das Bild der Kunstübung dieser Periode verhältnismäßig einheitlich, sofern man sie mit der ihr vorangehenden und der ihr folgenden vergleicht. Immerhin konnte G. Karo 1920/21 unter dem Eindruck der nicht lange vorher (1917/18) veröffentlichten Untersuchungen von B. Schweitzer über die Chronologie der geometrischen Stile in Griechenland ein »quälendes Gefühl« angesichts der »überlangen Spanne des Geometrischen« (a. O. S. 155) nicht ohne Grund bekennen. Sein Hinweis darauf, daß »das lange Leben gerade geometrischer Ornamentik aus anderen Zeiten und Kulturkreisen reichlich bekannt wäre«, war mehr eine Ausflucht als eine Erklärung. Seitdem hat auch dieser mindestens vier Jahrhunderte umspannende Zeitraum in seiner stilgeschichtlichen Entwicklung eine differenzierte Struktur offenbart. Submykenisches und Protogeometrisches hoben sich vom eigentlich Geometrischen ab, dessen einzelne Phasen wiederum deutlich wurden. Wenn es auch nicht möglich ist, genaue Zahlenangaben zu machen[5], so erscheint doch heute nach ziemlich allgemeiner Ansicht die Zeit um 900 v. Chr. als der Wendepunkt. Es kann nicht zufällig sein, daß auch ein so bedeutungsvolles Ereignis wie die Übernahme des phönikischen Alphabets in der griechischen Welt, wie die lebhaften Diskussionen seit 1927 zwischen B. L. Ullman, Rhys Carpenter u. a. ergeben haben, etwa im 10. Jahrhundert v. Chr. erfolgt ist[5a]. In die gleiche Zeit oder nur wenig früher dürften nach Ausweis der keramischen Funde die Anfänge der Besiedlung der Küsten Kleinasiens fallen. Sehr wesentlich für die richtige Einschätzung der bedeutsamen historischen Wende wäre es, wenn auch die Blütezeit des Heldenepos — was mir gegenüber den Versuchen einer Herabdatierung tief ins 8. Jahrhundert, die vor allem W. Schadewaldt wieder aufgenommen hat[6], nach wie vor evident erscheint — in die Zeit zwischen 950 und 850 fiele. Besonders schwer aber wiegt die Tatsache, daß erst mit der Zeit des eigentlichen geometrischen Stils[7] in den Funden die starke landschaftliche Sonderung auftritt, die in wechselnder Gestalt das Bild der spezifisch griechischen Geschichte entscheidend geprägt hat.

3.

Kann somit nicht einmal die Zeit zwischen der »Heraklidenwanderung« und der Kolonisation des Mittelmeerraumes auf Grund unserer vermehrten und vertieften Kenntnisse noch als Einheit angesprochen werden, so ent-

5. Vgl. jetzt Fr. Matz, Geschichte der griechischen Kunst 1, S. 53.
5a. Vgl. A. Rehm im Handbuch der Archäologie 1 (1939) S. 193 ff.
6. Das Neue Bild der Antike 1 (1942) S. 56 ff. Dazu meine Grundlagen S. 423 f.
7. Vgl. dazu Matz a. O. S. 53 f.

fällt diese Möglichkeit völlig, wenn der zeitliche Rahmen der Betrachtung bis fast zum Vorabend der Perserkriege ausgeweitet wird. Man wende nicht ein, daß die großen, zum Teil geradezu fundamentalen Wandlungen, die die kunstgeschichtliche Entwicklung, unsere einzige zuverlässige Quelle für eine methodisch-wissenschaftliche Erkenntnis frühgriechischer Geschichte, aufweist, für das Urteil des Historikers über den Charakter einer Epoche nicht maßgeblich seien. Heuß spricht von einer »in den vergangenen Jahrzehnten herrschenden Neigung, Stilbegriffen der bildenden Kunst eine über ihr Herkunftsgebiet hinausgehende Gültigkeit zuzuschreiben« (S. 26). Ich kann von einer solchen Neigung nur wenig, ja eigentlich zu wenig entdecken. Liegt es wirklich, wie H. meint (a. O.), nur »im Wesen der bildenden Kunst, daß sie als in bestimmten, auch zeitlich abgegrenzten Stilen sich äußernd, Epochensignaturen gleichsam auf der Stirn trägt«? Es bedarf doch keines besonderen Nachweises, daß die Stilwandlungen der Kunstentwicklungen innerhalb der uns ausreichend bekannten Abschnitte der Weltgeschichte zugleich geistesgeschichtliche Umwälzungen widerspiegeln. Hat doch gerade ein Vertreter der Klassischen Archäologie wie E. Langlotz, um nur *ein* Beispiel hier anzuführen, auf die Zusammenhänge zwischen der von dem neuen Dionysoskult verursachten geistigen Revolution und dem Aufkommen des »orientalisierenden« Stils hingewiesen (Antike 8, 1932, S. 170ff.)! Die Kunst ist das Barometer eines Zeitalters, das Hoch- und Tiefstand anzeigt, das vor allen Dingen geistige Umschichtungen greifbar abbildet; und diese Umschichtungen sind die gleichen, die sich in den Bezirken des politischen, gesellschaftlichen und wirtschaftlichen Lebens auswirken[8]. Es scheint, als sei gerade für Heuß' Auffassung der archaischen Zeit als geschichtlicher Epoche der Begriff einer »vorklassischen« Kunst, die der klassischen als Einheit gegenüberstehe und deren »Phase« der historischen Epoche parallel verlaufe (a. O.), wesentlich mitbestimmend gewesen. Hier wie überall zeigt sich, daß der Historiker des Altertums nur nach enger Fühlungnahme mit der Kunstforschung und besonders der Klassischen Archäologie an die ihm in der Forschung gestellten Aufgaben herangehen darf, gerade wenn es ihm um

8. Dabei ist die Beurteilung eines Zeitalters nach seiner Kunst auf Grund der streng methodischen archäologischen Forschung alles andere als ein Geschmacksurteil und (gegen die kürzlich wieder von F. W. Walbank — in seiner Besprechung meines Buches, Journal of Hellenic Studies 68, 1948, 160f. — aufgegriffene Behauptung) viel weniger der Gefahr subjektiver Trübung ausgesetzt als das Urteil von den sozialen und ökonomischen Verhältnissen her. Zur Zeit dürfte es noch immer leichter sein, sich über die Kunst als über die Wirtschaft und Gesellschaft des archaischen Griechenland zu verständigen, es sei denn, man hält die ehedem zwischen K. Bücher und Ed. Meyer geführte Debatte bereits für abgeschlossen, wozu meines Erachtens einstweilen keinerlei Anlaß und wohl auch keinerlei Aussicht besteht. — Grundsätzliche Bemerkungen über die Verwertung der Kunst als »Instrument einer Tiefendeutung von Epochen« bietet jetzt H. Sedlmayr, Verlust der Mitte (Salzburg 1948) S. 8ff. 252.

die Charakteristik geschichtlicher Epochen geht. Die obenerwähnte Schwierigkeit, aus der Erscheinungswelt des politischen Lebens seit der Mitte des 7. Jahrhunderts eine ganze Gruppe bedeutsamer Faktoren als nicht mehr der archaischen Welt angehörig ausscheiden zu müssen, wäre für H. nicht aufgetreten, wenn er sich durch die archäologische Wissenschaft darüber hätte belehren lassen, daß das 8. und 7. Jahrhundert eine Epochenwende bedeuteten und dementsprechend die auf diese Wende folgende Zeit geistig nun durch eine tiefe Kluft von der zu ihr hinführenden getrennt war.

Lehrt die Betrachtung der archäologischen Hinterlassenschaft eindeutig, daß die von Heuß als Einheit behandelte Periode in Wirklichkeit aus zwei bzw. sogar drei deutlich voneinander geschiedenen Zeitaltern besteht, so läßt sich dieses Ergebnis von einer ganz anderen Seite her bestätigen, nämlich von der Verfassungsgeschichte. Es handelt sich hier um ein literarisches Zeugnis von hohem Range, um Aristoteles' knappe, aber inhaltsschwere Bemerkung im vierten Buche seiner »Politik« (10, 10 p. 1297b 16ff.) über den Entwicklungsgang der hellenischen Verfassungen. Nach ihr ist auf die ursprünglichen Königsherrschaften die *πολιτεία* der *πολεμοῦντες* gefolgt, und zwar zunächst die der *ἱππεῖς*, dann die der Hopliten. Die zeitliche Festlegung der *πολιτεία* der letztgenannten ergibt sich ziemlich klar aus dem Text: es ist die mit dem Aufkommen der Phalanxtaktik verknüpfte Timokratie. Phalangen werden bereits auf korinthischen Vasen des 7. Jahrhunderts v. Chr. abgebildet; die neue Taktik gehört zu den grundlegenden Voraussetzungen der Neuordnung Lykurgs in Lakonien[9]. Aristoteles spricht ausdrücklich vom Aufstieg der Stadtstaaten als Vorbedingung für die militärische Wandlung zum Hoplitenheer als neuem Kern der Streitmacht und für die hiermit verbundene Verbreiterung der staatstragenden Schicht, die Urform der Demokratie. Wir werden also für das Aufkommen dieses Verfassungstypus auf die große Wendezeit des 8.—7. Jahrhunderts verwiesen. Die *πολιτεία* der *ἱππεῖς* legte das Schwergewicht auf den Reiteradel, weil er für die Kriegführung den Ausschlag gab. Ausdrücklich weist Aristoteles auf den tiefgreifenden Unterschied zwischen dem Fußvolk der Phalanxzeit und dem dieser Ritterzeit hin. Dem letzteren seien taktische Gliederung und Erfahrung — wir können das präzisieren durch den grundlegenden Begriff »Disziplin« — unbekannt gewesen, so daß es für die Kriegführung so gut wie unbrauchbar war und die berittenen Einzelkämpfer die eigentliche Kampfkraft darstellten. Das ist der Zustand, den die homerischen Gedichte schildern und der sich von dem späteren genau so grundlegend unterscheidet wie die »Fußspießer« in der Blütezeit unseres mittelalterlichen Rittertums von dem

9. Vgl. die Darlegungen in meinem Buche »Grundlagen und Sinn der griechischen Geschichte« (1945) S. 227ff. Zur Aristotelesstelle vgl. ebenda S. 420.

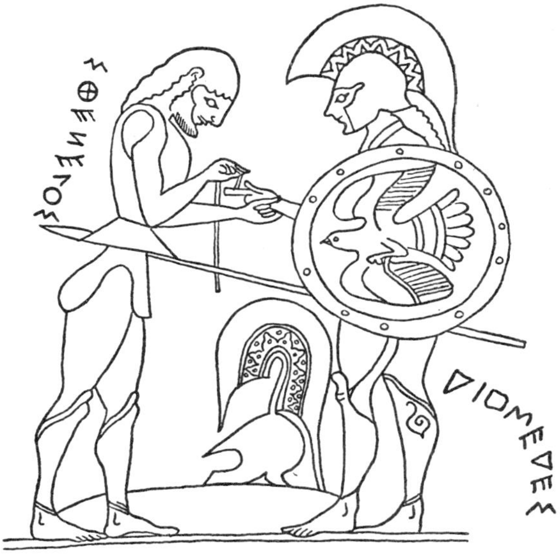

Abb. 1

schlachtentscheidenden Gewalthaufen der Schweizer und Landsknechte zu Beginn der Neuzeit. Mit diesem kriegerischen ist ein völlig veränderter politischer Stil verbunden. Dem Staat des heraufkommenden Bürgertums steht der des reisigen Kriegeradels, der ritterlichen Aristokratie, als sein Vorläufer gegenüber, der Poliszeit die Adelszeit[10]. Der Unterschied ist so tiefgreifend wie der der orientalisierenden Kunst von der geometrischen.

10. Es braucht kaum betont zu werden, daß auch hier wie bei allen geschichtlichen Epochen die Übergänge fließend waren und Überschneidungen usw. auftraten, weshalb man sich so gern verleiten ließ und läßt, nun die Epochenwenden ganz zu mißachten. Was wird nicht alles unter »Adelszeit« verstanden! Nur nebenbei sei vermerkt, daß die *ἱππεῖς* der Ritterzeit, also des sogenannten griechischen Mittelalters, nicht verwechselt werden dürfen mit dem späteren Reiterkorps. Daß zwischen beiden ein wesenhafter Unterschied besteht, wie zwischen unseren mittelalterlichen Rittern und der neuzeitlichen »Kavallerie«, zeigt der Name Hippeis für die Elitetruppe der spartanischen Phalanx, die zu Fuß focht. Vgl. Grundlagen S. 229. Über die spartanische und attische Reiterei der historischen Zeit siehe Kromayer-Veith, Heerwesen und Kriegführung der Griechen und Römer (1928), S. 39 und 53f. Nur in den kulturell zurückgebliebenen Gebieten der griechischen Welt, in Thessalien, Böotien und Euböa, spielte die Reiterei noch später eine erhebliche Rolle und war offensichtlich, wie die makedonische, ein Überlebsel aus der Zeit vor dem Aufkommen der Demokratien. Vgl. Kromayer-Veith S. 64. 95f. Daß die Hippeis der zweiten Schatzungsklasse Solons den Namen der alten »Ritterschaft« festhielten und in dieser Hinsicht neben die spartanischen Hippeis gehören, scheint mir (gegen Busolt-Swoboda, Griechische Staatskunde 2, 1926, S. 823)

In der Tat werden wir mit der πολιτεία der ἱππεῖς in das »geometrische« Zeitalter hinaufgeführt. Dieser Staat der πολεμοῦντες hebt sich trotz seiner scharfen Gliederung in die ἱππεῖς und die ὁπλῖται als zusammengehöriger Verfassungstypus von dem der vorangehenden βασιλεῖαι in Hellas ab. Diese ragten in großen Teilen der griechischen Welt bis in hellhistorische Zeiten hinein. So kann unter ihnen nicht lediglich das Königtum der mykenischen Periode zu verstehen sein, zumal dieses ja durch ein weithin gebietendes Oberkönigtum bzw. Großkönigtum, wie das des Agamemnon in der Heldensage, besonders charakterisiert wird[11], sondern offenbar die Verfassung des Zeitalters, das uns kunstgeschichtlich in den Funden des submykenischen und protogeometrischen Stils entgegentritt. Wie man sieht, lassen sich das archäologische Bild der frühgriechischen Entwicklung mit seinen drei Perioden von 1200/1150 — etwa 900, von etwa 900—750/650 und von da ab bis zur Geburt der Klassik und das unstreitig auf beste Überlieferung zurückgehende Zeugnis des Aristoteles über den Gesamtablauf der älteren griechischen Verfassungsentwicklung unschwer miteinander in Übereinstimmung bringen. In der kunstgeschichtlichen Epochengliederung spiegelt sich die Struktur des Gesamtverlaufs der älteren Geschichte von Hellas. Soll die Erforschung der archaischen Zeit Griechenlands als geschichtlicher Epoche in richtige Bahnen gelenkt werden, muß zunächst einmal dieser Struktur gebührend Rechnung getragen werden. Eine Behandlung der älteren griechischen Geschichte von 1200 bis zu den Perserkriegen als zeitlicher Einheit, wie sie Heuß versucht hat, mengt ganz heterogene Dinge durcheinander und versucht mehr oder weniger krampfhaft, sie auf einen gemeinsamen Nenner zu bringen. Sie verunklärt statt aufzuhellen. Es hat wenig Sinn, auf die in ihr vertretenen Thesen im einzelnen einzugehen, wenn sich herausgestellt hat, daß das Fundament nicht tragfähig ist, auf dem der luftige Bau errichtet wurde.

evident, wenn man die bescheidene militärische Rolle und die niedrigen Zahlen der attischen Reiterei seit dem Aufkommen der Demokratie bedenkt (siehe Kromayer-Veith a. O. S. 45. 52f.).

11. Vgl. dazu meine »Grundlagen« S. 207ff. 413ff. — Neuerdings erklärt F. Matz in seiner schönen, reichhaltigen Behandlung der Ägäis im zweiten Band des Handbuches der Archäologie von Otto und Herbig (1950) S. 303, die Annahme eines mykenischen »Großreiches« habe sich als kaum noch haltbar herausgestellt, und beruft sich dafür auf einen Aufsatz von W. Otto aus dem Jahre 1932! Andererseits erkennt er eine Vormachtstellung der Herren von Mykene und Tiryns über die Inseln und Teile der kleinasiatischen Küste in Übereinstimmung mit der Sagenüberlieferung und den Bodenfunden an. Matz' Behauptung, das in meinem Buche entworfene Bild entferne sich in wesentlichen Stücken weit von der gegebenen Grundlage der archäologischen Quellen (S. 179), hat mich überrascht, wo mir Walbank (siehe oben S. 201 Anm. 8) gerade vorhält, ich hätte mich zu stark von Archäologie und Kunstgeschichte leiten lassen. Ich habe mich allerdings von der bislang üblichen Ausdeutung des Fundmaterials zuweilen weit entfernen müssen, aber, wie ich hoffe, nicht von den Quellen.

Abb. 2

4.

Die Frage kann nun gestellt werden, welcher der drei durch das Fundmaterial und durch ein erstrangiges literarisches Quellenzeugnis gesicherten Perioden der Name »archaisch« zukommt. Erhält eine von ihnen diesen Namen, so können unmöglich die anderen, zu dieser in fühlbarem Gegensatz stehenden, von ihm mitumfaßt werden. Der Name »archaisch« selber hat sich so fest eingebürgert, daß er als terminus technicus unentbehrlich geworden ist. Bekanntlich entstammt er der Kunstbetrachtung. Der klassizistische Geschmack der Goethezeit empfand die vorklassischen Plastiken als »altertümlich« und wollte damit zum Ausdruck bringen, daß sie zum hellenisierenden Kunstschaffen seiner eigenen Gegenwart in keiner maßgeblichen Beziehung stehen könnten. Später änderte sich die künstlerische Einstellung; das Klassische trat zurück, so sehr, daß es im letzten Menschenalter fast wiederentdeckt werden mußte, und das historisch gestimmte Empfinden begeisterte sich für das Anfangshafte, Primitive, als das ihm die griechische Kunst namentlich des 6. Jahrhunderts v. Chr. erschien. »Archaisch« war ein Wertbegriff geworden und rückte in die Nähe dessen, was man in der zeitgenössischen Kunstübung des 20. Jahrhunderts »modern« nannte. Damit hängt zusammen, daß von der Altertumswissenschaft die inzwischen entdeckten, noch nicht zu monumentaler Form gelangten *Vor*stufen der Kunst des 6. Jahrhunderts paradox genug nicht mehr als »archaisch«, im Sinne von »altertümlich, den Anfängen nahestehend«, bezeichnet wurden, sondern als »orientalisierend«, als ob nun die spezifisch »archaischen« Werke des 6. Jahrhunderts keine orientalisierenden Züge aufwiesen und die orientalisierende Kunst nicht anfangshafter, eben archaischer als die archaische des 6. Jahrhunderts wäre, von der geometrischen ganz zu schweigen! Für die Geschichte der griechischen Kunst ist jedoch seitdem der Begriff »archaisch« fest mit der Monumentalkunst der Zeit vor den Perserkriegen verbunden. Daran wird man nichts ändern wollen, mag auch die ursprüngliche Bedeutung des Wortes nun fast verlorengegangen sein.

Für den Historiker kann die archaische Zeit Griechenlands also nur die letzte der oben festgestellten drei Perioden der griechischen Frühgeschichte sein. Es ist das Zeitalter, das mit dem es beherrschenden Widerstreit zwischen »Demokratie« und »Tyrannis«, zwischen Freiheit und Gebundenheit im staatlichen, wirtschaftlichen, geistigen und religiösen Leben, dem Bilde der in ihm erblühten, nicht minder spannungsreichen »archaischen« Kunst vollkommen entspricht[12]. Aus dieser Parallele erhellt zugleich, wie unzutreffend und subjektiv die noch immer begegnende, unserem subjektiven Empfinden entspringende Bewertung der Archaik als einer Art Kindheitsperiode griechischer Kunst ist. Nicht um kindliche Anfänge handelt es sich bei ihr, die dann doch einer von außen kommenden Leitung und Erziehung bedurft hätten, wie sie die frühe mykenische Kunst von seiten der minoischen und orientalischen erhielt, sondern um den Anbruch einer Reifezeit. Gerade die enge Anlehnung an den Orient in der Archaik beweist dies, handelt es sich bei ihr doch in der Hauptsache nicht um ein erstes stammelndes Lernen, sondern um das freie Schalten mit einem frei gewählten Ideal, wie es nur bedeutenden, ausgereiften Künstlern möglich ist. Wer einmal reife »archaische« Skulpturen oder Tempel im Original gesehen hat, wird im Ernste nicht mehr daran denken, sie als etwas Anfangshaftes anzusprechen. Man nehme zeitgenössische Erscheinungen aus dem Bereiche der Dichtung und des Staatslebens hinzu: wer wird die Gedichte eines Archilochos oder Alkäos oder gar einer Sappho, wer wird vor allem eine Gestalt wie die Solons von Athen als ‚Vorstufen' betrachten wollen? Reife und Vollendung, in ihrem Können wie in ihrer Menschlichkeit, sind die Kennzeichen solcher Menschen, in denen sich das »archaische« Zeitalter als das der ‚Sieben Weisen' besonders sichtbar

12. Vgl. meine Grundlagen S. 225 ff. Damit kommen wir zu einer Rekapitulation der communis opinio. Letzteres scheint Heuß, wie seine Bemerkung S. 50 Anm. 15 gegen H. Bengtson zeigt, a priori abzulehnen. Wie aber, wenn die communis opinio recht hat? Und das hat H. Bengtson mit seiner oben S. 196 Anm. 1 zitierten sorgfältigen Kritik an H. Berves »Miltiades« gehabt; darüber ist meines Erachtens kein Zweifel möglich.

Abb. 3

verkörperte. Die Dimensionen früher Tempelanlagen und Statuen, die Größe mancher technischen Leistung der Zeit, die Kraft und der Wohlklang »archaischer« Poesie, die in der unendlich folgenschweren Geburt der Philosophie gipfelnde geistige Entwicklung, schließlich die Frühformen des spezifisch hellenischen Polis-Staates sind alles andere als anfangshaft, so wenig wie es die Qualität archaischer Marmorfiguren und Tempel ist. Auch das Nebeneinander des Strebens nach »Disziplin«, nach Einordnung in ein Staatswesen, und des Erwachens und der freien Entfaltung der Einzelpersönlichkeit ist in keiner Weise Kennzeichen von Unreife und Primitivität, sondern eines Ringens um höchste menschliche Werte, um die Konstituierung einer neuen Welt, ‚Europas'. Man könnte bald versucht sein zu fragen, was schwieriger und bedeutsamer gewesen sei: Europa zu verteidigen und zu vollenden — die Leistung der Klassik — oder es überhaupt erst zu schaffen — das Werk der archaischen Epoche!

Eben in diesem welthistorischen Sinngehalt: Schaffung, Verteidigung und Vollendung des vorchristlichen ‚Europa' als einer neuen Form der Hochkultur, schließen sich archaische Periode und Klassik zu einer Einheit sowohl gegenüber dem »griechischen Mittelalter« wie der hellenistischen »Moderne« zusammen, von denen jene ja noch auf dem Wege zum »Hellenentum« ist (ein Begriff, der bekanntlich damals noch gar nicht existierte), während diese bereits über es hinausschreitet. Das Kennzeichen der archaischen wie der klassischen Epoche im politischen Leben ist der Polisstaat und die nur mit ihm gegebene und in ihm möglich gewordene Entwicklung der Demokratie. Hierin ist unser Urteil streng durch die Zeugnisse aller unserer Quellen gebunden; wer den reinen Stadtstaat »seinem Wesen und seiner politischen Zielstrebigkeit nach« als im Grunde negatives Phänomen ansieht, wie es auch wieder bei Heuß S. 44 durchklingt, verbaut sich den Zugang zum Verständnis der griechischen Geschichte. Ich darf mir ersparen, an dieser Stelle darauf einzugehen, und auf mein bereits zitiertes Buch verweisen, in dem hierüber ausführlich gehandelt worden ist.

5.

Wohl aber seien einige Bemerkungen gestattet zu dem vielbesprochenen Problem »Orient und Griechentum«, das mit der Frage nach dem Charakter des sogenannten archaischen Zeitalters und seiner Kultur aufs engste verknüpft ist. Archaische und klassische Kultur und Kunst, durch zahlreiche Gemeinsamkeiten zu einer Einheit zusammengeschlossen, unterscheiden sich dennoch tiefgreifend voneinander. Das tritt besonders deutlich hervor in ihrer Stellung zum orientalisierenden Ideal, das die große Wendezeit des 8./7. Jahrhunderts v. Chr. aufgerichtet und dem geometrischen erfolgreich entgegengestellt hat. Während die Klassik, in deren Kunst die perspektivische Seh- und Darstellungsweise sich voll durchsetzt, dieses Ideal überwindet und sich ihm als Siegerin über das Morgenland und Retterin Europas weitestgehend entzieht, spielt es umgekehrt in der ‚Archaik' eine entscheidend wichtige Rolle auf allen Lebensgebieten. Was an archaischer Plastik und Architektur einer isolierenden Betrachtung als anfangshafte Unbeholfenheit, Starrheit und Gebundenheit erscheint, ist in Wahrheit großenteils die Auswirkung jenes mit dem 8. Jahrhundert hervortretenden orientalisierenden Ideals, wie denn überhaupt die Verbindung zwischen Hellas und dem Orient bis zum Ausgang des 6. Jahrhunderts ganz lebendig geblieben ist. Wie künstlerische Anregungen und Vorbilder, so kamen vom Morgenlande auch tief in das Leben eingreifende wirtschaftliche Neuerungen, wie die Münzprägung der Lyder, in die hellenische Welt. Der »orientalisierende« Staat in der Epoche war die Tyrannis, mit ihrem offensichtlich aus Lydien übernommenen Namen. Heuß meint zwar (S. 45f.), die ältere Tyrannis sei eine Fortsetzung des

Abb. 4

Adelsregimes gewesen; aber die zahlreichen Einschränkungen, die er gleichzeitig zu dieser These macht, lehren schlagend, daß sie verfehlt sein muß, zeigt doch schon die erbitterte Feindschaft, die zwischen Adel und Tyrannen überall bestand, zur Genüge, wie wenig eins mit dem anderen zu tun gehabt haben kann. Es ist nur ein scheinbarer Widerspruch, wenn »als Ergebnis dieser Epoche selbstgewollter Bindung an das fremde Ideal . . . die völlige Befreiung der hellenischen Schöpferkraft und Eigenart, als reife Frucht der Archaik ihr Gegenpol, die Klassik, als entscheidende Leistung der orientalisierenden Epoche die Geburt der klassisch-europäischen Hochkultur vor uns steht«[13]. In Wirklichkeit entsprach der wie ein Umweg anmutende und von vielen Fachleuten und Laien unwillkürlich noch immer als solcher angesehene Weg über die Vorbilder Vorderasiens und Ägyptens nur dem indogermanisch-weltoffenen Wesen des Griechen-

13. Grundlagen S. 226.

tums, auf dem allein es zu einer eigenen, jenen Urkulturen der Menschheit ebenbürtigen, ja bald sogar überlegenen Hochkultur zu gelangen vermochte[14]. Wer den Geist der archaischen Epoche erfassen und charakterisieren will, darf meines Erachtens an dieser Grundtatsache nicht vorübergehen oder vorbeisehen. Es genügt nicht, nur das Ergebnis des großen geistesgeschichtlichen Prozesses zu betrachten und zu unterstreichen. Das hat schon Philippos von Opus in dem vielzitierten Satz der Epinomis (987 d) unübertrefflich einfach und klar gesagt: *λάβωμεν δὲ ὡς ὅτιπερ ἂν Ἕλληνες βαρβάρων παραλάβωσι, κάλλιον τοῦτο εἰς τέλος ἀπεργάζονται*. Mindestens so wesentlich, wenn nicht noch wesentlicher — und jedenfalls dem historisch Forschenden gemäßer — ist die Aufgabe, den Ablauf jenes Prozesses so weit wie möglich zu rekonstruieren.

G. Karo hat es einst (a. O. S. 106) für »eine der bedeutendsten und zugleich der schwersten Aufgaben antiker Kultur- und Kunstgeschichte« erklärt, »den ältesten Einflüssen des Orients auf Griechenland nachzuspüren«, und festgestellt, daß »der Kern des ganzen Problems, die Frage nach der Bedeutung des Orients für althellenische Kultur und Kunst, noch keineswegs gelöst« sei, »trotz zahlreicher und oft vortrefflicher Vorarbeiten und Einzelstudien«. Seitdem diese Sätze geschrieben wurden, ist bald ein Menschenalter vergangen, aber sie haben ihre Aktualität behalten und stellen eine dringende Mahnung an die Altertumsforschung dar, die hier, wenn überhaupt, einen Einblick in die Besonderheit »europäischer« Seelenverfassung zu nehmen vermöchte. Unsere Kenntnisse der Beziehungen zwischen Orient und Griechentum haben sich ganz erheblich erweitert; Zusammenhänge sind aufgedeckt worden, die man ehedem nicht einmal ahnen konnte, und mit ihnen wurde das Bild des archaischen Hellas immer farbenprächtiger und reicher.

Um so überraschender wirkt es, wenn wieder und wieder skeptische Stimmen laut werden, die die Bedeutung des Alten Orients für die Herausbildung der spezifisch hellenischen Kultur seit dem 8. vorchristlichen

14. Vgl. a. O. S. 252. — Walbank rügt die in meinen Grundlagen (S. 200 und sonst) angeführten Vorzüge der »indogermanischen Seele« als unbescheiden(!) und als Auswirkung von 15 Jahren under the insidious influence of the Blut und Boden school (a. O. S. 161). Hätte er genauer hingesehen, so hätte ihm nicht entgehen können, daß meine Ausführungen eine unmißverständliche Polemik gerade gegen jene »Schule« enthielten. Wenn er sich schon mit ihr befaßte, hätte er den Katalog der angeblichen Tugenden, die sie der »indogermanisch-nordischen Rasse« zuschob und die in der Richtung von Nietzsches »Herrenmoral der blonden Bestie« lagen, mit den von mir gegebenen vergleichen sollen. — Will W. die Indogermanen gegen allen geschichtlichen Augenschein auf ein und dieselbe Stufe stellen mit Hunnen, Awaren, Tataren usw. usw.? Will er es mit dem großen Gegenspieler der indogermanischen Völkerfamilie, den Semiten, ebenso machen? Er wirft mir Mystizismus vor, ich ihm — gelinde gesagt — Oberflächlichkeit. Mögen wir uns beide irren!

Abb. 5

Jahrhundert auf ein Minimum reduzieren oder gar ganz leugnen möchten. Hervorgerufen werden sie zumeist durch einen Übereifer, der nach orientalischen »Einflüssen« im frühen Griechentum fahndet und erhebliche Teile hellenischer Kultur einfach aus dem Orient herleitet. Seit der scharfen Kritik, die Oswald Spengler an der Einflußtheorie übte[15] und die seitdem weithin, namentlich in der archäologischen Literatur — zumeist ohne Quellenangabe — begegnet, sollte man möglichst vermeiden, von »Einflüssen« zu sprechen, und statt dessen den wesentlich zutreffenderen Terminus »Übernahme« (o. ä.) verwenden. Aber es unterliegt keinem Zweifel, daß darüber hinaus das Pendel bedenklich zur Gegenseite hin ausgeschlagen ist. Spengler meinte, das griechische Formwollen habe den altorientalischen Kunstbeständen (sic!) einige Merkmale entnommen, die es auch ohne sie in irgendeiner Art gefunden hätte. Man habe von dem toten Bestand,

15. Untergang des Abendlandes 2 (1922) S. 65ff.

den man vor sich hatte, nur das wenige wirklich gesehen, was man wünschte, und zwar so, wie man es wünschte, etc. Kürzlich hat von archäologischer Seite her M. Wegner[16] erklärt: »Man begreift nur, was der eigenen Anlage gemäß und seiner Entwicklung zugänglich ist, findet nur, was auf dem Wege liegt, den man eingeschlagen hat«. So einleuchtend solche Formulierungen auch klingen mögen, so wenig darf übersehen werden, daß sie alles andere als erwiesener Besitz der Wissenschaft sind. Es sind Glaubensbekenntnisse derer, die sie aussprechen, mehr nicht. Hat die Feststellung der Herkunft von Kulturgütern wirklich nur, wie Wegner meint, ein statistisches Interesse für die Erhellung politischer und wirtschaftlicher Völkerbeziehungen? Oder eröffnet sie uns einen Einblick in die Geschichte des Geistes, dessen Weg dem oberflächlichen Blick so häufig als überflüssiger, zufallsbedingter »Umweg« erscheinen will? Stehen sich hier nicht zwei Betrachtungsweisen gegenüber: die archäologische, die auf das *Wesen*, und die historische, die auf das *Werden* abzielt?

Jede neue Ausgrabung auf morgenländischem Boden belehrt uns über die Lückenhaftigkeit unseres Wissens und unseres Quellenmaterials. Die jüngst erfolgte Aufdeckung zahlreicher reliefgeschmückter steinerner Orthostaten aus dem ausgehenden 8. Jahrhundert v. Chr. in dem durch seine umfangreichen phönikisch-hieroglyphenhethitischen Bilinguen rasch berühmt gewordenen Karatepe im kilikischen Taurusgebiet hat neben vielen anderen Überraschungen Darstellungen von Leiern geliefert, die von den bislang aus den orientalischen Funden bekannten abweichen, dafür aber auf griechischem Gebiet geradezu verblüffende Parallelen haben. M. Wegner, der diese Funde offenbar noch eben vor Abschluß der Drucklegung seiner verdienstvollen Studie über die Musikinstrumente des Alten Orients (1950) auswerten konnte, stellte mit Recht fest, daß von griechischen Einwirkungen in diesem Raum zu so früher Zeit nicht die Rede sein kann. Er möchte daher die Ähnlichkeit nicht durch ost-westliche Beziehungen, sondern durch Konvergenz erklären und erinnert daran, daß im 2. Jahrtausend mykenische Einflüsse bis in den phönikischen und nordsyrischen Raum gelangten. Sie seien der gemeinsame Ausgangspunkt einer

16. In seinem gehaltvollen Büchlein über »Die Musikinstrumente des Alten Orients« (1950) S. 8. Wenn W. hier die Stärke »junger Völker« und den »Zugriff« als »eigenmächtige Tat« feiert, so ist mir bei solchen Formulierungen, offen gestanden, ebensowenig wohl, wie wenn ich jetzt bei Fr. Matz in seiner sonst so trefflichen Kunstgeschichte wieder von der »blutmäßigen Bedingtheit« künstlerischer Formen lese. Wir haben schaudernd miterleben müssen, wie man in der Hitlerzeit von der Stärke »junger Völker« redete — nein, brüllte, und wie man sie unter Berufung auf ihr angebliches »Blutserbe« zum »Zugreifen« und zur scheußlichen »eigenmächtigen Tat« aufrief und verführte. Der moralische und materielle Scherbenberg, den der so in Angriff genommene »Neubau« hinterließ, sollte doch endlich zu einer Überprüfung zumindest unseres Vokabulars Anlaß geben.

Abb. 6

unter verwandten Bedingungen selbständig und unabhängig voneinander erfolgten Formentwicklung in Ost und West gewesen[17]. Damit wäre man der Verpflichtung enthoben, direkte Beziehungen im 8. Jahrhundert anzunehmen, bei denen das Hellenentum der nehmende Teil gewesen wäre. So künstlich die Hypothese Wegners anmutet, so wenig kann sie widerlegt werden, da archäologisches Fundmaterial mehrdeutig ist und fester Boden nur von einer zuverlässigen schriftlichen Überlieferung aus zu gewinnen ist[18]. Eine solche Überlieferung ist weder für die Geschichte der Leier

17. S. 57f. Daß der Nachweis der stufenmäßigen Entwicklung einer Form, wie sie Wegner als Argument ins Treffen führt, nichts gegen das Vorliegen eines fremden Vorbildes zu beweisen vermag, macht Matz, Geschichte der griechischen Kunst 1, S. 387 am Beispiel früharchaischer steinerner Becken deutlich.

18. Vgl. dazu E. Wahle, Zur ethnischen Deutung frühgeschichtlicher Kulturprovinzen. Sitzungsberichte der Heidelberger Akademie der Wissenschaften 1942.

noch für die der Säule etc. vorhanden[19]. Will man Klarheit gewinnen, ob bei den griechisch-orientalischen Berührungen echte Übernahme oder bloße Konvergenz zweier Entwicklungsreihen vorliegt, — und das bedeutet: ob es sich bei der Herausbildung der griechischen Kultur nur um die Entfaltung einer pflanzenhaft aufwachsenden »Kulturseele« im Sinne Spenglers (und damit um ein keinem wissenschaftlichen Einblick zugängliches Wunder) handelte oder um einen geistesgeschichtlichen Lern- und Schaffensprozeß, der wissenschaftlich erkennbar und dem abendländischen Menschen noch heute im Grundsätzlichen nachvollziehbar ist[20] —, so muß man Ausschau halten nach einem Kulturgut, für dessen Herkunft und Verbreitung zuverlässige schriftliche Kunde vorliegt. Ein solches können wir erblicken in dem als besonders charakteristisches Kennzeichen hellenischer Waffenrüstung und sprechendes Zeugnis hellenischen Schönheitssinnes allbekannt gewordenen griechischen Helmbusch. Auch für die Genesis dieser eigenartigen, aus dem Bilde griechischer Kunst gar nicht wegzudenkenden Schöpfung haben die neuen Ausgrabungen vom Karatepe überraschende Aufschlüsse erbracht, deren Auswertung dringend geboten erscheint[21].

6.

Die mächtige, fast halbkreisförmig über die Helmkappe griechischer Kriegerfiguren sich hinziehende »Raupe« aus Roßhaaren, die in einem prachtvollen, bis fast zu den Hüften herabreichenden Schweif ihren Abschluß findet, unterscheidet sich — namentlich hinsichtlich ihrer künstlerischen Durchbildung — so erheblich von allem, was man sonst als Helmschmuck kennt, daß sie seit dem Aufstieg des Hellenentums zur Weltgeltung mit der Kolonisation der Mittelmeerküsten überall dort, wo sie angetroffen wird, ein sicheres Kennzeichen für das Vorliegen griechischer Einflüsse bietet. Es darf als gesichert gelten, daß sie in der ganz eigenartigen Form, die mit dem 8. Jahrhundert vor uns steht, nirgends, vor allem im westlichen Mittelmeerraum, sich unabhängig entwickelt hat.

19. Es sei daran erinnert, daß ein Kenner wie H. Schrader sich bemühte, Beziehungen zwischen dem Typ der sogenannten Apollofigur und ägyptischen Statuen abzustreiten; vgl. die instruktive Erörterung auf S. 17 seines Büchleins über „Archaische griechische Plastik" (1933).

20. Die französische Sprache gestattet, beide Formen als *développement* und *évolution* voneinander zu scheiden, wo wir im Deutschen nur von »Entwicklung« reden.

21. Abbildungen der in Frage kommenden Reliefplatten bietet in der mir zugänglichen Literatur der kurze Grabungsbericht von Halet Çambel, Oriens 1 (1948) S. 147ff., Taf. Va, VIIb und IXa sowie der erste Vorbericht von H. Th. Bossert unter anderem über die Ausgrabungen auf dem Karatepe (Karatepe Kazilari, Ankara 1950), Taf. XIII 64 und 69 (= Oriens 1, Taf. VIIb), dessen Kenntnis ich der Freundlichkeit F. W. Dörners verdanke.

Abb. 7

Eben deshalb ist sie als ein über den engen Gebrauchszweck einer bloßen Verstärkung und Vergrößerung des Helms hinausgehobenes Formelement in die Reihe dekorativer Schöpfungen aufzunehmen, deren Entwicklungsgeschichte Fingerzeige liefert für das Werden der künstlerischen Formensprache des Griechentums. Wie intensiv der hellenische Geschmack an der Durchbildung dieser Form arbeitete, lehrt das archäologische Material auf Schritt und Tritt. Es spricht sich auch darin aus, daß die Aufgabe, die prächtige Raupe mit dem Helm zu verbinden, ursprünglich in doppelter Weise gelöst worden ist (Abb. 1). Einmal liegen der Busch und der ihn tragende Bügel auf der Helmkappe auf. Es ist die Form der Anbringung, die sich in klassischer Zeit überall durchgesetzt hat, offenbar weil sie die zweckmäßigste war und — mit Recht — als schönste empfunden wurde. Sie begegnet bereits auf den frühesten hellenischen Denkmälern, insonderheit den protokorinthischen Vasen. Neben ihr tritt eine zweite Art auf, bei der der Buschträger nur mit dem unteren Ende auf der Helmkappe fest aufsitzt und sich im übrigen in mehr oder weniger steilem Bogen frei über ihr emporrichtet. Der in solcher Weise hochgeführte Bügel brachte die mächtige Helmraupe noch stärker zur Geltung. Diese zweite, frei emporragende Form des *λόφος* kommt, soweit ich sehe, nur in vorklassischer Zeit vor. Sie steht der ihr vorangehenden Form der geometrischen Zeit, der in die Spitze der Helmkappe eingelassenen, sich oben verjüngenden Röhre, in die der Busch gesteckt wurde[22], am nächsten.

Der Raupenhelm erscheint bekanntlich auch auf vorderasiatischen Denkmälern des ersten vorchristlichen Jahrtausends, vor allem in Assyrien und dem späthethitisch-nordsyrischen Kreise. Und zwar treten bei ihm die beiden Arten der Verbindung von Helmraupe und Helmkappe auf, die aus Hellas bekannt sind. Es kann deshalb kein Zweifel sein, daß hier Beziehungen zwischen Westen und Osten vorliegen müssen, die diese Gleichartigkeit allein zu erklären gestatten. Der nächstliegende Gedanke wäre, in den vorderasiatischen Kriegerfiguren mit Raupenhelm Darstellungen griechischer, speziell jonischer Söldner zu erblicken. Solche meint W. Andrae in Reliefs aus der Zeit des Assyrerkönigs Sanherib erkennen zu sollen[23] (Abb. 6 und 7). B. Meißner machte darauf aufmerksam[24], daß diese Helmform bereits auf Reliefs aus der Zeit Tiglatpilesers III. (745—727 v. Chr.) auftritt. Damit kommen wir in chronologische Schwierigkeiten, da für so frühe Zeit keinerlei Zeugnisse für die Anwesenheit jonischer Reisläufer im Orient vorliegen. Außerdem ist der Raupenschmuck der assyrischen Helme ganz wesentlich schmaler und kleiner als der der griechischen, ist mehr bürstenförmig; der für den hellenischen Helmbusch charakteristische mehr oder weniger lang herabhängende Schweif fehlt in der überwiegenden Mehrzahl der Fälle oder ist zu einer Art von Bändchen verkümmert, das vom Ende der hochgestellten Raupe gerade bis zur Mitte der Helmkappe herabhängt[25]. Daß bei der Genauigkeit der assyrischen Darstellungen auch die Bewaffnung originalgetreu wiedergegeben ist, kann schwerlich bezweifelt werden. Die assyrische Tracht, vor allem Haar- und Barttracht, die die Krieger mit dem Raupenhelm tragen, spricht doch wohl dagegen, in ihnen »Fremdvölker« sehen zu wollen. Viel größer ist die Ähnlichkeit der auf den späthethitischen Skulpturen von Karkemisch (Abb. 9) und jetzt vom Karatepe (Abb. 5 und 8) dargestellten Helm-

22. Vgl. E. Kukahn, Der griechische Helm (1936) S. 50; F. Krischen, Homerische Helme, Philologus 97 (1948) S. 184ff.

23. Das wiedererstandene Assur (1938) S. 3 und 38; Handbuch der Archäologie 1 (1939) S. 270 Anm. 1. Ebenso F. Wetzel, Assur und Babylon (1949) S. 44.

24. Deutsche Literatur-Zeitung 1939, Sp. 228.

25. Vgl. die Abbildungen im Handbuch der Archäologie 1, Tafel 170, 2 und bei Wetzel a. O. S. 43.

Abb. 8

buschformen mit griechischen, die schon den Gedanken an eine Leibgarde der betreffenden Fürsten aus jonischen Söldnern nahelegen konnte. Leider ist die Datierung dieser Reliefs nicht gesichert. Während V. Christian[26] für die Karkemisch-Reliefs an die Mitte des 9. Jahrhunderts denken wollte, sind andere Sachkenner bis in das 8. Jahrhundert herabgegangen[27]. Der Untergang des Reiches von Karkemisch im Jahre 717 bildet den terminus ante quem. Die Reliefs vom Karatepe gehören aller Wahrscheinlichkeit nach in die Zeit zwischen 732 und 715 v. Chr.[28]. Erst etwa ein halbes Jahrhundert später sind jonische und karische Söldnertruppen in Ägypten erschienen, entsandt vom Lyderkönig Gyges an Psammetich I., um diesen

26. Archiv für Orientforschung 1933, S. 13.

27. A. Moortgat, Die bildende Kunst des Alten Orients und die Bergvölker (1932) S. 110; »vielleicht schon 8. Jahrhundert«: H. Th. Bossert, Alt-Anatolien (1942) S. 73.

28. Vgl. Bossert, Oriens 1 (1948) S. 191.

bei seiner Erhebung gegen die assyrische Herrschaft wirkungsvoll zu unterstützen. Die Neuheit dieses Faktors spiegelt sich in der Geschichte von den »ehernen Männern aus dem Meere«, die Herodot (2, 152) berichtet. Sie wäre nicht zu begreifen, wenn damals solche Reisläufer zu ganz geläufigen Erscheinungen gehört hätten. Jedenfalls hat ihre kriegerische Kraft maßgeblich dazu beigetragen, die Assyrer aus dem Nillande zu vertreiben. Dagegen ist die befestigte Anlage auf dem Karatepe nach Ausweis der Grabungen noch vor ihrer Fertigstellung den Assyrern erlegen, was nicht gerade von hohem militärischem Wert der angeblichen Söldner zeugen würde. Auf einem der sehr roh gearbeiteten Reliefs vom Karatepe[29] trägt der in adorierender Haltung vor einem Gotte dargestellte Fürst den Raupenhelm; das verbietet eigentlich, an eine fremdländische Tracht zu denken. Wäre der im langen Rock Dargestellte ein Söldnerführer jonischer oder karischer Abkunft, so würde unter den zahlreichen Inschriften, die die Grabungsstätte geliefert hat, wohl auch das Griechische zu erwarten sein, so wie sich Jonier und Karer unter Psammetich II. am Ramsestempel von Abu Simbel schriftlich verewigt haben. Ins Gewicht fällt auch, daß die Helmraupen von Karkemisch und vom Karatepe bei aller zunächst ins Auge fallender Ähnlichkeit doch von den griechischen durch beachtliche Unterschiede getrennt sind (vgl. unten S. 221ff.).

7.

Von entscheidender Bedeutung ist nun die Einsicht, daß die schrittweise Entwicklung des Raupenhelmes auf altmorgenländischem Boden zu beobachten ist[30], ohne daß man griechischer Einwirkungen für sie bedürfte. Vor allem ist diese Helmform in Assyrien nicht einheimisch, wo vielmehr noch im 9. Jahrhundert unter Assurnasirpal II. und Salmanassar III. auf den Monumenten in der Regel der buschlose Spitzhelm erscheint, der offenbar aus altbabylonischen Formen entwickelt worden ist[31] und sich in der Spätzeit, namentlich auf den Reliefs Assurbanipals, wieder voll durchgesetzt hat[32]. Dafür tritt der Raupenhelm auf den um 848 v. Chr. geschaffenen assyrischen Bronzetoren von Imgur Enlil-Balawat aus der Regierungszeit Salmanassars III. als besonderes Kennzeichen der Urartäer auf[33]. Ihre Helme tragen niedrige, kurze Raupen ohne Schweif, die fest auf der

29. Oriens 1, Taf. VIIb (= 1. Vorbericht Taf. XIII 69).

30. Vgl. dazu H. Bonnet, Die Waffen der Völker des Alten Orients (1926) S. 205ff.

31. Bonnet a. O. S. 203f.

32. Nur ganz selten erscheinen damals noch Helme mit hochgestellter Raupe, z. B. bei einem Krieger aus Assurbanipals Heer in der Araberschlacht; B. Meißner, Die Kultur Babyloniens und Assyriens (1925) Tafelabb. 32.

33. Abbildungen u. a. bei Bossert, Altanatolien S. 318 Nr. 1209f.; Bonnet, a. O. S. 206 Abb. 102c.

Abb. 9

Kappe aufliegen (Abb. 10). Bekanntlich sind die Urartäer in der Folgezeit zu den gefährlichsten Rivalen der Assyrer geworden und haben ihnen von ihrem Reiche im südlichen Armenien aus sogar den Vorrang in Vorderasien streitig machen können[34]. Erst Tiglatpileser III. konnte in der zweiten Hälfte des 8. Jahrhunderts die Übermacht der ebenso zähen wie gefährlichen Gegner brechen. Unter ihm erscheinen die Raupenhelme zuerst im Assyrerheere, und zwar in einer Form, die nur als Versuch einer Vereinigung der neuen Helmzier mit dem alteinheimischen Spitzhelm zu begreifen ist. Schon längst hat man diesen Sachverhalt dahin gedeutet, daß die Assyrer die Helmraupe aus Urartu-Ararat übernommen haben[35]. Dabei entwickelten

34. Vgl. A. Götze, Hethiter, Churiter und Assyrer (Oslo 1936) S. 103f. 172ff.
35. J. Hunger, Heerwesen und Kriegführung der Assyrer (1911) S. 15; Bonnet, a. O. S. 206f.

sie eine Verbindung von Raupe und Helm, die lebhaft an den älteren der beiden oben charakterisierten griechischen Typen gemahnt.

Der Raupenhelm ist also bereits für das 9. vorchristliche Jahrhundert in einem Gebiet bezeugt, dessen Kultur in engem Zusammenhang mit dem hethitisch-hurritischen Kreise erwachsen ist[36] und damit seinem Ursprunge nach älter als die griechischen Formen, deren früheste Vertreter nicht über das 8. Jahrhundert hinaufgehen. Sind nun die prächtigen Exemplare solcher Helme, die nach Ausweis der Funde von Karkemisch und vom Karatepe im späthethitischen Nordsyrien und Kilikien in Gebrauch waren, von den urartäischen abhängig, wie H. Bonnet meinte[37]? Das ist schwerlich der Fall, muten doch die niedrigen Raupenkämme, denen der für die nordsyrischen Beispiele so charakteristische Schweif fehlt, eher umgekehrt, wie eine Reduzierung der hethitischen Formen an, genau entsprechend dem Gesamtbilde, das die urartäische Zivilisation im Vergleiche mit der hethitischen bietet. Dem steht die Chronologie nicht entgegen, nach der die bislang aus dem späthethitischen Kreise bekanntgewordenen Beispiele wahrscheinlich rund ein Jahrhundert jünger sind als die Balawat-Bronzen. Längst hat man beobachtet, daß die Helmzier der Krieger von Karkemisch nichts anderes ist als die Ausgestaltung eines althethitischen Typus aus dem 2. Jahrtausend, der Zeit des Großreiches, den für uns das monumentale Relief eines behelmten Gottes am sogenannten Königstor von Bogazköy (Abb. 4) in besonders eindrucksvoller Form repräsentiert. Der hohe, gewiß ebenso wie später die assyrischen aus dem altbabylonischen in ganz eigenartiger Weise herausentwickelte Spitzhelm dieses — an dem vorn angebrachten Hörnern als Gott kenntlichen — Kriegers trägt oben einen gleichfalls spitz zulaufenden Metallkamm[38], von dem ein langes Band bis zum Ellbogen herabhängt[39]. Diese Form hat damals in Syrien weite Verbreitung gefunden, wie die ägyptischen Denkmäler bekunden[40].

36. Vgl. Götze a. O. A. Moortgats grundlegende Forschungen über die Sonderart der hethitischen und der hurritisch-nordsyrischen Kunstdenkmäler werden jetzt ergänzt durch die ausgezeichnete Abhandlung von K. Bittel, Nur hethitische oder auch hurritische Kunst? Zeitschrift für Assyriologie 49 (N. F. 15), 1949, S. 256ff.

37. a. O. S. 206.

38. Bonnet a. O. S. 205 spricht von einem nur wenig auf die Vorderseite des Helmes übergreifenden Bande, was meines Erachtens technisch unvorstellbar ist. Richtig urteilt E. Kunze, Kretische Bronzereliefs (1931) S. 217. Leider weist die Figur gerade an der Stelle eine Beschädigung auf, an der sich das herabfallende Band vom Kamm absetzen müßte. Die bei Bossert, Alt-Anatolien S. 102 Nr. 480, wiedergegebene Vorderansicht läßt deutlich einen metallenen Kamm erkennen.

39. Vgl. die Abbildungen bei Bossert, a. O. S. 100 Nr. 476 und Bittel, Die Ruinen von Bogazköy (1937) S. 20 Abb. 14.

40. Vgl. z. B. das Weihrelief für Baal Safon aus Ras Schamra: J. Friedrich, Ras Schamra (1933) Taf. 1 Abb. 1 (nach Syria 12 Taf. VI). Noch der spätbabylonische Mardukbaliddin-Kudurru aus der Zeit um 720 v. Chr. (Handbuch der Archäologie 1,

Abb. 10

Es ist interessant, jetzt an den neuentdeckten Karatepe-Reliefs beobachten zu können, daß bei ihnen — und zwar sowohl auf den roheren wie auf den sorgfältiger gearbeiteten Platten — im Unterschied zu den griechischen Typen Raupenträger und Schweif, monumental verbreitert, ein einheitliches Gebilde sind, das sich um die nach vorn gekrümmte Spitze des Helmes windet und auf dem die Raupe als besonderes Element aufsitzt. Damit gibt sich letztere als spätere Erweiterung zu erkennen. Um so klarer wird auch hier die Verbindungslinie zum Helmtypus des Gottes von Bogazköy, die schon für die Karkemisch-Funde festgestellt worden ist. Das stimmt bestens dazu, daß unter den nordsyrischen Kleinfürsten es gerade die Könige von Karkemisch waren, die in allem die Tradition des Großreiches von Bogazköy fortsetzten[41]. In den divergierenden Helmbuschformen gibt sich eine erhebliche Erfindungskraft zu erkennen. Während man in Karkemisch an der alten Form des Spitzhelmes festhielt, was bedingte, daß nun Raupe und Schweif als besondere Teile auseinanderfielen, ist im Karatepe die Spitze — wie bei den assyrischen Beispielen — nach vorn gekrümmt worden, um den gleichmäßigen Fluß des Ornaments zu ermöglichen. Damit kommt dieser bislang für uns westlichste Beleg des späthethitischen Raupenhelmes dem griechischen Typus am nächsten, mit dem er auch den tief herabfallenden Schweif gemeinsam hat. In Karkemisch scheint dieser nur bis zum unteren Helmrande gereicht zu haben. Nach der Bildung der Wangenklappen, die bei den Helmen des Kriegerfrieses von Karkemisch die Ohren freilassen, dafür aber das Kinn mitschützen, während die Darstellungen vom Karatepe sich mit der Form des Reliefs von Bogazköy decken, würde der Typus von Karkemisch der

Taf. 173, 2) zeigt diesen Typus. Syrische Helmkappen, die als Tributsendungen im Neuen Reich nach Ägypten gelangten, mit vom Scheitel herabhängendem Schweif: Bonnet a. O. S. 207f. Abb. 103; W. Wolf, Die Bewaffnung des altägyptischen Heeres (1926) S. 96f. Abb. 67 und 68.

41. Vgl. Ed. Meyer, Geschichte des Altertums² 2, 2 (1931) S. 369f.

entwickeltere sein. Jedenfalls wird deutlich, daß der Ursprung des Raupenhelmes im hethitischen Bereich zu suchen ist, wo er in der Tat auch seine reichste Ausgestaltung erfahren hat[42]. Entstanden ist er aus der Verbindung von Mähne und Schweif des Rosses mit dem Helm[43]. Auf assyrischen Schlachtreliefs des 9. Jahrhunderts werden die Pferde vom Gespann des Assyrerkönigs und die des besiegt flüchtenden feindlichen Königswagens durch einen raupenartigen Schmuck, offenbar aus Roßhaar, aus den übrigen herausgehoben[44]. Auch auf den Reliefs aus Karkemisch, auf dem der Fürst mit einem Kriegswagen über den gefallenen Gegner hinwegsprengt, begegnet ein solcher Schmuck; nur ist er hier eine auf hochragendem, gekrümmtem Bügel befestigte Raupe aus Mähne und Schweif, die genau der des Kriegerhelmes gleicht[45] (Abb. 3). Das paradox anmutende Verfahren, über die mähnenumflatterten Pferdeköpfe nochmals eine emporstarrende Pferdemähne mit Pferdeschweif zu türmen, erklärt sich aus dem Bestreben, die Furchtbarkeit des Eindrucks gerade des Königsgespannes zu verstärken, wie denn überhaupt die Anbringung des Helmbusches den Gegner zu schrecken bestimmt ist, was klar ausgesprochen ist in Tyrtäos' flammendem Schlachtruf: *κινείτω δὲ λόφον δεινὸν ὑπὲρ κεφαλῆς*[46]. Der Ausgangspunkt für die gesamte Entwicklungsreihe ist sicherlich in dem Brauche der Pharaonen des Neuen Reiches zu sehen, ihr Kriegsgespann durch einen bändergeschmückten Aufsatz hoher Federn auf den Köpfen der Streitrosse vor den übrigen Wagen hervorzuheben. Aus dem prachtvollen, poetischen Federschmuck der Bronzezeit wird die wesentlich nüchternere Roßhaarmähne des Eisenzeitalters. Der *ἵππιος λόφος* ist dann auf den Königshelm und von da auf die Leibgarden und Elitetruppen, ja schließlich einen großen Teil des gesamten Heeres übertragen worden. Vielleicht schaffen weitere Untersuchungen einmal Klarheit über diese Vorgänge im einzelnen.

42. Ob die Krieger mit Raupenhelmen auf phönikischen Metallschalen des 8. Jahrhunderts wie vor allem der bekannten Bronzeschale von Amathus (Abbildung im Handbuch der Archäologie 1, Taf. 195, 1 nach Photo) bereits griechische Helme zeigen, läßt sich schwerlich entscheiden; die Wiedergaben sind ungenau, entsprechend der Stilmischung. Die Helme auf der Schale von Amathus zeigen keinen Schweif. Ist die bei Perrot gegebene Umzeichnung korrekt (danach F. Winter, Kunstgeschichte in Bildern 1, S. 105 Abb. 1), dann würde der Schildzierat wohl auf Griechen deuten.

43. Vgl. Alkäos Fr. 54 Diehl über die »Zierden für Männerhäupter, die strahlenden Helme, von deren Scheitel *λεῦκοι ἵππιοι λόφοι νεύοισιν*«.

44. Reliefs Assurnasirpals bei J. Hunger und H. Lamer, Altorientalische Kultur im Bilde (1923) S. 69 Abb. 131f.

45. Bossert, Alt-Anatolien S. 218f. Nr. 862f.

46. Fr. 8 Diehl, v. 26. Wie soll sich mit diesem Zeugnis A. Gotsmichs Auffassung, Archäologisches Jahrbuch 56 (1941) Sp. 872, vereinbaren lassen, der Roßhaarbusch sei ursprünglich eine perückenhafte Bereicherung des Kopfhaares gewesen und die Helmzier habe apotropäischen Charakter gehabt?

8.

Im Griechentum hat sich wie von der Übernahme des phönikischen Alphabets (Herodot 5, 58), so auch von der Herkunft des Helmbusches eine Überlieferung erhalten, die offensichtlich nicht weniger Vertrauen verdient als jene. Herodot berichtet, daß die Hellenen drei Erfindungen, die Verzierung ihrer Schilde mit Wappenzeichen, die Verwendung von Schildgriffen und die Anbringung von *λόφοι* auf ihren Helmen, von den Karern übernommen haben. Die Güte dieser Tradition wird durch Zeugnisse des Alkäos und des Anakreon bestätigt, die bei Strabo (14, 2, 27 p. 661) erhalten sind und beide in die archaische Zeit gehören. Wenn Alkäos, dessen Bruder Antimenidas bekanntlich als Söldner in babylonischen Diensten stand, vom »karischen Helmbusch« singt[47] und Anakreon den Schildgriff *καρικοεργής*[48] nennt, ersieht man daraus, daß damals die Erinnerung an die fremde Herkunft dieser Dinge noch unmittelbar lebendig war. Gestützt werden diese Angaben durch die Nachricht, daß noch im 4. Jahrhundert v. Chr. die Karer bei den Persern den Spitznamen »Hähne« führten *διὰ τοὺς λόφους οἷς κοσμοῦσι τὰ κράνη*[49]. Die großen Helmraupen waren demnach in Vorderasien zu einem besonderen Kennzeichen des Karertums geworden. In Nordsyrien und dem östlichen Kleinasien müssen sie unter der Assyrerherrschaft verschwunden sein, haben sich aber im Südwesten Anatoliens erhalten[50]. Jedenfalls hat die griechische Welt nach einer unbedingt zuverlässigen Tradition von Karien den einst im hethitischen Raume entstandenen und entwickelten Raupenschmuck des Helmes übernommen, was bestens zu der Tatsache stimmt, daß das abenteuernde jonische Kriegertum in enger Gemeinschaft mit Karern zum erstenmal in der Geschichte erscheint. Spätgeometrische und frühorientalisierende griechische Beispiele der Helmzier ähneln im allgemeinen den »syro-hethitischen« ebenso, wie es für die Löwendarstellungen der protokorinthischen Vasen seit Paynes glänzendem Nachweis anerkannt ist[51]. Ob die

47. Fr. 58 Diehl: *λόφον τε σείων κάρικον.*

48. Fr. 81 Diehl.

49. Plut. Artax. 10; vgl. dazu W. Eilers, Orientalistische Literarische Zeitung 1935, 210ff. — Aus diesen Zeugnissen geht zugleich hervor, daß nicht an minoische Zeiten zu denken ist, wie Ed. Meyer, Geschichte des Altertums[2] 2, 1 (1928) S. 207, meinte. Die Schilfkrone des Diskus von Phästos hat mit der Roßhaarraupe nichts zu tun.

50. Bittel macht (a. a. O. S. 266f.) darauf aufmerksam, daß im Raume Lykaoniens und Isauriens möglicherweise auch nach dem Sturze des Hethiterreiches gehobenere kulturelle Leistungen vollbracht worden sind.

51. H. Payne, Necrocorinthia (1931) S. 67ff. — Den hohen, nach vorn gebogenen, raupengeschmückten Buschträger bei den Helmen der Sphingen auf dem Bronzeblech von Kavusi (Abb. bei E. Kunze, Kret. Bronzereliefs S. 218 und Taf. 56), für den Kunze (a. O. S. 180 Anm. 11) ein orientalisches Gegenstück vermißte, haben jetzt die Reliefs vom Karatepe auch für den morgenländischen Bereich kennen gelehrt.

bei griechischen Bronzestatuetten des 8. und 7. Jahrhunderts auftretenden Spitzhelme mit umgebogenem oberen Teil als dem Träger eines auffallend schmalen Busches, die im Prinzip — natürlich nicht in der Ausführung — am ehesten an die assyrischen Weiterbildungen des urartäischen Raupenhelmes erinnern, im Zusammenhange mit den beiden assyrisierenden Wellen im 8. und um die Mitte des 7. Jahrhunderts in Hellas eine Zeitlang Mode geworden sind, was ich für wahrscheinlich halten möchte, mag die archäologische Forschung entscheiden[52]. Jedenfalls sind sie alsbald dem Typus des Busches gewichen, der von Anfang an die besondere Sympathie des hellenischen Geschmacks gefunden hat und in der Klassik zum alleinherrschenden wurde.

Das für die historische Betrachtung wesentliche Ergebnis ist, daß im Falle des griechischen Helmbusches die schriftlichen Quellen die Streitfrage, ob es sich bei der in den Funden zu beobachtenden Entwicklung um bloße Konvergenz oder um direkten Zusammenhang durch Übernahme handelt, eindeutig zugunsten der letzteren zu entscheiden gestatten. Die uns so spezifisch griechisch anmutende Form ist zum erheblichen Teil im alten Kleinasien vorgebildet gewesen, viel erheblicher, als man es vor Bekanntwerden der Karatepe-Funde ahnen konnte[53]. So wird auch das interessante Vasenfragment aus Lindos, auf dem beide Formen des griechischen Helmbusches, die fest aufliegende und die hochgestellte, in einer fremdartigen Verbindung mit Stierhörnern und -ohren auftreten (Abb. 2) wie in Herodots Beschreibung kleinasiatischer Helme (7, 76), offenbar der Pisider, der östlichen Nachbarn der Karer, deshalb noch nicht mit den Ausgräbern als seltsamer Paradeaufzug von Kriegern aus irgendeinem entlegenen östlichen Winkel der griechischen Welt zu deuten sein. Nicht eine lokale Sonderbildung spiegelt sich in ihr wider sondern ein für weite Teile von Hellas einst gültiges Durchgangsstadium auf dem Wege zur Vollendung des griechischen Helmes, ähnlich wie in den sogenannten äolischen Kapitellen noch der Abglanz einer Frühform der späteren joni-

52. Vgl. im allgemeinen E. Kukahn a. O. S. 8—20. Durch neue Funde, vor allem in Olympia, hat sich das Material erheblich vermehrt. Vgl. E. Langlotz in »Das neue Bild der Antike« 1 (1942) S. 158f., ferner die Tafelabbildungen von E. Kunzes Aufsatz »Zeusbilder in Olympia«, Antike und Abendland 2 (1946) S. 95ff.

53. Weil die Formenentwicklung im hethitischen Kreise damals noch nicht bis zu dieser Stufe gelangt war, fehlt dieser Typ unter den Helmen der mykenischen Zeit. — Nur nebenbei sei vermerkt, daß die Karatepe-Reliefs natürlich nicht als direkte Vorbilder für die Griechen aufzufassen sind, sondern lediglich eine Ahnung von dem vermitteln, was alles vorhanden gewesen sein muß. Die Dinge liegen hier ganz analog den Verhältnissen beim jonischen Kapitell, für dessen Formgeschichte der Fries des Thronsaals des Nebukadnezar und persische Volutenkapitelle wesentlich sind, obwohl sie schon aus zeitlichen Gründen als Muster für die griechischen Meister nicht in Betracht kommen.

schen erhalten geblieben ist[54]. In Kleinasien blieb lebendig, was griechisches Formgefühl einst gleichfalls sich anzueignen strebte, dann aber als »barbarisch« abstreifte.

9.

Methodisch gesehen, sollte es heute nicht mehr angehen, die Beziehungen und Berührungen zwischen Hellas und dem Orient zu bagatellisieren, wie Spengler wollte. Die Beweislast ruht nunmehr auf denen, die sich ungeachtet des klaren Sachverhaltes bei Entwicklung und Verbreitung des Raupenhelmes weiterhin auf den Standpunkt stellen würden, die Herausbildung der hellenischen Kultur sei in jeder Hinsicht selbständig erfolgt und hätte keiner fremden Anregungen bedurft. Wenn man die Frage nicht so stellt wie Spengler, nämlich was das Griechentum alles von der Überfülle orientalischer Schöpfungen *nicht* übernommen habe, sondern umgekehrt: was es eigentlich alles vom Orient übernahm, kommt man zu ganz anderen Schlußfolgerungen. Fast die gesamte dekorative Ornamentik, die die geometrische ablöste und schließlich verdrängte, Palmette, Volute, Flechtband, Lotus usw., die Figurendarstellung statt mathematisch-abstrakter Formen, Metallschalen und Bronzeschilder, Helmraupe, Schildwappen und Schildgriff, in der Malerei Tierfriese, Tierkampfszenen, antithetische Figurenkompositionen, Heldenkämpfe zu Wagen und zu Fuß, Bildmotive wie die der Arkesilasschale und der Busirisvase, archaische Trachten, die Unterscheidung der Geschlechter durch dunkle und helle Tönung[55], die Plastik mit ihren Grundthemen seit der Überwindung des ‚Spreizstils' durch den ‚Blockstil', die Kolossalität ältester Statuen, stehende und Sitzfigur, Tierplastiken, Löwentypen, bei denen der vorderasiatisch-schreckhafte mit geöffnetem Rachen neben dem ägyptisch-majestätischen steht, Figuren im »Knielaufschema«, das Relief, orientalische Fabelwesen wie die Sphinx u. a., das Motiv der Karyatiden, figurale Steinbecken usw. usw., die Lampe, die an Tell-Halaf-Skulpturen und ähnliche erinnernden langgestreckten Hälse der ältesten Figuren vom Mantiklosapollon bis zur stehenden attischen Göttin, Armhaltungen und Beinstellung, die an assyrische Gepflogenheiten erinnernde Wiedergabe der Muskulatur (z. B. bei den sportlichen Darstellungen der Basisreliefs von einem Grabmal im Athener Museum), das Motiv des Kalbträgers, des Löwenbezwingers und ähnliche, die Grabstele usw., ferner die Tempelarchitektur und in ihr vor

54. Chr. Blinkenberg und K. F. Kinch, Lindos 1 (1931) Sp. 632f. zu Taf. 126/7 Abb. 2618. Danach hier Abb. 2 (Zeichnung von H. V. Herrmann). Kukahn a. O. S. 51. — Zum äolischen Kapitell: Fr. Krischen, Werden und Wesen der jonischen Formensprache, Antike und Abendland 2 (1946) S. 81f.

55. G. Richter, American Journal of Archaeology 48 (1948) 321ff., weist diesen in der Malerei herrschenden Bruch auch für die Plastik nach.

allem die Säule — und zwar sicherlich nicht nur die ionische mit ihren Abarten —, schließlich Musikinstrumente wie Leier und Aulos, die Herkunft bedeutender Sänger wie Alkman aus dem Orient (Sardes) und andere — alles Dinge, deren morgenländische Herkunft teils erwiesen, teils mit beachtlichen Erwägungen vertreten worden ist und im Lichte der Feststellungen über den Helmbusch an Wahrscheinlichkeit gewinnt[56]. Es wäre sehr zu wünschen, von sachkundiger archäologischer Seite anstelle eines solchen mehr oder weniger zufällig zusammengelesenen Überblicks eine systematische, umfassende Übersicht zu erhalten, die F. Poulsens seinerzeit sehr verdienstvolles, aber in seinen Grundlagen inzwischen überholtes Werk über den ‚Orient und die frühgriechische Kunst' (1912) zu ersetzen vermöchte.

Der Orientalismus beherrscht aber nicht nur Kunst und Kunstgewerbe der archaischen Zeit in allen ihren Bereichen — und damit das sichtbare Erscheinungsbild der hellenischen Kultur vor den Perserkriegen —, sondern greift darüber hinaus sehr erheblich auf die übrigen Lebensgebiete über. Im politisch-wirtschaftlichen Raume sind es die Einführung der Münze und das Auftreten der Tyrannis, die Einbürgerung des Alphabets und die Beamten- und Siegerlisten, die Übernahme des babylonischen Gewichtssystems mit seiner sexagesimalen Gliederung, alles Erscheinungen, die tiefgreifende Bedeutung für die Gestaltung des gesamten öffentlichen Lebens gewannen; im religiösen neben dem Dionysosdienst und der orphischen Theologie und Mystik die aus dem babylonisch-assyrischen Kreise übernommene Eingeweideschau und die aus ihr entwickelte Wissenschaft der Mantik, die beide in ihrer ausgebildeten Form der homerischen Zeit noch fremd sind, babylonische Deutung von Himmelszeichen und Sternkunde, die die Grundlage für Thales aufsehenerregende Vorhersage der Sonnenfinsternis vom 28. Mai 585 bildeten und damit für die Geburt der Philosophie einen wesentlichen Anstoß vermittelten[57]. Zu nennen wäre auch die nach orientalischem Vorbilde in ionischen Gebieten vorgenommene Abschließung der Frau vom öffentlichen Leben, die noch das Bild

56. Da es unmöglich ist, hier einen Nachweis für alles zu geben, den der Fachmann sowieso nicht benötigt, beschränke ich mich darauf, auf mein Referat über »Hellas und Ägypten«, Welt als Geschichte 5 (1939) S. 344f. und auf meine Grundlagen S. 423ff., 437ff. und die dort gegebenen Hinweise, die sich erheblich vermehren ließen, aufmerksam zu machen. Vgl. Paynes Urteil, Necrocor. 69 über den Unterschied zwischen protokorinthischer und korinthischer Malerei: It is scarcely an exaggeration to say that whereever the Corinthian type shows an advance on the Protocorinthian, it reflects the progress of the Assyrian type beyond the Hittite.

57. Vgl. die Aufzählung bei Ed. Meyer, Der Papyrusfund von Elephantine² (1912) S. 126ff. — Von unkritischen Übertreibungen, wie sie etwa bei Th. Hopfner, Orient und griechische Philosophie (1925), vorliegen, brauche ich mich wohl nicht ausdrücklich zu distanzieren.

des klassischen Athen und seiner Gesellschaft maßgeblich mitbestimmt hat. Daß dann im 4. Jahrhundert v. Chr., im zweiten Abschnitt des klassischen Zeitalters, bei aller Entfremdung vom Orient, ein erneuter Einstrom babylonischer Anschauungen und Lehren in Griechenland feststellbar ist[58], verstärkt den Eindruck noch, den die Überprüfung des Erscheinungsbildes der archaischen Kultur von der Bedeutsamkeit des Morgenlandes für Hellas vermittelt.

Angesichts dieser Sachlage wäre es durchaus nicht als abwegig zu bezeichnen, wenn man fragte, was im archaischen Hellas eigentlich *nicht* aus dem Orient herstammte. Alles, was die Klassik charakterisiert, der demokratische Staat, das Drama, die perspektivische, rein sehbildmäßig schaffende Kunst, die Philosophie und Wissenschaft — mit einem Worte: der volle Triumph der Freiheit als gestaltender und tragender Idee des gesamten Lebens, die aus dem Orient nicht herzuleiten ist, sondern ihn überwindet — befindet sich damals erst in den Anfängen seiner Entwicklung und liegt mit dem radikalen Orientalismus der archaischen Welt in offenem und geheimem Kampfe. Was das für die Würdigung der weltgeschichtlichen Entscheidung der Perserkriege bedeutet, habe ich an anderer Stelle ausgeführt[59]. Jedenfalls scheint mir die Fülle orientalischen Gutes im Bilde der frühgriechischen Kultur erheblich größer als die des antiken in dem der Renaissance des 15. und 16. Jahrhunderts. Nicht so sehr im Was, sondern im Wie liegt das Neue, das das Hellenentum der Menschheit gebracht hat. Letzteres war allerdings das Entscheidende; aber das ist eine Binsenweisheit und seit den Tagen des Philippos von Opus anerkannt. Ed. Meyer hatte recht, wenn er vor einer Überschätzung der morgenländischen Einflüsse auf das Griechentum warnte[60]; aber das berechtigt nicht dazu, nun die Bedeutung des orientalischen Gutes für die werdende hellenische Hochkultur zu unterschätzen oder für nebensächlich zu erklären[61]. Es bedarf nicht nur baumeisterlichen und handwerklichen Könnens, wenn man einen kostbaren Bau aufführen will, sondern auch des edlen Materials hierfür. An ihm hat sich häufig die künstlerische Schöpferkraft erst entzündet. Dem Hellenentum war ein Streben nach Monumentalität eingeboren, ohne die ja eine hohe Kultur nicht denkbar ist. Aber von seiner eigenen, der geometrischen Kunst her, führte kein Weg zu ihr; das läßt sich heute mit aller Bestimmtheit sagen. Ihre Gefäße waren »Ideen, Vorahnungen von Kör-

58. Vgl. den Überblick bei Ed. Meyer a. O. S. 127f.
59. Grundlagen S. 246ff.
60. a. O. S. 127.
61. Daß das Problem des Verhältnisses zwischen Orient und Hellas dem der Bedeutung der Antike für Kunst und Kultur der Renaissance ganz analog ist, habe ich »Welt als Geschichte« 5, S. 443, angedeutet.

pern«[62], und die riesigen attischen Grabvasen der Dipylonzeit machen nur den Zwiespalt zwischen Wollen und Vollbringen schmerzlich fühlbar. In der Tat hat sich der geometrische Stil ausgelebt, erschöpft und ist dann in einem ziemlich radikalen Bruch überwunden und aufgegeben worden. Bezeichnend für ihn war, daß in ihm die Architektur so gut wie gar keine Rolle spielte. Nachdem mit der Übernahme des orientalischen Alphabets der erste Schritt für eine »innere Monumentalität« getan war[63], erfolgte der Übergang zur äußeren mit der bewußten Wendung zum orientalischen Vorbild, dessen hervorstechendster Charakterzug die Kraft seiner monumentalen Stilisierung seit jeher war. Aus ägyptischen Anregungen fand der Hellene den Weg zur Steinkunst, zum steinernen Tempelbau und zur Steinplastik, der alsbald — ebenfalls nach ägyptischem Vorbilde — die Bronzeplastik zur Seite trat. Damit war, was besonders G. Rodenwaldt mit allem Nachdruck betont hat[64], nicht nur eine hellenische, sondern die erste monumentale »europäische« Kunst geschaffen worden, die auf diesen Namen Anspruch erheben darf. In dem heute in seinen wesentlichen Stadien übersehbaren langandauernden, tiefgreifenden geistigen Prozeß, der vom ersten bloßen Einfügen orientalischer bzw. orientalisierender Elemente in der Endphase geometrischer Kunst bis zur völligen Ein- und Umschmelzung der orientalischen Vorbilder im sogenannten dädalischen Stil führte, hat sich »in einer der wunderreichsten Epochen« Europas Eintritt in die Weltgeschichte vollzogen[65]. Aber ohne den Alten Orient hätte es kein Europa als geschichtsmächtige Wirklichkeit gegeben. Wenn kürzlich ein Denker von Rang, Karl Jaspers, erklärte, wir seien Chinesen und Indern unendlich näher als Ägyptern und Babyloniern[66], so sieht er am Wesentlichen vorbei, nämlich, daß der Alte Orient eines der Fundamente der griechischen Kultur und damit unserer eigenen ist. Die Hellenen haben ihre Auseinandersetzung mit ihm nicht als Gegenwehr gegen ein übermächtiges Fremdes geführt, sondern aus einem Gefühl der Wiedergeburt und der Ehrfurcht heraus, das vernehmlich genug aus der Freudigkeit und Kraft des archaischen

62. E. Buschor, Griechische Vasen (1940) S. 25. Vgl. auch die Charakteristik des geometrischen Stils, die Buschor in seinem Frühwerk »Griechische Vasenmalerei«[2] (1914) S. 32ff. gegeben hat. F. Matz, a. O. S. 79f.: »Der Verlauf der spätgeometrischen Entwicklung strebt dem Monumentalen . . . nicht unmittelbar zu«. Vgl. ferner S. 95f.; Gnomon 1933, S. 467.

63. Siehe jetzt J. Vogt, Historisches Jahrbuch der Görresgesellschaft 1949, S. 10ff.

64. Athenische Mitteilungen 1919, S. 192ff.

65. Vgl. K. Schefold, Würzburger Jahrbücher für die Altertumswissenschaft 2 (1947) S. 40f.; Orient, Hellas, Rom (1949) S. 31; 103.

66. Vom Ursprung und Ziel der Geschichte (1949) S. 77. Jaspers' These von der »Achsenzeit« *(sit venia verbo!)* enthüllt sich meines Erachtens überall als Konstruktion, nicht als Ausfluß tatsächlicher, historischer Gegebenheiten. Sie allein hat ihn zu dem sonst kaum verständlichen Urteil über das Verhältnis der altorientalischen Welt zur unserigen geführt.

Schaffens herausklingt. Und wenn die Haltung eines für diese Stimmung besonders charakteristischen Meisterwerkes wie des Apoll von Tenea der in ihm waltenden »federnden Elastizität« zum Trotze den Eindruck einer »gleichsam von außen durch Kommando diktierten Strammheit« macht[67], so ist beim besten Willen nicht einzusehen, woher ein solches, dem eingeborenen Empfinden des Künstlers wesensfremdes Kommando kommen sollte. Es ist in Wirklichkeit die selbstverständliche Auswirkung des frei gewählten und als bindend anerkannten orientalischen, genauer gesagt: ägyptischen Ideals, um dessen angemessene Verwirklichung der hellenische Meister sich mühte. Und weil es der archaischen Kunst nicht auf äußerliche Nachahmung eines fremden Vorbildes ankam, sondern auf die Erfüllung ihrer eigentlichen Aufgabe, der Verkörperung des Großen, Edlen, Schönen, Menschlichen, dem sie sich auf diesem Wege zu nähern wußte, ist sie mit erstaunlicher Sicherheit der Gefahr entgangen, einem ertötenden Schematismus zu verfallen. Das Verdienst, aus den Elementen der altorientalischen Formenwelt die Hochkultur entwickelt zu haben, die sie befähigte, das kulturell führende »Europa« hervorzubringen[68], hat man den Hellenen nie bestritten und kann es auch nicht; wohl aber handelt es sich um die Frage, wie sie diese Leistung zustande brachten. Daß sie dabei im Erbe der ältesten Hochkultur der Weltgeschichte die Werte vorgebildet fanden, die sie selbst zu verwirklichen trachteten, sollte auch uns heute dem Alten Orient gegenüber mit Ehrfurcht erfüllen, gerade wenn seine Andersartigkeit und Eigenwilligkeit, ja seine Verschrobenheiten und Skurrilitäten so manchen nur noch mit dem Gefühl der Fremdheit zu erfüllen drohen.

Indem das Hellenentum des 8.—6. Jahrhunderts in fast hellseherischer Anknüpfung an die vom Alten Orient dargebotenen Möglichkeiten und unter Überwindung der bloß »archaistischen«, das heißt letzten Endes mumifizierenden Haltung der zeitgenössischen Ägypter, Assyrer, Syrer und Chaldäer seine Kultur bewußt auf die bereits vorhandene welthistorische Tradition gründete, setzte es sich betont ab von seinem als Lebensgrundlage unverlierbaren, in seiner einseitigen Ausprägung nunmehr aber überwundenen »geometrischen« Mittelalter[69]. Dem inneren Vorgange entsprach weitgehend der äußere: die Ausweitung von einer bei aller geistigen

67. H. Schrader a. O. S. 17.

68. A. Schaade, Frankfurter Allgemeine Zeitung vom 19. September 1950.

69. Es sei gestattet, hier die Worte eines feinsinnigen Historikers, des leider allzu früh verstorbenen Grafen W. von Üxküll-Gyllenband (Archaische Plastik der Griechen, 1920, S. 5) anzuführen: »Die archaische Kunst der Griechen und besonders die Plastik bedeutet den gewaltigsten Wendepunkt im Kunstschaffen überhaupt. Einer Rakete gleich ging das Leuchtsignal eines europäisch-okzidentalen Willens auf, jene alte Form der Kunst, steril und erstarrt, mit dem neuen Leben zu durchglühen, das Vorbild von Fühlen und Denken, Herz und Geist für den westlichen Menschen wurde.«

Mächtigkeit und physischen Kraft doch nur lokal begrenzten Erscheinung des Ägäisraumes (das heißt am Rande der damaligen Hochkulturmenschheit) in der homerischen Zeit zu einem Bestandteil dieser »Ökumene« seit der kolonialen Ausbreitung über den größten Teil des Mittelmeerraumes im archaischen Zeitalter. Es war der Übergang von einem noch halb prähistorischen zum vollen historischen Leben. Daß der grundlegende Wandel sich in Gesellschaft und Wirtschaft beider Perioden spiegelt, ist bekannt. Ihn auch für den noch immer allzu komplex verwendeten Begriff der für das geometrische wie das archaische Zeitalter soziologisch tonangebenden Schicht des Adels herauszuarbeiten, bleibt ein Desiderat der Forschung; irren wir nicht, so war diese bisher eher bestrebt, die zweifellos vorhandenen Unterschiede zu übersehen oder gar zu verwischen, als sie sichtbar zu machen. Die Voraussetzung dafür ist tatsächlich erst gegeben, seitdem die zeitliche Gliederung der frühgriechischen Geschichte aufgehellt und die »archaisch«-griechische Kunst und Kultur in ihrer Besonderheit und ihrem Streben erkannt werden konnten. Vielleicht ist dieser Weg, den die Wissenschaft nicht zu wählen vermochte, sondern der ihr durch das Quellenmaterial aufgenötigt wurde, durchaus normal. Denn so paradox es für manche Ohren auch klingen mag: in Wirklichkeit schafft nicht der Stand die Kultur, sondern die Kultur den Stand. Es ist der Geist, der sich den Körper baut, nicht umgekehrt.

Münster. *Hans Erich Stier.*

Aspekte einer Weltkrise bei Thukydides

Hans Erich Stier

Dem Althistoriker sei es gestattet, in dieser Festgabe an eine Episode in Thukydides' klassischer Geschichte des Peloponnesischen Krieges zu erinnern, für deren ganze Bedeutungsschwere die heutige Weltsituation wieder den Blick schärft. Gemeint ist der Bericht über die leidenschaftlich bewegten Debatten in der Volksversammlung zu Syrakus im Jahre 415 v. Chr., als die Gerüchte von einem Angriffszuge des seebeherrschenden Athen, der bedeutendsten Macht der damaligen Welt, gegen Sizilien sich immer mehr verdichteten und die Politiker im führenden Staatswesen dieser Insel vor die fatale Frage stellten, ob jenen Meldungen Glauben zu schenken sei oder nicht (6,32–41). Wir erfahren, daß schon damals die entgegengesetztesten Meinungen über die Absichten einer Großmacht, von denen das Schicksal aller anderen Mächte abhing, hart aufeinanderprallten. In einem großartigen Redepaar führt der Geschichtsschreiber dem Leser die positive und die negative Stellungnahme vor [1]. Ein durch das politische Erleben unserer Tage geschärftes Ohr wird die erstaunliche Lebensnähe und die Schicksalsschwere dieser Aussprache ganz unmittelbar empfinden.

Zuerst nimmt der angesehene, bereits seit einem Jahrzehnt an der Politik der westgriechischen Staatenwelt maßgeblich beteiligte und wegen seines Weitblicks und seiner Tatkraft hochgeachtete Stratege Hermokrates als einer der Lenker des Staatswesens das Wort. Er beginnt seine Rede mit einem Hinweise auf die Stärke der Opposition: unglaubwürdig in hohem Maße werde seinen Hörern erscheinen, was er zur Richtigkeit der Meldungen von einer Anfahrt der Athener zu sagen habe; und wie alle, die

[1] Für die Übertragung des griechischen Textes sind vor allem die Darlegungen in der kommentierten Ausgabe des Thukydides von J. Classen (Bd. 6, 1876, S. 57 ff.; 3. Aufl. von J. Steup, 1905) herangezogen worden, dazu die freilich von Versehen nicht ganz freie Übersetzung von O. Regenbogen (Thukydides, polit. Reden, Leipzig 1949, S. 194 ff.). Die Historizität der Reden ist im Lichte der eigenen Angaben des Thukydides (1,22) zu sehen.

Unglaubwürdiges behaupteten oder meldeten, setze er sich der Gefahr aus, nicht nur nicht zu überzeugen, sondern geradezu unvernünftig zu erscheinen. Aber es gehe um die Existenz des Vaterlandes; da dürfe er sich nicht durch solche Überlegungen abschrecken lassen und mit seiner Überzeugung zurückhalten – und er sei überzeugt, daß er das, was er jetzt sagen werde, besser kenne als irgend ein anderer. Ganz betont folgt jetzt: „Die Athener sind nämlich tatsächlich – was ihr für höchst verwunderlich haltet – mit einer beträchtlichen Streitmacht von Schiffen und Landungstruppen im Anmarsche. Sie nehmen ihr Bündnis mit der Stadt Segesta (im westlichen Sizilien) und die Parole der Wiederherstellung der zerstörten Stadt Leontini (bei Syrakus) zum Vorwand; in Wirklichkeit wollen sie ganz Sizilien unterwerfen[2], vor allem unsere Stadt Syrakus. Sie sind der Meinung, wenn ihnen das gelänge, auch alles andere unter ihre Herrschaft beugen zu können. Sie werden in Bälde da sein. Seht zu, wie ihr euch nun am besten gegen sie zur Wehr setzen könnt, und bleibt nicht aus Verachtung der Gefahr ohne genügende Verteidigungsanstalten, oder verspielt gar alles und jedes, nur weil ihr der Nachricht durchaus nicht glauben wollt!" Hermokrates weiß um die niederschmetternde Wirkung solcher Worte. Darum geht er nun zur Ermutigung über: sollten seine Mitteilungen wider Erwarten doch bei einigen seiner Mitbürger Glauben finden, so brauche das nicht lediglich Bestürzung über den tollen Wagemut und die furchterregende Macht der Athener zur Folge zu haben. Die Größe des feindlichen Aufgebotes werde die erschreckten Sizilier an die Seite von Syrakus führen. Nur selten hätten große Heerfahrten griechischer wie nichtgriechischer Mächte, die sich weit von ihrer Ausgangsbasis entfernen mußten, ihr Ziel erreicht. Die Bedrohten schlössen sich unter dem Drucke der Furcht zusammen, womit sich das Zahlenverhältnis für den Angreifer verschlechtere; hinzu kämen die Schwierigkeiten einer Verproviantierung in Feindesland. Scheiterten solche Expeditionen auch in der Hauptsache an ihrer eigenen Unmöglichkeit, so machte sie den Angegriffenen noch obendrein einen ruhmvollen Namen; die Athener hätten es im Perserkriege selbst erlebt, und es bestehe Aussicht, daß es den Syrakusanern jetzt ähnlich gehen würde. Dann setzt Hermokrates nüchtern und sachlich auseinander, wohin überall Gesandtschaften wegen Hilfeleistung zu schicken wären, wobei seine knappen, von keinerlei nationalistischem Vorurteil getrübten Ausführungen eine vorzügliche Kenntnis der Staaten- und Völkerwelt ringsum verraten.

[2] Diese Auffassung wird von Thukydides (4,65,4) schon für die Zeit des Kongresses von Gela (424 v. Chr.) bestätigt.

Den Höhepunkt[3] der Rede des Hermokrates bedeutet der Vorschlag, nicht passiv abzuwarten, bis der Angreifer da sei, sondern mit einem kühnen Entschluß der Gefahr gleich zu Anfang entgegenzutreten. Der Redner spricht aus, daß ein solcher Vorschlag in dem bei politischen Entscheidungen schwerfälligen Naturell seiner Landsleute härtesten Widerstand finden werde; trotzdem fühlt er sich verpflichtet, ihn zu machen. Es geht ihm darum, die Verteidigung möglichst weit nach vorn zu verlegen und durch eine eindrucksvolle militärische Demonstration an den Grenzen des westgriechischen Raumes den drohenden Krieg möglicherweise überhaupt abzuwenden. Die antike Seefahrt war eng an die Küsten gebunden. So ließ sich mit Sicherheit voraussehen, daß die athenische Flotte über Korkyra (Korfu) und Unteritalien auf Sizilien heransegeln würde, mochte die Anfahrtstrecke damit auch nahezu doppelt so lang werden wie der direkte Weg durch das Ionische Meer. Entschlössen sich die sizilischen Griechenstädte möglichst alle oder doch zu einem großen Teil, sämtliche zur Zeit verfügbaren Kriegsschiffe mit Proviant für zwei Monate in See gehen zu lassen und mit ihnen den Athenern im Raume von Tarent und an der Ostspitze Unteritaliens, am sogenannten Japygischen Vorgebirge, entgegenzutreten, so wäre die Folge, daß die Angreifer ihre Flotte nicht für die Operationen bei Sizilien intakt halten könnten, sondern sie zunächst in einem Kampfe um den Zugang zu den italischen Gewässern aufs Spiel setzen müßten. Das mußte für die athenische Flottenleitung äußerst fatal sein; sie konnte alsdann nicht umhin, in Rechnung zu stellen, daß die Sizilier sich auf ein ihnen – besonders in dieser Lage – freundlich gesinntes Hinterland stützten und daß ihnen im Falle eines ungünstigen Gefechtes der Hafen von Tarent zur Verfügung stand, in dem sie Schutz finden und von dem aus sie die weitersegelnden Feinde im Rücken bedrohen würden. Sie mußte erwägen, daß sie selbst von ihrer Basis weit entfernt war, eine erhebliche Meeresstrecke (rund 100 bis 150 km) in anstrengender Fahrt zu durchmessen hatte, bevor sie auf den Feind stieß, dazu durch die zahlreichen Transportsegler behindert war und daher nicht in geschlossener Formation, sondern in kleinen aufgelösten Gruppen[4] auf den ausgeruhten, kampfbereiten Gegner treffen würde. Ließ sie die Transporter in Korkyra zurück und stieß nur mit den gefechtsklar gemachten, also lediglich mit dem allernotwendigsten Proviant versehenen Kriegsschiffen vor, so brauchte die sizilische Seemacht nicht einmal die

[3] Er wird als solcher deutlich herausgehoben: 34,4.

[4] κατ' ὀλίγον ist bekanntlich mit dem Schol. zu lesen statt des unverständlichen κατὰ λόγον der Handschriften.

Schlacht anzunehmen, die bei der Überlegenheit der athenischen Seetaktik natürlich trotz allem ein Risiko blieb. Sie zog sich nach Tarent zurück und konnte sich darauf verlassen, daß nun die Gegner in dem ihnen feindlichen Lande infolge der Verpflegungsschwierigkeiten in Not geraten würden, auf das Herankommen ihrer Transporter warten und dabei mit gefährlichen Vorstößen der Syrakusaner und ihrer Verbündeten rechnen mußten, es sei denn, daß sie darauf verzichteten, die Transportschiffe nachkommen zu lassen, und sich mit der ganz ungewissen Hoffnung nach Sizilien weiterwagten, in einigen der dortigen Städte nun doch die notwendige Unterstützung zu finden – ein verzweifeltes Unternehmen. Enttäuschung, Verlegenheit, ja Mutlosigkeit mußten die anfängliche Siegeszuversicht ablösen, sobald den Athenern dieser Stand der Dinge zu Bewußtsein kam. Hermokrates gibt nach dieser Schilderung der Überzeugung Ausdruck, daß bei Ausführung seines Vorschlags die Angreifer zunächst einmal in Korkyra bleiben, beraten und Kundschafter entsenden würden, um Zahl und genaue Stellung der Syrakusaner und ihrer Verbündeten zu erkunden. Damit würde viel Zeit hingehen; die günstige Jahreszeit verstriche, und der stürmische Winter zöge herauf. Er, Hermokrates, habe in Erfahrung gebracht, daß der erfahrenste unter den attischen Strategen – gemeint ist Nikias, der tatsächlich das Unternehmen ursprünglich mit allem Nachdruck, wenn auch erfolglos, widerriet – nur mit halbem Herzen bei der Sache sei. Er würde eine beachtliche Gegenmaßnahme von sizilischer Seite liebend gern zum Vorwand nehmen, um das ganze Abenteuer abzubrechen. Thukydides läßt den Hermokrates dann auf eine allbekannte Erscheinung im Nervenkriege hinweisen, daß nämlich Berichte über gegnerische Rüstungen stets übertreiben, somit auch die syrakusanische Flottenmacht in den italischen Gewässern größer erscheinen würde, als sie in Wahrheit sei, und von diesem Umstande bestens profitieren könne. Solche Berichte pflegten nun aber die Entschlüsse der Menschen stärkstens zu bestimmen. Wer sich zu einer Gegenaktion aufraffe oder wenigstens dem Angreifer zeige, daß er sich zur Wehr setzen werde, genieße erhöhten Respekt, weil man auf der Gegenseite erkennen müsse, daß er der Gefahr gewachsen sei. Das würde in der augenblicklichen Situation den Syrakusanern in der Meinung der Athener widerfahren. Diese segelten heran in der Zuversicht, keine Gegenwehr zu finden. Denn daß die Syrakusaner sich bisher aus dem Peloponnesischen Kriege herausgehalten hätten, statt im Bunde mit Sparta die athenische Macht zu vernichten – der griechische Leser mußte dabei an den Nikiasfrieden von 421 v. Chr. denken, durch den Athens Großmachtstellung trotz zehnjährigen Krieges neu gefestigt worden war –, habe ihnen seitens der Athener statt Dank nur Geringschätzung eingebracht. Sähen diese jetzt, daß Syrakus sich entgegen aller Erwartung zu einer kühnen Tat entschlösse, dann würden sie durch eine solche ganz unvorhergesehene Wendung der Dinge viel mehr in Bestürzung geraten als durch die reale Streitmacht, die die sizilischen Staaten im Augenblick zu mobilisieren vermöchten.

Das Programm des Hermokrates hat in der modernen Forschung gelegentlich Kritik gefunden. G. Busolt[5] erklärte es zwar für einen „gewiß an sich richtigen Gedanken, die athenische Flotte auf der Überfahrt anzugreifen", meinte aber, der syrakusanische Stratege habe die maritime Leistungsfähigkeit seiner Landsleute zu hoch veranschlagt und die der Athener unterschätzt. Außerdem hätte man in Sizilien zur Aufstellung des seiner Meinung nach unbedingt erforderlichen Geschwaders von etwa 80 Kriegsschiffen – so viele zählte die zudem an Übung und Erfahrung überlegene athenische Flotte – mindestens einen Monat benötigt. „Bevor die Flotte, die ja auch noch mit Proviant versorgt werden sollte, in See gegangen wäre, würden die Athener sicherlich bereits Rhegion (heute Reggio di Calabria an der Straße von Messina) erreicht haben." Dazu ist zweierlei zu sagen. Wäre Busolts Chronologie richtig, so dürfte man in der Diskussion bei Thukydides bestimmt einen Hinweis darauf erwarten, daß es im Grunde für eine Realisierung des Vorschlages des Hermokrates bereits zu spät geworden war[6]. Aber dieser Vorschlag sah ja gar nicht die Aufstellung einer hochmodernen Schlachtflotte vor, sondern beabsichtigte vielmehr eine kühne Demonstration mit den zur Verfügung stehenden Mitteln.

Eine große Schlacht auf hoher See mit den gerade verfügbaren Schiffen gegen die bedeutendste Marine der damaligen Zeit schlagen zu wollen, wäre natürlich abenteuerlich gewesen; mochten die Syrakusaner auch in ihrer Geschichte glänzende Seesiege und bedeutsame Seezüge zählen und ihre Flotte nicht so völlig vernachlässigt sein, wie Busolt im Gegensatz zu den bei Thukydides klar vorausgesetzten Verhältnissen annahm, so waren sie den Athenern draußen auf dem Meere bei gleichen Bedingungen in

[5] Griech. Geschichte 3,2 (1904), S. 1300 f.

[6] Der Beschluß der athenischen Volksversammlung, die große Expedition nach Sizilien auszurüsten, wurde im April 415 gefaßt. Die Ausfahrt der Flotte erfolgte nach den Berechnungen von *B. D. Meritt* im American Journal of Archaeology 1930, S. 125 ff., am 21. Juni (das Datum hat *J. Hatzfeld* ebda. S. 293 ff. gegen *A. Piganiols* Ansatz auf die Zeit um den 22. Juli, Revue des Etudes Grecques 50, 1937, 1 ff., verteidigt). Trotz fehlender Gegenwehr der Syrakusaner erfolgte die Landung der athenischen Flotte im großen Hafen von Syrakus erst im Spätherbst. Vgl. *Bengtson*, Griech. Gesch. (1950) S. 223, Anm. 4.

keiner Weise gewachsen. Dementsprechend dachte Hermokrates auch lediglich an eine starke Defensivaufstellung im Schutze der Küsten und des Hafens von Tarent mit Ausnutzung der geographischen und jahreszeitlichen Vorteile; den Nachdruck in seinen Ausführungen – und das ist der zweite Einwand gegen Busolts hier ganz blinde Kritik – legte er auf den für allen militärischen Erfolg grundlegend wichtigen moralischen Faktor: den Eindruck einer unerwarteten Aktivität, eines entschlossenen Willens zur Gegenwehr, die Unstimmigkeiten im feindlichen Hauptquartier, dazu die vergrößernde, übertreibende Macht der Fama. Seine Überlegungen sind ganz analog denen, die man heute wegen der Ausrüstung von 12 westdeutschen Divisionen im Verhältnis zu der über 200 zählenden russischen Armee anstellt und anstellen darf. Mit Recht hat eine wissenschaftliche Autorität wie Eduard Meyer die Auffassung vertreten, „daß das kühne Vorgehen den von Hermokrates erwarteten Erfolg gehabt haben würde“ [7]. Thukydides wollte den in seinem Werke sehr häufig und stets als scharfblickender und über hohes Ansehen verfügender Politiker und Soldat auftretenden Feldherrn an dieser Stelle wirklich nicht als Phantasten erscheinen lassen.

„Hört also auf mich“, so beendet Hermokrates seine Ausführungen, „am liebsten in der Form, daß ihr euch zu dem von mir empfohlenen Vorstoße entschließt. Wenn ihr das nicht wollt, rüstet euch so rasch wie möglich ganz umfassend zum Kriege. Verachtet ihr die Angreifer und ihre Möglichkeiten, so haltet euch vor Augen, daß eure Geringschätzung in der Tatkraft zum Ausdruck kommen muß, mit der ihr die Gegenwehr betreibt“ (d. h. andernfalls würde sie hohle, dummstolze und gefährliche Prahlerei bleiben), „und daß es weitaus am nützlichsten ist, so zu verfahren, als stehe die Gefahr unmittelbar bevor. Denn von *der* Einsicht laßt euch ganz durchdringen, daß Maßnahmen, die aus einer gewissen Furcht heraus getroffen werden, noch immer die meiste Sicherheit gewährleisten. Die Feinde kommen, ja sie sind bereits in See gegangen, ich weiß es genau; in Kürze sind sie hier zur Stelle.“

Nach der großen Rede flammt die Debatte erneut auf. Das Volk gerät in hitzige Auseinandersetzungen (35, 1: ἐν πολλῇ πρὸς ἀλλήλους ἔριδι ἦσαν). Die einen behaupten, unter gar keinen Umständen würden die Athener kommen, und Hermokrates' Worte seien einfach unwahr; die anderen berufen sich darauf, daß das Risiko eines Angriffes auf Syrakus für jeden Gegner untragbar sei, und eine dritte, sich offenbar allzu

[7] Geschichte des Altertums, Bd. 4 (1902), S. 509; ebenso Forschungen zur Alten Geschichte 2, S. 374.

sicher fühlende Gruppe hat für die ganze Problematik, also für die Notwendigkeit einer Rüstung, nur Verachtung und Gelächter übrig – „den Teufel spürt das Völkchen nie, und wenn er es am Kragen hätte." Nur eine kleine Anzahl schenkt Hermokrates' Überlegungen Glauben und denkt mit Sorgen an die nahe Zukunft. Und nun tritt bei Thukydides Athenagoras auf – der eigentliche Wortführer der breiten Volksmenge in Syrakus[8] und ihr besonderer Vertrauensmann gerade in der damaligen Situation –, um dem Strategen vom Standpunkte der Opposition aus eingehend zu antworten. Äußerst geschickt beginnt er mit dem (allen „Patrioten" ebenso geläufigen wie willkommenen) Vorwurf, wer angesichts der Bedeutung von Syrakus mit Warnungen komme wie eben Hermokrates, sei entweder ein Feigling oder kein Freund des Vaterlandes. „Wer euch solche Meldungen vorlegt und euch in panischen Schrecken versetzen will, über den verwundere ich mich nicht wegen seines Wagemutes (τόλμα), sondern wegen seines Unverstandes." Dieser zunächst überraschende Vorwurf richtet sich nicht gegen die militärische und politische Einsicht des Vorredners; er wäre dann gegenüber dem vielfach erprobten Feldherrn und Staatsmanne in der Tat völlig deplaciert gewesen und auf seinen Urheber zurückgefallen. Athenagoras schiebt vielmehr – und darin zeigt sich der geschickte Demagoge, der die Regungen der Massenseele kennt und beherrscht – die Diskussion aus der außenpolitischen Ebene in die der Innenpolitik hinüber, eine ebenso verblüffende wie wirkungsvolle Wendung. Er wirft dem Hermokrates Torheit vor, weil dieser und seinesgleichen der einfältigen Meinung seien, man habe in Syrakus nicht längst durchschaut, daß sie das Staatswesen nur deshalb in eine Panik trieben, um hinter der Furcht der verschüchterten Allgemeinheit private Sorgen zu verbergen. Aus dem späteren Teile seiner Rede (c. 38–40) geht hervor, daß hier auf Besorgnisse vor dem Volke und seinem demokratischen Staatswesen abgezielt wird, das den oligarchischen Standesinteressen jener Kreise ja feind sei. Zunächst jedoch unterläßt Athenagoras eine Präzisierung seines Vorwurfes, um die Spannung der Hörer zu erhöhen[9], und verdächtigt vielmehr die Meldungen von der angeblich heraufziehenden außenpolitischen Gefahr: es seien Zweckmeldungen, die nicht von ungefähr, vielmehr aus der Schicht von Leuten kämen, die immer von jenem Bereiche aus den Staat in Unruhe zu stürzen

[8] Daß es sich bei dieser Stellung nicht um ein festes Amt handelte, hat die wissenschaftliche Diskussion klargestellt; vgl. *W. Hüttl*, Verfassungsgeschichte von Syrakus (1938) S. 82 f.

[9] So löst sich m. E. die Schwierigkeit, die die Interpreten hier fanden und die im Anhang von *Classen-Steups* kommentierter Ausgabe ausführlich besprochen ist.

suchten. Dementsprechend mahnt er seine Mitbürger, wenn sie sich recht beraten wollten, nicht von den Nachrichten solcher Intriganten bei der Beurteilung der allgemeinen Lage auszugehen, sondern statt dessen von der Erwägung, „was wohl tüchtige und vielerfahrene Leute, für die ich die Athener halte, aller Erwartung nach tun werden“. Uns heutigen Menschen ist diese Form der Argumentation aus den Erörterungen über den „wahren Charakter der sowjetrussischen Politik“ seit einigen Jahren geläufig; das bedarf hier keiner weiteren Ausführungen. Ganz wie heutzutage die Verfechter einer verhältnismäßigen Harmlosigkeit der russischen Absichten es sich angelegen sein lassen, etwa auf eine natürliche Gegensätzlichkeit zwischen den Interessen Moskaus und Pekings hinzuweisen und an allerlei den Russen von hier aus drohende Konflikte in Asien – teils mit Recht, teils mit Unrecht – zu erinnern pflegen, schildert der Sprecher der Opposition in Syrakus Athens Lage im griechischen Mutterlande angesichts der fortbestehenden Gegnerschaft der Peloponnesier (es ist die Zeit des sogenannten „faulen Friedens“, dessen Jahre Thukydides bekanntlich in seinem Werke als Kriegsjahre weitergezählt hat) und erklärt mit Emphase, es sei völlig unwahrscheinlich, daß jene Macht sich zu den bereits bestehenden Schwierigkeiten einen neuen Krieg von erheblichen Ausmaßen aus freien Stücken auf den Hals ziehen sollte. Seiner Meinung nach seien die Athener glücklich darüber, daß nicht vielmehr die zahlreichen, mächtigen Griechenstaaten Siziliens auf den Gedanken kämen, sie zu bekriegen – wie man in unseren Tagen beschwichtigende Stimmen hören kann, die versichern, es sei nicht so, daß die Westmächte durch die Russen gefährdet würden; die Sowjetunion sei in Wirklichkeit froh, wenn sie nicht die Beute einer „westlichen“ Aggression werde.

Mit seiner angeblich realistischen Sicht hat der Demagoge die schärfste Antithese gegen den Standpunkt des Hermokrates erreicht. Den Fall, daß die Athener, wie man von ihnen erzähle, trotzdem kämen, will er dabei gar nicht ganz ausschalten. Aber er versteigt sich nun zu den kühnsten Behauptungen betreffs der Überlegenheit Siziliens und der Stadt Syrakus nach den Gaben der Natur und ihrem gesamten Kriegspotential, um der „Panikmache“ des Hermokrates in den Seelen der Hörer jeden Boden zu entziehen. Mit der spöttischen Bemerkung, was er erwähnt habe, seien Tatsachen, die seiner Überzeugung nach auch den bösen Athenern bekannt seien und die diese unzweifelhaft bei ihren politischen Kalkulationen berücksichtigten, wendet er sich jetzt direkt gegen Leute aus Syrakus selber, die sich „Dinge, die es weder gibt noch geben kann, zu einer Geschichte zusammendichteten“ [10] und die nach seinem sicheren Wissen nicht erst heute, sondern schon immer mit solchen und noch tückischeren Redensarten, ja sogar mit Taten darauf ausgingen, die Volksmenge einzuschüchtern und das Regiment im Staate an sich zu bringen. Nun kommt das Erstaunliche, daß derselbe Demagoge, der die Volksmenge vor der durchsichtigen außenpolitischen Panikmache einer herrschgierigen Clique warnen zu müssen glaubt, diese Menge seinerseits ganz unverkennbar in eine Panik, freilich eine innenpolitische, hineinzutreiben sucht. Er gibt seiner Furcht Ausdruck, jene Volksschädlinge könnten eines Tages infolge ihrer sich ständig wiederholenden Geschäftigkeit ihr Ziel erreichen; das Volk sei nicht imstande, Vorsorge dagegen zu treffen und einem Anschlage, den es durchschaue, wirklich zu begegnen, bis es im Unglück säße. Daher allein komme das Staatswesen so selten zur Ruhe, und nur deshalb hätte man in Syrakus mehr innenpolitische Zwistigkeiten und Kämpfe durchzustehen als solche gegen äußere Feinde, ja zuweilen sogar Tyrannenherrschaften und rechtsbeugende Cliquenwirtschaften zu ertragen. Und nun bietet sich Athenagoras pathetisch an, wenn das Volk ihm folgen wolle, dafür zu sorgen, daß zu seiner Zeit solche Greuel nicht mehr geduldet würden. Seine Methode sei, die Masse aufzuklären und zugleich die Intriganten in Schranken zu halten, und zwar nicht nur, wenn sie auf frischer Tat ertappt würden – das sei nämlich recht schwierig –, sondern gerade auch der Pläne wegen, die sie ja im Sinne hätten, aber noch nicht zu verwirklichen vermöchten. Der Redner übersteigert hier seine Vorschläge bis zu einer allgemeinen Maxime, nach der man dem Gegner nicht allein hinsichtlich seiner Taten, sondern auch seiner Gesinnung (διάνοια, 38,4) zuvorkommen müsse, wolle man nicht ohne Gegenwehr zum leidenden Teil gemacht werden – ein Vorschlag, der dem schlimmsten Gesinnungsterror Tür und Tor öffnet. Athenagoras will die Wenigen οἱ ὀλίγοι – das Wort bedeutet doppelsinnig einerseits die zahlenmäßig unbedeutende Gruppe, die „zwei Prozent“, wie Hitler höhnisch die Gegner seines Regimes zu titulieren liebte, und andererseits gleichzeitig die Oligarchen als politische Richtung – teils entlarven, teils überwachen, teils auch belehren („schulen“); „so glaube ich sie am besten von ihren Übeltaten abbringen zu können“. Und dann folgt eine Verteidigung der demokratischen Staatsordnung, mit der vor allem die junge Generation (οἱ νεώτεροι, 38,5) angesprochen wird; sie und die Vermögenden (οἱ δυνάμενοι 39,2) hätten oligarchische Neigungen; aber solche in einem großen Staatswesen wie Syrakus verwirklichen zu wollen, sei unmöglich.

[10] So ist der griechische Text sehr schön wiedergegeben von *Regenbogen*, a. O. S. 202.

Mit großer Geste apostrophiert nunmehr Athenagoras seine politischen Gegenspieler als Unvernünftigste von allen – diese Anrede nimmt deutlich den Vorwurf der ἀξυνεσία, des Unverstandes, vom Beginn seiner Rede (36,1) wieder auf –; „wenn ihr nicht begreift, daß euer Eifer einer schlechten Sache gilt, seid ihr die Unbelehrbarsten, die ich unter den Hellenen (d. h. den Kulturmenschen, den Gebildeten) kenne, oder aber die schlimmsten Rechtsbrecher, wenn ihr mit klarem Wissen eure kecken Ränke spinnt[11]. So begreift es doch oder geht in euch und arbeitet mit an der Förderung des allgemeinen Staatswohls" (heute würde man etwa sagen: an der Hebung des allgemeinen sozialen Niveaus[12]). Es folgt die Drohung an jene Kreise, sie würden andernfalls Gefahr laufen, daß man ihnen alles nähme. Das Operieren mit Schreckensnachrichten sollten sie unterlassen, da sie es mit Leuten zu tun hätten, die das Spiel merkten und nicht zulassen würden, daß Oligarchen es gewännen. Wenn die Athener wirklich kämen, werde Syrakus sie seinem alten Ruhm entsprechend abzuwehren wissen; man habe ja Feldherren, die dafür schon Sorge tragen würden[13]. „Und wenn nichts daran wahr ist (wovon ich überzeugt bin), wird unsere Stadt nicht in der Bestürzung über eure Nachrichten euch zu Befehlshabern wählen und sich damit in selbstverschuldete Knechtschaft stürzen, sondern sie wird selber ihre Überlegungen anstellen und eure Reden als Ausgangspunkt für mögliche Taten werten. Ihre Freiheit wird sie sich nicht dadurch wegnehmen lassen, daß sie auf euch hört, sondern sie wird bestrebt sein, diese Freiheit sich dadurch zu erhalten, daß sie sie euch nicht ausliefert, weil sie mit der Tat sie zu schützen weiß." Damit schließt der Volksredner seine bissige Kritik an dem ab, was Hermokrates seinen Landsleuten vortragen zu müssen glaubte.

Einer von den Feldherren, die offenbar die Leitung der Versammlung haben, erhebt sich jetzt, erteilt keinem weiteren Redner mehr das Wort und erklärt zur gegenwärtigen Situation, Verleumdungen gegeneinander auszustreuen und sie als Hörer hinzunehmen, sei wenig verständig; man solle

[11] Die handschriftliche Überlieferung dieser Stelle ist m. E. in Ordnung, wenn man den Satz so auffaßt, wie es oben geschieht. Hermokrates und seinesgleichen sind entweder dumm – wenn sie sich nicht belehren lassen – oder gemein – wenn sie wissen, was sie tun.

[12] Sie wird von unentwegten Doktrinären heute sogar als bestes Vorbeugungsmittel gegen kriegerische Bedrohung von auswärts her allen Ernstes betrachtet.

[13] Vgl. dazu *G. F. Bender,* Der Begriff des Staatsmannes bei Thukydides (1938) S. 99, Anm. 270: „Es ist die typische Geste des Athenagoras, der zwar den Mund übervoll nimmt, hinsichtlich der Verantwortung aber sich mit dem billigen Spruch tröstet, daß ‚die anderen' für die Rettung der Stadt schon sorgen werden."

lieber auf die einlaufenden Meldungen achten, damit sich jeder einzelne und die gesamte Stadt zu einer erfolgreichen Abwehr der Angreifer rüsten könne. Erwiese sich die Rüstung dann als überflüssig, so sei sie deshalb für den Staat ja kein Schaden, ebensowenig wie die Entsendung von Gesandtschaften an die Mächte und von Kundschaftern und wie überhaupt alles, was sonst noch notwendig erscheinen sollte. Der Stratege teilt abschließend mit, daß man sich im Kreise der Feldherren um solche Maßnahmen bereits gekümmert habe und daß alles, was man in Erfahrung bringen sollte, dem Volke vorgelegt werden würde. Damit wird die Versammlung geschlossen, und die Syrakusaner gehen heim.

George Grote hat die Rolle des Athenagoras mit der eines „Führers der Opposition" in modernen Demokratien verglichen und sich Mühe gegeben, ihm gerecht zu werden, obwohl „seine Sprache viel Bitterkeit der Parteigesinnung andeutet" [14]. Athenagoras sei immerhin dagegen gewesen, den Staat in Krieg zu stürzen, sogar über die Grenze des Vernünftigen hinaus; er tadele den Krieg als Interessenpolitik der obligarchischen Kreise. Dem englischen Liberalen lag daran, die Wortführer der Demokratie auch in Hellas von der Kollektivbeschuldigung unnötiger Kriegstreiberei loszusprechen, mit der eine engstirnig-konservative Geschichtsschreibung vor allem seit den Erlebnissen mit der Französischen Revolution sie bedachte, und damit war er im Recht [15]. Eben deshalb wiegt sein abschließendes Urteil über Athenagoras um so schwerer, wenn er dann feststellt, jener „befand sich mit seinen Mutmaßungen in bezug auf das Verhalten von Athen außerordentlich im

[14] Griech. Geschichte, dtsch. Ausg. von Meißner Bd. 4 (1854), S. 145 f.

[15] Hinzu kam der Kampf um die Freiheit der Meinungsäußerung, der einer Gestalt wie der des Athenagoras von vornherein die Sympathien englischer Forscher sicherte. Wenn aber *Freeman* in seiner History of Sicily die Rede des ami du peuple die eines ehrenwerten, gedankenreichen und patriotischen Mannes (of an honest, thoughtful and patriotic man) genannt hat, der nur hinsichtlich der Tatsachen nicht richtig informiert war, so hat er nicht berücksichtigt, daß Athenagoras die Möglichkeit durchaus hatte, sich zu informieren. Was ihm im Wege steht, ist nicht Unkenntnis, sondern das souveräne Beiseiteschieben, ja Verächtlichmachen von Ansichten, die er infolge seiner ganz ungescheut zur Schau getragenen Voreingenommenheit nur noch als Zweckmeldungen seiner politischen Gegner auffassen konnte. Er verzichtete darauf, sich mit der angemessenen Sorgfalt zu informieren. Wann wird man es verlernen, Dummheit im politischen Raume als Entschuldigung gelten zu lassen? – Ich bemerke, daß mir die Charakteristik des A., die *Bender* a. O., S. 99, gegeben hat, nach der ungünstigen Seite über das Ziel hinauszuschießen scheint; man kann ihn nicht als verbohrten Parteipolitiker dem über den Parteien stehenden Staatsmann gegenüberstellen, einfach weil es keine politischen Parteien gab. Ein brutaler Zug, den schon *H. Stein,* Rhein. Museum 55 (1900), S. 547, bei A. hervorhob (vgl. auch *F. Taeger,* Alkibiades², 1943, S. 107), war ihm – wie Kleon – zweifellos eigen.

Irrtum, obgleich sein Urteil über dessen wahres politisches Interesse richtig war. Die Annahme aber, daß Nationen stets ihr wahres politisches Interesse verfolgen werden, ist sehr unsicher, sobald gegenwärtige Versuchungen von Ehrgeiz und Eitelkeit dazwischentreten. Positive Nachricht war in diesem Falle ein sichererer Führer als Spekulationen, die a priori auf die wahrscheinliche Politik Athens gegründet waren" [16]. Der Fortgang der Ereignisse hat dem Athenagoras unrecht gegeben; nicht einmal seine übertrieben hohe Meinung von der Überlegenheit der Syrakusaner bewährte sich, denn ohne Spartas Hilfe wäre die Stadt den Athenern erlegen. Man wird dem rabiaten Volksmanne so wenig die gute Absicht bestreiten können wie seinem älteren, damals bereits verstorbenen Zeitgenossen, dem Demagogen Kleon in Athen; jedenfalls geben uns die Berichte des Thukydides nichts an die Hand, was jene beiden Männer als politische Verbrechernaturen erkennen ließe. Aber in ihren Vorstellungen nimmt sich die Demokratie verwandter aus mit ihrer schlimmsten Entartung, der Pöbelherrschaft, der Ochlokratie (der „Diktatur des Proletariats"), als mit der Aristokratie, der sie nach ihrer Herkunft viel näher steht. Aus dem berechtigten Mißtrauen gegen Versuche, an die Stelle des Staates freier, nur der Gerechtigkeit und dem Gesetz unterworfener Bürger eine Tyrannis zu setzen und die freie Meinungsäußerung zu knebeln (ohne deren unbehindertes Spiel ein klare, der Wirklichkeit entsprechende Sicht auf die Lage der Dinge der bewußt geförderten Blindheit und dem ebenso übertriebenen wie ungerechtfertigten Aberglauben an die eigene Macht weichen mußte), machen diese „Volksführer" der Sophistenzeit eine wahre Manie, ein Verdächtigen um des Verdächtigens willen.

So vermag dann Athenagoras in seiner doktrinären Voreingenommenheit überhaupt kein richtiges Verständnis mehr für den inneren Wert und die Ernsthaftigkeit einer Persönlichkeit wie der des Hermokrates, den Thukydides zu den bedeutendsten Erscheinungen seiner Zeit rechnet [17], aufzubringen; er sieht diesen Aristokraten, ohne Rücksicht darauf, daß er bereits ein Jahrzehnt lang seiner Demokratie treu gedient hatte, nur als Glied einer Kaste, die seiner Meinung nach – das ist ganz „klassenkämpferisch"

[16] a. O., S. 146.

[17] Vgl. *G. F. Bender*, Der Begriff des Staatsmannes bei Thukydides (1938), S. 82 ff. 95. Thuk. 6,72,2. Richtig sagt *Taeger* (Alkibiades [2], S. 107): „Durch seine überlegene Politik hatte er schon den ersten athenischen Angriff (gemeint sind die Ereignisse um 424) durchkreuzt, so daß er in diesem Augenblick einen Anspruch auf Gehör gehabt hätte."

gedacht – im Herzen undemokratisch, also oligarchisch gesinnt war [18], und meint, ihm und seinesgleichen nur mit Verdächtigungen und Drohungen begegnen zu müssen, als ob man noch im Zeitalter eines Gelon oder Hieron lebte. Daß selbst Grote sich hier beirren ließ und es nicht für ausgeschlossen hielt, daß Hermokrates eine Kriegspolitik als Interessenpolitik oligarchischer Kreise betrieb, während Athenagoras angeblich für die Erhaltung des Friedens wirkte, beleuchtet das Ausmaß geistiger Verwirrung in unserer modernen demokratischen Vorstellungswelt schon seit dem 19. Jahrhundert. Bei Thukydides wirft Athenagoras seinem Gegenspieler aber nicht Kriegstreiberei vor, sondern Panikmache. Hermokrates selber zielt darauf hin, durch die von ihm empfohlenen Maßnahmen letzten Endes den ganzen Krieg zu *vermeiden,* nicht etwa, ihn heraufzubeschwören. Athenagoras fürchtet lediglich, daß man dem Feldherrn auf die Vorspiegelung einer Invasion hin außergewöhnliche Gewalten übertragen und damit die Demokratie, die innere Form des Staatswesens, in Gefahr bringen könnte [19]. Für ihn ist die Außenpolitik ganz offensichtlich innerpolitischen Rücksichten nach- und untergeordnet – freilich einer der verhängnisvollsten Irrtümer, den, jedenfalls nach den Erfahrungen der Geschichte, ein Politiker in einer weltpolitischen Krisenzeit (und das war die Situation jener Jahre, wie es die unserer Tage ist) begehen kann. Athenagoras zieht die großen Fragen der nationalen Existenz und ihrer Sicherung und des Schutzes der Freiheit in den Strudel innerpolitischer Gegensätze hinab. So trägt er, ganz im Gegensatz zu seinen Absichten, nicht dazu bei, die Demokratie in Syrakus zu festigen, sondern kompromittiert sie vielmehr heillos. Wenn abermals rund zehn Jahre später (405 v. Chr.) die Tyrannis in der Stadt erneut ihr Haupt erhob – als Folge der mit der athenischen Invasion eingeleiteten Ära von Kriegswirren –, so trug die Blindheit des Volksführers, die die

[18] Das läßt eine grundsätzliche innere Zugehörigkeit des Hermokrates zum oligarchischen Lager mehr als zweifelhaft erscheinen. Auch Perikles wurde tyrannischer Neigungen beschuldigt, obwohl er der bewußte Träger des demokratischen – freilich des echtdemokratischen, an Recht und Gesetz orientierten – Staatsideals war; sonst hätte ihm Thukydides die Gefallenenrede des 2. Buches nicht in den Mund legen können, von allem anderen abgesehen. Natürlich behielt sich Hermokrates – vor allem in der Zeit der Karthagernot – Handlungsfreiheit vor. Das berechtigt die Forschung aber nicht, ihn für einen Oligarchen zu halten, nur weil der Polterer Athenagoras ihn als solchen verdächtigt. Konservative Haltung (vgl. *Ed Meyer,* Gesch. des Alt.[1] 4, S. 509) ist nicht ohne weiteres identisch mit oligarchischer Gesinnung.

[19] Man vergleiche damit so manche Äußerung heutiger Politiker, die die Aufstellung deutscher Streitkräfte in der Bundesrepublik vor allem im Lichte der damit angeblich drohenden endgültigen Stabilisierung eines ihnen antipathischen gesellschaftlichen und wirtschaftlichen Systems sehen und fürchten.

Durchführung des Planes des Hermokrates verhindern half und die Masse in ihrer gewohnten Passivität bestärkte, daran ein gerütteltes Maß an Schuld [20].

Diese Blindheit ist bei Thukydides unverkennbar als besonderer Charakterzug des Athenagoras herausgehoben. Hermokrates hatte vor einer Unterschätzung der heraufziehenden Gefahr gewarnt (33,3; 34,9); sein Opponent fordert die Versammelten geradezu auf, sie zu verachten (36,1; 37,1 f., 40,2). Jener hatte sich trotz der bedenklichen Nachrichten, die er übermitteln mußte, bemüht, das Volk gleichwohl zu ermutigen, (33,4 ff., 34,1–8); Athenagoras jedoch wirft gerade ihm Panikmache vor und betreibt sie selber! Hermokrates sucht den Blick nach auswärts zu lenken, auf die Weltverhältnisse und das, was von ihnen, wenn auch nicht ganz eindeutig erkennbar, nach Syrakus hineindringt; der Demagoge bagatellisiert diese Weltverhältnisse, um innerhalb der eigenen Mauern den altgewohnten, fast liebgewordenen Zank zwischen Demokraten und Oligarchen weiterzuführen und ihm durch seine kümmerliche Hetze noch einen höchst unerfreulichen, ja gefährlichen Charakter zu geben. Wer die Folge der Ereignisse bei Thukydides unvoreingenommen zur Kenntnis nimmt und dabei bedenkt, daß alles ganz so kam, wie es Hermokrates kommen sah, und daß der Angriff der Athener tatsächlich erfolgte, wie es der erfahrene Politiker vorausgesagt hatte, während durch Athenagoras' Dazwischentreten die einzige Chance für eine Abwehr der Bedrohung regelrecht verpaßt wurde, findet es begreiflich, daß der Demagoge aus dem Gesichtskreis des Geschichtsschreibers alsbald verschwand; nicht einmal sein persönliches Schicksal hat interessiert, sondern er ist für die Nachwelt nichts weiter geworden als ein abschreckendes Beispiel für jene Sorte von Politikern, die dem wahren Staatsmann zu allen Zeiten das Leben schwer gemacht hat und Talleyrands Überzeugung bestätigt, daß Dummheit in der Politik ein noch schlimmeres Übel ist als Verbrechen.

[20] Es zeigt sich, daß *Grotes* oben (S. 235) zitierter Vergleich der Rolle des Athenagoras mit der eines Führers der Opposition, die er doch sicherlich aus der Überlieferung des englischen Parlaments verstand, zu schmeichelhaft für den Syrakusaner war, dessen Verfahren mehr als blinde Destruktion denn als verantwortungsbewußte Opposition in Thukydides' Schilderung erscheint und daher sofort von dem Strategen, der als Versammlungsleiter fungierte, als διαβολαί, als „Verleumdungen" (betont an den Anfang seiner Ausführungen gestellt!) zurückgewiesen wird (o. S. 244). An der Objektivität und peinlichen Korrektheit des Historikers kann nicht gezweifelt werden. – Daß die furchtbare karthagische Großoffensive seit 409 in den Ausmaßen, die sie annahm, nur durch die Erschöpfung der syrakusanischen Macht infolge der athenischen Invasion möglich war, ist bekannt.

Wenn aber Athenagoras trotz seiner bedeutsamen Rolle als „Vorsteher des Demos“ von Syrakus in den späteren Partien des Geschichtswerkes des Thukydides nicht mehr erscheint, erhebt sich die Frage, weshalb der Geschichtsschreiber ihn überhaupt seiner Erzählung eingefügt hat. Der Gang der Ereignisse wäre auch ohne die Nennung dieses Mannes klar gewesen. Es hätte genügt, von den hitzigen Debatten in der Volksversammlung so kurz wie in c. 32,3 zu berichten und festzustellen, daß die Warner sich beim Volke nicht durchzusetzen vermochten, so daß die Athener ungehindert nach Sizilien gelangten und ein schwerer Krieg über die verblendete Stadt hereinbrach [21]. Wenn Thukydides trotzdem es für nötig befand, die Reden des Hermokrates und des Athenagoras zu bringen, obwohl sie für den Gang der Ereignisse verhältnismäßig irrelevant sind und auch für die Charakteristik der allgemeinen Lage nur unwesentlich mehr geben, als in den Bemerkungen c. 32,3 und 35,1 bereits enthalten war, so kann das seine Erklärung nur darin finden, daß er die einzigartige Situation mit ihren Möglichkeiten und Gefahren für Staatsmänner künftiger Generationen festzuhalten wünschte. Absicht und Ziel seines Werkes über den Peloponnesischen Krieg war bekanntlich nach seinen eigenen Worten (1,22,4), der Menschheit, so wie sie war und bleiben würde, ein κτῆμα ἐς ἀεί, ein „Besitztum für immer“, zu schenken, aus dem sie für wichtige politische Entscheidungen in ähnlich ungewissen, krisenhaften Situationen wie in jenem Geschehen sich die unentbehrliche grundsätzliche Belehrung holen konnte. Ihm muß die Krise vom Frühsommer 415 v. Chr. mit den durch sie ausgelösten Diskussionen so wichtig erschienen sein, daß er sie den unverlierbaren Besitztümern, dem großen Schatz politischer Erfahrungen zuzählen zu müssen glaubte.

Die Geistesgeschichte hat den Thukydides in die erlauchte Reihe ihrer „Klassiker“ eingereiht. Unsere Zeit ist wie nur eine bereit, ihm diesen Ehrentitel zuzugestehen. Weiß sie auch, was sie damit tut? Meint man vielerorten nicht, daß ein Klassiker wohl eine Größe sei, aber eine vergangene? Klassiker sein bedeutet jedoch nicht, in einer mehr oder weniger fern von

[21] *Ed. Meyer* erklärt in seinen sonst vortrefflichen Ausführungen zum Thukydidesproblem, Forschungen zur Alten Geschichte 2, S. 374: „Wo Thukydides die Aufgabe hat, die Verhältnisse in Syrakus darzulegen und zu zeigen, wie es gekommen ist, daß man bei dem attischen Angriff ganz unvorbereitet war, geschweige denn, daß man der feindlichen Flotte an der Küste Italiens entgegengetreten wäre und dadurch die Ausführung des Unternehmens von Anfang an unmöglich gemacht hätte, *braucht* er den führenden Demagogen Athenagoras als Redner“ usw. Dieser Formulierung kann ich nicht zustimmen.

uns liegenden Zeit etwas Beachtliches geleistet zu haben. Klassiker stehen nicht als die zwar Respektablen, aber irgendwie Veralteten irgendwelchen „Modernen" gegenüber. Es kann nämlich sein, daß sie – vorausgesetzt, daß man sie befragt –, unbeschadet der Zahl der Jahre, die zwischen uns und ihnen liegen, plötzlich moderner, aktueller erscheinen als manch einer, der allein aus dem Grunde aktuell zu sein beansprucht, weil er ein Zeitgenosse von uns ist. Die hier behandelten Kapitel des Thukydides dürften jene erstaunliche Tatsache erneut ins Licht rücken. Sie findet ihre Erklärung darin, daß der Klassiker – mit Ortega y Gasset zu reden [22] – „bis zu den Tiefen hinuntergedrungen ist, in denen die Urprobleme liegen. Weil er einige von ihnen klar erschaute und dazu Stellung nahm, lebt er, solange sie nicht sterben". Nur wer so tief drang, gehört zu den Klassikern der Menschheit, d. h. zu jenen, die schlechthin überzeitlichen Wert besitzen – deren Stern zu allen Zeiten so hell zu leuchten vermag wie einst, als er zuerst aufflammte.

Thukydides hat damals, als er den Gehalt der historischen Situation des Jahres 415 in den beiden großen Reden des Hermokrates und des Athenagoras bleibende Gestalt annehmen ließ [23], ganz offensichtlich von der Nachwelt erwartet, daß sie verantwortungsbewußt Kenntnis von dem nehmen würde, was ihr die Weltgeschichte durch ihn darüber mitzuteilen hatte. Für diese Kenntnisnahme hielt er das Bild des erfahrenen, klarsichtigen Feldherrn fest, der sich gegen Lethargie und Kurzsichtigkeit dafür einsetzte, durch Entfaltung von Kühnheit und Energie zur rechten Stunde etwas so Schreckliches wie einen drohenden Krieg wirklich zu vermeiden, und der sowohl die Bedeutung des moralischen Faktors wie auch die Möglichkeit einer Einwirkung auf diejenigen Kräfte im gegnerischen Lager, die anders als die Heißsporne das politische Abenteuer ablehnen und die es in den Staaten und Armeen aller Zeiten und Völker gibt, für die Sicherung der eigenen nationalen Existenz wie für die der Freiheit wirklichkeitsgetreu einzuschätzen weiß. Für jene Kenntnisnahme stellte er ihm den bloßen Demagogen – im abschätzigen Sinne des Wortes – gegenüber, der wohl mit dem Munde und mit der eigenen inneren Überzeugung gegen den Krieg ist in Wahrheit aber ihn geradezu für sich und sein Volk heraufbeschwört weil Enge des politischen Horizonts und parteiische Voreingenommenheit ihn taub machen gegen die Warnzeichen, die er in seiner verantwortlichen

[22] Buch des Betrachters, dtsch. Ausgabe (1952), S. 261.

[23] „Sie tragen durchweg sein Gepräge und sind aus dem Zusammenhang seiner Darstellung erwachsen": *Ed. Meyer*, Geschichte des Altertums, Bd. 4 (1902), S. 510.

Stellung so gut wie andere nach ihrer ganzen Bedeutungsschwere hätte erkennen müssen. Wie ein Gericht der Weltgeschichte mutet den Leser der weitere Gang der Begebenheiten an. Zwei Jahre schlimmster Kriegsnot im eigenen Lande, Blutopfer, Leiden und Sorgen ohne Zahl, bis das Eingreifen einer fremden Macht – Spartas – endlich, fast in letzter Stunde, den völligen Zusammenbruch abwehrte, waren der Preis, den das irregeleitete Volk dafür zu zahlen hatte, daß es die wohlerwogenen Hinweise und Mahnungen eines seiner bedeutendsten Staatsmänner zur Unzeit in den Wind schlug. Der Feind war eben leider nicht so ausschließlich von politischer Vernunft geleitet, wie es der Volksredner Athenagoras sich einbildete und unseligerweise seinen Volksgenossen aufzuschwatzen vermochte. Als die große athenische Expeditionsflotte Rhegion ungefährdet erreicht hatte und damit unmittelbar im Angesicht Siziliens angelangt war, da – so berichtet Thukydides lakonisch (c. 45) – entschlossen sich die Syrakusaner endlich, und zwar jetzt mit voller Energie, für den unvermeidlich gewordenen Krieg zu rüsten – καὶ οὐκέτι ἠπίστουν „und sie zweifelten nun nicht mehr". Welches Armutszeugnis für das geistige Niveau der Menge und ihres Vertrauensmannes Athenagoras! [24]

Die Geschichtswissenschaft hat erst dann ein Recht, von Thukydides als einem ihrer Klassiker zu sprechen, wenn sie in ihm nicht lediglich den Historiker des Peloponnesischen Krieges sieht, sondern zugleich damit einer suchenden Gegenwart die Lehren ins Gedächtnis ruft, die er den Geschehnissen mit tiefer Erschütterung entnahm, und wenn sie es wagt, sich offen und frei zu ihnen zu bekennen, als ihr Beitrag zur Erfüllung jener ständig wiederkehrenden Pflicht, in aufbauendem Zusammenspiel von rechtem Regieren und rechtem Opponieren das Staatsschiff zwischen den Klippen der Geschichte ungefährdet hindurchzusteuern. Denn die heutige Menschheit kann für ein Versagen auf diesem Gebiet nicht mehr auf mildernde Umstände gegenüber dem Richterspruche der Geschichte für sich plädieren; nicht zuletzt Thukydides hat ihr diese Ausflucht genommen.

[24] Nur beiläufig sei bemerkt, daß Thukydides sein eigenes Urteil für jeden Sehenden klar zu erkennen gibt, ohne es direkt auszusprechen. In der Tat schließt es sich völlig dem Spruche der Tatsachen selber an; daher braucht – oder darf – es nicht ausgesprochen werden. Klassiker sind nie farblos.

H. E. Stier

ISOKRATES PANEGYR. 50 UND EPHOROS FR. 20 JAC. IN IHRER BEDEUTUNG FÜR DIE INTERPRETATION DES HELLENENNAMENS

Das Verständnis der griechischen Geschichte hängt in weitem Umfange von der Deutung des Hellenennamens ab. Diese Deutung kann nicht auf dem Wege allgemeiner Überlegungen gewonnen werden, wie man es lange Zeit versuchte, sondern nur aus sorgfältiger, unvoreingenommener Interpretation der auf uns gekommenen Zeugnisse. Dies gilt umso mehr, als Herkunft und sprachliche Bedeutung des Namens « Hellenen » uns unbekannt sind. Die Sprachwissenschaft konnte als gesichert lediglich feststellen, dass er ursprünglich ein südthessalischer Stammesname in der Form Ἑλλᾶνες war und seit rund 800 v. Chr. (über die erweiterte Zwischenform Πανέλληνες) mit gewandeltem Akzent als Ἕλληνες zur Gesamtbezeichung für die Menschen wurde, die sich als Angehörige des spezifisch griechischen Kulturbereiches von der weiten Welt der « Barbaren » abhoben. Die Frage ist, in welchem Sinne ihn diese griechische Welt während ihrer klassischen Periode verstand.

Unter den wenigen literarischen Zeugnissen aus jener Zeit, die wie eine Definition des Hellenennamens anmuten könnten, scheidet die bekannte Stelle Herodot 8, 144 aus. Ihre Berufung auf Blutsverwandtschaft (ὅμαιμον) und Sprachgleichheit (ὁμόγλωσσον), gemeinsame Religion und gleichartige Sitten (ἤθεα ὁμότροπα) legt zunächst die Deutung auf ein in diesem Namen sich konkretisierendes Volksgefühl bzw. Nationalbewusstsein nahe. Aber diese Deutung hält einer kritischen Prüfung nicht stand. Gemeinsame Abstammung vom — fiktiven — Stammvater Héllen beweist noch nicht, dass die Hellenen der Klassik sich als ein Volk gefühlt hätten, so wenig wie die Abstammung von Adam, Noah, Sem, Ham oder Japhet (Gen. 10) die Menschheit insgesamt bzw. ihre auf diese Stammväter zurückgeführten Gruppen als nationale Einheiten zu erweisen vermag. Und sprachliche Einheitlichkeit (auch abgesehen davon, dass die Ergebnisse der Sprachforschung diese für die griechisce Klassik sehr eingeschränkt haben) kann nicht unter allen Umständen als Argument für nationale Einheit gelten, wie etwa das Beispiel der Engländer und Amerikaner zeigt. Auch Einheit der Religion und der Sitten (bzw. des Charakters) schliessen eine übernationale Deutung nicht aus. Hinzu kommt, dass die Herodotstelle ganz in den militanten Gegensatz zwischen Hellenentum und Barbarentum (8, 142 ff.) während des grossen Perserkrieges 480/79 v. Chr. eingebettet ist, also nicht lediglich eine sachliche Definition bietet. Darum kann man methodisch nicht anders verfahren als sie in der Erörterung zunächst zurückzustellen, weil sie eben mehrdeutig ist.

Umso eindeutiger sind dafür zwei Erwähnungen aus dem 4. Jhdt. v. Chr. Isokrates zieht im Panegyrikos (§ 50) für seine Polemik gegen den Primatsanspruch Spartas in Hellas die Tatsache heran, dass seit Athens gewaltigen, schon in mythischer Zeit einsetzenden Kulturleistungen der Hellenenname nicht mehr von der blossen Abstammung (sc. von Héllen) her verstanden wurde, sondern von der διάνοια, der Geistigkeit, her, und dass Hellenen eher die attisch Gebildeten genannt würden als die, die bloss an der gemeinsamen Abkunft (von Héllen) teilhätten. Aus dem Text geht klar hervor, dass es sich dabei um den Hinweis auf eine Tatsache handelt, nicht um eine extravagante Behauptung des Autors. Die Stammbaumtheorie wird nicht verworfen, aber die realen Verhältnisse werden gegen sie ausgespielt, entsprechend dem Streben des Zeitalters der Sophistik, vom überkommenen Mythos auf allen Gebieten abzugehen und zur φύσια, zur Wirklichkeit der Dinge, vorzudringen, die zur entscheidenden Instanz erhoben werden soll. Damals — 380 v. Chr. — war der Hellenenname seinem realen Gehalt nach also eindeutig ein kultureller Begriff. Dem entspricht als gleichfalls dem 4. Jhdt. v. Chr. entstammendes Zeugnis das bei Macrobius (Saturn. 5, 18) bewahre Zitat aus dem 2. Buche des Ephoros (= fr. 20 Jacoby, fr. 27 Müller), das als geläufige Beispiele für die Verwendung von κοινὰ ὀνόματα für ἴδια ὀνόματα die Bezeichnung der Spartaner als Peloponnesier, der Athener als Hellenen anführt. « Peloponnesier » war niemals Volksname; es ist sehr aufschlussreich, dass der Hellenenname in Parallele gerade zu einem solchen Begriffe gesetzt werden konnte. Und Ephoros' Mitteilung bestätigt die Angaben des Isokrates über die enge Verbindung zwischen Athen und « Hellenentum ».

Der Hellenenname ist denmach im 4. Jhdt. v. Chr. kein Ethnikon gewesen. War er es im 5. Jhdt.? An sich wäre ein solcher umstürzender Wandel eines Volksnamens in so kurzer Zeit wohl ohne Beispiel (die Umwandlung des Namens der Makedonen u. a. in Namen von Truppengattungen ist hierfür keine Analogie). Ausserdem führen Ausdrücke wie Ἑλλάδος Ἑλλάα im Epigramm auf Euripides (Anth. Pal. 7, 45) oder τῆς Ἑλλάδοα παίδενδια bei Thukydides (2, 41) für Athen, die sich ganz dem Sprachgebrauch bei Isokrates und Ephoros einfügen, bis in den Ausgang des 5. Jhdts. hinauf, verringern also den zeitlichen Abstand zum Herodotzitat auf ein knappes Menschenalter. Der Einfall, dass sich bei Isokrates bereits der Kosmopolitismus des Hellenismus zeige, sollte seit J. Juethners eigenhender Interpretation von Panegyr. 50 (Hellenen und Barbaren, 1923, S. 34 ff.; Wiener Studien 47, 1929, S. 26 ff.) wirklich der Vergessenheit überantwortet sein; nicht eine Ausweitung des Gebrauches des Hellenennamens offenbart diese Stelle, sondern ganz im Gegenteil eine Einengung, wie sie ja in der Tat lediglich in die Auseinandersetzungen zwischen den griechischen Mächten hineingesprochen worden ist, ohne dabei an die Nichthellenen zu denken. Die Ausführungen bei Herodot 8, 144 lassen sich auch von dem Resultat her sinnvoll deuten, das sich für den Gebrauch des Hellenennamens im Zeitalter des Isokrates ergibt, also von einer übernationalen, geistig-kulturellen Gemeinschaft her; das Umgekehrte ist schlechterdings unmöglich. So spricht der Sachverhalt dafür, auch für das 5. Jhdt, den Hellenennamen nicht als Ethnikon anzusprechen.

Damit dürfte aus der Interpretation der drei wichtigsten Quellenzeugnisse, jenseits aller Theorien vom eigentlichen Inhalt der griechischen Geschichte, ein fester Punkt gewonnen sein, von dem aus eine sachgerechte, jeden Anachronismus vermeidende Auslegung aller sonstigen Äusserungen unserer Quellen über hellenische Einheit (Aristophanes, Plato, etc.) möglich wird. Was der bisherigen Erörterung dieses Problems mangelte, war die strenge, kritische Methodik der Untersuchung. Ohne sie wird man über Geschmacksurteile nicht hinauskommen. Dabei wird eine Deutung, die zu allem anderen auch der Eigenart des — mit dem Hellenenamen gleichzeitigen und zu ihm komplementären — Barbarennamens als eines erwiesenermassen übervölkischen Begriffes und der Möglichkeit einer schliesslichen Verwendung von Ἕλλμνεα für « Heiden » gerecht wird, ohne überall mit der unbekannten Grösse eines grundlegenden Bedeutungswandels operieren zu müssen, den Vorzug verdienen.

Für das Verständnis der geschichtlichen Leistung des politischen Hellenentums besitzt die Frage nach der rechten Deutung des Hellenennamens grundlegende Bedeutung. Handelte es sich bei ihm um einen Volksnamen und bei der in ihm verkörperten Einheit um eine nationale Einheit, die Einheitlichkeit eines echten Volkes, so war die griechische Geschichte nichts anderes als der verunglückte, durch Torheit, Verblendung und Egoismus gescheiterte Versuch, die politische Existenz dieses Volks durch Errichtung eines nationalen Machtstaates zu sichern. Damit hätten die Hellenen, die Schöpfer sowohl unserer politischen Terminologie wie der Demokratie, den traurigen Ruhm, vollständiger gescheitert zu sein als selbst Italiener und Deutsche, die immerhin trotz jahrhundertelanger Zersplitterung schliesslich aus eigener

Kraft zu ihrem Nationalstaat gelangt sind. Aber welches Volk hat als Ergebnis völligen Versagens eine so gewaltige welthistorische Leistung wie den Hellenismus aufzuwesen? Führt die noch immer vertretene Lehre vom Versagen des klassischen Hellenentums nicht zum *credo quia absurdum*? Der Sinn der griechischen Geschichte wäre der Unsinn?

Folgt die Deutung des Hellenennamens der Linie, die sich bei Isokrates und Ephoros besonders deutlich abzeichnet, so fällt mit dem angeblichen Volksnamen auch die behauptete nationale Einheit der « Hellenen » darin und hindert das historische Urteil nicht mehr. Zum Thema der griechischen Geschichte wird der Kampf um die Freiheit (wie es die Hellenen durch den Mund ihrer berufenen literarischen Kuender selbst immer wieder erklärt haben, von Herodot bis Polybios), sei es gegen die auswärtigen orientalischen Grossmächte der Perser und Karthager, sei es gegen die Übermacht von politischen Gebilden im griechischen Lebensbereich wie Athen im 5., Sparta und Theben im 4. Jhdt. v. Chr. Wir sähen im politischen Leben des klassischen Hellas, in dem die abendländische Welt als Geschichtsmacht eigener Prägung geboren worden ist, bereits den Genius walten, der nach Rankes berühmten Worten « Europa noch immer vor der Herrschaft jeder einseitigen und gewaltsamen Richtung beschützt » und am Anfange dieser von der Freiheitsidee stärker als andere durchvalteten europäischen Geschichte stände dann nicht nur zufällig, sondern in sinnvoller Zuordnung die griechische Geschichte.

Hans Erich Stier

ZUM RÖMISCHEN PHILHELLENISMUS DER FLAMININUSZEIT

Die letzte der zahlreichen lebendigen Erinnerungen, die mich mit meiner Universität Berlin verbinden — ich darf ‚meiner' sagen, weil sich die entscheidenden Vorgänge meiner akademischen Laufbahn: das Studium (in den an äußerer Bewegung wie innerem Gehalt überreichen Jahren 1921—1926), die Promotion zum Dr. phil. (1928) und die Habilitation (im Juli 1930), sich an ihr vollzogen und mir der Gedanke unmöglich erschienen wäre, mich auch nur für ein Semester von ihr zugunsten einer anderen Universität trennen zu sollen —, ist der Internationale Archäologenkongreß, der unmittelbar vor Kriegsausbruch in der strahlenden Augustsonne des Jahres 1939 in den Räumen des edlen Rokokobaus Unter den Linden stattfand. Die Fahnen wohl aller Kulturvölker der Welt wehten (wie sich sehr bald erschreckend zeigen sollte, zum letztenmal für lange Zeit) vereint vom Balkon. Mein Kurzreferat auf dem Kongreß über das Thema ‚Hellas und Ägypten' erhielt bei der Berichterstattung in der offiziösen Regierungspresse die Bewertung: »Ein Schritt vom Wege«. Diktatoren und ihre Kreaturen sind für alles hellhörig, was ihre Irrwege als solche zu entlarven unternimmt. So war mir 1934/35 die Gründung der Zeitschrift »Die Welt als Geschichte«, die die mir von meinem eigentlichen Lehrer Eduard Meyer überkommene universalhistorische Betrachtungsweise gegen die Verbiegungen echter geschichtlicher Forschung durch einen sich überschlagenden Nationalismus verteidigen sollte, gegen Denunziation aus parteihörigen Kollegenkreisen nur dadurch möglich geworden, daß der damalige Rektor Hoppe über mich als Dozenten seiner Universität seine schützende Hand hielt. Die Neuausgabe der ‚Geschichte des Altertums' Eduard Meyers, der ich als Berliner Dozent und seit 1935 als ao. Professor an der Universität Münster meine besten Jahre opfern mußte, gewann für mich weit über die Erfüllung einer Pietäts- und Dankespflicht hinaus unter den neuen Umständen grundsätzliche Bedeutung. In der Stadt des Bischofs

Clemens August von Galen fand ich glücklicherweise die Atmosphäre noch bewahrt, in der auch in den schwersten Zeiten deutschen Schicksals, allem Terror zum Trotz, die Wahrung der Geistesfreiheit und des auf ihr sich gründenden deutschen Geisteserbes möglich blieb, das ich von der Berliner Universität ins Leben mitnehmen durfte.

Erstaunlich bleibt die Fülle der wissenschaftlichen Autoritäten von Weltruf, mit denen der Studierende im Berlin der zwanziger Jahre in Berührung kam, auf allen den zahlreichen Gebieten, auf denen sich heimisch zu machen für die meisten von uns eine Selbstverständlichkeit war. In meinem speziellen Falle waren es die Klassische Philologie, die Sprachwissenschaft, die Orientalistik, die Archäologie und schließlich das Hauptfach, dem Interesse und Anlage eigentlich entsprachen: die Geschichte mit allen ihren Untergliederungen und Hilfsdisziplinen. Hat die historische Forschung gerade an der Berliner Universität — und durch ihren Begründer B. G. Niebuhr nicht zuletzt die Alte Geschichte — eine in der Sache liegende Verbundenheit mit den entscheidenden Lebensfragen der jeweiligen Gegenwart als aktivierendes Element und gleichzeitig heuristisches Prinzip wissenschaftlicher Wahrheitssuche nie verleugnet, so war das in den Jahren leidenschaftlichen Bemühens um einen echten Wiederaufbau Deutschlands nach dem Sturze 1918, der den Zusammenbruch Preußens von 1806 diesmal für das gesamte Deutschtum wiederholte, naturgemäß in besonderem Maße der Fall. Was ich von meinen Berliner akademischen Lehrern über die Struktur geschichtlichen Lebens und die Möglichkeit ihrer Erkenntnis und Beurteilung lernte, hat mich instand gesetzt, frühzeitig den Weg der nazistischen Diktatur als Irrweg zu erkennen. Als dann die Weltgeschichte die fürchterliche Probe aufs Exempel machte und ich — wider Erwarten — aus Verfolgung und Kriegsnot »davonkam«, ist mein Vertrauen zu jener lebensnahen und doch die gebotene Distanz zu den Tagesströmungen haltenden Methode geschichtlicher Betrachtung nur noch gewachsen. So sei mir verstattet, als bescheidenes Zeichen unauslöschlichen Dankes zum 150-jährigen Jubiläum der Friedrich-Wilhelms-Universität, deren jetzige Repräsentantin die Freie Universität Berlin ist, die hier folgende Studie vorzulegen.

Sie gilt einem Zeitabschnitt der antiken Geschichte, von dem kürzlich ein englischer Fachgenosse schrieb: „*If, as the old saying has it, history must be rewritten for each generation, there is surely no period of history which our generation should be more competent to rewrite*"[1] — dem Eintreten der neuen Weltmacht des Westens, der römischen Republik, in die komplizierte politische Problematik des antiken Hellas, wobei sich zahlreiche Berührungen mit dem Eintritt Amerikas in die wahrlich nicht weniger komplizierte europäische Staatenwelt ergeben und die Berichterstattung des Zeitgenossen der römischen Welteroberung, des Griechen Polybios, im Lichte gegenwärtigen Erlebens zu überprüfen gestatten. Bekanntlich hat Niebuhr seine neue, kritische Methode bei der Auswertung der Quellen in die Forderung gekleidet, es gelte, sich philologische Überlieferung als wirklich vorzustellen; d. h., der Historiker hat sich der Begegnung mit dem Geschehen in seiner eigenen Zeit innerlich zu öffnen, um sich durch die geistige Berührung mit dem Leben, der Wirklichkeit, reif zu machen für eine sachgerechte Interpretation und Beurteilung der nur durch das Medium der Schrift noch zu ihm redenden Zeugnisse der Vergangenheit, in denen einstmals nicht minder quellendes und durcheinander wogendes, durch die Forschung erneut zu beschwörendes Leben seinen Niederschlag fand. Vernachlässigung solcher »Quellenkritik« — mit E. Badian zu reden[2] — "*has been responsible for much a priori history*". Wer die Geschehnisse seiner Gegenwart wie die der Vergangenheit ebenfalls nur aus schriftlicher Quelle, in diesem Falle aus Zeitungen, Zeitschriften, Büchern u. dgl., zur Kenntnis zu nehmen pflegt, statt mit ihnen direkt Kontakt zu suchen, wird sich schwerlich in die Lage versetzt sehen, historischen Vorgängen gerecht zu werden. Denn er bleibt im Banne des Vorurteils, einer Pseudowirklichkeit, die er sich nach seiner Vorstellung zurechtgemacht hat statt nach lebendiger Erfahrung. Es ergeht ihm wie Tacitus, der mit dem — sicherlich ernst gemeinten — Vorsatz, *sine ira et studio* Geschichte zu schreiben, alsbald, vielleicht ohne daß er sich dessen versah, nur noch *cum ira et studio* zu schildern vermochte.

In meinem 1957 veröffentlichten Buche »Roms Aufstieg zur Weltmacht und die griechische Welt« habe ich den Nachweis zu führen gesucht, daß die grundsätzlichen Diskrepanzen, die in der Wertung der römischen Politik in Griechenland nach dem Ende des Hannibalkrieges (deren wichtigster Exponent der jugendliche Philhellene

---

[1] E. Badian, Rome and Antiochos the Great: A Study in Cold War. Classical Philol. 54 (1959) S. 81.

[2] a. O. S. 83

T. Quinctius Flamininus gewesen ist) zwischen dem Urteil moderner Fachleute und dem des Zeitgenossen, des achäischen Offiziers und Politikers Polybios, immer wieder auftraten, zum überwiegenden Teil in Vorurteilen der nationalistisch-imperialistischen Denkweise einer jetzt offensichtlich zu Ende gehenden Epoche in der Geistesgeschichte begründet liegen. Diese bescherten uns eine im Grunde anachronistische „*a priori history*" die den polybianischen Darstellungen der Vorgänge nicht, wie sie meinen konnte, mit Recht Zensuren erteilte, sondern sie ganz einfach mißverstand. Bücher, die gleich nach Erscheinen den kompetenten Beurteiler finden, sind nach Fichtes Wort nicht wert, veröffentlicht zu werden. So durfte ich nicht erwarten, überall sofort Zustimmung zu finden. Vielleicht ist es möglich, die Diskussion damit zu fördern, daß ich hier ein Originaldokument der Zeit näher erläutere, das ich in dem genannten Buche lediglich nebenbei erwähnte, in der Meinung, daß eine Behandlung dieses Zeugnisses ein Einrennen offener Türen bedeutet. Diese Meinung ist offenbar voreilig gewesen. Ich darf nur vorweg bemerken, daß ich den Einwand, ich hätte bei meiner Kritik der Zustände in Hellas »die Struktur der griechischen Welt verkannt«[3] und beurteilte »die Dinge allzu einseitig vom römischen Standpunkt aus«[4], nicht anerkennen kann, denn er trifft nicht mich, sondern den Polybios, auf dessen Urteil über das Griechentum seiner Zeit ich mich zu guter Letzt zurückverwiesen sah. Wer soll denn im Grunde kompetenter für die Struktur der griechischen Welt sein als ein Grieche, der offenen Auges, und durch leidvolles Erleben gereift, die — wie er sagt — 53 Jahre durchlebte, in denen die römische Republik zur Herrin der Welt emporstieg? Wenn das moderne Bild jener »Struktur« von dem seinigen abweicht, so hat der Verfechter dieses Bildes die Beweislast zu tragen und nicht der Hellene. Und was den Vorwurf einer Voreingenommenheit für Rom betrifft, so weiß jeder Kenner des Polybios, welche Mühe sich dieser in seinem Werke gab, ihn echt zu entkräften, einen Vorwurf, mit dem die Verlierer in dem großen Spiel der Geschichte schon damals (begreiflicherweise) ihre eigenen Fehlgriffe und Irrtümer zu entschuldigen strebten. Im übrigen wüßte ich wirklich nicht, wie gerade ich zu einer Beurteilung der Geschehnisse vom römischen Standpunkt neigen sollte,

[3] So z. B. H. Berve in der Ztschr. „Geschichte in Wissenschaft und Unterricht" 10 (1959) S. 508.

[4] Vgl. jetzt W. Hoffmann, Historia 9 (1960) S. 330f. (Anm. 56).

der ich vielmehr den Vorwurf verdiente, mich anders als Eduard Meyer mit meinen Interessen und Arbeiten zu einseitig auf die griechische Geschichte beschränkt zu haben, der eben meine eigentliche Liebe galt und gilt. Nicht Standpunkte sind hier entscheidend, sondern die wissenschaftliche Methode, die gegebenenfalls die Anerkennung bestimmter Sachverhalte erzwingt, mag man solche lieben oder nicht. So möge man sich die Mühe machen, meine Einzelinterpretationen Zug um Zug als irrig zu erweisen; ich wäre der letzte, der nicht mit Solon bekennen möchte: γηράσκω ἀεὶ πολλὰ διδασκόμενος.

Schwerer wiegt ein Einwand, der die in der Freiheitserklärung von 196 v. Chr. für die Hellenen bekundete philhellenische Gesinnung nur als die persönliche Auffassung des idealistisch gesinnten Flaminirus ansehen will, die durch das Zusammenwirken glücklicher Umstände für kurze Zeit die Zustimmung des für die römische Politik letzthin entscheidenden, aber ganz anders denkenden, weil im Grunde auf eine »indirekte« römische Herrschaft in Griechenland abzielenden[5] Senats in Rom fand. Die Überzeugung ist weit verbreitet, daß von einem dieses Ehrennamens würdigen römischen Philhellenismus, der nicht nur die geistige Haltung vereinzelter Römer, sondern die Überzeugung eines erheblichen Teiles der römischen Bildungsschicht überhaupt bezeichne, nicht vor den Tagen Ciceros die Rede sein könne. Diese Auffassung ist bestimmt durch ein Bild des Römertums, in dem diesem die Erringung der Weltherrschaft nur deshalb gelingt — im Widerspruch zu maßgeblichen römischen Selbstzeugnissen! —, weil es die besseren Soldaten gestellt, die Kriegsmaschinerie wirkungsvoller gehandhabt und sich in der Diplomatie verschlagener gezeigt habe als die einer solchen Robustheit als höher Kultivierte angeblich einfach nicht gewachsenen, zu sehr dem Geistigen zugewandten Hellenen. Man möchte meinen, daß hier die spezifisch deutsche, den Tatsachen von einer alles andere als selbstverständlichen — weil aus den ziemlich einmaligen Schicksalen der Mitte Europas seit dem Niedergange des Heiligen Römischen Reiches Deutscher Nation hergeleiteten — Entgegensetzung von »Kulturnation« und »Staatsnation« her gegenübertretende Deutung des historischen Sachverhalts vorliege, wäre nicht die gleiche Auffassung weit über die deutschen

[5] Berve a. a. O.

Grenzen hinaus verbreitet, vielleicht allerdings als Folgeerscheinung des Umstandes, daß im vorigen Jahrhundert lange Zeit hindurch die deutsche Wissenschaft auf dem Gebiet der Altertumsforschung innerhalb der modernen Kulturwelt eine gewisse Führung besaß. Die Frage, ob eine für unser Gesamtbild von den gestaltenden Kräften der Weltgeschichte und von dem in ihr als entscheidender Faktor auftretenden und agierenden Menschen so folgenschwere Interpretation eines der bedeutsamsten universalhistorischen Vorgänge, die erwiesenermaßen bei den politischen Entwürfen und Ideen der — noch dazu mit ihnen nicht etwa erfolgreichen, sondern gescheiterten! — Diktatoren unseres Jahrhunderts eine nicht unerhebliche Rolle spielte, der Realität entspricht, läßt sich nicht vom Grundsätzlichen her beantworten, sondern nur von der Klärung der Einzelvorgänge her; natürlich ist sie mühseliger als das wesentlich bequemere Bekenntnis zu irgendeiner Grundüberzeugung.

Die Schwierigkeit liegt darin, daß Polybios, dessen Werk allen unseren literarischen Quellen für die Geschichte der Flamininus-Zeit zugrunde liegt, die Ereignisse größtenteils einige Jahre nach ihrem Ablauf beschrieb, als die Gesamtentwicklung sich weithin zu Roms Gunsten gestaltete und damit die Versuchung für den Geschichtsschreiber gegeben war, eine *ex eventu* konzipierte Auffassung den historischen Vorgängen des ersten Jahrzehnts der griechisch-römischen Begegnung aufzuzwingen. Eine Auflösung dieser Schwierigkeit könnte nur möglich werden, wenn es gelänge, eine Bestätigung der Angaben des Polybios über den Philhellenismus nicht nur des Flaminin, sondern Roms überhaupt in der Zeit der Freiheitserklärung durch eine in den entscheidenden Jahren selbst entstandene Originalurkunde zu erhalten. Eine solche ist in der Tat auf uns gekommen mit der (schon 1815 von Leake zu Domeniko in Perrhäbien gefundenen und veröffentlichten) Marmortafel mit einem Brief des Flaminin an die in antiker Zeit dort gelegene kleine befestigte Gemeinde Chyretiä[6]. Das nicht umfangreiche Schreiben, das die Stadt in Stein verewigen ließ, enthält die Gewährung von Erleichterungen für die als Untertanengemeinde Philipps V. von Makedonien durch die Lasten des verlorenen II. Makedonischen Krieges erheblich beschwerte Bürgerschaft und erweist sich damit als in eines der Jahre 196—194 v. Chr.

[6] Dittenberger, Sylloge[3] (1917) Nr. 593.

gehörig. Die durchaus nicht »barbarische«, aber ungewandte, ja gelegentlich fehlerhafte *Koiné*, in der das Schriftstück abgefaßt ist und die bereits 1888 P. Viereck in seiner vortrefflichen Göttinger Dissertation über den *sermo Graecus* der Römer (S. 75 f.) charakterisiert hat, läßt u. E. den Flaminin selbst als Verfasser erkennen. Da Chyretiä ein verhältnismäßig unbedeutender Platz war, ist nicht anzunehmen, daß es allein der Wohltaten und eines persönlichen Briefes des römischen Oberkommandierenden gewürdigt wurde[7]; offenbar steht die Inschrift repräsentativ für eine ganze Anzahl ähnlicher, für uns verlorengegangener Schreiben, in denen der Römer seine aus unserer Überlieferung bekannte Hinwendung zu einer versöhnlichen Politik gegenüber den ehemaligen Gegnern unter den Griechen begründete.

Der Brief an Chyretiä hebt sich aus den übrigen vergleichbaren unter den auf uns gekommenen Inschriften des zweiten vorchristlichen Jahrhunderts[8] auch dadurch heraus, daß er scharf polemische Wendungen enthält, die die in ihm vorkommenden (an sich nicht ungewöhnlichen) Selbstbelobigungen und Rechtfertigungen des Absenders in einem besonderen Licht erscheinen lassen. Die Inschrift beginnt mit der Grußformel: »Titus Quinctius, Oberkommandierender[9] der Römer, entbietet den Behörden und der Gemeinde der Chyretier seinen Gruß.« Es folgt eine umfangreiche Einleitung, die den Zweck hat, die weiter unten mitgeteilten praktischen Anordnungen in das gewünschte Licht zu setzen: »Nachdem wir auch in den sonstigen Handlungen allen (sc. Hellenen) die eigene (politische) Haltung und die des römischen Volkes offenkundig gemacht haben, die wir euch gegenüber in jeder Hinsicht einnehmen, wollen wir auch mit den folgenden Bestimmungen erweisen, daß wir auf alle Weise um ein ehrenwertes (bzw. rühmliches) Handeln bemüht bleiben[10]« — und nun folgt der gegen eine

---

[7] So schon A. Boeckh in seinen Bemerkungen zu CIG 1770: *similes (sc. litteras) forsitan etiam aliis misit civitatibus.* Allerdings waren die Zustände in Thessalien nach der Freigabe des Landes durch die Makedonen besonders verworren; vgl. B. Niese, Gesch. der griech. u. makedon. Staaten 2 (1899) S. 666.

[8] Vgl. z. B. Syll.³ Nr. 601 (Brief des Prätors M. Valerius Messalla an Teos 193 v. Chr.); 618 (L. und P. Cornelius Scipio an Heraklea am Latmos um 188 v. Chr.); dazu die Würdigung von H. Volkmann, Hermes 82 (1954) S. 474ff.

[9] So wird στρατηγὸς ὕπατος hier übersetzt werden müssen; die — an sich berechtigte — Übersetzung »Konsul« wirkt irreführend, weil die Verhandlungen mit Chyretiä nicht in Flaminins Konsulatsjahr passen.

[10] προεστηκότες τοῦ ἐνδόξου: *praestandi honesta*: Viereck a. O. S. 75.

dritte Gruppe gerichtete polemische Ausfall: »damit nicht einmal in diesen Dingen die Leute Grund haben, uns Böses nachzureden, die gewohnt sind, ihr Benehmen nicht nach dem Grundsatz wahren Anstandes einzurichten (οἱ οὐκ ἀπὸ τοῦ βελτίστου εἰωθότες ἀναστρέφεσθαι)«' Diese Wendung ist sehr scharf; sie spricht nicht von Verleumdern, die gelegentlich lügen, sondern von solchen, denen Unanständigkeit zur Gewohnheit geworden sei. Es folgt die (mit dem Vorhergehenden durch γὰρ verbundene) Mitteilung, daß von den nach Kriegsrecht an den römischen Staat gefallenen Besitzungen und Häusern in Chyretiä die noch nicht veräußerten nunmehr sämtlich der Stadt übergeben würden, und zwar mit dem apologetischen Hinweis, daß »auch in diesen Dingen ihr (sc. die Bürger) unsere Rechtschaffenheit (καλοκἀγαθία) erkennt und daß wir ganz und gar in keiner Beziehung geldgierig sein wollen, weil wir Dank und Ruhm für die höchsten Güter halten« — also nicht Geld und Beute. Der Brief schließt mit dem Hinweis, denen, die bei der Umwälzung nachweislich unverdientermaßen gelitten haben, wieder zu ihrem Recht zu verhelfen, und der Schlußformel ἔρρωσθε: »lebt wohl!«

Aus dem kleinen, aber aufschlußreichen Dokument wird das ganze Unbehagen sichtbar, das die fanatische antirömische Propaganda der Ätoler in Hellas dem Römerfeldherrn bereitete. Sie sind es, die in der polemischen Attacke gemeint sind. Ihrer Propaganda konnte wirksam nur mit Taten begegnet werden, durch die sie echt Lügen gestraft wurde. Es mußte aller Welt klarwerden, daß die römische Politik gegenüber den Hellenen bisher und in Zukunft nicht von Herrschsucht und Geldgier bestimmt sei, sondern von dem Bestreben, innerhalb der Staaten der Kulturwelt durch Redlichkeit und Großzügigkeit echten Ruhm und Dank zu gewinnen. Nicht materielle, sondern geistige Werte seien die Leitsterne des Handelns der westlichen Republik. Dieses Handeln trägt damit philhellenisches, nicht griechenfeindliches Gepräge. Der Anfang des Briefes spielt auf diesen Philhellenismus an. Und nun kommt das Wichtigste: er ist προαίρεσις nicht nur des von Rom entsandten Oberkommandierenden Flamininus, sondern *auch* des *populus Romanus*; mit deutlicher Betonung spricht der Absender von seiner eigenen (ἰδίᾳ) Einstellung *und* (καὶ) der des römischen Volkes, dessen Vertrauensmann er, offensichtlich aus diesem Grunde, bereits seit mehreren Jahren ist. Demgemäß ist das in der Inschrift häufige »wir« als echter Plural, nicht als verkappter Singular des Briefschreibers zu fassen[11]. Gewiß werden die Wortführer der Ätoler und ihre Gesinnungsfreunde bestritten haben, daß Flaminins griechenfreundliche Gesten und Reden die Meinung des römischen Staates wiedergäben. Wie hätten sie sich ein so dankbares Argument entgehen lassen sollen, wo allbekannt war, daß der Senat dem Drängen seines Feldherrn auf völlige Freigabe Griechenlands mit Rücksicht auf das bedrohliche Übergreifen der östlichen Weltmacht, Antiochos' des Großen, nur zögernd nachgab, daß Flaminin die zu ihm gesandte bevollmächtigte Kommission von zehn Senatoren nach dem Friedensschluß mit Philipp V. — wie Polybios (18, 45, 7ff.) ausdrücklich angibt, unter Bezugnahme auf die Auswirkungen der ätolischen Hetze — zur Aktivität drängen mußte und daß die dann für die Isthmien vereinbarte Freiheitserklärung die Freigabe der drei Stützpunkte in Hellas, Akrokorinths, Chalkis' und Demetrias', nur erst prinzipiell festlegte[12]. Anschließend mußte Flaminin einen (freilich nur mit Mehrheit gefaßten) Beschluß zu Fall bringen, dem König Eumenes II. von Pergamon als Dank für seine Hilfe zwei Ortschaften des griechischen Euböa zu schenken (Polyb. 18, 47, 10f.). Und zwei Jahre benötigte er, um beim Senat die Zustimmung zur Räumung ganz Griechenlands durch die römischen Truppen durchzusetzen. Handelte es sich hier auch nicht um Verschiedenheit der politischen Grundsätze, sondern um Fragen der politischen Methode, so boten die dabei auftretenden Diskussionen und Beratungen dem übelwollenden Gerüchtemacher erwünschte Anlässe zu Verdächtigungen. Ziel des ätolischen Propagandafeldzuges war die Durchsetzung der Auffassung, die Römer seien nach Hellas nicht als Befreier gekommen, sondern als neue Herren. So redeten die Wortführer vor der Freiheitserklärung im Jahre 196 v. Chr. (Polyb. 18, 45, 6), und so sagte es vier Jahre später der ganz von den Ätolern gewonnene Magnetarch Eurylochos in Demetrias dem Flamininus ins Gesicht. Das war genau die Behauptung, es käme den Römern nicht auf die Freiheit, sondern auf eine »indirekte«, mit jenem Idealwort

[11] was zum Überfluß in Zeile 17 der Inschrift durch den Singular κρίνω bestätigt wird.

[12] Sie war daraus zu ersehen, daß unter den Befreiten und ἀφρούρητοι auch (ohne besondere Heraushebung) Korinther, Euböer und Magneten aufgezählt wurden, in deren Gebieten die Zwingburgen lagen; gewiß nicht zuletzt deshalb mußte die Erklärung auf Drängen der im isthmischen Stadion versammelten Menge vom Herold wiederholt werden. Vgl. Polyb. 18, 46, 6 ff.

nur verbrämte Beherrschung von Hellas an — eben die Auffassung, die, wie erwähnt, auch heute noch in althistorischen Fachkreisen Billigung findet und damit sowohl die Wirksamkeit jener Propaganda wie die Bereitschaft, sich ihr anheimzugeben, drastisch veranschaulicht. Der Brief an Chyretiä ist demgegenüber das kostbare Originaldokument von berufenster Hand, das Zug um Zug der Lügenpropaganda entgegentritt und Polybios' Wiedergabe des politischen Wollens der Römer in Hellas als korrekt erweist. In seinem zugleich auf die gesamte hellenische Öffentlichkeit berechneten Appell, der durch materielle Verzichtleistungen als ehrlich gemeint erwiesen wurde — welches andere Beweismittel sollte es sonst geben? —, unterstreicht hier Flamininus, daß die von ihm befolgte Politik nur die des römischen Volkes ist und nicht eine Eigenbrötelei des griechisch gebildeten römischen Feldherrn; diese Politik verfolgt ideale Ziele und sinnt nicht auf Befriedigung von Macht- und Beutegier. Mit bloßen wohlgesetzen Redewendungen — auch in eleganterem Stil als dem, dessen Flaminin offensichtlich fähig war — und durch sie nur notdürftig verhüllten Unrichtigkeiten und Unwahrheiten konnte ein Kenner der Lage nicht erwarten, der im gleichen Schreiben schärfstens attakkierten Gegenpropaganda bei den Hellenen den Wind aus den Segeln zu nehmen; dazu war die Kritik zu wachsam. Bedenkt man, was Polybios über die Wertschätzung des Geldes beim bäuerlich geprägten römischen Menschen aus eigener Beobachtung während seines Exils in Rom mitteilt, so läßt sich ermessen, daß Römern ein Verzicht auf mit ihrem Blute erworbene, also rechtmäßige Vorteile wie im Falle von Chyretiä nicht leichtgefallen ist. Jeder derartige Verzicht mußte in der Weise erfolgen, daß er andere Vorteile einbrachte. Opfer und Einkleidung in dem Schreiben an Chyretiä müssen also wesensmäßig eine Einheit bilden und als solche anerkannt werden. Der materielle Verzicht soll moralische Stärkung bringen.

Das Ergebnis unserer Interpretation ist der Nachweis, daß der römische Philhellenismus des 2. Jahrhunderts v. Chr. nicht eine Erfindung moderner übereifriger Gelehrsamkeit ist, sondern eine Realität, mit der die Forschung wird rechnen müssen. Bei Polybios 18, 45, 9 setzt Flaminin in der Beratung mit der Senatskommission die Freiheit der Hellenen dem Nutzen (συμφέρον) Roms geradezu entgegen; er findet keinen Widerspruch, als er daran erinnert, daß es den Römern seit ihrem Eintritt in den II. Makedonischen Krieg nur um diese Freiheit und damit um den guten Ruf bei den Hellenen (ἡ τῶν Ἑλλήνων εὔκλεια) gegangen sei. Das bedeutet nicht, daß er darüber für Realpolitik blind gewesen wäre. In Livius' aus dem (uns für diesen Abschnitt verlorenen) Polybiostext geschöpftem Bericht über die Vorgänge in Griechenland nach der Freiheitserklärung von 196 (33, 27, 6) wird ausdrücklich gesagt, daß Flaminins Milde gegenüber griechischen Parteigängern des Makedonenkönigs durch Rücksicht auf das bedrohliche Umsichgreifen des Königs Antiochos bedingt war und daß ihm deshalb als politische Pflicht erschien »*favor conciliandus nomini Romano apud civitates*«. Das war möglich, weil die Befreiung Griechenlands aus der Verfügungsgewalt der hellenistischen Großmächte eine Identifizierung griechischer Freiheitssehnsucht mit dem wohlverstandenen Sicherheitsbedürfnis Roms und Italiens bedeutete. Flaminin wußte um die Bedeutung der sogenannten psychologischen Kriegführung, die mit Fiktionen allein, ohne kompakte Realitäten, nicht zu durchschlagendem Erfolge führen kann. Daß es den Ätolern gelang, durch Aufpeitschung der demagogisch verhetzten Massen die Bildung der vom Philhellenismus angestrebten geistigen Einheitsfront des Hellenentums mit Rom, auch nachdem dieses mit der Abberufung seiner gesamten Heeresmacht 194 v. Chr. den denkbar eindringlichsten Beweis für seinen guten Willen geliefert hatte, in zäher Wühlarbeit zu hintertreiben, hat allen Beteiligten nicht einen dauerhaften Frieden gebracht, sondern neue Kriegswirren und — was noch schlimmer war — bei der Großmacht des Westens die Ablösung der Periode des Vertrauens, der Zuversicht und der Freundschaft durch eine solche des Mißtrauens und der Furcht vor den unberechenbaren ‚*Graeculi*'. Der Schritt von Titus Quinctius Flamininus zum *homo novus* Marcus Porcius Cato dem Älteren hat die Lage des Griechentums in einer sich rasch wandelnden Weltzeit — nach J. G. Droysens scharfsichtiger Benennung: der modernen Zeit des Altertums — nicht eben verbessert.

Wir haben die sich aufdrängenden Parallelen zu unserer gegenwärtigen Situation hier nicht nachzuzeichnen, sondern begnügen uns damit, auf die Belehrung, die die recht gesehene Leidensgeschichte des frühen römischen Philhellenismus für den heutigen Europäer, der sich der Europaliebe der USA gegenübergestellt sieht, in sich schließt, W. Schadewaldts schönen Ausspruch zu beziehen: »Und so mag es vielleicht für diese Dinge an der Zeit sein, wieder erkannt, anerkannt und womöglich sogar befolgt zu werden.«

Untergang und Wiedergeburt Europas in der Spätantike

Prof. Dr. H. E. Stier

Zu den großen Aufgaben einer Zeit, die gesonnen ist, die Einigung Europas nicht nur äußerlich-organisatorisch, sondern auch innerlich, als Befreiung seiner Volksgeister von jahrhundertelanger Entfremdung, zu verwirklichen, gehört die Wiedergewinnung eines vorurteilsfreien Blickes auf die Geschichte dieses Europa, auf den seinen Völkern und Menschen insgesamt vorgegebenen und von ihnen gemeinsam in Freud wie in Leid durchschrittenen Schicksalsweg. Die Erkenntnis dieses Weges ist nicht aus einer bloßen schematisch verfahrenden Summierung der Sondergeschichten der europäischen Nationen zu gewinnen. Und da für die Beantwortung der Vorfrage nach dem Wesen „Europas" als weltgeschichtlicher Erscheinung die Kenntnis seiner Ursprünge unerläßlich ist, so wie sich etwa das Wesen des Christentums nur dem erschließen wird, der über die im Verlauf der Kirchengeschichte aufgetretene heutige Vielfalt seiner Erscheinungsformen hinaufschaut zum Urchristentum, zur Zeit der Apostel und der frühen Kirchenväter und Konzilien, kann es der Historiker nur dankbar begrüßen, am heutigen Abend — wenn auch in den engen zeitlichen Grenzen eines zusammenfassenden Vortrages — den Blick auf eine nur scheinbar ferne Vergangenheit unserer Welt richten zu sollen, die Aufschlüsse von nicht unerheblicher Bedeutung auch für das politische und kulturelle Planen und Schaffen unserer Tage in sich birgt. Man mag der vielberufenen Möglichkeit, dem großen Experiment der Weltgeschichte Lehren für die Gegenwart zu entnehmen, noch so skeptisch gegenüberstehen, so bleibt doch bestehen, daß gerade die bedeutenden Gestalten unter den Vollstreckern dieser Geschichte an jene Möglichkeit geglaubt haben — woraus sich ergibt, daß die Öffentlichkeit geradezu ein Anrecht darauf besitzt, von Zeit zu Zeit darüber informiert zu werden, wie sich das Bild der Historie auf Grund der Forschungen einer rastlos weiterdringenden, kritisch prüfenden und auf Zusammenschau der von ihren Sonderdisziplinen erarbeiteten Einsichten bedachten Fachwissenschaft inzwischen gestaltet hat. Von dem methodisch erschlossenen geschichtlichen Stoff aber gilt, was einer der

bedeutendsten Universalhistoriker, Eduard Meyer, bereits 1901 bekannte: „Nicht wir gestalten ihn, sondern er gestaltet sich in uns.“[1] [281]
„Europa“ — wenn wir diesen uns geläufig gewordenen Begriff zwecks leichterer Verständigung hier anwenden dürfen [2] — hat sich als neue machtvolle Erscheinung in der Geschichte der Menschheit neben die rund zwei Jahrtausende älteren majestätischen Hochkulturen des Alten Orients zu stellen vermocht, seit sich auf seinem Boden die Hochkultur des antiken Griechenland erhob. Zunächst in bewundernder Anlehnung an das überlegene Vorbild des Morgenlandes, dann in siegreicher Gegenwehr gegen dessen im Bunde der Reiche der Perser und Karthager zusammengefaßten militärischen Expansionsdrang bei Salamis und Himera 480 v. Chr., hat es in der besonderen Weltsituation des 5. und 4. vorchristlichen Jahrhunderts seine neue Wesensart reiner als jemals später auszuprägen vermocht, so, daß der Kultur dieser Epoche eine für alle Folgezeit europäischer Geschichte klassische Bedeutung zugebilligt worden ist und auch weiterhin werden muß. Neu war vor allem die Bedeutung, die in dieser Formung höheren menschlichen Daseins, abweichend von aller orientalischen Auffassung, dem Menschen und der für seine volle harmonische Entfaltung unerläßlichen Idee der Freiheit zugemessen wurde. Wie die perspektivisch gestaltende griechische Kunst in ihrem Schaffen den Seheindruck des menschlichen Auges zur bestimmenden Norm erhob und damit in ihrem Wirkungskreise die vorperspektivische, „geradansichtig-vorstellige“, von einer anders verstandenen „Wesensschau“ eingegebene altmorgenländische Art der Darstellung überwand, so gründet sich die — dem Alten Orient in der radikalen Konsequenz ihrer Ausprägung ebenfalls fremd gebliebene — neue, demokratisch-republikanische Staatsform auf die Heranführung des Menschen, soweit er freier Bürger war, ohne Rücksicht auf Rang und Abkunft, an sein Gemeinwesen, für dessen vernunftgemäße Lenkung er dem antiken Europa von Natur befähigt erschien. Im Geistesleben war es die ganz neuartige Philosophie, die das — alsbald von erstaunlichen Erfolgen gekrönte — Wagnis unternahm, allein mit den Fähigkeiten menschlicher Vernunft,

[1] Geschichte des Altertums Bd. 4, S. VII (= Bd. 4, 1 der Ausgabe von 1939, S. XII).

[2] Zur Geschichte des Europa-Begriffes vgl. P. E. Hübinger, Abendland, Christenheit, Europa, Beilage z. „Parlament“, 3. Februar 1954.

[282] ohne Bindung an Traditionen und Autoritäten, die Lösung der großen Welt- und Lebensrätsel zu versuchen. In dieser Sondergestalt, die sich aus friedlicher Begegnung mit dem morgenländischen Kulturkreise entwickelte, schließlich aber von diesem in ihrem Urteil über die Bedeutung des Menschen für die Kultur grundsätzlich unterschied und deshalb mit tiefer Berechtigung von den Römern als Gesittung der *humanitas*, der „Menschlichkeit", angesehen wurde, hat „Europa" seinen Weg gefunden. Nur für Gestaltungen, bei denen diese Haltung bald mehr, bald weniger unverbildet, aber nie ganz unterdrückt, erkennbar bleibt, kann der Begriff „europäisch" in wissenschaftlichem Sinne gelten.

Seit Alexander der Große am Ausgange des 4. Jahrhunderts v. Chr. seine Herrschaft über den Orient aufrichtete, ist mit ihm die griechische Kultur zur Weltkultur geworden. Sie hat damit den Weg beschritten, der auch heute von vielen für die moderne europäische Zivilisation als unausweichlich, ja als eigentlich selbstverständlich angesehen wird: aufzugehen in einer universalen, europäisch gefärbten Menschheitskultur, und sei es um den Preis, sich von wesentlichen älteren Überlieferungen lossagen zu sollen. Was Alexander und seine Nachfolger für die Hellenisierung des Ostens erreichten, vollendeten die Römer für den Westen und Norden des antiken Mittelmeerraumes. Am Ende eines mit bitterer Mühsal und Enttäuschung aller Art reichlich bedachten historischen Prozesses stand das Weltfriedensreich des Kaisers Augustus und seiner Nachfolger, die *Pax Augusta*. Vom Atlantik und der Nordsee bis zum Euphrat dehnte sich seitdem der nun zur Welt gewordene Bereich des antiken Europa — in einem für die damaligen Verkehrsverhältnisse und die auf ihnen beruhenden Raumvorstellungen geradezu riesigen Ausmaße.[3]

Nötigen schon diese räumlichen Dimensionen und ihre politische und administrative Bewältigung auch dem heutigen Betrachter Bewunderung ab, so erhöht sich sein Erstaunen, wenn er hinzunimmt, daß die Zusammenfassung des antiken *Orbis terrarum* unter Rom nicht nur äußerlich blieb, sondern daß die Einbeziehung der wichtigsten morgenländischen Kulturgebiete in das Imperium eine geistige Syn-

[3] Die Überfahrt von Alexandria nach Puteoli in Kampanien dauerte rund neun Tage, länger als heute die Überquerung des Atlantik mit dem Dampfer.

these von Orient und Europa zur Folge hatte, wie sie in dieser Form weder vor- noch nachher wieder möglich gewesen ist. Als ihre noch heute redenden Zeugen stehen im Mittelmeergebiet die imposanten Trümmer einer monumentalen Architektur aufrecht, die ihresgleichen in der Weltgeschichte der Kunst sucht. An erster Stelle ist hier die Tempelanlage von Baalbek in Nordsyrien[4] zu nennen. Auf einem Fundament, in dem die größten kunstvoll behauenen Quadersteine der Weltarchitektur verwendet worden sind[5], erhob sich der sog. Jupitertempel, von dessen 54 Riesensäulen jede 20 m hoch war. Die Höhe der Säulen des südlich davon gelegenen, nicht so gewaltigen „Bacchus"tempels beträgt immerhin noch nahezu 19 m. Die kolossalen Ausmaße und die strenge, majestätische Axialität der Gesamtplanung verweisen das grandiose Werk in die Nachbarschaft altmorgenländischer, besonders ägyptischer Schöpfungen. Doch nach seinem äußeren Erscheinungsbilde fügt es sich völlig der griechisch-römischen Formenwelt ein: säulenumkränzte Tempel mit Giebeldächern und Statuenschmuck, Hallen, Exedren, vor allem aber die Ausrichtung auf das aus wohlgegliederten, durchgeistigten Proportionen, edler Harmonie der Teile und Lebendigkeit des sorgfältig ausgeführten phantasiereichen ornamentalen Schmuckes resultierende Schönheitsideal, das trotz der morgenländischen Dimensionen unverkennbar dominiert. Diese ganz eigentümliche, den weltumspannenden Charakter des Imperium Romanum widerspiegelnde Reichsarchitektur blieb nicht auf den Orient[6] beschränkt; Beispiele für sie finden sich ebenso im „europäischen" Teil des Reiches: so in Athen, wo Kaiser Hadrian den — bezeichnenderweise schon im 6. Jhdt v. Chr. am Ausgange der damaligen orientalisierenden (in der Fachsprache „archaisch" genannten) Frühzeit der hellenischen Kunst entworfenen und begonnenen — Tempel des Olympischen Zeus mit 104 „korinthischen" Säulen von über [283]

[4] Vgl. u. a. P. Collart, Baalbek et Rome, Museum Helvet. 8 (1951) 241 ff.

[5] Der in dem einen der beiden Steinbrüche liegengebliebene, fast 22 m lange Quaderstein wiegt über 1000 t (1 Million kg).

[6] Für den hier als weiteres Beispiel vor allem die gewaltigen Felsgräber und -heiligtümer der alten Nabatäerhauptstadt Petra in Jordanien mit ihren römischen Fassaden anzuführen wäre; s. jetzt die Schilderung von G. L. Harding, The Antiquities of Jordan (1959, deutsche Ausgabe unter dem Titel „Auf biblischem Boden" 1961, S. 127 ff.).

[284] 17 m Höhe[7] in riesenhaften Ausmaßen und doch gewinnender Anmut zu Ende führen ließ, —in der Griechenstadt Kyzikos am Marmarameer, wo nach den Tagebüchern des Cyriacus von Ancona sich einst ein gleichfalls von Hadrian erbauter Tempel erhob, der Baalbek an Größe überbot[8], — nicht zuletzt in der Weltmetropole Rom selbst, wo (von anderem abgesehen) Apollodor von Damaskus, ein hellenistischer Syrer, das erstaunliche, ganz dem Aspekt der Reichsarchitektur sich einfügende Trajansforum schuf. Die auf der durchgehenden Hauptachse dieses Forums vor dem einstigen Tempel des vergöttlichten Kaisers errichtete, 38 m hohe Trajanssäule zeigt noch an, wie hoch hier einst der Ausläufer des Quirinal-Hügels aufragte, der zur Gewinnung des erforderlichen Geländes für das Forum abgetragen werden mußte.

Wie sich in den genannten Bauten die altorientalische Grundidee einer alles durchwaltenden übergreifenden Ordnung gleichsam vermenschlicht im Gewande griechisch-römischer Freiheit und Harmonie neu darbietet, so kehrt dieser Eindruck in der Staatsverfassung der Kaiserzeit während der ersten beiden nachchristlichen Jahrhunderte wieder. Mit der Aufrichtung der römischen Weltherrschaft war die Notwendigkeit gegeben, an die Stelle des lockeren, alle maßgeblichen Amtsträger alljährlich auswechselnden und neue an ihrer Statt in die Provinzen entsendenden republikanischen Systems, wie in den morgenländischen Reichen, ein stabiles monarchisches Regiment treten zu lassen, um der Ausbeutung der Beherrschten für den römischen Gemeindestaat ein Ende zu setzen und ihre Eingliederung in einen wirklichen Weltstaat aus — jetzt aber weitgehend autonomen — Völkern und Ländern zu ermöglichen. In dem leidgeprüften Jahrhundert der Bürgerkriege hatte sich die neue Gestaltung gegen die altrömische Libertät durchgesetzt, zum Wohle der Regierten. Damit hatte sich im Okzident ein politisches Prinzip wieder heimisch gemacht, das seit ältesten Zeiten im Orient und seinem Ausstrahlungskreise beheimatet war und in dessen Überwindung und Fernhaltung einst die Geschichte der hellenischen Demokratie wie die der römischen Republik eines ihrer wichtigsten

[7] Von ihnen stehen bekanntlich nur noch 15 aufrecht.

[8] Vgl. B. Ashmole in den Acta Congressus Madvigiani (Kopenhagen 1954) 1 S. 369; Journal of the Warburg and Courtauld Institute 19 (1956); A. Wotschitzky, Anz. für die Altertumswiss. 13 (1960) 218ff.

Ziele erblickt hatte. Aber nicht diese grundstürzende Veränderung der staatlichen Ordnung der klassischen Antike war entscheidend, sondern die Tatsache, daß die von Augustus geschaffene und von den bedeutenden Imperatoren in seiner Nachfolge immer wieder bestätigte Form der Monarchie sinnreich in die republikanische Tradition Roms verflochten war. Der Herrscher betrachtete sich nur als ersten unter Gleichen, weshalb diese Verfassung in korrekter Terminologie, zum Unterschied vom „kaiserlichen" Absolutismus des sog. Dominats, in dem der Monarch *dominus*, d. h. Herr über bloße Untertanen ist, die Bezeichnung „Prinzipat" (von *princeps*: „erster") trägt. Der Princeps war — nach Ciceros Ausspruch — „Bester der Bürger" (*optimus civis*). In der programmatischen Formulierung, die Augustus am Ende seines Lebens in seinem Rechenschaftsbericht für Mit- und Nachwelt prägte, erklärte er, daß seine Stellung im Staate auf überragender Autorität (*auctoritas*), nicht aber auf einer besonderen Amtsgewalt (*potestas*), etwa der Diktatur auf Lebenszeit, beruht habe, womit er zugleich zu verstehen gab, in welcher Weise er von seinen Nachfolgern das Herrscheramt aufgefaßt wissen wollte[8a]. Wie er die Reichsarmee auf die Mindeststärke reduzierte, die sie entsprechend einer konsequent durchgehaltenen Friedenspolitik zum Schutze der weitgedehnten Grenzen der Ökumene benötigte, so verlegte er die Truppen weit hinaus an die gefährdeten Ränder des Imperiums und nahm ihnen damit die Möglichkeit, in der inneren Politik des Reiches zum Schaden der Freiheit eine Rolle zu spielen wie vordem in den Bürger- [285]

[8a] R. Symes Widerspruch gegen die bekannte Formulierung im Tatenbericht des Augustus: '*Auctoritas* is the word — his enemies would have called it *potentia*' (The Roman Revolution, 1939, ²1952, S. 3) ist im Konjunktiv gehalten (die deutsche Ausgabe von 1957 bietet auf S. 9 sinnentstellend den Indikativ!) und findet in der zeitgenössischen Überlieferung keine Stütze, wie denn überhaupt das durch Gelehrsamkeit wie darstellerische Kunst ausgezeichnete Werk durch seine Voreingenommenheit gegen den Begründer des Prinzipats (im Stile des Tacitus) schwer entstellt worden ist. Schließlich ist das positive Urteil eines Seneca (de clem. 1, 10, 3f.) doch nicht einfach aus der Luft gegriffen, während die anachronistische Gefährdung des objektiven Verständnisses des Prinzipats durch zeitbedingte Grundkonzeptionen vom geschichtlichen Verlauf bei Tacitus wie bei Dio Cassius mit Händen zu greifen ist. Tacitus sieht die Geschichte des Prinzipats von vornherein als die Tragödie des Versuches, *principatus* und *libertas* miteinander zu vereinigen; Dio muß den ersten Prinzeps für das Dominat, die Monarchie, „retten".

[286] kriegen. Im Inneren des Reiches walteten wie im Aufbau der Bürgerschaft weitgehend Freizügigkeit und Beweglichkeit; die Aufgliederung in Städte mit Bürgerfreiheit und Selbstverwaltung setzte antikeuropäische Überlieferungen fort. Die allmähliche Romanisierung Westeuropas wurde so zu einem im wesentlichen ohne harten staatlichen Druck erzielten und deshalb dauerhaften Ergebnis der von den Provinzialen je länger, umso mehr aus Überzeugung mitgetragenen römischen Herrschaft, in ganz anderer Weise, als bei der der Großkönige des kriegerischen Assyrerreiches in Vorderasien während des 8. und 7. Jahrhunderts v. Chr., deren mit Deportationen und Terror arbeitende Eroberungspolitik sich zum Ziel setzte, „alle Länder einer Zunge zu machen", was ihr gründlich mißlang. In der gemeinsam mit den Beherrschten übernommenen Sicherung der Kulturwelt gegen Überfälle von außen her, nicht in ertötenden Zwangsmaßnahmen zum Zwecke innerer Uniformierung sah das Römertum der imperialen Blütezeit die Rechtfertigung seiner Herrschaft. Das klingt aus den Worten des Römerfeldherrn Petilius Cerialis in Tacitus' Historien (4, 74): „Wenn einmal die Römer — was die Götter verhüten mögen! — vertrieben werden sollten, was würde es dann anderes geben als die alten Kriege aller Völker gegeneinander?" Der mit dem Imperium unter dem Prinzipat verbundene hohe wirtschaftliche und kulturelle Lebensstandard mußte allein schon genügen, um wie die halbzivilisierten, aber befähigten Völkerschaften des Westens mit ihrem politischen Geschick zu versöhnen und sie die Sache des Reiches als ihre eigene empfinden zu lassen, so auch die Bewohner der alten Hochkulturländer des hellenischen und hellenisierten Ostens zu überzeugten Anhängern der römischen Weltfriedensordnung zu machen[9]. Namentlich der Dienst in der Reichsarmee, in die immer mehr Provinziale aufgenommen wurden, führte in Verbindung mit der Aufnahme in das römische Bürgerrecht zu einer Ausdehnung des Römernamens auf Menschen ganz anderer Nationalitäten. Schließlich hat, wie allbekannt, sogar das griechische Kaisertum von Byzanz sich stets als ein solches der „Römer" (griech. Rhomäer) bezeichnet.

[9] Der wohl eindrucksvollste Beleg für diese Haltung innerhalb der griechischen Reichshälfte ist die von dem griechischen Rhetor Aelius Aristides vor Kaiser Antoninus Pius in Rom gehaltene Rede auf Rom; vgl. M. Rostovtzeff, Gesellschaft und Wirtschaft im röm. Kaiserreich (1930) 1, 112 ff.

Der Anspruch Roms, einer unter seiner Herrschaft geeinten Kulturmenschheit seinen Stempel aufzuprägen, fand nicht zum wenigsten darin seine Berechtigung, daß der Schwerpunkt dichterischen und literarischen Lebens seit den Tagen Ciceros und namentlich der augusteischen Dichter und Schriftsteller eindeutig im lateinischen Teil des Imperiums lag. Mit dem Schaffen eines Vergil, Horaz, Properz, Ovid weitete sich die bis dahin national begrenzte, nur „römische" Literatur und Poesie zum allgemein Menschlichen, zur übernationalen Fülle und Mächtigkeit einer wirklichen „Klassik". Nicht zu Unrecht trägt die Epoche des Augustus den Namen der goldenen und die ihr folgende bis zu Tacitus und Juvenal, also bis in das Zeitalter Trajans, immerhin noch den der silbernen Latinität. Ermöglicht war der Aufstieg zu klassischer Form und Geltung durch ein Zurückgreifen auf die griechische Klassik, und schon damit stellt sich die lateinische Literatur der Kaiserzeit in die vorderste Reihe der Träger europäischen Geisteserbes. Das bildnerische Schaffen jener Ära zeigt denselben Aspekt wie das literarische; man denke an die in klassisch-griechische Form gefaßten, aber ganz von römischem Geist erfüllten Marmorreliefs der *Ara Pacis Augustae* am Marsfelde in Rom oder an die Marmorstatue des Augustus aus der Villa seiner Gemahlin Livia unweit Primaporta. Literarisches wie künstlerisches Wirken der ersten Periode der römischen Kaiserzeit sind dadurch charakterisiert, daß beide das Absinken zu einer ausgesprochenen Hofkunst zu vermeiden wissen und damit dem Ideal republikanischer Freiheitlichkeit und Humanität näher benachbart bleiben als höfischer Liebedienerei. [287]

Bei der prüfenden Betrachtung des gewaltigen, scheinbar unerschütterlichen Baues einer europäisch geprägten, orientalische Grundideen bewundernd und verehrend in sich hineinziehenden Weltkultur bleibt der Blick an einem merkwürdigen Phänomen haften. Schon die Vorläuferin der römischen, die hellenistische Menschheitszivilisation, deren Errungenschaften nahezu vollzählig von den in sie einbezogenen Völkern übernommen und dem eigenen Wesen angeglichen worden sind, hat für einen ihrer Bereiche eine gegenteilige, negative Wirkung verspüren müssen, und zwar für den schlechthin zentralen aller geistig-seelischen Existenz des Menschen: die Religion. Das gleiche Phänomen tritt bei der Frage nach der Weltwirkung der römischen Reichskultur zutage. So wenig wie die griechischen haben sich die

[288] römischen Gottheiten in der antiken Menschheit durchzusetzen vermocht. Augustus bemühte sich, die im Zeitalter der Bürgerkriege weithin aufgegebene altrömische Religion mit staatlichen Mitteln zu neuem Leben zu erwecken, aber vergebens. Die übliche Gleichsetzung „barbarischer" Göttergestalten mit griechisch-römischen, auf Grund deren z. B. der altsyrische Himmelsgott von Baalbek als Jupiter, die altkleinasiatische Fruchtbarkeitsgöttin von Ephesos ziemlich gewaltsam als jungfräuliche Diana, der germanische Wodan als Merkur erschien, mußte oberflächlich bleiben; hinter dieser sog. *interpretatio Romana* behaupteten die fremden Götter ihre Sonderart. Wie die hellenistische, so wurde auch die römische Weltkultur von einer verhältnismäßig begrenzten Schicht der Gesellschaft getragen. Ihre Repräsentanten konnten in philosophischen bzw. skeptischen Theorien Ersatz für die versagende Religion suchen. Die Massen — und die römische Kaiserzeit war ein Massenzeitalter — blieben religiös orientiert. Sie suchten einen geistigen Halt, nicht zuletzt die Soldaten des Heeres, deren gefahrvoller Beruf sie nach göttlichem Schutz und Trost aller Art Ausschau zu halten zwang. Die uralten, von Geheimnissen umwitterten orientalischen Götter und ihre Kulte übten auf die Seelen eine immer stärker werdende Anziehungskraft aus, der sich auf die Dauer auch weite Kreise der Gebildeten nicht verschließen konnten. So sind ägyptische Gottheiten wie Isis und Sarapis, mesopotamische wie der sog. Jupiter Dolichenus, altpersische wie Mithras bis nach Britannien und ins römische Germanien gelangt. Treffend hat man den allmählichen Siegeszug solcher Götter des Orients nach dem Westen als die orientalische Gegenoffensive zum Siegeszuge Alexanders des Großen angesprochen.

Entsprechend dem Bedeutungsgehalt der Religion für das Menschenleben, dessen Intensität den der Kunst und der Politik noch erheblich übersteigt, zeigten sich Auswirkungen der Hinwendung zu den alten und doch neuen Göttern und Riten des Orients allmählich immer deutlicher in der gesamten Gestalt der kaiserzeitlichen Kultur. Ihr Charakter als Synthese von Europa und Orient blieb erhalten; neu jedoch war, daß nunmehr ein „Orientalismus" in ihr die Führung gewann, der im Laufe der Jahrhunderte den europäischen Bestandteil jener Synthese nicht nur zurückdrängte, sondern nahezu zum Verschwinden brachte. Die ersten Anzeichen dieser bedeutsamen, vom

Bereiche des Geistes ihren Ausgang nehmenden Wende bietet die [289] Regierungszeit des Friedenskaisers Hadrian dar. In geradezu auffallender Weise bevorzugte dieser Herrscher die griechische Osthälfte des Imperiums gegenüber dem lateinischen Westen. Damit trug er dem Umstande Rechnung, daß sich mit der Wende zum 2. Jahrhundert n. Chr. der Schwerpunkt des literarischen Lebens nach dem sprachlich wie kulturell griechisch geprägten Osten verlagerte. Die klassische Philologie hat seit langem dieser Bewegung die Bezeichnung einer „griechischen Renaissance in der Römerzeit" verliehen. Athen wurde die Lieblingsstadt des Kaisers. In Rom ist der Wunderbau des Pantheons, mit dem der Innenraum des Bauwerks gegenüber dem Außenbau den Vorrang erhielt, zum Ahnherren einer baukünstlerischen Entwicklung geworden, die ihren Höhepunkt mit der ersten Hälfte des 6. Jahrhunderts, also rund vier Jahrhunderte später, in der noch heutige Besucher überwältigenden Kirche der Hagia Sophia in Konstantinopel erreichte, die in der Kunstgeschichte mit Recht als „die letzte Steigerung der antiken Kunst"[10] angesehen wird. Beide Schöpfungen und die zeitlich zwischen ihnen liegenden etwa der Thermen des Caracalla und des Diokletian, der Kaiserpaläste des Septimius Severus auf dem Palatin in Rom und des Diokletian in Spalato (Split), der Konstantinsbasilika auf dem Forum Romanum und der Empfangshalle der kaiserlichen Residenz in Trier (sog. Basilika) und vieler weiterer architektonischer Meisterwerke lehren, daß der neue Stil nicht mit dem bequemen Begriff „Verfall" abzutun ist. Dies gilt auch für die Plastik, die noch im Laufe des zweiten Jahrhunderts bedeutsame Wandlungen erlebte und mit dem Ausgange des dritten in neuer, „orientalisierender" Formgebung vor uns steht. Was in den frühen Fresken von Dura am mittleren Euphrat als „Vorläufer byzantinischer Malerei" entdeckt wurde, gewinnt nun in der Reichskunst weithin Geltung. Die grandiosen Mosaik-Fresken im Presbyterium von San Vitale zu Ravenna stellen auch hier einen Höhepunkt dar. Bei der Wiedergabe von Porträt und Gestalt wird jetzt, anders als früher, das Festhalten an der äußeren Ähnlichkeit mit dem lebendigen Vorbilde bei der Wiedergabe vermieden. An die Stelle menschlicher Nähe der Dargestellten tritt eine herrscherliche Distanz;

[10] W. F. Volbach, Frühchristliche Kunst (1958) 33.

[290] nicht in erster Linie entgegenkommend und liebenswert will sich die künstlerische Schöpfung geben, sondern Ausdruck Achtung gebietender Erhabenheit, ja Fremdheit sein. Sie zeigt sich beherrscht von dem Gedanken überzeitlicher und überpersönlicher Ordnung, der einst — bei aller formalen Verschiedenheit — die Kunst des Alten Orients grundsätzlich von dem freiheitlichen, naturnahen griechischen Kunstschaffen unterschied.

Wieder entsprach die staatliche Entwicklung der geistig-kulturellen. Hadrian entwickelte aus dem zweithöchsten Stande Roms, der sog. Ritterschaft, eine Reichsbeamtenschaft. So unentbehrlich sie für die Erhaltung der Wohlfahrt des Imperiums war, so unverkennbar ist doch, daß dieses neue Element die Entwicklung in größere Nähe zu den Traditionen orientalischer Großreiche brachte; jedenfalls steht sie an der Wiege der steigenden Allmacht der Bürokratie, die sich in der spätantiken und dann der byzantinischen Geschichte zum Nachteil und vielfach zum Leid der Untertanen auszuwirken vermochte. Mit dem Ausgange des 2. Jhdts. kündet sich die Ablösung des Prinzipats durch den Absolutismus des Herrschers, also eine wirkliche Monarchie, an. Die sog. Soldatenkaiser, die die schwere Aufgabe der Abwehr einer jetzt an den meisten Grenzen des weit gedehnten Imperiums unruhig gewordenen Randbevölkerung beute- und herrschaftslüsterner Kriegervölker zu erfüllen hatten, erhoben die Armee wieder zum maßgeblichen Faktor auch der Innenpolitik, womit alsbald die letzten Reste bürgerlicher Autonomie verschwanden. Nach der schweren Krisenzeit des 3. Jhdts. wurde die neue Form staatlichen Lebens endgültig stabilisiert im „Dominat" Kaiser Diokletians. Mit dem neuen, sich in Tracht und Zeremoniell an persische und andere orientalische Muster anlehnenden Stil der Monarchie, der Herrscher und Beherrschte streng voneinander schied und nicht mehr freie Bürger, sondern nur gefügige Untertanen kannte, die — seit der Verleihung des römischen Bürgerrechtes 212 durch Caracalla an alle Reichsangehörige — sämtlich die gleiche Verpflichtung gegenüber den enorm gesteigerten finanziellen Bedürfnissen des Staates auf sich zu nehmen hatten, triumphierte der Orientalismus; das bedarf keines besonderen Nachweises. Der Zwangsstaat des Dominats mit einer hierarchisch gegliederten Gesellschaftsordnung, in der sich die Wichtigkeit der einzelnen Stände für die Bedürfnisse des Hofes und der Armee sinnfällig darstellte, gipfelte in der zwangsweise durchgeführten Erblichkeit nahezu sämtlicher Berufe, die sich von aller antik-europäischen Tradition total unterschied. Der rücksichtslose Steuerdruck und die ihm entsprechenden unheimlichen Modalitäten der Steuerveranlagung gehören wie die in den Reichsverfolgungen der Christen seit 250 sich kundgebende Intoleranz unverkennbar in den Bereich orientalischer Geisteshaltung. Dabei ist immer festzuhalten, daß in jener Epoche, und besonders in ihren Anfängen, keine übermächtige Großmacht im Orient existierte, deren Konkurrenz dem Römerreiche die neuen Formen aufgezwungen hätte. Der Wandel zum Orientalismus ist im Imperium Romanum von innen heraus erfolgt und verdient gerade deshalb die besondere Aufmerksamkeit der Forschung. [291]

Kaiser Konstantin der Große vollendete die Umwandlung der Verfassung des Reiches vom Prinzipat zum Dominat. Indem er die schon unter Diokletian begonnene Verschiebung des Reichszentrums von der Stadt Rom fort nach dem Osten nunmehr durch Erhebung von Byzanz — als „Konstantinsstadt" (Konstantinopel) — zum „Neuen Rom" endgültig machte, beugte er, der entsprechend seiner Herkunft aus dem Westen nur lateinisch sprach, sich der übergewaltigen ost-westlichen, sprachlich weithin griechisch gefaßten Kulturströmung mit allen ihren Konsequenzen. Seine Großtat war die Einstellung der sinnlos gewordenen Christenverfolgungen. Die neue Religion, die gleichfalls aus dem Osten kam und deren Kultsprache griechisch war, sah sich plötzlich offiziell geduldet und bald sogar umworben. Selbstverständlich konnten ihre Bekenner auf den Kaiser nur mit größter Dankbarkeit schauen und sich seinem politischen Wollen, soweit irgend möglich, vertrauensvoll anpassen, ja unterordnen. Sich etwa als Gegenkraft gegen den Orientalismus der Zeit ansehen und betätigen zu sollen, lag jenseits aller ihrer Auffassungen. Im Gegenteil: Mit der Hereinnahme des Christentums in das Reich erlebte die an sich schon recht starke ost-westliche Strömung noch einmal eine gewaltige Intensivierung. Die Christen empfanden sich als ein neues, „drittes" Geschlecht, bestimmt dazu, das in Irrtum und Schuld verstrickte Heidentum und seine Träger abzulösen. Die im Westen des Reiches entstandenen christlichen Gemeinden hoben sich seit jeher aus ihrer lateinischen Umgebung durch die griechische Kultsprache

[292] als etwas Besonderes heraus. Wie der Brief des Paulus an die Römer griechisch geschrieben ist, so sind die in der römischen Gemeinde entstandenen Schriften, vom „Hirten“ des Hermas und dem ersten Clemensbrief bis zu den Papstbriefen und Inschriften noch der beginnenden Spätantike, griechisch abgefaßt. In dem weitgehend latinisierten Nordafrika ist, wie neuerdings von sachkundiger Seite — sicherlich mit Recht — betont wurde, nach Ausweis der Lehnwörter aus dem Griechischen, die sich in großer Zahl in den lateinisch abgefaßten Schriften christlicher Autoren aus diesem Bereiche finden, gleichfalls eine Zeit der Alleingeltung des neutestamentlichen Griechischen als Kirchensprache zu erkennen. Nach der blutigen Verfolgung zu Lyon im Jahre 177 schrieb diese vornehmste Christengemeinde Galliens an die kleinasiatische Christenheit in griechischer Sprache. Wie überall, so bedeutete auch hier das Vordringen des Griechischen, das ja bereits seit langem großen Teilen der heidnischen Bildungsschicht im Westen geläufig war, eine Verstärkung der Orientalisierung im Sinne einer allmählichen, aber unaufhaltsamen Abkehr von der alten abendländisch-europäischen Tradition. Noch heute zeugt das Verhältnis der Ostkirche zum Staat, das nicht auf das Prinzip ihrer Freiheit, sondern auf das ihrer Einordnung in die weltliche Gewalt, ja der Unterordnung unter sie sich gründet, von der Innigkeit der Verbindung zwischen Kirche und monarchischem Absolutismus seit der konstantinischen Wende, dem Absolutismus, den zunächst das spätantike Dominat, dann das griechisch-byzantinische Kaisertum, nach 1453 das russische Zarentum und schließlich die atheistische Sowjetdiktatur verkörpert. Man bedenke ferner, daß zwischen der östlichen und der westlichen Hälfte des Imperiums noch im 4. Jhdt. n. Chr. ein reger Verkehr bestand, so daß von einer durch äußere Verhältnisse erzwungenen Entfremdung beider Reichshälften nicht die Rede sein kann. Nimmt man alles zusammen, was sich für die Dynamik der orientalisierenden Kulturbewegung wie für den Zustand des Weltreiches aus der Überlieferung erschließen läßt, so tritt klar hervor, daß die Voraussetzungen dafür gegeben waren, das gewaltige Weltreich, das noch immer von Britannien bis zum Euphrat reichte und nach Überwindung einer schweren Krise erneut den Beweis ungebrochener Lebens- und Schöpferkraft erbracht hatte, nicht nur geographisch, sondern auch kulturell zu einem Anhängsel Asiens — wenn auch mit

ausgeprägtem Sondercharakter — werden zu lassen. Mochten im Westen noch so eindrucksvolle Zeugen der einstigen „westlich“ bestimmten Reichsherrlichkeit vorhanden sein, so waren sie, ebenso wie die sich zu den romanischen Sprachen wandelnde lateinische Volks- und Umgangssprache (das sog. Vulgärlatein), nicht entfernt dazu befähigt, in den Seelen der Menschen dieser Weltgegend eine Wiederbelebung des „Europäismus“ vorbereiten oder gar verwirklichen zu helfen. Der Zeitpunkt war abzusehen, wo Europa als welthistorische Potenz endgültig ausgespielt haben mußte. Noch die Kultur des frühen und hohen Mittelalters zeigt in ihren auf uns gekommenen künstlerischen Schöpfungen, wie tief sie sich im Banne der spätantiken Formenwelt oströmisch-byzantinischer Prägung befand. Die wissenschaftliche Forschung hat somit nicht nur die Berechtigung, sondern geradezu die Verpflichtung, das mit dem Siegeszuge des Orientalismus und der Aufrichtung des Dominats über das Imperium Romanum gekommene Schicksal als „Untergang Europas“ zu bezeichnen. [293]

II.

Angesichts der hier nur in den Grundzügen umrissenen Weltsituation muß es geradezu wie eine Paradoxie anmuten, daß Europa als besondere Potenz der Weltgeschichte überhaupt eine Wiedergeburt erlebt hat. Spätestens mit dem Reiche der Karolinger und der Begründung des abendländischen Kaisertums Karls des Großen steht es erneut vor unseren Augen. Umso dringlicher erhebt sich die Frage, welche Gründe einen solchen schlechterdings erstaunlichen Gang der Dinge möglich gemacht haben.

Eine weit verbreitete Meinung sieht in dieser Entwicklung so etwas wie Auswirkung eines Trägheitsgesetzes in der Geschichte nach Art des physikalischen in der Natur. Sie meint, der Umstand, daß in Westeuropa längst an die Stelle der alteinheimischen Sprachen wie z. B. des Gallischen oder des Iberischen das Latein als Umgangssprache getreten war, genüge, um die Aufrechterhaltung einer sprachlichen, und das heißt: geistigen und kulturellen Selbständigkeit Westeuropas innerhalb der orientalisierten Spätantike begreiflich zu finden. Aber diese These scheitert daran, daß uns Europa mit dem Beginn des Mittelalters nicht als romanische, d. h. vom Vulgär-Latein her be-

[294] stimmte, sondern als lateinische Christenheit wiederbegegnet. Gegenüber der noch immer vorhandenen Bereitschaft, mit der positivistischen Grundhaltung der Wissenschaft im 19. Jhdt. in einer „Entwicklung" aus vorgegebenen Zuständen so etwas wie ein Zauberwort zu sehen, das jede Erscheinung des geschichtlichen Lebens befriedigend zu erklären gestatte, sei an Goethes Kritik erinnert:

„Zum Handeln die Gelegenheit verpassen,
Nennt ihr: die Dinge sich entwickeln lassen.
Was hat sich denn entwickelt, sagt mir an,
Das man zur rechten Stunde nicht *getan*?"

So sehen wir uns auf die Suche nach Taten verwiesen, die zu einer Verselbständigung des Westens gegenüber dem Ostreich und den es beherrschenden orientalisierenden Tendenzen geführt haben könnten.
In erster Linie pflegt man in diesem Zusammenhang die Reichsteilung Kaiser Theodosius' des Großen vom Jahre 395 unter seine beiden Söhne Arcadius und Honorius anzuführen, deren Grenzziehung tatsächlich im großen und ganzen bereits die spätere Scheidelinie zwischen dem mittelalterlichen Europa und dem oströmisch-byzantinischen Reiche widerspiegelt. Aber diese Teilung bezweckte nicht eine Verselbständigung des Westens, sondern vielmehr eine Erleichterung der Reichsverteidigung gegen die seit 375 zur Springflut angeschwollene germanische Völkerwanderung. Ausdrücklich ist in ihr der Einheitsgedanke festgehalten, wie sich schon darin ausspricht, daß dem älteren der beiden Söhne des Kaisers der wichtigere der beiden Reichsteile, Ostrom, übertragen wurde, um diesem nach wie vor das Übergewicht und damit eine sehr fühlbare Wirkung auf den Zusammenhalt des Imperiums zu sichern. Wer dennoch in diesem verwaltungstechnischen Akt des Theodosius eine Maßnahme sieht, die geeignet gewesen wäre, eine wirksame Verteidigungsmauer gegen eine übermächtige geistig-kulturelle Strömung darzustellen, dürfte die welthistorische Bedeutsamkeit bürokratischer Maßnahmen erheblich überschätzen. Weit entfernt davon, die Wiedergeburt Europas aus der universalen orientalisierten Spätantike erklären zu können, bedarf die Reichsteilung von 395 vielmehr selber einer Begründung dafür, daß sie im großen und ganzen von Bestand geblieben ist. Andere, das ganze Sein der Menschen des Westens bestimmende Vor-

gänge waren nötig, um jener, wie längst festgestellt, durchaus nicht außergewöhnlichen Anordnung geschichtliche Dauer zu verleihen. [295]

Lange Zeit sah man in der Tatsache, daß die Germanen der Völkerwanderung auf weströmischem Reichsboden ihre Staatswesen errichteten, den entscheidenden Grund für eine Sonderentwicklung dieses Reichsteiles gegenüber dem oströmischen. Aber abgesehen davon, daß gerade die begabtesten und aktivsten unter den germanischen Völkern der Wanderungsperiode, die sog. Ostgermanen (Westgoten, Ostgoten, Vandalen) ursprünglich nach Ostrom tendierten und nur teils durch den Hunnensturm, teils durch die geschickte oströmische Diplomatie und Strategie nach dem Westen abgelenkt wurden, bleibt die Frage, ob die Germanen in ihren Plänen überhaupt auf ein selbständiges „Europa" neben dem glanzvollen Ostreich abzielten. Authentische Äußerungen einiger ihrer führenden Persönlichkeiten bekunden unverkennbar das Gegenteil. An erster Stelle ist hier der von Orosius zuverlässig überlieferte Ausspruch des Westgotenkönigs Athaulf, des Nachfolgers Alarichs, anzuführen[11]. Er bekannte, daß er ursprünglich „brennend" (*ardenter*) daran dachte, das, was Romania gewesen sei, zu einer Gothia zu machen und ihrem König Athaulf die Stellung zu verschaffen, die einstmals der Kaiser Augustus innehatte; aber seit er unmißverständlich habe erfahren müssen, daß seine noch immer recht barbarischen Goten nicht imstande seien, in einer echten staatlichen Ordnung nach festen Gesetzen zu leben, habe er beschlossen, für sich darin Ruhm zu suchen, daß er eine Wiederherstellung und Erhöhung des Römertums durch die Kräfte der Goten anstrebe und für die Nachwelt als Urheber römischer Wiedergeburt gelte, nachdem er ihr Umwandler nicht habe sein können. Was der Westgotenkönig hier erklärte, stimmt nicht nur zu seinen politischen Maßnahmen, sondern auch zu denen anderer bedeutender Germanenkönige der Völkerwanderungszeit, namentlich zu dem Verhalten Theoderichs des Großen als dem Beherrscher Italiens. Als Wiederhersteller, nicht als Erneuerer der Kultur Roms ließ er sich feiern. Er hätte die Macht gehabt, sich auch zum Herrn über Konstantinopel zu machen; trotzdem begnügte er sich damit, Statthalter des Kaisers, d. h.

[11] Hist. adv. pag. (ed. Zangemeister) 7, 43 (p. 560).

[296] des Herrschers von Ostrom, in der Apenninhalbinsel zu sein. Wüßten wir nicht, daß für ihn der in Ravenna glücklicherweise erhalten gebliebene stilvolle Grabbau bestimmt gewesen ist, so würden wir meinen, hier ein spätrömisches Fürstengrab vor Augen zu haben. Die archäologische Forschung hat nur unbedeutende Einzelheiten der Ornamentik in Verbindung mit germanischen Motiven bringen können. Wie die Germanen der Wanderungszeit, so haben sich ein halbes Jahrtausend später die Normannen gegenüber dem byzantinischen und islamischen Kulturerbe in Sizilien verhalten. Nirgends sehen wir das germanische Element ernstlich gewillt, Träger eines neuen, dem Orientalismus entgegentretenden abendländischen Kulturgedankens zu werden. Viel eher könnte man von einer inneren Verwandtschaft zwischen Germanentum und Formenwelt des Orients sprechen. Es ist sehr aufschlußreich, zu beobachten, wie zäh es nach seiner Christianisierung am Arianismus festgehalten hat, der auf dem ersten ökumenischen Konzil von 325 als Irrlehre verworfen wurde. Diese Häresie, die in der östlichen Christenheit erwuchs, ist das erste Glied der Kette, die geistig über die ebenfalls im Osten entstandenen späteren häretischen Bewegungen des Nestorianismus und Monophysitismus zum Islam, also einer ausgeprägt orientalischen Weltreligion, hinleitet. Allen diesen Strömungen ist gemeinsam, daß sie das Geheimnis der christlichen Offenbarung, Jesus Christus, der Gottessohn, sei ebensowohl wahrer Mensch wie wahrer Gott, rational aufzulösen streben, in dem Sinne, daß nur jeweils mit einer der beiden Wesenheiten wirklich Ernst gemacht wird. Die in den genannten Häresien aufgeworfene Frage nach dem Verhältnis zwischen Gott und Mensch wird durch die islamische Lehre, daß Gott weder gezeugt sei noch gezeugt habe, im Sinne einer radikalen Wiederherstellung der Kluft zwischen beiden zwar für den Verstand befriedigend beantwortet, aber eben ganz auf der Linie, die im 2. Jahrhundert von der stark orientalisierten sog. gnostischen Theologie oder besser gesagt: Theosophie gegenüber dem christlichen Dogma eingehalten wurde. Für die germanische Welt hat erst der Übertritt des Frankenkönigs Chlodwig zum Katholizismus gegen Ende des 5. Jhdts. eine geistige Wende vom Orientalismus fort eingeleitet. Zusammenfassend läßt sich sagen, daß man die Germanen der Völkerwanderungszeit mißversteht, wenn man ihnen Zielsetzungen unterschiebt, deren Ergebnis

das Erstehen eines selbständigen Europa mit eigener und nicht nur abgeleiteter kultureller Dynamik hätte sein müssen. [297]

Mit dem Arianismus ist in unsere Erörterung der Lebensbereich einbezogen worden, der für die Menschen jenes — wie wir sahen — religiös bestimmten Zeitalters der wichtigste war: das Glaubensleben. Seit Konstantin wurden Christentum und Kirche die beherrschende Macht im Raume des Geistes. Daß die Christen allen Anlaß hatten, dem Kaiser von ganzer Seele zu danken, der sie aus der Verfolgung errettet hatte, war den führenden Persönlichkeiten klar bewußt. Sie erblickten denn auch in Konstantin den von Gott erwählten Herrscher, dem sie mit den Empfindungen ehrfürchtiger Bewunderung und unbedingten Vertrauens gegenüberstanden. Aber nicht nur Danksagung und Lobpreis erfüllen diese Jahre. Gerade jetzt erhob sich inmitten der siegreichen Christenheit der große Dogmenstreit, der — wenn auch mit Unterbrechungen — bis zum „Bilderstreit" des 8. und 9. Jhdts. in Byzanz Hoch und Niedrig bewegte. Die mit südländischer Leidenschaft geführten Diskussionen über die Trinität und die Stellung Christi in ihr, die für das Vertrauen gerade auch einfacher Menschen auf die göttliche Erlösungstat grundlegende Bedeutung besaßen, haben nicht nur viele neuere Beurteiler geärgert, die hier lediglich *rabies theologorum*, Streitsucht von Gottesgelehrten, gegen alle Vernunft walten sahen, sondern schon Konstantin den Großen selbst ernstlich beunruhigt. Unter seinem Vorsitz trat 325 das bereits erwähnte Konzil von Nicaea zusammen, das den Arianismus als unchristlich entlarvte und die ursprüngliche Gestalt der Glaubenslehre bestätigte und festigte. Diese Entscheidung hätte eine volle innere Beruhigung zu bringen vermocht, wenn das trinitarische Dogma nicht unerwarteterweise innerhalb des politischen Raumes auf Schwierigkeiten gestoßen wäre, die Erik Peterson aus dem reichen Quellenmaterial wieder sichtbar gemacht hat[12]. Die politische Theologie des spätantiken Imperium Romanum beruhte darauf, daß die irdische Ordnung von Staat und Gesellschaft mit dem absoluten Herrscher, dem *Dominus*, an der Spitze einer sich stufenweise hierarchisch gliedernden und nach unten verbreiternden Pyramide die himmlische Weltordnung in kleinerem Maßstabe widerspiegelte. Mit der Ersetzung des

[12] Der Monotheismus als politisches Problem (1935), besonders S. 94ff.

[298] strengen Monotheismus durch die Lehre vom dreieinigen Gott sah sich jene politische Theologie mit allen aus ihr gezogenen Folgerungen für die Praxis in Frage gestellt. Die großen Häresien waren aus einer streng monotheistischen Grundhaltung ihrer Schöpfer entsprungen. Sie ließen sich mit der überkommenen politischen Auffassung unschwer harmonisieren. So erklärt sich die merkwürdige Erscheinung, daß weite Kreise des Hofes den Konzilsbeschlüssen zum Trotze an den häretischen Theologen festhielten und die Kaiser für ihre Auffassung zu gewinnen vermochten. Konstantin selbst wandte sich in seinen letzten Lebensjahren dem gebannten Arius wieder zu und ließ nun dessen orthodoxen Gegenspieler Athanasius verbannen. Konstantins Sohn Konstantius wurde geradezu zum kaiserlichen Vorkämpfer des Arianismus und geriet darüber in schwere Zerwürfnisse mit den bekenntnistreuen Bischöfen in Ost und West. Und nun vollzog sich etwas sehr Merkwürdiges. Der Streit um den wahren Glauben war unter den theologisch wie philosophisch hoch gebildeten Kirchenmännern der griechischen Christenheit des Ostens auf dem Boden der östlichen Reichshälfte entstanden und ausgetragen worden; hier allein sind auch die wichtigen dogmatischen Entscheidungen gefällt worden. Jetzt aber verband sich der dogmatisch-theologische Gegensatz überraschenderweise mit einem geographischen. Die einflußreichsten Bischöfe aus dem Westreich hatten an dem Konzil zu Nicaea teilgenommen und sich entschlossen hinter dessen Entscheidung gestellt, die sie als die richtige ansehen mußten. Sie konnten das Hin und Her der kaiserlichen Politik in Glaubensfragen nur mit steigendem Unbehagen und schwerer Sorge betrachten. Als nun mit Konstantius ein Verfechter der vom Konzil verworfenen Ketzerei den Kaiserthron innehatte und um der inneren Einheit willen in scharfen Verlautbarungen verlangte, auch in Glaubensfragen als Kaiser die oberste Autorität zu sein, kann es zum offenen Konflikt mit Konstantinopel. In der erregten Gegenschrift des Bischofs Hilarius von Poitiers erhält der Vorwurf gegen den Arianer auf dem Thron folgende Fassung: „Die Rechtgläubigkeit des Westens drängst du zur Irrlehre ... Die Streitigkeiten des Ostens aber schürst du wie ein Künstler“[13]. In dieser Formulierung wird der Osten des Imperiums als der Bereich

[13] c. Const. imp. 7; vgl. K. Aland, Kirchengeschichtl. Entwürfe (1960) 265.

ständiger theologischer Zwistigkeiten bezeichnet, die von der gerissenen kaiserlichen Politik für ihre eigensüchtigen Interessen, d. h. nicht für die Sache Gottes, ausgeschlachtet und gemehrt werden. Demgegenüber ist der Bezirk der Rechtgläubigkeit der Westen, der entschlossen ist, auf seiner theologischen Haltung zu beharren. In einer Auseinandersetzung, die wirklich um die letzten Fragen einer christlichen Existenz ging, mußte die aus Glaubensgründen sich aufdrängende Sezession des Westens von dem seit langem im geistigen wie politischen Organismus des Reiches führenden Osten ein schwerwiegendes, früher oder später alle Daseinsbereiche in Mitleidenschaft ziehendes Ergebnis der bisherigen Auseinandersetzung werden. [299]

Und nun geschah im Osten das, was die schlimmsten Befürchtungen im christlichen Lager bestätigen mußte: 360 erhoben die Soldaten den seit seinem großen Siege bei Straßburg über die Alemannen berühmt gewordenen Vetter des Konstantius, Julian, zum Kaiser. Mit seiner hochgebildeten und tatkräftigen Persönlichkeit trat nach langer Pause wieder ein heidnischer Herrscher an die Spitze der antiken Menschheit, ein Fürst, der als junger Prinz den unleidlichen Rigorismus des Arianertums unter steter Todesgefahr am eigenen Leibe verspürt hatte. An einen Kampf gegen die Kirche im Stile der Christenverfolger konnte und wollte Julian nicht denken, und nach nur dreijähriger Regierung raffte ihn im Kampfe gegen die Perser eine tödliche Verwundung hinweg. Immerhin blieb seine Erscheinung ein unüberhörbares Mahnzeichen, das namentlich im Westen, wo in den Kreisen der heidnischen Senatsaristokratie Roms der früh vollendete Kaiser zu einer Idealgestalt emporgesteigert wurde, sehr ernst genommen worden ist. In der Tat waren die Sorgen der westlichen Christenheit um den Fortbestand der neuen, christianisierten Welt nicht unbegründet. Die kirchenpolitische Lage im Osten nach dem Untergange Julians hat der große kappadozische Kirchenlehrer Basilius damals mit der zweier Kriegsflotten verglichen, deren Schiffe vom Sturm so durcheinander gewirbelt worden sind, daß sich Freund und Feind nicht mehr unterscheiden können[14]. Treffender konnte die Verworrenheit, an der die zu immer größerer Sublimität der Begriffsbildung

[14] H. von Campenhausen, Griech. Kirchenväter (1955) 93.

[300] verfeinerte griechische Theologie nicht schuldlos war, schwerlich gekennzeichnet werden.

Im Lichte dieser aufwühlenden Vorgänge muß ein Faktum gesehen und gewürdigt werden, das Th. Klauser[15] auf die Jahre um 370 zu datieren vermochte: der Entschluß der abendländischen Christenheit, das Latein anstelle des altgeheiligten Griechischen zur Liturgiesprache der Kirche zu erheben. Der eben genannte Basilius hat in einem seiner Briefe bedauert, daß die lateinische Sprache nicht imstande sei, wichtige neue Fachbegriffe der griechischen Theologie adäquat wiederzugeben[16]. Was in der differenzierten Geistigkeit der griechischen Kirche als Mangel erscheinen mußte, galt offenbar der abendländischen Christenheit als Wert. Jedenfalls hat sie, um den Verlockungen griechischer Disputationskunst und theologischer Spitzfindigkeit nicht zu verfallen, es für nötig erachtet, sich von diesen, wenn auch vorsichtig, zu entfernen und, wie in den Zeiten der Abwehr des Gnostizismus und der in ihr erfolgten Konstituierung des kirchlichen Dogmas, zunächst wieder aus dem Wust gelehrter und halbgelehrter Erörterungen herauszuhalten mit dem Ziel erneuter Besinnung auf den unabdingbaren Bestand der Glaubenslehre. Dafür bot das Lateinische — natürlich nicht das Vulgärlatein, die Umgangsprache des Volkes, sondern die gehobene, an der großen literarischen Tradition orientierte Form, die später zur Sprache der mittelalterlichen Theologie geworden ist — ein unentbehrliches Rüstzeug, eben weil es sich gegenüber den Künsten der neuen Dialektik spröde verhielt. Dennoch war das Abgehen von der alten Kultsprache alles andere als selbstverständlich. Ein gelehrter französischer Betrachter[17] schrieb mit Recht: „Es ist eine wichtige Angelegenheit, Zeremonien und Formeln zu verändern, an die das Volk gewöhnt ist; man ent-

[15] Miscellanea Mercati 1 (1946) 467 ff. Vgl. Altes und Neues aus der abendländischen Liturgiegeschichte (kath.-theol. Fakultät der Universität Bonn, Feldunterrichtsbrief Dez. 1943) S. 5 f.

[16] ep. 214, 4. — Vgl. die Warnung des Hilarius von Poitiers vor allzu wörtlichen Übersetzungen aus dem Griechischen ins Lateinische: Ex Graeco in Latinum ad verbum expressa translatio affert plerumque obscuritatem, dum custodita verborum collatio eandem absolutionem non potest ad intelligentiae simplicitatem conservare (de synodis 9).

[17] G. Bardy, La question des langues dans l' Eglise ancienne 1 (1948) 164.

schließt sich zu einem solchen Schritt nur, wenn sehr starke Gründe vorliegen und wenn es keine Möglichkeit gibt, anders zu verfahren." [301]
Die mutige Neuerung fällt in die Amtszeit des Papstes Damasus, unter dem auch die bislang überwiegend griechisch geführte päpstliche Korrespondenz größtenteils zur Verwendung des Lateins überging[18]. Den Wandel allein aus dem allmählich immer stärker werdenden Bedürfnis der lateinisch sprechenden Gemeinden des Westens und der zunehmenden Berücksichtigung dieses Bedürfnisses herzuleiten, verbietet ein Vergleich mit den gottesdienstlichen Verhältnissen im syrisch-aramäischen Raum, dessen Menschen genau so wenig wie die des lateinischen Westens mit dem Griechischen vertraut waren. Der Reisebericht der spanischen Äbtissin Egeria[19] lehrt, daß in Syrien und Palästina dennoch von der griechischen Sprache als Kultsprache nicht abgegangen wurde. Man behalf sich damit, daß ein Presbyter die griechisch gehaltene Predigt des Bischofs für die andächtige Gemeinde ins Aramäische übersetzte. Es ist nur schwer einzusehen, daß ein ähnliches Verfahren im Bereiche der lateinischen Christenheit nicht anwendbar gewesen wäre. Der Auftrag des Papstes an den gelehrten Hieronymus, eine neue, auf der Höhe der Zeit stehende Übersetzung der Heiligen Schrift ins Lateinische vorzunehmen, ist offensichtlich nicht lediglich aus dem Wunsche nach einer stilistischen Überarbeitung und Verbesserung der schon vorhandenen älteren Übertragungen hervorgegangen. Hieronymus hat für das Alte Testament auf die hebräische Ursprache zurückgegriffen, ein Verfahren, das in dem Martin Luthers bei seiner Übersetzung der Bibel ins Deutsche eine Parallele findet. In manchem gemahnen die kirchlichen Vorgänge im Westen um 370 an die der Reformationszeit, nur mit dem — allerdings tief greifenden — Unterschied, daß es im 4. Jhdt. keine konfessionellen Fronten gab, an denen ein Gegensatz der Auffassungen ausgetragen worden wäre, sahen doch bedeutende Theologen der Ostkirche wie Basilius in der westlichen Christenheit neidlos und dankbar ein Bollwerk der Rechtgläubigkeit. Der Übergang zum Latein als Kultsprache führte nicht zu einer Ablehnung des Griechischen im Westen; im Gegenteil, der maßgebende abendländische Kirchenmann und Theologe dieser Zeit, Bischof Ambrosius von Mailand, war schon

[18] Bardy a. O. 158f. [19] 47, 3.

[302] in seiner Eigenschaft als einstiger hoher römischer Staatsbeamter ein vorzüglicher Kenner der griechischen Sprache und als Bischof ein eifriger Übersetzer griechisch-kirchlicher Literatur aus dem Ostreiche für die Seinen. Welche Möglichkeiten noch in der lateinischen Sprache beschlossen lagen, erhellt nicht zuletzt aus der als neue literarische Gattung seit damals in Erscheinung tretenden und mit Ambrosius verbundenen Hymnenpoesie. Jedenfalls bedeutet die Ersetzung der griechischen Kultsprache durch das Latein in der abendländischen Kirche eine spürbare Abkehr von den Methoden und der geistigen Haltung der östlichen Theologie und Kirche — ein Ereignis von eminenter Bedeutung für die Geistesgeschichte der Folgezeit. Zum erstenmal entzog sich der Westen der bis dahin als ganz selbstverständlich hingenommenen geistigen Führung durch den Osten.

Möglicherweise greifen wir noch einen Widerhall des Vorgehens der römischen Kirche in den bezeichnenderweise gerade zu dieser Zeit in unserer Überlieferung auftretenden bedeutsamen Bemühungen um lateinische Grammatik und Sprachpflege wie überhaupt altrömische Traditionen im Kreise der einflußreichen, wie erwähnt, am Heidentum festhaltenden Aristokratie der einstigen Hauptstadt der Welt. Seit Kaiser Konstantius 356 persönlich mit dem triumphalen Gepränge des Orientalismus in Rom erschien, um diesen vornehmen Kreis für sich zu gewinnen, und unter dem Eindruck des Glanzes der alten Metropole sich zu weitgehender Duldung der altehrwürdigen heidnischen Tradition hier entschloß, konnte sich der senatorische Adel in seiner Auffassung bestätigt fühlen, zum Vorkämpfer der alten Art vom Schicksal berufen zu sein. So hat er sich begeistert auf die Seite Julians gestellt und dessen Andenken auch nach dem frühen Tode des „Abtrünnigen“ (Apostata) in jeder Weise lebendig zu halten gesucht. Wenn es aus einer solchen Haltung heraus in dieser — wie man treffend gesagt hat[20] — „in neuplatonischer Religiosität schwimmenden Gesellschaftsschicht“ zu einer ausgesprochenen „Renaissance“ der lateinischen Form kam, die zur Herstellung korrekter Texte der klassischen Autoren, namentlich des Vergil und Ovid, und zu Be-

[20] B. Kötting, Christentum und heidnische Opposition in Rom am Ende des 4. Jahrhunderts (Rektoratsrede, gehalten vor der Universität Münster, 1961), S. 11.

mühungen um die Hebung des lateinischen Stils führte, so mutet diese [303]
Geistesströmung an wie eine Gegenwehr gegen das Übergreifen der Kirche in die eigenste Domäne der Schildhalter altrömischer Überlieferung, in die Sprache des alten Rom als der gottgewollten Herrin der Welt. Längst ist aufgefallen[21], daß in einem der repräsentativen römischen Werke dieser Jahre, in Macrobius' „Saturnalien", das Christentum mit keiner Silbe erwähnt, wohl aber Vergil zu einer Art von heidnischem Kirchenvater umstilisiert wird, woraus sich ergibt, daß jenem Schweigen zum Trotze die Christen die ungenannten Gegner waren, gegen die sich — in dem gleichen Nachahmungsverfahren, das Julian einschlug und seinen Anhängern empfahl — der Autor mit seinen Vorschlägen richtete. Nimmt man hinzu, daß Symmachus, einer der führenden Geister dieser Richtung, über die allgemeine Lauheit der Heiden klagte[21a], so dürfte es naheliegen, den eigentlichen Anstoß zu dem gesamten Wiederbelebungsversuch der lateinischen Klassik in der — freilich vom Glauben her bedingten — Initiative der abendländischen Kirche zu sehen[22], über die stadtrömische Familien wie die der Symmachi, Nicomachi etc. bestens

[21] F. Klingner, Röm. Geisteswelt^4 (1961) 530.

[21a] ep. 1,51 (S. 25 Seeck).

[22] Vgl dazu Klingner, a. O. S. 536: „Zweifellos hat das überhandnehmende Christentum, indem es den Fortbestand der Überlieferung gefährdete, dem alternden Rom diese religiöse Glut einhauchen helfen". — Wir glauben, das Verhältnis, wie oben im Text formuliert, konkretisieren zu sollen. — Sehr treffend hat H. Dörrie in seinem Referat über Porphyrios als Mittler zwischen Plotin und Augustin (Antike u. Orient, Vorträge der Kölner Mediävistentagungen 1956—59, herausg. von P. Wilpert, 1962) S. 29 von einer Romanisierung Roms im 4./5. Jahrhundert gesprochen. Vgl. auch S. 30: „Man muß sich klar machen, was es bedeutete, wenn man daran ging, gerade im kirchlichen und im dogmatischen Gebiete Eigenes aufzubauen. Überraschend schnell endete das Schüler-Verhältnis den griechischen Kirchen-Lehrern und der griechischen Kirchlichkeit gegenüber . . . Gegen alles Herkommen lernt Rom in diesem Jahrhundert, sich dem Osten gegenüber nicht nur ebenbürtig, sondern gar sich überlegen zu fühlen. Aus der jahrhundertelangen geistigen Bindung, besser Unterordnung Roms unter Griechenland wird binnen kurzem Antithese, ja Gegnerschaft". Die Wissenschaft darf sich nicht damit begnügen, diesen Tatbestand zu beschreiben, sondern muß mit größerem Ernst als bisher eine befriedigende Erklärung für ihn suchen.

[304] unterrichtet sein mußten und deren Tragweite sie gewiß hellsichtig erkannten.

Der Wandel in der Kirchensprache ist nur das besonders augenfällige Kennzeichen viel tiefer gehender Divergenzen, die sich mehr und mehr für die an der echten Gestalt des Dogmas festhaltende abendländische Kirche gegenüber der Ostkirche ergaben. Es wirkte wie ein Programm, daß die lateinische Kirche den Anspruch erheben durfte, die „allumfassende" („katholische") zu sein, was ihr auf Grund ihrer neuen Liturgiesprache allein niemals zugestanden worden wäre. Wesen und Pflichten des Christseins in der Welt erschienen hier im Lichte erheblich aktiverer Auffassung als im offensichtlich nur scheinbar „orthodoxen", d. h. rechtgläubigen Osten. Nicht Abwendung von der Welt, sondern Verantwortung für sie im Sinne des Samaritergleichnisses hatte als Auftrag an die Christen zu gelten. Auch der christliche Kaiser, in der östlichen, griechischen Christenheit nach wie vor zugleich geistliches Haupt der Kirche, durfte sich, recht verstanden, in seinem Handeln nicht vom christlichen Sittengebot befreit fühlen. Schon unter Ambrosius trat das greifbar hervor, als dieser dem großen Theodosius wegen dessen Mordbefehl gegen Aufrührer in Thessalonike 390 den Zutritt zum Gotteshause versagen mußte. Es handelte sich hier nicht um einen priesterlichen Triumph über den weltlichen Herrscher, sondern um ein geistliches Geschehen[23]. Theodosius ging in sich; er sah sich vom Gewissen dazu gedrängt, die ihm auferlegte Kirchenbuße innerlich zu bejahen. Das Ergebnis des Konfliktes war, daß Theodosius' Vertrauen zu Ambrosius und seine Freundschaft mit ihm eine Stärkung erfuhren. Treffend hat H. Lietzmann die Vorgänge charakterisiert, indem er schrieb[24]: „Es war allem Volk deutlich geworden, daß vor dem Urteil Gottes und dem Spruch seines Verkündigers auf Erden kein Ansehen der Person gelte. Die Kirche durfte als sittliche Macht triumphieren und sich eines solchen Bischofs und eines solchen Kaisers freuen". Drei Jahre vor diesem Ereignis war durch Ambrosius die Taufe Augustins vollzogen worden, der in der Folgezeit zum größten der lateinischen christlichen Denker und Theologen heranwachsen sollte, „ein Genie — der einzige Kirchenvater, der auf diesen

[23] So richtig H. von Campenhausen, Lateinische Kirchenväter (1960) 102.
[24] H. Lietzmann, Das Problem Staat und Kirche im weström. Reich. Abh. Preuß. Akad. d. Wiss. 1940, S. 10.

prätentiösen Titel moderner Persönlichkeitswertung ungescheut Anspruch erheben kann"[25]. Daß eine geistige Gestalt wie diese damals in dem seit Gründung der neuen Welthauptstadt Konstantinopel hinter dem Osten mehr und mehr zurücktretenden Westreiche möglich wurde, ist alles andere als selbstverständlich. Wie Hieronymus die wichtigsten Jahre seines Wirkens im Umkreis der heiligsten Stätten der Christenheit im Orient zubrachte, so hätte auch der Nordafrikaner Augustin sich dorthin wenden können, wenn er es für notwendig erachtete; die äußeren Möglichkeiten dafür waren, wie erwähnt, in einer noch immer einheitlichen Welt mit ihren belebten Verkehrsrouten durchaus gegeben. Statt dessen blieb er im Westen; dazu fügt sich bestens, daß seine Kenntnis des Griechischen geringer war, als man sie früher bei einer Persönlichkeit seines geistigen Ranges hier angetroffen hätte[26]. Wie sehr die östliche Theologie in sich selber ruhte, erhellt aus der Tatsache, daß in derselben Zeitspanne, in der der Westen ständig bemüht blieb, die Fühlung mit ihr nicht zu verlieren, eine nennenswerte Einwirkung der sich machtvoll erhebenden Theologie des lateinischen Raumes auf sie nirgends zu verspüren ist[27]. Und während ein Kenner unserer Tage[28] in Ambrosius' Begegnung mit Kaiser Theodosius bereits die „abendländische" Unterscheidung von geistlicher und weltlicher Gewalt mit vollem Bewußtsein ihrer grundsätzlichen Bedeutung verfochten sieht, lange, bevor das Papsttum dazu in der Lage gewesen wäre, bleibt im griechischen Osten die Stellung des Kaisers als Herr der Kirche unangefochten, ja verstärkt sich diese Stellung noch bis zum sog. Caesaropapismus der byzantinischen Aera. Die Kluft wird immer deutlicher sichtbar, die in der zwar beklagenswerten, aber nach Lage der Dinge unvermeidlichen Trennung zwischen griechischer und lateinischer Kirche vom Jahre 1054 offen in Erscheinung trat. Nicht der Patriarch von Konstantinopel, dem „neuen Rom", war damals der eigentliche Gegenspieler des Papstes als dem geistlichen Haupte Altroms, sondern der byzantinische Kaiser. [305]

25 v. Campenhausen, Latein. Kirchenväter 152.

26 E. von Iványka, Saeculum 3 (1952) 247f. Augustin, de Trinitate 3, prooem. 1 (Patrol. Lat. 42, 868).

27 v. Campenhausen, Griech. Kirchenväter 169.

28 v. Campenhausen, Lat. Kirchenväter 98. Vgl. auch W. Eltester, Ztschr. f. neutest. Wiss. 42 (1949) 16.

[306] Niemals hätte im griechischen Bereiche die Forderung nach „Freiheit der Kirche" in dem eindeutigen Sinne wie im mittelalterlichen Europa erhoben werden können, nämlich dem einer Freiheit zur Erfüllung des kirchlichen Auftrages gegenüber der Welt, nicht aber zu einer Abkehr von dieser.

Während das Ergebnis der geistigen Arbeit griechischer Kirchenväter schon im 7. und 8. Jhdt. sich darstellt als „die byzantinische Scholastik, eine siebenfach gepanzerte, wissenschaftliche Theologie, in der sich nur noch die gelehrten Fachleute, Mönche und Kleriker, zurechtfinden können"[29], zog sich die Ostkirche immer mehr auf eine mystische Unmittelbarkeit des religiösen Lebens, eine hingebungsvolle Versenkung in die überirdische Welt schon in dieser Zeitlichkeit, zurück. Der Umstand, daß es zu einer lebendigen Fortbildung der rationalen theologischen Gedankenarbeit hier nicht gekommen ist, wird — sicherlich zu Recht — von der modernen, an Max Weber anknüpfenden Religionssoziologie als Grund dafür angesprochen, daß es im geistigen Raum der griechischen Kirche, anders als in dem der lateinischen, zur Entwicklung einer sich aus eigener Wurzel entfaltenden rationalen Wissenschaft und zu einer auf dieser Grundlage beruhenden Technik nicht gekommen ist[30]. Die verstärkte Hinwendung zur Welt bei der lateinischen Kirche hat dazu geführt, daß sie eine lebendige Verbindung einzugehen vermochte mit dem noch immer beachtlichen geistigen Erbe der Antike, auf Grund derer es im Laufe der abendländischen Geistes- und Kulturgeschichte wiederholt zu ausgesprochenen „Renaissancen" — zunächst des lateinischen, dann des griechischen Anteils jenes Erbes gekommen ist, die sich in ihrer Dynamik von der mehr stillen, weiterführenden Pflege des gleichen Erbgutes im ostkirchlichen Bereich fühlbar unterscheiden. Entsprechend diesem Sach-

[29] v. Campenhausen, Griech. Kirchenv. 168.

[30] A. Müller-Armack, Religion und Wirtschaft. Geistige Hintergründe unserer europäischen Lebensform (1959) 351; 523; 547f. Über die Ostkirche S. 357: „Es fehlt ihr alle Kraft, einen Menschentyp bestimmt zu prägen, aber indem sie die Geistigkeit in der feierlichen Zone ihrer Liturgie verharren ließ, gab sie den Völkern des Ostens jene geschichtliche Wendung, die sie durch Jahrhunderte so fern ab von allem Westeuropäischen führte, daß trotz der gemeinsamen christlichen Grundlage im Westen der Zweifel aufkommen konnte, ob hier der Bereich des Europäischen nicht schon verlassen und anderer Boden betreten wird." Vgl. auch S. 328ff.

verhalt zeigt auch die abendländische Mission ein anderes Gepräge als die lediglich christliches Glaubensgut vermittelnde der morgenländischen Kirche: Sie verbreitete mit Evangelium und Kirchenlehre zugleich das Latein als geheiligte Sprache und rief damit einen innerlich zusammenhängenden geistigen und geistlichen Raum im Westen ins Leben, während die griechische Mission zur Entstehung zahlreicher Sonderkirchen in den jeweiligen Landessprachen führte. Auch eine Parallelerscheinung zum Benediktinerorden mit seiner gleichzeitig auf Ausweitung der materiellen wie Pflege der geistigen Kultur ausgerichteten Haltung gibt es im ostchristlichen Mönchtum nicht. Schließlich tritt die Verschiedenartigkeit der beiden hauptsächlichsten Ausprägungen des Christentums in der Geschichte der Kunst des Mittelalters und der Neuzeit geradezu augenfällig in Erscheinung, ist doch im abendländisch-europäischen Raume in grandioser Folge eine Stilepoche der anderen gefolgt, während im Osten mit oft nur dem Sachkenner faßbaren zarten Abwandlungen die einmal kanonisch gewordenen strengen Formen festgehalten worden sind; man denke nur an die Geschichte der blühenden Ikonenmalerei. Kein Geringerer als Adolf von Harnack sprach deshalb den Geist der morgenländischen Kirche an als ein Weiterleben der Geisteshaltung der beginnenden Spätantike des 3. nachchristlichen Jahrhunderts in christlicher Fassung[31]. [307]

So hat noch im Zeitalter der Spätantike — um eine Formulierung Eberhard Kessels[32] aufzugreifen — der Orientalisierung des Reiches die Okzidentalisierung des Christentums entgegengewirkt. Jahrhunderte mußten vergehen, bis die mit der Latinisierung der Liturgiesprache im Abendlande überraschend sichtbar werdende Wiedererstehung eines „Europa", das sich als lateinische Christenheit von der griechischen abhebt, am Weihnachtstage des Jahres 800 in Rom mit Karl d. Gr. ihren eigenen Kaiser und damit einen besonderen politischen Körper erhielt. Wir haben hier den Weg dorthin nicht zu verfolgen; wohl aber darf noch einmal darauf hingewiesen werden, wie wenig selbstverständlich dieser Gang der Dinge gewesen ist. Die auf selbständige Bahn sich gedrängt sehende Christenheit des Westens, deren

[31] Der Geist der morgenländ. Kirche im Unterschied von der abendländischen. Sitzgsber. Preuß. Akad. d. Wiss. 1913, S. 178.
[32] Zeiten der Wandlung (1950) S. 99; vgl. auch S. 79.

[308] Übertritt zur lateinischen Sprache ihr später den Vorwurf byzantinischer Herrscher eintrug, sie habe sich mit der Aufgabe des Griechischen zugleich auch des Anspruchs auf Rechtgläubigkeit begeben, mußte sich neben allem anderen auch noch durch den Bedeutungsgehalt geistig benachteiligt sehen, den die Begriffe „Ost" und „West" bzw. „Aufgang" (Orient) und „Untergang" (Occident) im Denken der Menschen besaßen und den die Christen übernahmen[33]. Clemens von Alexandria erklärte um 200, Christus habe mit seiner Erlösungstat „den Westen zum Osten zurückgebracht", und das hieß den Tod zum Leben geführt. Konstantins des Großen Zeitgenosse Laktanz schrieb: „Wie das Licht zum Osten gehört, im Lichte aber der Grund des Lebens liegt, so gehört zum Westen die Finsternis; in der Finsternis aber ist Tod und Untergang". Im 9. Jhdt. bedeutete bei Hrabanus „Occident" den „Unglauben", das „Volk der Heiden", das „alte, vergangene Zeitalter". Die Gegenwart Petri und Pauli habe „den Occident zum Orient gemacht". Der Aquitanier Sulpicius Severus nimmt für Europa wegen dessen Frömmigkeit gleiche Würde mit jenen Teilen der Welt in Anspruch, in denen der Menschheit das Heil erschien. Überall verbindet sich mit dem „Westen" etwas Negatives, Düsteres, Unheilverhangenes. Es ist wahrscheinlich, daß als Vermeidung des an „Königreich der Heiden" und der „Finsternis" anklingenden Titels des fränkischen Karolingerreiches als „Reich des Occidents" der Begriff „Europa" überhaupt in Aufnahme kam, der dann auf das abendländische Imperium Karls d. Gr. mit Vorliebe Anwendung fand und seither nicht wieder verschwunden ist. Diese wortgeschichtlichen Feststellungen verdeutlichen nochmals die Schwere der Entscheidung von 370 in der westlichen Christenheit und die Stärke der geistigen Dynamik, durch die sie erzwungen worden ist. Nur der Kampf für die Wahrheit vermag die für solche Wendungen unerläßlichen seelischen Kräfte zu verleihen — und das gute Gewissen beim Beschreiten eines neuen Weges. So ist die Wiedergeburt Europas in einem auf seine Auflösung und sein Verschwinden hinwirkenden Zeitalter der Weltgeschichte ein Vorgang gewesen, der sich wie sein Gegenstück, die Orientalisierung des Imperium *Romanum*, primär in

[33] J. Fischer, Die Entstehg. des Europabegriffs. In: „Europa", herausgeg. von H. Loebel (1957) S. 10f.

der geistigen Sphäre vollzog] und erst allmählich den „Chemismus der Umsetzung religiöser Ideen in wirtschaftliche Kultur“ [33] auslöste. In der weithin vereinheitlichten Weltkultur jener Zeit blieben Kunststil, Tracht, Staatsform, Struktur des Geisteslebens sich noch auf lange hinaus in Ost und West im wesentlichen gleich. Nur im Bereiche der Sprache, die bestimmt wurde, das Heiligste zu fassen und zu vermitteln, tritt eine hiervon völlig abweichende, wie sich zeigte, sehr tief greifende Spaltung in Erscheinung, die durch den Kampf um den wahren Glauben ausgelöst wurde und durch die mit ihr entbundenen Energien die erstaunliche Frucht eines neuen, d. h. unseres Europa, zeitigen sollte. Anders als es im ausgehenden 18. Jhdt. dem großen englischen Aufklärer Gibbon erschien, hat das lateinische Christentum dem Imperium Romanum nicht nur nicht nach dem Leben getrachtet, sondern es zu neuem, in die Bahnen seiner ursprünglichen „westlichen“ Tradition — wenn auch auf höherer Ebene — zurückleitendem Dasein erweckt. Auf dem Höhepunkt einer nun lateinisch-christlich bestimmten Aufwärtsentwicklung hat die Meisterhand des Venezianers Tiepolo in dem riesigen Deckenfresko des Treppenhauses von Balthasar Neumanns herrlicher Würzburger Residenz im Kreise der übrigen Weltteile das neue Europa dargestellt und so charakterisiert, wie es seinem Ursprung nach sein sollte: nicht als nur waffenstarrende und waffenfrohe Herrin der Erde, sondern als Pflegestätte des Schönen, der Künste, des Friedens, der Menschlichkeit, vor allem aber des Dienstes am Ewigen. [309]

Nachwort: Die vorstehenden Ausführungen sind die nachträgliche Niederschrift des Referates vom 9. November 1962 über eine Problematik, die mich seit Jahren beschäftigt (vgl. meine 1947 erschienene Schrift „Die geistigen Grundlagen der abendländischen Kultur“, S. 52f.) und der ich — auf begrenztem Raume — 1961 in der Festgabe für A. Müller-Armack (Wirtschaft, Gesellschaft und Kultur, herausg. von F. Greiß und F.W. Meyer, S. 487ff.) unter dem Titel „Die Wiedergeburt Europas in der Spätantike“ eine eindringendere Bearbeitung widmen konnte. Das Ziel ist, dem bisher weithin beliebten Verfahren einer „Erklärung“ unbekannter Zusammenhänge durch ihre Zurückführung auf andere Unbekannte (außer den im Text genannten etwa „den“ griechischen und „den“ lateinischen „Geist“ u. dgl.) entgegenzutreten, weil es nicht eine Lösung, sondern eine bloße Verschiebung der Problematik be-

[33] Müller-Armack, a. O. 349.

[310] deutet und wissenschaftliche Erkenntnis nicht fördern kann. — Müller-Armack (a. O. 522) hat mit vollem Recht darauf hingewiesen, daß im normalen Alltag „wirtschaftliche Interessen und politische Überzeugungen dominieren, während das Geistige oft recht abseits steht und auch der religiöse Glaube ohne konkrete Wirkung erscheint“, daß es jedoch „ein tiefer Irrtum ist, die den Vordergrund der Geschichte zu allen Zeiten beherrschenden Mächte für deren letzte Instanz zu halten“ (vgl. auch S. 333ff.).

HANS ERICH STIER

ZUR GESCHICHTLICHEN WESENSBESTIMMUNG EUROPAS

»Im Jahre 1919 las und diskutierte alles Spengler: die Bildungswelt im breitesten Sinne, die aus dem Krieg zurückgekehrte Jugend und die Fachwelt, auch diese im breitesten Sinn – denn welches Fach war nicht betroffen gewesen?« Mit diesen Worten hat Hans Freyer 1961 in seiner ausgezeichneten Würdigung des weltberühmt gewordenen deutschen Denkers rückschauend auf eigenes Erleben den Eindruck festgehalten, den jener erstaunliche Kopf und sein geistiges Werk damals machten. Daß die ebenso lebhafte wie leidenschaftliche erste Diskussion, die sich fast unmittelbar an das Erscheinen des I. Bandes des »Unterganges des Abendlandes« anschloß und deren literarischer Niederschlag ins Unübersehbare auszuufern drohte, ebenso verständnisvoll wie kritisch gesichtet und geordnet werden konnte, dankt unsere Zeit in erster Linie dem verehrten Jubilar, dem die folgenden Ausführungen widmen zu dürfen der Verfasser als hohe Ehre empfindet und als gern ergriffene Gelegenheit zur Erfüllung einer seit jeher lebendig empfundenen Dankespflicht freudig begrüßt. Sie bezwecken nichts weiter, als ein fachliches Gespräch in Gang halten zu helfen, auf das Oswald Spengler zu seinen Lebzeiten Wert legte und auf das ein Geist wie der seinige auch heute ein Anrecht hat. Nicht von ungefähr schrieb Eduard Meyer als einer der bedeutendsten Fachgelehrten 1924 über den »Untergang des Abendlandes«: »Das Werk ist nicht ein ephemeres Erzeugnis, sondern ein bleibender und auf lange Zeit hinaus nachhaltig wirkender Besitz unserer Wissenschaft und Literatur.« Vorschnell beiseite schieben oder grundsätzlich ablehnen, heißt alles, nur nicht ein wissenschaftliches Gespräch führen.

1.

Unerwartete Aktualität scheint in unseren Tagen die spöttische Kritik zu gewinnen, mit der Spengler in der Anmerkung zu S. 22 seines neubearbeiteten ersten Bandes das (wie er sagt) »unter der Suggestion eines Landkartenbildes« in Aufnahme gekommene und von ihm als verhängnisvolles Vorurteil aus dem Bereiche der Geographie charakterisierte Bild eines »Europa« vom Atlantik bis zum Ural – bzw. wie wir heute sagen müßten, wenn wir den wirtschafts- und kulturgeographischen Verflechtungen gerecht werden wollen: mindestens bis zum Pamir-Hochland und zum Baikal-See – abgelehnt hat. Um seinem berechtigten Widerspruch gegen diese wirklichkeitsferne Vorstellung Nachdruck zu verleihen, hat der unerbittliche Kritiker verlangt, das Wort Europa sollte aus der Geschichte gestrichen werden. »Orient und Okzident sind Begriffe von echtem historischen Gehalt. ›Europa‹ ist leerer Schall.« Demgegenüber fällt auf, daß Spengler in seinem geschichtsphilosophischen Hauptwerk wenig von Orient und Okzident handelt (das 1923 erschienene Namen- und Sachverzeichnis führt beide Bezeichnungen überhaupt nicht auf). Hier liegt m. E. ein Problem vor, das, wenn ich mich nicht täusche, bislang nicht klar gesehen worden ist und dessen Vorhandensein rechtfertigen möge, daß hier, in gebotener Kürze und ohne jeden Anspruch auf Vollständigkeit, erneut untersucht wird, worin die Sonderung eines ›Okzidents‹ von den übrigen Daseinsgestaltungen der Hochkulturmenschheit ihre Begründung findet und welche Folgerung sich aus ihr für eine unerläßliche Präzisierung des ›Europa‹-Begriffes als welthistorischer Erscheinung ergibt. Die Methode eines exakten Vergleiches wird uns heute durch den seit dem vorigen Jahrhundert erreichten Stand geschichtlichen Wissens, so lückenhaft er in vieler Hinsicht noch ist, ermöglicht, wobei an die wesentliche Feststellung Friedrich Ratzels erinnert sei, daß vor der Entdeckungsfahrt des Kolumbus der Atlantik die tiefste Kulturscheide auf dem Erdball war. Der amerikanische Kontinent stellte, ganz anders als heute, in der Ökumene den äußersten Osten (bzw. – um in der Terminologie zu bleiben – Orient) dar, was sich in dem morphologischen Erscheinungsbild der frühen

Hochkulturen, der unverkennbaren Staffelung ihrer Formenwelten von West nach Ost, offensichtlich bestätigt.

Ziel aller Vergleichung, die zum Wesen der Dinge vordringen soll und den Betrachter von zeitbedingten Trübungen und Zufälligkeiten seines Urteils zu befreien gestattet, ist die Feststellung eindeutiger Besonderheiten in einem Kulturkreise, die in der für ihn spezifischen Form als genuine Schöpfungen anderswo nicht auftreten. In dem hellenischen Hochkulturkreis, der als erste Erscheinungsform einer neuen, dauerhaften Daseinsgestaltung eigenen Stils am *West*rande des altorientalischen Hochkulturzentrums erwuchs, und zwar rund ein halbes Jahrtausend hindurch, von der Übernahme des phönikischen Alphabets gegen 900 v. Chr. bis zur vollen Entfaltung der griechischen Klassik im 5. vorschristlichen Jahrhundert, in engem Kontakt mit seinen östlichen Lehrmeistern, begegnen dem Forscher in den drei wesentlichen Lebensbereichen, dem staatlichen, geistigen und künstlerischen, Sonderbildungen, die nur hier sich entwickelten und zu bestimmender Rolle emporstiegen. Im Staatsleben ist es die Demokratie, jene merkwürdige Verfassung, in deren Blütezeit, wie Dichter und Geschichtsschreiber, einander ergänzend, nicht müde werden zu bestätigen, nicht wie sonst vornehme Herkunft und Vermögensstellung zum Vollbürger qualifizieren, sondern Respekt vor dem freien Menschen als solchen, vorausgesetzt, daß dieser sich nach Haltung und Befähigung als wirklicher Mensch und nicht als bloßes Zerrbild, als Spottgeburt aus Begierden und eitler, ichsüchtiger Torheit erweist. Im Gesetzesstaat haben der Reiche und der wirtschaftlich Schwache bei einem Rechtsstreit die gleiche Chance; und vertritt der Geringere die Sache des Rechts, so ist es selbstverständlich, daß er obsiegt: das hält Theseus in Euripides' Hiketiden 433ff. als wesentlichen Charakterzug des Volksstaates dem Sprecher der Monarchie entgegen, und Protagoras sieht darin, daß für Ehrfurcht und Gerechtigkeitssinn in allen Seelen eine Heimstätte bereitet ist, die Befähigung jedes Menschen zu selbstverantwortlicher Gestaltung seines politischen Schicksals begründet. Wohl kannte auch die altorientalische Welt den Respekt vor dem einfachen Menschen; »eine gute Rede ist verborgener als der Smaragd, und doch kann man sie auch finden bei den Mägden, die die Mühlsteine bedienen«, heißt es in der ersten Lehre des Wesirs Ptahhotep aus der Pyramidenzeit Ägyptens im 3. vorschristlichen Jahrtausend. Aber solche Stimmen blieben, so respektvoll auch spätere Generationen sie vernahmen, vereinzelt; niemand kam auf den Gedanken, sie zur politischen Idee einer Redefreiheit für alle, also zum wichtigsten Palladium einer Demokratie, auszugestalten. Noch heute ist es im außereuropäischen Bereich schwierig, lebensfähige Demokratien einzurichten und zu erhalten, dagegen kinderleicht, Diktaturen auf die Füße zu stellen – ein schlagender Beweis dafür, daß letztere nichts für ›Europa‹ Spezifisches darstellen, wie denn überhaupt nicht alles, was auf dem geographischen Boden Europas sich abgespielt hat, den Anspruch erheben kann, als »europäisch« gewertet zu werden, sondern lediglich das Sondergut, das es in dieser Weise als genuine Schöpfungen anderswo nicht gibt.

Auch das Geistesleben der Hochkulturmenschheit weist eine Erscheinung auf, die von Hause aus nicht Gemeingut aller ist: die Philosophie als Bemühen, ohne bindende Rücksicht auf Traditionen – und mögen sie noch so sehr geheiligt sein – und ohne Abhängigkeit von vorgegebenen Autoritäten den Problemen, die Welt und Menschenleben nun einmal unabweislich stellen und die sich, im Unterschied zu den für sie vorgeschlagenen Lösungsversuchen, dem Geist gerade von den Lebenserfahrungen her gebieterisch aufzwingen, nur mit den dem Menschen eigenen Kräften des Verstandes, der ratio, zu nahen, sogar auf die Gefahr bedrohlicher Zusammenstöße mit dem Überkommenen hin. Sichtbare Erfolge für den Bereich des praktischen Lebens, beispielsweise die von Thales von Milet (offenbar auf Grund babylonisch-assyrischer, lediglich katalogisierender Verzeichnisse) als neue Möglichkeit erfaßte und durchgeführte Vorhersage von Sonnenfinsternissen wie die vom 28. Mai 585 v. Chr., oder die Konsequenzen der mathematischen Einsichten des Pythagoras und seiner Schüler machten die »Philosophie«, die »Weisheitsliebe«, wie man sie später nannte, langsam populär, was angesichts der Stärke der älteren, traditionsgebundenen Denkweise den Betrachter immer wieder in Erstaunen versetzt. Natürlich handelte es sich bei dieser Wandlung nicht um eine »Entdeckung des Geistes« oder ähnliches, Formulierungen aus einem historisierenden Dilettantismus heraus, der immer wieder von Zeit zu Zeit mit fast rührend-naiver Ahnungslosigkeit »den« Geist mit europäischem Geist gleichsetzt und nicht müde wird, hier seltsame Blüten zu produzieren. Es liegt eher eine Einengung des geistigen Bereiches vor, eine Konzentration auf die rationalen Möglichkeiten des Menschen, die schließlich in Protagoras' berühmtem und berüchtigtem Satze gipfelte, der Mensch sei das Maß aller Dinge. Das war freilich eine klare Übersteigerung, der schon Plato in seinem Alterswerk, den »Gesetzen«, den Protest entgegenstellte, Gott sei das Maß aller Dinge und in viel erheblicherem Maße als, »wie sie sagen«, irgendein Mensch (4, 716c). Aber daß eine Übersteigerung im Stile des Homo-mensura-Satzes überhaupt möglich wurde, beleuchtet die Neuheit des Verfahrens gegenüber früheren Zeiten. Daß nur von diesem aus eine Wissenschaft im strengen Wortsinne ins Leben treten konnte, ist längst erkannt und braucht hier nur in Erinnerung gerufen zu werden. Es ist die Entwicklung, die verhinderte, daß Platos Kritik sich wirklich durchsetzen konnte, und die begreiflich macht, wieso gerade er sich – durchaus nicht nur verärgert – dazu geführt sah, dem ägyptischen Kulturgedanken den Vorzug vor dem hellenischen zuzubilligen (Gesetze 2, 656f.; vgl. 7, 799; 819; Politikos 290d).

Im Grunde sollte es nicht überraschen, ist aber in seiner ganzen Tragweite erst der Forschung unseres Jahrhunderts gelungen, festzustellen, daß auch im dritten Bereich des Hochkulturdaseins, in der bildenden Kunst, ein Element der Formgebung auftritt, das völlig von der »gradansichtig-vorstelligen« Darstellungsweise (um eine mit Recht fast kanonisch gewordene Formulierung des Ägyptologen Heinrich Schäfer in seinem 1918 zuerst veröffentlichten, 1930 in dritter, erheblich vermehrter Auflage erschienenen Werke »Von ägyptischer Kunst« zu verwenden) der altorientalischen Kunstwelten und überhaupt aller »außergriechischen« Kunstübung abweicht: die Perspektive. Es kann schwerlich ein Zufall sein, daß ihr erstes Auftreten in der griechischen Vasenmalerei zeitlich ungefähr mit dem vertieften Einblick der sog. vorsokratischen Denker in die Natur zusammenfällt, ähnlich wie es sich – man denke an Leon

Battista Alberti – bei der Wiederentdeckung der Perspektive in der europäischen Kunst der Frührenaissance und ihrer Verbindung mit dem Aufschwung der mathematischen Wissenschaften im Spätmittelalter, bezeichnenderweise wiederum in »Europa«, beobachten läßt. Mit dem neuen zeichnerischen Verfahren wurde zum Darstellungsprinzip das Sehbild des menschlichen Auges erhoben, obwohl es der Wirklichkeit in der Hinsicht Gewalt antut, daß es die Gegenstände im Raum – entgegen den realen Verhältnissen – desto kleiner erscheinen läßt, je weiter sie vom Betrachter entfernt sind. Diese (grob gesagt) Verfälschung der wirklichen Proportionen allein gestattet bekanntlich dem Menschen die Orientierung in der räumlichen Welt; aber dabei ist ihm, höchstens abgesehen von seiner frühen Kindheit, klar bewußt, daß die Ausmaße der Bäume, Häuser, vor allem auch der Menschen in der Ferne die gleichen sind wie die derselben Wesenheiten unmittelbar neben ihm. Nur letztere läßt die »vorgriechische« Kunst als Maßstab der von ihr wiederzugebenden Dingwelt zu, im Unterschied zur »Scheinwelt« des Augeneindruckes. Um so erstaunlicher ist die Abkehr von dem – man muß es schon so nennen – nüchternen Realitätsbewußtsein der Frühzeit, das »Opfer des Verstandes«, wie H. Schäfer sagte, d. h. der Verzicht auf ein ganz selbstverständlich gewordenes Wissen zugunsten des von diesem Standpunkt aus betrachtet getrübten Sinneseindrucks, den ja nur der physiologische Bau des Auges, nicht die Natur der Dinge selbst vorschreibt. Gewonnen wird freilich die Dreidimensionalität des Raumes, neben der nun alles »vorstellige« Kunstschaffen vordergründig erscheint, als flächig ohne Tiefe. Wo perspektivische Wiedergabe in außereuropäischer Kunstübung (abgesehen von vereinzelten, isoliert gebliebenen frühen Versuchen namentlich in Ägypten, z. B. im Rechmirê-Grabe), etwa in Indien, auftritt, liegen seit den erstaunlichen Entdeckungen der Forschungsexpeditionen in Zentralasien um die Wende vom 19. zum 20. Jahrhundert Verbindungslinien zur okzidentalen, griechischen Weise über das »Weltgriechentum« des Hellenismus deutlich genug zutage; über Indien und Ostturkestan sind die hellenistischen Anregungen allmählich nach Ostasien weitergegeben worden. Nicht irgendeiner Voreingenommenheit von Vertretern der Klassischen Archäologie, sondern dem nüchternen Blick des im anderen, ›vorgriechischen‹ Lager stehenden Ägyptologen entsprang die noch immer gültige Formulierung: das Loskommen von der vorperspektivischen Art »bedeutet die gewaltigste Wendung auf dem Gebiet des künstlerischen Sehens innerhalb der gesamten Weltgeschichte« (Schäfer, a.O. S. 250). Klarer und eindrucksvoller als durch diese Feststellung aus wirklich berufenem Munde kann die Einzigartigkeit der perspektivischen Kunst im Kreise der Weltkunst schwerlich zum Ausdruck gebracht werden.

2.

Die drei hier umrissenen ausgeprägten Sonderleistungen des »Okzidents«: die Demokratie, die Philosophie und die Perspektive, muten zunächst wie heterogene, in keinem inneren Zusammenhang miteinander stehende Erscheinungen an. Bei genauem Zusehen ergibt sich jedoch, daß sie sich auf Grund eines ihnen allen gemeinsamen Faktors zu festgefügter innerer Einheit zusammenschließen. Der gemeinsame Nenner, auf den sie sich ohne Gewaltsamkeit bringen lassen, ist nichts anderes als *der Mensch:* bei der Demokratie, daß sie in bewußter Ehrfurcht vor dem Menschen als solchem diesen in den Mittelpunkt der Staatsverfassung stellt, – bei der Philosophie, daß sie wie selbstverständlich den Verstand des Menschen zum allein legitimen Mittel aller Welterkenntnis erhebt, – bei der perspektivischen Kunst, daß sie demütig ihr Schaffen nach dem Auge des Menschen ausrichtet. Jedesmal ist hier überall in der Tat der Mensch als wesentlicher Beziehungspunkt für alles Planen und Fortentwickeln erkennbar. Als die Römer mit dieser Welt in engere Berührung kamen, nannten sie sie nicht *Graecitas*, wie wir – ganz offensichtlich dem Objekt in keiner Weise angemessen – von »griechischer« Kultur zu sprechen gewohnt sind, sondern brachten sie in Verbindung zu dem ihnen geläufigen Begriff der *humanitas*, der Menschlichkeit – sicherlich nicht in dem Sinne, wie man dieses Wort bei uns zumeist versteht, als sei dort und damals alles Tun und Denken nur von »edelster Humanität« erfüllt und getragen gewesen; ein Blick auf die griechische Geschichte und Sage, und im Zeitalter der römischen

Welteroberung auf die *Graeculi* und ihr Treiben, hätte genügt, um jene Meinung nachdrücklich zu widerlegen. Gemeint war mit *humanitas* im Hinblick auf Hellas zunächst und vor allem der Eindruck, hier werde der Mensch als solcher ernster genommen als sonst irgendwo in der Ökumene. Das war kein bloßes Kompliment, zu dem das nüchterne Römertum weder Anlaß noch sonderliche Befähigung besaß, sondern eine sachliche Feststellung. Von ihr aus erklärt sich auch, daß der Eindruck der griechischen Kulturleistung auf den römischen Geist sich ständig steigerte und gleichzeitig vertiefte, ungeachtet der Tatsache, daß die damaligen angeblichen Erben der Kulturleistung von Hellas zu einem erschreckenden Prozentsatz den philhellenischen Römern nur Bedauern, ja Verachtung entlocken konnten. Daß der Aufstieg des neueren Europa nach den Jahrhunderten des Mittelalters zur Weltgeltung und Welthegemonie gerade im Zeichen des »Humanismus« erfolgte, ohne daß irgendeine außenstehende Gewalt den europäisch-okzidentalen Geist in diese Richtung hätte hineindrängen können, vielmehr in weithin freiwilliger Entscheidung, läßt sich nur gezwungen mit einem seltsamen Kultus erklären, den hier eine Kultur mit dem Gedächtnis einer anderen – und zwar einer ihr angeblich ganz fremden – getrieben habe, wie Spengler es in blendender Diktion zu tun unternahm (Untergang des Abdlds. 1, S. 40), einem Kultus, von dem er aber selber zugab, daß es für einen solchen »in der gesamten Geschichte kein zweites Beispiel gibt«, womit seine Existenz mehr als zweifelhaft wird. Schaut man auf die hellenische Phase der Kultur der *humanitas* zurück, so kann die Folgerichtigkeit, mit der diese Grundhaltung in ihr verwirklicht worden ist, nur Staunen und Bewunderung wecken; aber in ihr liegt offensichtlich die Klassizität des antiken Hellas für alles »Europäische« begründet, und zwar gerade für die späteren Perioden, weil bei diesen die veränderten Weltverhältnisse eine so eindeutige, um nicht zu sagen: überspitzte Ausprägung ihrer geistigen Sondergestalt gegenüber allem Früheren wie damals nicht mehr möglich machten.

Verknüpft war die neue »westliche« Daseinsauffassung vor allem mit erheblichen Einbußen im quantitativen Bereich. Die Welt der *humanitas* konnte sich nur in der Atmosphäre der

Freiheit voll entfalten; ihr Ideal, die Formung des Menschen zum »Ich«, zur sich selbst genügenden, für seine Mitbürger – und zwar in jeder Hinsicht – erfreulichen Persönlichkeit, wie es in Thukydides' Epitaphios (2, 41, 1) für Athen, die »Bildungsstätte für Hellas«, ausdrücklich bezeugt ist, setzte den räumlich möglichst überschaubaren Kleinstaat, eben die »Polis«, voraus, weil nur in ihm die »Bürger« (»Politen«) sich als Volk zusammenschlossen, im Unterschied zu den mehr oder weniger formlosen Massen, die seit der bewußt entnationalisierend wirkenden Gewaltpolitik der assyrischen Großkönige und ihrer Erben den überwiegenden Teil der Bevölkerung der Weltreiche »orientalischen« Stils ausmachten und in denen der Einzelmensch zur bloßen Zahl absank. Die strikte Einengung des attischen Vollbürgerrechtes durch das von Perikles gegen seine privaten Interessen 451 v. Chr. eingebrachte und später erneuerte Bürgerrechtsgesetz, um dessen Beurteilung seit langem in der Fachwissenschaft debattiert wird, kann nicht, wie das soeben H. Bengtson wieder versucht hat (in Band 5 der Fischer-Weltgeschichte, 1965, S. 89), als Ausfluß eines »erschreckenden Gruppenegoismus« gedeutet werden, da es alsdann in dem wahrlich recht umfassenden Katalog von angeblichen Sünden des als skrupellos egoistisch hingestellten Demos von Athen, in der Kampfschrift des sog. Pseudo-Xenophon, unbedingt einen Ehrenplatz zugewiesen bekommen hätte, was bezeichnenderweise *nicht* der Fall ist. Im Rahmen des »Volkes« (griech. »Demos«) war die religiöse, rechtliche und gesellschaftliche Bindung gegeben, die eine Auflösung der Freiheitsidee in Anarchie verhinderte, im damaligen Massenstaat, den man später als Ochlokratie streng von der Demokratie unterschied, ganz offenkundig nicht. In der Erzählung von der Begegnung des weisen Solon, des geistigen Vaters der attischen Demokratie, mit Krösos von Lydien, dem Beherrscher einer der reichsten Großmächte des Orients, bei Herodot ist die Neuheit der Bewertung des Menschen auf okzidentalischer Seite anschaulich zum Ausdruck gekommen. Man kann Krösos' verwundertes Kopfschütteln über die betonte, ihn fast dürftig anmutende Schlichtheit des attischen Gesetzgebers ohne weiteres nachempfindend verstehen; aber die Bereitschaft hierzu mindert sich, sobald man sich die beiden erstaunlichsten Proben von militärischer und staatsmännischer Leistungsfähigkeit ins Gedächtnis ruft, die die »Kleinstaaterei« hellenischer Prägung aufzuweisen hat: die Verteidigung des damals bereits in voller geistiger Entfaltung begriffenen »Europa« gegen die im gewaltigen Perserreiche und der ihm verbündeten, kraftvoll aufstrebenden karthagischen Macht konzentrierten, quantitativ geradezu unglaubhaft überlegenen Kräfte der »orientalischen« Menschheit, deren Bereich damals vom südlichen Spanien bis zum Indus reichte, im Schicksalsjahre 480 v. Chr. und die Hellenisierung der antiken Ökumene seit Alexander d. Gr., die Heraufführung des ersten Zeitalters einer Hegemonie des Okzidents gegenüber dem Orient, das im Imperium Romanum der sog. Kaiserzeit seine Kulmination erlebte.

Und das führt auf eine weitere Feststellung, die im Grunde bereits Ranke 1833 in seinen »Großen Mächten« getroffen hat, dem Aufsatz, der nach Friedrich Meineckes Urteil »zu den Kleinodien unserer Nationalliteratur gehört«. Er kleidete sie hier in das Wort vom »Genius«, »der Europa noch immer vor der Herrschaft jeder einseitigen und gewaltsamen Richtung beschützt, jedem Druck von der einen Seite noch immer Widerstand von der andern entgegengesetzt und bei einer Verbindung der Gesamtheit, die von Jahrzehnt zu Jahrzehnt enger und enger geworden, die allgemeine Freiheit und Sonderung glücklich gerettet hat«. Was bei der in diesem Satz angesprochenen europäischen Geschichte der Neuzeit in der Tat mit Händen zu greifen ist, seit Kaiser Karls V. Gedanke von einem Reiche, in dem die Sonne nicht untergehe, für Europa scheiterte, und was sich nach den Versuchen Ludwigs XIV. und Napoleons noch jüngst durch die beiden Weltkriege erschütternd bestätigt hat, – was ferner in den Schicksalen des Reiches Karls d. Gr. wie des Heiligen Römischen Reiches und seiner päpstlichen Gegenspieler im Mittelalter mit ihrem geradezu tragisch anmutenden Widerspruch zwischen Anspruch und Realität zutage tritt: daß nämlich, und zwar genau entgegengesetzt zur orientalischen Welt, im Okzident die Blütezeiten von Kunst und Kultur, die Höhepunkte kultivierter Existenz, gerade nicht mit den Epochen der Aufrichtung universaler Großreiche zusammenfallen, läßt erkennen, daß sogar im Stil der Geschichte in beiden Bereichen eine tiefgreifende Verschiedenheit auftritt. Dabei kehrt die Besonderheit der Entwicklung des mittelalterlichen und neuzeitlichen Europa fast Zug um Zug in der griechischen Geschichte der Antike wieder, sobald man diese unbefangen, d. h. unbeeinflußt durch falsche Analogien aus dem Bereiche des modernen Nationalismus, auf sich wirken läßt. Auch ihr Thema war die Verteidigung der »allgemeinen Freiheit und Sonderung«, sei es gegen das bedrohlich werdende Übergewicht Athens im 5., sei es gegen die Militärdiktatur Spartas und gegen Thebens Griff nach der Vorherrschaft in Hellas im 4. Jhdt. v. Chr. – zur Verzweiflung moderner europäischer Betrachter, denen es offenbar nicht mehr so selbstverständlich war wie den beiden Spartiaten Sperthias und Bulis bei Herodot (7, 135), daß man für die Freiheit gegebenenfalls nicht nur mit Speeren, sondern sogar noch mit Küchenbeilen kämpfen müsse. Nur wer über die Fülle zeitgenössischer Zeugnisse, über die Stimmen der Mehrheit der damals Lebenden und die Problematik unmittelbar Durchleidenden beharrlich hinwegsieht, kann in der politischen Geschichte des Hellenentums nichts anderes als ein machtpolitisches Versagen, eine sinnlose Selbstzerstörung erblicken. Die Hellenisierung des Orients nach Alexander – mit der »größten durch die Regierung planmäßig entworfenen und verwirklichten Kolonisation, welche die Weltgeschichte kennt« (Ed. Meyer, Blüte und Niedergang des Hellenismus in Asien, 1925, S. 20) – spricht vernehmlich dagegen, ebenso Kunst und Kultur dieser Periode; wie wenig die Götterstatuen des 4. Jhdts. v. Chr. die an ihnen seit der Mitte des vorigen Jahrhunderts geübte abwertende Kritik verdienen, hat G. Rodenwaldt in einer seiner letzten Abhandlungen (Theoì rheia zōontes, Sitzber. der Berliner Akad. der Wiss. 1943) schlagend erwiesen. Die Geschichte des Hellenismus und namentlich seine künstlerische und literarische Schöpferkraft haben nicht gelitten unter der Tatsache, daß in den Diadochenkriegen die Einheit des kurzlebigen Alexanderreiches zerbrach und auch in der Folgezeit nicht wiederhergestellt werden konnte. Die moderne Wissenschaft hat sich zu einseitig mit ihren Sympathien auf die Seite der hellenistischen Großreiche gestellt, deren bedeutende

Leistungen sie zwar mit Recht der Vergessenheit entriß, darüber aber die Pflicht versäumte, auch ihren Gegenspielern auf der historischen Bühne gerecht zu werden. Im Grunde hat die weiterschreitende Forschung hier längst eine Revision des Urteils vorbereitet, indem sie – ganz gegen ihre ursprünglichen Intentionen – feststellen mußte, daß es die vermutete große Kunst des Ptolemäer- und des Seleukidenreiches (von Makedonien, dem Reiche der Antigoniden, ganz zu schweigen) nicht gegeben hat, sondern daß die schöpferischen Mittelpunkte hellenistischen Kunstschaffens auf den Bereich der kleineren Mächte im Raum der Ägäis, vor allem das Königreich Pergamon und die Republik Rhodos, beschränkt blieben. Hier vollzog sich auch am Ausgange der hellenistischen Periode die Wiederentdeckung der griechischen Klassik; diese »attizistische« Geistesbewegung wurde zur eigentlichen Vermittlerin des hellenischen Kulturerbes an Rom und schenkte diesem sowohl das »goldene Zeitalter« lateinischer Literatur wie die augusteische Kunst, deren plastisches Meisterwerk, die Ara Pacis, weithin von der attischen Klassik der Parthenonzeit inspiriert erscheint. Somit waren die Rhodier, Pergamener, Achäer, Athener und ihre Verbündeten in ihrem leidenschaftlichen Widerstand gegen die imperialistischen Militärreiche der Antigoniden und Seleukiden in Makedonien und Vorderasien nicht Störer der angeblich sich anbahnenden dauerhaften politischen Ordnung einer zur Einheit der Ökumene zusammengewachsenen Hochkulturwelt, sondern die Verfechter der »europäischen« Tradition in ihr. Daß die neue Großmacht Rom sich der Freiheit dieser hart um ihre Existenz kämpfenden Gruppe von Mittelstaaten annahm, gehört zu ihren welthistorisch bedeutsamsten Entschlüssen.

3.

Angesichts des hier skizzierten, nur die wesentlichsten Tatsachen enthaltenden Erscheinungsbildes des Okzidents könnte es keinem Zweifel unterliegen, daß auch der Verlauf seiner politischen Entwicklung eine Struktur aufweist, die offensichtlich der in ihm zu bevorzugtem Range erhobenen Freiheitsidee genau entspricht, wäre nicht eine gewichtige Ausnahme von dieser

Regel vorhanden: das römische Weltreich, das immerhin nicht nur politisch, sondern auch künstlerisch und kulturell zu den großartigsten Erscheinungen in der Geschichte des »Westens« gehört und sich seinem Bilde tief eingegraben hat. Aber daß es mit ihm in dieser Geschichte eine besondere Bewandtnis hat, lehrt sein Werden. Längst hat die Wissenschaft nachgewiesen, daß die offiziöse römische Deutung dieses Werdens, nach der die Götter für die Stadt des Romulus den Weg zur Weltherrschaft von Anfang an vorgesehen hätten und alle Ereignisse der römischen Geschichte als planmäßige Schritte zu diesem bewußt angestrebten und schließlich erreichten Ziel zu interpretieren (und natürlich ehrfürchtig zu verehren) seien, eine Sicht *ex eventu* darstellt. Sie stellt den wirklichen Gang der Begebenheiten, der einer recht reichhaltigen und kritisch überprüfbaren Überlieferung entnommen werden kann, auf den Kopf. In der Zeit des Augustus und Tiberius erschien dem hochgebildeten Geographen Strabo die weit in das Mittelmeer vorspringende Apenninhalbinsel wie ein Sprungbrett für ihre Bewohner zur Welteroberung; in Wahrheit machte aber die Länge seiner Küsten Italien zum verwundbarsten Lande für Invasionen vom Meere her. Die Notwendigkeit, es zu schützen, erzwang seine gewaltsame Einigung durch Rom; voll wirksam werden konnte dieser Schutz erst, als auch die benachbarten Meere samt ihren Inseln unter die Kontrolle der neuen Herren der Halbinsel gebracht waren. Der schwere Abwehrkampf gegen Hannibals Kriegsabenteuer nötigte Rom, die Hand auf das karthagische Spanien zu legen, ein Erwerb, an dem es zunächst wenig Freude hatte. An eine Unterwerfung Karthagos wurde ursprünglich nicht gedacht. Und nur schweren Herzens entschloß sich der philhellenische Senat, gleich nach dem opferreichen Hannibalkriege dem dringenden Hilfsgesuch der griechischen Mittelstaaten gegen die machiavellistische Politik der großen hellenistischen Monarchien stattzugeben, um nicht die Wiederkehr einer hannibalischen Bedrohung, diesmal von Osten her, mit den noch unverbrauchten Kräften dieser Reiche, erleben zu müssen, zu der Hannibal seinen neuen Gönner, den König Antiochos d. Gr., fast beredet hätte. Als die römischen Besatzungstruppen auf Betreiben der philhellenischen Gruppe unter den Senatoren gegen die Warnungen des

Hannibalbesiegers Scipio im Jahre 194 v. Chr. feierlich aus dem befreiten Griechenland abberufen wurden, lag klar zutage, daß es dem Römertum damals nicht auf Welteroberung, sondern auf eine Friedensordnung für die antike Kulturwelt auf der Basis eines gleichberechtigten, friedlichen Mit- und Nebeneinanders ihrer Völker und Staaten ankam. Es war eine bornierte, verantwortungslose Gruppe der *Graeculi*, die das Gebot der Stunde leichtfertig mißachtete und die verhängnisvolle Entwicklung einleitete, in deren Verlauf Rom sich zu seiner Bestürzung genötigt sah, die Bahn der Weltbeherrschung zu beschreiten, wenn es nicht selber vom Strudel unerwarteter neuer Kriegswirren verschlungen werden wollte. Und als dann im 1. Jahrhundert v. Chr. die harte Notwendigkeit sich immer dringlicher geltend machte, die besiegte Völkerwelt in einer dauerhaften Weltfriedensordnung politisch zu organisieren, brach die Einheit der jetzt herrschenden Nation in den schrecklichen, rund ein Jahrhundert erfüllenden römischen Bürgerkriegen zwischen den Vertretern des Reichsgedankens auf der einen und den mit Recht um das Schicksal ihrer ruhmgekrönten Freistaatsverfassung besorgten Altrepublikanern nahezu auseinander. So war es das ganz persönliche Verdienst des Augustus, in seiner Weltbefriedungspolitik den Weg zu einer lebensfähigen Synthese zwischen der nunmehr unumgänglich gewordenen Alleinherrschaft und der in Caesars Ermordung zutage getretenen Stärke der republikanischen *libertas* gewiesen zu haben: zu der sog. Prinzipatsverfassung, mit einer Monarchie als staatstragendem Gerüst, die Monarchie sein weder wollte noch durfte, und einer wohl mühsam, aber erfolgreich am Leben erhaltenen Republik als Fleisch und Blut der Pax Augusta. Die Freiheit blieb offiziell übergreifender Sinn der nun zur Friedensordnung eines weithin auf Zustimmung der Beherrschten, nicht auf gewaltsamen Druck gegründeten Weltreiches umgewandelten Weltherrschaft – einer aus Not und Bedrängnis sich erhebenden »Welt als Staat« und nicht mehr nur einer geknechteten Welt als Beute des Siegers. Die Künstlichkeit dieser Lösung, aber zugleich auch die fast überschwengliche Zustimmung, die sie weckte und die ihre Bestätigung sogar in einer zweiten, diesmal römisch bestimmten Klassik der antiken Kultur gefunden hat, lehren, wie wenig selbstverständlich der Weg zu dem Friedensimperium gewesen ist, dessen Aufrichtung damals Vergil in seinen mit Recht so berühmt gewordenen Versen in der Aeneis 6, 847ff. mit dichterischer Freiheit als ureigensten Beruf des Römertums von dessen Anfängen her feierte.

Wir müssen uns hier versagen, auf die zahlreichen Besonderheiten einzugehen, die das Römerreich von seinen orientalischen Seitenstücken unverkennbar trennen und der okzidentalischen Welt der *humanitas* annähern. Wohl aber muß darauf hingewiesen werden, daß je länger, desto lebhafter das Empfinden gerade der Besten sich geltend machte, mit dem Weltimperium (jedenfalls für altrömisches Wesen) sozusagen in eine Sackgasse geraten zu sein; man denke nur an die pessimistischen Urteile eines Geistes wie Tacitus, die – nur scheinbar paradoxerweise – ausgesprochen und angehört wurden, als das Reich unter Kaiser Trajan politisch wie kulturell seinen zweiten Höhepunkt erlebte. Tatsächlich hat sich im kulturellen und bald auch politischen Bilde der Kaiserzeit, schon im 2. Jahrhundert n. Chr. stärker und stärker hervortretend, eine Wandlung vollzogen, die man mit Recht als Prozeß der Orientalisierung bezeichnet hat. Es ist der Weg, der (zuletzt in gemilderter christlicher Form) von Rom nach Byzanz führte und aus Europa nicht nur geographisch, sondern beinahe auch kulturell ein Anhängsel Asiens hätte werden lassen. Jedenfalls steht der Zwangsstaat der spätantiken absolutistischen Dominatsverfassung, der Reichsverfolgungen der Christen, der vielfachen Gebundenheit von Gesellschaft und Wirtschaft und der einflußreichen Bürokratie und Hierarchie dem Orient erheblich näher als seinem Gegenteil. Den gleichen Aspekt weisen die Phasen der noch immer höchst leistungsfähigen Kunst der Spätantike auf, mag auch ihre großartigste Schöpfung, die von griechischen Meistern errichtete riesige Kuppelkirche der Hagia Sophia in der Konstantinsstadt am Bosporus, dem »zweiten Rom«, stilgeschichtlich letzten Endes nicht auf orientalische Vorbilder, sondern auf das Pantheon Kaiser Hadrians in Rom zurückgehen. Der gewaltige Baum des byzantinischen Wesens überschattet das werdende abendländische Mittelalter; in dessen leidenschaftlichem Bemühen, aus seinem Schatten zur Sonne der ursprünglichen Romidee zurückzufinden, spiegelt sich einmal mehr die Tatsache, daß das Imperium Romanum im Erscheinungsbilde des Okzidents trotz allem etwas Fremdes darstellt. Schließlich hat Augustin in seinem »Gottesstaat« (4, 15; 19, 7) ganz offen dem Bedauern darüber Ausdruck gegeben, daß die Menschheit unter Strömen von Blut auf den Weg des römischen Universalreiches gebracht wurde, statt in einem lebendigen Neben- und Miteinanderwirken freier Volksstaaten ihre Aufgaben erfüllen zu können – eine Feststellung, die ganz im Sinne der okzidentalen Idee erfolgte, getroffen von einem Geiste der lateinisch geprägten Reichshälfte, der an Klarsicht dem längst in stumpfer Gewohnheit erstarrten politischen Denkschema der Mehrzahl seiner Zeitgenossen weit überlegen war und an dessen Urteil auch eine moderne Geschichtsforschung nicht einfach vorübergehen kann. Das Römerreich ist in der Geschichte des Westens als Notlösung zustande gekommen, da andere politische Möglichkeiten einer Weltbefriedung nicht ausgenutzt wurden. Und zwar handelt es sich bei diesem Zustandekommen nicht um ein schicksalhaftes Versagenmüssen, sondern um nachweisbare Schuld: die *Graeculi* der Jahre nach der römischen Freiheitserklärung für Hellas 196 v. Chr. haben wie Herakles am Scheidewege gestanden und versagt, indem sie kleinlichen Nationaleitelkeiten und dem Hang zur Bequemlichkeit den Vorrang gaben vor Opferbereitschaft und Dankbarkeit gegenüber dem Befreier. Damit verspielten sie die nach dem bei Livius (34, 49, 8) erhaltenen Zeugnis des Zeitgenossen Polybios ihnen von Rom zugedachte Gleichberechtigung, verscherzten sich leichtfertig die Freundschaft der, wie sich alsbald zeigte, noch immer stärksten unter den Mächten und ernteten nun unvermeidlich Mißtrauen und Strafgerichte, zum Schaden von Besiegten wie Siegern.

So ist das römische Reich in der abendländischen Geschichte in der Tat nichts anderes als die Ausnahme, die für gewöhnlich eine Regel bestätigt. Sie mahnt zugleich den Historiker, eine solche Regel nicht als starren Schematismus mißzuverstehen, sondern sie stets im Rahmen menschlicher Freiheit und Verantwortlichkeit zu sehen, die im Aufbau der menschlichen Geschichte – wie sollte es auch anders sein? – genau so reale Mächte sind wie im Leben des Einzelmenschen. So großartig die

Leistung des kaiserzeitlichen Rom gewesen ist, so wenig gestatten die zwei Jahrhunderte seiner Blüte, die oben umrissene Darstellung der sonst durchgehenden Struktur von mehr als zwei Jahrtausenden europäischer Geschichte als verfehlt zu erweisen. Es bleibt dabei, daß diese – anders als es im Orient der Fall ist – politisch nicht durch den Gedanken des Universalstaates bestimmt ist. Selbst das bedeutendste Reichsgebilde moderner Zeit, das British Empire, hat auf seiner Machthöhe nicht daran gedacht, sich die europäische Staatenwelt einzugliedern, sondern sich unter Disraelis Staatsleitung sogar zur asiatischen Macht erklärt. Eben damit hat England im Unterschied zum Spanien Philipps II. oder zum französischen Empire Napoleons für den europäisch-okzidentalischen Typus optiert bzw., wenn man lieber will: ihn respektiert. Aus angelsächsischem Geist ist in der Not des zweiten Weltkrieges der Gedanke der UNO geboren worden, mit dem, recht gesehen, Augustins Ideal eine politische Realisierung erleben konnte. Es ist die entscheidende Frage an die Zukunft, ob es gelingen wird, ihr in dieser Grundform allen Widerständen zum Trotz zu einer dauerhaften politischen Existenz zu verhelfen, oder ob die führende Weltmacht unserer Tage, die USA, sehr gegen ihren Willen und gegen alle politische Vernunft sich mit einer ähnlichen Last beladen sehen müßte, wie sie Rom widerstrebend auf seine Schultern zu nehmen gehabt hat.

Wir sehen, wie recht Spengler hatte, wenn er Orient und Okzident als »Begriffe von echtem historischen Gehalt« anerkannte. Er übersah jedoch, daß der Europabegriff, soweit unsere Kenntnis reicht, nicht zuletzt aus dem begreiflichen Grunde mit dem des Okzidents verschmolz bzw. ihn ablöste, weil in letzterem, der ja die Gegend des Sonnenunterganges bezeichnet, etwas Düsteres, Untergangshaftes, ja dem Tode Verwandtes mitschwang, namentlich in frühchristlicher Zeit (s. J. Fischer in dem Sammelband »Europa« von H. Loebel, 1957, S. 10f.). So übertrug man die in dieser Hinsicht neutrale Bezeichnung ›Europa‹ auf das neue westliche Kaiserreich Karls d. Gr.; mit ihm hat sie sich neben dem Ausdruck »Christenheit« – und seit der Aufklärungszeit ihn ablösend – mehr und mehr in unserem Sprachgebrauch eingebürgert. Bleibt man sich dessen bewußt, daß sie im Bilde der geschichtlichen Menschheit eigentlich nur als Synonym für ›Okzident‹ ihren Platz und ihre Daseinsberechtigung hat, so entfällt die leidige Nötigung, den glanzvollen Europa-Namen mit Spengler als »leeren Schall ... aus der Geschichte streichen« zu sollen.

Hans Erich Stier

Der Staatsbau des Prinzipats im Spiegel römischer Reichsarchitektur

I.

«Alle Gewalt nach der Schlacht bei Actium auf Einen zu übertragen, lag im Interesse des Friedens» – so hat Tacitus im Anfang seiner Historien das Prinzipat des Augustus in lapidarer Kürze charakterisiert. Als C. F. v. Weizsäcker am 13. Oktober 1963 in der Paulskirche zu Frankfurt seine mit Recht vielbeachtete Rede über den Weltfrieden als unausweichliche Aufgabe unserer Zeit hielt, konnte er in ihr kategorisch erklären, wir würden in einem Zustand leben, der den Namen Weltfrieden verdiene, oder wir würden nicht leben; aber damit sei etwas Beispielloses von uns verlangt, denn seit die Menschheit bestehe, habe es, soweit wir wüßten, den Weltfrieden nicht gegeben. Träfe diese Meinung zu, so könnte man heute nur mit größter Sorge in die Zukunft sehen. Eine lebenswichtige Problematik meistern zu sollen ohne jeden Rückhalt an dem großen Reservoir von Erfahrung, das die Geschichte für Mit- und Nachwelt bereithält, hieße nichts anderes, als blind nach einem begehbaren Wege ausschauen zu müssen. Zum Glück liegen die Dinge nicht so hoffnungslos. Die römische Kaiserzeit ist für den größten Teil der damals bekannten Ökumene ein Zeitalter bewußt herbeigeführten und trotz mancher Schwankungen erfolgreich aufrechterhaltenen Weltfriedens im Sinne v. Weizsäckers gewesen. Würde man sie nicht unter dem Namen «Imperium Romanum» zusammenfassen, den sie ja mit der ihr vorangehenden Periode der römischen Welteroberung gemeinsam hat, sondern als Pax Augusta bzw. Romana bezeichnen, worauf sie ein legitimes Anrecht besitzt, dann würde die Kenntnis der besonderen Mission dieses erstaunlichen Zeitalters längst Gemeingut der Gebildeten und in ihrem Wert für die Gestaltung der Zukunft unserer planetarisch gewordenen Welt geistig endlich erfaßt sein. So liegt es dem Althistoriker nahe, aus diesem Bereiche seine bescheidene Festgabe für den verehrten Jubilar zu wählen, der «Friedensrufe und Friedenspläne seit der Renaissance» in einem monumentalen Werke – docto, Juppiter, et laborioso! – über den «Ewigen Frieden» gesammelt hat.

Auf S. VII dieses Buches heißt es: «Eine ernste Frage für alle Geschichte der Friedensidee ergibt sich aus der Notwendigkeit, echtes

Friedensstreben zu unterscheiden von den Tarnmitteln geistiger Machtpolitik, die den Frieden zum Vorwand nimmt». Die Pax Augusta ist bekanntlich noch immer dem Verdacht ausgesetzt, ihren Namen zu Unrecht zu führen. Nicht zuletzt liegt das an dem eigenartigen Staatsbau, den ihr Begründer Augustus mit dem Ziel der Friedenssicherung geschaffen hat. Zwei offensichtlich einander entgegengesetzte Elemente sind in ihm zur Einheit zusammengezwungen: die altüberkommene, mit Roms Namen und welthistorischer Leistung untrennbar verknüpfte Republik als Verfassung eines Staates freier Bürger, deren geistige Widerstandskraft in der Ermordung Caesars einer großenteils bereits resignierenden Generation wieder vor Augen trat, und die neue Monarchie, die mit dem Übergang des Stadtstaates in das Weltreich längst eine gebieterische Notwendigkeit geworden war, freilich ihrem Wesen nach weniger auf Freiheit als auf Unterordnung unter den Willen ihres Trägers, auf Umwandlung des Bürgers zum Untertanen hin tendierte. Dabei ergibt sich der auffallende Tatbestand, daß Augustus in seinem Rechenschaftsbericht, dem Monumentum Ancyranum, nur eines von beiden, die Wiederherstellung der freien Republik als Inhalt seines staatsmännischen Waltens hinstellte und (zuweilen geradezu ängstlich) bestrebt war, wie in seinem gesamten, uns vornehmlich aus Suetons Biographie bekannten Auftreten, so auch für sein «Prinzipat» jeden Anschein monarchischen Gebarens zu vermeiden. Daß er in seiner Umgebung den Geschichtsschreiber Titus Livius förderte, der aus seiner pompejanischen, d. h. republikanischen Überzeugung kein Hehl machte, weist in die gleiche Richtung wie die am Schluß von Plutarchs ‹Cicero›, also in vertrauenswürdiger Überlieferung erhalten gebliebene Anekdote, daß er einen seiner Enkel bei der Lektüre einer Schrift Ciceros ertappte und diese dem zunächst bestürzten Jüngling nach langem Lesen in ihr zurückgab mit den Worten: λόγιος ἀνήρ, ὦ παῖ, λόγιος καὶ φιλόπατρις. Ein Blick in die Dichtung und Literatur seiner Zeit lehrt, daß Augustus mit seiner republikanischen Auffassung keineswegs alleinstand. Aber schon frühzeitig ist die Lauterkeit einer solchen Haltung bei ihm bezweifelt worden, bis sie in Tacitus' Werken und schärfer noch bei Dio Cassius als Ausdrucksform eines vom Glück begünstigten, schlauen Heuchlers auftreten konnte, der, von verzehrendem Ehrgeiz getrieben, das Gegenteil von dem sagt, was er wirklich anstrebt, nämlich der Befriedigung persönlicher Machtgier. Bereits damals spielte die Doppelnatur des «Prinzipates» die entscheidende Rolle bei der Charakteristik seines Schöpfers. Es ist kaum zu verwundern, wenn unter dem Eindruck solcher Gewährsmänner auch ein großer Teil sachkundiger moderner Forscher zu der Überzeugung gelangt ist, sich auf die Seite der Skeptiker schlagen zu müssen; noch 1955 hat einer der besten Kenner, L. Wickert, in seinem ausgezeichneten Artikel «Princeps» in der Paulyschen Realenzyklopädie der Klassischen Altertumswissenschaft (Sp. 2070) von der «wohltätigen und notwendigen L ü g e des Prinzipats» gesprochen. die «nirgends deutlicher zutage tritt als im Tatenbericht ihres Schöpfers». Wohltat hin, Notwendigkeit her – Lüge bleibt Lüge und nimmt sich in Verbindung mit der Parole des Weltfriedens besonders fatal aus.

Erhebliche Schwierigkeiten ergeben sich, wenn man mit der Tatsache Ernst macht, daß Augustus' Leistung anerkanntermaßen epochalen Charakter getragen hat. Schließlich sind die mehr als 200 Jahre, die sein Staatsbau trotz nicht unbeträchtlicher Erschütterungen überdauerte, alles andere als selbstverständlich. «An ihren Früchten werdet ihr sie erkennen.» Anders als moderne Revolutionen, die gleich mit ihrem Anfangsjahre eine neue Zeitrechnung beginnen, hat Augustus, obwohl Herr der Welt, ein Jahrzehnt gewartet, ehe er mit der Säkularfeier des Jahres 17 v. Chr. offiziell kundgeben ließ, daß der von ihm errichtete Neubau von den Göttern offenbar mit Dauerhaftigkeit gesegnet sein werde. Vor allem aber ist hier an die unter seinem Prinzipat zu höchster Blüte gelangte lateinische Dichtung und Literatur zu erinnern, die damals ihr «goldenes Zeitalter» erlebte und mit ihrem Durchbruch durch das Nur-Römische zum Allgemein-Menschlichen klassischen Rang erreichte. Wenn v. Weizsäcker meinte, ein Zeitalter des Weltfriedens werde kein goldenes sein, so lehrt das Augustum saeculum das Gegenteil; «hic (sc. Augustus) aurea condet saecula» war durchaus nicht eine leere Schmeichelei Vergils, sondern wird durch die literarischen und archäologischen Hinterlassenschaften der Zeit bestätigt. Erstaunlich war die Werbekraft römischen Wesens für die Welt, ohne daß hinter ihr eine planmäßige Romanisierungspolitik etwa im Stil assyrischer Großkönige gestanden hätte, die einst alle Völker einer Zunge zu machen strebten. Wer Bauten, Plastiken, Malereien, Silberarbeiten, Münzen, Gemmen augusteischer Zeit unbefangen auf sich wirken läßt, wer vor allem die Ara Pacis als kongeniales künstlerisches Symbol einer Weltbefriedung von Rom her – und zwar von eben dem Marsfelde aus, auf dem sich vordem der populus Romanus im Namen des Kriegsgottes zu seinen Beschlüssen versammelte und an dem sich nun das hell schimmernde Heiligtum des Weltfriedens als Zeichen einer gewandelten Ära erhob – angemessen zu würdigen vermag in ihren absichtlich «klassischen» Ausmaßen, ihrer schlichten Frömmigkeit altrömischen Stils, ihrer Anlehnung an die attische Klassik der Parthenonzeit, ihrer Gebundenheit an den bedeutsamen geschichtlichen Moment – wer den grundlegenden Unterschied in der Thematik zwischen ihrer Verhaltenheit und Stille und dem lauten, grandiosen Pathos des Pergamonaltars als den zwischen ‹Frieden› und kämpferischer ‹gloire› fast körperhaft spürt, der vermag hier schwerlich irgendeine Verlogenheit zu gewahren. Nur umso dringlicher wird die Verpflichtung, für das Phänomen der Prinzipatsverfassung eine Deutung zu finden, die dem Tatbestand in seiner Gesamtheit gerecht wird und uns der Notwendigkeit einseitiger Verurteilung enthebt. Angesichts der ungeklärten Situation in der modernen Forschung sollten wir uns des unguten Gefühls nicht erwehren, ob wir nicht vielleicht videremur iudicare, quae utinam satis intellegeremus.

II.

Wer einen wirklichkeitsgetreuen Begriff von der Pax Augusta unter dem Prinzipat und von ihren Auswirkungen vermitteln will, kann an der bedeutendsten Hinterlassenschaft dieses Zeitalters, der monumentalen Reichsarchitektur, nicht vorübergehen. Ihr großartigstes Beispiel ist für uns das Heiligtum von Baalbek, dem antiken Heliopolis, in Syrien. Hier auf der Hochebene unweit der Orontesquelle, mehr als 1000 m über dem Meeresspiegel, hat Augustus eine römische Veteranenkolonie anlegen lassen, mit der die Erneuerung einer alten semitischen Kultstätte von hohem Rang eng verbunden gewesen sein muß. Die gründlichen Untersuchungen namentlich E. Weigands in den 1920er Jahren haben ergeben, daß die Errichtung des sog. Jupitertempels von Baalbek größtenteils – anders als Propylon und Hof – nicht, wie man früher annahm, in das 2. nachchristliche Jahrhundert, sondern großenteils bereits in das augusteische Zeitalter zu datieren ist. Keine Photographie, nur die Autopsie an Ort und Stelle vermag einen Begriff von der Größe der Anlage zu vermitteln, die noch in ihren Trümmern geradezu überwältigend wirkt. Durch das Verschwinden der Verkleidungssteine sind die riesigen Blöcke wieder sichtbar geworden, die als Fundament der über 13 m hohen Terrasse für den Tempel des Jupiter Heliopolitanus dienten. Besonders eindrucksvoll ist der Anblick der kolossalen Quadern des in 7 m Höhe eingebauten sog. Trilithons, deren jeder (nach Minimalschätzungen) rund 750 000 kg wiegt, ein Gewicht, mit dem sich für uns erst eine konkrete Vorstellung verbindet, wenn wir (in Anlehnung an Berechnungen von ägyptologischer Seite, wie sie H. Kees, Ägypten, 1933, S. 142 Anm. 1, mitteilt) feststellen, daß der Transport einer solchen Last zu Lande heute drei Güterzüge zu je 17–18 Doppelwaggons, zu Wasser ein stattliches Überseefrachtschiff beanspruchen würde – und das für nur einen dieser Riesenquadern. Die Schätzungen des Gewichts des noch im Steinbruch aus uns unbekannten Gründen liegengebliebenen Quaderblocks, des mit einer Länge von über 28,50 m, einer Breite von rund 1,80 m und einer Höhe von ca. 4,70 m ohne Zweifel größten jemals bearbeiteten Steines der Weltarchitektur, bewegen sich gar zwischen 1084 und rund 2000 to. Es ist klar, daß die Colonia Julia Augusta Felix Heliopolitana allein über die Zehntausende von Arbeitskräften nicht verfügte, die für den Transport und den Einbau solcher steinerner Giganten nötig gewesen sein müssen. Dem wahrhaft monumentalen Unterbau entsprechen die Ausmaße der einst 54 (heute nur noch 6) korinthischen Säulen des großen Tempels mit ihrer Höhe von etwa 20 m und ihrem Durchmesser von über 2 m. Der besser erhaltene «kleine Tempel» steht bezüglich der Höhe seiner (einst 46) Säulen von rund 19 m hinter dem Jupitertempel nur wenig zurück. Wenn auch die damalige Technik gegenüber der staunenswerten altägyptischen bereits über erheblich fortgeschrittene Möglichkeiten (Flaschenzug, Holzkonstruktionen u. a.) verfügte, so bleibt doch die Leistung kaum begreiflich; man würde diese ins Reich der Fabel verweisen, wenn sie nicht greifbar in ihren Ergebnissen vor uns stände.

Aber nicht die Dimensionen allein sind das Erstaunliche an Baalbek, sondern nicht minder die Tatsache, daß sie eine vollkommene, organische Verbindung mit der griechisch-römischen Formenwelt eingegangen sind, deren Stilwille eher eine entgegengesetzte Tendenz aufweist. Die griechische Klassik hatte das Großformat archaischer Bauten so konsequent abgelehnt, daß im Athen des 5. und 4. Jhdts. v. Chr. das von Peisistratos begonnene Olympieion unvollendet liegen gelassen wurde. Erst mit dem Hellenismus erfolgt ein gewisser Wandel der Auffassung. Aber daß dieser im 1. Jahrhundert v. Chr. sich größtenteils zum Orientalismus auch in der äußeren Erscheinung des Kulturbildes wandte, läßt sich nicht nur den Münzbildern der Kleopatra und des Antonius sowie den literarischen Nachrichten über ihre Staatsauffassung und ihr öffentliches Auftreten entnehmen, sondern auch erhaltenen Denkmälern, so den Statuen, Reliefs und Inschriften des Kleinfürsten Antiochos von Kommagene am oberen Euphrat. Von der auf 33 v. Chr. inschriftlich datierten Fassade des Baalstempels von Sia im Hauran hat W. von Massow geurteilt, man stehe bei ihr vor der «merkwürdigen Tatsache, daß hier stilistische Eigenheiten, die erst in der letzten Spätantike vorkommen, bereits um Jahrhunderte vorausgenommen sind. Das Tor erinnert geradezu an syrische Kirchenbauten, und man würde es ohne die sichere Datierung vermutlich am Scheidewege suchen, wo sich die Entwicklung der byzantinischen und islamischen Kunst trennt». Daraus geht hervor, daß das Wiederauftreten griechischer Formenelemente und zwar in der römischen Fassung des reich verzierten Podiumstempels im Osten einen Bruch in der Entwicklung bedeutet, der sich klar als Gegenstück zu dem Umbruch in der politischen Geschichte der antiken Welt mit der Schlacht bei Actium ausweist. Es entsprach vertiefter Einsicht in die geschichtliche Wirklichkeit, wenn die neuere Fachwissenschaft von J. G. Droysens weitgespannter Konzeption des Hellenismus abwich und mit der Eingliederung sämtlicher hellenistischen Staatswesen der Mittelmeerländer in die Pax Augusta eine Zäsur setzte.

E. Weigand verfocht die These, daß die Architektur von Baalbek, so wie sie in ihrer Gesamtheit sich darbot, nichts anderes darstelle als eben römische Baukunst. Seine Kritiker, G. Rodenwaldt, P. Collart u. a., haben den Nachweis erbracht, daß diese These überspitzt ist und den Besonderheiten der Anlage in Grundriß, Aufriß und Raumgestaltung sowie den dekorativen Besonderheiten nicht gerecht zu werden vermag. Nach dem Ergebnis der Diskussion kann nunmehr als gesichert gelten, daß zwei Komponenten diesen Stil hervorgebracht und getragen haben. Die eine weist in die Nachbarschaft altorientalischer, vor allem ägyptischer Riesenhaftigkeit und Großzügigkeit. Ihr eignet außer den Dimensionen auch die majestätische Axialität der Anlage, eine Eigenschaft, die die Baukunst der griechischen Klassik (z. B. auf der Akropolis von Athen) ablehnen mußte, weil die ihr zugrunde liegende Freiheitsidee die Unterordnung von Bauwerken unter eine beherrschende Achse als Beeinträchtigung empfand. Jeder ihrer Baukörper will für sich allein gesehen werden, in möglichster «Autarkie». Das ergibt eine plastische Auffassung, die folgerichtig auf übermäßige Vergrößerung überall Verzicht leisten kann. Aus der Begegnung mit dem Orient hat sich, wie schon in der mykenischen Epoche des ausgehenden 2. vorchristlichen Jahrtausends, so später wieder – und im alten Italien noch stärker als im hellenischen Bereich – die Axialität Eingang in die Kunst des Okzidents verschafft. G. von Kaschnitz-Weinberg (Römische Kunst IV, 1963, S. 60f.) hat darauf hingewiesen, daß der Jupitertempel in Baalbek nicht nach griechischer Weise inmitten des Tempelhofes steht, sondern daß seine Fassade den Abschluß der Rückseite dieses Hofes bildet, der damit auf den Tempel vorbereitet und hinweist. «Auf diese Weise ist also ein Nacheinander von einzelnen Bauelementen gegeben anstelle jenes Nebeneinanders, das die umschließende Art der griechischen Architektur geliebt hat.» Er erinnert für die hier festzustellende Einführung des Begriffes der Zeit in die Architektur, die ja der Besucher für das Durchschreiten der Räumlichkeiten bis zu ihrem Kernpunkt aufzuwenden hat, an die Anlage ägyptischer Tempel und rechnet geradezu mit Einflüssen von dort her. Der andere Faktor aber entstammt der vornehmlich auf Anmut und formvolle Schönheit abzielenden «europäischen» Weise. Beide Faktoren sind nicht Ergänzungen für einander, sondern bilden konträre Gegensätze, die sich im Grunde ausschließen. Für einen ägyptischen Monumentaltempel ist die Bezeichnung «schön» oder gar «anmutig» kein adäquater Begriff; der Eindruck, den ein solcher Bau zu erwecken strebt, ist der des Erhabenen, Gebietenden. Umgekehrt ist es kaum möglich, Bauten griechisch-römischen Stils nur vom Erhabenen her kongenial begreifen zu wollen, weil alsdann die spezifisch «menschliche» Komponente nicht angesprochen wird, die gerade auf den unvoreingenommenen Betrachter immer wieder besonders stark wirkt und somit dieser Kunst wesenhaft eignen muß.

Das Überraschende an der Reichsarchitektur der römischen Kaiserzeit ist, daß sich in ihr Riesenhaftigkeit und Anmut in einer – so weit ich sehe – einmaligen Synthese vereinigt finden. Diese coincidentia oppositorum ist so vollkommen, daß es nicht leicht fällt, ihre beiden Grundelemente exakt voneinander zu trennen. Wie aus einem Guß wirkt das Heiligtum von Baalbek. Tatsächlich ist die Synthese dadurch erreicht, daß eines der beiden Elemente die Führung erhalten hat, und zwar das römische, okzidentale. Das äußere Erscheinungsbild der Wunderbauten bietet säulenumkränzte Podiumtempel mit Giebeldächern und Statuenschmuck, Säulenhallen, Exedren. Es richtet sich aus nach dem aus wohlgegliederten, durchgeistigten Proportionen, edler Harmonie der Teile und Lebendigkeit des sorgfältig ausgeführten, phantasiereichen ornamentalen Schmuckes resultierenden Schönheitsideal, das trotz der morgenländischen Dimensionen unverkennbar dominiert. Schlagend erweisen dies die von fachkundiger Hand entworfenen Rekonstruktionszeichnungen des ursprünglichen Zustandes: der Betrachter glaubt, es mit einer der üblichen griechisch-römischen Anlagen zu tun haben, und ermißt erst aus der Kleinheit der in der Zeichnung wiedergegebenen Fußgänger und Reiter, daß sich diese Meinung erheblich modifizieren lassen muß. Es ist sehr wesentlich, daß Baalbek kein isoliertes Phänomen im Bilde des Imperium Romanum darstellt. Die aus den Felsen gemeißelten Grab- und Tempelfassaden aus der Römerzeit der Nabatäerstadt Petra weisen die gleiche Formensynthese auf, wenn auch mit ganz anderen Motiven. Noch wesentlicher erscheint der Umstand, daß auch außerhalb des alten Orients Zeugnisse jener stilistischen Synthese in umfangreichen Resten für uns erkennbar sind: das unter Hadrian mit 104 korinthischen Säulen von mehr als 17 m Höhe aufgeführte Olympieion in Athen, der riesige Sarapistempel in Ephesos, schließlich der in den Tagebüchern des Cyriacus von Ancona für Kyzikos am Marmarameer genannte, von Hadrian erbaute Tempel, der den Jupitertempel von Baabek an Größe überbot. Auch das in der Reichshauptstadt Rom nach Wegräumung des 38 m aufragenden Ausläufers des Quirinals durch Apollodor von Damaskus angelegte, streng axial geplante Trajansforum gehört in die Reihe dieser Anlagen. Name und Heimat des Baumeisters wirken hier wie ein Symbol für das künstlerische Wollen und Vollbringen der Zeit. Für die Intensität der Verbindungen zwischen Osten und

Westen des Reiches höchst aufschlußreich ist der wahrscheinlich in das 2. Jahrhundert n. Chr. zu datierende, nach v. Kaschnitz «zweifellos von syrischen Baumeistern nach syrischen Mustern ausgeführte» sog. Dianatempel in Nîmes in Südfrankreich.

«Das stolze Machtbewußtsein des frühen römischen Kaiserreiches, die Prunkliebe der Antonine und der zu kaum mehr faßbaren übersinnlichen Größenverhältnissen neigende mystische Glaube des alten Orients mußten sich vereinigen, um eine solche, an architektonischer Kraft und absoluten Ausmaßen einzigartige Schöpfung hervorzubringen», urteilte 1926 der Archäologe K. Wulzinger über Baalbek. Nicht lediglich um römische Kunst, sondern um einen Reichsstil handelt es sich hier, den künstlerischen Widerhall der Zusammenfassung von Ost und West unter dem Zeichen der Pax Augusta bzw. Romana. Zu den letzten Verkörperungen dieses Stilwillens gehört die reiche Wüstenstadt Palmyra mit ihren im 2. Jhdt. n. Chr. entstandenen Säulenstraßen und dem riesigen sog. Bel-Tempel, in dessen Anlage und Fassade orientalische Elemente deutlich hervortreten, ohne deshalb den römischen Eindruck des Ganzen in Frage zu stellen. Nicht um eine Orientalisierung des Europäischen ging es dabei, und noch weniger um eine Verdrängung des Orientalischen durch den Geschmack der neuen Herren im Stil eines «Kolonialismus», sondern um die Überhöhung der altorientalischen Grundidee. Die Strenge ihres Ordnungsgedankens, die überpersönliche Majestät ihrer Auffassung von Welt und Leben kehren jetzt gleichsam vermenschlicht im Gewande griechisch-römischer Freiheit und Harmonie neu wieder und wirken fast wie eine ergreifende Verwirklichung von Goethes Wort aus dem West-Östlichen Divan: «Gottes ist der Orient, Gottes ist der Okzident!» Eine selbständige Leistung von erstaunlichem Format steht noch in den Trümmern vor uns, eines Staatswesens würdig, das von der Geschichte zur politischen Form einer ganzen Welt emporgehoben war. Es verwundert nicht, daß die Völker dieses Weltstaates je länger, je mehr den Namen ‹Römer› auch für sich erstrebten und daß seit Trajan die Provinzialen sogar die Kaiser stellten.

III.

Es ist keine geringe Überraschung, dazu aber ein erwünschter Fingerzeig, feststellen zu müssen, daß sich im Bereiche der großen Kunst des Prinzipats eine Gegensätzlichkeit vorfindet, die im politischen Leben der Zeit dem Zwiespalt zwischen principatus und libertas fast vollkommen entspricht. Es kann sich hier um so weniger um einen bloßen Zufall handeln, als beidemal das Gegensatzpaar die Begriffe Orient und Okzident sind. Die gesamte politische Geschichte des antiken Europa seit den Tagen, wo es sich der altererbten Monarchie entrang, ist von einer leidenschaftlichen Opposition gegen jede Form von Alleinherrschaft erfüllt. In der hellenischen Welt war Tyrannenmord nicht nur statthaft, sondern sittliche Verpflichtung für jeden Staatsbürger. In der römischen Republik stand seit ihrer Begründung Todesstrafe auf dem Streben nach dem Königstitel. Wie lebendig trotz allen Wandels der Zeiten das antimonarchische Bewußtsein noch immer war, hatten die Iden des März 44 v. Chr. gelehrt. Aber die Verhältnisse drohten stärker zu werden als die Idee. Je mehr sich der römische Staat seit Hannibals Angriffskrieg auf die Bahn der Welteroberung gedrängt sah und je weniger das zeitgenössische Griechentum sich dieser neuen Problematik gewachsen zeigte, desto unvermeidlicher wurde das Heraufkommen tatkräftiger Männer neben der Republik, die außerhalb der üblichen Ämterlaufbahn in den gefahrvollen Kurs des Staatsschiffes eingriffen. Von der verbissenen Gegnerschaft des älteren Cato gegen den Besieger Hannibals bis zum Selbstmord des jüngeren Cato in Utica, der den militärischen Triumph Caesars nicht überleben wollte, führt eine einheitliche Linie des Widerstandes gegen eine als fremd empfundene, weil der Einzelpersönlichkeit eine gefährliche Macht in die Hände spielende Entwicklung. Als der große Julier danach trachtete, die ihm auf Lebenszeit verliehene Diktatur durch Gewinnung des Königstitels noch zu überhöhen, und die letzte legitime Königin eines der bedeutendsten Reiche aus Alexanders Nachfolge als sein Geschöpf nach Rom holte und als dann Antonius die Pläne seines Meisters Caesar in verstärktem Ausmaße zu realisieren strebte, wurde immer klarer, daß es sich hier um den Einbruch einer Staatsgestaltung handelte, die seit den Anfängen der beglaubigten menschlichen Geschichte im Orient heimisch war. Weit über die tatsächlichen Verhältnisse hinaus hat Vergil in seiner Aeneis die Schlacht bei Actium als Triumph Roms über Ägypten, d. h. den Orient, gefeiert, mit dessen ägyptischer Erscheinungsform Kleopatra VII. als hochgebildete griechisch-makedonische Fürstin in Wahrheit nur wenig gemein hatte. Das Empfinden, das in einer solchen Überspitzung zum Ausdruck kam, war nichtsdestoweniger richtig. Mit der Monarchie zwang sich der griechisch-römischen Welt ein Element des Verfassungslebens auf, das seit dem Triumph freiheitsstolzer Hellenen über die Heere des persischen Großkönigs Xerxes als gefährlicher Feind bürgerlicher Freiheit gefürchtet war. Wie die Kolossalität der Fundamente von Baalbek ein orientalisches Element im Bilde der neuen Reichsarchitektur bedeuteten, dessen man freilich für eine dieses Namens würdige Weltkunst nicht entraten konnte, so stellte die im Prinzipat verhüllte und später im Dominat offen hervortretende Monarchie ein unverkennbar orientalisches Element dar. Seitdem sich Rom, sehr gegen seinen Willen, mit der Weltherrschaft betraut sah und sie festhalten mußte, wenn es nicht selber zugrundegehen sollte, zeigte sich, daß die Vergrößerung der Probleme einer solchen Stellung im Weltmaßstabe auf eine monarchische Leitung hindrängte, fort von den rasch veraltenden kollegialen Methoden des räumlich begrenzten nationalen Staatswesens. Für die antiken Verhältnisse bedeutete das eine Revolution. Caesar war bereit, sie durchzuführen. Sein Scheitern veränderte das Problem selbst nicht, nur die Bedingungen seiner Lösung. Augustus gelangte darin über Caesar hinaus, daß er zur altehrwürdigen Romidee zurücklenkte. Das hieß, eine Synthese zwischen der unumgänglich notwendig gewordenen Monarchie und der überkommenen Republik zu finden. Nimmermehr konnte das bedeuten, die Alleinherrschaft nur mit einigen republikanischen Institutionen zu verbrämen. Die Monarchie mußte in dem Reichskörper nun das Gerippe bilden; aber lebendiger Leib des Weltstaates, also das Wesentliche, als Erscheinungsbild allein ins Auge Fallende, hatte die Republik zu bleiben.

Wie sehr der erste Prinzeps darauf ausging, in der Öffentlichkeit alles auch nur irgendwie an monarchischen Pomp Gemahnende zu meiden und sich lediglich als Bürger zu geben, lehrt vor allem der von Dio Cassius (54, 23) mitgeteilte, schon von Ed. Meyer 1903 in seiner Bedeutung gewürdigte Bericht vom Gastmahl des Vedius Pollio. Mag man immerhin hier schlaue Heuchelei des Augustus am Werke sehen wollen, so gibt es doch einige seiner Handlungen, bei denen eine solche Interpretation überhaupt nicht dem Wesen des Vorgangs gerecht wird, in erster Linie die zweite lectio senatus (Sueton Aug. 35), bei der es ein offenes Geheimnis war, daß der Prinzeps sich durch einen Panzer unter dem Gewand vor einem möglichen Attentatsversuch der Mißvergnügten schützen mußte, denen der Sitz im Senat entzogen wurde. Wieviel leichter hätte Augustus es sich gemacht, wenn er die Unwürdigen unbehelligt gelassen und sie damit sich zu Dank und Anhänglichkeit verpflichtet hätte! In die gleiche Richtung weist unstreitig die von ihm angeordnete Abschaffung der Anrede «Kommilitonen» für die Soldaten, da er in ihr eine unbegründete und seiner Überzeugung nach überflüssig, ja gefährlich gewordene Schmeichelei verspürte (Sueton 25) – und das, wo er es doch war, der den Wehrdienst in den Legionen wieder als ein Ehrenrecht erscheinen ließ und ihn deshalb im Reiche dem römischen Bürger vorbehielt. Daß Augustus die Anrede ‹dominus› für sich mit geradezu leidenschaftlicher Entschiedenheit abgelehnt hat, ist bekannt; daß er aber diese Bezeichnung für die Senatoren angebracht fand, lehrt das Zitat aus einer Rede seines Nachfolgers Tiberius im Senat bei Sueton (Tib. 29). Alles das paßt dazu, daß das Prinzipat als Wiederherstellung der Republik betrachtet wurde; die dahin gehenden Bemerkungen seines Begründers in seinem Rechenschaftsbericht, der im Monumentum Ancyranum erhalten blieb, waren bestimmt, auch alle Nachfolger an diese Auffassung zu binden. Wenn etwas unumstößlich vor unseren Augen liegt, so ist es die Tatsache, daß Augustus in den Bereichen der Religion, der Familie, der Sitte und der Kultur mit allen Mitteln auf eine Regeneration des Römertums hinarbeitete; es wäre undenkbar gewesen, auf dem lebenswichtigen politischen Sektor an der altererbten republikanischen Staatsordnung resignierend bzw. achselzuckend vorübergehen und dem römisch geprägten Weltfrieden eine monarchische Form aufzwingen zu wollen, die zur römischen Tradition nun einmal seit jeher in schroffem Gegensatz stand. Es muß schon dabei bleiben, daß das äußere Erscheinungsbild des Prinzipats republikanisch, nicht monarchisch wirken sollte und auch wirkte, d. h. daß seine okzidentale Komponente den Eindruck des Ganzen bestimmte.

Unbeschadet dieses Aspekts war, wie bereits gesagt, die Veränderung der Grundlagen des aus der Not der Bürgerkriege glücklich herausgeführten Staatswesens in Richtung auf eine monarchische Ordnung unentbehrlich, wenn die Republik sich der unabdingbaren Verpflichtung entsann, aus ihrer bloßen Herrschaftsstellung in der Mittelmeerwelt ein Weltreich zu formen, das die Interessen von Herrschern und Beherrschten in gleichem Maße ernst zu nehmen hatte, da es sich ja von einer brutalen Gewaltherrschaft klar unterscheiden sollte. Hier hatte die Entwicklung vor allem seit dem Wirken des Pompejus dem Prinzipat bereits erfolgreich vorgearbeitet. Sollte einer abermaligen Weltverelendung vorgebeugt werden, so mußte man jede Möglichkeit für neue Bürgerkriege ausschließen. Diesem Ziel – und nur diesem – diente die Regelung, daß Augustus als Prinzeps den Oberbefehl über das gesamte Heer fest in der Hand behielt. Seine Persönlichkeit und seine Politik boten nun wirklich allein die Gewähr dafür, daß die Militärmacht nicht wieder zur Befriedigung persönlichen Ehrgeizes mißbraucht wurde. Selbstredend mußte ferner im Prinzipat Vorsorge für den Todesfall getroffen werden. Auch die Kritiker des Augustus haben nicht daran vorbeigehen können, daß es schon unter der alten Republik weithin als Selbstverständlichkeit angesehen wurde, das Werk des Familienoberhauptes von den engsten Angehörigen fortführen zu lassen. Gerade jetzt von einer solchen Tradition abgehen zu wollen, hätte bei der Bestallung eines neuen Prinzeps bedeutet, mit der furchtbaren Gefahr eines abermaligen Bürgerkrieges zu spielen. Natürlich kam ein «dynastisches» Element in die Entwicklung hinein; nur sollte man bei diesem Terminus nicht übersehen, daß er den damaligen Tatbestand in keiner Weise wirklich deckt. – Es ist richtig, daß sich unter dem Prinzipat die altüberkommene Freiheitsidee immer mehr in ein Verlangen nach Sicherheit verwandelte, aber war das nach den Erfahrungen und Erlebnissen eines leidvollen Jahrhunderts verwunderlich oder gar verwerflich? Unverkennbar ist, daß jene drei Faktoren: der Oberbefehl über das Reichsheer, die Regelung der Nachfolge im Prinzipat und das Sicherheitsbedürfnis die monarchische Seite des Prinzipats seiner republikanischen an Gewicht mindestens gleich werden ließen. Aber dieser Zug zur Monarchie war nichts anderes als eine unabwendbare Notwendigkeit und nicht etwa eine bewußte Zielsetzung für die Reichspolitik. Es handelte sich hier nur um die Fundamente, ohne die eine Stabilisierung des endlich errungenen Weltfriedens nicht erreichbar war. Als solche waren sie dem Gesamtbau ein- und untergeordnet in der gleichen Weise wie die ungeheueren Blöcke und Substruktionen orientalischen Stils dem römischen Stil des Tempels von Baalbek, der anerkanntermaßen ein Werk römischer und nicht orientalischer Architektur ist.

IV.

Die Diskussionen über die Bewertung des Prinzipats haben u. E. das eine deutlich gemacht, daß wir – wie so häufig gegenüber bedeutsamen Erscheinungen der Geschichte der Antike – über eine verbindliche Grundlage für unser Urteil an Hand einer ausreichenden Überlieferung nicht verfügen. Der damit gegebenen Gefahr, die Dinge anachronistisch zu sehen und zu werten, kann nur dann mit Erfolg begegnet werden, wenn es gelingt, die wirkliche Struktur einer antiken Institution von Rang sichtbar zu machen, von der aus alle Einzelheiten erst ihren eigentlichen Sinn erhalten. Eine Möglichkeit hierfür bietet, wie wir sahen, die Analyse der Reichsarchitektur der römischen Kaiserzeit; sie ist – um Toynbees bekannte Terminologie zu verwenden – eine «Antwort» auf die «Herausforderung», die ihr Zeitalter für die damalige Menschheit bedeutete. Wir legten dar, wie sich in dieser Kunst Okzidentalisches und Orientalisches zu einer ebenso ungewöhnlichen wie erstaunlichen Synthese vereinigt haben. Wir beobachteten im Prinzipat der frühen und hohen Kaiserzeit eine gleichartige, wenn auch begreiflicherweise für uns heute nicht so augenfällige Synthese. Wir können nun die Probe aufs Exempel machen, indem wir die weitere Entwicklung vom Ausgang des 2. Jhdts. n. Chr. ab verfolgen. Sie zeigt eine zwar erst allmählich hervortretende, aber immer deutlicher sich vollziehende Selbstauflösung der west-östlichen Synthese. In der Reichskunst stellt sich dieser Prozeß wiederum am deutlichsten dar. In der Architektur werden die gewaltigen Dimensionen bis hin zum Riesenbau der Hagia Sophia beibehalten; dafür kommt es aber zur Zurückdrängung des Außenbaus, – wenn man will: der Fassade, also des okzidentalen Elements, zugunsten eines ständig einseitiger werdenden Beschränkung des baukünstlerischen Interesses auf den Innenraum. In der Plastik überrascht die Abkehr von der naturgebundenen Darstellungsweise und eine Hinwendung zu immer strengerer Linearisierung, also einem «Orientalismus». Es ist unbestreitbar, daß der in diesem Zeitabschnitt sich mit verstärkter Intensität vollziehende Siegeszug orientalischer Gottheiten bis in den fernen Norden und Westen des Reiches den Grund für den Wandel des Zeitgeistes sichtbar werden läßt: Dieser liegt in der Tatsache einer nur geringen Werbekraft der römischen Religion, die Augustus bekanntlich vom Staatlichen her wiederbeleben und steigern zu können meinte, was sich jedoch als Irrtum erwies. Gerade im wesentlichsten Bereich geistiger Existenz verlor somit die west-östliche Synthese an Überzeugungskraft. Mit dem steigenden Respekt vor orientalischen Gottheiten und Religionen veränderte sich die Haltung gegenüber dem Orient auch auf allen übrigen Gebieten des Lebens fast zwangsläufig. Man griff nicht zu Neuem; man beschränkte sich auf die eine der beiden Komponenten der Synthese, die östliche, indem man die zweite, jetzt anachronistisch werdende immer stärker zum Verschwinden brachte.

Ein Gleiches offenbart sich bezeichnenderweise in der Verfassung des spätantiken Reiches. In ihr tritt das monarchische Element ständig klarer und beherrschender hervor, bis es im Absolutismus des Zeitalters Diokletians und Konstantins fast allein dominiert und von der republikanischen Seite des Prinzipats nur noch Rudimente übrig geblieben sind. L. Wickerts Kritik an der bisher in der Altertumswissenschaft üblichen Unterscheidung zweier Verfassungsperioden bzw. Erscheinungsformen des sog. Kaisertums ist insofern berechtigt, als sowohl im «Prinzipat» wie im «Dominat» die gleiche «Monarchie» vorliegt. Aber die Kritik schießt über das Ziel hinaus, wenn sie von der Verflechtung dieser Monarchie mit der Republik, von der zwar alle staatsrechtliche Systematik in größte Schwierigkeiten stürzenden, aber nichtsdestoweniger realen republikanisch-monarchischen Synthese im Prinzipat völlig absieht. Die Wissenschaft hat sich längst abgewöhnt, die Wandlung zur Spätantike als Verfall abzutun, eben weil das ganze Ausmaß des Könnens dieser Periode auf allen Lebensgebieten in der Arbeit der Forschung überwältigend zutage getreten ist. Doch das schließt nicht aus, daß der Staatsbau des Dominats sich als ein Abbau der spezifisch antiken Formen zu erkennen gibt. Was er zur Herrschaft brachte, war der Zwangsstaat mit allen seinen Konsequenzen, vor allem dem Bürokratismus und der Militarisierung, der Verwandlung des freien, seine Angelegenheiten großenteils selbst verwaltenden Bürgers in den nur noch gehorsamen und unablässig zinsenden Untertanen etc. Er greift hiermit ebenso wie in seinem Zeremoniell zurück auf Ordnungen, die einst für den Orient konstituierend waren, eben die, von denen sich der Okzident seit der Geburt des Hellenentums zielbewußt losrang. Byzanz ist ja nicht eine Überhöhung Roms, es ist ein anderes, da weithin orientalisiertes Rom. Die Gleichstellung der beiden Hälften der Pax Augusta unter dem Prinzipat wich dem Übergewicht der östlichen Reichshälfte; und so war die geistesgeschichtliche Voraussetzung für die Westen und Osten zusammenführende Synthese der frühen und hohen Kaiserzeit auch äußerlich zum überwiegenden Teil verschwunden. Es wird somit bei der Scheidung zwischen Prinzipat und Dominat in der Geschichte der römischen Kaiserzeit bleiben müssen.

Erst von der Festlegung der hier umrissenen Sondergestalt des Imperium Romanum von Augustus bis zu den Antoninen her läßt sich eine Möglichkeit gewinnen, grundlegende Begriffe wie principatus, auctoritas, libertas, Nachfolgeordnung u. a. historisch korrekt zu interpretieren. Wenn man wie R. Syme die auctoritas des Prinzeps Augustus, die dieser im Rechenschaftsbericht als das eigentliche Fundament seiner staatsrechtlichen Stellung betont von der Amtsgewalt, der potestas im Sinne einer legalisierten Diktatur wie der Caesars, abhebt, um den Wandel der Zeiten zum Ausdruck zu bringen, selbstherrlich als potentia, also ihr Gegenteil, deuten zu können meint, so muß das ein Zerrbild ergeben. Wir glauben, daß R. Heinzes klassische Abhandlung von 1925 über auctoritas der historischen Wirklichkeit weit besser gerecht geworden ist. Würde man das römische Kaisertum von Anfang an als Dominat verstehen, so ergäbe sich kaum noch eine Möglichkeit, die mehrfach in unseren Quellen auftretenden Versuche einer Rechtfertigung der römischen Herrschaft über die Welt durch den Mund römischer Befehlshaber gegenüber den Nichtrömern zu begreifen. In ihnen ist das durchschlagende Argument, daß mit einem Abzug der Römer in den Provinzen die Kriege aller gegen alle wieder ausbrechen würden, die vor der Aufrichtung der römischen Weltherrschaft das Menschenleben hier barbarisierten. Der Zwangsstaat des Dominats als neuer Herr über bloße Untertanen würde nicht einen Friedenszustand, sondern die Verewigung einer kriegerischen Unterdrückung bedeutet haben, bei der von pax strenggenommen nicht mehr die Rede sein konnte. In der Tat versuchten die (immerhin wenig zahlreichen) Gegner des Imperiums, die Pax Romana als bloße Knechtung zu diffamieren; die Geringfügigkeit ihrer Erfolge lehrt, wie wenig die Wirklichkeit, trotz aller menschlich-allzumenschlichen Unvollkommenheiten, einer solchen Diffamierung entsprach. Seit M. Rostovtzeff in seinem Werke «Gesellschaft und Wirtschaft im römischen Kaiserreich» den Nachweis geführt hat, daß selbst die Erhebung der Provinzen gegen Neros Mißregiment und die Kämpfe des Vierkaiserjahres nichts mit einer Erhebung gegen die römische Herrschaft (abgesehen von lokalen Bewegungen wie dem Aufstande des Batavers Civilis in Niedergermanien) zu tun gehabt haben, erübrigt sich jede weitere Diskussion dieser Problematik. Künftige Arbeit, die sich nunmehr auf reichhaltige Materialsammlungen stützen kann, wird die oben genannten Grundbegriffe der Prinzipatsordnung als Bestandteile der staatlichen Ordnung eines dieses Namens würdigen Weltfriedens, die neben Rom und dem Westen zugleich den bedeutsamsten Teil der altorientalischen Hochkultur in den Kreis ihrer Verantwortung einbezogen sah und auf eine alte italisch-römische Affinität zum Orient zurückgreifen konnte, zu deuten haben, ohne sie von einer nur angeblich unvoreingenommenen Position aus vorschnell – und damit anachronistisch – als Lüge abzuwerten. Schließlich war es nichts anderes als die Aufrichtung des Weltfriedens, die das komplizierte Gebilde des Prinzipats notwendig machte. In dieser Hinsicht – aber nur in dieser! – ist die am Eingang dieses Aufsatzes zitierte Äußerung des Tacitus berechtigt. Will man kritisieren, so kann man mit Augustin nur den Aufstieg Roms zur Weltherrschaft überhaupt als verhängnisvolle Wendung in der antiken Geschichte beklagen und verurteilen. Tatsächlich fällt sie aus dem gesamten Gange der Geschichte Europas als große Ausnahme von der Regel heraus, erlebte diese Geschichte doch, ganz anders als die des Orients, in der Gegenwehr gegen einen staatlichen Universalismus ihre größten Stunden. Für Augustus war die römische Weltherrschaft eine seit rund 150 Jahren bestehende und in sich gefestigte Realität, der er Rechnung zu tragen hatte. Sueton hat im 28. Kapitel seiner Biographie den originalen Wortlaut eines Ediktes des ersten Prinzeps erhalten, worin dieser den Wunsch ausspricht, Urheber «des besten Staates» (optimi status) von Mit- und Nachwelt genannt zu werden und die Hoffnung mit sich ins Grab nehmen zu können, daß die von ihm gelegten Fundamente der Republik unverrückbar bleiben würden. Deutlich erklärt dieser Satz, daß nach dem Willen ihres Schöpfers die Prinzipatsverfassung eine Neufundamentierung der Republik, eine Stabilisierung ihrer angegriffenen Grundlagen darstellen sollte. Nur in dieser Hinsicht, von der (dienenden) Einbeziehung «monarchischer» Fundamente in den altehrwürdigen Staatsbau her, konnte Augustus sich als Urheber (auctor) einer staatlichen Neuschöpfung bezeichnen, die aber lediglich so gesehen werden will, daß sie mit der längst geläufigen Idealgestalt eines optimus status für die Republik als Weltherrin endlich Ernst machte.

Auf dem Sterbebett hat Augustus die Seinen mit einem griechischen Lustspielzitat aufgefordert, ihm, wenn er die ihm zugefallene Rolle auf der Bühne des Weltgeschehens gut gespielt habe, verdienten Beifall zu spenden. Er hat tatsächlich für die vor ihm stehende, nicht von ihm künstlich geschaffene politische Problematik, die sich nicht restlos bewältigen ließ und in den pessimistischen Äußerungen führender Geister der Folgezeit über eine grundsätzliche Unvereinbarkeit von libertas und principatus schmerzlich noch bis zu uns dringt, eine Lösung gefunden, die einer Hochkulturwelt für nahezu zwei Jahrhunderte dauerhaften Frieden nicht nur versprach, sondern wirklich bescherte und damit bis auf den heutigen Tag alles überbot, was in dieser Hinsicht auf dem Boden unseres Erdteils jemals geleistet worden ist.

Zum Problem des Unterganges der klassischen Demokratie

Von *Hans Erich Stier*

Der verehrte Jubilar, dem diese Zeilen gewidmet sein sollen, bekundete seit Begründung der Geisteswissenschaftlichen Sektion der Arbeitsgemeinschaft für Forschung im Lande Nordrhein-Westfalen sein Interesse an der Erforschung der Frühgeschichte der Demokratie. Als Althistoriker glaube ich, ihm deshalb hier einige Erkenntnisse vorlegen zu dürfen, die m. E. geeignet sind, in den noch immer andauernden Meinungsstreit um die sachgerechte Beurteilung und Bewertung der hellenischen Frühform dieser – in der Geschichte der Menschheit bekanntlich als erstaunliche Neuschöpfung auftretenden – Verfassung endlich eine Klärung zu bringen.

I

Wer sich dazu gedrängt fühlt, den frühesten vollkommen durchgeführten Versuch mit dieser Staatsform, die klassische Demokratie Athens, positiv zu beurteilen, hat zwar als Eideshelfer für eine solche Bewertung die Stimmen der großen attischen Tragiker und die der „Väter der Geschichte", des ionischen Erzählers Herodot und seines realistisch-kritischen Nachfolgers, des Atheners Thukydides, auf seiner Seite – Zeugen, wie sie wohl in dieser Qualität dem Historiker für seine Beweisführung nur ganz selten zur Verfügung stehen. Aber er sieht sich zugleich der Frage gegenübergestellt, weshalb diese Demokratie nicht einmal eine Existenz von einem Jahrhundert erlebte, sondern nach rund 80jähriger Dauer im Jahre 404 v. Chr. zusammenbrach, und wieso sie, trotz ihrer verhältnismäßig raschen Wiederherstellung bereits im folgenden Jahre, nach nur wenig mehr als zwei Menschenaltern 338 v. Chr. der makedonischen Monarchie in der Entscheidungsschlacht bei Chäronea endgültig erlag. Ist dieses Schicksal ein sprechender Beleg dafür, daß die Demokratie als Verfassungsform eines Volkes etwa der harten politischen Wirklichkeit nicht angemessen und daß ihre frühe – freilich von einer grandiosen Blüte von Kunst und Kultur umleuchtete – Blütezeit lediglich als kurzlebige Episode in der Weltgeschichte anzusprechen sei, keinesfalls aber als epochale Wende? Ist in diesem Falle die Weltgeschichte nicht tatsächlich das Weltgericht gewesen, das der ältesten staatlichen Verfassung einer zu geschichtlicher Stufe emporgeführten Menschheit, der Monarchie, alsbald die Siegespalme reichte und damit die Demokratie als für den Fortschritt unbrauchbar verwarf? Man stelle sich einmal vor, wie das historische Urteil über das Christentum lauten müßte, wenn dieses nach etwa 200jähriger Existenz in der schrecklichen Reichsverfolgung unter Kaiser Decius 250 n. Chr., unbeschadet der mit ihm verbundenen erstaunlichen Werte, dem Heidentum erlegen wäre!

Aber die Anklage gegen die frühe Demokratie reicht noch tiefer: Sie sei nicht nur für ihre Selbstbehauptung zu schwach gewesen, sondern sollte selbst, d. h. durch ihr Wesen, ihre besondere Struktur, die Hauptschuld an ihrem Sturze getragen haben. Als Beleg für diese Auffassung sei hier eine sachkundige Stimme aus jüngster Zeit zitiert: in der Conclusion eines 1962 veröffentlichten, inhaltsreichen, mit bewundernswertem Fleiß verfaßten Werkes mit dem Titel „La fin de la démocratie athénienne" erklärte Cl. Mossé (S. 479): „La démocratie, après avoir fait sa grandeur, a entraîné Athènes dans le désastre." Danach hätte die Demokratie, die einst Athen zur Größe führte, gleichermaßen zu verantworten gehabt, daß es seine Größe nicht zu behaupten vermochte, was in der Tat nicht eben als Empfehlung für diese Verfassungsform wirken könnte.

Diese Verurteilung der Demokratie war nicht zuletzt deshalb so wirksam, weil sie in Zusammenhang stand mit einem der größten Triumphe der neuen, in Deutschland von B. G. Niebuhr zu Beginn des 19. Jahrhunderts begründeten, auf quellenkritische Methode sich stützenden Geschichtsforschung moderner Prägung, der Wiederentdeckung des bis dahin weithin fast verschollenen, rund 300jährigen Zeitalters des „Hellenismus" durch Johann Gustav Droysen. Für die Auffassung des Klassizismus bildete die Schlacht bei Chäronea den tragischen Endpunkt der gesamten griechischen Geschichte. Jetzt wurde sie zum Eingangstor für die erstaunliche Ära eines „Weltgriechentums", als deren Begründer Droysen König Philipp II. von Makedonien und namentlich seinen genialen jugendlichen Sohn und Nachfolger Alexander den Großen erwies. Nicht als Dekadenz der hellenischen Klassik, sondern als Erfüllung, ja Höhepunkt der griechischen Geschichte stellte sich ihm die mit beiden einsetzende Zeit dar, und die Niederlage der Demokratie Athens im Kampfe gegen die makedonische Monarchie bedeutete nicht mehr die Tragödie der Freiheit, sondern den Anfang einer höchst zukunftsträchtigen Epoche. Der letzte, ebenso scharfblickende wie redegewaltige große Verfechter der Demokratie, der Athener Demosthenes, bis dahin eine der meist gefeierten Verkörperungen des hellenischen Ideals, erschien nun in negativer Bewertung als engstirniger Partikularist; seine makedonenfreundlichen politischen Gegner wurden zu weitschauenden Realisten, denen leider in ihrem demokratischen Vaterlande zum Nachteil des gesamten Hellenentums der Erfolg versagt blieb. Die namentlich in den 70er Jahren des vorigen Jahrhunderts einsetzende systematische philologische und archäologische Erforschung des hellenistischen Zeitalters, vor allem seiner geistigen und materiellen Kultur, brachte Bestätigungen für Droysens vordem heftig umstrittenes neues Geschichtsbild in Hülle und Fülle. Mit den Großstaaten der Diadochen und ihrer Nachfolger schien der räumlich eng begrenzte hellenische Polisstaat, der das Griechentum an der vollen Entfaltung seiner politischen Macht bisher offensichtlich gehindert hatte, endlich überwunden. Philipps und Alexanders militärische Überlegenheit erzwang ein Zusammengehen der Hellenen, deren Kräfte sich in den Kämpfen gegeneinander aufzuzehren drohten, stürzte mit dem Weltreich der Perser das noch immer bestehende Übergewicht der „Barbaren" und ermöglichte eine weltweite griechische Kolonisation im weitgedehnten Osten der antiken Ökumene. Alles, was an politischem Geschehen zwischen den Perserkriegen und dem Hellenismus sich abspielte, schien dem Neuen gegenüber rückständig, altväterisch, provinziell gewesen zu sein – ein Irrweg, von dem sich die Entwicklung zu ihrem Glück fast in letzter Stunde loszureißen vermochte. Das Verdienst an dem Wandel der Verhältnisse aber kam den Königen von Makedonien zu, nicht dem demokratischen Polisstaat, dessen unermüdlicher Verfechter Demosthenes nur die Schuld daran trug, daß sich der längst notwendige Übergang zum „modernen Zeitalter der Antike" statt in friedlichen Verhandlungen jetzt auf dem blutgetränkten Schlachtfelde von Chäronea vollzog, wo sich die militärische Überlegenheit der Monarchie über die Demokratie nicht zu allgemeiner Überraschung zum erstenmal erwies, sondern für aufgeschlossene Mitlebende ganz einfach bestätigte.

Dieses großartige Gemälde bleibt in seinen Gesamtumrissen als erstaunlicher Fortschritt einer modernen kritischen Forschung in der Aufhellung des wirklichen Ganges der Weltgeschichte bestehen. Nur wird es sich bei der Einzelbewertung der Vorgänge, bei der sehr viel Schwarzweißmalerei festgestellt worden ist, wichtige Korrekturen gefallen lassen müssen. Die klassische Philologie vor allem hat mit Werner Jaegers 1939 erschienenem Werk über Demosthenes gezeigt, daß dieser leidenschaftliche Freiheitsfreund, durch dessen Reden sich noch die Freiheitskrieger gegen Napoleon entflammen ließen, sich nicht einfach als verblendeter Partikularist abtun läßt, wie Droysen vorschnell wollte. Jaeger spottete mit Recht über althistorische Übertreibungen, in denen Philipp und Alexander fast mit dem Weltgeist gleichgesetzt wurden, dessen Schatten bis an die Wolken reiche. Einzelstudien, etwa zu den politischen Prozessen in der attischen Demokratie des 4. Jahrhunderts v. Chr.

u. a., konnten zeigen, daß hier ebensowenig von bloßer Dekadenz die Rede sein konnte wie in der hochstehenden Plastik des gleichen Jahrhunderts, die Gerhard Rodenwaldt in seiner Berliner Akademie-Abhandlung von 1944 endlich von dem anachronistischen Vorwurf eines Abgleitens ins Banal-Genremäßige zu befreien vermochte. Die Behandlung der Geschichte Athens hat sich entgegen Droysens Erwartungen nicht so gestalten lassen, daß nun als ihre „Mittagshöhe" statt des konsequenten Demokraten Perikles die Persönlichkeit des nach der Tyrannis strebenden Alkibiades erschien; die Tatsachen standen solchem Versuch hart entgegen. Es mußte Bedenken wekken, daß Thukydides (2,65) in seiner rückschauenden Betrachtung des 27jährigen Peloponnesischen Krieges, die nicht zuletzt der Schuldfrage an der Niederlage Athens gilt, wohl Politiker aus der Nachfolge des Perikles, nicht aber die Staatsform der Demokratie mit der Verantwortung für die Katastrophe von 404 belastet, und das, obwohl er in seinem Werke bekennt, die gemäßigt-oligarchische Verfassung von 411 sei die beste gewesen, deren Athen sich bis zu seiner Zeit je erfreute. Das paßt zu dem positiven Bilde der klassischen Demokratie, deren Schilderung er in der berühmten Gefallenenrede des 2. Buches dem Perikles in den Mund legt, wie zu der quellenkritischen Feststellung, daß diese Bewertung in der uns vorliegenden Form nach 404 verfaßt sein muß. Wenn der Geschichtsschreiber den verbannten Alkibiades in Sparta von der Demokratie Athens als „weltbekanntem Unsinn"(ὁμολογουμένη ἄνοια) sprechen läßt, so lehrt das, wie sehr die Frage zu Recht besteht, weshalb denn Thukydides nicht in der vollendeten Demokratie den eigentlichen Grund von Athens schließlichem Scheitern gesehen hat, wie die Mehrzahl der modernen Forscher. Wäre ihm der Schritt nicht möglich gewesen, den später – wiederum von Athen aus – einer der konsequenten Gegner des Demosthenes, Isokrates, 346 v. Chr. mit seinem „Philippos" tat, in dem er sich öffentlich auf Grund der bitteren Rückschläge für Athen und seine Demokratie seit 355 v. Chr. von den politischen Hoffnungen lossagte, die er früher auf beide gesetzt hatte, und sich dem Makedonenkönig zuwandte, also den Vertreter einer der demokratischen entgegengesetzten Staatsform den Hellenen als Garanten einer besseren Zukunft empfahl?

II

Für die Erzielung eines gerechten Urteils über historische Erscheinungen – die Erfüllung der vornehmsten Pflicht einer kritischen Forschung, die sich mit Leopold Ranke das Ziel setzt, sagen zu können, wie „es eigentlich gewesen" – ist für die Beachtung der methodischen Forderung schlechthin entscheidend, daß der Rahmen, in dem für die Nachwelt das Studium geschichtlicher Phänomene erfolgt, nicht zu eng gespannt, sondern, wie schon der griechische Staatsmann und Historiker Polybios klar gesehen hat, so universal wie nur möglich gefaßt wird. Die griechische Demokratie des 4. Jahrhunderts v. Chr. ist bisher viel zu ausschließlich an den Verhältnissen des griechischen Mutterlandes, vor allem Athens, studiert worden. Dabei mußte sich der Fehler einschleichen, daß vieles von dem, was das forschende Auge hier beobachtete und was in Wirklichkeit nur den Besonderheiten einer einmaligen Situation entsprang, zu konstitutiven Wesenszügen einer Gesamtentwicklung verallgemeinert wurde. Es ist unbestreitbar, daß der attischen Demokratie des Demosthenischen Zeitalters gewisse Züge der Erschlaffung und inneren Aushöhlung anhaften. Die Frage mußte nun gestellt werden, ob zur damaligen Zeit griechische Demokratie in allen Teilen der weitverzweigten hellenischen Welt den gleichen Eindruck macht. Es ist unstatthaft, nur wegen des Zustandes der auf uns gekommenen Überlieferung griechische Geschichte mit der Athens unbesehen gleichzusetzen. „Hellas“ war im Altertum ein sehr weitgedehnter Begriff. Vor allem gehörte der griechische Westen dazu, und in ihm als wichtigster Bereich das für griechische Vorstellungen enorm große Sizilien, das an Umfang den Peloponnes noch übertraf und dessen Geschichte seit seiner Hellenisierung in der Kolonisationsbewegung des 8. bis 6. Jahrhunderts v. Chr. mit der des Mutterlandes am Ägäischen Meer eng verflochten blieb. Der thebanische Dichter Pindar erklärte Agrigent, die zweitgrößte sizilische Griechenstadt nach dem Vorort Syrakus, zur schönsten Stadt der Sterblichen überhaupt. Die sizilischen Polisstaaten waren häufig mit mutterländischen, namentlich mit Athen, durch Verträge und Bündnisse verbunden. Mit dem Heerzuge der Athener gegen Syrakus im Peloponnesischen Kriege (415–413 v. Chr.) verknüpften sich die Schicksale des Griechentums in West und Ost zu weitgehender Einheit. Die Athener verspürten nach Thukydides' Zeugnis sehr bald zu ihrem bitteren Schaden, daß sie in Syrakus nicht einen schwerfälligen aristokratischen Staat wie Sparta, sondern ein demokratisch regiertes – und damit wesentlich dynamischeres – Gemeinwesen gleich ihrem eigenen zum Gegner hatten. In der Abwehr des wenige Jahre danach einsetzenden groß angelegten Versuches der „barbarischen“ Karthager, dem Griechentum auf der Insel mit Heeresmacht ein Ende zu bereiten, löste 405 v. Chr. der skrupellose Machthaber Dionys die Demokratie durch seine Tyrannis ab. Die Beziehung, die er sowie sein gleichnamiger Sohn und Nachfolger zu dem führenden athenischen Philosophen und Staatsdenker Plato knüpften, und das Bündnis der sizilischen Tyrannis mit Sparta setzten die Verbundenheit des westlichen Hellenentums mit dem östlichen fort. Der Versuch Dions, eines Verwandten Dionys' I., vom griechischen Mutterlande aus mit bewaffneter Macht die Tyrannis in Syrakus zu stürzen und den Idealstaat Platos an ihre Stelle zu setzen, wurde zum tragisch endenden Experiment für die Lebensnähe und Lebensfähigkeit der politischen Gedankenwelt des athenischen Philosophen und erregte die Gemüter im Osten nicht weniger als die der unmittelbar betroffenen Griechen Siziliens.

Der Umstand, daß im Mittelpunkt der Geschichte des Westgriechentums in der ersten Hälfte des 4. Jahrhunderts v. Chr. die Tyrannis von Syrakus steht, die Todfeindin aller demokratischen Freiheit, hat vermutlich dazu geführt, daß man in der wissenschaftlichen Forschung bislang versäumte, die Entwicklung in Sizilien während des dritten Viertels dieses Jahrhunderts, d. h. der Zeit, in der die Demokratie Athens ihren verzweifelten Kampf gegen die makedonische Monarchie durchzuführen hatte, mit der gleichen Sorgfalt zu studieren. Und doch wären gerade ihr ganz überraschende Aufschlüsse zum Thema ‚Demokratie' zu entnehmen gewesen. Denn in den entscheidungsschweren Jahren zwischen 345 und etwa 330 v. Chr., den Jahren, in denen Demosthenes darum rang, die attische Politik ganz in seinem Sinne bestimmen zu können, erfolgte in Sizilien die Neuordnung der vom Zusammenbruch des Reiches Dionys' I. zutiefst erschütterten Insel im Geiste und mit den Mitteln der Demokratie durch den Korinther Timoleon. In einer Bevölkerung, die durch ihre leidvollen Erfahrungen mit allen Verfassungsformen (einschließlich des platonischen „Staates der Gerechtigkeit“) größtenteils völliger Resignation gegenüber einer Besserung ihrer Lage anheimzufallen drohte, gelang es, wie sich bald zeigen sollte, dem ungewöhnlich tüchtigen mutterländischen Tyrannenfeind, den sich eine Gruppe syrakusanischer Griechen von der Mutterstadt Korinth als Reformer und Heerführer gegen die Karthager erbeten hatte, das demokratische Ideal zu neuem Leben zu erwecken und es sowohl gegen die noch existierenden Gewaltherrschaften in den Stadtstaaten wie gegen die erneuten Angriffe der karthagischen „Barbaren“ von Sieg zu Sieg zu führen.

Den Verlauf der Expedition Timoleons, die schon 50 Tage nach der Landung ihres Leiters bei Taormina zum Sturz der inzwischen wiederhergestellten Tyrannis Dionys' II. führte und nur zwei Jahre später den Karthagern am Flusse Krimisos im Westen der Insel die entscheidende Niederlage brachte, kann hier nicht *in extenso* dargelegt werden. Die Schilderungen, die uns in Plutarchs Biographie des Timoleon und bei Diodor als verkürzte Auszüge aus der „Geschichte des Westens“ erhalten sind, die Timäos aus Taormina im 3. Jahrhundert v. Chr. als politischer Verbannter in Athen schrieb, lesen sich stellenweise wie ein Roman. In der Tat hat Timäos mit seinem Timoleon ein Gegenbild zu dem Gewaltherrscher Agathokles liefern wollen, der ihn selber aus Syrakus ins Exil trieb. Timäos ist schon für die Antike einer der Hauptvertreter einer romanhaft-theatralischen Geschichtsschreibung gewesen, die im Übermaß mit rhetorischen Kunstmitteln arbeitete und damit eine ausgeprägte Schwarzweißmalerei betrieb. Der nüchterne Polybios hat deshalb das Bild, das der sizilische Historiker von Timoleon entwarf, als Übertreibung hart getadelt, und sicherlich nicht zu Unrecht. Aber bestehen blieb doch die Tatsache, daß in Syrakus und in Sizilien die wiedererrichtete Demokratie, die auf den Korinther zurückgeht, zwei Jahrzehnte lang trotz starker Gegnerschaft gehalten hat, während die Entwicklung im Mutterlande zu dem erwähnten schweren Rückschlag für die Demokratie führte.

Einem Betrachter, der dennoch das Werk Timoleons nicht als Epochenwende, sondern nur als vorübergehende Episode werten wollte, die für das historische Gesamtverständnis verhältnismäßig unergiebig blieb, konnte vom Studium der literarischen Überlieferung her schwerlich mit durchschlagenden Gegenargumenten begegnet werden. Das hat sich erst in den Jahren nach dem Zweiten Weltkrieg geändert, als die umfassenden Ausgrabungen an den Ruinenstätten großer und kleinerer antiker Ortschaften die ganz unerwartete monumentale Bestätigung dafür lieferten, daß die – durch Münzfunde eindeutig datierte – Ära Timoleons tatsächlich eine grundlegende Wende im historischen Schicksal Siziliens bedeutete. Es sei gestattet, dafür aus dem zusammenfassenden Bericht, den P. Orlandini in den Atti del VII° Congresso Int.di Arch.Class.(Rom 1961, S. 58 f.) gab, folgenden Satz zu zitieren: „Zwischen 345 und 317 v. Chr. zeigte Sizilien neues Leben und neues Aufatmen: Überall wurden Kolonien gegründet, zerstörte Städte wieder erbaut, erhoben sich neue Mauern, neue Wohnviertel, neue Heiligtümer und Theater; die künstlerische Schaffenskraft begann erneut zu blühen, die griechischen und sikulischen Städte prägten neue Münzen; das Land bevölkerte sich mit Werkstätten und Ortschaften, und dazwischen blühten die großen Zentren des Inneren wieder auf im Rahmen der ‹ Symmachia ›, der von Timoleon geförderten griechisch-sikulischen Allianz." Seit diesem Bericht haben weitere Grabungen den bereits gewonnenen Eindruck nur noch verstärkt. Wenn man bedenkt, daß Plato nach dem Scheitern Dions fürchtete, Sizilien, das Herzland des Westgriechentums, werde völliger ‚Barbarisierung' durch Karthager und Kampaner entgegengehen, so ermißt man die ganze Größe des Umschwunges, den Timoleon ohne die Machtmittel der Monarchie allein aus der Idee der Demokratie heraus und aus dem unerschütterlichen Glauben an diese Staatsform zuwege brachte. Dabei zeigt die Tatsache, daß seine entscheidenden Leistungen, vor allem die Schlacht am Krimisos, den Erfolgen Philipps von Makedonien im Osten um einige Jahre vorausliegen, mit aller Klarheit an, daß es bei dem überraschenden Siegeslauf der sizilischen Demokratie sich nicht etwa um geistige Anleihen bei der sieggekrönten Monarchie im ostgriechischen Raume gehandelt hat, deren Rezepte man kurzerhand kopiert hätte.

Philipp war als junger Prinz während seines Aufenthalts als Geisel in Theben mit der revolutionierenden Umwälzung der militärischen Taktik vertraut geworden, die damals der geniale Epaminondas dort erdachte und durchführte. Für Timoleon wird uns bezeugt, daß sein Ideal Epaminondas war; darin, daß ihm selber neben seinen staatsmännischen Fähigkeiten die Qualitäten eines bedeutenden Heerführers eigneten, unterschied er sich fühlbar von Demosthenes, was freilich lehrt, daß militärisches Können und kriegerische Überlegenheit nicht ausschließliche Eigenschaften der Monarchie darstellen, wie deren Verfechter es gern behaupten. Wenn wir in Plutarchs Leben des Demosthenes – sicher auf Grund guter Überlieferung – lesen, daß Philipp nach dem ersten Siegesjubel über Chäronea plötzlich in sich ging bei dem Gedanken, daß immerhin sein demokratischer Gegenspieler ihn genötigt hatte, in einer Hauptschlacht alles auf eine Karte zu setzen und daß im Kriege trotz sorgfältigster Planung das launische Kriegsglück eine Rolle spielt, das sich sehr wohl gegen die Makedonen hätte entscheiden können, so dürfte dieser Bericht der Wirklichkeit zumindest sehr nahe kommen. Im übrigen ist es interessant zu beobachten, daß Philipps so erfolgreiche Strategie, die den Angriff weit in Feindesland trug und dort die Entscheidung suchte, auch von Timoleon im Karthagerkriege praktiziert worden ist. Und auch darin gleichen sich beide, daß sie nach errungenem Siege Allianzsysteme aufrichteten, die das Gewonnene zu sichern vermochten: den sog. Korinthischen Bund im Osten, die unter Syrakus' Führung stehende sizilische Allianz im Westen. Timoleon rief in Hellas zu einer großzügigen Neukolonisation Siziliens auf, einem für politisches Denken im Rahmen der Polis ungewöhnlichen Unterfangen, dem, wie wir sahen, laut Aussagen des archäologischen Befundes voller Erfolg beschieden gewesen ist; daß er dabei durch Verkündigung in Olympia die von der Tyrannis Vertriebenen mit seinem Aufruf miterfaßte, wirkt besonders human. Die griechische Kolonisation des Ostens, die freilich das Antlitz des weiten Orients ändern sollte und ganz erheblich über die des Westens hinausging, wurde erst durch Alexanders Perserzug möglich; der Verbanntenerlaß, den auch er von Olympia aus veröffentlichen ließ, steht am Ende seines staatsmännischen Wirkens und wurde eher als Machtgebot eines Weltherrschers empfunden denn als Humanisierung der Politik. Zahlreiche Übereinstimmungen in der geschichtlichen Entwicklung der beiden schicksalhaften Jahrzehnte zwischen 345 und 324 v. Chr. gehen bis in die Einzelheiten der Geschehnisse hinein. Als letzter Punkt wäre noch zu erwähnen, daß die kontrollierende Funktion, die Timoleon dem zum eponymen Staatsbeamten erhobenen Oberpriester des Olympischen Zeus, also des Götterkönigs, dessen Kult im 5. Jahrhundert nach dem Sturze der damaligen Tyrannis als der einer besonders um die Freiheit besorgten göttlichen Macht eingerichtet worden war, zubilligte, ihre Parallele im Osten nicht nur in der Wiederaufwertung des Areopags hatte, die Isokrates in seinem „Areopagitikos“ für die attische Demokratie verlangte, sondern allem Anschein nach auch in dem eigenartigen und vielumstrittenen Gottherrschertum in Hellas. Seine ersten Anfänge begegnen bei Philipp; dann hat es Alexander als Weltensieger durch Erlaß offiziell von den freien Bürgern der hellenischen Polisstaaten für sich gefordert – gewiß, um mit seinen Eingriffen in deren politische Selbstbestimmung nicht als Tyrann erscheinen zu müssen, auf dessen Ermordung in Hellas durch Gesetz höchste Belohnung, nämlich lebenslängliche Speisung im Prytaneion der Heimatstadt, ausgesetzt war. In allen drei Fällen handelt es sich um die Absicht, eine im Schwinden begriffene staatsbürgerliche Gesinnung durch Aufrichtung einer allgemein anerkannten Autorität erneut zu beleben und zu stützen, mochte die Realisierung dieser Absicht auch für die Monarchie und für die Demokratie verschiedene Wege vorschreiben. Auch in diesem weit in die Zukunft schauenden Vorhaben besitzt der auf demokratischer Basis neu geordnete griechische Westen den zeitlichen Vorsprung vor der von der Monarchie getragenen Ordnung im Osten. Wenn moderne Forscher den Versuch gemacht haben, die nach Aussage der Quellen eindeutig demokratische Verfassung Timoleons in Syrakus, als deren augenfälliges Symbol dieser die machtvolle, reich ausgestattete Tyrannenburg (anders als einst Dion) niederreißen und auf den Trümmern das Gerichtsgebäude zum Zeichen für die Wiederherstellung des Rechtsstaates erbauen ließ, als „gemischte Verfassung“ hinzustellen, weil die Einbeziehung des Zeuspriesters in sie dies angeblich erfordere, so ist dieser Versuch als Mißverständnis eines *terminus technicus*, dessen Inhalt Polybios im 6. Buche seiner Universalgeschichte für Roms Verfassung mit aller nur wünschenswerten Deutlichkeit präzisiert hat, leicht zu widerlegen.

Mit Erstaunen sieht der Historiker, der den Leidensweg der athenischen Demokratie in der Zeit des Demosthenes in seinen Stadien bis zur militärischen Katastrophe verfolgt und der Versuchung kaum widerstehen kann, ihn in allem auf das Schuldkonto der Demokratie als staatlicher Verfassung zu buchen, im griechischen Sizilien der gleichen Epoche ein fast Zug um Zug den Vorgängen im hellenischen Mutterlande gleichendes Gegenbild vor seinem kritischen Auge, bei dem nur das Endergebnis beidemal total anders gewesen ist. Die Verliererin im östlichen Hellenentum, die Demokratie, ist im westlichen zum Instrument einer Erneuerung von Staat und kulturellem Leben geworden. Daraus ergibt sich klar, daß eine Leistung wie die, die das makedonische Königtum an der Schwelle des Hellenismus vollbrachte, auch dem freien Volksstaat, der Demokratie, noch immer grundsätzlich möglich gewesen wäre. Timoleon wie Demosthenes waren beide von dem unerschütterlichen Glauben an den einzigartigen Wert und die Daseinsberechtigung des demokratischen Staates getragen. Aber der erstere befand sich in der glücklichen Lage, mit ihm ein in die Zukunft weisendes Ideal vor einer leidgeprüften Kulturmenschheit neu aufrichten und nun sich von der Bewunderung und der Dankbarkeit derer zum Enderfolg tragen lassen zu können, die schon, wie gesagt, an jeder Hoffnung verzweifeln zu müssen schienen. Demosthenes verzehrte, wie er selbst wieder und wieder bekennt und wie es später die Statue des Polyeukt ergreifend gestaltete, einen großen Teil seiner staatsmännischen Kraft damit, daß er das Volk von Athen mit neuem Vertrauen zu der altehrwürdigen historischen Mission seiner Demokratie in der Welt zu erfüllen, es von den gefährlichen Schwächen im Bilde der politischen Wirklichkeit, das sich die Anhänger der neumodischen Monarchie in Athen gebildet hatten, immer erneut zu überzeugen suchen mußte, bis es für den endlich erfolgten Aufbruch zur Tat zu spät geworden war.

Wie man sieht, führt kein Weg an dem Ergebnis unserer Betrachtung vorbei, daß von einer Belastung der Demokratie mit der Schuld am Siege der makedonischen Monarchie nicht die Rede sein kann, verfügte sie doch, wie das Beispiel Timoleons eindeutig klarlegt, bei rechter Lenkung und Gestaltung noch immer über den größten Teil der Energien, denen einst Hellas den Sieg über das Riesenreich der Perser und damit seinen Aufstieg zu gleichberechtigter Stellung im Kreise der Hochkulturen der Menschheit verdankte. Aufgabe einer künftigen Forschung wird es sein, dieses Ergebnis so in das Bild des werdenden Hellenismus einzuarbeiten, daß der von Droysen mit genial vereinfachenden Strichen uns geschenkten Skizze die reiche Farbenskala realen historischen Lebens sachgerecht hinzugesetzt werden kann.

HANS ERICH STIER

Der Mithridatesbrief aus Sallusts Historien als Geschichtsquelle

In der Diskussion über Recht oder Unrecht der römischen Welteroberung spielt noch immer eine Rolle der in einer Handschrift des 10. Jh. aus dem 4. Buch von Sallusts Historien erhalten gebliebene Brief des großen Römerfeindes Mithridates VI. Eupator an den Partherkönig[1]. Der Geschichtsschreiber läßt mit ihm den durch Lukullus' Siege in arge Bedrängnis geratenen König von Pontos um die Bundesgenossenschaft des bislang neutral gebliebenen Herrschers des Reitervolkes der Parther werben. Das Kernstück der Argumentation des Mithridates ist bekanntlich die leidenschaftlich vorgetragene Warnung vor der römischen Gefahr, die auch die dem Kriege ferngebliebenen Fürsten verschlingen werde, wenn sie nicht mit den bereits von ihr Bedrohten vereint ihr zuvorkämen. An die Spitze des mahnenden Abschnittes des Schreibens ist ein historischer Rückblick auf das Eingreifen der Römer im Osten seit 200 v. Chr. gestellt, der, soweit wir sehen, bei den vielfältigen Bemühungen um eine sachgemäße Interpretation nicht so wichtig genommen worden ist, wie er es verdient. Wir kennen die historischen Vorgänge, auf die Mithridates Bezug nimmt, aus unseren Quellen, namentlich Polybios, genau genug, um die bei Sallust gegebene Darstellung überprüfen und kritisieren zu können. Mit einer Analyse gerade dieses Abschnittes der Mithridates-Epistel (§ 5—9) muß beginnen, wer den Wert der Epistel als Geschichtsquelle erfassen will. Dabei kann es selbstverständlich nicht darum gehen, nur die knappe Zusammendrängung der Ereignisse zu bemängeln, die hier wie stets auf Kosten präziser Berichterstattung geht und gehen muß; sie war durch den für einen Brief, vor allem einen schriftlichen Hilferuf, zur Verfügung stehenden Raum geboten. Die Frage ist jedoch, ob dieser an sich verzeihliche Umstand genügt, um das sich aus der

[1] Die nachfolgenden Ausführungen sind die Niederschrift eines am 7. Mai 1966 anläßlich der Fachtagung für Altphilologen an der Universität Münster gehaltenen Vortrages (ein kurzes Resümee wurde im Mitt.-Bl. des Dt. Altphil.-Verbandes, Nordrhein-Westf., Jg. 14, 3, S. 8 veröffentlicht). Franz Altheim diese Studie zu seinem 70. Geburtstag widmen zu können, ist mir hohe Ehre und Freude zugleich.

geschichtlichen Rückschau ergebende Gesamtbild der Entwicklung begreiflich zu machen, das Sallust den pontischen König entrollen läßt.

Der sog. II. Makedonische Krieg bietet den natürlichen Ausgangspunkt für den Rückblick. Der Autor des Schreibens schaut mit Recht noch darüber hinaus auf den Hannibalkrieg und die Bedrängnis, die dieser für Rom mit sich brachte. Unter dem Zwang dieser Bedrängnis hätten die Römer Freundschaft gegenüber Philipp V. geheuchelt, dann freilich nach der Befreiung von der Karthagernot an die Stelle der Freundschaft den Krieg treten lassen *(bellum sumpsere)*. Die Wirklichkeit sah anders aus. Philipp hatte nach Cannae Roms sowieso schon furchtbare Notlage durch sein Bündnis mit Hannibal in ganz erheblichem Maße verschärft, und die Römer waren gezwungen, in der Ägäis mit Hilfe der Ätoler und anderer eine weitere Abwehrfront zu errichten. Allerdings kam es 205 v. Chr., noch vor Scipios Übergang nach Afrika, zur Beendigung dieses I. Makedonischen Krieges, der immerhin ein Jahrzehnt gewährt hatte. Aber den Frieden von Phönike als einen Akt heuchlerischer Freundschaft der Römer gegenüber Makedonien anzusprechen, geht wirklich nicht an, ganz abgesehen davon, daß zum damaligen Zeitpunkt von einer endgültigen siegreichen Beendigung des Krieges gegen Karthago durch Rom, die dieses von außerpolitischen Sorgen völlig befreit und ihm das Schmieden von Kriegsplänen ermöglicht hätte, noch nicht die Rede sein konnte. Der Übergang der Römer nach Osten wird von Polybios als ein Akt vorbeugender Selbstverteidigung geschildert; die moderne Forschung ist immer stärker dazu geführt worden, die Richtigkeit dieser Darstellung anzuerkennen[2]. Die Formulierung Sallusts: „sie wählten den Krieg“ verschleiert raffiniert den wirklichen Tatbestand. — Mithridates geht dann zu Antiochos III. d. Gr. über. Dieser erscheint lediglich als bereitwilliger Helfer für den inzwischen durch den Übergang der römischen Truppen nach der Balkanhalbinsel in Kriegszustand mit Rom versetzten Makedonenkönig. In Wahrheit haben er und Philipp V. — nach erfolgreicher Heimkehr des Seleukiden von seinem großen Eroberungszug in den Osten — im Winter 203/2 ihr geheimes Raubbündnis gegen das Ptolemäerreich geschlossen, das den Anstoß zur Intervention der Rhodier und Pergamener gegen den König der Makedonen und die Hereinziehung Roms in den neuen Krieg abgab. Bei Sallust gelingt es den Römern durch List, den

[2] Vgl. H. E. Stier, Roms Aufstieg zur Weltmacht und die griechische Welt (1957); G. A. Lehmann, Untersuchungen zur historischen Glaubwürdigkeit des Polybios (1967); P. Pédech, La méthode historique de Polybe (1964).

seleukidischen Großkönig von einer tätigen Hilfeleistung für Philipp abzulenken, indem sie seinem Tatendrang ganz Kleinasien konzedieren — aber dieses weite Land war (mit verhältnismäßig geringen Ausnahmen, vor allem dem Kleinkönigreich Pergamon und den ptolemäischen Besitzungen im Westen) teils ererbter Besitz, teils anerkanntes Interessengebiet der Seleukiden; die Niederwerfung des Aufstandes des Achäos hier durch Antiochos III. (213 v. Chr.) geht in eine wesentlich frühere Zeit als die des II. Makedonischen Krieges (200—196) zurück. Rom konnte dem König eine Konzession Kleinasiens gar nicht anbieten, da das Land prinzipiell zu dessen Reichsgebiet gehörte, von wo er am Ausgang des II. Makedonischen Krieges unbehindert nach Europa hinüberzurücken vermochte. Nach Philipps Niederlage 197 v. Chr. hat Rom vier Jahre lang, von 196—192 v. Chr., alles versucht, um einem Konflikt mit dem östlichen Großkönig aus dem Wege zu gehen; der Mithridatesbrief stellt die Dinge jedoch so dar, als hätten sich die Römer gleich auf Antiochos geworfen und ihm alles Land diesseits des Tauros geraubt. Es folgen dann als zwei Beispiele dafür, wie das republikanische Rom Fürsten behandelte, die ihm mit Vertrauen begegneten, die Schicksale des letzten Makedonenkönigs Perseus und Eumenes' II. von Pergamon. Für das Ende des ersteren greift der Brief die schaurige Version von der Tötung durch Schlaflosigkeit auf, die sich nach Plutarchs Zeugnis (Aem. 37) nur bei einigen Gewährsmännern[3] fand, während die Mehrzahl von einem Selbstmord des Perseus durch Nahrungsenthaltung sprach. Von Eumenes, mit dessen Freundschaft sich die Römer öffentlich großtäten, behauptet Mithridates, Rom habe ihn anfangs dem König Antiochos III. als Lohn für dessen Fernbleiben vom II. Makedonischen Kriege preisgegeben, womit die allgemein gehaltene Wendung „*concessione Asiae*" in § 6 konkretisiert wird. Dann habe es den Fürsten als Wächter des im Antiochoskriege erbeuteten Landes *(ager captivus)* — in § 6 hieß es am Schluß: alles Landes *(ager)* diesseits des Tauros, also Kleinasiens — benutzt, um ihn schließlich durch Erpressungen und Schmähungen aus einem König zum erbärmlichsten aller Sklaven herabzuwürdigen, ja um seinen Sohn Aristonikos „durch Vortäuschung eines ruchlosen Testaments", weil dieser sein vom Vater ihm zustehendes Königtum zu übernehmen trachtete, im Triumph aufzuführen, was sonst nur Feinden widerfuhr. Asien (d. h. das Reich Pergamon) sei von ihnen selbst besetzt worden. Dieser Darstellung kann nur

[3] Vgl. auch Diod. 31, 9, 5 (Hinweis von Dr. G. A. Lehmann).

die Bezeichnung „Fälschung" gegeben werden. Wenn etwas aus unserer Überlieferung feststeht, so ist es die Tatsache, daß die Römer den Pergamenerkönig weder dem Antiochos als Lockspeise antrugen noch ihn betrügerisch mit Kleinasien bis zum Tauros bedachten, das sie eigentlich für sich selbst begehrt hätten. Die Abtretung dieses Gebietes sollte lediglich Antiochos' d. Gr. neu errichtete Macht empfindlich schwächen. Die Römer sträubten sich nach Friedensschluß geradezu dagegen, es selbst behalten zu müssen, und teilten es zwischen ihren Freunden Rhodos und Pergamon aut, was zu beunruhigenden Kontroversen unter diesen beiden führte. Wenn das Verhältnis zwischen Rom und Eumenes II. später empfindlich getrübt wurde und zu Demütigungen — nicht zu mehr — für den Herrscher führte, so lag das an dessen schwankender Haltung im entscheidungsschweren letzten Makedonischen Kriege, die die Römer weder verstanden noch verziehen. Von der Ausweitung des Perseuskrieges auf diese Vorgänge schweigt der Brief, offensichtlich bewußt. Und bei der Erwähnung des Testaments von 133 v. Chr., das den Aristonikos um sein (angebliches) Erbe brachte, wird unterschlagen, daß es von Eumenes' Sohn und zweitem Nachfolger Attalos III. stammte; daß jenes Testament keine gottlose römische Erfindung war, ist inschriftlich erwiesen[4]. Überprüft man die gesamte, freilich spärliche Überlieferung[5], so ersieht man aus ihr, daß das Thronrecht des Andronikos äußerst zweifelhaft ist. Wenn Andronikos wirklich zu Rom im Triumph aufgeführt wurde, was freilich die bei Eutrop (4, 20, 2) vorliegende Tradition ausdrücklich in Abrede stellt[6], so geschah das, nachdem er gegen die Römer, die nunmehr rechtmäßigen Herren des Königreiches, die Waffen erhoben hatte und von ihnen in offenem Kriege schließlich besiegt und gefangen-

[4] W. Dittenberger, Orientis Graeci inscriptiones selectae 1 (1903) S. 533ff. Nr. 338.

[5] Vgl. U. Wilckens Artikel in Paulys Realenzykl. Bd. 2, 1 (1895) 962f. s. v. Andronikos 14.

[6] Ebenso Orosius 5, 10, 5; bei Eutrop heißt es, daß von dem Triumph Abstand genommen wurde, weil Andronikos' Besieger M. Perpenna in Pergamon plötzlich verstarb. Vell. Paterculus (2, 4, 1), nach dem Andronikos kein Bastard Eumenes' II., sondern ein Betrüger war, schreibt, er sei unter Perpennas Nachfolger M'. Aquilius im Triumphe aufgeführt und dann hingerichtet worden, weil er den ausgezeichneten Juristen P. Crassus Mucianus bei seinem Abzuge aus Asia umbrachte, — eine nicht recht einleuchtende, auch dem Gang der Dinge wenig entsprechende Auffassung (vgl. Wilcken a. o. 963). So hat schon B. Niese (Geschichte der griech. u. makedon. Staaten 3, 1903, Anm. 5) die Version von einer Aufführung des Andronikos im Triumph zu Rom als Irrtum verworfen. Wilcken (a. O. 964) nimmt weder *pro* noch *contra* Stellung. Jedenfalls paßt der Zustand der Überlieferung schlecht zu der Sicherheit der Behauptung in Sallusts' Brief.

genommen worden war. Auch letzteres verschweigt der Brief. —Mithridates schließt seinen geschichtlichen Rückblick damit, daß er Bithynien nach dem Tode des Königs Nikomedes (IV.) von den Römern rauben läßt, „wo doch ein von der Nysa, die er Königin genannt hatte, geborener Sohn ohne jeden Zweifel vorhanden war". Ob die kappadokische Prinzessin, die Nikomedes' IV. zweite Gemahlin war, außer ihrer Tochter überhaupt einen Sohn hatte, ist ungewiß und ganz unwahrscheinlich; wenn ja, so kann der König nicht sein Vater gewesen sein, da ein legitimer Thronerbe, wie D. Magie[7] (namentlich unter Berufung auf Ciceros Bezeichnung *'hereditas'* für Bithynien nur 11 Jahre nach Nikomedes' Ableben: *de lege agr.* 2, 40) schlagend erwiesen hat, nicht vorhanden war und damit an der üblichen Tatsache der Einsetzung Roms zur Erbin durch königliches Testament kein Zweifel möglich ist. Zwar trat wie in Pergamon ein Prätendent hervor, der behauptete, rechtmäßiger Sohn des Nikomedes zu sein, und als solcher an den Senat in Rom appellierte. Hier wurde er jedoch auf Grund von Zeugenaussagen eingeborener Bithyner als Schwindler entlarvt, worauf die Römer Bithynien als ihr Besitztum einzogen und zur Provinz machten[8]. So erweist sich die Behauptung von den Räubermethoden Roms im Nachbarlande des Reiches des Mithridates als eine unverschämte Lüge.

Wer den hier aufgewiesenen Tatbestand unvoreingenommen auf sich wirken läßt, erkennt unweigerlich, daß es sich bei der Schilderung der römischen Welteroberung in Sallusts Mithridatesbrief nicht um den literarischen Ausdruck der betonten Abweichung von einem offiziösen, etwa dem auf Polybios' Werk sich gründenden Geschichtsbild gehandelt haben kann. Es ist ein mit großer stilistischer Kunst entworfenes und gestaltetes Zerrbild der wirklichen Vorgänge, eine fast totale Verdrehung der Geschehnisse im Sinne der vom Briefschreiber Mithridates VI. verfochtenen These, daß Beutegier und Monarchenfeindschaft die alleinigen Triebfedern der römischen Expansion seien. Das korrekte Bild der Vorgänge mußte sowohl der römischen Leserschaft wie vor allem dem Historiker Sallust selbst vollkommen geläufig sein. Beide wußten vor allem, welche Mühe es sich die Repräsentanten der römischen Republik kosten ließen, um bei den hellenistischen Monarchen den naheliegenden Verdacht einer prinzipiellen Gegnerschaft dieser Republik gegenüber jeder Königsherrschaft zu entkräften, eine Mühe, die überzeugend wirken mußte, und welche — aller-

[7] Roman Rule in Asia Minor (Princeton 1950) 2, 1201.

[8] D. Magie a. O. 1, 320.

dings vergeblichen — Anstrengungen sie auf sich nahmen, um sich einer Verstrickung in die östlichen Probleme und Auseinandersetzungen zu entziehen, so lange diese nicht die Sicherheit Italiens unmittelbar bedrohten. Es bleibt also einer kritischen Interpretation als Erklärung des Tatbestandes nur der Ausweg, daß Sallust die paradoxe Verbiegung der historischen Wirklichkeit bewußt vorgenommen hat und mit ihr das Ziel verfolgte, für seine Leser die Vorgänge sozusagen auf den Kopf zu stellen.

Eine vollkommene Bestätigung dieser Interpretation (falls es einer solchen überhaupt noch bedarf) liefert die in dem anschließenden Abschnitt des Briefes gegebene Darstellung, die Mithridates von seinem großen Kampfe gegen Rom entwirft[9]. Auch er will, obwohl er auf allen Seiten durch Pufferstaaten vom römischen Machtbereich getrennt gewesen sei, nur deshalb, weil er in dem Rufe stand, Reichtümer zu besitzen und Unabhängigkeitssinn zu hegen, so wie die übrigen Monarchen ein Opfer der römischen Macht- und Beutegier geworden sein. Gegen alles Recht sei er auf dem Umwege über einen Einfall des Nikomedes in sein Reich zum Kriege gereizt worden. Er habe sich zur Wehr gesetzt, den Angreifer aus Bithynien vertrieben, Kleinasien, Roms Beute vom Antiochoskriege, zurückgewonnen *(sic!)* und Griechenland von harter Knechtschaft befreit — eine sehr abgemilderte Schilderung der Vorgänge, die in dem entsetzlichen Blutbefehl von Ephesos 88 v. Chr. gipfelten. Die dann folgenden Niederlagen der pontischen Armee in Hellas durch Sulla werden nicht erwähnt; dafür spricht Mithridates aber vom Verrat des Heeres durch seinen Feldherrn Archelaos, der die Durchführung der vom König begonnenen Offensive verhindert habe. Höchst bezeichnend ist dabei die abfällige, gehässige Titulierung des Archelaos als *postremus servorum*, „erbärmlichster meiner Sklaven", deren Gebrauch den Briefschreiber ganz unverkennbar als orientalischen Despoten erscheinen läßt, und das bei einem Fürsten, der sich anmaßt, Schirmherr griechischer Freiheit zu sein! Daß er (85 v. Chr. in Dardanos) mit Rom Frieden schloß, spricht Mithridates nicht ausdrücklich aus; man muß es aus der Formulierung erschließen, daß er eingesehen habe, für ihn sei, statt daß er wirklich Frieden gewann, weiterer Krieg nur wegen des Bürgerzwistes in Rom aufgeschoben worden. Von allen, die als Freunde in Frage kamen, unseligerweise im Stich gelassen, habe er dennoch den Krieg wieder aufgenommen. Seinen Sieg zu Wasser und zu Lande über den römischen

[9] Die Überlieferung ist handlich zusammengestellt von A. H. J. Greenidge und A. M. Clay, Sources for Roman history 133—70 B. C., 2. Aufl. (Oxford 1960) S. 159ff.

Befehlshaber M. Cotta bei Kalchedon stellt Mithridates groß heraus; sein Scheitern vor Kyzikos, dem Lucullus rechtzeitig Entsatz brachte, wird lediglich auf die Unbilden des Winters mit seinen Verpflegungsschwierigkeiten und dem Ausbleiben der Hilfe der Nachbarn geschoben. Der König behauptet gar gegen die Tatsachen, daß er beim Rückzug von den Feinden unbehelligt geblieben sei. Lediglich die Seestürme bei Parion und Heraklea werden erwähnt, um mit ihnen die erheblichen Verluste für Mithridates' Flotte und Heer zu motivieren. Weiter ist die Rede von wechselvollen Kämpfen zwischen ihm und Lucullus bei Kabira; daß diese sich zu einer vernichtenden pontischen Niederlage gestalteten, wird wieder verschwiegen. Nur Mangel an Lebensmitteln soll zum Abbruch der Kampfhandlungen geführt und den König genötigt haben, sein Reich aufzugeben und nach Armenien zu seinem mächtigen Schwiegersohn Tigranes auszuweichen. Die Römer hätten nicht ihn verfolgt, sondern für ihre Monarchenfeindschaft sich ein neues Opfer gesucht in dem armenischen Großkönig; die zahlenmäßige Übermacht seines Heeres hätten sie in einem engen Gelände an der Entfaltung gehindert, so daß das, was sie jetzt als eigenen Sieg ausgäben, in Wahrheit nur eine Unklugheit des Tigranes gewesen sei. Hinter diesen höchst gewundenen Formulierungen verbirgt sich Lucullus' siegreicher Vormarsch nach dem Osten und sein in aller Welt mit Recht angestaunter triumphaler Erfolg vor der neugegründeten Residenzstadt Tigranokerta!

Bekanntlich hat der Adressat des Briefes, der Partherkönig, sich durch den Hilferuf des Mithridates nicht zu einem Kriegseintritt gegen Rom bestimmen lassen, was auch in Sallusts ‚Historien' zu lesen war. Offensichtlich war er über den wirklichen Gang der Begebenheiten besser informiert, als der Absender des Schreibens annehmen zu können meinte. Sallust muß bei der Komposition des Briefes, der sich durchaus an ein authentisches Vorbild gehalten haben kann und wird[10], im Auge gehabt haben, daß aus ihm auch die abschlägige Antwort des Empfängers bereits ersichtlich wurde. Die äußere Form der nach allen Regeln kunstmäßiger Rhetorik meisterhaft aufgebauten Epistel kann für ihren Mißerfolg nicht als Ursache angesprochen werden. Es kann sich hierbei nur darum gehandelt haben, daß der Inhalt von der harten Wirklichkeit allzu sehr abwich. In der Tat erweist sich Mithridates — mit Salvador de Madariaga[11] zu reden — in seinen

[10] Vgl. dazu Fuchs, Geist. Widerstand gg. Rom (1938) S. 16.

[11] Ein Strauß von Irrtümern. Dtsch. Ausg. von H. Raumann (Fischer-Bücherei 345, 1960) S. 121.

Schilderungen nicht als „Sklave von Tatsachen"; der Partherkönig merkte sicherlich, daß der Hilfe heischende pontische Gewaltherrscher darauf aus war, gleich einem bösen Dämon ihn durch eingeredete Ängste „einzuwickeln" und von seinen realen Interessen abzuziehen. Was sich in dem Briefe vorfindet, ist also eine durch und durch tendenziöse Geschichtsklitterung, die es mit der Wahrheit nicht genau nimmt und entsprechend ihrer Zielsetzung auch gar nicht genau nehmen kann. Sallust, der als Historiker über die Vorgänge sowohl bei der römischen Welteroberung wie bei den Mithridatischen Kriegen sicherlich bestens informiert war, hat die Tatsachenverdrehung offenbar bewußt vorgenommen, um mit ihr die Skrupellosigkeit und raffinierte Verlogenheit des großen Römerfeindes in ihrem ganzen Ausmaße sichtbar zu machen, erschien dieser doch damit als der Barbar, der er wirklich war[12].

Handelt es sich bei den pseudohistorischen Ausführungen in Sallusts Mithridatesbrief um ein Zerrbild, eine fast totale Verdrehung der Geschichte im Sinne der vom Briefschreiber verfochtenen These, Beutegier und Monarchenfeindschaft seien die alleinigen Triebfedern der römischen Expansion gewesen, so wird deutlich, wie sehr die Versuche neuerer Forscher, den Brief als ein zwar düsteres, aber dafür realistisches Korrektiv einer angeblich schönfärbenden offiziösen Geschichtslegende anzusprechen und in ihm ein erstaunliches Zeugnis für ein angebliches schlechtes Gewissen des Römertums gegenüber seinem Wege zur Weltherrschaft sichtbar zu machen[13], am wirklichen Sachverhalt vorbeigehen. Wäre ihre Auffassung berechtigt, so würde man in dem Briefe eine Darlegung des Aufstiegs Roms zur Weltherrin erwarten müssen, die wirklichkeitsnäher wäre als die angeblich offiziöse, d. h. letzthin vornehmlich aus Kreisen der römischen Senatsoligarchie stammende. Hier wäre gerade Sallust auf Grund seiner „popularen" Haltung der berufene Interpret gewesen. Wir mußten feststellen, daß von einer tatsachennahen Schilderung der Vorgänge im Mi-

[12] Mit Recht nennt ihn H. Bengtson, Griech. Geschichte² (1960) S. 496 einen „asiatischen Barbaren".

[13] So spricht H. Fuchs, Augustin und der antike Friedensgedanke (1926) S. 202, 2, von einer römischen „Fähigkeit, die Gefühle des in der Verteidigung (!) stehenden Gegners in dieser Weise zu würdigen und dabei auch zur Selbstbeurteilung (!) zu gelangen". Vgl. auch Fuchs, Der geistige Widerstand gegen Rom in der antiken Welt (1938), speziell S. 16f.; H. Schnorr von Carolsfeld, Über die Reden und Briefe bei Sallust (1888) S. 75 (noch zweifelnd); V. Pöschl, Grundwerte römischer Staatsgesinnung in den Geschichtswerken des Sallust (1940) S. 106f.; E. Bikerman, Rev. des Etudes Latines 24 (1946) S. 150f.

thridatesbriefe der Historien gerade nicht die Rede sein kann, sondern daß Sallust hier mit großer rhetorischer Kunstfertigkeit durch Verkürzungen, Verdrehungen, Auslassungen u. a. ein Bild zeichnete, das als Zerrbild angesehen werden kann. Somit ist es ganz ausgeschlossen, die Darstellung auch nur irgendwie als geschichtliche Quelle für die Zeit der römischen Welteroberung anzusprechen. Selbst detaillierte Angaben in ihr wie die über das angebliche Vorhandensein eines legitimierten Erben Nikomedes' IV. von Bithynien sind unter dem kritisch gewonnenen Aspekt durch und durch verdächtig; jedenfalls kann für ihre Historizität Sallusts Epistel allein nicht als Beglaubigung dienen.

Man hat seit jeher den Brief mit Recht in die Reihe heftiger kritischer Ausfälle gegen die römische Herrschaft eingereiht, zu denen als besonders berühmte Beispiele die Reden des Galliers Critognatus in Caesars Bellum Gallicum (7, 77, 15 f.), des Numiderfürsten Jugurtha vor Bocchus von Mauretanien in Sallusts Bellum Jugurthinum (c. 81, 1) und des Britanniers Calgacus in Tacitus' Agricola (c. 30) gehören. Wenn nach H. Fuchs' Urteil wirklich die Worte des letztgenannten „zu dem Mächtigsten gehören, was je in lateinischer Sprache gestaltet wurde[14]" — wir sehen vom Sprachlichen her keinen Grund, das zu bestreiten —, dann wird verständlich, daß man hier „die Summe aller Gedanken, in denen sich das Römertum über seine Stellung in der Welt bewußt geworden ist", feststellen zu können glaubte. Aber es sollte keinem Zweifel unterliegen, daß moderne Vorstellungen anachronistisch in die wissenschaftliche Deutung dieser Texte eingeflossen sind: einmal eine — allzumenschliche — prinzipelle Antipathie gegen den Sieger, den Erfolgreichen im allgemeinen und damit natürlich gegen Rom im besonderen, zum anderen das oft nur sentimentale Mitfühlen mit den Unterlegenen, gegen deren Schicksal nun gerade das Römertum als Schöpfer und Träger lateinischer Hochkultur nicht unempfindlich gewesen sein durfte. Schließlich sah man bis in die jüngste Zeit etwas Erstaunliches darin, „daß Römer selbst die gegen Rom erhobenen Anklagen in ihren Geschichtswerken unbedenklich wiedergeben, ja ihnen sogar bisweilen beipflichten[15]." Aber solche Urteile gehen eben nicht von einer exakten Textinterpretation aus, sondern von einer vorgefaßten Meinung. Gewiß klingt es sehr eindrucksvoll, wenn Calgacus sein Aufbegehren gegen die neuen römischen Herren poin-

[14] Geist. Widerstand S. 17.

[15] H. Volkmann in „Interpretationen" (Gymnasium, Beih. 4, 1964) S. 9.

tiert auf die berühmt gewordene Formel bringt: „Wo sie eine Wüstenei zustande gebracht haben, nennen sie das Befriedung"[16]. Daß aber diese Formel durch die (heute noch in der Fülle der von ihr gebliebenen Überreste anschaulich sichtbare) Wirklichkeit als glatter Unsinn erwiesen wird — sollte Tacitus das nicht gewußt haben? Schließlich sagt dieser es selbst in aller Klarheit in den Historien (4, 68, 5), wo er die Ansprache des zum Kriege hetzenden Römerfeindes Julius Valentinus abtut als das Elaborat eines Aufwieglers, das alles enthalten habe, was großen Imperien und vor allen Dingen dem römischen Volke an Schmähungen und Gehässigkeit vorgehalten zu werden pflege, wie es eben ein Aufwiegler treibe, der wegen seiner wahnwitzigen *(vaecors)* Beredsamkeit der (urteilslosen) Masse willkommen sei. Ein Blick auf die Zustände in Britannien vor und nach der römischen Besitzergreifung genügt, um die Anwürfe des Calgacus als das erkennbar zu machen, was sie nach der Absicht des römischen Autors, des ehrlichen Bewunderers eines Agricola, sein sollten: als wilden, verleumderischen Ausbruch eines Barbaren gegen zivilisierte Lebenshaltung. Nicht anders steht es bei Caesars Critognatus, der im Kampfe für die angebliche gallische Freiheit zu Menschenfresserei rät, und bei Sallusts mit allen Wassern gewaschenem Numiderhäuptling Jugurtha, dessen großmäuliges Auftreten nur durch die beklagenswerten inneren Wirren in Rom ermöglicht wird. Solchen Kritikern gegenüber brauchten die Römer auf ihrem Wege zur Weltbefriedung kein schlechtes Gewissen zu haben; mit vollem Recht verwiesen sie darauf, daß es nur ihnen möglich geworden sei, den barbarischen Zustand eines *bellum omnium contra omnes* zu überwinden, wie es gerade Sallust (ep. ad Caes. 2, 13, 6) und Tacitus (Rede des Petilius Cerialis: Hist. 4, 73) besonders klar formuliert haben. Das Wissen darum, daß bei ihrem Abzuge nichts anderes entstehen würde als eine Wiederkehr des verabscheuungswürdigen Krieges aller gegen alle[17], verlieh den Römern die Bestätigung ihres Sendungsbewußtseins, deren sie bei ihrem großen Werk der Menschheitsbefriedung bedurften. Es wäre ein Anachronismus, Augustins berechtigte Zweifel, ob der Umweg über das römische Universal-

[16] *Ubi solitudinem faciunt, pacem appellant.* Umgekehrt befürchtet Sallust im 2. Briefe an Caesar (13, 6) bei einem Verschwinden des Imperium Romanum für den Erdkreis in erster Linie *vastitas* (Verwüstung), dann *bella* und *caedes.*

[17] Tac. Histor. 4, 74: *Nam pulsis — quod di prohibeant — Romanis quid aliud quam bella omnium inter se gentium existent?*

reich wirklich für die Völker nur zum Segen ausgeschlagen sei[18], schon in die Zeit des Werdens dieses Universalreichs zurückprojizieren zu wollen, womit man den Quellenzeugnissen unverkennbar Gewalt antun würde. Wenn die in lateinischen Literaturwerken von Vertretern fremder Nationen an Rom geübte Kritik für römische Ohren alles andere als überzeugend klang, so war es für sie keine „erstaunliche Unbedenklichkeit", in jener Kritik eine barbarische Seelenhaltung sich kennzeichnen zu lassen, von der das Römertum die Menschheit befreien zu sollen glaubte, damit überall *ius, fas, lex potentissima sint*[19]. In dieser Hinsicht stehen die angeführten Zeugnisse und der Mithridatesbrief auf gleicher Ebene.

Zusammenfassend kann festgestellt werden, daß das ebenso eindrucksvolle wie genial verzerrte Bild des Werdens des römischen Weltimperialismus für den begnadeten Geschichtsschreiber Sallust nichts anderes als ein Mittel seiner eminenten literarischen Charakterisierungskunst gewesen ist. Mit diesem Verfahren beurteilte — und verurteilte — Sallust das gefährliche Barbarentum des nur äußerlich vom Hellenismus berührten erbitterten Römerfeindes, um es auch dem letzten Zweifler klar erkennbar zu machen[20]. Als Quelle für ein angebliches skeptisches Selbstverständnis des Römertums scheidet der Brief aus; er beweist lediglich die stilistische Befähigung des römischen Historikers zur Veranschaulichung des Wesens der bei ihm auftretenden und handelnden Persönlichkeiten in seinen Schilderungen und gehört damit in die Hände der für die Beurteilung dieser Kunst vornehmlich zuständigen Klassischen Philologie, in die der moderne Historiker die Mithridatesepistel respektvoll zurücklegt.

[18] Civ. Dei 4, 15, I p. 164, 23: *felicioribus rebus humanis omnia regna parva essent concordi vicinitate laetantia, et ita essent in mundo regna plurima gentium, ut sunt in urbe domus plurimae civium.*

[19] Liv. 33, 33, 7.

[20] Eindrucksvoll läßt Sallust Mithridates' Haßgesang gegen die Römer am Ende des Briefes gipfeln in dem längst stereotyp gewordenen giftigen Ausfall gegen die angeblichen räuberischen Anfänge des Römertums und die aus ihnen erkennbare Gesinnung dieser Verbrecherrepublik gegenüber den „friedlichen" Selbstherrschern (17—20). Hier, in der Gegenüberstellung von *latrones* und *reges*, liegt die Verlogenheit der Schilderung eines Volkes, dessen Senat einem Kineas wie eine ganze Versammlung von Königen erschienen sein soll, offen zutage.

Die Erfüllung der Zeiten im Lichte moderner Geschichtsforschung

Als mit der großen Bewegung der «Aufklärung» die Wissenschaft zur geistigen Großmacht im neuzeitlichen Europa neben der Theologie aufstieg, konnte es so scheinen, als handele es sich bei dieser nur um die Mathematik und die Naturwissenschaften. Die umwälzenden neuen Einsichten in die den Menschen umgebende Welt und ihre Struktur rechtfertigten diese Auffassung und gaben der Kritik an den überkommenen Ideen und Einrichtungen eine erstaunliche Durchschlagskraft. Doch verhältnismäßig bald wurde deutlich, daß auf diesem Wege allein eine befriedigende Antwort auf die das Zeitalter bedrängenden Fragen nicht gefunden werden konnte. Und so erhob sich — vor allem in Deutschland — neben der Naturwissenschaft eine «Geisteswissenschaft», deren folgenschwerste Erscheinung die methodisch-kritische Geschichtsforschung wurde. Das damals machtvoll einsetzende und von der neuen Strömung der Romantik inspirierte gründliche Studium der Vergangenheit des Menschengeschlechts bot ein heilsames Gegengewicht zu dem Radikalismus, der alles Gewesene als Irrtum oder Täuschung verwerfen wollte und nur noch der Gegenwart und einer auf sie allein sich gründenden Zukunft Daseinsrecht zugestand. Im Kampf der Kräfte des freiheitlichen Europäertums gegen die aus der Aufklärung geborene Französische Revolution und den ihr folgenden Napoleonischen Despotismus und Technizismus gewann die historische Weltauffassung ein Ansehen, das sie gleichberechtigt neben die Naturwissenschaften treten ließ. Der stark konservative Zug, der die Persönlichkeit der drei bedeutendsten Klassiker der jungen Wissenschaft, Barthold Georg Niebuhr, Johann Gustav Droysen und Leopold Ranke charakterisiert, zeigt, daß es diesen Schöpfern einer neuen *kritischen* Methode für die dringend notwendig gewordene Sammlung und Überprüfung geschichtlicher Überlieferungen und Hinterlassenschaften bei ihrer unbedingten Wahrheitssuche (um einen Ausspruch Droysens zu gebrauchen) um Befreiung, nicht um Zersetzung ging. Sie empfanden ihr Wirken als aufbauend, konstruktiv. Die Folge war, daß es nunmehr zwei verschiedene Wissenschaftsbereiche gab, den der Natur- und den der Geisteswissenschaften, mit erheblichen Gemeinsamkeiten, aber auch spürbaren Unterschieden, und daß eine fruchtbare Weiterentwicklung im Bereiche des Geisteslebens nur dann gewährleistet blieb, wenn beide Arten von Forschung in voller Freiheit dem von ihnen übernommenen Auftrag gerecht zu werden strebten, ohne daß eine von beiden durch die andere aufgesogen oder verdrängt wurde. Die Zeit nach rund 1850 hat sich nur zum Teil an diese Ordnung gehalten. Nicht zuletzt wirkten die überwältigenden Leistungen der auf mathematisch-naturwissenschaftlicher Grundlage erwachsenen modernen Technik dahin, daß sich in der jungen historischen Wissenschaft Bestrebungen ständig verstärkten, die auf eine «Modernisierung» im Sinne einer Übernahme rein naturwissenschaftlicher Grundvorstellungen vom Menschenleben hinzielten[1]. Ihr Ergebnis

[1] Daß bereits Droysen in seiner scharfen, 1863 im 9. Bd. der Historischen Zeitschrift veröffentlichten und (nach dem Vorgang von E. Rothacker) in R. Hübners Ausgabe von Droysens Historik 1937 (S. 386 ff.) wieder abgedruckten Rezension der History of civilization in England von H. T. Buckle erschienenen Widerspruch gegen diese Verfälschung der historischen Methode Einspruch erhob, sollte nicht in Vergessenheit geraten.

war eine zunehmende Nivellierung der Fülle historischer Daseinsformen, eine Relativierung aller Werte, kurz die von dem geistvollen Altphilologen WERNER JAEGER mit Recht verspottete «Nacht des Historismus, in der alle Katzen grau» seien. [367]

Wir haben hier nicht zu entwickeln, in welche Schwierigkeiten die neumodische Richtung hineinführte und wie sich im Fortgang der historischen Forschung aus dieser selbst heraus, nicht durch irgendwelche Einwirkungen von außen her, Widersprüche erhoben, die gebieterisch eine Auflösung verlangten. Ein Beispiel möge stellvertretend für zahlreiche andere die Situation beleuchten: Die Tendenz nach allgemeiner Nivellierung griff auch auf den Bereich der Sonderstellung des Alten Testamentes über. Die Erhaltung der heiligen Schriften des Judentums sollte nicht ihrem besonderen Wert, sondern im wesentlichen dem Zufall verdankt werden, daß das aus dieser Keimzelle erwachsene Christentum sie als Erbe weitertrug. Das historische Israel in der Zeit vor dem babylonischen Exil sollte nichts anderes gewesen sein als ein wenig bedeutender Faktor der vielgestaltigen altorientalischen Staaten- und Kulturwelt, deren Überreste durch eine Fülle erfolgreicher Ausgrabungen aus jahrtausendelanger Vergessenheit damals ans Licht gebracht wurden. Doch gerade die Neuerschließung des Alten Orients lieferte scharfblickenden Forschern ein schlagendes Gegenargument gegen diese These: Die schonungslos realistische, wirklichkeitsnahe Schilderungsweise der grandiosen historischen Bücher des Alten Testamentes widersprach vollständig dem Stil der neugewonnenen historischen Texte aus Ägypten und Vorderasien[2], bei denen anders als in Israel die Wahrheit eine durchaus zweitrangige Rolle spielte. Es ist nicht schwer, den Grund der Verschiedenheit[3] darin zu entdecken, daß in Israel die ganz spezifische Überzeugung vorherrschte, aus den geschichtlichen Vorgängen Gottes Absichten mit seinem Volke erschließen zu können — und zu sollen —, was natürlich größte Wirklichkeitstreue der Berichterstattung voraussetzte. Erzählungen wie die von David und Urias wären in der offiziösen altorientalischen Hofhistoriographie der gleichen Zeit undenkbar gewesen. Für Israel spielte das Verhältnis zur Gottheit eben eine wesentlichere Rolle als für die Nachbarvölker und -reiche. Damit wurde das Judentum wieder in seinen Sonderrang einer außergewöhnlichen weltgeschichtlichen Bedeutung zurückversetzt. Es ist bezeichnend, daß in der Geschichtsaufzeichnung der Evangelien die Besonderheit der alttestamentlichen sich erhielt; man denke nur an die Schilderung der Verleugnung Jesu durch seinen vornehmsten Jünger, die kein Fälscher jemals hätte ersinnen können, wenn sie nicht wirklich vorgefallen wäre.

Dafür, daß die Geschichtswissenschaft ihre Funktion im Leben des modernen Menschen sachgerecht zu erfüllen vermag, ist schlechthin entscheidend, daß sie sich in ihrer Arbeit innerlich nicht verkrampft, sondern geöffnet zeigt, und zwar nicht zuletzt für *überraschende* Erkenntnisse, mögen solche auch stets mit der Schwierigkeit des Umdenkensollens verbunden sein, das nun einmal leider nicht jedermanns Sache ist. Das Ziel bleibt unverrückbar die Erreichung größtmöglicher Objektivität und die Überwindung subjektivistischer Vorurteile. Es darf nicht passieren, daß Hypothesen oder gar Wunschvorstellungen als Ergebnisse exakter wissenschaftlicher Wahrheits-

[2] Vgl. Ed. Meyer, Geschichte des Altertums Bd. 2, 2 (1931) S. 284 ff.
[3] den Ed. Meyer a.O. in dem «unerforschlichen Rätsel der angeborenen Begabung» allein finden wollte.

[368] forschung erscheinen. Die Gefahr, gegen diesen Grundsatz zu verstoßen, ist begreiflicherweise besonders akut bei der Behandlung historischer Probleme, die in den Grenzbereich zwischen Geschichte und Theologie gehören — also auch bei dem Thema, das ich heute abend in aller gebotenen Kürze behandeln darf: der Deutung jenes Zeitalters der Weltgeschichte, dem die Zeugnisse des Neuen Testaments den erregenden Titel *«Erfüllung der Zeiten»* zugebilligt haben. Bekanntlich wird dieser Ausdruck zweimal von Paulus gebraucht, im Brief an die Galater 4,4 und im Epheserbrief 1,10. Er geht nach dem Zeugnis des Markusevangeliums (1,15) auf Jesus selbst zurück, der zudem nach Matthäus 16,3 und Lukas 12,56 sich tadelnd an seine Zuhörer wandte mit der Frage: «Das Antlitz von Erde und Himmel wißt ihr zu deuten, aber die Zeichen der Zeit wißt ihr nicht zu deuten?» Es sind natürlich nicht nur die Jahre des irdischen Wirkens Jesu Christi, es sind auch die Jahre der Regententätigkeit der römischen «Kaiser» Augustus und Tiberius, die wir hier uns Auge zu fassen haben; für den Historiker vom Fach reduzieren sie sich auf die Frage nach der Beurteilung der Regierungszeit des einzigen Kaisers, der im Neuen Testament erwähnt wird, des Octavianus Augustus; die Regierung des Tiberius führt nur weiter, was unter dem Vorgänger begonnen wurde.

I.

Das Urteil der Wissenschaft über historische Größe ist an die Feststellung der geschichtlichen *Wirkung* einer Persönlichkeit gebunden, wenn es nicht nach rein subjektivem Belieben und somit unverbindlich gefällt werden soll. Danach hätte Augustus, der den Grund für die nahezu 300jährige «Römische Kaiserzeit» legte, unbedingt Anspruch, unter die Größten der Geschichte gezählt zu werden. Die Vorbedingung dafür, daß nämlich seine Lebensleistung den Charakter einer Epochenwende und nicht nur — wie beispielsweise bei Napoleon — den einer bei allem Glanz doch nur vorübergehenden Episode trug, ist bei ihm erfüllt. Angesichts dieser Tatsache überrascht es zu sehen, wie langsam sich jene doch verdiente Bewertung im Falle des Augustus durchgesetzt hat. Ihr stand lange Zeit im Wege, daß er, anders als sein Vorgänger und Adoptivvater Julius Caesar, nicht den Typus des ruhmgekrönten Schlachtensiegers verkörperte, sondern den des — wesentlich weniger für theatralische Wirkungen geeigneten — Staatsmannes. Hinzu kam, daß seit den Tagen der Griechenbegeisterung des Klassizismus die Römer weithin nur als das rauhe Kriegervolk angesehen wurden, dessen angebliche unersättliche Eroberungsgier schließlich die Blüte des Hellenentums geknickt hätte[4]. In der Überspannung ihres Machthungers hätten die Großen der römisch gewordenen Welt schließlich gegeneinander die Schwerter erhoben und in schreckensvollen Bürgerkriegen die Kraft ihrer Republik selbst gebrochen. Mit Caesars tragischer Ermordung sei die letzte Hoffnung auf Besserung geschwunden. Was auf sie folgte, wäre Kirchhofsruhe gewesen, die euphemistisch «Friede» genannt worden sei. Die antike Kulturwelt schien sich schon damals dem Untergang zuzuwenden. Physisch wie geistig erschöpft, vegetierte sie anscheinend unter dem «unbedeutenden» Nachfolger Caesars und den Herrschern seiner Dynastie dahin, bis nur ein halbes Jahrhundert nach Augustus' Ableben mit Nero auch

[4] Zur Kritik dieser Auffassung vgl. mein Buch «Roms Aufstieg zur Weltmacht» (1957) sowie G. A. Lehmann, Untersuchung zur historischen Glaubwürdigkeit des Polybios (1967)

äußerlich ein Tiefstand erreicht war; die Thronkämpfe zwischen den römischen Heeren aus West, Nord und Ost im sog. Vierkaiserjahr (68/69 n. Chr.) verstand man vorschnell als ein erstes Auseinanderbrechen des nur künstlich zusammengehaltenen römischen Weltreiches und damit als ein nicht gerade günstiges Urteil der Geschichte über die Staatsschöpfung des Augustus. Die rasche Ausbreitung der christlichen Mission schien ein Zeichen dafür zu sein, in welchem Maße sich die Menschen dieser Zeit, in der die Theater als Stätten geistiger Erhebung endgültig durch die riesigen Amphitheater als Stätten barbarisch-roher Volksbelustigung abgelöst worden seien, ihrer einst blühenden und jetzt degenerierten Hochkultur entfremdet hätten. [369]

Dieses düstere Gemälde wäre zum Abbild totaler Hoffnungslosigkeit geworden, wenn sich nicht gerade mit dem Beginn des unheimlichen Zersetzungsprozesses, also fast genau im rechten «historischen» Augenblick, die erhabene Lichtgestalt Jesu Christi als des Künders eines wahren und nicht nur trügerischen Friedens für die suchende Menschheit gezeigt hätte. Dem Frommen schien sich hier ein Einblick in den Heilsplan Gottes mit der sündigen Menschheit zu eröffnen. Der Skeptiker hingegen sah die Gesamtheit der Vorgänge als mehr oder weniger typisches Bild einer geschichtlichen Krise, die auf ihrem Höhepunkt — es sei etwa an die Französische Revolution vor dem Auftreten Napoleons erinnert — die Heilmittel für ihre Überwindung häufig *selbst* zu schaffen pflegt. Der Umstand, daß der Stifter des Christentums den Kreuzestod erleiden mußte, ohne sein krisenüberwindendes Wirken abschließen zu können, und daß die von ihm entfachte Bewegung trotzdem machtvoll weiterschritt, diente scheinbar zur Bestätigung dieser Auffassung, die meinte, die Erscheinung Jesu völlig (man könnte sagen: *horizontal*) aus dem geschichtlichen Prozeß herleiten zu dürfen, ohne dabei eine *«vertikale»* Einwirkung metaphysischer Wesenheiten wie göttlicher Heilspläne und Aktionen zur Erklärung bemühen zu brauchen.

II.

Die rührige Forschungstätigkeit der verschiedenen Sonderdisziplinen der Altertumswissenschaft, vor allem der Klassischen Philosophie als der Literaturwissenschaft, der Archäologie als der «Wissenschaft des Spatens» und nicht zuletzt der Alten Geschichte, hat das hier nur in groben Zügen skizzierte überkommene Bild des Augusteischen Zeitalters allmählich ganz entscheidend modifiziert. Seit dem Beginn unseres Jahrhunderts gewann man einen schärferen Blick für die Besonderheit der politischen Leistungen des Augustus. Die Auffassung, daß er eine unbedeutende Persönlichkeit gewesen sei, ist selbst von denen seiner wissenschaftlichen Kritiker, die nicht mit ihm sympathisierten, *ad acta* gelegt worden. Man erkannte, daß er nicht als vorsichtiger, schwächlicher Nachahmer der in einer Diktatur auf Lebenszeit gipfelnden persönlichen Machtpolitik Julius Caesars tätig war, sondern daß er, der mit 33 Jahren nach dem Siege bei Actium 31 v. Chr. Gebieter des größten Teils der damals bekannten *Erde* geworden war, in freiem Entschluß der Weltpolitik eine neue Richtung wies. Sie zielte nicht auf Machtausbreitung, auf Eroberungen um ihrer selbst willen, sondern auf die Errichtung eines dieses Namens würdigen Weltfriedens. Das 19. Jahrhundert als Zeitalter der Nationalkriege hatte wenig Möglichkeiten, eine Friedenspolitik wie die des Augustus begreifen zu können. «Der ewige Friede ist ein Traum und vielleicht nicht einmal ein schöner», hat damals Helmut v. Moltke gesagt.

[370] Mit dem Zeitalter der Weltkriege und der aus diesen hervorgegangenen bestürzenden Entwicklung furchtbarster Vernichtungswaffen ändert sich das Bild. Am 13. Oktober 1963 formulierte der Naturwissenschaftler Carl Friedrich von Weizsäcker in einer in der Paulskirche zu Frankfurt gehaltenen Rede die heutige Situation mit schonungsloser Deutlichkeit, wenn er den Satz prägte: «Wir werden in einem Zustand leben, der den Namen Weltfriede verdient, oder wir werden *nicht* leben.» Er erklärte, die moderne Welt dürfe angesichts dieser Gefährdung nicht darauf warten, ob sich der Weltfriede einstellen würde, sondern sie müsse mit aller Energie sowohl nach innen wie nach außen auf ihn hinarbeiten. Weizsäcker fügte hinzu, der Weltfriede, der ohne Hilfsorganisationen wie eine Weltpolizei u. ä. schwerlich funktionsfähig sein würde, werde nicht das goldene Zeitalter sein. Und mit einiger Beunruhigung wies er darauf hin, daß mit einer solchen Weltfriedenspolitik etwas Beispielloses von der heutigen Menschheit verlangt werde, für das es in der Geschichte kein Vorbild gebe. Dabei war übersehen, daß die Friedenspolitik des «Kaisers», mit dem im Lukasevangelium die Geburt Christi verknüpft ist, tatsächlich ein solches Beispiel bedeutet. Damit haben die Gestalt des Augustus und das sog. Imperium Romanum eine völlig unvorhergesehene Aktualität bekommen. Längst hatte man gesehen, daß die Ära der Bürgerkriege, in die Rom seit 133 v. Chr. infolge der Gewinnung der von ihm — wie wir heute wissen[5] — keineswegs erstrebten Weltherrschaft sich gestürzt sah, eine Krise schlimmsten Ausmaßes nicht nur für Italien, sondern für die gesamte antike Kulturwelt bedeutete. Die Versuche, der zerquälten, an sich allmählich verzweifelten Menschheit wieder Frieden und Sicherheit zu verschaffen, litten an dem Übelstande, daß sie die Erreichung ihres Zieles von einer Weltmonarchie erwarteten, in der *ein* unumschränkter Herrscher, ein Autokrat, sei es als lebenslänglicher Diktator, sei es als König, eine solche Übermacht gewann, daß fast die ganze damals bekannte Erde sich ihm zu beugen hatte und der Friede sich sozusagen von selbst als Konsequenz des Weltherrschertums einstellte, da es militärische Gegner von Rang nicht mehr gab. Das wäre freilich der Typus altorientalischer Weltreiche gewesen mit ihrer, wie man das seit den Tagen der Blüte Griechenlands nannte, «barbarischen» Entrechtung freier Männer zu willenlosen Untertanen. Wie wenig eine solche Vorstellung dem Wesen des antiken Europa entsprach, das einst, in der hellenischen Demokratie wie in der römischen Republik, aus dem Freiheitsgedanken erwachsen war, lehrte die Ermordung Caesars an den Iden des März 44 v. Chr.[6]. Mochte sie auch zu den großen Tragödien der Weltgeschichte gehören, so hatte sie immerhin ein Gutes: die Stärke des Freiheitsbewußtseins vor aller Öffentlichkeit unwiderleglich zu offenbaren. Es bedurfte noch einmal schrecklicher Kämpfe und Leiden, bis sich diese Tatsache allgemeine Anerkennung erzwang. Sie bedeutete den Triumph des «Westens», Europas, über den «Osten», den Orientalismus. Es war ein Zeichen besonderer staatsmännischer Befähigung, daß der junge Caesarerbe entschlossen war, hier umzulernen und (in konservativem Geiste) den Traditionen der freien Republik bei

[5] Vgl. o. Anm. 4
[6] Ihre wahre historische Bedeutung hat Ed. Meyer am Schluß seines monumentalen Werkes über Caesars Monarchie und das Prinzipat des Pompejus (1918, 2. Aufl. 1919) S. 547 f. klargelegt.

der ihm auferlegten Pflicht zu einer menschenwürdigen politischen Neuformung der — bislang nur durch Roms Machtanspruch geeinten — griechisch-römischen Hochkulturwelt gebührend Rechnung zu tragen. [371]

Gleich nach seinem Endsiege begann Caesar Octavianus, der spätere «Kaiser Augustus», die entscheidungsschweren Beratungen über die Gestaltung einer Zukunft, in der seinem Willen nach das Übel des Bürgerkrieges und — wenn irgend möglich — des Krieges überhaupt mit der Wurzel ausgerottet werden sollte. Mit der Schließung der Janus-Pforte zu Rom, die in der Zeit der Republik das Symbol für die Erreichung eines Friedenszustandes war, bekundete der Sieger, daß ihm nicht an einer Erringung der totalen Weltherrschaft gelegen war, sondern an der Wiedergeburt alles dessen, was die eigentliche Größe Roms ausgemacht hatte: ‹daß es nirgendwo auf Erden ein auf Ungerechtigkeit gegründetes Imperium geben solle und überall göttliches und menschliches Recht und Gesetz regierten› (Liv. 33,33,7), nicht aber die Willkür eines einzelnen. Dem entsprach, daß Octavian alle besondere Hervorhebung seiner Person zurückwies. Er hätte von der deprimierten und weithin resignierenden Welt die Diktatur zugesprochen erhalten, wenn er gewollt hätte. Unsere Quellen reden da eine sehr deutliche Sprache. Aber nicht der Siegesgöttin Victoria, sondern der Salus, der Verkörperung von Heil und Wohlergehen, galt (neben der Wiederherstellung von 82 in den Wirren der schrecklichen Bürgerkriegszeit vernachlässigten bzw. verfallenen Heiligtümern) sein erster Dank für die Hilfe göttlicher Mächte. Demgemäß ehrte ihn der römische Senat nicht mit dem Lorbeer des Weltensiegers, sondern mit dem schlichten Eichenkranz, der *corona civica*, der sog. Bürgerkrone, deren Bedeutung für die Römer die gleiche war wie für unsere Zeit die der Lebensrettungs-Medaille. Als *Retter* der Welt, nicht nur als ihr Bezwinger, wünschte Octavian zu gelten, und er hat in dem Rechenschaftsbericht über sein Leben und seine Taten, der einst an den Pforten seines Mausoleums in Rom angebracht war, und von dem eine Abschrift sich glücklicherweise in Stein gehauen an den Wänden eines marmornen Tempels in Ankyra, dem heutigen Ankara, erhalten konnte, die Tatsache besonders betont, daß auf Senatsbeschluß gerade die Retterkrone die Pforte seines Hauses schmückte[7].

Die Probe auf die Ehrlichkeit seines Wollens lieferte Octavian mit seiner Behandlung desjenigen Elements, mit dem in der Bürgerkriegszeit fast allein noch große Politik gemacht wurde, des römischen Heeres. Es war zu beunruhigender Stärke emporgewachsen. Der Sieger, dem der Senat als Gegengabe für den Verzicht auf jede monarchische Machtstellung im Staate den neu geschaffenen Ehrentitel *«Augustus»*, der «Erhabene» bzw. «Verehrungswürdige», verliehen hatte, sah sich auf Grund seiner Stellung in die Lage versetzt, diese bedrohlich gewordene Heeresmacht aus einer Gefährdung in die Rolle einer das Reich und seine Bewohner sichernden Kraft zu versetzen, einmal indem er die Zahl der Legionen auf (mindestens) die Hälfte reduzierte, zweitens indem er die Truppen in weiter Entfernung von Rom als dem Herzen der Welt an den Grenzen des Imperiums postierte, und drittens indem er den Dienst in ihr als Ehrenvorrecht lediglich römischen Bürgern vorbehielt. Die Provinzen des Reiches stellten «Hilfstruppen» (Auxilien), die nach Ausrüstung und taktischer

[7] Sie wird auf der berühmten Gemma Augustea (jetzt in Wien) dem neben der Göttin Roma thronenden Augustus von der Personifikation der kultivierten Menschheit, der Ökumene, aufs Haupt gesetzt.

[372] Schlagkraft der römischen Legionen nicht gleichgestellt werden konnten und sollten. Die Gefahr, daß nationalistische Rivalitäten zwischen den Völkern des Imperiums die unentbehrliche innere Einheitlichkeit der Armee untergraben konnten, war zwar damit gebannt. Immerhin aber hatte diese Ordnung zur Folge, daß eine Reichsbevölkerung von schätzungsweise 50 bis 70 Millionen Menschen sich mit dem militärischen Schutz durch höchstens eine Viertelmillion Krieger in dem nunmehr stehenden Reichsheer mit 16- bis 20jähriger Dienstzeit zu ihrer Verteidigung gegen Überfälle kampfesfreudiger und beutehungriger «Randvölker» begnügen mußte. Diese im Rahmen einer betonten Friedenspolitik geschaffene Heeresordnung hat allerdings später die Folge gehabt, daß die von Armin im Teutoburger Walde 9 n. Chr. nicht nur geschlagenen, sondern vernichteten drei Elite-Legionen des Varus zunächst nicht mehr ersetzt werden konnten. Doch damals waren immerhin fast vier Jahrzehnte seit Aufrichtung des Friedensreiches vergangen, und der Untergang der Varusarmee brachte lediglich eine empfindliche Einbuße, jedoch nicht eine Erschütterung des Augusteischen Systems der Friedenssicherung, das noch rund zwei Jahrhunderte hindurch voll funktionsfähig blieb.

Daß Augustus nach der Erringung der Alleinherrschaft den Oberbefehl über das gesamte Heer sich vorbehielt, ist in der Forschung vielfach heftig kritisiert und als Zeichen unverkennbarer Heuchelei mißdeutet worden, als wenn er damit gleichsam auf Schleichwegen doch wieder eine Diktatorstellung angestrebt hätte, die er öffentlich abzulehnen nicht müde wurde. Man muß die Gegenfrage stellen, wie er denn hätte verfahren sollen, wenn er die Legionen, die bis dahin seit Beginn der Bürgerkriegsära gewohnt waren, von ehrgeizigen Persönlichkeiten als Privatarmeen für die Durchsetzung machtpolitischer Ziele unter für sie günstigen Bedingungen angeworben zu werden, aus dem ihnen im Grunde ganz wesensfremden Bereich der Politik herausnehmen und sie wieder an die ihnen gemäße Aufgabe der Reichsverteidigung gewöhnen wollte. Dafür war nun einmal eine der wichtigsten Voraussetzungen, daß er neben sich keine Aspiranten auf die Führung der Armee emporwachsen lassen durfte, deren Ehrgeiz eines Tages das Heer seinem speziell militärischen Auftrage entfremden und es in den politischen Machtkampf wieder hineinführen konnte. Ein anderes Verfahren hätte nicht weniger bedeutet als die Rückkehr zu den Fehlentwicklungen des Jahrhunderts vor Actium, die ja gerade ein für allemal unmöglich gemacht werden sollten. Augustus als Inaugurator und vornehmster Träger der Weltfriedenspolitik war in der Tat der *einzige* Garant dafür, daß das Instrument, ohne dessen Schlagkraft auch die beste Friedenspolitik in der harten Wirklichkeit nicht durchgesetzt werden konnte, nicht zu persönlichen Zwecken mißbraucht wurde. So nahm er die Truppen aus dem Kern des Imperiums, den unter Verwaltung des römischen Senates verbleibenden, alten griechisch-römischen Kulturländern am Mittelmeer heraus und verschob sie weit von der Heimat entfernt an die äußersten Grenzen des römischen Machtbereiches, was ihre Schutzfunktion für die Kulturwelt augenfällig unterstützen sollte. Der Soldat erhielt im Friedensimperium lediglich dienende Funktion. Das wurde sogar dadurch zum Ausdruck gebracht, daß Augustus den Truppenkommandeuren untersagte, die Soldaten mit dem althergebrachten Wort «Kommilitonen», zu deutsch: «Mitstreiter» bzw. «Kameraden», anzureden, weil dieses Wort als zu vertraulich empfunden wurde. Die Konsequenz war, daß für die Armee eine übersichtliche Reichsgrenze geschaffen werden mußte, die bislang nicht existierte und die durch möglichste Gradlinigkeit eine Einsparung von Truppenverbänden gestattete. Augustus und seine Berater waren nicht naiv genug, um glauben zu sollen, der Römerfriede, die *Pax Romana*, werde von außen nicht gestört werden, solange die Reichsführung sich zu strikter Friedenspolitik lediglich bekannte. Eine solche Einstellung wäre sowohl außen- wie innenpolitisch angesichts der nun einmal von Hause aus unruhigen Menschennatur verbrecherischer Leichtsinn gewesen und nicht verantwortungsbewußte Staatskunst. In Übereinstimmung mit dem ihm treu zur Seite stehenden Feldherrn Marcus Agrippa und seinen übrigen Mitarbeitern entschloß sich Augustus, den Lauf der großen Ströme, im Osten den mittleren Euphrat, im Norden die Flußläufe der Donau und der Elbe (unter Einbeziehung Böhmens) als ungefähre Grenzlinien festzulegen. Kriegerische Stämme wie das Reitervolk der Parther im Osten, die Pannonier und Illyrier in der Theißebene und dem Adriaraum und schließlich die von Zeit zu Zeit immer wieder über die Rheingrenze hinausdrängenden Germanenvölker bedeuteten seit langem eine Bedrohung des Römerreiches, nicht zuletzt Italiens selbst, des Herzlandes des Imperium Romanum; ein Schutz vor ihnen war nur dann effektiv, wenn ein erheblicher Teil ihrer Wohnsitze in kontrollierte Abhängigkeit von Rom gebracht wurde. Damit wurde der Reichsarmee ein Ziel gesteckt, für dessen Erreichung sie ihre volle Kraft einsetzen mußte. Für sie bedeutete der Friede nicht untätiges Herumsitzen mit der Verlockung zu selbstherrlichen Aktionen und Abenteuern, sondern die Durchführung eines strategischen Programmes, bei der immer damit zu rechnen war, daß das launische Kriegsglück eines Tages Erfolge, die durch todesmutigen Einsatz und kluge Planung errungen waren, plötzlich in Frage stellte. [373]

Der zunächst am gefährlichsten erscheinende Teil der Aufgabe, die Grenzsicherung gegen die Parther am Euphrat, gelang im Jahre 20 v. Chr. ohne Schwertstreich, da das Partherreich — neben dem römischen Imperium die einzige organisierte Großmacht der damaligen Welt — es auf einen militärischen Zusammenstoß nicht ankommen ließ, sondern die in drei früheren Kriegen erbeuteten römischen Legionsadler und Trophäen auslieferte und sich zu einem Friedensvertrag bereit fand. Er ließ vor der Weltöffentlichkeit klarer noch als ein militärischer Triumph in Erscheinung treten, daß die Augusteische Friedenspolitik in diesem wichtigen Bereich nicht als Zeichen einer senilen Schwäche und eines Niederganges der römischen Macht aufgefaßt wurde. Mit um so größerer Zuversicht konnte man in Rom nun an die Erreichung der Elbe—Donau—Linie herangehen. Damals sind, wie allbekannt, römische Armeen auch nach Süd- und Westdeutschland gekommen, nicht als bloße Eroberer und Unterdrücker, sondern im Zuge der Verteidigung der Hochkulturwelt des antiken Europa. Wie sehr es bei den Zügen der Prinzen Drusus und Tiberius bis zur Elbe lediglich um eine — allerdings offensiv zu führende — *Defensive* ging, beleuchtet die strikte Weisung des Augustus, die Elbe nicht zu überschreiten, also sich mit der Einbeziehung der Hälfte des germanischen Siedlungsraumes in den römischen Hoheitsbereich zufrieden zu geben. Hier wie überall tritt eine Haltung realistischen Sich-Bescheidens, ein kluges Abwägen eigener und fremder Kräfte zutage, die das Vorgehen des Augustus von den weit ausgreifenden Plänen Julius Caesars fühlbar zu unterscheiden gestatten. Als Schwäche konnte sie von neueren Forschern nur so lange verkannt wer-

[374] den, wie diese Kritiker sich nicht imstande zeigten, die Rolle des Weltfriedens in der Politik des Augustus als Kernstück aller seiner Entwürfe und Maßnahmen zu erkennen und einer solchen Politik endlich die Achtung entgegenzubringen, auf die sie — gerade in der sich so gern als unbedingt «fortschrittlich» gebenden modernen Weltzivilisation — längst Anspruch hatte. Natürlich handelte es sich bei der Verlegung der Imperiumsgrenze an die Flußlinien um wirkliche Kriege, die mit Energie, bei hartnäckigem Widerstand der betroffenen Barbarenvölker auch mit Brutalität durchgeführt wurden. Der moderne Betrachter darf, wenn er ein gerechtes Urteil fällen will, niemals übersehen, daß das antik-heidnische Empfinden gegenüber solchen Vorgängen genau wie gegenüber der Institution der Sklaverei wesentlich gefühlsloser war als das unserige.

Für Augustus' nach damaliger Vorstellung im großen und ganzen möglichst humanes Verfahren spricht nicht nur die Äußerung in seinem Rechenschaftsbericht, daß er Feinde lieber geschont als ausgelöscht habe, sondern vor allem die Feststellung, daß die Liste der Gegner, die von ihm Schonung erfuhren, erheblich größer ist als die gewaltsamer Ausrottungen. Beispiele für das Gegenteil bietet eher der Orient, namentlich das kriegsfreudige Assyrerreich in der 1. Hälfte des 1. Jahrtausends v. Chr., dessen Heerkönige in ihren Inschriften sich des Vorhabens rühmten, mit ihrer bewaffneten Macht «alle Menschen einer Zunge zu machen», während die als Folge der römischen Herrschaft eingetretene Romanisierung der Länder Westeuropas nicht als planmäßige Regierungsmaßnahme durchgeführt wurde, sondern in der Hauptsache aus der natürlichen Auswirkung der überlegenen römischen Zivilisation mit ihren Straßen, ihren Städten, ihrer Förderung von Handel und Wandel etc. erwuchs. Es ist bekannt, daß das Lateinische, die Staatssprache für das gesamte Imperium Roms, in der östlichen Reichshälfte das dort vorherrschende Griechische nicht verdrängt hat. Gewiß war in den Ländern, die unter römische Herrschaft gerieten und damit auf ihre außenpolitische Bewegungsfreiheit verzichten mußten, ein großer Teil der Bewohner mit diesem Geschick unzufrieden. Unsere historische Überlieferung berichtet mehrfach von harten Debatten zwischen Herrschenden und Beherrschten. Die Sprecher Roms antworten jedesmal hier auf die Forderung, ihre Legionen möchten die fremden Länder räumen und sich wieder in ihren Heimatbereich zurückziehen, mit der schlichten Gegenfrage an ihre Opponenten, ob diese bei dem Abzuge der Römer die Garantie dafür übernehmen könnten, daß bei ihnen der altgewohnte Lebenszustand des «Krieges aller gegen alle» nicht wieder aufkommen würde, worauf ihre Gesprächspartner in klarer Erkenntnis der wirklichen Lage verlegen schweigen. Nur in den ganz vereinzelten Fällen, wo Überängstlichkeit (wie im Falle des unseligen Statthalters Varus in Germanien) dazu führte, daß Vertreter Roms aus Sorge, der Triumph der römischen Waffen allein bürge nicht für ein Gelingen der Unterwerfung und müsse durch Einführung etwa des römischen Rechtes vervollständigt werden, die sonst streng geschonte Eigenart eines unterworfenen Volkes antasteten, kam es zu blutigen Erhebungen, die jedoch (außer der germanischen des Jahres 9 n. Chr.) mit Waffengewalt erstickt werden konnten. Solche Fälle dürfen indessen nicht vergessen machen, daß in unseren Quellen die Betreuung der römisch gewordenen Welt durch Augustus in der Hauptsache eine kraftvolle Weiterführung schon vorher eingeleiteter Reformen in Richtung auf eine geregelte Verwaltung des Reiches darstellte und die ehemalige Ausbeutung der Provinzen durch Steuerpächter u. a., eines der traurigsten Kapitel der Bürgerkriege, weithin in Vergessenheit geraten ließ. [375]

So wie das Römerreich mit räumlichen Ausmaßen, neben denen sich eines der kühnsten politischen Projekte unseres Zeitalters des Autos und des Flugzeuges, die politische Zusammenführung der «Vereinigten Staaten von Europa», geradezu bescheiden ausnimmt, alles andere war als eine von fremder Hand gelenkte lebensbedrohende Zwingherrschaft, so wenig ging die Verfassung, die Augustus seinem Reiche gab, auf Beseitigung der altrepublikanischen Freiheit aus, als deren Wiederhersteller sich der neue Mahthaber gerade auf der Höhe seines Sieges empfand. Aber diese freiheitlich-republikanische Verfassung mußte dem der Stadt Rom durch den Gang der Geschichte nun einmal aufgezwungenen Auftrag der Weltbetreuung besser angepaßt werden, als es bislang möglich war. Dazu gehörte der Einbau der großen Persönlichkeit in die alte republikanische Ordnung. Sie hatte im römischen Staatsleben eine Sonderrolle zu spielen begonnen, als der Krieg gegen den genialen karthagischen Schlachtenlenker Hannibal zu außergewöhnlichen Maßnahmen zwang, wenn Rom nicht gänzlich erliegen sollte. Je dringender die Ansprüche des Weltregiments an das Römertum wurden, desto notwendiger war es, nach Sonderbegabungen Ausschau zu halten, die sie erfüllen konnten. Angesichts dieser Logik der Tatsachen blieb die leidenschaftliche, für die freie Republik fürchtende Opposition der Senatsaristokratie gegen ‹große Männer› auf die Dauer wirkungslos. Auch Caesars Ermordung konnte hier keinen grundsätzlichen Wandel bringen. Augustus hätte also vor einer unerbittlichen politischen Realität die Augen verschließen müssen, wenn er die Bedeutung der Einzelpersönlichkeit im Weltreich hätte ignorieren wollen. Seit seinem Siege fand er überall begeisterte Zustimmung zu seiner Bereitschaft, dem Staate weiterhin dienen zu wollen. So hat er sich denn entschlossen, gemeinsam mit dem Senat den Staatsbau des sog. Prinzipats zu schaffen, in dem eine zwar komplizierte, aber durchaus sinnreiche Vereinigung von republikanischer Freiheit und monarchischer Einzelgewalt durchgeführt worden ist. Obwohl Augustus wie gegenüber dem Heere, so auch bei diesem Verfassungswerk ohne weiteres die Rolle des unerläßlichen Garanten für ein reibungsloses Funktionieren der Neuordnung (im Sinne einer definitiven Beendigung der Bürgerkriegsära) zu übernehmen hatte, setzte er durch, daß diese seine bedeutende Position doch nur das tragende Fundament darstellte und in dem republikanisch bleibenden Überbau lediglich so weit in Erscheinung trat, daß er als «Erster unter Gleichen», als »*Princeps*», fungierte. Damit war die Gefahr eines Hinübergleitens zu einer Monarchie hellenistisch-orientalisierenden Stils so weit wie irgend möglich gebannt.

Welthistorisch gesehen bedeutet das, daß die historische Sonderexistenz des Römertums gerettet werden konnte und daß die letzten Jahrhunderte der antiken Geschichte — der Zeitabschnitt, aus dem die meisten Denkmäler der erstaunlichen griechisch-römischen Hochkultur bis in unsere Tage erhalten geblieben sind — römisches Gepräge tragen sollten. Wir haben uns hier nicht mit den staatsrechtlichen Problemen auseinanderzusetzen, die die Staatsverfassung des Prinzipats noch immer der Forschung stellt; uns interessiert nur die Frage, wie dieser Staatsbau von seinem Schöpfer gemeint war. Dazu ist zu sagen, daß die Ehrlichkeit seiner Absicht aus vielen Quellenzeugnissen hervor geht, nicht zuletzt aus dem Bericht über das prunkvolle

[376] Gastmahl[8], zu dem der reiche, verschwenderische Senator Vedius Pollio als besonderen Ehrengast den Princeps geladen hatte, und bei dem einem der bedienenden Sklaven des Pollio das Mißgeschick widerfuhr, eines der kostbaren Kelchgläser zu zerbrechen. Der empörte Besitzer befahl, den Unglücklichen im Muränenteich zu ertränken, und der verzweifelte Sklave warf sich hilfeflehend dem Augustus zu Füßen. Dieser — von Mitleid ergriffen — durfte als Republikaner in das Eigentumsrecht des ihm ja gleichstehenden Gastgebers nicht eingreifen. Um ein Menschenleben zu retten — und war es auch nach damaliger Auffassung «nur» das eines Sklaven — befahl der Prinzeps seinem Gefolge, alle übrigen Kelchgläser Pollios zu zerschlagen. Damit machte er sich des gleichen Vergehens schuldig, entzog aber auf diese Weise den Sklaven der Betrafung, weil jetzt ein Vorgehen gegen ihn eine Kritik der Amtsgewalt des Augustus als Volkstribunen und damit eine Verletzung der Majestät dieser republikanischen Institution bedeutet hätte, die kein römischer Bürger hätte wagen dürfen. Den Verlust ersetzte er selbstverständlich dem Pollio aus seinem großen Privatvermögen. In welchem Ausmaße Augustus von diesem Privatvermögen für das öffentliche Wohl Gebrauch machte und wie selbstverständlich es für ihn war, mit ihm bei bedrängten Situationen den Staatsfinanzen zu Hilfe zu kommen, hat er — nicht zuletzt als Mahnung für seine Nachfolger — in seinem Rechenschaftsbericht sorgfältig verzeichnet.

Bekanntlich hat sich aus Augustus' «Gentilnamen» Caesar der Titel «Kaiser» entwickelt, der am Ausgang der Antike den damals in einer mehrhundertjährigen Entwicklung zum «Herren und Gott» auf Erden gewordenen, nicht an Gesetze gebundenen Alleinherrscher bezeichnete. Die Forschung konnte den Nachweis führen, daß dieses spätantike «Dominat» vom Augusteischen Prinzipat grundlegend verschieden ist und daß man deshalb korrekterweise die Titulierung des Begründers der sog. Römischen Kaiserzeit als «Kaiser» Augustus vermeiden müßte, was sich freilich in der Praxis kaum noch wird durchführen lassen. Wie Augustus selbst seine Stellung im Staate verstand, beleuchtet der hohe Respekt, mit dem er — anders als Julius Caesar — die Körperschaft des Senats jederzeit behandelt hat. Er und sein Nachfolger Tiberius verbaten sich mit aller Entschiedenheit die Anrede «Herr» (dominus), billigten sie aber bezeichnenderweise den Senatoren, den Vertretern des republikanischen Elements, zu.

III.

Wir haben gesehen, welche einschneidenden Korrekturen die moderne kritische Geschichtswissenschaft an dem überkommenen negativen Bild des Augustus vornehmen mußte. Doch bleibt die Frage, ob die von dem ‹Princeps› inaugurierte und weitgehend abgesicherte Weltfriedenspolitik im Laufe seines rund vier Dezennien umspannenden Regimentes Erfolg gehabt hat oder ob sie — nach vielleicht verheißungsvollen Anfängen — bald ein Fehlschlag wurde. Wir erwähnten vorhin Carl Friedrich von Weizsäckers Auffassung, daß Zeitalter des Weltfriedens nicht dazu angetan seien, goldene Zeitalter zu werden. Es ist eine überraschende Feststellung, daß diese Meinung für den Augustusfrieden, das einzige Beispiel, das uns, wie bereits erwähnt,

[8] Vgl. besonders Dio Cassius 54, 23; Ed. Meyer, Kl. Schriften 1 (1924) S. 463 f.

die Geschichte Europas bietet, nicht zutrifft. Die Historie ist hier in der glücklichen [377] Lage, sich bei ihrer Urteilsbildung auf die Arbeit ihrer exakten Schwesterwissenschaften, der Klassischen Philologie und der Archäologie, stützen zu können. Die philologische Forschung hat schon vor längerer Zeit gegen aufgetretene Zweifel am geistigen Rang und an der Originalität der reich entwickelten lateinischen Dichtung und Literatur der Epoche des Augustus deren althergebrachte Benennung als «Zeitalter der goldenen Latinität» voll rehabilitieren können. Sie hat darüber hinaus nachgewiesen, daß diese Literatur nicht (gewissermaßen als eine Form von ‹Hofkunst›) durch den Prinzeps erst ins Leben gerufen worden ist, sondern daß sie bereits vorher sich herausbildete und dann im Rahmen der Friedensidee des Prinzipates ihre großartige Entfaltung erlebte, die ihr, anders als in den früheren Zeitaltern, ermöglichte, über das sie tragende national-römische Fundament hinaus zu allgemein menschlicher, d. h. ‹klassischer› Wirkung emporzudringen. Gerade weil Dichter, denen dieses in besonderem Maße gelang, wie Vergil, Horaz, Properz — um nur diese drei zu nennen — und neben ihnen ein Geschichtsschreiber wie Livius ihre geistige Selbständigkeit im Prinzipat vollauf zu wahren vermochten, wiegt die Zustimmung, die bei ihnen Persönlichkeit und politisches Wirken des Augustus fanden, besonders überzeugend. Indem die bedeutendsten von ihnen zugleich die Anknüpfung an die dichterischen Schöpfungen der griechischen Klassik suchten und fanden, verbanden sie den römischen Geist zutiefst mit dem Entwicklungsgange der allgemeinen Geisteskultur. Damit wurde das Römertum über seinen besonderen Auftrag des politischen Schutzes einer endlich befriedeten Ökumene hinaus zugleich zum Mitträger des reichen geistigen Erbes, das die Hochkultur des antiken Europa hervorgebracht hat.

Der Archäologie glückte es, in der Zeit der umfassenden, methodisch immer stärker verfeinerten Ausgrabungen dem Boden des weitgedehnten Reiches der römischen Caesaren und seinen zahlreichen Trümmerstätten wichtige Schöpfungen der Architektur, Plastik und Malerei abzugewinnen, darunter die zahlreichen Überreste des nach Stil und Feinheit der Ausführung bedeutendsten Meisterwerkes Augusteischer Kunst, des in den Jahren 13 bis 9 v. Chr. auf Beschluß des Senates für Augustus erbauten Friedensaltars, der *Ara Pacis Augustae,* die zum größten Teil wiederhergestellt werden konnte und zu den erstaunlichsten Werken antiker Kunst überhaupt gehört. Der ganz in Marmor ausgeführte Bau vereinigt in sich die hoheitsvolle Anmut klassisch-griechischer Kunst mit der von Würde und Frömmigkeit geprägten römischen Geisteshaltung. Daß dieses ausdrücklich den Augustusfrieden verherrlichende Monument ausgerechnet am Marsfelde errichtet wurde, der altgeheiligten Stätte, auf der sich seit jeher das römische «Volk in Waffen» unter dem Schutze seines göttlichen Ahnherrn, des Kriegsgottes Mars, zu politischer Beratung und Entscheidung zu versammeln pflegte, dokumentierte den Wandel der Zeiten besonders eindrucksvoll. In den prachtvoll gearbeiteten Figurenfriesen der Außenseiten sind die Teilnehmer an der Einweihungsprozession lebendig verewigt, an ihrer Spitze die (leider nur trümmerhaft erhaltene) Gestalt des Augustus. Nicht aufdringliches leeres Prunken, sondern kultivierte Klassizität ist der bestimmende Zug im Bilde dieses Prachtaltars, in dem sich das humane Wollen des machtvollen Friedensstifters und seiner Geistesverwandten widerspiegeln sollte. In den mit der Ara Pacis nahezu gleichzeitigen Werken der Bildhauerei und des Kunsthandwerks, wie etwa der Augustusstatue von Primaporta

[378] bei Rom und den ebenso kostbaren wie geschmackvollen frühkaiserzeitlichen Teilen des Hildesheimer Silberfundes sowie einer großen Zahl weiterer Werke erweisen sich Kunst und Kunstgewerbe der Augustuszeit unbeschadet ihrer Anlehnung an klassisch-griechische Vorbilder als ausgeprägt römisch und nach ihrem geistigen Rang als nahezu ebenbürtige Leistungen einer römischen ‹Klassik› neben dem überzeitlichen Glanz der altgriechischen.

Aber das Reich des Augustusfriedens erstreckte sich weit über Italien und Hellas hinaus; das Abendland und ein großer Teil der alten Kulturländer des Morgenlandes gehörten zu ihm. Es ist erstaunlich, in dem Bestande der baulichen Reste aus diesem Zeitalter auf eine majestätische römische Reichsarchitektur zu stoßen, die offensichtlich aus dem bewußten Streben nach großgedachter *Synthese* zwischen den Kunstwelten des Okzidents und des Orients erwachsen ist. Das noch heute den Besucher überwältigende, trotz seiner Trümmerhaftigkeit einfach grandiose Heiligtum von Baalbek im mittleren Syrien, in dessen Fundamenten die wohl größten Steinquadern der Kunstgeschichte verbaut sind — Leistungen, deren technische Möglichkeit angesichts der damaligen Hilfsmittel für die Forschung noch immer ein Problem ist —, zeigt in seinem äußeren Anblick das übliche Bild säulenumkränzter Tempelbauten römischen Stils, nur in geradezu riesigen Dimensionen. Die kostbare, phantasievolle Ornamentik des Steingebälks über den Säulen und die Sorgfalt ihrer Ausführung verkörpern okzidentalische Anmut, die mit orientalischer Riesenhaftigkeit eine früher wohl kaum für möglich gehaltene stilistische Verbindung eingegangen ist, und zwar so, daß das «Europäische» klar die Führung behielt. Diese Harmonisierung von Gegensätzen ist im Prinzip die gleiche wie im Verfassungsleben des Zeitalters die Zusammenschweißung monarchischer Einzelgewalt letzthin orientalischer Herkunft und republikanischer Bürgerfreiheit griechisch-römischer Provenienz im Staatsbau des Prinzipats[9]. Erst im 3. Jahrhundert n. Chr. ist die mächtige Kultstätte voll ausgebaut worden, aber ihre Anfänge gehen nach Ausweis der Ornamentik auf das Augusteische Zeitalter zurück. Baalbek ist nicht das einzige Beispiel der neuen Reichsarchitektur, die keineswegs auf die östliche Reichshälfte beschränkt blieb; man denke etwa an das Olympieion am Fuße der Akropolis von Athen, das in der ersten Hälfte des 2. Jahrhunderts unter dem damaligen «Friedenskaiser» Hadrian fertiggestellt werden konnte.

IV.

Wecken in uns die kostbaren Zeugen der Poesie und der bildenden Kunst aus der Blüte des römischen Weltfriedens ganz spontan den Eindruck, daß es sich hier (trotz Weizsäckers Besorgnissen) um ein *«goldenes Zeitalter»* gehandelt haben muß, dessen Lebensstil und Schöpfungen nicht im Widerspruch zur Weltfriedensidee entstanden sind, so bleibt noch die Frage, ob auch die Zeitgenossen — abgesehen von der pessimistischen Grundhaltung alles «heidnischen» Lebensgefühls — der *Pax Augusta*, vor allem in der Zeit ihrer Begründung, positiv gegenüberstanden und sie als Be-

[9] Vgl. meine Darlegungen in der Festschrift für K. von Raumer (Dauer und Wandel der Geschichte, hrsgeg. von R. Vierhaus und M. Botzenhardt 1966, S. 29 ff.) mit dem Titel «Der Staatsbau des Prinzipats im Spiegel römischer Reichsarchitektur»

freiung von bitterer politischer Resignation und drückender allgemeiner Hoffnungslosigkeit begrüßten. Diese Frage ist namentlich auf Grund von Originalzeugnissen, die bei den archäologischen Grabungen aus dem geschichtsträchtigen Boden gewonnen werden konnten, heute uneingeschränkt zu bejahen. Die vielleicht wichtigsten Dokumente sind umfangreiche Teile griechischer Steininschriften aus dem letzten Jahrzehnt vor Chr. Geb., die aus dem nach schwerer Notzeit neu erblühten hellenisierten Kleinasien stammen[10]. Auf einer dieser Inschriften ist der Brief verewigt, in dem der römische Statthalter Paulus Fabius Maximus den Griechenstädten vorschlägt, den Jahresanfang auf den Geburtstag des Augustus zu verlegen. Dieser Brief geht davon aus, daß der Geburtstag des «allergöttlichsten Caesar», also des Augustus, dem Kosmos, der sich bereits dem Untergange zuwenden wollte, als Neuanfang ein verändertes Antlitz gegeben habe, indem an ihm als gemeinsame Wohltat für alle der «Caesar» geboren sei. Die Griechenstädte nehmen die Anregung auf und steigern die Ausdrucksweise des Statthalterbriefes noch. In ihrer Verlautbarung heißt es wörtlich: «Die göttliche Vorsehung, die unser gesamtes Leben durchwaltet, hat als höchsten Schmuck für das Leben den Augustus hervorgebracht, den sie als besondere Wohltat für die Menschen mit Tugend hochbegabt hat, als den, den sie für uns und unsere Nachkommen als Heiland *(Sotér)* gesandt hat, um dem Kriege ein Ende zu setzen und den Schmuck des Friedens wiederzubringen. Der unter uns erschienene ‹Kaiser› hat alle früheren frohen Erwartungen noch übertroffen; er hat nicht nur alle vor ihm erschienenen Wohltäter überboten, sondern nicht einmal späteren Geschlechtern die Hoffnung darauf gelassen, jemals ihn überbieten zu können. Die erste der mit ihm in der Welt erklungenen frohen Botschaften (griech.: *Evangelien)* aber ist die Kunde von der Geburt dieses Gottes». In einer etwas späteren Inschrift heißt Augustus «Heiland des gesamten Menschengeschlechtes, dessen vorausschauende Weisheit die Gebete aller nicht nur erfüllte, sondern noch übertraf ... Die Menschen sind erfüllt von heilsamen Zukunftshoffnungen und Frohsinn angesichts der Gegenwart; sie feiern mit Wettspielen, Götterstatuen, Opfern und Hymnen». In einer lateinischen Inschrift aus Italien ist die Rede von der «Befriedung des Erdkreises, der Wiederherstellung der Republik und den ruhigen und glücklichen Zeiten, die nunmehr den Menschen zuteil wurden». Die wissenschaftliche Behandlung dieser Dokumente hat gezeigt, daß aus ihnen nicht unterwürfige Schmeichelei spricht, sondern ein gesteigertes religiöses Empfinden. In der Tat muß man sie einordnen in die mit der Erschütterung der griechischen Religion zum erstenmal bereits um 300 v. Chr. für uns sichtbar werdende, auf bedeutende *Menschen* wie Heerführer, Staatsmänner, auch Denker, sich richtende heidnische Heilandserwartung. Das griechische Wort für «Heiland» (Sotér), das vordem nur den Göttern vorbehalten war, wurde seit damals bedeutenden Persönlichkeiten als Beiname verliehen. Stets folgten darauf Enttäuschungen. Jetzt aber, im Zeitalter des Friedensfürsten Augustus, hatte jene Sehnsucht (nach heidnischer Auffassung) doch noch ihre Erfüllung gefunden. — Augustus selbst hat sich gegen solche Strömungen gesträubt. Er hat dem im griechischen Osten seit langem heimischen [379]

[10] Sie sind jetzt im Originaltext bequem zugänglich in den Documents illustrating the Reigns of Augustus and Tiberius von V. Ehrenberg u. A. H. M. Jones (Oxford 1949) S. 74 ff.

[380] Herrscherkult erst dann für das Reich zugestimmt, als er in ihm die göttliche Personifikation Roms, die Göttin Roma, vor seinen eigenen Namen an die erste Stelle rücken konnte[11].

Überblicken wir die Äußerungen von Zeitgenossen des Augustusfriedens insgesamt, soweit sie uns ein — man muß schon sagen — gütiges Geschick erhalten hat, so werden wir in ihnen unschwer eine Parallele vorfinden zu der Stimmung, die im christlichen Weihnachtslied in die Verse gefaßt ist: «Welt ging verloren, Christ ward geboren», nur daß im heidnischen Bereich an der Stelle des Namens Christi der des Augustus erscheint. Die heidnischen Zeugnisse sind älter als die christlichen. Sie lehren uns zweierlei: einmal das erfolgreiche Bemühen der werdenden Christenheit, in den griechisch geschriebenen Evangelien die ihr gewordene Offenbarung den Menschen draußen in deren eigener Begriffssprache nahezubringen, und zweitens die erstaunliche Fähigkeit, einst ehrwürdige Begriffe wie ‹Heiland›, ‹Frohbotschaft›, ‹Frieden›, die in der heidnischen Welt noch im Laufe des Jahrhunderts nach Augustus einer ständig steigenden Abnutzung und Entleerung unterlagen, mit einem Inhalt zu füllen, der ihnen ein neues, noch erheblich kraftvolleres Leben zu bescheren vermochte. Das sind freilich Vorgänge, die sich erst in der Zeit nach dem Erdenleben Jesu Christi abgespielt haben.

V.

Schaut man auf die hier in Auswahl angeführten Forschungsergebnisse zurück, so lehren sie, daß die «Erfüllung der Zeiten» für die griechisch-römische Kulturmenschheit nicht eine Agonie, eine Todeskrise gewesen ist, sondern eine Krise, aus der diese Menschheit sich mit eigener Kraft zur Genesung und zu neuer Blüte wieder emporzuarbeiten vermochte — und dazu mit einem irdischen ‹Weltheiland› als Erfüller jahrhundertealter Wünsche und Sehnsüchte. Dieser Teil der Ökumene bedurfte keines anderen Erlösers. Nun war freilich Jesus Christus nicht in die heidnische Kulturwelt gesandt, sondern nur in einen Teilbereich des Imperiums, nämlich zu den «verlorenen Schafen vom Hause Israel». Einen kurzen Augenblick lang schien es so, als wollte das Judentum, zu dem er gehörte, auf ihn hören. Die in Jerusalem versammelte Menge der Frommen jubelte ihm bei seinem Einzug zu. Aber wenige Tage später verflog dieser Hoffnungsschimmer. Die gleichen Menschen, die Jesus soeben als Erretter begrüßt hatten, entschieden sich — vor die Wahl gestellt — für einen Barabbas und damit für die schimpfliche Kreuzigung Jesu. Im Friedensreich des Augustus war er entbehrlich; in dessen unruhigster Provinz Judäa jedoch wurde er als Ärgerniserreger, als gefährlicher Schwärmer offen ausgestoßen.

Angesichts dieses Tatbestandes kann der moderne Geschichtsforscher nur dem Ausspruch des Theologen Ethelbert Stauffer beipflichten, den dieser schon vor 20 Jahren tat: «Man kann sich schwer einen weltgeschichtlichen Augenblick vorstellen, in dem der Adventus Jesu Christi überflüssiger erscheinen mochte als eben damals»[12]. Der mit

[11] Vgl. jetzt die Ausführungen von K. Kraft im Jahrbuch für Numismatik und Geldgeschichte 17 (1967) S. 17 ff.: Zum Capricorn auf den Münzen des Augustus, die seine Behandlung des Augustus-Mausoleums in Rom in der Historia 16 (1967) S. 189 ff. weiterführen.

[12] Christus und die Caesaren (1948) S. 90.

diesem Satz zutreffend umrissene Tatbestand hat, wenn ich recht sehe, für ein wissenschaftlich-kritisches Verständnis der Person Jesu und seines Zeitalters einschneidende Folgen. Mit der neuen Einsicht ist es endgültig unmöglich gemacht worden, die Erscheinung Jesu Christi irgendwie aus geschichtlichen Notwendigkeiten seiner Lebensepoche, sozusagen ‹*immanent*› herzuleiten. Mit ihr steht etwas vor uns, was sich den alltäglichen Kategorien des Begreifens entzieht. Die im Neuen Testament angesprochene Erfüllung der Zeiten kann nicht als die höchstens für längst vergangene Geschlechter vielleicht wesentliche Erfüllung eines seltsamen geschichtlichen Wunschtraumes interpretiert werden, denn dieser war im Römerreich wie in Judäa erfüllt, natürlich nur so, wie sich eben Menschen eine solche ‹Erfüllung› dachten. Mit Jesu Auftreten ragt etwas in unsere geschichtliche Welt hinein, was einer anderen Dimension der Wirklichkeit entspricht, etwas, dessen Deutung nur vom ‹*Transzendenten*› her gelingen kann. Mit dieser Erkenntnis kommt eine wahrhaft kritische Geschichtsbetrachtung heute unmittelbar der kirchlichen Verkündigung nahe, was zugleich bedeutet, daß sie sich für eine zufriedenstellende Interpretation der Gestalt Jesu Christi als historischer Erscheinung nicht mehr allein zuständig fühlen darf[13]. [381]

Die Geschichtswissenschaft hat es niemals — wie die Naturwissenschaft — nur mit dem Quantitativen zu tun, sondern in vielleicht noch höherem Maße mit dem Qualitativen. Aus dem Judentum erwuchs die kleine Schar der Jünger, die zu Jesus hielten — fraglos eine Elite, mochten sie noch so bescheidener Herkunft sein. Selbst diese Elite zerbrach, als der schreckliche Kreuzestod ihres Herrn und Meisters zugleich wie ein Gericht der erbarmungslosen Wirklichkeit über dessen erregend aufrüttelnde und trostreiche neue Verkündigung wirkte. Die christliche Überlieferung hat nichts von dieser — für die Jünger wirklich alles andere als ruhmvollen — Phase der Verzweiflung und ohnmächtigen Trauer verschwiegen. Und hier erhebt sich ein zweites Problem, das der Ursprung des Christentums für das historische Verständnis in sich birgt: Wie war es möglich, daß aus den Entmutigten binnen kurzem eine entschlossene, glaubensstarke Schar von vordem ungeahnter Dynamik wurde, die über die nötigen Kräfte verfügte, um ihrer Zeit zu beweisen, daß mit dem Wirken Jesu — nach den Worten eines hochbedeutenden, dem Christentum nicht gerade freundlich gegenüberstehenden Historikers[14] «die Axt nicht nur an die Wurzel des Judentums, sondern ebensogut an die der gesamten heidnischen Weltanschauung und damit zugleich an die des allmächtigen Weltreichs gelegt sei». Dieser ausgezeichnete Geschichtskenner konnte damals sein kritisches Gewissen damit beruhigen, daß er von den Aposteln schrieb: «Der Eindruck, den Jesus in den schlichten Männern seiner Gefolgschaft hinterlassen hatte, ließ ihnen keine Ruhe, bis sie für das Unbegreifliche, das sie erlebt hatten, das erlösende Wort gefunden zu haben glaubten. Dadurch haben sie die Fähigkeit zu einer Weltwirkung ohnegleichen erlangt». Eine solche ‹Erklärung› des (in seiner vollen Bedeutsamkeit immerhin durchaus richtig charakterisierten) geschichtlichen Vorganges ist vor allem deshalb im höchsten Maße unglaubwürdig, weil wir heute die Weltgeschichte genau genug kennen, um sagen zu können, daß eine historische Parallele für einen solchen Vorgang bislang nirgends ge-

[13] Vgl. dazu die Ausführungen in meiner 1950 erschienenen (allerdings seit längerer Zeit vergriffenen) Schrift «Das Friedensreich des Kaisers Augustus», S. 71 ff.
[14] Ed. Meyer, Ursprung und Anfänge des Christentums 2 (1921) S. 453

[382] funden worden ist. Es gibt in dieser Weltgeschichte keinen Weltstaat, der durch Überlegungen bzw. Einbildungen glaubensfroher Fischer aus seinen Angeln gehoben worden wäre oder überhaupt werden konnte. Die Folgezeit hat erwiesen, daß gleichlaufend mit der allmählichen Auflösung der *Pax Augusta* das Christentum zu einem die Welt immer stärker überschattenden Baume emporwuchs. Es ist schlechthin unmöglich, auf die Suche nach einem Samenkorn zu verzichten, aus dem allein ein solches Emporwachsen möglich wurde. Die christliche Verkündigung spricht hier von der beglaubigten Auferweckung des Herren aus Todesbanden. Ein Ereignis dieses Formats böte die von der wissenschaftlichen Forschung gesuchte Erklärung. Sie ungeprüft rundweg ablehnen zu sollen, müßte ich als eine untragbare Zumutung an den kritischen Historiker ansehen.

Es wird dabei bleiben, daß eine den Wahrheitsforscher wirklich befriedigende Deutung des tiefsinnigen Schriftwortes von der «Erfüllung der Zeiten» — wenn überhaupt — nur von der theologischen Wissenschaft gegeben werden kann. Für die Geschichtsforschung bleibt dessen ungeachtet nach wie vor die Frage Jesu Christi als Forderung an ihre Einsatzbereitschaft bestehen: «Das Gesicht von Erde und Himmel wißt ihr zu deuten; die *Zeichen dieser Zeit — wieso deutet ihr sie nicht?*»

Augustusfriede und römische Klassik

von HANS ERICH STIER, Münster i. Westf.

Inhaltsübersicht

I. Das Augustusbild in der wissenschaftlichen Forschung

THEODOR MOMMSEN, in dessen klassisch gewordener 'Römischer Geschichte' die Darstellung des Augustus fehlt, weil für ihn von seinem Bilde Julius Caesars zu dessen Nachfolger kein Weg mehr führte, hat im zweiten Abschnitt seines Forscherlebens durch sorgfältige Sammlung und Überprüfung unserer Quellen ganz gegen seine ursprünglichen Vorstellungen den Grund gelegt zu einem positiven Urteil über die eigenartige Persönlichkeit, die seitdem in der Wissenschaft anstelle Caesars als Begründer eines ganzen welthistorischen Zeitalters, der sogenannten Römischen Kaiserzeit, angesehen werden mußte. Der Wandel des Urteils hat sich nicht widerspruchslos vollzogen; es sei nur an V. GARDTHAUSENS umfassendes Werk 'Augustus und seine Zeit' erinnert, das in den Jahren 1891 bis 1904 (mit einem Nachtrag 1916) in Leipzig erschien und dem Erben Caesars in der

Hauptsache skeptisch gegenübersteht[1]. Am 15. April 1903 hielt auf der Versammlung deutscher Historiker zu Heidelberg Ed. Meyer seinen Vortrag 'Kaiser Augustus', der noch im gleichen Jahre in der Historischen Zeitschrift veröffentlicht wurde (wieder abgedruckt in den 'Kleinen Schriften', 2. Aufl. Bd. 1, Halle 1924, S. 425ff.), in dem er ebenso kenntnisreich wie kompromißlos für eine positive Bewertung der Persönlichkeit und des politischen Wirkens des Augustus eintrat. Das zeigen die Schlußworte mit aller nur wünschenswerten Deutlichkeit: „Nicht nur, daß die antike Welt sich in einer langen Friedensepoche in Ruhe ausleben konnte, sondern vor allem, daß in ihr Rom, wenn auch an zweiter Stelle, so doch neben Hellas steht, daß das Römertum uns nicht ein leerer Name ist, daß die großen Schöpfungen des Prinzipats, und vor allem das moderne Reichsrecht, römisches Gepräge tragen und als Fortbildungen der alten Institutionen und des alten Geistes Roms erscheinen, das alles ist das Werk des Begründers des Prinzipats, des Kaisers Augustus." Die nachdrückliche Abhebung des augusteischen Reichsgedankens von dem Caesars — gleichgültig, wo Ed. Meyer die Vorstufen des Prinzipats erkennen zu sollen glaubte, — in dem 1918 erschienenen und schon im nächsten Jahr in 2., verbesserter Auflage vorgelegten Meisterwerk 'Caesars Monarchie und das Principat des Pompeius' (Berlin–Stuttgart) trug zu der fortschreitenden Aufwertung des Augustus entscheidend bei und machte deutlich, daß nicht subjektives Belieben, sondern die Sprache geschichtlicher Tatsachen aus der Verschiebung des Urteils über den ersten 'Kaiser' zu vernehmen war[2].

Diese Wandlung war die Folge einer exakten Durchforschung der von J. G. Droysen wiedergefundenen Periode des — von dem Entdecker so benannten — 'Hellenismus' als des welthistorischen Bindeglieds zwischen griechischer Klassik und Christentum, deren Anfang in Leben und Wirken Alexanders d. Gr., deren Ausgang in dem griechischen Kaisertum der Spät-

[1] Vgl. V. Gardthausens Aufsatz 'Kaiser Augustus', Neue Jahrbücher für das klassische Altertum, Geschichte und deutsche Literatur 13, 1904, Abt. I, S. 241ff. Ebenda S. 241 der Hinweis, daß erst seit der Aufklärungsbewegung Augustus als angeblicher Vernichter der römischen Republik ungünstig beurteilt wurde; *«Il est donc permis aujourd'hui de regarder Auguste comme un monstre adroit et heureux»*. Dazu stimmt die Verurteilung des Augustus durch J. H. Voss in Deutschland: „Diesem herrschsüchtigen, listigen und grausamen Jünglinge konnten jetzt in Italien außer den räuberischen Legionen . . . nur die verdorbensten Bürger . . . gewogen sein" (zitiert bei H. Hommel, Vergils „messianisches" Gedicht, Theologia viatorum 2, Berlin 1950, S. 204 Anm. 3). In Äußerungen dieser Art ist deutlich eine Politisierung des geschichtlichen Urteils festzustellen; es wäre ein Unglück, wenn sich die wissenschaftliche Forschung auf diesen Irrweg zurückdrängen ließe. — Schon Jean Paul sagte (Weltgedanken und Gedankenwelt, ausgewählt von R. Benz, Kröners Taschenausgaben 153, Stuttgart 1938, S. 160): „Es gehört mehr Kenntnis dazu, einen Friedensfürsten als einen Kriegsfürsten zu malen." Augustus ist nun einmal der Friedensherrscher par excellence; Caesar war es nicht.

[2] Aus der Blütezeit der deutschen Griechenbegeisterung stammt interessanterweise Goethes Bekenntnis zum Römertum auf seiner Rheinlandreise am 11. August 1815 gegenüber Sulpice Boisserée: „Alles Römische ziehe ihn unwillkürlich an; dieser große Verstand, diese Ordnung in allen Dingen sage ihm zu, das griechische Wesen nicht so — die Liebe und Neigung dafür habe er sich nur angeeignet": Ed. Firmenich-Richarz, Die Brüder Boisserée, 1 (Jena 1916) S. 405.

antike zu sehen sein sollte. Das riesige Ausmaß der Konzeption eines solchen Zeitalters konnte der Aufgabe aller geschichtlichen Periodisierungen, den Ablauf des Geschehens durch eine den Ereignissen angepaßte organische Gliederung für den Betrachter besser sichtbar und begreiflich zu machen, nicht genügen. Immer deutlicher hob sich heraus, daß mit der Aufhebung der letzten großen Monarchie aus der Nachfolge Alexanders durch Augustus das Gesicht der antiken Kulturwelt sich grundlegend verwandelte und daß die mit dieser Veränderung engstens verbundene Latinität in allen Kulturbereichen, namentlich in der lateinischen Literatur, die damals erst ihr 'goldenes' und ihr 'silbernes' Zeitalter erlebte, ganz eindeutig lehrte, daß dem Neuen nicht nur politische Vorgänge zugrunde lagen. Im Bereiche der zeitgenössischen griechischen Kulturmenschheit war den Zielsetzungen der hellenistischen 'Moderne'[3], wie sie schon DROYSEN nannte, mit einem fundamentalen Zurückgreifen auf die hellenische Klassik sogar schärfster Widerspruch entgegengesetzt worden. Die schönste Schöpfung der neuen Richtung in der bildenden Kunst, das Wunderwerk der Ara Pacis, spiegelt den neuen Geist des 'Attizismus'[4] im Sinne einer neuen, diesmal römischen Klassik geradezu leuchtend wider. Genauso stellt die in ihr gestaltete, gleichfalls in diesem Umfange neue Idee eines dieser Benennung würdigen Weltfriedens ein klares Abrücken dar von dem Gloire-Denken des makedonischen Zeitalters mit einer an das homerische Heldenepos erinnernden Mentalität kriegerischer Fürsten. Die grandiose, als künstlerische Synthese 'orientalischer' Riesenhaftigkeit und 'okzidentaler' Anmut einzigartige römische Reichsarchitektur[5] hebt sich so unverkennbar von aller hellenistischen Baukunst ab, wie das Prinzipat des Augustus von der hellenistischen Monarchie. Die klassische Philologie konnte Eigenart und geistigen Rang der Dichter der goldenen und der silbernen Latinität neu sichtbar machen. Alles in allem genommen hat sich herausgestellt, daß die mit Augustus beginnende und bis in die Zeit der 'Soldatenkaiser' hinüberreichende Ära nicht lediglich als eine mehr oder weniger 'barbarische' Sondergruppe innerhalb der alles überstrahlenden Erscheinung des Hellenismus anzu-

[3] J. G. DROYSEN, Briefwechsel (herausgeg. v. R. HÜBNER, 2 Bde., Deutsche Geschichtsquellen des 19. Jhdt., Bd. 25/26, Stuttgart–Berlin 1929), Bd. 1, S. 253; F. JACOBY, Die griechische Moderne, Kieler Rektoratsrede 1924; H. E. STIER, Aus der Welt des Pergamonaltars (Berlin 1932) S. 138ff.

[4] H. E. STIER, Grundlagen und Sinn der griech. Geschichte (Stuttgart 1945) S. 314f.; U. v. WILAMOWITZ-MOELLENDORFF, Asianismus und Attizismus, Hermes 35 (1900) S. 1ff., abgedr. in: DERS., Kleine Schriften. Bd. 3, Berlin 1969, S. 222—273. Für die Umwälzung im literarischen Bereich bietet bekanntlich das ausführliche Proömion des in Rom wirkenden Dionys von Halikarnassos zu seiner Schrift über die alten Redner ein eindrucksvolles Stimmungsbild.

[5] Vgl. dazu meine Studie 'Der Staatsbau des Prinzipats im Spiegel römischer Reichsarchitektur' in: Dauer und Wandel der Geschichte, Festgabe für K. v. Raumer (Münster 1966) S. 29ff. Die Unterschiede zwischen griechischer und römischer Stadtplanung sind zuerst von A. v. GERKAN, Griechische Städteanlagen (Berlin 1924), herausgearbeitet worden. Hierzu jetzt auch R. CHEVALLIER, Cité et territoire. Solutions romaines aux problèmes de l'organisation de l'espace, oben in diesem Werk (ANRW), Bd. II 1 (Berlin–New York 1974) S. 649—788, bes. 691ff.

sprechen ist, sondern als eine Epoche sui generis unter den welthistorischen Zeitaltern dasteht. Damit hat das Phänomen Augustus an geschichtlicher Bedeutsamkeit immer stärker zugenommen. Keine klassizistische Heroisierung, deren Gespenst man heutzutage bald in jeder Ecke der Forschung aufstöbern zu müssen meint, hat die Umwertung verursacht, sondern unvoreingenommenes Studium nüchterner Tatsachen. Nicht nur als Spielball der Fortuna kann Augustus an die Spitze der damaligen Kulturwelt gehoben worden sein; schon der von ihm geprägte und sorgsam beobachtete Wahlspruch *festina lente*[6] zeigt das schlagend, gerade in der diametralen Verschiedenheit von dem Ausspruch Julius Caesars zu seinem Schiffer: „Getrost, du fährst Caesar und seine Tyche!"

Angesichts dieser mit erheblicher geistiger Anspannung erarbeiteten Einsichten war es im Grunde nicht vorstellbar, daß seriöse Forschung erneut zu einem weithin ungünstigen Augustusbilde zurückkehren würde. Dennoch ist es bekanntlich dazu gekommen, und zwar mit dem 1939 veröffentlichten, 1951 in 2. Aufl. erschienenen Werk des vorzüglichen Oxforder Tacituskenners R. Syme über die 'Römische Revolution'. Hier wird wieder — wie einst von Oswald Spengler (Untergang des Abendlandes, Bd. 2, München 1922, S. 230[7]) — die These vertreten, nicht Oktavian, sondern Antonius habe die eigentliche Linie der römischen Geschichte weitergeführt und sei nur vermittels der ebenso skrupellosen wie merkwürdigerweise erfolgreichen Machtpolitik seines Gegenspielers an der Erreichung seines Zieles gehindert worden — des gleichen Zieles, das Caesar anstrebte. Syme bekennt sich zu einer Betrachtungsweise[8], von der er zugibt, sie sei heute unmodern geworden, nämlich den Aufstieg des Augustus wieder vom Standpunkt des Antonius aus zu erzählen; zu seiner Rechtfertigung greift er auf den Gemeinplatz zurück, in der bisherigen, angeblich zumeist 'panegyrischen' Betrachtung[9] liege die Gefahr, Person und Taten des Siegers zu nachsichtig einzuschätzen. In wichtigen Angelegenheiten hätten Tacitus

[6] Sueton, Aug. 25: σπεῦδε βραδέως. Vgl. dazu B. Haller, C. Asinius Pollio als Politiker und zeitkritischer Historiker (Diss. Münster 1967) S. 146ff.

[7] „Aktium — hier hätte Antonius siegen müssen. Es war nicht der Entscheidungskampf zwischen Römertum und Hellenismus, der zum Austrag kam; der ist bei Cannae und Zama ausgefochten worden . . . Bei Aktium stand die ungeborene arabische Kultur gegen die greisenhafte antike Zivilisation . . . Antonius' Sieg hätte die magische Seele befreit; seine Niederlage führte die starre Kaiserzeit über ihre Landschaft herauf . . ." Zur Kritik vgl. J. Lindsay, Cleopatra (New York 1971) S. 471ff.

[8] S. 6f.: Das Werk gibt sich als "*attempt to record the story of the Roman Revolution and its sequel, the Principate of Caesar Augustus, in a fashion that has now become unconventional, from the Republican and Antonian side. The adulatory or the uncritical may discover in this design a depreciation of Augustus: his ability and greatness will all the more sharply be revealed by unfriendly presentation.*"

[9] Angenommen, es habe wirklich eine Tendenz zur panegyrischen Verherrlichung des Augustus gegeben, so lag sie der modernen deutschen Geschichtswissenschaft nicht, die schon vor 1914 in Fr. Meinecke, O. Hintze u. a. dem 'borussischen Mythus' der deutschen Geschichte nachdrücklich zu Leibe ging. Die Frage ist eben, was sie bewog, die Gestalt des Augustus positiv zu beurteilen — bloße Panegyrik war es jedenfalls nicht.

und GIBBON richtiger gesehen als die Neueren — woraufhin sich die Frage erhebt, ob es für die Bildung etwa besser gewesen wäre, ein für die Gestaltung modernen Lebens so wichtiges Gebiet wie die Geschichte nach vorwissenschaftlichen Kategorien zu betrachten und auszulegen, d. h. den Rationalismus GIBBONs für der Weisheit letzten Schluß zu halten[10]. Für SYME haben Caesar und Brutus beide recht, wobei man angelangt wäre bei der Formel aus dem vorigen Jahrhundert: «*Tout comprendre c'est tout pardonner*». Für SYME schrumpft die Gestalt des Octavian zu einem revolutionären 'Führer' zusammen, der — wie üblich — die Macht ergriff, Vermögen und Besitz neu verteilte und eine ihm treu ergebene Partei zur Herrschaft brachte, an deren Spitze er sich natürlich stellte[11]. Während alles Licht auf den Besiegten, Marcus Antonius, fällt, dessen Partherzug sogar entgegen den Quellen als ein im wesentlichen positiv zu sehendes, nur von gegnerischer Propaganda verkleinertes Ereignis zu werten sei (p. 264f.), bricht gegen Ende seines gewichtigen Buches (p. 479f.) SYMEs Abscheu gegen Augustus offen heraus und macht nicht einmal vor dessen Gesundheitszustand und äußerer Erscheinung halt, wobei die Einzelheiten, die Sueton in seiner Augustusbiographie c. 79ff. gesammelt hat und die dort keineswegs das in hellen Farben gemalte Bild des Princeps verdunkeln[12],

[10] In der deutschen Geschichtsforschung der Mitte und der zweiten Hälfte des vorigen Jahrhunderts gab es eine 'politische' Strömung, die im Unterschied zu NIEBUHR und RANKE die Parteilichkeit als Richtschnur anerkannt sehen wollte. J. VOGT hat gelegentlich Äußerungen ihrer Vertreter gesammelt (Tacitus und die Unparteilichkeit des Historikers, in: DERS., Orbis. Ausgewählte Schriften zur Geschichte des Altertums, Freiburg–Basel–Wien 1960, S. 111f.), die den heutigen deutschen Leser vorwissenschaftlich anmuten müssen.

[11] In seinem Vorwort (p. VIII) heißt es: "*Yet it is not necessary to praise political success or to idealize the men who win wealth and honours through civil war.*" Soweit ich sehe, hat sich die strenge Wissenschaft mit der Geschichte des Augustus von diesem Gesichtspunkt aus, der völlig von der *saeva necessitas* abstrahiert, nicht befaßt. Die Themen jenes Zeitalters lauten: Republik oder Monarchie, Isolationismus oder Interventionismus, Hellenismus oder Römertum, Dionysos oder Apollo (vgl. D. MANNSPERGER, Apollon gegen Dionysos. Numismatische Beiträge zu Octavians Rolle als Vindex Libertatis, Gymnasium 80, 1973, S. 381ff. und jetzt auch DERS., ROM. ET AUG. Die Selbstdarstellung des Kaisertums in der römischen Reichsprägung, oben in diesem Werk [ANRW], Bd. II 1 [Berlin–New York 1974] S. 919—996, bes. S. 932), Welteroberung oder Weltbefriedung, nicht aber, wer wem mit was für Mitteln Beute abnahm bzw. zuschob. SYMEs Grundfehler war, das Wirken des Octavian in die 'Römische Revolutionszeit' mit einzubeziehen, die er bekämpfte und überwand (Preface p. VII). Revolutionen zerstören, aber bauen nicht neu. Das Augusteische Zeitalter ist die Epoche eines geradezu grandiosen Wiederaufbaus gewesen; SYMEs Schlußworte (s. u. S. 10) erkennen es an, ebenso D. EARL, wenn er (Augustus und seine Zeit, deutsche Ausgabe Wiesbaden 1969 S. 194 unten) schreibt: „Es handelt sich dabei nicht um eine nebelhafte Episode in der uns fernen Historie eines uns fernen Volkes. Das Zeitalter des Augustus stellt eine entscheidende Epoche in der Geschichte ganz Europas dar, und seine Auswirkungen und Ergebnisse sind noch heute für uns Gegenwart."

[12] S. Sueton a. O. 83 Schluß: *pumilos atque distortos et omnis generis eiusdem ut ludibria naturae malique ominis abhorrebat* — ein Zeichen, daß Augustus selbst eine erfreulich 'normale' Erscheinung sein wollte und war. — Hinzugefügt sei hier noch, daß der Anstoß, den neuere Kritik an Wendungen wie *classis mea* im 'Monumentum Ancyranum' (26) nehmen zu müssen glaubte, hinfällig ist, sprach doch Ende Mai 1965 bei ihrem Besuch in der Bundes-

samt und sonders für das Gegenteil in Anspruch genommen werden[13]. Daß die Neuordnung der von Rom beherrschten Welt von Bestand war, erscheint zu erheblichem Maße als Laune des Schicksals, das dem fast ständig kränkelnden Staatsmann ein hohes Alter zuteilte — als ob nicht etwa bei einem Ableben des Augustus infolge der ihm besonders heftig zusetzenden gesundheitlichen Krise des Jahres 23 v. Chr. Persönlichkeiten vorhanden gewesen wären, die das begonnene Werk hätten vollenden können[14], man denke doch nur an seine Stiefsöhne Tiberius und Drusus oder an Agrippa. Auffallend ist, wie selten für die immerhin recht dezidierten Urteile in SYMEs Buch — nicht nur über Augustus — eine wissenschaftlich vertretbare Begründung gegeben wird. Daß Tacitus so verfahren ist, dürfte im Bereiche historischer Wahrheitserforschung keine Empfehlung bedeuten, wie schon die völlige Verzeichnung des Germanicus und des Tiberius in seinen 'Annalen' augenfällig gemacht hat[15]. Aber es ist auch eine Tatsache, daß die deduktiv verfahrende 'taciteische' Erzählungsform den Leser in ihren Bann schlägt. So hat vor kurzem ein Neuhistoriker (G. MANN in einem am 25. April 1971 in Passau gehaltenen Vortrag über 'Geschichtsunterricht heute') das Werk von R. SYME „die großartigste Darstellung und Analyse der römischen Revolution" genannt. Erstaunlicher wirkt, daß auch die Fachwelt sich beeindruckt zeigte. Beispielsweise hat D. EARL in seiner 1968 in London erschienenen Darstellung des 'Zeitalters des Augustus' von dem Buche seines Oxforder Kollegen gesagt, es habe „die Erforschung des augusteischen Prinzipats revolutioniert"[16]; seit seinem Erscheinungsjahr 1939 müßten alle älteren Werke, seien sie „auch heute noch sehr nützlich und lehrreich, in gewissem Maße als überholt gelten"[17]. Die 1957 in Stuttgart erschienene deutsche Ausgabe verzichtete

republik Deutschland Königin Elisabeth II. von England von „meinen Streitkräften", ohne damit etwa absolutistische Neigungen zu 'enthüllen'.

[13] Den Nachweis, daß SYMEs schnellfertige Charakteristik Kleopatras VII.: "*Cleopatra was neither young nor beautiful*" (Rom. Revol. ²Oxford 1952, S. 274, deutsche Ausgabe Stuttgart 1957 S. 286), irrig ist, hoffe ich an anderer Stelle vorlegen zu können.

[14] Am Ende seines Buches (p. 521 oben) gibt SYME selbst zu, daß eine solche Möglichkeit bestand.

[15] Richtig hat J. VOGT schon 1934 über die Darstellung des Tiberius bei Tacitus geschrieben: „Die Verallgemeinerungen, die er von dem Verhalten des Tyrannen gibt, und die Charakterzüge, die er im ganzen von ihm entwirft, werden durch die im einzelnen berichteten Maßnahmen und Äußerungen des Herrschers nicht gestützt, sondern großenteils widerlegt. Der Geschichtsschreiber hat dieses Mißverhältnis offenkundig selbst empfunden. Er hat sich aber durch die Tatsachen nicht bestimmen lassen, seine Gesamtauffassung zu ändern" (wieder abgedruckt in 'Orbis' [ob. Anm. 10] S. 122).

[16] S. 6 der deutschen Ausgabe von 1969.

[17] a.a.O. S. 198; J. M. CARTER, Die Schlacht bei Actium (deutsche Ausgabe Wiesbaden 1972 [engl.: The Battle of Actium, London 1970]) S. 297: „Das großartige Werk 'The Roman Revolution' von Sir Ronald Syme, in sich schon eine Revolution der Erforschung römischer Geschichte in England." „Das epochemachende Buch von R. Syme": D. TIMPE, Rez. H. BUCHHEIM, Orientpolitik, Gnomon 34, 1962, S. 173. Auch C. M. WELLS reiht sich in seinem fleißigen Buch über 'The German Policy of Augustus, an Examination of the Archaeological Evidence' (Oxford 1972) in diesen Chorus mit ein. In dem sonst dankenswerten Buch von P. MACKENDRICK, The Mute Stones Speak. The Story of Archaeology

dementsprechend fast ganz auf die Beigabe des reichen Apparats von Anmerkungen, den SYME seinem Buche beigab, und dokumentierte damit, welches nahezu unbedingte Vertrauen sie dem Text entgegenbrachte. Es wird sich also im Interesse der Wahrheitsfindung nicht umgehen lassen, die Perspektivenänderung, die SYME gebracht zu haben glaubt, kritisch zu überprüfen; wenn auf den folgenden Seiten einiges dazu beigetragen wird, so geschieht es selbstredend *sine ira et studio* — es sei mit Tacitus ausdrücklich hinzugefügt: *quorum causas procul habeo.*

SYMEs Sicht auf Augustus und sein Zeitalter verliert einiges Befremdliche, wenn man sich vergegenwärtigt, daß ihm ebenso wichtig wie der Protagonist dessen Umgebung ist, die er als „Partei" bezeichnet. Auf p. 60 schreibt er: "*Without a party a statesman is nothing*" — freilich eine Feststellung, die höchstens auf moderne Verhältnisse bezogen werden kann, bezeugt doch Plutarch in seiner Biographie des Perikles (Kap. 14) nach zuverlässiger Überlieferung, daß der bedeutendste Staatsmann des klassischen Athen ohne eine Partei regieren mußte und sein Volk den Versuch der Gründung einer Partei (ἑταιρία)[18] durch seine oligarchischen Gegner im Ostrakismos 443 v. Chr. unmißverständlich ablehnte. Daß Perikles' politisches Wirken darunter nicht im geringsten gelitten hat, ist allbekannt. Gegen die Gleichsetzung der römischen Klientel mit einer modernen Partei und gar noch der des totalitären Typs mit strengem Fraktionszwang und dergleichen, die mehr einem Kampfverband als einem freien Zusammenschluß Gleichgesinnter ähneln, ist längst von sachkundiger Seite das Nötige gesagt worden[19]. Nimmt man hinzu, daß bei SYME die gelegentliche Bezeichnung des Augustus als *dux* so vollgewichtig verwendet wird wie der Titel 'Duce' für Mussolini als Haupt seiner Faschistengarde in Italien bzw. der danach kopierte Titel 'Führer' für Hitler in Deutschland, so kann man sich — zumal mit Rücksicht auf das erste Erscheinen des Buches Ende der 1930er Jahre — des Eindrucks nicht erwehren, als wäre hier wieder einmal antike Geschichte in anachronistischer moderner Verfälschung zu deren Schaden verkannt dargeboten, also ein Schritt zu MOMMSENS 'Römischer Geschichte' zurück getan worden. SYME sieht es anders: Eine Sammlung aller Nachrichten über Leben, Gesinnung und Schicksal der Mitstreiter und Gegner des Augustus sollte als 'Prosopographie' das breite Fundament liefern für

in Italy, New York 1960 (deutsche Übersetzung unter dem Titel 'Roms steinernes Erbe. Römische Archäologie in Italien', Wiesbaden 1967) enthält das 6. Kapitel über Augusteische Kunst Äußerungen, die offensichtlich von SYMES Werk inspiriert sind. Vgl. auch J. LINDSAY, Cleopatra (ob. Anm. 7). — A. H. M. JONES, dessen Augustusbild von dem, das SYME entwerfen zu sollen glaubte, völlig abweicht, hat seine Kritik sehr vorsichtig formuliert (Augustus, London 1970, S. 187): "*Professor Syme has a curious affection for the nobiles and a violent prejudice against Augustus, but the picture he draws is a valuable corrective to the conventional view.*"

[18] Vgl. STIER, Die klassische Demokratie. Arbeitsgemeinschaft f. Forsch. d. Landes NRW, Geisteswiss. Abh. 3 (Köln 1954) S. 18f.

[19] *Partes* bzw. *pars* in den historischen Quellen (etwa in der Sallustischen Invektive gegen Cicero) einfach mit 'Parteien' bzw. 'Partei' wiederzugeben, wäre eine ebenso bequeme wie unzulässige Vergröberung.

eine korrekte Rekonstruktion seiner Persönlichkeit und seines Wirkens — „sein Lager nur erkläret sein Verbrechen", mit SCHILLERS 'Wallenstein' zu reden. F. MÜNZER war mit seinen 'Römischen Adelsparteien und Adelsfamilien' (Stuttgart 1920) für die Zeit der Republik vorangegangen, nicht ohne zuweilen in die Gefahr zu geraten, die großen geschichtlichen Faktoren mit Rivalitäten und Bestrebungen führender Geschlechter und Persönlichkeiten — dem üblichen Bild aristokratischer Gemeinwesen — allzu sehr zu identifizieren. Bei SYME rückt die Prosopographie beinahe zur zentralen Methode auf. Es ist zweifellos ein Gewinn, neben den Hauptakteuren des großen Dramas die Fülle der Zeitgenossen, soweit erreichbar, vorgestellt zu bekommen. Aber daß der Prosopographie für die Erforschung antiker Geschichte enge Grenzen gezogen sind, ist kürzlich wieder evident geworden, und zwar in der ergebnisreichen Studie von A. FERRIL, Prosopography and the Last Years of Augustus, Historia 20 (1971) S. 718—731. Der Verfasser hat gezeigt, daß prosopographisches Material nur dort eindeutig interpretiert werden kann, wo ausführliche literarische Quellen den rechten Hinweis geben. Es bleibt dabei, daß prosopographische Forschung im großen und ganzen die Historie wohl zu ergänzen, nicht aber zu ersetzen vermag[19a]. Von hier aus ist jedenfalls eine fruchtbringende Kritik an dem 'klassischen' Augustusbild mit dem Ziel seiner Aufhebung nicht möglich[20].

Aber ging es SYME wirklich um sie? Wie soll man nach seinen Haßtiraden gegen den machtgierigen, von Ehrgeiz zerfressenen Octavian und seine 'Partei' die — als solche natürlich besonders gewichtigen — Schlußworte des Buches verstehen: „Durch seinen Ehrgeiz rettete und erneuerte er das römische Volk"? Dann war also dieser *dux* weltenweit verschieden von den kümmerlichen 'Führern' unserer Tage, die ihre gepriesenen Völker nicht nur nicht aus ihrer Not retteten und regenerierten, sondern sie einem nahezu totalen Verderben überantworteten, aus dem erst fremde Sieger sie — paradox gesagt — befreiten. Das Urteil der Geschichte ist nun einmal an den Erfolg gebunden, wohl verstanden: nicht den nur episodischen,

[19a] Zu diesem Thema vgl. in dem vorliegenden Werk (ANRW) die allgemeinen und grundsätzlichen Beiträge von T. R. S. BROUGHTON, Senate and Senators of the Roman Republic: The Prosopographical Approach, Bd. I 1 (Berlin–New York 1972) S. 250—265; H.-G. PFLAUM, Les progrès des recherches prosopographiques concernant l'époque du Haut-Empire durant le dernier quart de siècle, Bd. II 1 (Berlin–New York 1974) S. 113—135 und A. J. GRAHAM, The Limitations of Prosopography in Roman Imperial History (with Special Reference to the Severan Period), ebd. S. 136—157 sowie als Beispiel einer neuen prosopographischen Einzeluntersuchung zur Zeit der späten Republik J.-M. DAVID—S. DEMOUGIN—E. DENIAUX—D. FEREY—J.-M. FLAMBARD, Le 'Commentariolum Petitionis' de Quintus Cicéron. Etat de la question et étude prosopographique, Bd. I 3 (Berlin–New York 1973) S. 239—277.

[20] Nur nebenbei sei bemerkt, wie bedauerlich es den Leser anmuten muß, daß in SYMES Prosopographie der Persönlichkeit der Octavia minor, der Schwester des Augustus, nicht eine ausführliche Behandlung gewidmet ist. Schließlich war sie eine der untadeligsten und einflußreichsten Gestalten in dieser Zeit. Daß Plutarch, Antonius 31, von ihr überlieferte, sie sei ein χρῆμα θαυμαστόν, ὡς λέγεται, γυναικός gewesen, ist nie bestritten worden. Das Verhältnis zu ihrem Bruder war das denkbar beste. Sollte das für unser Urteil über den ersten Princeps ganz unerheblich sein?

sondern den epochemachenden. Ehrgeiz und Machtgier als alleinige Kategorien eignen sich offensichtlich noch nicht dazu, Gestalten, die epochale Wenden in der Geschichte der Menschheit heraufführten, wirklich zu begreifen. „Für den Kammerdiener gibt es keine großen Männer; das liegt freilich am Kammerdiener, nicht an den großen Männern" — mit dieser lapidaren Feststellung hat HEGEL ein für allemal davor gewarnt, das Niveau historischer Interpretation allzu niedrig anzusetzen. Vor allem gilt es, sich dort vor der Heranziehung trügerischer Ähnlichkeiten zu hüten, wo das methodisch geschulte und damit in die Tiefe dringende Auge nur fundamentale Verschiedenheiten wahrnimmt[21].

Inzwischen ist die exakte, entsagungsvolle Kleinarbeit unermüdlich tätig gewesen. Im Jahre 1967 hat B. HALLER in seiner Münsteraner Dissertation 'C. Asinius Pollio als Politiker und zeitkritischer Historiker' nachzuweisen vermocht, daß dieser ausgezeichnete Mann „bisher zu einseitig als Republikaner und als Freund des Antonius betrachtet und daß darüber der kritisch betrachtende und urteilende Historiker übersehen wurde" (S. 206f.). „Friede und Sicherheit waren immer Pollios eigenes politisches Ziel gewesen ... So wie er es ablehnte, seinen ehemaligen Freund zu verunglimpfen, weigerte er sich auch, auf den Sieger Octavian eine laudatio zu schreiben" (S. 216f.). Diese neuen Erkenntnisse richten sich zugleich gegen SYMEs Verfahren, in Asinius Pollio lediglich einen Antonianer zu sehen und damit Antonius und den römischen Republikanismus miteinander in Verbindung zu bringen[22]. — K. KRAFT zeigte u. a., daß die Errichtung des Augustus-Mausoleums in Rom nichts mit dynastischen Bestrebungen des Augustus zu tun habe, sondern ein Symbol dafür sein sollte, daß in Zukunft der Mittelpunkt des Imperiums in Rom bleiben und nicht etwa nach Alexandria oder in eine andere östliche Gegend verlegt werden würde[23]. Den Steinbock (*capricornus*) als angebliches Nativitätszeichen des

[21] Zu den Quellenstellen, die immer wieder in diametral verschiedenem Sinn aufgefaßt werden, gehören, wie allbekannt, Augustus' von Sueton (Aug. 99) berichtete letzte Worte an seine Freunde mit der Aufforderung, wenn er ihnen seine Rolle im Leben (*mimum vitae*) richtig (*commode*) gespielt zu haben scheine, ihm Beifall zu spenden. Jetzt hat D. FLACH (Zum Quellenwert der Kaiserbiographien Suetons, Gymnasium 79, 1972, S. 284f.) wieder versucht, in dieser Nachricht den Sterbenden als „eitlen Mimen und Meister der Verstellungskunst" gezeigt zu sehen. Aber dagegen spricht mit aller Deutlichkeit Cicero, Cato maior 64: *Quae sunt igitur voluptates corporis cum auctoritatis praemiis comparandae? Quibus qui splendide usi sunt, ei mihi videntur fabulam aetatis peregisse nec tanquam inexercitati histriones in extremo actu corruisse.* Man sieht aus Ciceros Ausspruch nun wirklich *solis luce clarius*, wie nahe der mittelmeerischen Menschenart, die in der Anthropologie nicht zu Unrecht als 'Darbietungstyp' bezeichnet worden ist, der Vergleich des menschlichen Lebens mit dem Durchspielen einer Rolle auf der Schaubühne lag. Nicht darauf kam es an, daß Augustus eine Rolle spielte, sondern daß er sie bis zum Ende gut spielte. Von Eitelkeit und Verstellungskunst ist hier nirgends die Rede.

[22] a. a. O. S. 5ff. HALLERS grundlegend verändertes Bild einer so wichtigen Persönlichkeit wie der des Asinius Pollio ist im Zuge einer streng methodisch verfahrenden Quellenforschung in nahezu ständiger Auseinandersetzung mit SYME gewonnen worden. (Vgl. jetzt auch M. GELZER, Die drei Briefe des C. Asinius Pollio, Chiron 2 [1972] S. 297ff.).

[23] Der Sinn des Mausoleums des Augustus, Historia 16 (1967) S. 189ff.

Augustus erkannte KRAFT als eindrucksvollen Hinweis darauf, daß der Princeps sich in seiner Staatsführung vom Wohle der Allgemeinheit, nicht wie Antonius von seinem eigenen allein leiten lassen würde[24]. G. ALFÖLDY wies durch eine vertiefte Interpretation der Ablehnung der Diktatur durch Augustus im Jahre 22 v. Chr. die Zuverlässigkeit der Bemerkung im Monumentum Ancyranum 5 nach: *nullum magistratum contra morem maiorum delatum recepi* (Die Ablehnung der Diktatur durch Augustus, Gymnasium 79 [1972] 1ff.). G. A. LEHMANN setzte die Reihe neuer Entdeckungen fort; in dem von G. RADKE herausgegebenen Sammelband 'Politik und literarische Kunst im Werk des Tacitus'[24a] (S. 23ff.) erbrachte er den Nachweis, daß der Gedanke der Alexanderverehrung und -nachfolge in der ersten Phase der römischen Kaiserzeit nicht „eine Frage zufällig-persönlicher Vorlieben war", sondern bereits bei Germanicus politisch, und zwar als Rückgriff auf Marcus Antonius, seinen Großvater, zu verstehen ist. Der Verfasser verwies mit Recht darauf, wie fern der hier sichtbar werdenden *imitatio Alexandri* die Haltung des Augustus gegenüber dem Andenken an den großen Makedonenkönig steht (S. 35f.). Damit bestätigt sich erneut, daß Antonius — und Caesar — in die Entwicklungslinie des Hellenismus, nicht die des Römertums einschwenkten, was SYME gerade in Abrede zu stellen suchte. Man sieht, daß die Fortschritte der Forschung, die sich ja nicht in neuen Auffassungen, sondern in der Feststellung neuer bzw. bisher verkannter oder unbemerkter wichtiger Tatsachen niederschlagen, eine seit nunmehr einem reichlichen Menschenalter propagierte Umwertung des Augustus nicht empfehlen, ja deutlich widerraten[25].

[23] Zum Capricorn auf den Münzen des Augustus, Jahrbuch f. Numismatik und Geldgeschichte 17 (1967) S. 18ff., S. 27: „Mit dem im Vorstehenden erschlossenen Sinngehalt (*natus ad rei publicae salutem*) erhält, so glaube ich abschließend sagen zu dürfen, die Darstellung des Capricorn auf den Münzen die richtige Wertung. Die Darstellung des Nativitätszeichens hätte demnach nichts mit Erhebung des Octavian-Augustus in göttliche Sphären und mit Betonung absoluten Herrschertums zu tun, sie ist auch nicht nur eine persönliche Anspielung oder eine allgemeine Glücksdevise, sondern enthält letzten Endes den Grundgedanken der Prinzipatsideologie, die sich im übrigen schon vor 28 v. Chr. und nicht zuletzt aus Formulierungen Ciceros entwickelte. Augustus ist der zum Heil des römischen Staates Geborene, dem die Sterne der Geburtsstunde geradezu zwingend bestimmt haben, kein Tyrann zu sein, sondern ein *vindex libertatis populi Romani*. So aufgefaßt, fügt sich in der spanischen Prägung das Nativitätszeichen des Augustus organisch zu *clipeus* und *corona civica*, mit denen es auch auf einer Prägung des Tiberius für den Divus Augustus (Taf. 2,8) tatsächlich verbunden erscheint. Alle drei Symbole sind im Grunde nur Variationen eines einheitlichen Themas: der Beste der Bürger, der Retter der Bürger, der zum Heil des Staates geborene *vindex libertatis*. Darüber hinaus drückt der Capricorn (seit 30 v. Chr.) ebenso wie Schild und Eichenkranz eine Ehrung aus, nämlich die Tatsache, daß der Senat den Geburtstag des Octavian Augustus zu einem Glückstag für Rom erklärt hatte. An der Ehrlichkeit des Princeps bei dem bedeutungsschweren Entschluß zur Annahme dieser Ehrung kann m. E. nicht mehr gezweifelt werden." — Sehr besonnen urteilt über Augustus J. VOGT (Caesar und Augustus im Angesicht des Todes, Gymnasium 80, 1973, S. 421ff. = Saeculum 23, 1972, S. 3ff.).

[24] Vgl. unt. S. 28.

[24a] Der altspr. Unterricht. Beiheft 1 zu Reihe 14, Stuttgart 1971.

[25] Hier ist zu vermerken, daß auch im Bereiche der klassischen Philologie seit einiger Zeit Strömungen sichtbar wurden, die nur als rückschrittlich beurteilt werden können. Eine

II. Die Welt als Beute Roms

Daß es unter Sachkennern zu den oben angesprochenen Wertungsdifferenzen bezüglich der Person und der Leistungen des Augustus gekommen ist, lag natürlich nicht nur am Belieben der neueren Betrachter, sondern an der Tatsache, daß das Leben des Caesarerben in zwei ihrem Inhalt nach ganz verschiedene Abschnitte zerfällt: die anderthalb Jahrzehnte Bürgerkrieg (44—30 v. Chr.) und die dreimal so lange Prinzipatszeit (30 v. bis 14 n. Chr.). Von ihnen ist die erste eine ausgesprochene Kampfzeit gewesen, in der es nicht nur um Macht und Schicksal ehrgeiziger Politiker und Heerführer ging, sondern um das Schicksal der gesamten antiken Kulturmenschheit. Dementsprechend spielen in ihr tendenziöse Propaganda, Beschuldigungen aller Art, diplomatische Finessen etc. eine erhebliche Rolle[26], deren Wahrheitsgehalt heute begreiflicherweise sehr schwer zu bestimmen ist. Mehr als sonst schon für den Krieg trifft für den — bereits von Homer besonders verabscheuten — Bürgerkrieg zu[27], was Cicero an Cassius schrieb (ad fam. 12,3): *quid enim est, quod contra vim sine vi fieri possit?* Da die Gewalt alleinige Norm für alle Beteiligten geworden war, ist die Rechtsfrage um so verwickelter geworden. Nahm sich Antonius nur sein Recht, als er sich mit Kleopatra 33 v. Chr. gegen Italien wandte? Oder befand sich Octavian nun in der Lage des Angegriffenen? Und wie steht es mit einer objektiven Beantwortung der Frage, wer letztlich am Tode Ciceros schuld war? Mannigfache Erfahrungen haben gelehrt, daß die mehr oder weniger entschieden formulierten Antworten auf Fragen solcher Art in fast bestürzendem Maße von Sympathien oder Antipathien geprägt, d. h. für den Fortschritt der Erkenntnis gleichgültig sind. Ein zutreffendes Bild bedeutender Persönlichkeiten wird man aus ihrem Verhalten in heftig bewegten Zeitumständen nur sehr schwer gewinnen können, da gerade diese die Menschen immer wieder zu Sondermaßnahmen zwingen, in denen

scharfe, aber gerechte Kritik hat soeben an diesbezüglichen Neuerscheinungen A. Wlosok in einem mustergültigen Forschungsbericht zu Vergil (Vergil in der neueren Forschung, Gymnasium 80, 1973, S. 129ff.) veröffentlicht. Darin heißt es S. 146: „Der neue Vergil ist eine Art Bastard, letzten Endes ist er unvergilisch. Er verdankt seine Existenz fundamentalen Mißverständnissen des echten, eigentlichen Vergil, Mißverständnissen, die freilich symptomatisch sind für die zunehmende Vernachlässigung historischer Interpretation oder die verbreitete Unfähigkeit zu geschichtlichem Verstehen". S. 150: „Der Hauptfehler der modernen Aeneisdeutung ist wohl der, daß sie aus Vergil weginterpretiert, was ihr nicht gefällt oder anstößig erscheint, und daß sie hineininterpretiert, was sie gerne hören möchte."

[26] So glaubte H. Volkmann sein Buch über Kleopatra VII. (München 1953) sogar mit dem Untertitel 'Politik und Propaganda' versehen zu sollen.

[27] Zu den Anfängen dieser Bürgerkriegsperiode s. jetzt die Münchener Dissertation von U. Ehrenwirth, Kritisch-chronologische Untersuchungen für die Zeit vom 1. Juni bis zum 9. Oktober 44 v. Chr. (1971); S. 96: Berichtigung des Urteils von H. Botermann, Die Soldaten und die römische Politik in der Zeit von Caesars Tod bis zur Begründung des II. Triumvirats (Zetemata 46, München 1968) S. 35 mit evidenter Entlastung Octavians.

sich eher die allgemeine Lage als die charakterliche Eigentümlichkeit des jeweils Handelnden spiegelt. Günstiger für sein Urteil wird die Situation des Historikers erst, wenn er einen 'großen Mann' auf dem Höhepunkt seiner errungenen Machtposition studiert, wo dieser ungehemmt von gegnerischen Kräften die Dinge aus eigener Machtvollkommenheit zu gestalten vermag. Hier wird zu fragen sein, ob sich in seinen Leitgedanken und Maßnahmen solche finden lassen, die ihn von anderen Erfolgreichen ganz deutlich unterscheiden, m. a. W.: die nur für ihn charakteristisch sind.

Für den heutigen Stand der Forschung ist es keine Empfehlung, daß bei Augustus diese Seite seiner Existenz immer mehr in den Hintergrund gedrängt worden ist, ja, daß seine Individualität hinter Typisierungen zu verschwinden droht: es handelt sich, kurz gesagt, um die Ausrichtung seiner Politik auf den Weltfrieden hin, die *Pax Augusta*. Für die frühchristliche, ihm zeitlich immerhin erheblich näher als wir stehende Auffassung, die in Orosius' 'Historia adversus paganos' schließlich ihren Höhepunkt fand, war Augustus der Friedenskaiser, den das Walten der göttlichen Vorsehung zum Zeitgenossen des Friedensheilands Jesus Christus gemacht habe, so daß E. Peterson, Der Monotheismus als politisches Problem, (Leipzig 1935) und, ihm folgend, I. Opelt, Augustustheologie nnd Augustustypologie (Jahrbuch für Antike und Christentum 4, 1961, S. 44ff.) von einer ganzen Augustustheologie reden konnten. Nun hat Augustus den Frieden als Zielsetzung staatsmännischen Waltens nicht erfunden; aber ein Vergleich zwischen dem Zustand des Imperium Romanum in der Zeit Ciceros, dessen Reden und Briefe einen oftmals geradezu schmerzlichen Widerspruch zwischen Wollen und Vollbringen Roms in seinem Reiche offenbaren[28], und dem augusteischen Friedensreich, in dem dieser Widerspruch weithin behoben war, beleuchtet die Tatsache, daß in dem letzteren etwas ganz Besonderes vorliegen muß, für das dem Sieger von Actium die Urheberschaft zuzubilligen ist, jedenfalls in dem Sinne, daß die mit Pompejus' Neuordnung Vorderasiens verheißungsvoll begonnene Entwicklung von Augustus weitergeführt und unter seinen Nachfolgern vollendet werden konnte[29].

Unsere Zeit, die durch den Fortschritt der modernen Technik genötigt wird, dem Weltfriedensproblem vorrangig Aufmerksamkeit zu schenken, weil es für sie nun eine Frage auf Leben und Tod geworden ist, hat allen Grund, sich gerade der *Pax Augusta* mit besonderem Interesse zuzuwenden.

[28] Vgl. Cicero, de imperio Cn. Pompei 13: . . . *hoc etiam magis, quod ceteros in provinciam eius modi homines cum imperio mittimus, ut, etiamsi ab hoste defendant, tamen ipsorum adventus in urbes sociorum non multum ab hostili expugnatione differant* . . .

[29] Ganz irrig ist die Meinung, der Friede sei „der Preis" gewesen, „um den sich Rom die Herrschaft des Augustus gefallen ließ" (L. Berlinger, Beiträge zur inoffiziellen Titulatur der römischen Kaiser, Diss. Breslau 1935, S. 50). Das römische Volk war jederzeit in seiner Mehrheit bereit, den Caesarerben als Herren zu akzeptieren, ja ihm das Amt eines Diktators zu übertragen, und Augustus hat zu schärfsten Formen der Ablehnung gegriffen (s. den oben S. 12 zitierten Aufsatz von G. Alföldy).

Die sehr bald geradezu klassisch gewordene Rede C. F. von Weizsäckers über 'Bedingungen des Friedens', die im Oktober 1963 in der Paulskirche zu Frankfurt gehalten wurde, befaßte sich mit den enormen Schwierigkeiten einer Weltfriedenspolitik in heutiger Zeit. Sie läßt damit erkennen, daß in dem Verhalten und den Anordnungen des Augustus nicht weniges, woran moderne Beurteiler Anstoß genommen haben, einfach durch dessen Friedenspolitik bedingt ist und nicht durch ein primitives Machtstreben, das sich angeblich durch infame Heucheleien nur kümmerlich zu tarnen suchte. Weizsäcker hat darauf hingewiesen, daß zu den Notwendigkeiten, mit denen sich der moderne Mensch zur Erreichung und Sicherung eines Weltfriedens abzufinden haben würde, eine „Weltpolizei" zu rechnen sei. Daß in der antiken Kulturwelt die römische Republik diese wenig anziehende Rolle zu spielen hatte, entsprach nicht ihrem Wunsche, sondern dem kaum begreiflichen politischen Versagen der hellenistischen Mächte im ausgehenden 3. und im 2. Jhdt. v. Chr. und ist von Polybios, der selbst Leidtragender dieser Entwicklung wurde, mit erbarmungsloser Sachlichkeit ausführlich dargelegt worden[30]. In seiner Rektoratsrede von 1921 'Über die Ursachen der Größe Roms'[30a] hat einer der anerkannt besten Kenner römischen Wesens, Richard Heinze, darauf aufmerksam gemacht, daß die Republik am Tiber im Kriege nicht wie die Träger der hellenistischen Welt die wahre Möglichkeit einer Verwirklichung echten Mannestums sah, sondern ganz unromantisch nur eine der vielen Pflichten, die Bürger eines Staatsvolkes auf sich zu nehmen haben. Ennius (fr. 68 D. = 180 f. V.) spottete über das *stolidum genus Aeacidarum*, die *bellipotentes magis quam sapientipotentes* wären; damit war der Grund dafür angesprochen, wieso Rom sich dem berühmten Kriegshelden König Pyrrhos überlegen fühlte. Die Weltgeschichte hat anders, als von Freund und Feind erwartet, über die Republik entschieden, die Hannibals entsetzlichen Angriffskrieg nur dadurch überstand, daß sie, in bitteren 17 Jahren wieder zu fester Notgemeinschaft zusammengewachsen, sich zur ersten Militärmacht ihrer Zeit entwickelte. In Verbindung mit der ungewöhnlich klugen und scharfsichtigen Außenpolitik des Senats

[30] Vgl. mein Buch 'Roms Aufstieg zur Weltmacht und die griechische Welt' (Köln-Opladen 1957) und die in der 'Welt als Geschichte' 7 (Stuttgart 1941) S. 9ff. veröffentlichte Abhandlung 'Roms Aufstieg zur Vormacht im Mittelmeer'. Daß sich auf dem Wege über ein weitgehend positives Verhältnis zu Polybios für eine objektive Beurteilung der politischen Schicksale des Hellenismus grundlegende Feststellungen treffen lassen, hat G. A. Lehmanns umfassendes Werk 'Untersuchungen zur historischen Glaubwürdigkeit des Polybios' (Fontes et Commentationes 5, Münster 1967) erhärtet. Daneben sind zu nennen: P. Pédech, La méthode historique de Polybe (Paris 1964), und E. Will, Histoire politique du monde hellénistique Bd. 2 (Nancy 1967). — Mit vollem Recht hat J. Kromayer (Roms Kampf um die Weltherrschaft, Leipzig 1912, S. 20) im Hannibalkriege den Kampf zwischen (hellenistisch-monarchischem) Genie und (römisch-republikanischem) Charakter gesehen. In der Abneigung des älteren Cato gegen alles Griechische tritt der Gegensatz offen zutage. Polybios hat — offenbar aus eigener Anschauung — (6,56,13ff.) die besorgniserregende moralische Auflösung angeprangert, die aus den *Graeci* die *Graeculi* machte. (Vgl. dazu 18,34,7f.). Wollte moderne Forschung gerade von ihnen 'große Politik' verlangen?

[30a] Jetzt abgedr. in: Römertum, hrsg. v. H. Oppermann (Wege der Forschung 18, Darmstadt [3]1970) S. 11—34.

gelang es ihr, wenn auch von einer mit zunehmender Intensität immer gefährlicher werdenden Krise schwer belastet, in nur einem Menschenalter die Stellung einer Weltmacht zu gewinnen, ohne deren Zustimmung in der damaligen Ökumene bald kein Staatswesen zu handeln wagte. Der vielzitierte Brief König Attalos' von Pergamon an seinen Bruder, den Hohenpriester Attis, aus der Mitte des 2. vorchristlichen Jahrhunderts[31] (C. BRADFORD WELLES, Royal Correspondence in the Hellenistic Period, New Haven 1934 [Nachdr. Rom 1966], Nr. 61, S. 245 u. 250) beleuchtet diese fundamentale Veränderung der Weltlage[32].

III. Von der 'Pax Romana' zur 'Pax Augusta'

Wenn die übrigen Völker, die nicht gewohnt waren, kriegerische Entscheidungen — in der Sicht ihres starr festgehaltenen Glaubens an eine launische Tyche als angebliche Herrin der Geschichte — so ernst zu nehmen, wie das den Römern längst selbstverständlich war, gar noch römische Warnungen in den Wind schlugen, so war das nicht Roms Schuld. Die Entscheidungen, die im 2. Jhdt. v. Chr. fielen, erwiesen sich als unwiderruflich. Sie wurden es um so mehr, als sich nun an sie das römische Sendungsbewußtsein anknüpfte[33], das in dem Geschehen den Willen der Götter sah, Rom unter den Nationen zur Herrin der Welt zu erheben, und zwar bereits von der Gründung dieser Stadt an. Von der Intensität des Sendungsbewußtseins, das in der Augusteischen Zeit seine poetische Formulierung vor allem in Vergils römischem Nationalepos fand, zeugt besonders vernehmlich der Umstand, daß man die geographische Situation Italiens als die des geradezu idealen Sprungbretts zur Herrschaft über die Mittelmeerwelt ansah (Strabo 6,4,1), ganz im Gegensatz zur Natur, die die Apenninhalbinsel mit ihren langgestreckten Küsten zum verwundbarsten und deshalb schutzbedürftigsten Teil jener Welt gemacht hat. Sicherheit Italiens bedeutete zu allen Zeiten zugleich Kontrolle über die angrenzenden Meere. Der Gang der römischen Geschichte vor ihrem Übergreifen in den Osten, d. h. ihrer Ausweitung zur Weltbeherrschung, läßt die Bedeutung jenes geographischen Tatbestandes für die Politik des römischen Senats

[31] Tacitus, Annalen 4,34; dazu s. ED. MEYER, Caesars Monarchie und das Principat des Pompeius[3] (Berlin–Stuttgart 1922, Nachdr. Stuttgart 1963) S. 548.

[32] Wie schwer der Aufstieg zur Weltmacht war, erhellt schon daraus, daß von den 165 Jahren vom sog. Samnitenkrieg (298 v. Chr.) bis zur Beendigung des spanischen Krieges (133 v. Chr.) gering gerechnet nicht weniger als 88 — zumeist wechselvolle — Kriegsjahre waren, also rund die Hälfte!

[33] Vgl. Plinius, Nat. Historia 3,39: *terra omnium terrarum alumna eadem et parens, numine deum electa, quae caelum ipsum clarius faceret, sparsa congregaret imperia ritusque molliret et tot populorum discordes ferasque linguas sermonis conmercio contraheret ad conloquia et humanitatem homini daret breviterque una cunctarum gentium in toto orbe patria fieret.*

deutlich erkennen. Die Freiheitserklärung Flaminins von 196 v. Chr.[34] für die Hellenen und die aus ihr folgende Zurückziehung der römischen Besatzungstruppen aus Griechenland zwei Jahre später gibt die Bereitwilligkeit der Senatsmehrheit, sich jetzt wieder aus der Weltpolitik zurückzuziehen, sich von ihr zu 'isolieren', unverkennbar wieder. Die schweren Opfer, die Hannibals Angriffskrieg Rom auferlegte, machten es allerdings für eine gesunde römische Politik unumgänglich, eine Wiederkehr jener Gefahr, von welcher Weltgegend her sie immer drohen mochte, mit allen Mitteln zu verhindern[35]. Schwer genug war der Sieg gewesen, aber noch schwieriger gestaltete sich die Bewahrung des Erreichten. Die große Krise und mit ihr die Gefährdung des für die Rekrutierung der Armeen unentbehrlichen Bauernstandes, eine bittere Beigabe der neuen Weltmachtstellung, kann den Besiegten ringsum nicht verborgen geblieben sein. Um ihre auf die Krise sich gründenden Hoffnungen zu zerschlagen, wurde das Vorgehen Roms immer härter[36], freilich die Unmöglichkeit, mit der althergebrachten republikanischen Verfassung eine Welt regieren zu wollen und auch in ihr die Freiheit zu sichern, immer offenkundiger.

Als dann die Gracchische Revolution in ihren Auswirkungen auf die Ökumene aus dieser einen Elendsbereich werden ließ, dessen Bewohner weder leben noch sterben konnten, eine 'Welt als Beute' für den Sieger, und als die neue Unruhe unter den Randvölkern, nicht zuletzt den jetzt auftretenden Frühgermanen, die ganze Größe der Gefahr sichtbar werden ließ, mußte die aufgeschreckte Menschheit erleben, daß sie nicht nur keine Friedensordnung erhielt, sondern in den Strudel von Bürgerkriegen zwischen den Gruppen innerhalb der herrschenden Nation — und sei es mit ihren Territorien als Kriegsschauplätzen — hineingerissen wurde. Daß Rom

[34] J. Vogt, Divide et impera, die angebliche Maxime des römischen Imperialismus, in: Das Reich, Idee und Gestalt. Festschrift für Johannes Haller (Stuttgart 1940) S. 21—44, wieder abgedr. in: Ders., Vom Reichsgedanken der Römer (Leipzig 1942) S. 83—117, in: Das Staatsdenken der Römer, hrsg. v. R. Klein (Wege der Forschung Bd. 46, Darmstadt 1966) S. 15—38 und dazwischen in J. Vogt, Orbis (ob. Anm. 10) S. 199—218, hier S. 205: „Es ist heute anerkannt, daß Rom durch sein Eingreifen ernstlich geglaubt hat, die Freiheit der griechischen Welt zu verwirklichen." S. 210: „Spaltung und Entzweiung stellen nicht etwas für den römischen Internationalismus Spezifisches dar. Gewiß hat Rom, so gut es konnte, seine Feinde getrennt, aber es fand mehr Zerrissenheit vor, als es selbst schuf" ... Vgl. auch meinen Aufsatz 'Zum römischen Philhellenismus der Flamininuszeit', Studium Berolinense 2 (1960) S. 614ff. — H. Volkmann hat darauf hingewiesen (Griechische Rhetorik oder römische Politik? Bemerkungen zum römischen Imperialismus, Hermes 82 [1954] S. 465ff.), daß die Vorstellung der Römer als κοινοὶ εὐεργέται kein bloß rhetorischer Topos, sondern nach Ausweis der Inschriften ein wirkliches Stück römischer Politik war. Die Ode der Melinno auf Rom ist ein dankbares Echo darauf aus der griechischen Welt.

[35] Man vergesse nicht, daß Hannibal noch am Leben war und 195 v. Chr. bei Antiochos d. Gr. Aufnahme fand, der bereits 196 mit Heeresmacht nach Europa hinübergegangen war und damit seine Ansprüche deutlich genug bekundet hatte. Fünf Jahre lang hat sich der Senat bemüht, einen Zusammenstoß mit dem mächtigen hellenistischen Kriegsfürsten zu vermeiden, bis dieser von sich aus den gordischen Knoten der Diplomatie mit dem Schwerte zerhieb.

[36] Man denke nur an die Behandlung, die Sulla 86 v. Chr. Athen angedeihen ließ!

sich dennoch als Weltmacht behauptete, grenzt ans Wunderbare. Das Wissen darum, daß die römische Weltherrschaft trotz allem fest gegründet war, blieb lebendig; durchaus zutreffend erklärte Sallust 46 v. Chr. in seinem Sendschreiben an Caesar (1,5,2) den Bürgerkrieg für die einzige Bedrohung: *aliter non orbis terrarum neque cunctae gentes conglobatae movere aut contundere queunt hoc imperium.* Hinzu kamen innere Regungen, nicht zuletzt Ciceros bereits erwähnter Glaube an Rom, den JOSEPH VOGT uns vor Augen geführt hat[36a]. Cicero war es, der auf den fundamentalen Unterschied zwischen *domare* und *pacare* verwies[37], den moderne Kritiker häufig nicht sehen wollen, ganz so, wie sie aus dem ursprünglich 'zivilen' und damit republikanischen Römervolk einen macht- und herrschgierigen Kriegerstamm machen zu müssen glauben — unstreitig (mit J. BURCKHARDT zu reden) als «*terribles simplificateurs*».

Mit Actium wurde das leidvolle Bürgerkriegs-Jahrhundert abgeschlossen, und zwar mit dem Siege der italisch-römischen Richtung, die unter Octavian als Hort des Apollinischen in der Welt zum Range einer echten Idee erhoben werden konnte. Damit war entschieden, daß es für diese Welt bei der *Pax Romana*, dem römischen Frieden, blieb. Sie ist immerhin bei Livius (d. h. bereits bei Polybios) dahin verstanden worden (33,33,7): *ne quod toto orbe terrarum iniustum imperium sit ubique ius fas lex potentissima sint.* Gerechtigkeit sollte also ihr Fundament sein. Der 32jährige Herr der Welt war Staatsmann genug, um — anders als seine Gegenspieler — über die Stärke der Friedenssehnsucht innerhalb der antiken Menschheit völlig

[36a] J. VOGT, Ciceros Glaube an Rom, Würzburger Studien zur Altertumswissenschaft Bd. 6 (Stuttgart 1935, Nachdr. Darmstadt 1963).

[37] Cicero kommt auf diese Unterscheidung kurz zu sprechen in seinem Überblick über die Weltlage seit Pompeius' Neuordnung in Asien: de prov. consularibus 31: *Nulla gens est, quae non aut ita sublata sit, ut vix extet, aut ita domita, ut quiescat, aut ita pacata, ut victoria nostra imperioque laetetur.* Die *Pax Romana* erscheint hier im Unterschied zur 'Kirchhofsruhe' als eine Einrichtung, in der die Unterworfenen von den Siegern in die Lage versetzt werden, sich sogar über Sieg und Imperium Roms zu freuen. Letzteres war in der spätrepublikanischen Zeit freilich nur eine Möglichkeit neben anderen. Sie zur einzigen zu erheben, war das Ziel der Weltfriedenspolitik des Augustus. Mit Recht hat F. BECKMANN in seiner gehaltvollen Münsteraner Rektoratsrede von 1951 über den 'Frieden des Augustus' S. 20ff. darauf hingewiesen, daß zwischen der spezifisch römischen, namentlich in Vergils 'Georgica' aufleuchtenden Vorstellung vom Sinn der Arbeit als *cura*, die „menschlicher Selbsterhaltung dienend zugleich anderes Dasein hegt und nährt", und der Auffassung des ersten Princeps vom Wirken des Staatsmannes eine bedeutsame Übereinstimmung besteht: „In fester Bindung an römisches Wesen . . . entfaltet sich sein politisches Tun — je länger, desto mehr — als *cura* in einer Welt, die des ordnend-bewahrenden Zugriffs harrte". Es wäre unmethodisch, die *Pax Romana* nur von irgendwelchen modernen Friedensvorstellungen aus zu interpretieren statt in Anlehnung an antike Quellenzeugnisse, die Verwechslungen von Frieden und Knechtschaft ganz eindeutig ausschließen, wie etwa Ciceros Hinweise Phil. 2,113: *Nomen pacis dulce est et ipsa res salutaris, sed inter pacem et servitutem plurimum interest: pax est tranquilla libertas, servitus postremum malorum omnium, non modo bello, sed morte etiam repellendum*; Phil. 12,14: *cum iis facta pax non erit pax, sed pactio servitutis* (J. LINDSAY, Cleopatra [ob. Anm. 7] S. 98, hat letztere Stelle mißverstanden).

im klaren zu sein, deren bekanntestes Beispiel die 4. Ekloge Vergils aus dem Jahre 40 v. Chr. ist. Immerhin war es bis zur konkreten Verwirklichung eines Weltfriedens noch ein weiter Weg, aber das rechtfertigt moderne Meinungen nicht, daß es sich bei dieser Friedenspolitik um einen Verzicht gehandelt habe, nämlich den Verzicht auf Außenpolitik[38]. Mit der Wiedererrichtung der *Pax Romana* war nun einmal für die von ihr umschlossene Ökumene das Stadium eingetreten, das die bisherigen außenpolitischen Fragen zum allergrößten Teil in Probleme einer Weltinnenpolitik umwandelte, wie es für unsere eigene Zukunft von C. F. von Weizsäcker gefordert worden ist. Eine ihres Namens würdige Weltfriedenspolitik bedeutet, nüchtern gesehen, das höchste Ziel, das sich ein Staatsmann von Format überhaupt stecken kann. Es war die Zielsetzung, die sich in der antiken Welt schon für Alexander d. Gr. aus der auf uns gekommenen Überlieferung erkennen läßt[39]. Der jugendliche Makedonenherrscher glaubte, die ganze Welt unterwerfen zu müssen, wenn er berechtigt sein sollte, in ihr den Krieg zu entmachten und dafür eine Friedensordnung aufzurichten. Plinius d. Ä. hat (nat. hist. 35,93) die Nachricht bewahrt, daß der weitberühmte Hofmaler Apelles seinen königlichen Freund auf dem Siegeswagen darstellte, vor dessen Gespann der Polemos, die Verkörperung des Krieges, als Gefangener mit auf dem Rücken gefesselten Händen, d. h. als endgültig Bezwungener, zu sehen war. Es ist höchst bezeichnend, daß Augustus gerade dieses Werk auf seinem neuen Forum zu Rom im Heiligtum des Kriegsgottes Mars aufstellen ließ. Nicht in der Zielsetzung, sondern nur in den Mitteln für ihre Verwirklichung liegt der Unterschied. Alexander sah die unentbehrliche Legitimation für sein Friedenswerk in der Eroberung der bewohnten Welt von Ozean zu Ozean; Augustus verfügte bereits über die notwendige *auctoritas*, die seine Friedenspläne stützte.

Gleich nach dem Gewinn der Alleinherrschaft hat Augustus seinen Weg zu einer praktischen Verwirklichung des römischen Friedens mit der symbolischen Schließung der Pforten des Janustempels in Rom begonnen, die seit Generationen wegen fast ständigen Kriegszustandes geöffnet bleiben mußten[40]. Als die endgültige Befriedung Spaniens zu militärischen Maßnahmen nötigte, mußten die Pforten erneut geöffnet werden. Höchst instruktiv ist nun die Tatsache, daß es bereits im Jahre 25 v. Chr., dem frühest möglichen Zeitpunkt, zur zweiten Schließung kam. In einer Zeit, in der dem Anschein nach noch immer Ungewißheit über das eigentliche politische Wollen des Caesarerben innerhalb und außerhalb Roms herrschte, ergriff dieser jede Gelegenheit, um die Befriedung der hart mitgenommenen

[38] So H. Bengtson, Grundriß der Römischen Geschichte² (München 1970) S. 247 unten.

[39] S. jetzt meine Abhandlung 'Welteroberung und Weltfriede im Wirken Alexanders d. Gr.' (Rheinisch-Westfälische Akademie der Wissenschaften, Geisteswissenschaften, Vorträge, Nr. 187 [Opladen 1973]).

[40] Bekannt ist Livius' Feststellung (1,19,3): *quod nostrae aetati di dederunt ut videremus post bellum Actiacum ab Imperatore Caesare Augusto pace terra marique parta.* Die enge Verbindung der Weltfriedenspolitik mit dem Wollen und dem Namen des Augustus konnte schwerlich klarer ausgesprochen werden.

Länder des Römerreiches als Kernstück seiner Politik sichtbar zu machen und die bloße Weltherrschaft Roms mit ihrem unvermeidlichen Beigeschmack von Beutegier, Korruption und Resignation in eine römisch geführte 'Welt als Staat', ein wirkliches Reich, emporzuführen. Schon daß er den Beginn seines Prinzipats nicht unter das Zeichen der Göttin Victoria stellte, sondern unter das der Salus, der Personifikation von Rettung und Heil, und daß er über der Tür seines Hauses den 'Bürgerkranz' aus Eichenlaub, modern gesprochen die 'Rettungsmedaille' — *ob cives servatos* — als besondere Auszeichnung auf Senatsbeschluß zugebilligt erhielt, war deutlich genug. In der berühmten Gemma Augustea ist das noch dadurch gesteigert worden, daß die Ökumene, also die Personifikation der Menschheit insgesamt, die *corona civica* über das Haupt des Princeps hält[41]. Hierin wird deutlich, daß wir den Prozeß von der vage umrissenen *Pax Romana* zu der höchst persönlich und damit konkret greifbaren *Pax Augusta* vor uns haben, als dessen Abschluß das bedeutendste Kunstwerk der schaffensfreudigen Epoche, die Ara Pacis Augustae, die — wiederum als sprechendes Zeichen! — am Marsfelde in Rom errichtet wurde, zu gelten hat. Sie wurde im Jahre 13 v. Chr. von Senat und Volk beschlossen und konnte 9 v. Chr. geweiht werden. Deutlich tritt in diesen Vorgängen zutage, wie Augustus, obwohl Bewunderer Alexanders des Großen, anders als sein Adoptivvater Caesar, der sich auf der Höhe seiner Macht anschickte zur Eroberung auch des von den Parthern beherrschten Ostens der Ökumene, ein Ausgreifen ins Unbegrenzte ablehnte. Das Motiv für dieses Verhalten muß darin gesehen werden, daß es Augustus um die Erhaltung, ja Wiedergeburt des echten, lateinisch geprägten Römertums ging, dessen Kräfte er nach dem Aderlaß der Bürgerkriege keinesfalls zu überfordern gedachte. Diese Haltung entspricht, wie oft hervorgehoben wurde, dem Rat an seinen Nachfolger, das Reich innerhalb seiner Grenzen zusammenzuhalten (Tac., Ann. 1,11 Schluß). Zu ihr stimmt der bekannte Wahlspruch des Princeps: *festina lente!* „Eile mit Weile!" (s. o. Anm. 6). Das Scheitern Trajans rund 100 Jahre später bei seinem Versuch, das Partherreich dem Imperium Romanum anzugliedern[41a], hat gelehrt, wieviel nüchterner und zutreffender der Staatsmann Augustus die militärischen Möglichkeiten des Römertums einschätzte als der große Soldat Trajan[42].

[41] Anläßlich der Auffindung der Augustus-Edikte von Kyrene faßte W. Graf Uxkull-Gyllenband, Gnomon 6, 1930, S. 131 den Eindruck in dem Satz zusammen: „Uns wird erneut diese dem Kaiser so eminent eigene Staatskunst klar, Regierenden und Regierten das Los zu erleichtern und nicht durch Benachteiligung des einen nur das Herz des anderen zu gewinnen."

[41a] Vgl. unten in diesem Band K. H. Waters, The Reign of Trajan, and its Place in Contemporary Scholarship (1960—1972), S. 381—431, bes. 422ff.

[42] In seiner wertvollen Arbeit über 'Die Außenpolitik des Augustus und die augusteische Dichtung' (Kölner hist. Abh. 5, Köln 1961) vertritt H. D. Meyer die These, daß der Weltherrschaftsanspruch ein Teil der 'Principatsideologie' geworden sei (S. 103ff.). Ich bedauere, ihm hier nicht zustimmen zu können. Julius Caesar, der wirklich auf Weltbeherrschung ausging, strebte nicht nach dem Titel *Princeps*, sondern nach dem Titel *Rex* und dem Königsdiadem (vgl. K. Kraft, Der goldene Kranz Caesars, Sonderdruck aus:

IV. Der bewaffnete Weltfriede

Die *Pax Romana* stellt sich als bewaffneter Friede dar, nicht etwa weil hiermit eine römische Tradition aufrechterhalten werden sollte, die man gern in Vergils Mahnung: *debellare superbos!* wirksam sieht. Zugrunde liegt die allgemein menschliche Erfahrung, daß die Waffe das einzige Mittel ist, um den physisch Schwächeren vor Übergriffen Stärkerer wirksam zu schützen — der Tatbestand, der ERNST MORITZ ARNDT in der Zeit der Freiheitskriege die Verse eingab: „Der Gott, der Eisen wachsen ließ, der wollte keine Knechte." Es ist der grundlegende Irrtum des Pazifismus, daß er alle Menschen als von Natur gut ansieht und nun die Waffe lediglich als Unterdrückungsmittel in der Hand des Bösen wertet. Letzteres ist jedoch die spätere Perversion des ursprünglichen Zustandes. In der Erzählung des Alten Testamentes von Goliath und David[43] wäre dieser verloren gewesen, wenn er nicht über seine Schleuder verfügt hätte, die das Mißverhältnis der Kräfte auszugleichen gestattete. Das Imperium Romanum war rings von beutegierigen Völkerschaften umgeben; die Länder alter Hochkultur, die in ihm vereinigt waren, hatten Anspruch auf bewaffneten Schutz gegen Attacken aus dem Bereiche der 'Randvölker', deren Aktivität in der Bürgerkriegszeit erheblich zugenommen hatte. Kriegslust galt als wichtigstes Kennzeichen des Barbarentums; man erzählte von Völkerschaften, die so barbarisch seien, daß ihnen der Begriff Friede unbekannt blieb[44]. In Gegenüberstellungen mit Provinzialen verweisen römische Heerführer und Politiker immer wieder darauf, daß Rom seine Macht nur deshalb so weit über Italiens Grenzen ausgedehnt habe, weil es dem dort grassierenden, als Gefährdung aller empfundenen Zustand des *bellum omnium contra omnes* begegnen mußte[45]. Auf die Frage an die Unterworfenen, ob sie sich zutrau-

Jahrbuch für Numismatik und Geldgeschichte 3/4, Kallmünz-Opf. 1952/53, S. 20ff.). Augustus' Prinzipat ging nicht auf Welteroberung und Weltbeherrschung aus, sondern auf Weltbefriedung; war sie erreicht — und das konnte schon nach dem Parthervertrag von 20 v. Chr. nicht mehr zweifelhaft sein (vgl. u. S. 31f. mit Anm. 59) —, so erübrigte sich im Bereiche der Realpolitik die militärische Unterwerfung des *Orbis terrarum*. Es blieb nur die Aufgabe, den Kern des Friedensreiches, das Imperium Romanum, durch strategisch günstige Grenzen zu sichern.

[43] Die Erzählung 1. Samuel 17, die in David den Bezwinger des Goliath sieht, ist bekanntlich sekundär; der Kampf fand nach 2. Samuel 21,19 statt, als David bereits König war, und der Sieger war Elchanan (ED. MEYER, Geschichte des Altertums[2] 2,2, Stuttgart–Berlin 1931, S. 247, Anm. 1; M. NOTH, Geschichte Israels, Göttingen [4]1959, S. 166, Anm. 1).

[44] Florus 2,29 (= 4,12,20) über die Sarmaten: *tanta barbaria est, ut nec intelligant pacem*; vgl. H. FUCHS, Augustin und der antike Friedensgedanke (Neue Philol. Unters. 3, Berlin 1926) S. 195. Vgl. auch J. VOGT, Kulturwelt und Barbaren. Zum Menschheitsbild der spätantiken Gesellschaft, Akad. d. Wiss. u. d. Lit. (Mainz), Abh. d. geistes- u. sozialwiss. Kl., 1967, 1 (Wiesbaden 1967) bes. S. 11ff.

[45] Hier wäre vor allem auf die mit Recht berühmte Rede des Petilius Cerialis in Tacitus' Historien 4,71f. zu verweisen, die sich ausdrücklich nicht als Rhetorik gibt, sondern als Äußerung eines erfolgreichen, vom Autor bewunderten römischen Soldaten, der sich zum

ten, in Zukunft selbst mit diesem Übel fertig zu werden, damit dann die Römer in ihre italische Heimat zurückkehren könnten, ist die Antwort ein ehrliches, verlegenes Schweigen. Daß die *Pax Augusta*, eben weil sie ein wirklicher Weltfriede sein wollte, ohne Waffen ihre Aufgabe nicht zu erfüllen vermochte, ist einfach selbstverständlich.

Wohltätige Erfindungen alsbald in zerstörerische umzuwandeln, ist nun einmal ein tragisches Vermögen des Menschengeistes. Für keine gilt das in dem Maße wie für die Waffe, die aus einem Schutzinstrument in eines der Unterdrückung verwandelt worden ist. Die Idee eines bewaffneten Friedens bedurfte zu ihrer Verwirklichung sichtbarer Zeichen dafür, daß sie nicht in eine Vergewaltigung friedlicher Menschen unter lügnerischen Parolen 'umfunktioniert' werden, sondern lediglich eine nach außen hin gekehrte defensive Aufgabe wahrzunehmen haben würde[46]. Die im Taten-

Ziel gesetzt hat, nach den Stürmen des Vierkaiserjahres (dessen richtige Deutung erst M. Rostovtzeff, Gesellschaft und Wirtschaft im römischen Kaiserreich, deutsche Ausgabe von L. Wickert, Leipzig 1931, Bd. 1, S. 74ff., gegeben hat) die gallischen Provinzialen mit der römischen Herrschaft zu versöhnen. Cerialis weist zurück, daß die Römer nur um des Schutzes Italiens willen Gallien unterwarfen; sie seien von Galliern um Hilfe gegen die Zwingherrschaft des Ariovist gebeten worden. Die gefahrenschwangere germanische Bedrohung dauere fort und verlange Gegenwehr. Nur so weit habe Rom in Gallien eingegriffen. Friede sei ohne Waffen, die Waffen seien ohne Soldzahlungen, die Soldzahlungen ohne Steuern nicht zu haben. Sonst herrsche weithin Selbstbestimmung — wobei gelegentliche Übergriffe der *dominantes* nur eine Rolle spielten wie in der Natur eben Dürre, Wolkenbrüche und andere nur zeitweilige Übel. *Pulsis*, heißt es dann (74), *quod di prohibeant, Romanis quid aliud quam bella omnium inter se gentium existent?* Die Stadt Rom und der von ihr geschaffene Friedenszustand gehörten Siegern und Besiegten gleichermaßen; so solle man beide lieben und fördern. Sonst würde man statt *obsequium cum securitate* nur *contumacia cum pernicie* eintauschen. In Kap. 72 erfährt der Leser, daß der siegreiche Cerialis, weit entfernt von Brutalität und Rachegeist, gegen den Willen seiner Armee von einer Vergeltung am abgefallenen Trier streng absah, weil er fürchtete, andernfalls in Rom einen schlechten Ruf (*infamia*) zu bekommen.

[46] Augustus hat als Kompensation für die Entlassung zahlreicher Veteranentruppen, deren Versorgung er sicherstellen konnte, den Dienst im nunmehr stehenden Heer zur Ehrenpflicht und zum Vorrecht nur der römischen Bürger erhoben. Damit übernahm das Römertum allein den militärischen Schutz der Ökumene. Augustus' Synthese zwischen dem römischen Nationalgedanken und der Idee des Weltfriedens als Sicherung aller Hochkulturexistenz ist viel lebendiger empfunden als der moderne, reichlich abstrakte Gedanke einer „Weltpolizei" (v. Weizsäcker). Im Zeitalter des Prinzipats lag diese Sicherung in den Händen eines über die übrigen durch göttliche Verheißung ewiger Dauer emporgehobenen Volkes und Staates. Augustus sorgte dafür, daß die römische Wehrmacht militärisch und technisch auf der Höhe blieb, wie es damals Livius als besonderes Vermächtnis des vergöttlichten Staatsgründers Romulus hinstellte (1,16,7). Als nach der Varuskatastrophe Freigelassene in die Legionsarmee aufgenommen werden mußten, bestand Augustus darauf, daß für sie besondere Formationen gebildet wurden und ihre Bewaffnung nicht die gleiche wie die der normalen Legionare sein durfte (Sueton, Augustus 49). Eine Gleichstellung römischer und bundesgenössischer Truppen lehnte der Princeps entschieden ab; s. Livius 25,33,6: *id quidem cavendum semper Romanis ducibus erit . . ., ne ita externis credant auxiliis, ut non plus sui roboris suarumque proprie virium in castris habeant.* Vgl. jetzt auch J. Harmand, Les origines de l'armée impériale. Un témoignage sur la réalité du pseudo-principat et sur l'évolution militaire de l'Occident, ob. in diesem Werk (ANRW), Bd. II 1 (Berlin–New York 1974) S. 263—298, bes. 280ff.

bericht des Augustus angegebenen Zahlen römischer Bürger während seines Prinzipats gestatten die Schlußfolgerung, daß die Zahl der römischen Legionen des 'Friedensreiches' die vertretbare militärische Belastung der herrschenden Nation, eben der italo-römischen, darstellt. Damit hat Augustus die gewaltige Streitmacht, die am Ende der Bürgerkriege unter Waffen stand, auf fast die Hälfte reduziert[47]. Leider ist es nicht möglich, zuverlässige Zahlen der Reichsbevölkerung in der Zeit um Chr. Geb. den Quellen zu entnehmen. Aber wenn die niedrigste unter den vorgeschlagenen Ziffern sich auf 45 Millionen beläuft, so hat die Truppenzahl in der Reichsarmee jedenfalls kaum eine halbe Million erreicht. Nicht unzutreffend hat man deshalb bemerkt, daß der augusteischen Neuordnung eher ein Zuwenig als ein Zuviel an Militarismus vorzuwerfen wäre. Die Katastrophe des Jahres 9 n. Chr. im Teutoburger Wald liefert dafür den Beweis. Das „fast schon zu einer tributpflichtigen Provinz gemachte" Germanien östlich des Rheins mußte aufgegeben werden, weil es auf Grund von Augustus' Heeresordnung unmöglich war, die mit Varus zugrundegegangenen drei Elitelegionen der Armee aus dem Kreise wehrpflichtiger römischer Bürger voll zu ersetzen. Dieser Umstand konnte dem Armin als römischem Offizier nicht unbekannt gewesen sein, denn nur so erklärt es sich, daß er sich zum Ziel nicht nur die Vertreibung, sondern weit darüber hinaus die Vernichtung der varianischen Truppen setzte. Nur deshalb gehört Armins Sieg im Teutoburger Wald zu der kleinen Zahl von Schlachten der Menschheitsgeschichte, die nicht episodische, sondern epochale Bedeutung gewonnen haben[48]. In der Truppenreduktion, die vornehmlich den Sinn hatte, den römischen Charakter der *Pax Augusta* sichtbar zu machen, nichts anderes erkennen zu sollen als die Neigung zur Sparsamkeit[49] auf finanziellem Gebiete, die dem ersten Princeps eigen war — was namentlich englische Forscher allen Ernstes vorschlagen —, führt sich selbst ad absurdum.

Mit der Verkleinerung der Heereszahlen war es möglich, im Unterschied zu den einstigen, weithin proletarisierten Armeen der Bürgerkriegszeit in größerem Maßstab Angehörige gehobener Schichten für den militä-

[47] Die Armee Octavians, die nach der Schlacht bei Actium etwa 50 Legionen zählte, wurde schließlich auf 25, also auf die Hälfte, reduziert; s. H. Bengtson, Grundriß der römischen Geschichte² (München 1970) S. 265.

[48] S. Ed. Meyer, Caesars Monarchie³ (1922, Nachdr. 1963) S. 482: „Der Unterschied (zwischen Caesars und Augustus' Armee) besteht nicht in der Stärke der Truppenmacht, sondern in dem fundamentalen Gegensatz der Verfassung des Principats und der Caesarischen Monarchie; während die letztere Bürger und Nichtbürger möglichst annäherte und gleichmäßig behandelte, hat Augustus den Unterschied zwischen beiden streng festgehalten und so die Herrscherstellung der römisch-italischen Nation gewahrt oder vielmehr wiederherzustellen versucht. Das bedingte allerdings, daß er die militärischen Kräfte der Untertanen nur in beschränktem Umfange und nur zu den Truppen zweiten Ranges, den Auxilien, heranziehen konnte. Caesar dagegen würde zweifellos die Niederlage des Varus in derselben Weise wie die Vernichtung von anderthalb Legionen durch Ambiorix mit einer umfassenden Neubildung von Legionen beantwortet und jetzt die Unterwerfung Germaniens erst recht durchgeführt haben."

[49] Syme a. O. S. 304 (deutsche Ausgabe S. 318).

rischen Dienst zu gewinnen[50] und die Truppe, was Disziplinierung und Schlagfertigkeit anbetrifft, als ein wirksames Instrument für den Schutz des Friedensreiches zur Verfügung zu haben. Untrennbar hiervon war natürlich die Herausnahme der Armee aus der Politik. Erst diese Maßnahme bedeutete den entscheidenden Schritt zur Überwindung der Bürgerkriegsära. Wenn man bei Sueton (Aug. 25) liest, daß Augustus seinen Heerführern untersagte, die altgewohnte Anrede der Mannschaften mit *commilitones*, 'Kameraden', zu gebrauchen, weil sie ihm angesichts friedlicher Zeiten zu vertraulich wirkte, so liegt in diesem Verfahren eine Distanzierung, die allein schon alle Versuche neuerer Gelehrten, die augusteische Ordnung als 'Militärdespotie' aufzufassen, widerlegt. Die Zeiten, in denen Heere die römische Innenpolitik bestimmten[51], sollten eben unweigerlich der Vergangenheit angehören. Darum wurde die Reichsarmee aus dem Herzlande des Imperiums, Italien, hinausverlegt an die Grenzen, in die dem Caesar unterstehenden, den Randvölkern unmittelbar benachbarten Provinzen, während die alten Hochkulturgebiete im Innern, die dem Senat unterstanden, keine Legionen bei sich sahen. Deutlicher konnte schwerlich zum Ausdruck gebracht werden, daß dem Militär nur der Schutz des Kulturlandes rings um das Mittelmeer als Aufgabe zugedacht war, nicht aber die Mitsprache oder gar Mitwirkung an der Gestaltung seiner innenpolitischen Struktur. Der römische Soldat sollte ganz auf seine eigentliche Aufgabe hingewiesen und zu ihr hingeführt werden: dem Allgemeinwohl zu dienen, aber nicht es sich zu unterwerfen.

Daß der Armee diese Neuordnung gut getan hat, sieht man nicht zuletzt an der erheblichen Zahl tüchtiger Offiziere, die aus ihr hervorgegangen sind, und vor allem an ihrer Anziehungskraft auf die Unterworfenen, deren kriegerische Jugend sich danach drängte, in den Hilfstruppen, den Auxilien, unter römischem Kommando Dienst zu leisten und Karriere zu machen. Daß über der militärischen Ausbildung und der Sicherung der weitgedehnten Grenzräume des Imperiums der eigentliche Sinn des Daseins der Legionen in fremden Ländern, wie erwähnt (ob. S. 21), nicht in deren Unterdrückung, sondern in deren Befriedung lag, ist in der Zeit des Prinzipats nicht vergessen worden. Von Hadrian, dem niemand den Ruhm ernstlich bestritten hat, ein besonders klar ausgeprägter Friedensherrscher gewesen zu sein, weiß die 'Historia Augusta' (10,2) bei Gelegenheit seines Besuches in den damaligen germanischen Grenzprovinzen zu berichten: „Er übte die Truppen

[50] G. Forni, Il reclutamento delle legioni da Augusto a Diocleziano (Milano 1953); dazu K. Kraft, Rez. Forni, Reclutamento, Germania 32 (1954) S. 102 unten; Ders., Zur Rekrutierung der Alen und Kohorten an Rhein und Donau, Dissertationes Bernenses 1,3 (Bern 1951); D. Timpe, Arminius-Studien (Bibliothek d. klass. Altertumsw. N.F. 2,34 (Heidelberg 1970) S. 50ff. S. jetzt auch G. Forni, Estrazione etnica e sociale dei soldati delle legioni nei primi tre secoli dell'impero, ob. in diesem Werk (ANRW), Bd. II 1 (Berlin–New York 1974) S. 339—391.

[51] Noch Octavian hatte mit Meutereien zu kämpfen, besonders in den Jahren 36 und 35 v. Chr. „Die cäsarischen Soldaten waren aufrührerisch, weil sie auf ihre Heldentaten stolz waren und wußten, daß die Regierung mit ihrer Unterstützung stand und fiel": Syme, Roman Revolution S. 255 (deutsche Ausgabe S. 267).

ein, als ob Krieg bevorstände, obwohl er mehr nach Frieden als nach Krieg trachtete." Es ist das Verfahren nach der Richtlinie: *si vis pacem, para bellum!*, wobei professionelle Weltverbesserer gern vergessen, daß in ihr der Nachdruck auf den Frieden, nicht auf den Krieg gelegt ist. Auch Ciceros oben (S. 13) bereits zitiertes Wort erhellt einen wirklichen Tatbestand, nämlich daß nichts *contra vim sine vi fieri possit*; der Gewalt kann leider nur mit Gewalt begegnet werden, gerade auch wenn es sich um den Schutz eines Weltfriedens handelt, der nun einmal mit mehr oder weniger frommen Redensarten allein nicht zu erreichen ist. Von Cicero stammt ferner der Ausspruch (de or. 2,40, 169): *si barbarorum est in diem vivere — nostra consilia sempiternum tempus spectare debent.* Zutreffend hat J. Vogt (Ciceros Glaube an Rom [ob. Anm. 36a], S. 72) dazu gesagt: „Mit diesem Wort kennzeichnet der Redner die römische Haltung zur kommenden Zeit." Die Schicksalsfrage der Geschichte an die 'Barbaren' einst und jetzt zielt dahin, ob es gelingen wird, auch sie an diese Geisteshaltung zu gewöhnen. Schließlich ist es die Aufgabe der hohen Kultur, die ihr gewordenen Erkenntnisse und Entdeckungen in der Realität des Menschenlebens als Pflicht gegenüber dem Guten und Gegenwehr gegen das Böse zu verwirklichen, statt — sicherlich angenehm klingende — Phrasen in den Wind zu sprechen. Dem unvoreingenommenen Blick zeigt sich immer wieder, daß es bei der Aufrichtung der *Pax Augusta* um unendlich viel mehr gegangen ist als um die banale Frage, wie die Macht eines Gewalthabers zu stabilisieren sei. Einem solchen wäre eher zuzutrauen, daß er die Barbaren in Massen zur Stärkung seiner Position in sein Reich hineingeholt hätte, als daß er sich mit Überlegungen über die geistige Abwehr des Barbarentums, ja mit weitschauenden Plänen für dessen Überwindung beschwert hätte.

V. Der Garant des Weltfriedens

Wir gingen davon aus, daß es in der Bürgerkriegsperiode die römischen Armeen selbst waren, die mit ihrem Gewicht jede nach höheren Werten ausgerichtete Politik im römischen Machtbereich fast zum Erliegen brachten. Allerdings trifft das den Kern der Dinge nur teilweise. Diese selbstherrlichen Armeen wären natürlich nicht entstanden, wenn sie nicht durch befähigte Heerführer ins Leben gerufen worden wären. Seit der Daseinskrise, in die Hannibals Angriff die römische Republik stürzte, sind die 'großen Männer', die zur Macht im Staate kamen, ohne in ihrer Mehrzahl die reguläre Ämterlaufbahn hinter sich gebracht zu haben, die fast stetigen Begleiter des Freistaates am Tiber gewesen. Je weiter sich das Imperium Romanum innerhalb der Mittelmeerwelt ausdehnte, um so unbeliebter, aber zugleich unentbehrlicher wurden diese über das allgemeine Niveau hinausreichenden, mehr oder weniger genialen Einzelpersönlichkeiten. Ihre Leistungen konnte man nicht ableugnen, aber daß sie sich reibungslos in die Republik eingliedern ließen, die ihnen von Zeit zu Zeit nahezu monarchische Vollmachten zubilligen mußte, war nicht zu erwarten. Während die republikanische Verfassung mit ihrem jährlichen Ämterwechsel, ihrer spezifisch aristokratischen bzw. oligarchischen Korruption und anderen Gebrechen sich für die Lenkung eines Weltreiches unbrauchbar erwies, konnten die außerhalb des üblichen Weges aufgestiegenen Vertrauensmänner des Senats durch Taten erweisen, daß sie die Probleme zu lösen vermochten, mit denen die Republik alten Schlages nicht fertig wurde[52]. Es ist eine wesentliche Erfahrung, daß bei steigender Ausweitung und Komplizierung der politischen Aufgaben der Kreis derer, die sie zu meistern haben, klein gehalten werden muß, weil nur so Entscheidungen gefällt werden können, bei denen mit der Tat beherzigt wird, daß *bis dat, qui cito dat*. In der Tat war es ein erstaunliches Vorkommnis, daß Pompeius die Beseitigung der Seeräuberplage im Mittelmeer, für die ihm der Senat drei Jahre glaubte zubilligen zu müssen, schon nach 40 Tagen als vollendet anzeigen konnte. In Pompeius' Neuordnung Vorderasiens 64 v. Chr. sind die Leistungen der Prizipatsperiode vorgebildet: die Unterstellung der Küstenländer unter die direkte römische Herrschaft, die Beseitigung der Korruption, überhaupt der Nachteile, die ein Zeitalter der Ausnutzung durch fremde Herren für die materielle und geistige Existenz der Betroffenen mit sich brachte. Aber die Mehrheit des Senats sah solche Erfolge nur mit der Sorge um das Schicksal ihrer Verfassung, ohne wahr haben zu wollen, daß der republikanische Staat für seinen Fortbestand das Wirken der großen Einzelpersönlichkeit einfach nicht entbehren konnte. Die Hoffnung, daß dieser Fortbestand durch die Rivalitäten zwischen den 'Machthabern' prinzipiell dadurch gesichert sei, daß man unentwegt einen von ihnen gegen den anderen ausspielte, hat sich nicht erfüllt.

In diesem Licht muß das nur scheinbar befremdliche Faktum beurteilt werden, daß Augustus den Oberbefehl über die Streitkräfte nicht aus der Hand gab, sondern sich allein vorbehielt. Zu nahe liegt das Mißverständnis, daß in dieser Maßnahme nur verlogene Machtgier erkennbar werde. Von den 'großen Einzelnen' war die Krise der republikanischen Freiheit ausgegangen. Man sah sie als das immer wiederkehrende Problem des rechten Verhältnisses zwischen dem Staat und seinem jeweiligen ruhmgekrönten General, ohne zu beachten, daß eine Typisierung dieser Art das Problem einfach unlösbar machte. Die Frage war, ob es gelingen würde, eine Persönlichkeit

[52] Vgl. Ed. Meyer, Caesars Monarchie und das Prinzipat des Pompejus[3] (1922, Nachdr. 1963) S. 175: „Das ist aber das ganz eigenartige der damaligen Weltlage, daß gerade in der Zeit der furchtbarsten Zersetzung des Staats und der vollen Lahmlegung der zentralen Regierung das Römertum nach langem Hinsiechen die größten Erfolge erringt und sich nach allen Seiten mächtig ausbreitet: aus der Peripherie heraus erwächst dann die Neugestaltung des geschlossenen Weltreichs des *Orbis terrarum*. So erweist sich immer aufs neue die Überlegenheit des persönlichen Regiments, weil es ein wenn auch an sich aus sehr problematischen persönlichen Motiven erwachsendes Ziel vor Augen hat und rücksichtslos verfolgt, die durch das zerfahrene Kollegialregiment lahmgelegten Kräfte freimacht und ihnen Raum schafft; das war schon in Lucullus' und noch weit mehr in Pompejus' Feldzügen hervorgetreten . . ."

zu finden, die aus leidvoller Erfahrung erkannt hatte, daß jene Gegenüberstellung zu einer Entgegensetzung verfälscht worden war. Sollte die Wehrmacht dem Streben danach, erneut die maßgebliche Rolle in der Innenpolitik zu spielen, definitiv entsagen, so mußte der Oberbefehl über sie in der Hand eines Mannes zentralisiert werden, der nach Gesinnung und nach Leistungen als wirklicher Garant der Weltfriedenspolitik erscheinen konnte, ja mußte. Bei Augustus lagen die Dinge günstig, weil unter den bedeutenden 'Kriegsherren' der römischen Republik er der einzige gewesen ist, der nicht Soldat war, sondern Staatsmann. Dieser in der Überlieferung immer wieder hervortretende Tatbestand machte dem gloire-begeisterten 19. Jhdt. die gerechte Würdigung des ersten Princeps neben dem großen Heerführer Julius Caesar so schwer. Noch bevor die Prinzipatsverfassung im Januar 27 v. Chr. verwirklicht wurde, ließ der Senat, sicherlich auf Wunsch des Siegers, die Januspforte schließen. Nachdem Octavian schon 36 v. Chr. das Ende der Bürgerkriege für Italien beschlossen und feierlich verkündet hatte, folgte nun der Akt, der das Ende des Krieges als legitimen Mittels der großen Politik anzeigen konnte: die rigorose Herabsetzung der Zahl der Legionen, ihre Herausnahme aus der Innenpolitik sowie ihre Verlegung an die weit entfernten Grenzen des Reiches mußten wirklich genügen, um die Friedensbereitschaft des Mannes, der die genannten Maßnahmen getroffen hatte und zu verantworten bereit war, allen Zeitgenossen erkennbar zu machen. Wer nach einer historischen Analogie Ausschau hält, die ihm das Verständnis des hier vorliegenden, allerdings nicht eben alltäglichen Sachverhaltes erleichtern helfen könnte, möge sich etwa der Haltung des Generals von Seeckt in der letzten Zeit der Weimarer Republik erinnern; in der damaligen Nervosität wegen eventuell zu erwartender Staatsstreichpläne wußte er als Oberbefehlshaber der Reichswehr, daß er der einzige Träger einer ernst zu nehmenden Macht war, hat sich aber nicht von ihr verleiten lassen, der (ihm obendrein wenig sympathischen) Republik die Gefolgschaft aufzusagen. Augustus ging bekanntlich so weit, daß er allen seinen Unterfeldherren, darunter auch seinen Stiefsöhnen Tiberius und Drusus, die Abhaltung eines Triumphes im eigenen Namen untersagte. Dahinter wird nicht, wie man noch immer hören kann, die Eitelkeit des Princeps sichtbar, der kriegerischen Ruhm für sich hätte monopolisieren wollen, sondern erneut die nicht unbegründete Sorge, bei Beibehaltung des früheren Verfahrens könnten ehrgeizige Männer von der Basis militärischer Ehrungen höchsten Ranges aus die Friedenspolitik gefährden.

In diesem Zusammenhang muß nochmals daran erinnert werden, daß Octavian als Herr der Welt nach 30 v. Chr. sich nicht als Zwingherr einer unterjochten Menschheit, sondern als deren Lebensretter empfand und auch als solcher angesehen werden wollte. Man übersieht zu leicht die ganze Bedeutungsschwere, die dem ihm vom Senat und Volk verliehenen Namen *Augustus* zukommt. Zwar vergöttlichte er den Träger nicht, aber er erhob ihn als den 'Erhabenen' (im griechischen Text *Sebastós*: 'der Verehrungswürdige') über die Zeitgenossen hinaus, nicht auf Grund von Macht, sondern der alten römischen Tugenden der Tapferkeit, der Milde, der Gerechtigkeit und der Frömmigkeit. Schließlich ist damit dem Träger dieses Namens von Volks und Staatswegen bescheinigt worden, daß er sich als in jeder Hinsicht vertrauenswürdig legitimierte. Nicht ohne Absicht erscheint diese Ehrung am Schluß statt am Anfang des 'Monumentum Ancyranum', wohin sie doch chronologisch gehörte. Das läßt sich begreifen, wenn man anerkennt, daß der Augustusname nicht nur als Vorrecht verstanden wurde, sondern als eine Würde, die sein Träger sich durch sein Leben und seine Taten erst zu verdienen hatte. Der Nachweis K. KRAFTS, daß die Wahl des Steinbocks unter den Tierkreiszeichen durch Augustus anstelle seines wirklichen Nativitätszeichens in diese Richtung weist, ist oben (S. 12) bereits erwähnt worden. Der Tatenbericht, der gleichzeitig Rechenschaftsablage ist, soll den Nachweis dafür liefern, in welchem Ausmaße der so hoch Geehrte den an ihn gestellten Anspruch erfüllt hat[53]. Auch hier gibt sich Augustus' Haltung, das betonte Zurückstellen seiner Person hinter das Wohl des römischen Volkes und Staates, von dem Suetons Biographie ganz erfüllt ist, zu erkennen.

Man sagt nicht zuviel, wenn man die letzte Zeit der römischen Republik als Herrschaft des Militärs bezeichnet, die den Zustand der Ära der 'Soldatenkaiser' ebenso vorwegzunehmen begann wie die Reichsordnungspläne Caesars und Antonius' das Zeitalter des Dominats. Offensichtlich hat H. BOTERMANN (Die Soldaten und die römische Politik etc. [ob. Anm. 27], S. 177) recht, wenn sie zur Erklärung des raschen Übertritts eines Großteils der Legionen Caesars zu dessen Adoptivsohn 44 v. Chr. darauf verweist, daß „der 19jährige, zeit seines Lebens kränkelnde Octavian auf den Legionar ausgesprochen schutzbedürftig wirkte und seine Schwäche das Gefühl provozierte, zu seinem Schutz und Förderer bestimmt zu sein". Auf der Höhe seiner Machtstellung hat Augustus, wie wir sahen, alles getan, um die Herrschaft der Soldaten über die Politik zu beenden. Wenn man ihm darin folgen wollte, blieb nichts anderes übrig, als mit ihm den Weg zu gehen, den er vorzeichnete. Gab es eine andere Möglichkeit? Natürlich konnte man sich dem Traume hingeben, nicht nur das Soldatenregime, sondern auch den Mann, der es anerkanntermaßen beseitigte, nach vollbrachter Leistung irgendwie wieder loswerden zu können[54]. Das wäre eine gefährliche Illusion gewesen. Denn übrig blieb dann nur die Senatsherrschaft, und aus dieser waren die Bürgerkriege hervorgegangen, der schlimmste Rückschritt in der gesamten Geschichte Roms.

Noch aber blieb eine erhebliche Schwierigkeit zu bewältigen, nämlich das Problem der Nachfolge im Oberbefehl bei Augustus' Ableben. Der Princeps meinte, auf der Suche nach einer ebenso befähigten wie populären

[53] Dabei darf nicht übersehen werden, daß der Bericht auch die Nachfolger des ersten Princeps in ihrer politischen und ethischen Haltung binden mußte — und auch sollte.

[54] Cicero hat offensichtlich einen solchen Gang der Dinge für möglich gehalten, wie sein berüchtigter Witz über den jungen Octavian (ad fam. 11,20,1; vgl. 11,21,1) erkennen läßt: *laudandum adulescentem, ornandum, tollendum* (mit dem Doppelsinn von *tollere* spielend). Diese Geistreichelei hat er bekanntlich mit dem Leben zu bezahlen gehabt.

Persönlichkeit für die Erfüllung dieses Auftrages im Kreise seiner Familie bleiben zu müssen, deren Mitglieder ihm naturgemäß am besten bekannt waren. Immer wieder hat man versucht, hier die Absicht einer regelrechten Dynastiegründung zu erkennen. Aber das gleiche Problem tauchte bereits im demokratischen Athen des Perikles auf[55]. Bei seiner wissenschaftlichen Erörterung sollte nicht übersehen werden, daß ganz offenbar der Sachzwang eine erhebliche Rolle spielte. Mit Recht hat W. KUNKEL (Römische Rechtsgeschichte, 3. Aufl. Graz 1960, S. 41) darauf aufmerksam gemacht, daß die konsequenteste Durchführung der Prinzipatsidee recht eigentlich in dem System der Adoptivkaiser als der vollkommensten Lösung der Nachfolgefrage zu sehen ist. Erst 84 Jahre nach Augustus' Tode ist, wie er zutreffend sagt, dieses „Verfahren, das dem Reich eine Reihe seiner größten und edelsten Herrscherpersönlichkeiten (Trajan, Hadrian, Antoninus Pius und Mark Aurel) geschenkt hat", in Aufnahme gekommen, das den Beleg dafür liefert, wie wenig zentral das angebliche dynastische Element für die Lösung des Nachfolgeproblems im Prinzipat gewesen ist[55a]. — Es wird dabei bleiben müssen, daß eine wissenschaftlich fundierte, d. h. der Sachkritik den gebührenden Raum zubilligende Beurteilung der Augusteischen Weltfriedenspolitik die Anstöße der Neueren an der Ehrlichkeit des Wollens und Handelns des Augustus als unberechtigt zurückzuweisen hat.

Wie jede Reform, so hat auch die des Augustus nach ihrer Durchführung zu beweisen gehabt, daß sie einen Fortschritt bedeutete und daß ihr Kernstück, die Erhebung des Friedens zum Ideal, der früheren Überschätzung kriegerischer Tugend überlegen war. Obwohl mit der Menge der verabschiedeten, zumeist mit Landeigentum — das anders als vordem von Augustus mit Hilfe der reichen Beute aus Ägypten[56] käuflich für sie erworben wurde — ausgestatteten Soldaten viele caesarische Veteranen den Legionen entzogen worden waren, die damit einige Einbußen an Kriegserfahrung hinzunehmen hatten, kam der Augenblick bald heran, zu dem Princeps und Senat ihr Heer benötigten. Schon im Jahre der Prinzipatsgründung wiederholten sich in Spanien die ärgerlichen Überfälle der kriegerischen Gebirgsvölker des Nordwestens auf die blühende Kulturlandschaft im Osten und Süden. Augustus begab sich persönlich dorthin, um in jeder Hinsicht, militärischer

[55] Bekanntlich dachte Perikles an den begabten, ihm entfernt verwandten Alkibiades als seinen Nachfolger in der Stellung des führenden Staatsmannes der attischen Demokratie (vgl. ED. MEYER, Geschichte des Altertums², 4,2, S. 59; H. E. STIER, Der Untergang der klassischen Demokratie, Rheinisch-Westfälische Akademie der Wissensch. Vorträge Geisteswiss. 175, Opladen 1971, S. 27, Anm. 46), ohne daß er damit dynastische Pläne verband. — Auch die Problematik des attischen Seereichs erinnert an die des späteren, so ungleich größeren Imperium Romanum; wenn Perikles von der ἀρχή Athens sagte, sie zu gewinnen, könne ungerecht erscheinen, sie fahren zu lassen aber sei gefährlich (Thuk. 2,63,2: ὡς τυραννίδα ἤδη ἔχετε αὐτήν, ἣν λαβεῖν μὲν ἄδικον δοκεῖ εἶναι, ἀφεῖναι δὲ ἐπικίνδυνον), so hätte man das gleiche vom Machtbereich der römischen Republik in der Zeit der Welteroberung sagen können.

[55a] Anders zuletzt wieder L. WICKERT, Neue Forschungen zum römischen Principat, ob. in diesem Werk (ANRW), Bd. II 1 (Berlin–New York 1974) S. 3—76, hier S. 42ff.

[56] SYME a. O. S. 304.318.

wie ziviler, sofort nach dem Rechten sehen zu können. Zweifellos wollte der Princeps, der mit den spanischen Unruhen die Januspforten wieder öffnen lassen mußte, darauf hinwirken, daß diese Wiederöffnung des jetzt zum Symbol der Weltbefriedung gewordenen Heiligtums zum frühest möglichen Zeitpunkt in Rom rückgängig gemacht wurde. Es folgte die Niederwerfung des keltischen Gebirgsstammes der Salasser, deren Feindschaft wiederholt die Bevölkerung der westlichen Poebene heimgesucht und den Durchgangsweg von Oberitalien nach Innergallien gefährdet hatte. Es waren Unternehmungen, die bestimmt waren, gefährliche Lücken im Imperium des Friedens zu schließen; die Überlieferung berichtet, daß dabei z. T. mit drakonischer Strenge verfahren worden ist, wobei freilich heidnischem Empfinden manches weniger gravierend erschien als unserem christlich geformten Urteil.

VI. Die Verteidigung des Friedensreiches

Aber die wichtigste aller Überlegungen, die sich mit der Verkleinerung des Reichsheeres durch seine Beschränkung auf die römisch-italische Wehrkraft allein verband, wurde die Erlangung verteidigungsfähiger Grenzen für das Imperium, die einmal das Herzland des Reiches, Italien, wirksam zu schützen, zum anderen durch möglichst geradlinigen Verlauf die erforderliche Einsparung von Truppen gestatteten. In den Stürmen der römischen Bürgerkriege sind die kriegerischen Randvölker rings um das Imperium Romanum zu gesteigerter Aktivität erwacht. Infolge seiner mehr zufälligen als nach festem Plan geförderten Entstehung verfügte das Reich über keine zusammenhängende Verteidigungsgrenze, am wenigsten gegenüber den Nordvölkern; welche Gefahren sich dahinter für Italien verbargen und urplötzlich heraufziehen konnten, hatte der Kimbernschrecken gelehrt. Daß mit ihm die Bedrohung nicht verschwunden war, mußte Caesar im Beginn seiner gallischen Statthalterschaft feststellen, vor allem als seine Legionen auf dem Zuge gegen Ariovist und dessen Germanen in Besançon zu meutern drohten.

Im Osten war seit 129 v. Chr. ein neuer Feind im Vordringen: das Partherreich. Crassus' unüberlegter Angriff auf dieses Reitervolk (53 v. Chr.) verhalf den Orientalen zu dem großen Sieg über die Römer bei Carrhae in Obermesopotamien, mit dem die Euphratlinie als Abgrenzung der beiderseitigen Interessensphären nahezu verschwand. Caesar plante kurz vor seiner Ermordung einen Partherkrieg, um den Druck auf das seit Pompeius weithin römisch gewordene Vorderasien zu beseitigen. Aufmerksam verfolgte der parthische Hof die Entwicklung im Westen. Im Jahre 36 v. Chr. scheiterte Antonius' großangelegter Rachezug für Carrhae unter hohen Verlusten. Nach der Einnahme Alexandrias begegneten parthische Vertreter dem siegreichen Octavian freundlich. Daß die römische

Staatsführung das 'Loch im Osten' schließen mußte, war selbstverständlich. Augustus' Entschluß, zur Tat zu schreiten und den Mittellauf des Euphrats zur Ostgrenze Roms zu machen, barg in sich, unbeschadet der im parthischen Reiche nicht seltenen Thronfehden, ein erhebliches Risiko. Dementsprechend bereitete Augustus die Verhandlungen durch einen beachtlichen militärischen Aufmarsch im Ostteil des Imperiums vor. Um so größer war dann seine Genugtuung darüber, daß der Partherkönig es klugerweise nicht zu einem Zusammenstoß der beiderseitigen Streitkräfte kommen ließ, sondern sich zu einem Vertrage bereit fand, durch den Rom wieder in den Besitz seiner von der parthischen Armee früher erbeuteten Feldzeichen kam. Die Euphratgrenze war damit Tatsache geworden. Mit Recht ist Augustus auf diesen Erfolg zeit seines Lebens besonders stolz gewesen, hatte doch der Gang der Dinge gezeigt, daß das Friedensreich von dem stärksten unter seinen kriegerischen Rivalen nunmehr als Großmacht respektiert wurde. Augustus war persönlich nach Vorderasien gereist; er durfte einen Erfolg erleben, der nach damaligem Empfinden besonders hoch gewertet wurde, galt doch in dem immer noch hoch entwickelten Sportbetrieb und bei den Festspielen der Athlet für besonders tüchtig, gegen den kein Mitbewerber in die Schranken zu treten wagte, so daß er siegte ἀκονιτί, 'ohne sich bestauben zu brauchen'. Es ist daher nicht als belangloser Zufall anzusehen, daß bei der einst in der Villa seiner Gemahlin Livia bei Primaporta vor den Toren Roms aufgestellten[57] und glücklich wiedergefundenen Marmorstatue des Princeps, die zu den Meisterwerken der augusteischen Plastik zählt, auf dem mit figürlichen Szenen reich verzierten Panzer die symbolische Darstellung die Rückgabe eines römischen Legionsadlers durch einen mit seiner Hosentracht kenntlich gemachten Parther an den Vertreter Roms — Mars oder Tiberius — in die Mitte gesetzt zeigt[58]. Man hätte an dieser prominenten Stelle durchaus eine symbolische Darstellung der Bezwingung Germaniens bringen können, etwa in der Art, wie sie die untere Hälfte der Gemma Augustea in Wien aufweist. Damit wäre natürlich nicht der Weltfriede des Augustus, sondern die Weltherrschaft Roms verherrlicht worden. Da die Statue von Primaporta als persönliches Geschenk des Augustus vom Künstler nach den eigenen Intentionen des Princeps gefertigt sein muß, haben wir mit ihr ein weiteres Beweisstück vor Augen für die Wichtigkeit, die der Caesarerbe dem ganz uncaesarischen Ideal der allumfassenden *Pax* beimessen zu müssen glaubte[59].

[57] Für die Datierung möchte ich mich dem m. E. aus berechtigter Kritik an den bisherigen Thesen erwachsenen Vorschlag von J. Fink 'facies decora, effigies Achillea' in der Festschrift für Max Wegner (Münster 1962) S. 36f. anschließen, der die Statue mit der Säkularfeier 17 v. Chr. in Verbindung bringt. Vgl. jetzt auch E. Simon, Der Augustus von Primaporta, Opus nobile 13, Bremen 1959.

[58] Zu den Vorgängen des Jahres 20 v. Chr. vgl. jetzt K. Krämer, Zur Rückgabe der Feldzeichen im Jahre 20 v. Chr., Historia 22 (1973) S. 362f.

[59] G. A. Lehmann, Weltherrschaft und Weltfriedensgedanke im Altertum, Mitteilungen der Techn. Universität Braunschweig 8, 1973, S. 48ff., verweist m. E. mit Recht darauf, daß sich — anders als später im Zeitalter der Sassaniden — „zwischen Rom und den parthischen Großkönigen unter Augustus und weiter im 1. Jahrhundert n. Chr. beacht-

Mit dem Parthervertrag wurde der Oberlauf eines Stromes, des Euphrats, die östliche Grenzlinie für das römische Reich. Hier konnte man sich seitdem zuversichtlich auf eine längere Periode der Ruhe einstellen. Schwieriger stand es mit der Nordgrenze, die von der Rheinmündung bis zum Schwarzen Meer reichte, in Luftlinie schon eine Entfernung von erheblich mehr als 2000 km. Dieser ganze Bereich befand sich in fast ständiger Unruhe; vor allem war es, wie erwähnt, die frühgermanische Ausbreitung, die sowohl auf den Rhein wie auf die untere Donau drückte. Eine starke Gegenwehr war unbedingt vonnöten. Sie mußte, um wirksam zu sein, weit ins Vorfeld hineingreifen. Andererseits durfte sie keinesfalls die verfügbaren Kräfte überfordern. Man entschloß sich römischerseits zu dem Kompromiß, auch hier um seiner Übersichtlichkeit willen einen Flußlauf, und zwar den einigermaßen geradlinigen Lauf der Donau, zur Grenze zwischen Rom und Nichtrom zu wählen. Dieser Kompromiß hatte den Nachteil, daß der Oberlauf dieses Stromes mit dem seit Caesar als Grenzscheide betrachteten Rhein einen spitzen Winkel bildet, dessen Besetzung einen erheblichen Teil der Armee beanspruchte. Es ist nicht zu bezweifeln, daß nur aus diesem Grunde, also von der Rücksicht auf die möglichst effektive Verteidigung des Friedensimperiums her, der Vorschlag Beifall fand, an die Stelle der Donau-Rhein-Linie ein die Entfernungen ganz wesentlich verkürzendes Donau-Elbe-Projekt zu setzen, das etwa von der Einmündung der March (bei Carnuntum) aus nordwärts durch Böhmen und Mähren den Anschluß an den selbstverständlich seit langem bekannten Elbstrom erreichen konnte. Bei beiden Grenzziehungen waren weite Gebiete mit kriegerischen Völkerschaften zu unterwerfen. Der glückliche Abschluß des Partherfriedens und die drei Jahre später von Augustus und dem Senat — mit vollem Recht — in großem Stil durchgeführte Säkularfeier, die als betont religiöses Dankesfest erst nach 10jähriger Erprobung der *Pax Augusta* abgehalten wurde, versetzten die Gemüter in Hochstimmung; nur sie kann den Princeps dazu veranlaßt haben, die kriegerische Last, die Rom zu seinem Schutz und dem der kultivierten Menschheit gegen die 'barbarischen' Nordvölker unweigerlich auf sich zu nehmen hatte, sich nun bereits aufzubürden. Schon im nächsten Jahre bewies die schmähliche *clades Lolliana*, die Niederlage, die die

liche Ansätze zu einer Imperium Romanum wie Partherreich umfassenden völkerrechtlichen Ordnung herausgebildet haben, die auch die Rechtsstellung der beiderseitigen Satellitenstaaten in der Grenzzone definierte . . . Diese langwährende, für beide Seiten äußerst vorteilhafte Partnerschaft wurde möglich, weil die parthische Arsakiden-Dynastie eine dem römischen Weltherrschaftsgedanken entsprechende Reichsideologie nicht besaß, so daß die gelegentlichen politischen Auseinandersetzungen in der armenischen Frage fast immer lokalisiert und durch Kompromißlösungen beigelegt werden konnten". (Vgl. dazu auch K.-H. ZIEGLER, Das Völkerrecht der römischen Republik [Anhang: Das römische Völkerrecht zur Zeit des Prinzipats], ob. in diesem Werk [ANRW], Bd. I 2 [Berlin–New York 1972] S. 111ff.) — Im Jahre 19 n. Chr. zeigte sich nach Tacitus' Bericht (Ann. 2,64) Tiberius als Princeps über die Beilegung der Marbodkrise in Germanien durch Drusus d. J. und der armenischen Krise durch Germanicus deshalb besonders erfreut, weil er den Frieden durch *sapientia* und nicht *per acies* gefestigt hatte (*laetior, quia pacem sapientia firmaverat, quam si bellum per acies confecisset*).

Legion des Lollius von den im Rheinland eingefallenen germanischen Sugambrern hinnehmen mußte, daß eine Wiederholung der friedlichen Begegnung mit den Parthern im Osten vom Norden des Reiches her nicht zu erwarten war. Für römische Ohren mußte sich die Unglücksbotschaft so ausnehmen, als stehe eine Neuauflage des Kimbernschreckens nicht außer aller Möglichkeit, der ja, wie erwähnt, (o. S. 30), noch im Heere Julius Caesars lebendig gewesen war.

SYME sieht in den militärischen Unternehmungen, die 15 v. Chr. mit der Unterwerfung der Alpengebiete und Oberdeutschlands begannen und 9 v. Chr. in der Erreichung der Elbe durch die Armee des Drusus einen ersten Höhepunkt erlebten, nur "*the orderly execution of a programme of rational aggression*". Diese Ansicht der Vorgänge ist nach dem, was sich über die spezifische Eigenart der Friedenspolitik des Augustus aus den Quellen feststellen läßt, a priori unwahrscheinlich. Zudem waren die Römer längst ein Volk mit ausgeprägtem Sendungsbewußtsein (vgl. o. S. 16), das durch enge Verbundenheit mit griechischer *humanitas* sein besonderes Gepräge unter den Völkerschaften des alten Italien erhielt[59a]. Sollte gerade ihnen die Berechtigung dazu abgesprochen werden, auch den Barbarenvölkern ihre kulturellen Errungenschaften weiterzureichen, wie es Alexander und der Hellenismus mit der östlichen Hälfte der Ökumene getan hatten? Dann käme man nicht daran vorbei, auch die englische Weltherrschaft in der modernen Geschichte nur als bedauerlichen Sündenfall zu werten. Ein Blick in T. B. MACAULAYS 'Leben Clive' (Cambridge 1890 u. ö.) würde die Haltlosigkeit einer solchen Beurteilung mit aller wünschenswerten Deutlichkeit erkennen lassen. Wie Inder, Buren u. a. von der britischen Weltmacht nicht nur Nachteile erfahren haben, waren Germanen, Pannonier etc. gegenüber dem Imperium Romanum nicht nur Verlierer[60]. Die spätere Blüte der römischen Rheinlande spricht hier eine nicht zu überhörende Sprache. Für Augustus war natürlich dringlicher als die Ausbreitung höherer Kultur die Sicherung der Nordgrenze des römischen Imperiums, die von den ständigen, nach Süden gerichteten Völkerbewegungen bedroht blieb, wenn das Friedensreich auf Gegenwehr verzichtete. Die Ausdehnung der römischen Herrschaft bis zur Donau-Elbe-Linie muß als Akt einer offensiven Defensive angesehen werden, deren Zielsetzung nun einmal von der Geographie nicht unabhängig war. Wie der zeitgenössische Geograph Strabo in seinem Werke (7,1,4) bedauernd mitteilt, hätte damals die Kenntnis Gesamtgermaniens, seiner Landschaften und seiner Völkerstämme,

59a Vgl. W. SCHADEWALDT, Humanitas Romana, oben in diesem Werk (ANRW), Bd. I 4 (Berlin–New York 1973) S. 43—62.

60 ST. PIGGOTT, Vorgeschichte Europas (deutsche Ausgabe, München 1972) S. 335: „Als die Römer Teile des keltischen Europa eroberten, haben sie dort vielleicht die letzte Ausformung einer Art einheimischer Kultur verhindert, aber das war schwerlich ein Unglück. Wenn die *Gallia comata*, das rauhe Gallien, so etwas wie eine in sich gefestigte politische und wirtschaftliche Einheit erreicht hätte, so würde das kaum mehr als eine provinzielle Imitation dessen gewesen sein, was weiter im Süden durch die römische Eroberung im zweiten Jahrhundert v. Chr. geschaffen worden war."

erheblich ausgebreiteter sein können, wenn nicht Augustus seinen Feldherrn untersagt hätte, die Elbe zu dauerhafter Festsetzung zu überschreiten[61]. Die Erfolge des Drusus und des Tiberius waren so erheblich, daß von ihnen her gesehen einer römischen Expansion über die Elbe hinaus nichts im Wege gestanden hätte. Und daß bei den Germanen jenseits der Elbe das Erscheinen sieggewohnter römischer Truppen in ihren Gebieten nicht nur verbissenen Widerstand gefunden hätte, lehrt die Begegnung des Semnonenfürsten mit dem römischen Oberbefehlshaber im Jahre 5 n. Chr. an der mittleren Elbe, von der Vellejus Paterculus (2,107) als Augenzeuge berichtet hat[62]. An der Mitteilung Strabos ist kein Zweifel möglich. Sie beweist, daß die Römerzüge zur Elbe nach dem Willen des Princeps ausschließlich defensiv gedacht waren.

VII. Das Weltfriedensregiment

Natürlich liegt Härte darin, daß gegen bisher freie Menschen fremde Truppen in Marsch gesetzt wurden, um sie zu unterwerfen. Das aber ist keine Besonderheit der Politik des Augustus, sondern eine Begleiterscheinung aller Großreichsbildungen seit der Geburt des Weltreichsgedankens im Vorderasien des 3. Jahrtausends v. Chr., als Sargon von Akkad und seine

[61] Γνώριμα δὲ ταῦτα κατέστη τὰ ἔθνη πολεμοῦντα πρὸς 'Ρωμαίους, εἶτ' ἐνδιδόντα καὶ πάλιν ἀφιστάμενα ἢ καὶ καταλείποντα τὰς κατοικίας· κἂν πλείω δὲ γνώριμα ὑπῆρξεν, εἰ ἐπέτρεπε τοῖς στρατηγοῖς ὁ Σεβαστὸς διαβαίνειν τὸν Ἄλβιν μετιοῦσι τοὺς ἐκεῖσε ἀπανισταμένους. Νυνὶ δ' εὐπορώτερον ὑπέλαβε στρατηγεῖν τὸν ἐν χερσὶ πόλεμον, εἰ τῶν ἔξω τοῦ Ἄλβιος καθ' ἡσυχίαν ὄντων ἀπέχοιτο καὶ μὴ παροξύνοι πρὸς τὴν κοινωνίαν τῆς ἔχθρας. — D. Timpe (Der römische Verzicht auf die Okkupation Germaniens, Chiron 1, 1971, S. 283) erklärt: „Die Eroberung Germaniens war kein festes, klares und gleichbleibendes politisches Thema der augusteischen Zeit." In der Anm. 65 heißt es dazu: „Die Konzeption einer römischen Annexion bis zur Elbe läßt sich m. E. zwar hinreichend, aber doch nur mühsam belegen"; was soll man sich unter „hinreichend, aber doch nur mühsam" vorstellen?

[62] Nationalistischen Autoren im 'Dritten Reich' war dieser Bericht so fatal, daß sie ihn einfach als „Schönfärberei der römischen Quellen" und „Tendenzhistörchen" verwarfen (so in H. Lorischs Artikel 'Die Germanenkämpfe zur Zeit des Kaisers Augustus' in: Neue Jahrbücher für Antike und deutsche Bildung 1, 1938, S. 40). Aber den Bericht eines Zeitgenossen und Augenzeugen wie Vellejus Paterculus kann man um so weniger beiseiteschieben, als sein damaliger Oberfeldherr, der spätere Kaiser Tiberius, Schmeicheleien überhaupt nicht zugänglich war (Sueton, Tib. 27), was auch der moderne Kritiker zu beherzigen hat. Wenn Syme (Tacitus und seine politische Einstellung, Gymnasium 69, 1962, S. 243) Vellejus' nüchterne Feststellung über den Staat des Augustus: *prisca illa et antiqua rei publicae forma revocata* (2,89,3) interpretiert: „Einige Leute (!), wie Vellejus Paterculus, taten so, als glaubten sie (!), daß Augustus die alte Republik tatsächlich wiederhergestellt habe", so macht er sich die Sache wirklich zu leicht. Schließlich sprechen ja zeitgenössische Stimmen wie die aus der Zeit zwischen 8 und 2 v. Chr. stammende 'Laudatio Turiae' (V. Ehrenberg und A. H. M. Jones, Documents Illustrating the Reigns of Augustus and Tiberius, Oxford 1949, S. 149, Z. 35ff.) die gleiche Sprache wie Vellejus.

Nachfolger zum Schutze ihrer Untertanen das Vorland der Wüste und die Ränder der Gebirgszone unter ihre Herrschaft zwangen, um 'das Land', also das Gebiet der altbabylonischen Hochkultur, wirkungsvoll gegen die Überfälle der Bergvölker und der Beduinen endlich absichern zu können[63]. In allen diesen Fällen handelt es sich nicht um eine moralische Frage, sondern um eine Tragik, die mit dem Auftreten großer Kulturimperien schicksalhaft verbunden ist. Die äußere Sicherheit einer Hochkulturwelt muß von ihrer politischen Leitung gewährleistet werden; mit welchen Mitteln das ermöglicht wird, hängt naturgemäß von der Art und der Haltung des Verhandlungspartners ab. Die antike Welt hat es auf die Dauer nicht bereut, daß sie römisch wurde. Der glänzendste Beleg dafür ist für uns die in der Mitte des 2. nachchristlichen Jahrhunderts gehaltene Rede des Griechen Aelius Aristides geworden, seitdem M. ROSTOVTZEFF in seinem Standardwerk 'Gesellschaft und Wirtschaft im römischen Kaiserreich' (Dtsch. Ausg. von L. WICKERT, Leipzig 1931, Bd. 1, S. 112ff.) nachweisen konnte, daß es sich bei ihr nicht, wie man früher glaubte, um ein bloß rhetorisches Elogium handelt, sondern um ein Bild der Wirklichkeit. Wenn es Kriege gegeben hat, die in ihren Auswirkungen zu einem solchen Ergebnis kamen, dann kann es nicht berechtigt sein, sie einfach als Aggression abzuurteilen. Wenn SYME gar mit dieser Aggression die Ara Pacis verbindet und deren Dedikation als "*assertion of imperial policy and an omen of victory*" charakterisiert, beachtet er nicht, daß im plastischen Dekor dieses Altarbaus alles Militärische fehlt und daß er, wie bereits erwähnt (o. S. 20), unmittelbar am Marsfelde, dem einstigen Versammlungsplatz des römischen 'Volkes in Waffen', errichtet ist, sicherlich um zu bekunden, daß jetzt ein neues Saeculum, das Zeitalter des Weltfriedens, die alten Ordnungen erfüllte und überhöhte[64]. Wie das Denkmal für einen großen militärischen Sieg in augusteischer Zeit ausgesehen hat, läßt sich noch heute an den wieder freigelegten imposanten Resten des mächtigen Tropaeum Alpium (La Turbie auf den felsigen Höhen oberhalb Monacos) feststellen. Errichtet ist es 6 v. Chr. in unmittelbarer Nachbarschaft der zahlreichen Alpenstämme, deren Unterwerfung und Eingliederung in das Imperium Romanum es verherrlicht[65]. Die monumentale Weihinschrift bezeichnet das ursprünglich

[63] Die eminente Bedeutung für die allgemeine Kulturentwicklung ist daraus ersichtlich, daß die bildende Kunst altbabylonischen Stils gerade damals ihren Höhepunkt erreichte.

[64] Richtig formulierte die politische Bedeutung der Ara Pacis Augustae M. ROSTOVTZEFF, Gesellschaft und Wirtschaft im römischen Kaiserreiche 1 (deutsche Ausgabe S. 48): „Der prachtvolle Altar, der dem augustischen Frieden (*Pax Augusta*) auf dem Marsfelde (*Campus Martius*) erbaut wurde, war ein Symbol dafür, daß der Friede den Krieg überwunden hatte und nun der Regierung des Augustus das Gepräge gab." Gegen dieses Urteil eines Sachkenners ganz hohen Ranges vermag der Dilettantismus mit seiner Sucht, die Dinge um jeden Preis auf den Kopf zu stellen (z. B. H. SCHMIDT, Frieden, Berlin 1969, S. 73), nicht anzukommen. Wäre wirklich Mars der Protektor der *Pax Augusta* gewesen, so hätte Augustus sich den nicht eben leichten Umweg über die Weltbefriedung in seiner Politik sparen können; die Macht dazu besaß er.

[65] W. MEYER, Vom Alpenwall zur Côte d'Azur (Bern 1956) S. 168f.: „Einen geeigneteren Standort konnte man gar nicht aussuchen: wenn es die Größe, die Unbesiegbarkeit Roms

50 m hohe und in seinem Unterbau 38 m breite Denkmal als Dankesgabe von Senat und Volk an den Princeps, unter dessen Führung und Auspizien der große Waffenerfolg errungen worden sei. Die Krönung des Bauwerkes bildete eine säulenumkränzte Rundpyramide, auf deren Spitze die Kolossalfigur des von zwei Besiegten flankierten Augustus emporragte. Größe, Inhalt der Darstellungen, Standort — alles ist bei den beiden großartigen Schöpfungen augusteischer Kunst völlig verschieden. Gegen SYMES Versuch, Vergils bekannten Vers Aen. 6,852 als Beleg für ein römisches Empfinden zu benutzen, nach dem *pax* eine enge Nachbarschaft zu Eroberung oder wenigstens Zwang habe, muß scharfer Einspruch erhoben werden; offensichtlich interpretiert er die Worte *pacisque imponere morem* so, als ob der Nachdruck auf dem Verbum *imponere* und nicht auf *pacis* läge. Der Gesamtzusammenhang der Verse gestattet hier eine eindeutige Entscheidung über ihren Inhalt.

Hinzu kommt, daß die römische Politik in der westlichen Hälfte des Imperium Romanum zwar die sprachliche und kulturelle Romanisierung dieser Länder zur Folge gehabt hat; aber die Römer haben sich direkter Eingriffe, die den ihnen selbstverständlich genehmen Prozeß beschleunigen sollten, enthalten, ganz anders als etwa die Großkönige des assyrischen Reiches in Vorderasien, die sich vermaßen, „alle Länder einer Zunge zu machen", hat das Römertum die Entwicklung sich selbst, d. h. in der Hauptsache den betreffenden Völkerschaften, überlassen[66]. Es ist wirklich ein vollgültiges Zeugnis für diese Haltung, daß der Kirchenvater Hieronymus bei seinem Aufenthalt in Galatien dort die gleiche Sprache hörte, die er von Trier her kannte: ein keltisches Idiom, das die gallischen Eroberer bereits in den Jahren 278ff. v. Chr. nach ihrer neuen Heimat in Kleinasien mitbrachten und das sich inmitten der hellenistischen und später der römischen Einflüsse behaupten konnte[67]. Das augusteische Friedensregime befleißigte sich gegenüber den Provinzialen der größtmöglichen Zurückhaltung. Bekanntlich hat Augustus trotz seiner Abneigung gegen die Ordnungen des Hellenismus einsehen müssen, daß er den in der griechischen Osthälfte des Imperiums fest verwurzelten Herrscherkult nicht beseitigen durfte. Aber seine Neuerung war, daß er den Kult seiner Person nur in seiner Verbindung mit dem der Göttin Roma, der Personifikation des Römertums, akzeptierte, um jeden Schein einer Monarchie zu meiden. Es ist sehr wesentlich, daß die Oberpriester, die an den Altären und Heiligtümern des Roma-Augustus-Kultes fungierten, bewußt aus dem Kreise der Eingeborenen

verkünden sollte, so tat es das von hier aus weithin. Schiffer, die sich der Küste näherten, erblickten es bereits aus großem Abstand vom Meere her, und auch von vielen Orten der gebirgigen Küste ist es überragend sichtbar." Vgl. zum Denkmal N. LAMBOGLIA, Le Trophé d'Auguste à La Turbie, französische Ausgabe[2] (Nizza 1955).

66 Mit Plinius' d. Ä. Bemerkung, Nat. hist. 3,39, daß zu Roms Leistungen auch die lateinische Sprache als Kultursprache gehöre — das Mittel, sich sprachlich allerseits verständigen zu können — ist nicht ein Hinweis auf politischen Zwang verbunden, der in der Tat nicht bestand.

67 Hieronymus, Prol. II in epistulas ad Gal. III; Lukian, Alex. 51.

genommen wurden[68], während Römern der Zugang zu dieser Würde untersagt blieb. Wäre die römische Politik auf Zwang ausgegangen, so hätte sie von der Möglichkeit, mit Hilfe des Herrscherkultes die politische und wirtschaftlich-finanzielle Abhängigkeit der Unterworfenen von Rom durch eine Verbindung mit der religiösen erheblich drückender zu machen, bestimmt Gebrauch gemacht. Gerade das aber ist unterblieben, weil er in eine ihres Namens würdige Weltbefriedung einfach nicht hineinpaßte. Die Forschung mußte anerkennen, daß die Romanisierung der Iberer, Gallier u. a. m. nicht das Ergebnis einer planmäßigen Sprachpolitik gewesen ist, sondern daß sie weithin aus Entschlüssen der Betroffenen selbst resultierte[69]. Ansiedlungen römischer Veteranen und Kaufleute, die Anlage des bewunderungswürdigen römischen Straßennetzes[69a], Städtegründungen, vor allem der Eintritt in eine kultivierte Lebenshaltung durch den Anschluß an die *Pax Augusta* konnten ihre Wirkung nicht verfehlen. Die Römer kamen eben, was man über den militärischen Unterwerfungsvorgang nun einmal nicht vergessen darf, anders als die Germanen der Völkerwanderung als Kulturbringer zu halbzivilisierten Völkern. Dementsprechend ist die geistige Haltung der Unterworfenen gegenüber den Siegern beidemal völlig unterschiedlich gewesen. Schließlich ist nochmals daran zu erinnern, daß der östliche Teil des römischen Kulturreiches immer griechisch geblieben ist und als griechisch-byzantinisches Kaisertum zum Erben der Macht Roms werden konnte.

Gewiß ist die Vorschiebung der römischen Grenzen im Norden durch römische Waffengewalt erfolgt; aber die Kritiker dieses Vorganges werden sich die Frage gefallen lassen müssen, wie man denn Völker und Menschen friedensbereit machen will — wirklich nur durch Zureden? Es sei nicht vergessen zu erwähnen, daß es nicht friedliche Völkerstämme waren, gegen die sich das römische Vorgehen richtete, sondern zumeist solche, die die Erfüllung ihres Lebens voll Stolz in kriegerischem Ruhm sahen[70], ja zuweilen

[68] S. die Inschrift von Ankara: V. EHRENBERG und A. H. M. JONES, Documents Illustrating the Reigns of Augustus and Tiberius, S. 83 Nr. 109. In Ara Ubiorum, dem späteren Köln, war bezeichnenderweise ein vornehmer germanischer Cherusker, Segestes' junger Sohn Segimund, Oberpriester: Tacitus, Annalen 1,57 (*anno, quo Germaniae descivere* — — 9 n. Chr. —, *sacerdos aput aram Ubiorum creatus ruperat vittas profugus ad rebelles*).

[69] Die Wissenschaft des imperialistisch-kolonialen Zeitalters nahm an dieser Feststellung Anstoß. In der Klio 8 (1908) S. 475 schrieb O. HIRSCHFELD über 'Die Organisation der drei Gallien durch Augustus': „Daß von einer tiefergehenden Romanisierung bei so systematischer Fernhaltung römischen Wesens nicht die Rede sein konnte, bedarf keines Nachweises . . . Augustus hat Gallien seine definitive Gestalt unter dem Eindruck der Niederlage des Lollius gegeben, und dementsprechend trägt seine Schöpfung durchaus den Stempel einer ängstlichen Politik." Aber wohin die forsche Romanisierungspolitik eines Varus in Germanien führte, hat die Geschichte gelehrt. Die Begriffe 'Behutsamkeit' und 'Angst' gleichzusetzen, heißt einen Fehler begehen, vor dem bereits Thukydides (3,82,4) eindringlich warnte.

[69a] Vgl. dazu H. E. HERZIG, Probleme des römischen Straßenwesens: Untersuchungen zu Geschichte und Recht, ob. in diesem Werk (ANRW), Bd. II 1 (Berlin–New York 1974) S. 593—648.

[70] Man sollte den Anschauungsunterricht nicht unterschätzen, den damals Marbod den Römern darbot, als er — nicht nur als Stammesfürst, sondern als absoluter König

um dessentwillen sogar fremden Kaufleuten den Zugang in ihr Land verwehrten, weil sie Verweichlichung durch Import von Luxuswaren befürchteten. Rund zwei Jahrzehnte sind zwischen dem ersten Einmarsch des Drusus in Germanien und der Niederwerfung des Pannonischen Aufstandes vergangen; dann endlich konnte man glauben, daß das gewaltige Unternehmen in seinen Hauptetappen vollendet sei. F. MILTNER hat in der Klio 30 (1937) S. 200ff. ('Augustus' Kampf um die Donaugrenze') gezeigt, wie sorgfältig und verantwortungsbewußt die Operationen an der riesigen Front aufeinander abgestimmt waren. Man erkennt unstreitig darin die ebenso überlegte wie vorsichtige Methode, nach der der Princeps in wichtigen Angelegenheiten zu verfahren pflegte. Neben und zwischen den Schlachten und Gefechten muß erheblicher Spielraum für diplomatische Verhandlungen bestanden haben; daß bei einer solchen Gelegenheit der berühmte Hildesheimer Silberschatz an einen germanischen Fürsten als Freundschaftsgabe gelangt ist, dürfte noch immer die wahrscheinlichste Deutung für das Auftreten der Prachtstücke dieses Fundes im augusteischen Germanien sein[71]. Der kriegerische Zusammenprall mit den Legionen hat jedenfalls

(Vellejus 2, 108f.) — eine große, fast römisch disziplinierte Streitmacht aufbaute (wie es hieß, von 70000 Mann zu Fuß und 4000 Reitern) und mit ihr ein Imperium schuf, das von der 'Zitadelle Europas', Böhmen, bis zur Ostseeküste reichte (vgl. demnächst K. MOTYKOVA, Die ältere römische Kaiserzeit in Böhmen im Lichte der neueren historisch-archäologischen Forschung, unten in diesem Werk [ANRW], Bd. II 4 [Berlin–New York 1975]). Die römische Politik empfand Rivalität mit diesem Kriegsfürsten als Bedrohung; Tiberius erklärte später vor dem Senat, Marbod sei für das römische Volk furchtbarer gewesen als Pyrrhos und Antiochos d. Gr. (Tacitus, Annalen 2,63). Die Eingliederung des markomannischen Böhmen war für die Verwirklichung der Elbe-Donau-Grenze unerläßlich; Tiberius glaubte, auch die illyrischen Legionen mit heranziehen zu müssen, was allerdings nach deren Einmarsch in Marbods Kernland zur schrecklichen Erhebung der Pannonier und Dalmater führte. Das Aufgebot von 12 Legionen (Tacitus a. O. 2,46) für den Markomannenkrieg (viermal so viel wie die Armee des Varus!) beweist, daß sein Urteil vor dem Senat nicht nur Rhetorik war. — In Caesars Leben fielen der Einbruch der germanischen Sueben in Gallien unter Ariovist, der kein Bedenken trug, sich den Römern in offener Feldschlacht zu stellen, und die Aufrichtung des expansiven Reiches der Geten und Daker in Siebenbürgen und der Walachei unter dem König Byrebistas mit einer Heeresmacht von etwa 200000 Mann (zur Glaubwürdigkeit dieser Zahl vgl. ED. MEYER, Caesars Monarchie³, 1922, Nachdr. 1963, S. 476 Anm. 5; s. demnächst auch C. DAICOVICIU, Dakien und Rom in der Prinzipatzeit, unten in diesem Werk [ANRW], Bd. II 4 [Berlin–New York 1975]). — Selbstverständlich traten alle diese *duces* und *reges* als Verteidiger auf, freilich nur ihrer eigenen Selbstherrlichkeit. Ich darf dazu auf meinen in den Mitteilungen 4 (1964) der 'Vereinigung Industrielle Kraftwirtschaft, Essen', unter dem Titel 'Ein Anruf der Frühgeschichte an uns heute' veröffentlichten Vortrag über Caesar und Ariovist verweisen. Daß Marbod seine Macht aufgebaut hätte für *maius opus, quam quod habebat* (Vellejus 2,109,2), mußte angesichts seiner bald unterwürfigen, bald aber mit dem Anspruch auf volle Gleichberechtigung auftretenden Haltung im diplomatischen Verkehr die allgemeine Auffassung in Rom werden.

[71] Vgl. dazu das sehr instruktive Referat von W. JOHN über die Diskussion s. v. P. Quinctilius Varus, PAULYS Realenzyklopädie der klassischen Altertumswissenschaft 24 (1963) Sp. 965ff. Ich stütze mich bei meinem Urteil auf Tacitus' Germania c. 6: *est videre apud illos argentea vasa legatis et principibus eorum muneri data non in alia vilitate quam quae humo finguntur*. Die wichtigsten Stücke des Schatzes weisen augusteischen Stil auf; daß das Relief der angeblichen Athena auf einer der Silberschalen trotz der Eule eine Roma

in Germanien nicht unversöhnliche Erbfeindschaft gegen die Römer zur Folge gehabt; vielmehr bildete sich eine große Gruppe unter der Bevölkerung, die aus Gegnern zu z. T. völlig unbeirrbaren Gefolgsleuten Roms wurden. Ausgerechnet bei den Cheruskern war sie besonders stark; man denke an Armin, der sogar einen lateinischen Namen führte, da er es zur Würde eines römischen Ritters brachte, an seinen Bruder Flavus, der noch über die Varuskatastrophe hinaus unentwegt im Römerheer weiter diente, an Armins Schwiegervater Segestes und seinen Oheim Inguiomer, an Armins Schwager Segimund, der am Heiligtum des Roma- und Augustus-Kults im Lande der Ubier, also dem späteren Köln, seines Amtes als Oberpriester waltete. Wie mag es bei den anderen germanischen Stämmen ausgesehen haben, von denen wir keine Überlieferung besitzen? Sie nahmen jedenfalls nach tapferer, großenteils jahrelanger Gegenwehr den schließlichen Sieg der Römer als Gottesurteil hin und fühlten sich durch ihn um so weniger gedemütigt, als der Dienst in den Auxilien des römischen Heeres ihrer kriegerischen Aktivität neue Möglichkeiten eröffnete. Gerade die jüngere Generation stellte viele Mitstreiter für Roms Sache, außer Armin vor allem den späteren Markomannenherrscher Marbod.

Die (von Vergil Aen. 6, 851ff. in Verse gesetzte) Gepflogenheit der Römer, ihren Partnern mit möglichster *clementia* und Verhandlungsbereitschaft entgegenzukommen und nur an den wenigen Unversöhnlichen harte Exempel zu statuieren, erleichterte den Unterworfenen den Abschied von der bisherigen Unabhängigkeit. Im Jahre 5 n. Chr. konnte Tiberius als Oberkommandierender in Germanien seine Flotte bis zur Heimat der Kimbern im nördlichen Jütland segeln lassen und dabei die Demarkationslinie der Elbe erheblich überschreiten, sicher mit Zustimmung des Augustus. Für dessen Grenzpolitik mußte es in den Augen der römischen Öffentlichkeit eine besondere Empfehlung sein und den Wandel der Zeiten hell beleuchten, daß neben anderen Germanenstämmen gerade jenes Volk, das einst herrisch an die Pforten Italiens geklopft und den Römern durch seine Siege panischen Schrecken eingejagt hatte, nunmehr eine Gesandtschaft an den Princeps schickte, die die Römer um Verzeihung für das Vergangene und um Freundschaft bat[72]. Wenn am Niederrhein unter den germanischen

darstellt, scheint mir das Relief auf dem Altar aus Karthago für den Kult der *gens Augusta* zu beweisen; s. die Abb. 1 auf Tafel 6 bei M. ROSTOVTZEFF, Gesellschaft und Wirtschaft im römischen Kaiserreich (deutsche Ausgabe [1931] I S. 48), bzw. G. RODENWALDT, Kunst um Augustus (Berlin 1942) S. 41, Abb. 25. — Mit Recht weist JOHN darauf hin (Sp. 968), daß das Silberservice ungeteilt über 108 kg wog, was freilich m. E. schlecht dazu paßt, in ihm das Tafelgeschirr des Varus wiederzuerkennen. — Heranzuziehen wäre auch der sehr aufschlußreiche Bericht Suetons (Augustus 48) über das Verhalten des Princeps gegenüber unterworfenen Fürsten und ihren Söhnen.

72 Strabo 7,2,1 (p. 293 C.): Die Kimbern ἔπεμψαν τῷ Σεβαστῷ δῶρον τὸν ἱερώτατον παρ᾽ αὐτοῖς λέβητα αἰτούμενοι φιλίαν καὶ ἀμνηστίαν τῶν ὑπηργμένων, τυχόντες δὲ ὧν ἠξίουν ἀπῆραν. Vgl. Mon. Ancyr. 26: *Classis mea per Oceanum ab ostio Rheni ad solis orientis regionem usque ad fines Cimbrorum navigavit, quo neque terra neque mari quisquam Romanus ante id tempus adit; Cimbrique et Charydes et Semnones et eiusdem tractus alii Germanorum populi per legatos amicitiam meam et populi Romani petierunt.* Überaus

Ubiern, wie eben erwähnt, der Kult der Roma und des Augustus eingerichtet wurde, so spricht das vernehmlich für die Korrektheit der Bemerkung des Vellejus (2,97,4), Germanien zwischen Rhein und Elbe sei in diesen Jahren fast zur tributpflichtigen Provinz Roms geworden. Schon vorher hatte der zum Fürsten der Markomannen erhobene Marbod sein Volk aus dessen Sitzen am oberen Main nach dem leichter zu verteidigenden Böhmen geführt[73]. Hier gelang es ihm, seine römisch bewaffnete Armee von — wie es heißt — 70000 Mann aufzustellen und die Suebenstämme von den Lugiern in Schlesien bis zu den Langobarden an der unteren Elbe als Verbündete um sich zu scharen, sozusagen als verkleinertes Nachbild des Imperium Romanum. In Rom war man entschlossen, mit dem Zugriff auf Böhmen, dem in dem Projekt der Donau-Elbe-Grenze eine wichtige Rolle zugedacht war, jetzt nicht mehr zu warten. Der Angriff wurde im Jahre 6 n. Chr. nach dem mehrfach erprobten Zangenprinzip gleichzeitig von Carnuntum und von Mainz aus durch Tiberius und seinen Unterfeldherrn Sentius Saturninus eröffnet. Nur noch wenige Tagemärsche trennten die Invasionsarmeen voneinander, als der gewaltige Aufstand gegen die römische Herrschaft in Pannonien und Dalmatien[73a] mit seiner Bedrohung der Ostgrenze Oberitaliens zum Abbruch des Unternehmens in Böhmen zwang. Der größte Teil der römischen Legionen mußte in die rebellierenden Gebiete entsandt werden.

VIII. Die Krise der Jahre 6—9 *n. Chr.*

Wieder machte sich bemerkbar, daß das Reich mit seiner stark reduzierten Kriegsmacht kein Militärstaat war. Für Germanien blieben als Besatzungstruppen nur drei Elitelegionen, die den Auftrag erhielten, ein Eingreifen der Germanen zugunsten der pannonischen und dalmatischen Insurgenten unmöglich zu machen. Zu ihrem Kommandeur wurde als Statthalter Publius Quinctilius Varus bestellt, ein Verwandter des Augustus, der in früheren Jahren als Statthalter Syriens bei einer Revolte im fast ständig unruhigen Palästina energisch durchgegriffen hatte. Der Raum, für dessen militärische Sicherheit er jetzt die Verantwortung zu übernehmen hatte, war wesentlich größer als der syrische. Die Berichte unserer Quellen lassen deutlich erkennen, daß er sich aus verständlicher Sorge heraus um Möglichkeiten einer verstärkten Einflußnahme auf seine germanischen 'Schutzbefohlenen' bemühte. Er glaubte, eine solche Möglichkeit

instruktiv ist die oben (S. 39) bereits zitierte Schilderung des Feldzuges vom Jahre 5 n. Chr. bei dem zeitgenössischen Teilnehmer Vellejus Paterculus (2,104—107).

[73] Vgl. oben S. 37f. Anm. 70.

[73a] Vgl. weiter unten in diesem Werk (ANRW), Bd. II 4 (Berlin–New York 1974) die Beiträge von T. Nagy über 'Pannonien in der Prinzipatszeit' und von J. Fitz über 'Die Eroberung Pannoniens'.

im Bereiche des Rechtslebens gefunden zu haben. Gelang es, die Germanen von ihren hergebrachten, altererbten Rechtsanschauungen loszulösen und zu Anhängern des hochentwickelten römischen Rechts mit seinen besonderen Vorstellungen und Gewohnheiten zu machen, so konnte es als gesichert angesehen werden, daß sie zu einer irgendwie gearteten Opposition gegen ihre römischen Beherrscher schon von innen heraus nicht mehr imstande sein würden. Es ist die gleiche Gesinnung, die Napoleon I. bekundete, als er nach der Absetzung seines Bruders Louis, des bisherigen Königs von Holland, in einem (erst 1897 veröffentlichten) höchst ungnädigen Schreiben vom Mai 1810 als obersten Grundsatz seiner Politik bezeichnete: «*dépayser l'esprit allemand*», „den deutschen Geist entnationalisieren"! (s. G. Beyerhaus, Das napoleonische Europa, Breslau 1941, S. 24). Napoleon ist keineswegs überall in seinem weiten Imperium nach diesem Grundsatz verfahren, sondern nur dort, wo er sich unsicher fühlte. Der Bericht des Zeitgenossen Vellejus über die Absichten des Varus (2,117) ist — anders als die verschwommene Darstellung Dios (56,18ff.) — sehr präzise: Der neue Statthalter fühlte, daß die bisherigen Erfolge über die Germanen nicht total gewesen seien, und war überzeugt, „daß die, die durch das Schwert nicht bezwungen werden konnten, durch das Recht weich gemacht werden könnten". Daß unter letzterem das römische Recht verstanden ist, zeigt der Fortgang des Textes mit aller Deutlichkeit. Es war eine Attacke auf die innere Substanz des Germanentums, und dort begriff man mit Erschrecken, was auf einen zukam. In den Reden, die Tacitus in den 'Annalen' (1,59) auf Grund authentischen Materials dem Armin in den Mund legt, wird nicht darüber Klage geführt, daß römische Waffen und Feldzeichen, sondern daß römische Ruten und Beile — die Liktorenabzeichen — und richterliche Amtstracht im Lande zwischen Elbe und Rhein zu sehen gewesen seien[74]. Die Nachrichten des Vellejus und des Tacitus bestätigen sich also gegenseitig. Was aus Vellejus' sehr zusammengedrängter Mitteilung besonders klar hervorgeht, ist, daß die neue 'Politik', wenn wir sie einmal so nennen dürfen, das alleinige geistige Eigentum des Quintilius Varus gewesen ist; es ist unmethodisch, mit neueren Forschern, die sich anders als Goethe von prinzipieller Antipathie gegen alles Römische leiten lassen, so zu tun, als hätten die Richtlinien des Varus zum selbstverständlichen Instrumentarium römischer Reichsverwaltung gehört, der sie in Wirklichkeit diametral widersprachen[75].

[74] Ebenso Florus 2,30: *ut primum togas et saeviora armis iura viderunt, duce Arminio arma corripiunt.*

[75] Florus sagt (2,30,22) von der Absicht der Germanenpolitik des Augustus (*Germaniam facere provinciam*): *et factum erat, si barbari tam vitia nostra quam imperia ferre potuissent.* Diese gerade aus der Überlieferung über die Germanenkriege leicht zu bestätigende Feststellung entspricht offensichtlich den historischen Tatsachen (vgl. o. S. 39f.). Wenn Armin seinen lateinischen Namen wie sein Bruder Flavus bis ans Lebensende beibehielt, so spricht das vernehmlich für sich. Unter den *vitia*, die vom *imperium* unterschieden werden, sind also nicht gewöhnliche Vergehen und Laster zu verstehen. Für Varus, der sich in der Schlacht im Teutoburger Walde immerhin als nicht unfähiger Feldherr erwies (vgl. meinen

Denn seit der Ausschaltung der Korruption aus der Behandlung der Untergebenen eignet dem *Orbis Romanus* ein unverkennbarer Zug echter Freiheitlichkeit. Natürlich gab es eine Modeströmung, die sich darin gefiel, das Gegenteil zu behaupten und mit Scheingründen zu beweisen. Die rechte Antwort hat der Autor von Περὶ ὕψους (44,3) seinem 'philosophischen' Gesprächspartner gegeben, der beweglich Klage darüber führte, daß die 'Knechtschaft' unter dem Imperium Romanum das Emporkommen großer Männer unmöglich mache. Er weist darauf hin (§ 6), daß es menschliche Eigentümlichkeit sei, die jeweilige Gegenwart zu tadeln, und fährt fort: „Nicht die Befriedung der Ökumene richtet große Begabungen zugrunde, sondern der endlose Krieg unserer Begierden und die Leidenschaften der Habgier und Genußsucht führen uns in Knechtschaft." Was Varus den ihm anvertrauten, in weiten Kreisen auf Zusammengehen mit Rom eingestellten Germanen zudachte, war nicht Freiheit, sondern Sklaverei. Die Besonderheit seiner Situation mag bzw. muß man entschuldigend ins Treffen führen. Das vermag aber nicht auszutilgen, daß er die Fronten für Roms Herrschaft lebensgefährlich verschob; die *Pax Augusta*, die er eigentlich zu vertreten hatte wie später Napoleon als größter Sohn der Französischen Revolution deren Grundgedanken, mußte den freiheitsstolzen Germanen in ihrer neuen Gestalt als Gegenteil jener *Pax* erscheinen. Was dem großen Korsen in Preußen und dem Statthalter Varus in Germanien entgegenwirkte, war zutiefst das von beiden verletzte Gefühl für menschliches Daseinsrecht, für die Humanität, zu der sich das augusteische Römertum ebenso wie die französische Aufklärung bekannte. Es ist kein Wunder, daß beide von selbstverschuldeten Katastrophen ereilt wurden. Plötzlich begann man frühere Freundschaft und Hochachtung zu vergessen; statt ihrer bekam die Erhebung gegen das römische Weltfriedenssystem, der Varus doch vorbeugen wollte, sittliche Rechtfertigung und damit einen ungeahnten Kräftezuwachs. Es wirkt wie eine Ironie der Geschichte, daß unter den Germanenfürsten ausgerechnet derjenige, der nach dem Stand unserer Kenntnis die höchsten römischen Auszeichnungen für Dienstleistungen in der Armee des Augustus erhalten hat, dahin geführt wurde, die große Verschwörung zu leiten, deren Aufflammen das Friedensreich des Augustus bis in seine Grundfesten erschütterte.

Nachweis: Zur Varusschlacht, Historische Zeitschrift 147, 1932, S. 495ff.), sind als schlimme Vergehen bezeugt: durch Vellejus (2,117ff.): seine völlige Fehleinschätzung der Germanen, durch Dio (56,18,3): außerdem seine Neigung, den Prozeß der Romanisierung des freien Germanien von oben her zu beschleunigen, ja zu überstürzen — in Abkehr von Augustus' „Eile mit Weile!". Gerade letzteres hat sich besonders verheerend ausgewirkt, denn es brachte ihn bei den Germanen in den Ruf, er halte es anders als Drusus mit *libido ac superbia* (Florus a. O.). Varus selbst konnte mit seiner eigenwilligen Methode zu regieren zufrieden sein: Die Germanen westlich der Elbe einschließlich Marbods blieben während des Aufstandes der Pannonier und ihrer Verbündeten tatsächlich ruhig; freilich war das, wie sich nachher schrecklich zeigte, eine trügerische Ruhe. — Daß und warum ich mich den Auffassungen D. Timpes nicht anschließen kann, habe ich in einer ausführlichen Besprechung seiner 'Arminius-Studien' (1970) in den 'Lippischen Mitteilungen aus Geschichte und Landeskunde' 41 (1972) S. 392ff. begründet.

IX. Das Friedensreich des Augustus als Kulturstaat

Die 'Welt als Staat', die Augustus aus der republikanischen 'Welt als Beute' entwickelte, hat trotz des Schreckensrufs des Princeps: „Varus, gib mir meine Legionen wieder!", dem Stoße standgehalten, obwohl der Widerstand ungewöhnliche Ansprüche von der Spitze bis zum einfachen Soldaten hinab erforderte.

Die Elbgrenze blieb verloren; die Züge des Germanicus nach Augustus' Tode lehrten, daß sie nicht wiederzugewinnen war. Es ist bekannt, wie sehr das Nationallaster der Germanen, ihre tiefgehende innere Uneinigkeit, der römischen Politik behilflich gewesen ist, die sich nun auf die Festigung der längeren Grenze im Norden, der Donau-Rhein-Linie, verwiesen sah. Hier erstanden allmählich die großen Standlager der römischen Armee, die ursprünglich den Elbstrom begleiten sollten, monumentale Anlagen, die bewiesen, daß sich die Römer am Rhein für die Dauer einrichteten. Die frühere Forschung sah in ihren Überbleibseln nur Zeugen militärischen Lebens, eine „Architektur der Legionen", die ihrerseits das Vorbild für die Baukunst im inneren Kreis der *Pax Augusta* geliefert und damit den nur soldatischen Stil kaiserzeitlichen Lebens nachdrücklich herausgekehrt hätte. Auch hier mußte sich das nur scheinbar objektive moderne Urteil jüngst eine Berichtigung gefallen lassen. Sie erfolgte auf Grund unerwarteter Ergebnisse der neuen archäologischen Grabungen. Es sei gestattet, wegen der Bedeutsamkeit dieser Problematik Auszüge aus zwei Berichten von Sachkennern wörtlich zu zitieren: 1967 schrieb H. G. NIEMEYER (in dem von O. DOPPELFELD unter dem Titel 'Römer am Rhein' herausgegebenen Katalog der damaligen Kölner Ausstellung, S. 37f.): „Neuere Forschung hat gezeigt, daß Gebäude und Plätze im Inneren der Truppenlager in ihrer Plankonzeption nicht etwa die Zivilarchitektur der Provinzen — und später auch der Hauptstadt — beeinflussen, sondern ihrerseits Vorstellungen übernehmen, die in der Zivilarchitektur entwickelt sind und sie allenfalls gelegentlich den besonderen Anforderungen anpassen . . . In der Tat sind, wie seit einiger Zeit erkannt worden ist, Principia und Forum auf die gleiche typologische Wurzel zurückzuführen." Für die Legatenpaläste der Legionslager „bleibt das Grundschema dasjenige der reichen Stadtvillen aus Republik und Kaiserzeit, wie sie in allen Teilen des römischen Reiches gefunden worden sind." NIEMEYER schließt seinen Beitrag mit der Feststellung (S. 43): „Obwohl auf Grund der militärischen Aufgaben die Militärbauten im Rheinland sehr viel zahlreicher sind als etwa in Italien oder auch in Gallien, läßt sich diese Architektur doch nicht als eine Architektur der Legionen bezeichnen. In ihren bedeutenderen Denkmälern ist sie Staatsarchitektur des Imperiums, zu Stein gewordene Romanisierung der gewonnenen Provinz, römische Architektur der römischen Rheinlande." Und O. DOPPELFELD wies in seinem 1970 in Köln am Rhein erschienenen Prachtband 'Der Rhein und die Römer' (S. 23) noch konkreter auf den

Sachverhalt hin: „Was sich um den Mittelhof gruppiert, Heiligtum, Halle, Auguratorium, Tribunal, entspricht den Bauten, die das Forum der Stadt umgaben, Tempel, Basilika und Curia, Auguraculum, Rostra. Bei den Alten selbst gilt die Mitte des Lagers als Forum, wenn daneben auch ein anderer, größerer Platz im Lager, der für die Versammlung der ganzen Belegschaft oder auch für Geräte vorgesehen ist, die gleiche Bezeichnung erhält. Man sträubt sich, ein Lager, das bei aller Beengtheit des Raumes in so ziviler Weise gegliedert ist, als Kaserne zu bezeichnen — ganz besonders heute, da man vom Bürger in Uniform träumt. — Im römischen Rheinland trat umgekehrt der Soldat als Bürger auf, er wurde zum Bürger, weil er im Heere diente ... Das Kunststück einer militärisch-zivilen Mariage konnte nur einem Staatsvolk mit ungewöhnlichen soziologischen Fähigkeiten gelingen. Diese für uns heute im Geruch einer bösen Mesalliance stehende Verbindung hat die Rheinlande zu Jahrhunderten des glücklichsten Aufschwungs geführt und damit den Grund für die mittelalterliche Blüte der Rheinlande gelegt."

Man sieht, daß bei den Römern gerade auf der Höhe ihrer Macht nach wie vor (wie im Angelsachsentum) das zivile Element der bestimmende Faktor war, während das militärische als zweitrangig empfunden wurde, als unentbehrliches Hilfsmittel zur Bewältigung von Notzeiten. Zu diesem Stil der Römerherrschaft gehört, daß sie den Untergebenen ein ganz erhebliches Maß an Selbstverwaltung zubilligte und sich vor allzu großer Zentralisierung geradezu ängstlich hütete. Die unentbehrliche Einheit sollte dem Reiche nicht durch Zwang von außen her, sondern durch innere Zustimmung der Beherrschten geschenkt werden. Daß das tatsächlich erreicht worden ist, davon künden nicht zuletzt die gewaltigen Werke der römischen Reichsarchitektur wie Heliopolis-Baalbek, in denen orientalische Riesenhaftigkeit und Majestät mit abendländischer Anmut und Lebendigkeit eine vollendete Synthese erfahren haben, wobei die römische Komponente nicht nur als organisches Bindemittel erscheint, sondern zugleich für das Auge des Betrachters dominiert. Es sollte eine Aufgabe künftiger Forschung sein, den Zusammenhang von Leben und Kunst in den Schöpfungen der Prinzipatsära so herauszuarbeiten, wie es H. P. L'ORANGE in seinem 1965 in Princeton erschienenen Buch 'Art Forms and Civic Life in the Late Roman Empire' für die Epoche des Dominats in höchst anregender Weise getan hat.

X. Die 'goldene Latinität' und Augustus

In den Neuen Jahrbüchern für Antike und deutsche Bildung 1941 S. 21 ('Caesars Monarchie und der Prinzipat des Augustus') hat L. WICKERT die *Pax Augusta* folgendermaßen definiert: „Was in diesem Wort seinen kurzen, klingenden Ausdruck findet, ist mehr als die Beendigung der Bürgerkriege, mehr als die Freiheit der Meere und die Sicherheit der

Straßen, es ist die Gewähr eines menschenwürdigen Daseins für alle[76]." Damit kam die seelisch-geistige Seite ebenfalls wieder zu ihrem Recht: Neben humaner Herrschaftsausübung und Friedenspolitik, die Vergil (Aen. 6,847ff.) als einzige *artes* für Römer neben die der Griechen stellt, erblühte in Dichtung und bildender Kunst eine römische Klassik.

Die Literatur, in der die Poesie den Vorrang gewann, erlebte das Zeitalter der längst so genannten 'goldenen Latinität'. Wenn wiederum Vergil als Prophet von Augustus kündet, dieser werde *aurea saecula* begründen, was angesichts des allgemeinen Kulturbildes der *Pax Augusta* anerkanntermaßen nicht zu hoch gegriffen war, so widerspricht dieser Tatbestand entschieden der pessimistischen Meinung moderner Friedensforscher wie etwa C. F. von Weizsäckers (s. ob. S. 15), ein Weltfriedenszustand werde kein goldenes Zeitalter sein. Diese Auffassung gründet sich nur auf Vermutungen und Kalkulationen, auf Möglichkeiten. Daß der Augustusfriede ein völlig anderes, nämlich im Grunde ein optimistisch stimmendes Aussehen hat, beruht auf historischer Erfahrung, auf Wirklichkeit. Die neue lateinische Literatur ist nicht erst als 'Hofkunst' ins Leben gerufen worden, sondern hat sich bereits geraume Zeit vor der Begründung des Prinzipats durch beachtliche Schöpfungen des dichterischen Genius zu Wort gemeldet. Von Horaz' im Jahre 14, spätestens Anfang 13 v. Chr. an Augustus gerichteter Ode (4,5) mit der Bitte um dessen Rückkehr aus Gallien nach Rom hat G. Rohde (Studien und Interpretationen zur antiken Literatur, Religion und Geschichte, Berlin 1963, S. 184), der als Kenner die Schelte des Dichters als Hofdichter zu Recht als „wesenlosen Schemen" entlarvte, geurteilt: „Über dem Gedicht schwebt ein Schimmer von Reife und Milde, etwas von der Sonnenwärme der Pax Augusta." Für Livius hat F. Klingner (Römische Geisteswelt, 4. Aufl., München 1961, S. 444ff.) nachgewiesen, wie sehr sich seine Art, Geschichte zu verstehen und zu beschreiben, im Sinne einer kultivierten Menschlichkeit von dem republikanischen Mißbrauch unterscheidet, die Rivalitäten der großen Senatsfamilien bis in die römische Frühzeit hinein zu verlängern und die nicht mehr gebührend ernstgenommene Historiographie damit auf Kosten der Wahrheit hoffnungslos zu politisieren. Überzeugend stellt Klingner fest (S. 464 u. 468): „Es liegt freilich etwas hoff-

[76] Sehr treffend schildert Florus 2,30,27 anläßlich von Drusus' Tod 9 v. Chr., was man von der *Pax Augusta* erwartete: *ea denique in Germania pax erat, ut mutati homines, alia terra, caelum ipsum mitius molliusque solito videretur.* Daß Tiberius auf die Kunde von Drusus' schwerem Sturz mit dem Pferde an der Saale mit nur einem einzigen einheimischen Begleiter bis zur Unglücksstätte reiten konnte (Valerius Maximus 5,5,3), beleuchtet die enormen Möglichkeiten, die sich dem Augustusfrieden in der damaligen Welt boten — weit über die bloße Gewalt der Waffen hinaus. Drusus hatte in Gallien 12 v. Chr. hart durchgegriffen (Dio 54,32f.) und dann in seinen Germanenzügen gezeigt, daß er mit seiner Armee und Flotte zu siegen vermochte. Er muß es verstanden haben, die Germanen für den Dienst in den Auxilien des Legionsheeres zu gewinnen. — Als Segnungen der *Pax Augusta* zählt Vellejus (2,89,3) u. a. auf: *cultus agris, sacris honos, securitas hominibus* und *certa cuique rerum suarum possessio.* Wie die Weltlage sich seit Roms Aufstieg gestaltet hatte, ergab sich aus ihr die Tatsache, daß nicht die Freiheit Bürgschaft des Friedens, sondern umgekehrt Friede die Bürgschaft für eine noch mögliche Freiheit war (vgl. die Rede des Cerialis in Tacitus' 'Historien': o. S. 21f.).

nungslos Weltfernes, Wohlmeinendes darin, wie Livius die harten Machtmenschen der alten Zeit mit der milden, edlen Gebärde der augusteischen Kunst auftreten läßt. Und doch hat er nicht nur Unrecht mit seiner Liebe und Ehrfurcht. Sie läßt ihn auch echte Wahrheit sehen, die Wahrheit, um derentwillen er schreibt: Größe, Wert und Würde des geschichtlichen Rom . . . Der alte Cato hat seinen Zeitgenossen etwas zu sagen gehabt und hätte einigen von uns wieder etwas zu sagen, aber Livius hat zu zwei Jahrtausenden gesprochen.“ Wie wenig in Livius' historischer Arbeit von einer (obendrein noch von Maecenas vermittelten) Einflußnahme des Princeps die Rede sein kann, geht nun wirklich ganz klar aus dem glücklicherweise auf uns gekommenen Quellenzeugnis hervor, nach dem Augustus selbst bekannte, Livius habe als Anhänger des Pompejus, nicht Julius Caesars geschrieben.

Die Zustimmung der meisten Sachkenner zu einer sehr hohen Bewertung der augusteischen Dichtung und Literatur hat D. Earl in seinem mehrfach zitierten Augustus-Buch (S. 196 der deutschen Ausgabe) gegenüber Vergil geradezu auf die Spitze getrieben, wenn er ihn „den wohl größten Dichter der klassischen, sowohl griechischen wie römischen, Kultur, vielleicht den größten Dichter der europäischen Literatur überhaupt“ nennt. Man nimmt dieses Urteil mit freudiger Überraschung entgegen, stutzt aber über die an der gleichen Stelle gegebene Deutung der Äneis: Sie bediene sich der Geschichte der mühevollen Seefahrt eines wenig bedeutsamen(!) Helden nach Italien bloß, um jene allgemein gültigen Gesetze darzulegen(!), die den Menschen mit seinen Mitmenschen in Frieden und Sicherheit leben lassen, so daß Einigkeit und Beständigkeit der Gruppe den Vorrang vor den Wünschen und Bestrebungen des Einzelwesens erhielten. Dido und Turnus hätten kein Anrecht auf unser Mitgefühl, weil sie beide jenen selbstsüchtigen oder doch selbstgenügsamen Individualismus verkörpern, der letzten Endes die menschliche Gesellschaft zerstöre. Man fühlt sich hier um mindestens zwei Jahrhunderte zurückversetzt in den plattesten Utilitarismus der 'Aufklärung' und wird fragen müssen, ob von einer derart vordergründigen, poesiefremden Sicht her das grandiose Phänomen der augusteischen Klassik überhaupt erfaßt werden kann. Wenn etwas feststeht, so ist es die Erkenntnis, daß die augusteische Dichtung und Literatur, die über das nur Römische hinaus zum allgemein Menschlichen sich erheben konnte, damit den Ehrentitel einer römischen Klassik verdient. Eine solche Humanisierung wäre sicherlich unbegreiflich, wenn Syme damit recht hätte, daß im Zeitalter der *Pax Augusta* die Unmenschlichkeit der Zeit der Bürgerkriege — selbstredend mehr oder weniger raffiniert getarnt(!) — weiter wucherte.

XI. Die bildende Kunst und Augustus

Wie die hellenische Klassik sich weithin um Perikles gruppiert, steht Augustus inmitten der römischen Klassik. Es ist allbekannt, daß wie auf literarischem, so auf dem Gebiet der bildenden Kunst mit der augusteischen Periode ein neuer Stil von ausgeprägter Eigenart sichtbar wird. „Vorher vollzog sich das entscheidende Geschehen der monumentalen Kunst auf griechischem Boden; Italien war in künstlerischer Beziehung eine Provinz. Jetzt wird der Strom des großen Schaffens auf italischen Boden geleitet" (G. RODENWALDT, Kunst um Augustus [ob. Anm. 71] S. 83f.). Augustus hat mit Stolz in seinem Tatenbericht erwähnt, daß er aus der Ziegelstadt Rom eine Marmorstadt gemacht habe[76a]. Auch hier meldeten sich moderne Skeptiker zu Wort und meinten, diesen neuen Stil im großen und ganzen als hohlen, unechten Diktatorengeschmack 'entlarven' zu müssen. Wenn Marmor das bevorzugte Material wurde, mußte sich darin eine griechische Verhüllung des echten römischen Kunstwollens zu erkennen geben; man verstieg sich bis zu der Auffassung, römische Bauten seien um so schlechter, je griechischer sie aussähen. Ein Werk wie die sogenannte Maison carrée in Nîmes, die etwa kurz v. Chr., also auf dem Höhepunkt der *Pax Augusta*, in der Provence errichtet wurde, sollte nichts anderes als „typisch von oben her dekretierten" langweiligen Akademismus verkörpern[77], u. a. m. (s. D. EARL, Augustus und seine Zeit, 1969, S. 103; 149). Solche Bewertungen pflegen in der Mehrzahl der Fälle völlig subjektiv zu sein. Wenn irgendwo, so gilt in diesem Bereich die alte Regel: *de gustibus non est disputandum.*

P. H. v. BLANCKENHAGEN formulierte den historisch allein vertretbaren Standpunkt (in dem von H. BERVE herausgegebenen Sammelwerk 'Das neue Bild der Antike' Bd. 2, Leipzig 1942, S. 333) wie folgt: „Ein Werk kann uns mißfallen, kann uns trocken, blaß, schwunglos, leer, hart erscheinen und dennoch 'gut' sein im römischen Sinne, ein anderes können wir vielleicht bewundern wegen seines Reichtums an Formphantasie, seiner Lebendigkeit, seines Elans, seiner Fülle und Wärme, und dennoch ist es möglich, daß es weniger bedeutet als jenes. Ästhetisch mag unser Urteil durchaus zutreffen, aber römische Kunst ästhetisch bewerten hieße nach subjektiven Maßstäben messen und das Wesentliche übersehen ... Wie wenig der Römer selbst in unserem Sinne 'ästhetisch eingestellt' war, zeigt ja allein die Verbindung von Porträtköpfen mit bliebigen Statuentypen und zeigt das Kopistenwesen in seinen inneren Ursachen und äußeren Wirkungen."

Die griechischen Elemente in der augusteischen Kunst können in ihrer Bedeutung erst dann objektiv gewürdigt werden, wenn man bedenkt, daß

[76a] Vgl. L. CREMA, L'architettura romana nell'età della repubblica, ob. in diesem Werk (ANRW), Bd. I 4 (Berlin–New York 1973) S. 633—660, bes. 660.

[77] Ganz anders urteilte im 19. Jahrhundert über die Maison carrée M. HARTMANN, Tagebuch einer Reise durch Languedoc und Provence (Frankfurt a. M. 1972) S. 49f.: 27. Mai 1851: „Das vollendete Ebenmaß, das Leben in jedem Teilchen, die Kleinheit der Mittel, um großen Eindruck hervorzubringen, die Unsichtbarkeit jeder verstimmenden Absicht und endlich die heitere Ruhe, ich möchte sagen, das Lächeln, das über das Ganze ausgegossen, machen dieses kleine Gebäude, das an Masse leicht von einem gewöhnlichen Bürgerhause übertroffen wird, zu einem vollendeten, abgeschlossenen Werke des Genies." ... „Es lebt und regt sich alles an diesem herrlichen Baue. Nicht tot und steinern stehen die Säulen da." ...

sie in der augusteischen Literatur die gleiche Rolle spielen. Uns bleibt nur die Feststellung, daß der Weg zur 'goldenen Latinität' über das neu gesehene griechische Vorbild führte und daß offensichtlich ebenso die augusteische Kunst zu ihrer Entfaltung des klassisch-griechischen Vorbildes bedurfte, nicht um nur nachzuahmen, sondern um zu einem wirklich originellen Stil zu finden. Für diese geistige Bewegung bietet sich noch immer am einfachsten die der Rhetorik Ciceros und ihrem Kampf gegen den 'Asianismus' entnommene Benennung 'Attizismus' an. Wir stehen hier der ersten großen Renaissance hellenisch-klassischer Literatur und Kunst in der Weltgeschichte gegenüber. Wir wissen nicht, aus welchen Gründen den römischen Künstlern der 'Umweg' über das hellenische Muster unumgänglich erschienen ist, so wenig wie wir mit absoluter Sicherheit sagen können, weshalb die spätgotische Kunst sich an der Begegnung mit der Antike zu einem neuen Stil formte. Die Zeiten, in denen man in solchen Prozessen nur eine bedauerliche Verfremdung sah, sind glücklicherweise vorüber. Aber sicher dürfte sein, daß sich in beiden Vorgängen eine ihre Träger ehrende Aufrichtigkeit kundgibt, die um die Grenzen des eigenen Wesens weiß und doch entschlossen ist, sie zu überwinden, um den Anschluß an die Entwicklung der Weltkultur zu gewinnen. Eine Tatsache ist unwiderleglich, nämlich daß mit der Vollendung des neuen Stils die Absage an die hellenistische Moderne so ziemlich total wurde. So dürftig unsere Überlieferung über den späten Hellenismus und seine Kunstideale ist, so deutlich zeigen doch die erhaltenen Reste, daß diese dem Prozeß einer fortschreitenden Orientalisierung keinen grundsätzlichen Widerstand leisteten. Denkt man, um nur einige Beispiele aus dieser Zeit anzuführen, an die Skulpturen von Kommagene, an das Kostüm des Antonius bei seinem seltsamen Triumphzug in Alexandria (statt Rom), an die Münzen des Antonius und der Kleopatra, die die spätantik-byzantinische Starrheit vorwegnehmen, erinnert man sich schließlich des Baalstempels von Sia (südlich von Damaskus), dessen Eingangstor zum Vorhof stilistische Eigenheiten aufweist, die erst am Ende der Spätantike wieder anzutreffen sind, obwohl der Tempel inschriftlich auf das Jahr 33 v. Chr. datiert ist (vgl. W. von Massow in: Führer zur Antiken-Sammlung der Staatlichen Museen zu Berlin, 2. Aufl., 1955, S. 52), so erkennt man mit hinreichender Deutlichkeit, daß Vergil mit seiner Schilderung der Schlacht bei Actium als des Entscheidungskampfes zwischen Orient und Okzident nicht nur einer propagandistischen Geschichtsklitterung seines Protektors Augustus erlegen ist.

Es ist darauf hingewiesen worden, daß die Porträts und Statuen des Augustus trotz des hohen Alters, das ihm geschenkt wurde, so gut wie gar keine Spuren seines Alterns aufweisen, und man hat sie deshalb als unwahr bezeichnet. Damit sieht man an dem Sinn dieser Kunstwerke vorbei, die den Princeps als Inaugurator, Träger und Verkörperer einer neuen Klassik dem Zeitalter vor Augen stellen wollten und nicht nur als einen hinfälligen, kränkelnden oder alt gewordenen Menschen. Bewundernswert bleibt, wie es gelungen ist, diesen Symbolismus mit der individuellen Erscheinung des Augustus zu verbinden; es ist das gleiche Können, das wir bei den Bildnissen aus der Blütezeit der hellenischen Klassik am Werk sehen. Als unbestechliches Zeugnis für den Hochstand, den die römische Porträtkunst in der Ära der *Pax Augusta* erreicht hat, muß gelten, daß die bald nach dem Tode des ersten Princeps geschaffene Büste der sog. Juno Ludovisi nicht nur für GOETHE und WILHELM VON HUMBOLDT, sondern auch für die archäologische Wissenschaft bis weit in unser Jahrhundert hinein als kongeniale griechische Verkörperung der göttlichen Gemahlin des Himmelskönigs erschien[78], bis A. RUMPF in den Abhandlungen der Preußischen bzw. Berliner Akademie der Wissenschaften 1941, 5 ('Antonia Augusta') den schlüssigen Nachweis führte, daß es sich in Wirklichkeit bei ihr um das idealisierte Porträt einer Dame des Julischen Hauses, aller Wahrscheinlichkeit nach der jüngeren Antonia, also gar nicht um ein Götterbild, handelt[79]. Abgrundtief unterscheidet sich diese Kunst von den Pseudokünsten moderner Diktaturen, die deren Völkern von oben her auferlegt werden und ausgesprochenermaßen nur Hilfsmittel einer höchst anfechtbaren politischen Propaganda darstellen.

Ich bin überzeugt, bei der Bewertung der Kunst der *Pax Augusta* nicht zu hoch gegriffen zu haben, wenn ich vor Jahren (Das Friedensreich des Kaisers Augustus, Bremen 1950, S. 53) schrieb: „Nicht marmorne Kälte und klassizistische Starrheit bzw. Totenstarre erfüllen ihre Schöpfungen, sondern das blühende Leben einer großen Epoche, in der der antike Geist zu seinem besseren Selbst zurückgefunden hatte und der Menschheit erneut aus der Fülle seines Reichtums Meisterwerke zu schenken vermochte, die ihr Erhebung und Trost zugleich spenden sollten." Es ist mir sehr wesentlich, hier D. EARL als Zeugen anführen zu dürfen, der die Einmaligkeit des künstlerischen Hauptwerkes dieser Zeit, der Ara Pacis Augustae, vorzüglich durch seine Frage charakterisiert (S. 115f.): „Wo auf der ganzen Welt gibt es ein weniger pompöses und menschlicheres Denkmal eines ganz großen Staatsmannes . . . ? Durch die Ara Pacis wird . . . viel mehr ins Gedächtnis gerufen als die bloße Heimkehr des Augustus aus Gallien und Spanien. In Erinnerung gebracht wird, daß ein ganzes Volk heimgefunden hat, daß Rom und Italien endlich durch Augustus, der gleichzeitig der zweite Romulus und der zweite Aeneas ist, zu einer Einheit zusammengeschmiedet wurden." Die handwerkliche Präzision und formale Schönheit, mit denen die aus Marmor von Luna gefertigten kostbaren Reliefplatten dieses Altars gearbeitet worden sind, läßt in Verbindung mit der uns bekannten Tatsache, daß damals griechische Künstler in und für Rom tätig waren, daran denken, griechische Meisterhände hätten dieses Werk geschaffen. Überraschend bliebe bei dieser Auffassung freilich, in welchem Maße es jenen Ausländern in Italien möglich gewesen sein müßte, sich in die Eigenart römischen Empfindens einzuleben und sie künstlerisch kongenial zum Ausdruck zu bringen. Daß mit dieser künstlerischen Schöpfung etwas von Grund auf Neues in die Kulturwelt eingetreten ist, lehrt ein Vergleich zwischen

[78] Vgl. dazu H. VON HEINTZE, Juno Ludovisi (Opus nobile 4, Bremen 1957), S. 3ff.
[79] Vgl. die vorzügliche Behandlung durch H. VON HEINTZE (a. a. O.).

ihr und dem für unsere Kenntnis großartigsten Baudenkmal der hellenistischen Zeit, dem Pergamonaltar. Schwerlich läßt sich in der hohen Kunst ein stärkerer Gegensatz aufzeigen als der zwischen dem leidenschaftlichen, lauten Pathos des Götter- und Gigantenkampfes, in dem sich zugleich die ganze Dynamik der hellenistischen Moderne widerspiegelt, und der majestätischen Ruhe und Feierlichkeit des Weltfriedens, die den Betrachter vor der römischen Ara umfängt.

XII. Augustus als Erfüller heidnischer Heilandserwartung

Als letztes, aber deshalb nicht unwichtiges Argument für eine positive Beurteilung des Augustusfriedens bliebe heranzuziehen, was die Altertumsforschung aus dem Quellenmaterial zur Beantwortung der Frage beizutragen vermag, welches Echo der erste Princeps mit seiner neuen Ausrichtung der römischen Politik bei der Bevölkerung des *Orbis Romanus* gefunden hat. Wir müssen uns hier auf einiges Wesentliche beschränken.

Besonders bezeichnend bleibt das von Sueton (Aug. 98) überlieferte Erlebnis, das der alte Augustus in seinen letzten Lebenstagen auf einer Segelfahrt über den Golf von Puteoli mit den Passagieren und Seeleuten eines gerade eingelaufenen alexandrinischen Überseeschiffes hatte und das ihn persönlich mit tiefer Freude erfüllte. Die glücklich Gelandeten erkannten ihn und riefen ihm zu, durch ihn hätten sie ihr Leben, durch ihn könnten sie Schiffahrt treiben, durch ihn dürften sie Freiheit und Wohlstand genießen. Die noch den heutigen Leser packende Spontaneität dieses Jubelrufes war offenbar der Grund dafür, daß Sueton aus seinem Material gerade diese Episode seiner Augustusbiographie einfügte. Was offengelegt wird, ist das gleiche Empfinden, das aus den viel besprochenen Huldigungsinschriften aus dem Raume der Provinz Asia herausklingt, nur daß diese offiziellen Dokumente unvergleichlich viel umfangreicher und kunstvoller sind. Dementsprechend überbieten sie die unmittelbaren Gefühlsäußerungen des schlichten Volkes beträchtlich. In einer Inschrift aus Halikarnassos aus der Zeit um 2 v. Chr., die ins British Museum gelangt ist, wird Augustus gefeiert als schönstes Geschenk für das gegenwärtige glückliche Zeitalter, als „Retter des gesamten Menschengeschlechtes, dessen vorausschauende Weisheit die Gebete aller nicht nur erfüllte, sondern noch übertraf; denn Land und Meer erfreuen sich des Friedens; die Städte blühen im Schmucke gesetzlicher Ordnung, einträchtigen Zusammenstehens und überquellenden Reichtums, und überall sprießt Gutes in reichster Fülle hervor. Die Menschen sind erfüllt von heilsamen Zukunftshoffnungen und Frohsinn angesichts der Gegenwart; sie feiern mit Wettspielen, Götterbildern, Opferfesten und Hymnen".

Noch höher greift das etwa aus dem Jahre 9 v. Chr., dem Einweihungsjahre der Ara Pacis, stammende Dekret des Verbandes der kleinasiatischen

Hellenenstädte über die Einführung des julianischen Kalenders und die Zusammenlegung des Geburtstags des Augustus mit dem Jahresanfang. In dem vorangestellten Briefe des römischen Statthalters, des Proconsuls Paullus Fabius Maximus, ist zu lesen, der Geburtstag des allergöttlichsten Caesar, also des Augustus, sei mit dem Neuanfang aller Dinge identisch, denn er sei es, der dem gesamten Kosmos ein anderes Antlitz gegeben habe, dem Kosmos, der schon mehr als bereit war, sich seinem Untergange zuzuwenden, wenn nicht als gemeinsame Wohltat für alle Caesar (Octavianus Augustus) geboren worden wäre. Der auf den Brief antwortende Beschluß der Griechenstädte der Provinz Asia stimmt dem Vorschlag zu mit folgender Begründung: „Die göttliche Vorsehung, die unser Leben durchwaltet, hat als höchsten Schmuck für das Leben den Augustus hervorgebracht, den sie als besondere Wohltat für die Menschen mit Tugend hochbegabt hat, als den, den sie für uns und unsere Nachkommen als Retter gesandt hat, der dem Kriege ein Ende gesetzt hat und den Schmuck des Friedens wiederbringen wird. Der unter uns erschienene Caesar hat alle früheren frohen Erwartungen noch übertroffen; er hat nicht nur die vor ihm erschienenen Wohltäter überboten, sondern nicht einmal späteren Geschlechtern die Hoffnung darauf gelassen, jemals ihn überbieten zu können. Die erste der mit ihm in der Welt erklungenen frohen Botschaften (im griechischen Text: Evangelien) aber ist die Kunde von der Geburt dieses Gottes." SYME ist in der Beurteilung dieser Quellenzeugnisse wieder zu der alten Auffassung zurückgekehrt, die hier nur übergroße Schmeichelei am Werke sehen wollte[80]. Aber die oben (S. 47) bereits angeführten Warnungen vor vorschneller Subjektivität bei der Bildung des historischen Urteils, die v. BLANCKENHAGEN an die Adresse der Archäologie gerichtet hat, treffen auch für literarische Dokumente zu; nicht darauf kommt es an, wie wir heute über sie denken, sondern wie sie sich im Rahmen ihrer Entstehungszeit ausnehmen. Schließlich war der Prokonsul Fabius Maximus ein Römer und nicht ein Orientale, bzw. orientalisierter Grieche, dem Liebedienerei und knechtische Gesinnung sozusagen angeboren gewesen wären. Materiell war der Statthalter seit der Reform der Reichsverwaltung

[80] SYME a. O. S. 473 (deutsche Ausgabe S. 494): „*Graeca adulatio*"; S. 474 (bzw. 495): Asia „übersteigt den Anstand (*surpasses decency*) mit dem Dank, den es der göttlichen Vorsehung erstattet". JONES erkannte keinen Grund, die "*sincerity*" der Huldigung zu bezweifeln (Augustus, 1970, S. 94f.), schon angesichts des Aufschwungs bürgerlichen Bauwesens in den Provinzen, vollzog sich doch hier als Folge von Augustus' Reformen ein Aufstieg "*in the prosperity of the governing class in the provincial cities, from whose surplus wealth the cost of civic buildings was mostly met*". JONES faßt die wichtigsten Reformmaßnahmen des Prinzipats gegenüber den Provinzen knapp zusammen: das Ende der Bürgerkriege mit ihren Requisitionen, Erpressungen und Kriegsschäden; die Verbesserung der Steuererhebung; die Einführung eines festen Gehalts für die Provinzialstatthalter. Das waren in der Tat Fortschritte, die ans Wunderbare grenzten. So hat auch U. v. WILAMOWITZ-MOELLENDORFF (Der Glaube der Hellenen [1931], Neudruck Darmstadt 1959, 2, S. 423) geurteilt: „Die Huldigung der Hellenen Asiens ist aufrichtig." — Vgl. auch mein 'Friedensreich des Kaisers Augustus' (Schriften der Wittheit zu Bremen D 19, H. 2, 1950) S. 60ff.

und der gesellschaftlichen Gliederung des römischen Volkes nicht mehr, wie in republikanischer Zeit, von seinen Untergebenen abhängig. Andererseits war es ein spezifisch römischer Charakterzug, der seit dem Hannibalkriege erneut sichtbar wurde, das religiöse Moment ernst zu nehmen; ja Cicero konnte erklären (de har. resp. 19), Spanier, Gallier, Punier, Griechen, Italiker, Latiner seien von den Römern übertroffen worden allein durch ihre Frömmigkeit, ihr 'Achthaben' auf die Götter und durch jene einzigartige Weisheit, die sich aus der Einsicht ergebe, daß durch den Wink der Götter alles regiert und gelenkt werde.

Bei dem Versuch, historischen Dokumenten von Rang wie der Geburtstagsinschrift aus Asia wissenschaftlich gerecht zu werden, darf nicht übersehen werden, daß hier der Terminus σωτήρ, den wir mit 'Retter' wiedergegeben haben, der gleiche ist wie der, den wir in den christlichen Evangelien mit 'Heiland' übersetzen. Das Dekret von Asia gehört damit in den großen Strom der heidnischen Heilandserwartung hinein, einer hochbedeutsamen geistigen Erscheinungsform des Heidentums, die mit dem Zeitalter der Diadochen Alexanders d. Gr. zum erstenmal vor uns steht. In der tiefgreifenden Umwälzung, die die Alexanderzeit über die antike Hochkulturwelt brachte, erlosch — mit Jakob Burckhardts treffenden Worten zu reden, die auf den Verlauf der Französischen Revolution gemünzt waren —, der Glaube an Prinzipien, um einem periodisch wiederkehrenden Glauben an Retter Platz zu machen. Es war nur konsequent, wenn jetzt der Ehrentitel σωτήρ, der vordem den Göttern vorbehalten blieb, auch auf bedeutende Menschen übertragen wurde, von denen eine Wendung zum Guten erwartet werden konnte. Als seit dem 2. vorchristlichen Jahrhundert Rom die hellenistischen Machthaber ablöste, ging der vielsagende Titel auf die Römerfeldherren über, die im griechischen Osten eine bestimmende Rolle spielten, auf Titus Quinctius Flamininus, Pompejus, Caesar, um nur die hervorragendsten zu nennen. Mehr als zweieinhalb Jahrhunderte vergeblicher, oft bitter enttäuschter Erwartungen vermochten diese irdische Heilandserwartung aus den Herzen der leidgeprüften Menschen nicht zu verdrängen, bis sie tatsächlich noch Erfüllung fand, eben in der Person des Augustus. Das steht in den Inschriften von Asia etc. mit aller nur wünschenswerten Deutlichkeit zu lesen. Sie gehören damit in einen welthistorischen Zusammenhang hinein; wer sie aus diesem willkürlich herauslöst, kann nicht erwarten, zu einem Urteil über sie zu gelangen, das sich vom Standpunkt kritisch-wissenschaftlicher Methode aus vertreten ließe. Im übrigen darf ich meine schon 1950 dazu gestellte Frage wiederholen (Friedensreich des Kaisers Augustus S. 60/61), „wie wohl unsere von Friedenssehnsucht zerquälte Welt einen Staatsmann feiern würde, der ihr einen echten, nicht nur trügerischen Frieden brächte und in einem langjährigen gesegneten Regiment diesen Frieden zu einem dauerhaften Weltzustand zu machen vermöchte, ohne daß dadurch Freiheit, Wohlstand und Daseinsfreude beeinträchtigt zu werden brauchten." Dabei ist noch zu bedenken, daß dem neuen 'Weltheiland', angefangen von seinem inzwischen aufgedeckten Hause am Palatin, alles irgendwie tyrannische Gebaren fern lag und er sich von dem von ihm hoch geschätzten Horaz in dessen 6. Römerode (Carm. 3,6,5) bereitwillig mahnen ließ: *Dis te minorem quod geris, imperas!* Die Übersicht über erstaunlich zahlreiche Quellenzeugnisse wirkt auf den unbefangenen Blick durchaus nicht so, als sei ausgerechnet hier bei der Pax Augusta alles unecht und propagandistisch zurechtgestutzt und verdiene sie deshalb nicht, unter den Leistungen des Augustus besonders hervorgehoben zu werden.

Es wird schon bei dem Urteil bleiben müssen, das vor nahezu zwei Jahrzehnten H. Kähler (Die Ara Pacis und die augusteische Friedensidee, Jahrb. d. Dtsch. Archäolog. Inst. 69, 1954, S. 82f.) formuliert hat: „Vielleicht hat Rom es zu keiner Zeit mit dem Frieden so ernst genommen wie damals. Die Auflösung zahlreicher Legionen nach Beendigung der Bürgerkriege, die Befreiung vieler Provinzen von Garnisonen, die an die Grenzen als Schutz des Reiches verlegt werden, das Ablassen von einer expansiven Großraumpolitik zugunsten eines wirtschaftlichen und kulturellen Aufbaues in den Provinzen des Reiches, dessen Ausmaß heute noch jeder erfährt, der etwa das Rhônetal abwärts reisend die Römerbauten von Lyon, Vienne, Orange, Arles oder Nîmes kennenlernt — das ist etwas von der Wirklichkeit, die hinter dem symbolischen Akt der dreimaligen Schließung des Janusbogens steht[81]." Immer wieder wird man darauf geführt, daß Augustus seinen geschichtlichen Auftrag darin gesehen hat, sich als Erfüller der beiden wesentlichsten geistigen Strömungen seiner Zeit zu fühlen und bis an die Grenzen des damals Menschenmöglichen zu betätigen, des Glaubens

[81] Der ältere Plinius hat trotz seiner wiederholten Klagen über den Rückgang der Wissenschaften und Künste seinem Werke eine begeisterte Lobpreisung auf den Weltstaat des Augustus eingelegt, der ihm einen gewaltigen Fortschritt über die frühere vielgestaltige, sich gegeneinander abgrenzende Staatenwelt hinaus bedeutete: *Quis enim non communicato orbe terrarum maiestate Romani imperi profecisse vitam putet commercio rerum ac societate festae pacis omniaque etiam, quae ante occulta fuerant, in promiscuo usu facta?* (Nat. hist. 14,2, übersetzt bei H. Fuchs, Der geistige Widerstand gegen Rom in der antiken Welt, Berlin 1938, Nachdr. 1964, S. 47f.). Der Autor blickt befremdet auf die Armut der germanischen Chauken an der Nordseeküste und auf den Halligen (16,2ff.). Bezeichnend ist seine Verwunderung (§ 4): *et hae gentes, si vincantur hodie a populo Romano, servire se dicunt!* Plinius schließt mit dem Ausruf: *ita est profecto: multis fortuna parcit in poenam.* — Äußerungen wie diese machen begreiflich, daß kritische Stimmen gegenüber dem Imperium Romanum in unseren Quellen zumeist als Gehässigkeiten fanatisierter Gegner, nicht als römische Selbstkritik aufzufassen sind (vgl. meine Darlegungen in der Festschrift für F. Altheim, 'Beiträge zur Alten Geschichte' I, Berlin 1969, S. 449ff.: 'Der Mithridatesbrief aus Sallusts Historien'). Hierher gehört sicher auch, was Bato, der Anführer der aufständischen Pannonier, 6 n. Chr. gegenüber Tiberius über römische Ausbeutung behauptet haben soll: „Ihr sendet als Schutz für eure Herden nicht Schäfer und Hunde, sondern Wölfe" (Dio 56,16). Gerade Tiberius hat aber als Princeps den Statthaltern geschrieben, als sie ihm rieten, die Provinzen mit höheren Steuern zu belasten: „Es ist Sache des guten Hirten, seine Schafe zu scheren, nicht aber, sie zu schinden" (*boni pastoris esse tondere pecus, non deglubere*: Sueton, Tiberius 32). Für den echt römischen Charakter dieses Wortes ist (gegen R. Harder, Nachträgliches zu humanitas, Hermes 69, 1934, S. 71ff., abgedr. in: Ders., Kleine Schriften, München 1960, S. 401—412) mit Recht J. Vogt, Ciceros Glaube an Rom, Stuttgart 1935, S. 90 Anm. 65, eingetreten.

an Rom, wie er Cicero erfüllte, und der Hoffnung auf einen irdischen Retter, den die Besten der Reichsbevölkerung herbeisehnten und jetzt in ihm zu erkennen bereit waren. Die ganze Tragweite dieser Erkenntnis der Altertumswissenschaft eröffnete sich dem Scharfblick des Theologen E. STAUFFER (Christus und die Cäsaren, 3. Aufl., Hamburg 1952, S. 96): „Man kann sich schwer einen weltgeschichtlichen Augenblick vorstellen, in dem der Adventus Jesu Christi überflüssiger erscheinen mochte als eben damals.“ In dem alten Streit der Meinungen, ob die Erscheinung des himmlischen Friedensstifters im Zeitalter des Augustus aus dem damaligen Geschehen, als eine dem Gang der Historie immanente Größe oder als eine diesen Gang durchbrechende transzendentale Wirklichkeit aufzufassen ist, dürfte die moderne Geschichtsforschung unversehens sich auf die Seite der letzteren Ansicht gedrängt sehen — eine Entdeckung, deren Tragweite für die geistige Situation der Gegenwart abzumessen wir uns hier nicht erdreisten wollen.

Wir dürfen hier am Ende unserer Darlegungen, die notgedrungen skizzenhaft bleiben mußten, zurückblicken auf den eingangs (o. S. 13) vertretenen Standpunkt: Aufgabe der künftigen Augustusforschung ist es nicht, wie R. SYME und seine Anhänger es taten, anhand der bloßen Chronologie auf der Suche nach dem wirklichen Augustus vorzugehen und unter der Einwirkung zahlreicher einander widerstrebender Behauptungen und Tendenzen — wie sie jeder Kampfzeit eigentümlich sind —, also auch der des Aufstiegs Oktavians, die wahren Umrisse des Geschehens nur noch unscharf erfassen zu können. Sich dabei zu beruhigen, daß mit und nach dem Siege bei Actium und der Einnahme Alexandrias im Wesen des Siegers ein unbegreifliches Wunder geschah, das ihn total veränderte, kann dem Dilettantismus in diesem Bereich konzediert werden, nicht aber der kritischen Wissenschaft, innerhalb deren wir — wie schon Strabo (17,3 p. C 786) — dafür zu sorgen haben, ὅπως ἀπὸ τῶν γνωριμωτέρων ἐπὶ τὰ ἑξῆς προΐωμεν und nicht umgekehrt verfahren.

Die frühgriechische Verfassungsgeschichte und Aristoteles

Europa ist in Hellas geboren und mit ihm als ganz neuer Staats- bzw. Verfassungstyp die Demokratie, deren klassisch-griechischer Name noch heute diese ihre Herkunft bezeugt. Herkunftsfragen interessieren nicht zuletzt deshalb, weil sie zugleich Wertfragen sind. Umso schmerzlicher empfand man, daß nur für die klassische Blütezeit der Demokratie eine ausreichende schriftliche Überlieferung vorhanden ist, nicht aber für ihre Werdezeit und deren Stufen, die insgesamt nicht weniger als ein halbes Jahrtausend füllten. Das Zeitalter der Ausgrabungen brachte einen gewissen Ersatz für das Verlorene; die reichen archäologischen Funde im vorderen Orient wie in der Ägäis gestatteten vor allem, eine zuverlässige Chronologie aufzustellen - das "Auge der Geschichte", ohne das bekanntlich alle historische Forschung blind bleibt. Deutlich hoben sich aus dem Fluß des Geschehens bedeutungsschwere Wendezeiten heraus: die Zeit um 1200, als die frühgriechische Welt von Mykene gleich dem Hethiterreich in Kleinasien und anderen Staatswesen den kriegerischen "Seevölkern" erlag und die bis dahin herrschende, phantasiefreudige Bronzekultur nunmehr der nüchternen Eisenzeit, die Ära der ritterlichen Streitwagenkrieger als wichtigster Kriegsmacht dem bis dahin so gut wie unbekannten Reiten weichen mußten. Das Ergebnis war für die Welt der frühen Ägäis ein neues Zeitalter, das von der voraufgehenden mykenischen Periode zwar allerlei Erbstücke bewahrte, aber ihr gegenüber im Grunde ein ganz eigenes Gesicht anstrebte und gewann. Das homerische Heldenepos, die Keramik der sog. geometrischen Stile (1), die Übernahme des Alphabets von den Phönikern, schließlich der Aufstieg des Stadtstaates wurden als dessen wichtigste Merkmale erkannt. Ihm folgte abermals ein erheblicher Umbruch in der geschichtlichen Entwicklung, und zwar seit rund 750 v.Chr.: das Zeitalter der orientalisierenden, figuralen Vasenmalerei, der Geburt der hellenischen Monumentalkunst in Architektur und Plastik, des Auftretens des Hellenennamens als bewußter Abgrenzung gegen die vielgestaltige Welt der "Barbaren". Im 8./7. Jahrhundert v.Chr. beginnen die Listen der Olympioniken, der spartanischen Ephoren und der attischen Archonten, so daß von hier aus unsere Kenntnis griechischer Geschichte - wie sonst nur im mykenischen Griechenland des 2. vorchristlichen Jahrtausends, dessen Datierung auf exakten, astronomisch bestätigten Angaben für die Regierungszeiten der ägyptischen Pharaonen des Neuen Reiches beruht - absolut gesichert ist.

Die Rekonstruktion eines Zahlengerüstes für die vordem trotz ihrer ungewöhnlichen Länge mit Recht als wirklich "dunkle Zeit" betrachtete Periode von rund 500 Jahren war ein Erfolg der wissenschaftlichen Forschung. Es galt nun, Umschau zu halten namentlich unter den literarischen Quellen, ob diese eventuell Angaben bewahrt hätten, aus denen sich wenigstens Umrisse der verfassungsgeschichtlichen Entwicklung des werdenden "Hellas" wiederge-

[436] winnen ließen; erst dann konnte das chronologische Schema zu einem Abglanz echten geschichtlichen Lebens erweitert werden. In der Tat finden sich Aussagen zur frühgriechischen Verfassungsgeschichte in einer unserer ergiebigsten Fundgruben für historische Nachrichten aus Alt-Hellas, in Aristoteles' "Politik" (4 p. 1297 b 16-24) (2). Der große Weise erwähnt als Tatsachen - und, wie der Text lehrt, nicht etwa als Resultat eigener philosophischer Spekulation - , daß in der griechischen Frühzeit nach den Königsherrschaften eine "Politeia" erwuchs, deren Träger die schwere Last des Krieges und die Verantwortung für seinen Verlauf selbst übernahmen (als πολεμοῦντες bezeichnet). Sie hätten es geschafft, da sie als Reiter kämpften in einer ersten Phase der frühen, spezifisch griechischen Verfassungsentwicklung. Das damalige Fußvolk habe aus Mangel an Disziplin und militärischer Erfahrung so wenig getaugt, daß in diesem Bereich versierte Streiter zu Pferde allein in der Lage waren, das Waffenhandwerk erfolgreich zu betreiben - d.h. nicht nur zu kämpfen, sondern zu siegen. Sie waren es, weil sie über Streitrosse verfügten, was ihnen die Möglichkeit bot, als Lohn für ihren Einsatz nun in ihrem Staatswesen den höchsten Rang zu gewinnen. Mit zunehmender Bevölkerungszahl in den Stadtstaaten habe sich das Schwergewicht immer stärker vom Reiteradel in das zu Fuß dienende Bürgerheer der "Hopliten" (Schwerbewaffneten) verschoben, das damit als nunmehr kriegsentscheidende Gruppe den politischen Vorrang dieses Adels beseitigen und selbst am Staatsleben maßgeblichen Anteil nehmen konnte.

Damit hängt zusammen, daß die Epochengrenzen sich nicht zahlenmäßig exakt festlegen lassen, vor allem wenn - wie in der überwiegenden Mehrzahl aller Fälle - die Übergänge fließend sind. Daß Aristoteles' Schema dieser Tatsache Rechnung trägt und nicht mit Ansetzung von Jahreszahlen eine Pseudoexaktheit vorspiegelt, läßt es m.E. in jeder Hinsicht wirklichkeitsnah erscheinen (3). Wenn als Ausgangspunkt der Betrachtung die Abkehr von den Königsherrschaften (βασιλεῖαι) gewählt ist, so ist in griechischen Verhältnissen darunter zweifellos vor allem das machtvolle Königtum von Mykene zu verstehen, das sich in der zweiten Hälfte des 2. vorchristlichen Jahrtausends militärisch auf die neue Waffe dieser Zeit, die Streitwagen (4), gründete. Reste von Kunststraßen für die kostbaren Gespanne sind im mykenischen Bereich bekanntlich wiedergefunden worden. Der Einsatz der meist mit Lenker und Streiter besetzten Kampfwagen und ihre entscheidende Bedeutung für die damalige Kriegführung werden aus den Monumentalgemälden und -reliefs der zeitgenössischen Pharaonen des Neuen Reiches in Ägypten mit aller nur wünschenswerten Deutlichkeit ersehbar. Die Obergewalt des Agamemnon als Königs von Mykene und damit als Herren über die übrigen Achäerkönige im Kampfe um Troja ragt noch in die ganz veränderte Welt Homers wie ein erratischer Block aus ferner Zeit hinein, gibt sich also - in Übereinstimmung mit den monumentalen Überresten - als beglaubigtes historisches Faktum innerhalb des Hellenenepos zu erkennen. Es ist , wie erwähnt, mit anderen Großstaaten dieser Frühzeit im 12. Jhdt. den sog. Seevölkern und anderen

Feinden erlegen. Bald danach tritt mit dem erst jetzt erfolgten Aufkommen des Reitens (5) eine völlig veränderte Verwendung des Pferdes (nicht mehr nur als Zugtier, sondern als Reittier) auf, von der die vorangehende Epoche nichts wußte. Es ist aber bezeichnend, daß sich immerhin sogar noch im Zeitalter der griechischen Klassik beim böotischen Heerbann zu Fuß für die Benennung der Elitetruppe der Name "Zügelhalter und Nebenstehender" (sc. Streiter) (6) aus der vorzeitlichen Welt erhalten konnte - einer der nicht wenigen Hinweise darauf, daß die Tradition gerade in großen geschichtlichen Umbrüchen nicht immer restlos beseitigt zu werden pflegt (7). [437]

Mit der Auflösung der Großreiche in Mittel- und Kleinstaaten verschwand natürlich die straffe Zentralisierung von Politik und Kriegswesen in großköniglichen Residenzen, wie wir sie aus den Linear B-Schriftdenkmälern kennen lernten, und mit ihr ein wesentlicher Faktor überindividueller Machtentfaltung und Sicherheit für den Einzelmenschen. An die Stelle fürsorglicher Untertanenbetreuung von oben her mußte zwangsläufig der persönliche Einsatz der Waffentragenden selbst, eben der πολεμοῦντες, treten. Angesichts des außerordentlich kriegerischen Charakters des neuen Zeitalters, den für uns vornehmlich die geschichtlichen Bücher des Alten Testaments und die assyrischen Quellen erkennen lassen und den wir nach dem Zeugnis der Ilias unbedenklich auch für den griechisch bestimmten "Westen" als gegeben ansehen müssen, war es für den Bauern unmöglich, zu seinem sowieso harten Lebenslos auch noch zu Pferde die Verteidigung seines Besitzes und seiner Familie gegen Feinde selbst zu übernehmen. Wenn Aristoteles, wie oben erwähnt, darauf hinweist, daß in alter Zeit das Fußvolk wegen Fehlens einer festen Disziplin und taktischen Erfahrung keine entscheidende kriegerische Kraft darstellte, so deckt sich diese Feststellung mit dem Bilde, das die Ilias vom Kriege um Troja bietet: in dem Augenblick, in dem die Helden als Vorkämpfer versagen, fluten auch die von ihnen geführten, nur schwach gerüsteten Massen unaufhaltsam zurück (8). Den Ausschlag im Kriege geben eben diejenigen, die eine nur durch besonderes Training zu beherrschende Waffe meistern, in unserem Falle zuerst den Streitwagen in der Ära der βασιλεῖαι und dann in der an sie anschließenden Periode das Streitroß, gelingt dessen Beschaffung, Zucht und Pflege doch weithin lediglich denen, für die das Kriegführen zum Lebensberuf wurde. Aristoteles' Hinweis auf ein Zeitalter, in dem die Verfassung von den ἱππεῖσι bestimmt worden ist, wird gestützt vor allem durch das schon berührte merkwürdige Schicksal dieser Bezeichnung in späterer Zeit und durch das Weiterleben einer Herrschaft des reisigen Adels noch in der klassischen Periode am Nordrande von Hellas: in Thessalien und in Makedonien. Zweckmäßig wäre es, in allen diesen Fällen das Wort mit "Ritter" zu übersetzen, so wie man längst in der Forschung - meiner Überzeugung nach mit Recht - von einem griechischen Mittelalter gesprochen hat (9). Absorption der monarchischen Allgewalt, Übernahme des Königstitels durch alle Mitglieder des regierenden Schwertadels, Begrenzung des Bürgerrechts auf die Grundherren, deren Fehden über das politische Schicksal der frühen Staatswesen entschieden, sind die Leitgedanken der ritterlichen Aristokratie bzw. Oligarchie gewesen.

[438] Bei Aristoteles heißt es - wie gesagt - daß im Kriege bei den Reitern Wucht (ἰσχύς) und Übermacht (ὑπεροχή) gewesen seien. Das könnte darauf hinweisen, daß in damaliger Zeit die griechischen Ritter ihr Streitroß vor allem als Verstärkung der Schlachtreihe selbst betrachteten, so wie es später die Perser gegenüber dem Spartanerkönig Agesilaos in Kleinasien hielten (und wahrscheinlich auch schon in der Schlacht bei Marathon 490 v.Chr. (10) - ein Verfahren, das im klassischen Zeitalter "barbarisch" wirken mußte. Es ist längst gesehen, daß unsere einzige Quelle, Homer, nicht Verhältnisse seiner eigenen Zeit schildern wollte, sondern Denken und Handeln jener Frühzeit als die in ihr wirkenden und kämpfenden Helden "nicht so waren, wie heutzutage die Sterblichen", sondern diese weit überboten. Dementsprechend vermeidet das Epos nach Möglichkeit allen Gegenwartsbezug. Richtig kennzeichnet diese homerische Eigentümlichkeit A. Heubeck, wenn er (a.O.S.84) von den Reitern spricht, "die wir in der Ilias vermissen, weil sie diese Neuerung der jüngeren Zeit bewußt aus der heroischen Welt der Troja-Kämpfer auszuklammern sucht". Auch von hier aus läßt sich die Glaubwürdigkeit von Aristoteles' Hinweis auf eine Verfassung, in deren Mittelpunkt ein echter Ritteradel stand, als Nachfolgerin der mykenischen Monarchie und ihrer Nachzügler und als Vorläuferin der Demokratie nicht in Zweifel ziehen. Es ist die Adelszeit des Hellenentums, die der mit dem 8. Jahrhundert v.Chr. heraufziehenden Poliszeit vorausging (11). Als dann weitsichtige - interessanterweise aus dem Adel hervorgegangene - Staatsmänner einen wirklichen taktischen Körper aus dem wehrpflichtigen Fußvolk zu machen wußten, hat dessen Stärke und Disziplinierung wie im Spätmittelalter des romanisch-germanischen Europa "dem feudalen Kriegswesen ein Ende bereitet und das Fußvolk anstelle der Ritter zum entscheidenden, maßgebenden Faktor im Kriegswesen gemacht" (12).

Aristoteles hatte, wie gesagt, seine Mitteilung über die älteren Phasen griechischer Verfassungsentwicklung nicht so sehr als Ergebnis eigener Forschungen, sondern vielmehr als Heranziehung einer durchaus bekannten Tatsache gemacht (13). Die moderne kritische Altertumswissenschaft lieferte ein reiches Fundmaterial mit zeitlicher Gliederung, unser Überblick lehrte, daß sich die aristotelischen Phasen ohne Gewaltsamkeit in die Feststellungen der modernen Forschung einordnen lassen, vorausgesetzt natürlich, daß man es sich nicht verdrießen läßt, über den griechischen Text hinauszuschauen und namentlich die Bereiche der Grabungsforschung, der Ägyptologie und Semitistik, der Linguistik und Kunstwissenschaft zusätzlich zur Historie mit zu befragen. Fügt sich alles zu einem geschlossenen Bilde zusammen, so ist damit für die seriöse Forschung die Glaubwürdigkeit des Textes nachgewiesen. P. Vanderwaeren meint, wenn ich recht sehe, allein aus der Interpretation des Aristoteles-Textes dessen historischen Wert bzw. Unwert nachweisen zu können. Sein Ergebnis ist, daß es sich bei Aristoteles' Hinweis Politik 1297 b 16-24 um ein faux témoignage handele, verhängnisvoll sei, daß der Philosoph bei den ἱππεῖς "Ritter" (chevaliers) und "Kavalleristen"(cavaliers) verwechselte (a.O.S.184), womit sich ihm natürlich die wirkliche Verfassungsentwicklung ganz erheblich verschob. Der Historiker wird es wohl für wenig einleuchtend erachten, daß ausgerechnet Platos großer Schüler, dem es nicht zuletzt darum ging, gegenüber der Kombinations- und Spekulationsfreudigkeit seines genialen Lehrers den Boden nüchterner Tatsachen möglichst weitgehend wiederzugewinnen, einem Irrtum erlegen sein soll, den er nicht sah, während eine immerhin rund 2300 Jahre voll geschichtsträchtigen Lebens vom klassischen Hellas entfernte Wissenschaft ihn unschwer aufzudecken imstande wäre. [439]

Nur mit Hilfe von Aristoteles' Hinweis auf einen noch zu seiner Zeit geahnten Aufbau einer frühgriechischen Verfassungsgeschichte ist es möglich, den andernfalls überlangen Abschnitt der Entwicklung zu gliedern und damit zu begreifen, so daß die Besonderheit sichtbar wird, die nun einmal dem antiken Griechentum eignet. Wir sehen zunächst die bereits gräzisierte Ägäis in enger Verbundenheit mit den altehrwürdigen Großreichen im Niltal und in Vorderasien. Zu den Kennzeichen dieser Verbundenheit gehört besonders eine machtvolle Monarchie nebst einer sie überhaupt erst ermöglichenden ganz neuen und schlechthin bewunderungswürdigen Waffe, dem Streitwagen. Mit den Jahrzehnten um 1200 v.Chr. bricht die Fühlung zwischen der Ägäis-Welt und dem Alten Orient, wenn wir recht sehen, ziemlich abrupt ab. Die frühgriechische Welt sah sich auf sich selbst gestellt. Wiederum spielte eine neue Waffe in die Entwicklung hinein: das Reiten. Vielleicht spiegelt sich der Eindruck der überraschenden neuen kriegerischen Fertigkeit in der Kentaurensage. Die besonderen Bedingungen (namentlich ebenes Gelände) die allein den Kampfwagen einsatzfähig machten, fielen beim Streitroß fort (14). Eine Aristokratie erwuchs aus dieser Wendezeit, die weithin im Licht des homerischen Epos vor uns steht und der es gelang, das Königtum immer mehr zu entmachten, und zwar in einem solchen Ausmaße, daß es sich nur noch in Randgebieten lebendig hielt, in erster Linie in Makedonien. Die Machtstellung einer Monarchie in Sparta, die noch aus den glanzvollen Leichenbegängnissen beim Tode des Herrschers erkennbar wird, wurde dadurch paralysiert, daß man ein Doppelkönigtum einrichtete, dessen tragende Häuser sich durch einen scharfen Antagonismus gegenseitig lahm legten. Als - etwa um 900 v.Chr. - der Polisstaat als verfassungsgeschichtliche Neuerscheinung sich konstituierte, zeigte sich, daß er anders als die phönikischen und vorderasiatischen Klein- und Mittelstaaten keine monarchische Spitze haben würde. Dafür prägte der Kriegeradel, der die politische Führung in seine Hand gebracht hatte, ein menschliches Ideal, das den allmählichen Sturz dieser "Ritterschaft" überlebte und aus dem Bilde der hellenischen Klassik nicht wegzudenken ist. Im 8./7. Jhdt. öffnete sich durch die Entwicklung der sog. Phalanxtaktik, mit der das Übergewicht des reisigen Adels mit geringen Ausnahmen (nicht zuletzt, wie erwähnt, in Thessalien) vor dem schwerbewaffneten Heerhaufen der Bürgerkrieger verschwand, der Weg, der über die "Timokratie" zur ersten geschichtlichen Verkörperung einer "Demokratie" hinleitete.

Die große Wende seit rund 1200 v.Chr. ergriff Westen und Osten der antiken

[440] Welt, fand aber in beiden nicht das gleiche Echo. Der Orient suchte die unumgänglichen Neuerungen mit dem überkommenen Erbe in einem mehr oder weniger sichtbaren Kompromiß zu vereinigen. Man ersieht es am deutlichsten wiederum im Bereiche des Kriegswesens. Im Heer des assyrischen Militärstaates fand als neue Waffe die Reiterei Eingang. Aber neben ihr blieben als Kriegsinstrumente die Streitwagen im Gebrauch. Das entspricht der Tatsache, daß sich der Gesamtcharakter des Staatswesens (mit wenigen Ausnahmen) nur wenig veränderte; er blieb wie seit jeher monarchisch - ganz anders als, wie erwähnt, in der Ägäis. Und während im Osten der uralte Gedanke des Großstaates bzw. Weltreiches nach verhältnismäßig kurzen Pausen immer wieder auflebte und als aller politischen Weisheit letzter Schluß erschien, ging die Entwicklung in Hellas den umgekehrten Weg mit der Geburt und inneren Durchbildung des "Polis-Staates". Das Neue, das mit dem Übergang von der Bronzezeit zur Eisenzeit ins Leben trat, verdrängte hier alles Ältere. Als in der schweren Krisenzeit am Ausgang der hellenischen Adelsherrschaft, die mit der Durchsetzung der Geldwirtschaft Staat und Gesellschaft aufs schwerste erschütterte, der Gedanke der Monarchie in der Gestalt der "Tyrannis" erneut weithin Platz griff, vermochte er kein dauerhaftes Leben zu gewinnen, sondern erschien je länger, desto mehr als Schreckbild und politisches Krankheitssymptom; das Idealbild blieb das Gemeinwesen freier Bürger. Man darf hier zum Vergleich (und damit zur Bestätigung) das Schicksal der Kunst heranziehen. Längst ist erkannt worden, daß ihren Werken im Morgen- wie im Abendlande eine immer stärker werdende "Geometrisierung" als besonderes Stilmerkmal eignete. Aber nur in Hellas hat diese Tendenz zur Geburt und Herrschaft eines "geometrischen Stils" geführt, der, wie namentlich E.Buschor überzeugend nachwies (15), die Funktion einer strengen Schule für die sich allmählich herausbildende spezifisch griechische - und das heißt europäische - Kunst zu übernehmen vermochte. Es kann keinem Zweifel unterliegen, daß die tiefste Wurzel der welthistorischen Besonderheit frühgriechischen Staatslebens wie Kunstschaffens bereits in dem Freiheitsbewußtsein beschlossen lag, durch das sich das werdende "Europa" mit zunehmender Entschiedenheit von "Asien" abhob.

1 deren früheste Stufen nicht ins 8. Jahrhundert, sondern bereits etwa ins 12./11. Jhdt. v. Chr. gehören, wie B. Schweitzer nachwies (Untersuchungen zur Chronologie der geometrischen Stile, 1917).

2 Ich habe die Stelle bereits vor Jahren behandelt: "Grundlagen und Sinn der griechischen Geschichte" (1945), S. 419 f. und "Probleme der frühgriechischen Geschichte und Kultur", Historia 1 (1950), S. 202 ff. Kürzlich hat P. Vanderwaeren (Historia 22, 1973, S. 177 ff.) in einem grundgelehrten Aufsatz mit dem Titel "Un faux témoignage d'Aristote" die Zuverlässigkeit der Mitteilungen des Aristoteles scharf angegriffen. Ich gestatte mir deshalb, nochmals auf meine damalige Auffassung zurückzukommen, an der ich glaube, aus sachlichen Gründen festhalten zu müssen.

3 Man erinnere sich der ehedem namentlich in der Betrachtung der neueren Geschichte leidenschaftlich geführten, aber dafür umso weniger ergiebigen Debatten um die Grenze zwischen Mittelalter und Neuzeit ("1492 ? 1517 ?") oder zwischen letzterer und der modernen Zeit (" 1789 ? 1776?"), um nur zwei eklatante Beispiele zu nennen.

4 Vgl. dazu A. Heubeck, Aus der Welt der frühgriechischen Lineartafeln (1966), S. 81 ff.; O. Spengler, Reden und Aufsätze (1937), S. 148 ff.

5 nachgewiesen von J. Wiesner, Fahren und Reiten in Alteuropa und im Alten Orient (1939).

6 Diod. 12,70, 1. 20,41,1: ἡνίοχοι καὶ παραβάται in Kyrene noch zur Zeit des Agathokles.

7 Vgl. H. Trümpy, Kontinuität-Diskontinuität in den Geisteswissenschaften (1973), S. 10.

8 J. Kromayers vorzügliche Darstellung des Kriegswesens in der Ilias (Heerwesen und Kriegführung der Griechen und Römer, 1928, S. 18 ff.) irrt m.E. in einem Punkt erheblich. Kromayer meint auf Grund von homerischen Schilderungen besonders verlustreicher Kämpfe, nach denen "die Toten zu Haufen liegen" (S. 26 oben), "das entscheidende Moment der Schlachten schon für diese Zeiten im Massenkampfe erblicken" zu sollen. Aber nicht die Achäer haben Troja erobert, sondern ihre einzelnen Heroen. - Vgl. S. 20: "Das Gefolge der Edeln bildet leichtgerüstetes Fußvolk ohne den großen (mykenischen) Schild und als Ersatz dafür mit Fellen von Ziegen, Rindern, Panthern und anderer Jagdbeute gedeckt, die, ein "flatternder" Schutz, mit dem linken Arm vorgehalten werden, eine primitive Wehr, die sich bei einzelnen Völkern noch in späterer Zeit erhalten und in der Erinnerung der Griechen in der "Ägis", dem Ziegenfell, das Zeus und Athene als Waffe führen, ihr Leben fortgesetzt hat.

[442] Vanderwaeren berücksichtigt diese Verhältnisse nicht genügend. Er übersieht infolgedessen auch, daß die für die sog. Lelantische Fehde am Ende der Adelszeit neben der Ritterschaft bezeugten Fußvölker ganz offensichtlich von der gleichen mangelhaften militärischen Qualität waren wie die homerischen; entschieden wurde die Fehde in der Tat durch die thessalischen Ritter (a.O. S. 189 Anm. 27).

9 Welcker, F.G., Griechische Götterlehre 2 (1860), S. 5 f. Ed. Meyer, Geschichte des Altertums ^{2} 3 (1937), S. 267 ff. Auch J. Kromayer zieht mittelalterliche Verhältnisse heran; a.O. S. 20: "Es ist klar, daß der vollgerüstete Krieger, der Edle, vor der Gefolgschaft eben infolge seiner weit besseren Bewaffnung ein ungeheures Übergewicht haben mußte, etwa wie die Ritter vor den Knappen ..."; S. 22: Vergleich der Entwicklung von den homerischen Einzelkämpfern zum Gewalthaufen der Phalanx mit der "Entwicklung, die am Ende des Mittelalters von den Ritterheeren mit ihren wenigen Vollkriegern zu den Landsknechtsheeren mit ihren gleichmäßig und genügend ausgerüsteten Schlachthaufen bestand".

10 Vgl. Ed. Meyer, Geschichte des Altertums ^{2} 4, (1939), S. 313 Anm.

11 Vgl. Historia 1 (1950) S. 202 f. Das griechische Mittelalter hat bekanntlich anders als das abendländische die Monarchie in den Hauptgebieten von Hellas völlig zum Verschwinden gebracht.

12 Hintze, O., Staat u. Verfassung (herausgeg. von F. Hartung, 1941), S. 57 f.

13 Das ἱππεῖς später zur Bezeichnung von Kriegern zu Fuß werden konnte, hat seine Parallele in der bekannten Nomenklatur der römischen acies triplex, in der die Hastaten entgegen ihrer ursprünglichen Bezeichnung die Stoßlanze eben <u>nicht</u> mehr führen und die principes - gegen ihren Namen - nicht mehr die "Ersten" sind.

14 Daß Sattel und Steigbügel Erfindungen einer weit späteren Zeit sind, sei wenigstens am Rande erwähnt. Wenn ich in meinem Beitrag zum ersten Band der von W. Andreas herausgegebenen "Neuen Propyläen-Weltgeschichte" auf S. 190 schrieb, der Streitwagen sei auch in der Zeit nach dem Falle Mykenes "die wichtigste Waffe der Zeit" gewesen, so hat sich das durch J. Wiesners Unterscheidung von Fahren und Reiten im Verkehr des Menschen mit dem Pferde als falsch erwiesen. Das griechische Mittelalter wurde eben durch einen Reiteradel bestimmt, dessen Bedeutsamkeit sich eigentlich längst aus Namen alter Geschlechter wie der Hippoboten auf Euböa hätte erschließen lassen müssen.

15 Vgl. seine "Griechische Vasenmalerei" ^{2} (1914), S. 32.

BEITRÄGE ZUR KLASSISCHEN PHILOLOGIE

Herausgegeben von Ernst Heitsch – Reinhold Merkelbach – Clemenz Zintzen

104 Wolfgang Herrmann
Die Historien des Coelius Antipater
1979 – 223 Seiten – broschiert 29,80 DM – ISBN 3-445-01930-4

105 Otto Schönberger
Griechische Heischelieder
1979 – ca. 96 Seiten – broschiert, ca. 38,– DM – ISBN 3-445-01929-0

106 Wilhelm Kierdorf
Laudatio funebris
1979 – ca. 184 Seiten – broschiert ca. 60,– DM – ISBN 3-445-01941-X

107 Alfons Hilka/Karl Steffens (Hrsg.)
Historia Alexandri Magni Rezension J^1
1979 – 296 Seiten – kartoniert 38,– DM – ISBN 3-445-01989-4

108 David F. Bright
Elaborate Disarray – The Nature of Statius Silvae
1980 – VIII, 96 Seiten – kartoniert 24,– DM – ISBN 3-445-02111-2

109 H. E. Stier
Kleine Schriften
Hrsg. P. Funke und G. A. Lehmann
1980 – VIII, 442 Seiten – kartoniert 58,– DM – ISBN 3-445-02112-0

110 Lloyd L. Gunderson
Alexander's Letter to Aristotle about India
1980 – ca. 160 Seiten – kartoniert ca. 75,– DM – ISBN 3-445-01992-4

111 Michael Erler (Hrsg.)
Isaac Sebastokrator
1980 – 88 Seiten – kartoniert 28,– DM – ISBN 3-445-01997-5

112 T. V. Buttrey
Documentary Evidence for the Chronology of the Flavian Titulature
1980 – ca. 96 Seiten – kartoniert ca. 29,– DM – 3-445-02115-5

VERLAG ANTON HAIN · 6554 MEISENHEIM